A
COMPLETE GUIDE
TO THE
FUTURES
MARKET

TECHNICAL ANALYSIS, TRADING SYSTEMS, FUNDAMENTAL ANALYSIS, OPTIONS, SPREADS,
AND TRADING PRINCIPLES (2ND EDITION)

期货市场
完全指南

技术分析、交易系统、基本面分析、
期权、利差和交易原则

（第2版）

[美] 杰克·施瓦格　马克·埃兹科恩　著
　　（Jack D. Schwager）　　（Mark Etzkorn）

李欣　梁峰◎译

清华大学出版社
北京

内 容 简 介

期货市场是一个拍卖市场,在这个市场里参与者买卖的是在一个未来指定日期交易的商品期货合约。本书包括了一个初级交易员所需的入门信息,内容逐步深入至详细实例和问题解释,对高级交易员也大有助益。全书内容涵盖期货、期权、分析、利差等。

本书侧重于商品期货市场价格预测,是目前最全面的关于基本面分析和技术面分析的期货著作。本书深入研究了上述两种分析方法,并结合利差交易、期权交易等交易实操来检测价格预测的作用。施瓦格开创了所有期货和期权交易文献创作的先河。本书写作流畅清晰,涉猎广泛;每种可能的期权交易,包括它的各种排列方式,在本书中均有讨论和解析。

Jack D. Schwager, Mark Etzkorn
A Complete Guide to the Futures Market: Technical Analysis, Trading Systems, Fundamental Analysis, Options, Spreads, and Trading Principles(2nd Edition)
EISBN: 978-1-118-85375-7
Copyright © 2017 by Jack D. Schwager.
Original language published by John Wiley & Sons, Inc. All Rights reserved.
本书原版由 John Wiley & Sons, Inc. 出版。版权所有,盗印必究。
Tsinghua University Press is authorized by John Wiley & Sons, Inc. to publish and distribute exclusively this Simplified Chinese edition. This edition is authorized for sale in the People's Republic of China only (excluding Hong Kong, Macao SAR and Taiwan). Unauthorized export of this edition is a violation of the Copyright Act. No part of this publication may be reproduced or distributed by any means, or stored in a database or retrieval system, without the prior written permission of the publisher.
本中文简体字翻译版由 John Wiley & Sons, Inc. 授权清华大学出版社独家出版发行。此版本仅限在中华人民共和国境内(不包括中国香港、澳门特别行政区及中国台湾地区)销售。未经授权的本书出口将被视为违反版权法的行为。未经出版者预先书面许可,不得以任何方式复制或发行本书的任何部分。

北京市版权局著作权合同登记号　　图字: 01-2016-9897

本书封面贴有 John Wiley & Sons 防伪标签,无标签者不得销售。
版权所有,侵权必究。举报: 010-62782989, beiqinquan@tup.tsinghua.edu.cn。

图书在版编目(CIP)数据

期货市场完全指南: 技术分析、交易系统、基本面分析、期权、利差和交易原则: 第2版 / (美) 杰克•施瓦格(Jack D. Schwager), (美) 马克•埃兹科恩(Mark Etzkorn) 著; 李欣, 梁峰译. — 北京: 清华大学出版社, 2017 (2024.11重印)
书名原文: A Complete Guide to the Futures Market: Technical Analysis, Trading Systems, Fundamental Analysis, Options, Spreads, and Trading Principles (2nd Edition)
ISBN 978-7-302-48414-1

Ⅰ. ①期… Ⅱ. ①杰… ②马… ③李… ④梁… Ⅲ. ①期货交易－指南 Ⅳ. ①F830.9-62

中国版本图书馆 CIP 数据核字(2017)第 220468 号

责任编辑: 刘　洋
封面设计: 李召霞
版式设计: 方加青
责任校对: 宋玉莲
责任印制: 刘　菲

出版发行: 清华大学出版社
　　　网　　址: https://www.tup.com.cn, https://www.wqxuetang.com
　　　地　　址: 北京清华大学学研大厦 A 座　　　邮　编: 100084
　　　社　总　机: 010-83470000　　　邮　购: 010-62786544
　　　投稿与读者服务: 010-62776969, c-service@tup.tsinghua.edu.cn
　　　质　量　反　馈: 010-62772015, zhiliang@tup.tsinghua.edu.cn
印 装 者: 三河市铭诚印务有限公司
经　　销: 全国新华书店
开　　本: 187mm×235mm　　　印　张: 39.75　　　字　数: 793 千字
版　　次: 2017 年 11 月第 1 版　　　印　次: 2024 年 11 月第 13 次印刷
定　　价: 168.00 元

产品编号: 073652-01

谨以本书献给史蒂芬·乔纳威兹,我的导师和挚友

关于作者

杰克·施瓦格（Jack D. Schwager）先生是基金播种人公司的联合创始人和首席研究官，基金播种人公司一直通过其全球交易平台（fundseeder.com），在寻找未被发现的交易人才。施瓦格先生还是基金播种人投资（fundseederinvest.com）的联合创始人，基金播种人投资公司旨在与严格监管的有投资来源的交易员联络。施瓦格先生是公认的在期货和对冲基金方面的行业专家，也是一系列广受好评的金融书籍的作者。以前，施瓦格先生在财富集团的合作人（2001—2010）——总部位于伦敦的对冲基金顾问公司任职。他以前的经验还包括 22 年作为一些华尔街的领先企业的期货研究主管，最近是在保诚证券。

施瓦格先生写了大量关于期货业和金融市场的伟大交易员的文章。其中最出名的是他最畅销的关于对过去 30 年最伟大的对冲基金经理的采访：《市场奇才》（1989）、《新市场奇才》（1992）、《股票市场奇才》（2001）、《对冲基金市场奇才》（2012），以及《市场奇才的小书》（2014）。他的其他书籍包括《市场意识和废话》（2012），该书是一个投资误解的纲要；《施瓦格期货》三卷系列，包括《基本面分析》（1995）、《技术分析》（1996）及《交易管理》（1996）。他也是《技术分析入门》的作者（1999），威利的颇受欢迎的《入门》系列的一部分。

施瓦格先生经常是各类论坛的演讲者，有一系列关于分析主题的演讲。包括伟大交易者的特点、投资谬误、对冲基金组合、管理账户、技术分析和交易系统评估。他拥有布鲁克林学院经济学学士学位（1970），布朗大学经济学硕士学位（1971）。

马克·埃兹科恩（Mark Efzkorn）先生是 FinCom 传媒创始人。他以前是《活跃交易者》杂志的主编、《期货》杂志编辑，芝加哥商品期货交易所成员。他已撰写、编辑或者做出贡献的超过 10 本金融市场方面的书。

译者简介

李欣，1981年生。北京人。中国人民大学财政金融学院经济学学士。美国莱斯大学琼斯商学院工商管理硕士。注册金融分析师（CFA）。中级经济师。从事金融行业工作多年。

译者序

在我和梁峰先生合作的译著《期货市场完全指南》完成之际，清华大学出版社的编辑要我为这本书写一篇译者序，这不禁令我的思绪又回到了一年前。当时，得知我准备翻译这本书的朋友都会问，作为一名专业投资人士，工作繁忙不言而喻，为什么要用有限的业余时间翻译这本书呢？

于我而言，翻译苦乐，自在心间。译事三难：信、达、雅。少年治学之时，初闻严复先生之感慨，尚不知个中之难。待自己动笔，方觉步履维艰。然反复思量，乐远甚于苦。每每遇到难解之处，苦思冥想，待灵光初现，恍然大悟之时，宛如瀚海拾贝，大呼快哉快哉。有人说，阅读可以为求知的人打开一扇门。那么，作为译者，当我的思想在不同的语言和文化之间穿梭时，是否又可以说，我的每一句译文都有可能为孜孜不倦的读者打开一扇窗呢？我想，这个执着的信念恰恰是驱动我在翻译之路上排除困难、始终前行的动力吧。也正是因为这份信念，当清华大学出版社的编辑邀请我翻译 Jack D. Schwager 的《期货市场完全指南》一书时，我欣然接受。

Jack D. Schwager 的《期货市场完全指南》多年来堪称期货领域的经典权威之作，本书是完全修订和更新的第 2 版，在第 1 版的基础上向读者提供了有关期货市场和交易的坚实理论，详细描述了关键的分析和预测技巧，探索了高级交易理念，并且通过数百个市场实例图文并茂地说明了如何将这些理论应用到交易实务中。本书涉及技术分析、交易系统、基本面分析、期权、价差和现实交易原则等多维度题材。对于任何一个想了解和成功把握期货市场的交易员或投资者而言，本书都是一部必要的参考读物。

能够从金融从业人士的视角，运用翻译技能，为读者呈现 Schwager 先生的这部成功力作，我感到荣幸之至。本书翻译前后历时一年之久，期间得到了梁峰先生的大力支持，遇到疑难之处，我与梁峰先生互为师友，相互印证，方能在有限的时间和精力下解开疑惑，完成本书的译稿。此外，还要感谢清华大学出版社的各位编辑，没有他们的辛勤耕耘和不懈努力，我和梁峰先生不可能独立完成大量的修订和校正工作。

  由于时间仓促、水平有限，本书难免有疏漏不当之处，欢迎广大读者和金融同仁批评斧正。

李欣，CFA

2017 年秋于北京

目 录

第一部分 序言

第1章 仅供初学者参考 ·· 2
  本章要义 ··· 2
  期货市场的本质 ·· 2
  交割 ··· 3
  合约明细 ··· 3
  交易量和未平仓量 ··· 8
  对冲 ··· 9
  金融期货对冲 ··· 12
  交易 ·· 14
  委托类型 ·· 15
  手续费和保证金 ··· 18
  税负考虑 ·· 18

第2章 基本面分析对技术面分析大讨论 ··································· 20

第二部分 图形分析和技术指标

第3章 图形：预测工具还是民间传说？ ··································· 24
第4章 图形类型 ··· 32
  柱状图 ··· 32
  连接的合约系列：最近期货和连续期货 ····························· 36
  仅收盘价（线性）图 ··· 37
  点数图 ··· 38

　　　　　蜡烛图 ··· 39
第 5 章　连接合约用于长期图形分析：最近期货和连续期货 ················ 41
　　　　　连接合约图形的必要性 ·· 41
　　　　　产生连接合约图形的方法 ·· 42
　　　　　图形分析中的最近期货和连续期货 ····································· 44
　　　　　结论 ··· 46
第 6 章　趋势 ·· 52
　　　　　用最高价和最低价来界定趋势 ·· 52
　　　　　TD 线 ··· 60
　　　　　内部趋势线 ·· 67
　　　　　移动平均 ··· 72
第 7 章　交易区间 ·· 75
　　　　　交易区间：交易考虑 ··· 75
　　　　　交易区间突破 ··· 78
第 8 章　支撑和阻力 ··· 81
　　　　　最近期货或连续期货？ ·· 81
　　　　　交易区间 ··· 81
　　　　　前期主要高点和低点 ··· 83
　　　　　相对高点和相对低点的集中 ·· 90
　　　　　趋势线、通道和内部趋势线 ·· 95
　　　　　价格包络带 ·· 95
第 9 章　图形形态 ·· 98
　　　　　一天形态 ··· 98
　　　　　连续形态 ··· 111
　　　　　顶部和底部结构 ·· 122
第 10 章　图形分析仍然有效吗？ ··· 134
第 11 章　技术指标 ·· 139
　　　　　什么是指标？ ··· 139
　　　　　基本指标计算 ··· 140
　　　　　比较指数 ··· 141
　　　　　移动平均类型 ··· 149
　　　　　震荡指标和交易信号 ·· 151
　　　　　指标谜思 ··· 153

指标"类型" ··· 155
结论 ··· 156

第三部分　图形分析对于交易中的应用

第 12 章　趋势中建仓和金字塔交易法 ···························· 158
第 13 章　选择止损点 ·· 164
第 14 章　设置目标和其他头寸退出标准 ························· 169
　　　　　以图形为基础的目标 ································· 169
　　　　　测量价格动态 ··· 169
　　　　　7 的规则 ··· 173
　　　　　支撑和阻力位 ··· 175
　　　　　超买/超卖指标 ······································· 177
　　　　　德马克序列 ··· 178
　　　　　相反意见 ··· 182
　　　　　跟踪止损 ··· 183
　　　　　市场观点的变化 ····································· 183
第 15 章　图形分析中最重要的规则 ····························· 184
　　　　　失败的信号 ··· 184
　　　　　多头陷阱和空头陷阱 ······························· 185
　　　　　假趋势线突破 ······································· 189
　　　　　重回尖峰极点 ··· 191
　　　　　回到宽幅游走日极点 ······························· 194
　　　　　反预期突破旗形或三角旗形 ······················· 196
　　　　　正常突破后旗形或三角旗形反向突破 ··········· 200
　　　　　刺穿顶部和底部结构 ······························· 202
　　　　　打破曲率 ··· 206
　　　　　失败信号的未来可信性 ··························· 206
　　　　　结论 ··· 207

第四部分　交易系统和绩效测量

第 16 章　技术交易系统：结构和设计 ·························· 210

    机械交易系统的好处 ··· 210
    三种基本类型系统 ··· 211
    趋势追踪系统 ··· 212
    标准趋势追踪系统的 10 个常见问题 ················· 219
    对基本趋势追踪系统的修改建议 ······················ 222
    反趋势系统 ·· 229
    反趋势系统类型 ··· 229
    多样化 ·· 230
    趋势跟踪系统常见问题重温 ····························· 232

第 17 章 原创交易系统的例子 ·· 234
    宽幅游走日系统 ··· 234
    奔日突破系统 ··· 241
    每日清单 ·· 242
    参数 ·· 242
    参数组列表 ·· 243
    奔日连续记数系统 ··· 246
    结论 ·· 251

第 18 章 选择最佳的期货价格序列进行系统测试 ············ 252
    实际合约序列 ··· 252
    最近期货 ·· 253
    固定前移（"永续"）序列 ································ 253
    连续（价差调整）价格序列 ····························· 255
    比较序列 ·· 258
    结论 ·· 259

第 19 章 测试和优化交易系统 ·· 261
    精心选择的例子 ··· 261
    概念和定义 ·· 263
    选择价格序列 ··· 265
    选择时期 ·· 265
    现实假设 ·· 267
    最优化系统 ·· 268
    最优化神话 ·· 269
    测试与拟合 ·· 281

	关于模拟结果的真相	282
	多市场系统测试	284
	负面结果	285
	构建和测试交易系统的十个步骤	285
	关于交易系统的结论	286
第20章	如何评估过往业绩？	289
	风险调整后的回报衡量方法	292
	比较风险调整后回报表现指标	301
	哪个回报/风险指标是最好的？	303
	看得见的业绩衡量	304
	水下曲线	309
	投资见解	311

第五部分 基本面分析

第21章	四种常见的错误，或者怎样才能不犯错	314
	五个小情景	314
	14个常见的错误	316
第22章	供给—需求分析：基本的经济理论	326
	供给和需求的定义	326
	数量化需求存在的问题	328
	理解消费和需求的区别	329
	考虑需求的必要性	332
	考虑需求的可能方法	334
	极度缺乏弹性的需求（相对于需求有弹性的供给）	336
	为什么传统的基本面分析在黄金市场里不适用？	337
第23章	基本面分析的类型	338
	老手的方法	338
	平衡表	338
	相似季节法	339
	回归分析	339
	指数模型	340
第24章	预期的角色	342

	用前一年的预测而不是最后修正的统计值	342
	在价格预测模型中加入预期作为一个变量	343
	在实际统计中预期的影响	343
	定义新玉米的预期	343

第 25 章　考虑通胀 …………………………………………………… 345

第 26 章　季节性分析 ………………………………………………… 351
　　　　　季节性交易的定义 ……………………………………… 351
　　　　　现货与期货价格季节性的比较 ………………………… 351
　　　　　预期的角色 ……………………………………………… 352
　　　　　它是真的还是它只是概率？ …………………………… 352
　　　　　计算季节性指数 ………………………………………… 353

第 27 章　分析市场反应 ……………………………………………… 364
　　　　　评估重复性事件的市场反应 …………………………… 364
　　　　　独立事件 ………………………………………………… 370
　　　　　市场反应分析的局限性 ………………………………… 371

第 28 章　建立一个预测模型：逐步完成法 ………………………… 373

第 29 章　基本面分析和交易 ………………………………………… 376
　　　　　基本面分析和技术面分析的对比：一个更需要注意的课题 … 376
　　　　　基本面分析的三大陷阱 ………………………………… 376
　　　　　将基本面分析与技术分析和现金管理结合起来 ……… 384
　　　　　为什么要进行基本面分析？ …………………………… 385
　　　　　基本面分析会立即打折吗？ …………………………… 386
　　　　　使新闻迎合价格变化 …………………………………… 389
　　　　　基本面变化：长期影响与短期反映 …………………… 390
　　　　　总结 ……………………………………………………… 393

第六部分　期货价差与期权

第 30 章　价差交易的概念与机制 …………………………………… 396
　　　　　简介 ……………………………………………………… 396
　　　　　价差——定义和基本概念 ……………………………… 396
　　　　　为什么交易价差？ ……………………………………… 397
　　　　　价差的类型 ……………………………………………… 398

	通用的规则	399
	通用规则——适用性和不适用的地方	399
	价差而不是直接交易——一个案例	401
	有限风险价差	402
	价差交易——分析和方法	404
	陷阱和注意点	405
第31章	跨商品价差：确定合约比率	407
第32章	股指期货中的价差交易	414
	场内股指价差	414
	跨市场股票指数价差	415
第33章	货币期货的价差交易	424
	跨货币价差	424
	同一货币价差	426
第34章	期货期权简介	430
	预备工作	430
	决定期权费的因素	432
	理论和实际的期权费	435
	德尔塔（中性对冲比率）	436
第35章	期权交易策略	438
	比较交易策略	438
	关键交易策略的损益表	440

第七部分 实用交易指南

第36章	计划交易法	506
	步骤一：确定一个交易哲学	506
	步骤二：选择交易的市场	506
	步骤三：明确提出风险控制计划	507
	步骤四：建立一个例行的计划时间	510
	步骤五：保留交易员的电子表格	510
	步骤六：记录交易员日记	512
	步骤七：分析个人交易	513
第37章	75条交易规则和市场观察	515

	进入交易	515
	退出交易和风险控制（资金管理）	517
	其他风险控制（现金管理）规则	517
	持有和退出盈利交易	518
	其他原则和规则	519
	市场规律	520
	分析和回顾	521
第38章	50个专业的市场教训	522
附录A	回归分析介绍	534
	基本原理	534
	最佳拟合的意义	536
	一个实际的例子	538
	回归预测的可信性	539
附录B	初级统计回顾	540
	离散程度	540
	概率分布	542
	阅读正态曲线（Z）表格	546
	答案	546
	总体和样本	548
	从样本统计量估计总体均值和标准差	549
	抽样分布	549
	中心极限定理	551
	均值的标准误差	554
	置信区间	554
	t 检验	556
	答案	558
附录C	检查回归等式的显著性	561
	总体回归直线	561
	回归分析的基本假设	562
	检验回归系数的显著性	562
	回归的标准误差	568
	单个预测的置信区间	568
	外推	570

	决定系数（r^2）	571
	伪（"无理"）相关	574
附录 D	多元回归模型	576
	多元回归基础	576
	在多元回归模型中使用 t 检验	578
	回归标准差	580
	个体预测的置信区间	580
	R^2 和修正 R^2	580
	F 检验	582
	分析一个回归过程	584
附录 E	分析回归方程	586
	极端值	586
	残值图	586
	自相关的定义	588
	衡量自相关的一个指标——杜宾-瓦特森（DW）统计	588
	自相关的含义	591
	遗漏变量和时间趋势	591
	虚拟变量	595
	多重共线性	599
	附录：高级话题	601
	剔除自相关的转换	603
	异方差性	605
附录 F	应用回归分析时的实践考虑	607
	确定因变量	607
	选择自变量	608
	预测期之前的价格是否应该被包含在内？	609
	选择调查期的长度	610
	预测误差的来源	610
	模拟	612
	逐步回归	612
	逐步回归法案例	614
	总结	614
参考文献		615

第一部分

序 言

第1章

仅供初学者参考

如果说学艺不精是危险的，那么学识渊博到足以化险为夷的又有几人呢？

——托马斯·亨利·赫胥黎

◻ 本章要义

本书的重点是分析和交易。虽然绝大多数与商品相关的通俗文献对这些主题进行了较深层次的探讨，但在后续章节的阐述中，作者除了认为读者已熟悉了期货市场的基本概念之外，并不假定读者已掌握了关于分析和交易的知识。本章的目的是提供一个必要的背景资料描述，使本书更易为期货新手读者所接受。本章标题顾名思义。熟悉期货市场的交易员可直接从第 2 章阅读。

本章提供的导论意在简明扼要，并不打算涵盖所有背景主题。交易所历史、经纪人选择和清算所运营等主题未在本章中涉及，因为了解这些对期货市场分析与交易的必要性不大。希望进一步了解商品市场基础知识的读者，可以参考更多商品相关的入门书籍。

◻ 期货市场的本质

期货合同是指在指定的未来日期交割或接收标准数量和质量的商品或金融工具的约定。与此约定相关的价格是交易初始价格。

期货市场的本质就在于它的名字：交易涉及未来交货日期而非现在的一个商品或金融工具。因此，如果一个棉农希望达成当前的销售，他将在当地的现货市场出售他的作物。然而，如果同一个农民想锁在一个预期未来销售价格（例如一个还未收割的作物的销售），他将有两个选择：他可以找到一个有兴趣的买家进行谈判，约定规定的价格和其他细节（数量、质量、交货时间、地点等）。或者，他可以卖出期货。后一种方法的主要优点如下。

（1）期货合同是标准化的。因此，棉农不必寻找买家。

（2）交易是在线即时完成的。

（3）与个性化的远期合同相比，期货交易成本（手续费）是最小化的。

（4）棉农可以在初始交易日与期货合同最后交易日之前的任何一天对冲自己的棉花销售交易。这一点的好处将在本章后面讨论。

（5）期货合同由交易所担保。

直到20世纪70年代早期，期货市场仅限于商品（如小麦、糖、铜、牛）。自那之后，期货已扩展至其他市场领域，最重要的领域有股票指数、利率和货币（外汇）。相同的基本原理适用于这些金融期货市场。交易报价代表未来到期日的价格而非当前市场价格。例如，10年期美国国债期货12月合约报价表示的是在12月交割10万美元10年期美国国债的特定价格。自期货引入以来，金融市场经历了显著增长，今天这些金融期货合约的交易量已远超过商品期货的交易量。但是，期货市场仍通常——虽然说也是错误地——被称为商品市场，而且这些术语是同义的。

交割

在最后一个交易日以后仍持有可交割期货合约头寸的空方，有义务按照合约规定交割既定的商品和金融工具。同理，在最后一个交易日以后仍持有可交割期货合约头寸的多方，也必须接受交割。在商品市场里，多头合约敞口的数量总是等于空头合约敞口的数量（请参照"交易量和未平仓量"部分）。绝大多数交易员不打算交割或接受交割，因此他们将在最后交易日前对冲他们的头寸（多头通过卖出挂单对冲头寸，空头通过买入挂单对冲头寸）。据估计，实际交割的合约不足合约敞口的3%。一些期货合约（如股票指数、欧洲美元）采用现金交割流程，通过这一流程未平仓的多头头寸和空头头寸在到期时按双方接受的价格对冲。

合约明细

在美国和世界很多国家的许多交易所都进行期货合约交易，期货合约涉及多个不同市场。这些合约的明细——特别是每日价格限制、交易时间、行情显示代号——可能会随着时间而变化，在交易所网站上可以查询到最新信息。表1.1提供了6个期货交易所（电子迷你标准普尔500、10年期国债、欧元外汇、布伦特原油、棉花和黄金）具有代表性的交易，细节如下所述。

（1）交易所。注意一些市场可以在多个交易所进行交易。在一些情况下，同一商品（或金融工具）的不同合约可以在同一交易所交易。

表 1.1 样本期货合约明细

	电子迷你标准普尔500	10年期美国国债	欧元外汇	布伦特原油	玉米	黄金
交易所	芝加哥商品交易所	芝加哥商品交易所、芝加哥期货交易所	芝加哥商品交易所	洲际交易所（洲际交易所欧洲期货）	芝加哥商品交易所、芝加哥期货交易所	芝加哥商品交易所、纽约商品交易所
行情显示代码	ES	TY	EC	B	C	GC
合约规模	50美元×标准普尔500指数	到期面值为100 000美元的美国国债				
报价价格单位	指数点	点数（1 000美元）和一点的1/32的半数（例如126-16代表126又16/32，126-165代表126又16.5/32）	每欧元的美元金额	美元和美分金额	每蒲式耳的美分金额	每盎司的美元和美分金额
最小价格波动（点）幅度和值	0.25指数点＝12.50美元	一点1/32的一半（15.625美元，四舍五入至每份合约的最近美分数）	0.000 05美元每欧元增量（每份合约6.25美元）	每桶1美分（0.01美元）＝10美元	每蒲式耳1/4美分＝12.50美元	每盎司0.10美元＝10美元
合约月	3月、6月、9月、12月	3月、6月、9月、12月	3月、6月、9月、12月	全年各月	3月、5月、7月、9月、12月	当前月；下两个月；下两期中的任何一个2月、4月、8月和10月；从当前月开始的72月周期内的任何一个6月和12月
交易时间	周一至周五，前一日下午5点至下午4点15分；下午3点15分至3点30分交易暂停	周日至周五下午5点至下午4点	周日至周五，美国中部时间下午5点至下午4点，每日从下午4点开始休市60分钟	伦敦时间上午1点至下午11点	周日至周五，美国中部时间下午7点至上午7点45分，以及周一至周五美国中部时间上午8点30分至下午1点20分	周日至周五下午6点至下午5点（芝加哥中部时间）或美国中部时间下午5点至下午4点，每日从下午5点（美国中部时间下午4点）开始休市60分钟

在两个月中；下两期中的任何一个2月、4月、8月和10月；从当前月开始的72月周期内的任何一个6月和12月

（续表）

	电子迷你标准普尔500	10年期美国国债	欧元外汇	布伦特原油	玉米	黄金
每日价格限制	期货定盘价采用7%、13%和20%限制，有效时间周一至周五美国中部时间上午8点30分至下午3点	期货定盘价采用7%、13%和20%限制，有效时间周一至周五美国中部时间上午8点30分至下午3点（参见交易所具体规定）	无	无	0.25美元	无
结算类型	现金结算	可交割	可交割	基于期货转现货交割的实物交割，带有现金结算选择权，结算时参考期货合约最后交易日的洲际交易所布伦特指数价格	可交割	可交割
第一通知日	无	合约月前一月的最后营业日	无	无	合约月前一月的最后营业日	交割月前一个月的最后营业日
最后通知日	无	合约月的最后营业日	无	无	最后合约的最后营业日的下一个营业日	交割月的倒数第二个营业日
最后交易日	截至合约月第3个星期五的上午8点30分	交割月最后7个营业日前的第7个营业日下午12点01分	合约月第3个星期三前的第2个营业日美国中部时间上午9点16分	相关合约月前第2个月的最后营业日	合约月的第15日历月前的营业日	交割月的第3个营业日至最后一个营业日
交割规格	无	交割月第一日的剩余期限为6.5~10年的美国国债	无	无	二级黄玉米按照合约价格交割，1级黄玉米按照每蒲式耳1.5美分溢价交割，3级黄玉米按照每蒲式耳1.5美分折价交割	最低含金量为995的黄金

（2）行情显示代号。报价代号是认证每一个市场的字母编码（如：ES 代表电子迷你标准普尔 500，C 代表玉米，EC 代表欧元），伴随使用字母数字后缀来表示月份和年份。

（3）合约规模。每份合约的统一数量规格是标准化一份期货合约的关键方式。交易员通过合约规模和价格的乘积可确定一份合约的美元价值。例如：如果棉花的交易价格为每蒲式耳 4 美元（1 美元 =6.800 6 人民币），合约价值就等于 20 000 美元（4 美元 × 每份合约 5 000 蒲式耳）。如果布伦特原油交易价格为 48.30 美元，那么合约价值就是 48 300 美元（48.30 美元 ×1 000 桶）。虽然有些例外，但大体而言，较高的每份合约美元价值隐含较大的收益/风险水平。(对于利率合约而言,合约价值的概念没有意义。)

（4）报价价格单位。这一行表示给定市场的相关度量单位。

（5）最小价格波动（点）幅度和值。这一行表示价格可以交易和美元价值可以波动的最小增量。例如，电子迷你标准普尔 500 合约的最小波动是 0.25 指数点。因此，你可以通过挂单方式在 1 870.25 或 1 870.50 买入 12 月的电子迷你标准普尔 500 期货，但是不可以在 1 870.30 买入。玉米的最小波动为每蒲式耳 0.25 美分，这意味着你可以通过挂单方式在 4.012 5 美元或 4.017 5 美元买入 12 月的玉米，但不可以在每蒲式耳 4.016 25 美元买入。点值可通过最小波动和合约规模的乘积计算得到。例如，就布伦特原油期货而言，每桶 1 美分 ×1 000 桶 =10 美元。就玉米而言，每蒲式耳 0.25 美分 ×5 000 蒲式耳 =12.50 美元。

（6）合约月份。每个市场是在确定的月份交易。例如，电子迷你标准普尔 500 期货合约是在 3 月、6 月、9 月和 12 月交易。玉米期货是在 3 月、5 月、7 月、9 月和 12 月交易。图 1.2 显示一年里每月的字母代号，该代码连同合约年份一起，加上市场的基础行情代码，共同构成了合约相关的行情显示代码。例如，2017 年 12 月的电子迷你标准普尔 500 期货的行情显示代码为 ESZ17，而 2018 年 3 月合约的代码为 ESH18。2017 年 5 月的代码为 CK17。一个合约的最后交易日通常出现在合约月的某一确定日期。但是在有些市场（如原油期货市场）里，最后交易日是在合约月的前一个月里。就绝大多数市场而言，从当前日期开始至少未来一年里的合约月期货都会在交易所里进行交易。但是，交投比较活跃的合约主要集中在最近两个月。

表 1.2　合约月代码

月	股票代码
1 月	F
2 月	G
3 月	H
4 月	J
5 月	K

(续表)

月	股票代码
6月	M
7月	N
8月	Q
9月	U
10月	V
11月	X
12月	Z

(7)交易时间：交易时间按照给定交易所的当地时间表示（所有的美国交易所都是位于美国东部或中部时区的）。

(8)每日交易限制：交易所通常会确定给定日期合约价格可以变化的最大金额。例如，如果12月玉米合约上一日收盘价位为4.10美元，而且每日价格限制为每蒲式耳25美分的话，那么玉米就不可能在4.35美元以上或3.85美元以下交易。如果价格连续触及限制价格达到一个确定天数的话，一些市场会通过规则来增加每日价格限制。

在自由市场力量可以在价格限制所隐含的范围界限外达成均衡价格的情况下，市场将达到限制价格并几乎不再交易。例如，如果在市场收盘后美国农业部公布了一个非常强劲的玉米收割产量估计数据，该数据理论上在没有管制的市场里会立即导致每蒲式耳30美分的价格涨幅，那么在下一个交易日价格将锁定在每蒲式耳25美分的涨幅上。这意味着市场将在该限制价格上开盘并维持不变，全天几乎没有交易发生。没有交易的原因是限制价格规则促成了一个人为的低价，在该价位上买入挂单大量涌现但几乎没有卖出挂单。

在一个非常负面的突发事件（如收割产量突然下跌）发生的情况下，市场可能会连续下跌数个跌停位，尽管这类下跌行情在24小时电子化交易到来前的时代里很少见。在这种情况下，选错方向的交易员直到市场交易打开跌停板后才能平仓。新交易员应当了解但不应当过分畏惧这种可能性，因为类似的极端波动事件很少发生。在绝大多数情况下，易受类似价格行为波动影响的市场很容易被发现。类似的市场包括美国农业部发布重大报告的商品市场、咖啡或冷冻浓缩果汁市场以及呈现出极端波动性的市场。对一些市场而言，临近合约的价格限制在接近到期日的某个时点（通常是第一通知日——参见第10项）被取消了。每日价格限制通常频繁变化，因此交易员应当向交易所咨询，确保他们清楚当前的阈值。

(9)结算类型：市场采用实物交割或现金结算。在表1.1中，电子迷你标准普尔500期货是现金结算，而所有其他市场都是实物交割的。

(10)第一通知日：第一通知日是指多方可以收到交割通知的第一日。第一通知日对于空方不构成问题，因为空方直到最后一个交易日结束以后才有义务发出交割通知。此外，在一些市场里，第一通知日通常出现在最后交易日之后，这对于多方也不构成问题，因为在那一时点可以假定所有剩余的多方都希望进行交割。然而，对于第一通知日在最后交易日之前的市场，不希望交割的多方一定要及时对冲他们的头寸，以避免收到交割通知。（经纪公司通常会向客户提供重要日期列表。）尽管多方可以通过结清头寸的方式来避开不合适的交割通知，但此类交易会产生额外交易成本且应该避免。最后通知日是指多方可以收到交割通知的最后一日。

（11）最后交易日：最后交易日是指在空方有义务交割和多方有义务接受交割前，合约头寸可以被对冲的最后一个交易日。如前所述，绝大多数的交易参与者都将在这一日之前结清自己的合约头寸。

（12）交割规格：这一项是指交割时可接受的底层商品或金融工具的具体质量和类型。

交易量和未平仓量

交易量是在某一天交易的合约总数。在一个市场里每个交易月的交易量数据都是可以得到的，但大多数交易员更关注所有交易月的交易总量。

未平仓量是未平仓的多头合约总数，或是未平仓的空头合约总数，就期货合约而言，这两个数相等。当一个新合约开始交易时（通常在合约到期日前大约 12～18 个月），它的未平仓量等于 0。如果买入挂单和卖出挂单匹配成交，那么未平仓量增至 1。一般而言，当新的买方从一个新的卖方买入时未平仓量增加，当现有的多方向现有的空方卖出时未平仓量减少。如果新买方从现有多方买入或是新卖方向现有空方卖出的话，未平仓量将保持不变。

作为市场流动性的指标，交易量和未平仓量是有用的。并非所有在交易所交易的期货市场都是交投活跃的。一些期货市场交易非常不活跃，另一些市场的交易活跃度差强人意。交易员应远离不活跃的市场，因为缺少充足挂单量将意味着无论交易员想要开仓或是平仓，他都不得不接受一个非常差的交易执行价格。

通常来说，未平仓量低于 5 000 份合约的市场，或平均每日交易量低于 1 000 份合约的市场应避免参与，或至少应谨慎参与。新市场的交易量和未平仓量数据在交易的最初几个月（有时甚至是最初几年里）低于上述水平。通过监测交易量和未平仓量，一个交易员可以确定何时市场的流动性足够充足，使他可以参与市场。图 1.1 显示了 2016 年 2 月黄金（上部）和 2016 年 4 月黄金（下部）的价格，以及它们各自的每日交易量数据。截至 2015 年 11 月，2 月黄金期货交易量微乎其微，进入 12 月后交易量迅速增长，整个1月份（2月期货合约在2月下旬到期）交易量维持在高水平。同时，截至1月，4月黄金交易量很小，此后稳步增长，在1月最后两日成为交易较活跃的合约，然而此时2月黄金合约距到期日仍有一个月时间。

按照合约月分解交易量和未平仓量数据，在确定某个月份流动性是否充足方面非常有用。例如，一个出于定价过低考虑更喜欢在9个月后到期的期货合约开多头而不喜欢交易近月合约的交易员，可能会更关心合约的交易活跃度是否足以避免流动性问题。在这种情况下，按照合约月分解交易量和未平仓量数据，可以帮助交易员确定是在远月合约上开仓更合理还是应该仅仅交易近月合约。

短线交易员（例如，日间到数日）应当只交易流动性最强的合约，一般说来是近月合约。

图1.1　黄金期货交易量变化

对冲

卖出对冲是指卖出期货合约来临时代替预期未来卖出现货商品①。同样道理，买入对冲是代替预期未来买入现货商品。归根结底，对冲者的目的是锁定未来价格以避免期

---

① 卖出对冲也可以用来代替临时存货下降（参见本部分后面的股票组合经理的例子）。

间价格波动带来的风险敞口。解释对冲概念的最好方式是举例说明。让我们一起看看下面的几个对冲例子。

商品对冲例子

棉花生产商卖出对冲

4月1日，一个棉农估计他的潜在产量大约为200 000磅，假定为平均产量。当前的现货价格是每磅95美分———一个极有吸引力的价格，但却不是这生产者能够获利的价格，因为他的作物在11月才能收割。12月期货价格为每磅85美分，反映了市场预期价格下跌。生产者认为12月价格可能过分乐观了。他预期，针对高价格，美国棉花产量会大幅增长，这将导致在新作物收割时价格显著下挫。假定他的悲观预期兑现，生产者希望锁定他预期产量的销售价格。

历史比较分析显示，在生产者所在的区域11—12月现货的价格倾向于比12月期货价格平均低2~4美分。（现货价格与期货价格之差为基差。在这种情况下，11—12月基差为负2至负4美分。）因此，按照当前价格每磅85美分卖出12月期货，棉农可以锁定大约每磅81~83美分的现货价格。由于生产者认为到收获棉花时价格会显著低于每磅80美分，因此他决定卖出3份12月期货合约以应对在收获后预期的棉花销售。这即是我们所说的卖出对冲。

需要注意，3份合约代表150 000磅棉花，等于生产者预期收割量的3/4。棉农并没有完全对冲他的未来收割量，因为他最终的实际产出仍存在很大的不确定性。如果天气状况极端恶化，他的产量可能会下跌超过25%。因此，为了避免过度对冲（可能导致出现净空头头寸），他审慎决定仅卖出3份合约。

表1.3 棉农卖出对冲

情况1：严重弱化的现货价格		情况2：相对稳定的现货价格	
4月1日	12月1日	4月1日	12月1日
现货价格95美分	72美分	现货价格95美分	92美分
期货价格85美分	75美分	期货价格85美分	95美分
结果：		结果：	
现货卖出价格	72美分	现货卖出价格	92美分
期货利润	10美分	期货利润	10美分
有效卖出价格	82美分	有效卖出价格	82美分

表1.3显示了对冲的两个假定结果。在第一种情况下，生产者预期判断完全正确，而且现货价格在12月1日下跌到每磅72美分。按照通常的历史基差关系，12月期货

价格为每磅 75 美分。生产者按照每磅 72 美分的现货价格卖出他收割的棉花,同时在期货头寸上实现了每磅 10 美分的利润。因此,对于他已经对冲的 150 000 磅棉花而言,他的有效价格为每磅 82 美分。(为了简便起见,这个例子和后续的例子都不考虑手续费。即使按照手续费进行调整,也不会显著改变结果。)由于进行了对冲,棉农已经锁定了一个与什么都不做等着棉花收割后才能实现的价格比更有利的价格。对冲后,棉农的收入比不对冲多了 15 000 美元:

$$3 \times 10 \text{ 美分/磅} \times 50 000 \text{ 磅} = 15 000 \text{ 美元}$$

对冲也不总是有利的。在表 1.3 中的第二种情况下,生产者的预测有误,现货价格保持稳定,从 4 月 1 日的高位下跌了仅仅每磅 3 美分。在这种情况下,棉农可以比预期每磅 92 美分的价格更好的价格卖出他的棉花,但是在期货头寸上他损失了每磅 10 美分。他的有效售出价格仍是每磅 82 美分。当然,在这种情况下,不对冲对于生产者更有利。然而,值得注意的是尽管棉农放弃了对冲带来的意外获利,但是他仍然实现了每磅 82 美分的目标销售价格。

对冲的价值在于对冲为生产者提供了更广泛的销售策略。如果生产者更喜欢碰碰运气,等待棉花收割后再出售,那么他可以这么做。期货合约能够帮助生产者锁定期间未来隐含价格的波动,从而增加了可能性范围。因此,尽管生产者不一定总做出正确选择,但是可能从长期来说,期货带来的销售灵活性对生产者而言仍是有利的。

纺纱厂买入对冲

6 月 1 日,一家纺纱厂签了一份明年 3 月的织物订单合同。为了满足生产需要,纺纱厂需要在 12 月底前购入 100 万磅棉花。

当前现货价格为每磅 77 美分,12 月期货价格为每磅 80 美分。假定在前面的棉花生产者例子中的每磅 -3 美分基差同样成立,12 月期货报价隐含了 12 月现货价格将维持在当前的现货价格水平不变。

尽管纺纱厂有充足的时间去购买棉花,但是未来几个月内棉花现货价格可能大幅上涨。由于终端产品销售价格已经协商确定了,公司必须锁定进货价格以确保得到令人满意的利润。鉴于这种情况,纺纱厂有两个选择:

(1)增加充足的存货来满足 12 月—次年 3 月的生产要求;
(2)通过买入 12 月棉花期货来对冲未来的生产要求。

鉴于这个例子里的价格结构,纺纱厂买入期货将更有利。为什么呢?因为买入期货在满足未来要求的同时不会带来仓储成本。(12 月期货价格隐含了一个相对于目前水平不变的现货价格。)相比较而言,买入现货棉花将带来 6 个月的仓储相关成本。这些费用中比较重要的有借款成本,或者如果公司使用自有资金的话还要考虑损失的利息收入。

表 1.4 显示了对冲的两个结果。在这两种情况下,均假定企业在 12 月 1 日购买棉花,同时对冲期货多头头寸。在第一种情况下,现货价格在 6 月—12 月上涨,12 月 1 日购买棉花的实际现货市场价格为每磅 87 美分。然而,由于期货对冲带来了每磅 10 美分的利润,对于公司的有效价格是每磅 77 美分(6 月 1 日的现货价格)。在第二种情况下,现货价格下跌,公司实际购买价格为每磅 67 美分。然而由于期货上的损失是每磅 10 美分,有效价格还是每磅 77 美分。尽管在这种情况下纺纱厂不对冲将更好,但是它仍然可以按照事先锁定的合意价格买入棉花。

由于绝大多数公司更关注锁定充足利润而不是放弃意外收获,对冲可以为商业管理提供有价值的工具。此外,更应当强调的是,如果期货隐含的价格不让人满意的话,公司总是有选择权不进行对冲的。简而言之,采用对冲策略的商品使用者比他们的竞争对冲更有优势,因为他们有更广阔的购买策略选择。

金融期货对冲

前面的几个例子说明了商品的买入和卖出对冲。相同的基本规则也适用于金融市场,就如同下面的例子所示。

一家公司预计 6 个月后有贷款需求,但是担心期间借款成本上升。这家公司可以通过卖出短期利率期货(如欧洲美元)来锁定一个固定利率。(利率上升将导致利率工具的价格下跌。)

表 1.4 纺纱厂买入对冲

情况 1:现货价格上升		情况 2:现货价格下降	
6 月 1 日	12 月 1 日	6 月 1 日	12 月 1 日
现货价格 77 美分	87 美分	现货价格 77 美分	67 美分
期货价格 80 美分	90 美分	期货价格 80 美分	70 美分
结果:		结果:	
现货买入价格:87 美分		现货买入价格:67 美分	
期货利润:10 美分		期货损失:10 美分	
有效买入价格:77 美分		有效买入价格:77 美分	

一个债券期货经理预计 3 个月后有一笔现金流入同时利率会立即下跌,于是他可以通过买入美国国债期货来锁定收益。

一个股票组合经理担心股票价格发生快速临时跌停的可能性,于是他可以通过卖出股票指数期货(电子迷你标准普尔 500、电子迷你纳斯达克 100 和罗素 2000 迷你指数)来减少市场敞口。与部分或全部平仓他的组合然后在晚些时候再建立头寸相比,此类操作的成本有效性更好（如带来的手续费更少）。

一家美国公司3个月后需要1 000万欧元用来支付一单重要交易，这家公司可以通过购买欧元期货锁定汇率。

关于对冲的一些观察

（1）在上述所有例子里，对冲者要么是在实际的现货市场对冲一个预期未来的交易，要么是用金额相等但方向相反的期货交易来对冲一个现有的头寸。因此，对于对冲者而言，参与期货市场可以降低价格波动带来的风险。实际上，在众多生产者和商品（或金融市场）使用者中真正的投机者都是不进行对冲的。例如，不对冲的农民是在对收割前的价格波动方向进行投机。

（2）一些关于对冲的书面讨论几乎都暗示交易所交易的商品生产者和使用者应当自动对冲。这很滑稽可笑——只有在期货隐含价格合适的情况下才应当考虑对冲。另外，对冲只是一个人用期货银行价格来交换未来的实际现货价格。从长期来看，这种类型的对冲就交易本身而言应该说是一个盈亏平衡的过程和一个净损失生成器（考虑手续费因素）。

（3）对冲应被视作是一项重要的市场营销工具，因为它为生产者和使用者提供了大量的买入和卖出策略。对冲者总能够选择不对冲，但是不对冲者却失去了通过期货相关机会提高利润的可能性。

（4）对冲者不需要等到实际交易发生后再了结对冲头寸。例如，我们再来考虑一下按每磅85美分卖出12月期货的棉农的例子。如果期货价格在10月下跌至每磅70美分，对冲者可能决定回补他的空头对冲头寸。尽管在每磅85美分的价格棉农愿意对冲价格下跌的风险，但在每磅70美分的价格他可能更愿意进行投机。如果价格随后上涨，生产者可能决定重新建立对冲。实际上，老练的对冲者通常在对冲时运用此类交易方法。关键在于，与大多数教科书例子相反的是，只有在隐含价格保护合适的情况下，保留对冲头寸才有意义。

（5）在比较当前的现货价格和期货隐含的现货价格时，牢记时间差异和预期非常重要。例如，在表1.3情况1的对冲里，期货隐含的现货价格比当前现货价格低了每磅13美分。然而，虽然折价很多，对冲仍然是有利可图的，因为期间价格下跌的重要性远远超过了价格差异的重要性。因此，主要问题不是期货隐含的现货价格是否比当前现货价格更有吸引力，而是期货隐含的现货价格是否比预期未来现货价格更有吸引力。

（6）对冲者无法精确锁定交易价格。他的有效价格取决于基差。例如，如果棉花生产者在每磅85美分卖出期货，假定有-3美分的基差，如果对冲时实际基差变成了-5美分，那么他的有效销售价格将是每磅80美分而不是预期的每磅82美分。但是，应该强调的是，与不做对冲保护的头寸中含有的直接价格不确定性相比，这种基差价格不确定性要小得多。此外，通过使用合理的保守基差假设，对冲者可以增加达成或优化预想锁定价格的可能性。

（7）尽管对冲者打算买入或卖出实际商品，但是通常来说对冲期货头寸并使用当地现货市场进行实际交易更加有效率。期货应当被视为定价工具而不是交割或接受交割的工具。

（8）绝大多数关于对冲标准的讨论都未提及价格预测。省略讨论似乎暗示了对冲者不需要考虑价格方向。尽管这个结论对于一些对冲者（例如，试图锁定买入和卖出价格之间利润的中间人）是有理的，但是对绝大多数对冲者而言却是错误的。遵循自动对冲往往是毫无意义的。相反，对冲者应当评估期货带来的价格保护的相对吸引力。在进行评估时，价格预测应当是要考虑的关键因素。在这方面，价格预测对于很多对冲者的重要性丝毫不亚于对于投机者的重要性。

交易

交易员试图通过预测价格波动来获利。例如，12月黄金价格为每盎司1 150美元，一个预期价格上升到每盎司1 250美元的交易员将建立多头仓位。交易员无意在12月实际交割黄金。无论对或错，交易员在到期前的某个时点总会对冲头寸。例如，如果价格升值1 275美元而且交易员决定获利了结，那么每份合约的交易收益将是12 500美元（100盎司 × 每盎司125美元）。然而，如果交易员的预测错误而且价格下跌至每盎司1 075美元，随着到期日临近，交易员除了平仓别无选择。在这种情况下，每份合约将会损失7 500美元。需要注意的是，即使交易员希望维持黄金多头头寸，他也不会进行交割。交易员将会在对12月合约进行平仓同时建立一个远月合约的多头头寸。（此类交易被称为移仓换月而且是用价差委托来执行的——在后面进行解释。）交易员应当避免交割，因为交割往往导致相当高的额外成本而且没有任何收益补偿。

新交易员应当警惕不要产生多头思维的交易偏见。在期货交易中，做多和做空没有本质区别①。由于价格可能下跌也可能上涨，只持有多头头寸的交易员将会失去大约一半的潜在获利机会。而且，应当注意的是，期货通常会对当前价格有一个溢价。因此，多头偏见的通胀论点时常是错误的。

---

① 一些初学者对于交易员如何卖出他没有的商品表示迷惑。答案的关键就在于交易员卖出的是期货而非现货商品。尽管在最后一个交易日以后仍然做空的交易员必须取得实际商品来履行他的合约义务，但是在此之前他并不需要拥有这个商品。做空行为指的就是在最后交易日之前赌价格将会下跌。无论对错，交易员在最后交易日前都会对冲他的空头头寸，从而不必获得商品的实际所有权。

成功的交易员必须使用某些预测价格的方法。两个基本的分析方法如下所述。

（1）技术分析。技术分析师以非经济数据为基础进行预测。价格数据是最重要的——而且通常是技术分析仅有的参数。技术分析的基本假设是价格会呈现重复形态，而且识别这些重复的形态对于发现交易机会来说是有用的。技术分析也包括其他数据，如交易量、未平仓量和市场情绪。

（2）基本面分析。基本面分析师使用经济数据（即生产、消费、出口）来预测价格。归根结底，基本面分析者试图通过识别潜在的更宽松或更紧张的供求平衡拐点来挖掘交易机会。

正如在第 2 章中所讨论的一样，技术面分析和基本面分析并不是互相排斥的方法。很多交易员在决策过程中使用这两种方法或是把它们用作自动化交易系统中的构成要素。

委托类型

当天有效委托和取消前有效委托

除非特意说明，委托通常被认为是发出委托当日内有效的。如果交易员希望委托在取消前一直有效，他必须明确表示该委托是取消前有效的。

市场委托

这种委托指经纪人一旦收到委托即在当前市场价格水平执行委托。当交易员更希望立刻建立头寸或了结头寸而不是试图在某个确定的执行价格上成交时，他就会使用市场委托。市场委托确保交易立刻成交，除非价格被锁定在了每日涨跌停板上或是在临近收市时才发出委托。

限价委托

限价委托，又称为较佳价格执行委托，一般是在交易员想要确保执行价格不逊于某一水平时使用。例如，一个在每盎司 1 150 美元限价水平买入 12 月黄金期货的委托只会在价格等于或低于 1 150 美元时才被执行。

如果在经纪人收到委托时市场正在高于这一水平之上交投，那么只有在价格跌至 1 150 美元时委托才会执行。如果价格最终没有回落至这一水平，经纪公司就不能执行委托。同样道理，一个在每盎司 1 190 美元限价水平卖出 12 月黄金期货的委托只会在价格等于或高于 1 190 美元时才被执行。与市场委托相比，限价委托通常能获得更好的执行价格，但是不利之处就在于限价委托可能不会被执行。一个更关注委托是否会被执行的交易员不应该使用限价委托，特别是如果他使用委托来平仓亏损的头寸。

停止委托

直到市场达到某个给定价位时停止委托才会被执行。一个买入停止委托的价格必须是在市场价格之上，而一个卖出停止委托的价格必须是在市场价格之下。

实际上，停止委托总是在比市场价格更差的价格上执行。那么，为什么交易员会使用停止委托呢？有两个原因：

其一，停止委托被用于止损或止盈。例如，一个在每磅 14.50 美分买入 3 月白糖的交易员可能会发出一个在每磅 13.50 美分卖出 3 月白糖的停止委托（取消前有效）。如果市场随后下跌至每磅 13.50 美分或更低的话，停止委托就变成了市场委托。这样，交易员就把交易风险限制在大约 100 个点左右。之所以说是大约，是因为在委托执行前市场经常波动超出停止价格。在空头头寸里，保护性停止委托会被留在更高的价格水平上。例如，如果交易员在每磅 14.50 美分做空 3 月白糖，那么可能的委托就是在每磅 15.50 美分买入 3 月白糖的停止委托（取消前有效）。

其二，如果交易员把市场达到某个水平的能力视为价格信号的话，他也可能使用停止委托。例如，如果 3 月白糖在每磅 12.00 美分和每磅 15.00 美分之间交易了几个月，交易员可能认为市场有效突破这个价格区间高点的能力是市场转强的信号，暗示可能出现一波潜在的牛市行情。在这种情况下，交易员可能发出一个在每磅 15.50 美分买入 3 月白糖的停止委托。因此，即使 3 月白糖在目前价格上被卖得更便宜，但交易员更想要使用停止委托，因为如果市场能表现出一定程度强势的话他就是想要做多。

停止限价委托

一个停止限价委托是一个实际执行价格被限定的停止委托。例如，"在 124'16 买入 3 月 10 年期国债期货的停止委托、限价 124'24、取消前有效"的意思是，如果 3 月 10 年期国债期货上涨至 124'16 的话，买入委托激活，但在价格上升至 124'24 之上委托才被执行。同样地，"在 122 卖出 3 月国债期货的停止委托、限价 121'22、取消前有效"，是一个在市场跌至 122 时会被激活的卖出停止委托，但在价格下跌至 121'22 之下才被执行。此类委托的停止和限价部分不一定在不同价格上。

收盘停止委托

收盘停止委托是在收盘价区域超出确定价格后被激活的停止委托（不是所有交易所

都接受此类委托）。

触价委托

一旦市场达到了限定价格触价委托就变成了市场委托。除此以外，触价委托与限价委托相似。例如，给定下面的价格序列——79.40、79.35、79.25、79.20、79.25、79.30、79.40、79.50……一旦市场达到79.20价格，在79.20触价买入委托将变成市场委托，但是79.20限价委托只会在79.20或比79.20更好的价位上执行。在这个例子里，市场到79.20是非常短暂的，以至于限价委托很可能不会被执行，然而触价委托将会被执行（可能在高于79.20的某个价格执行）。触价委托是一种过于吹毛求疵的委托，在很多时候是多余的。从长期来看，交易员用略高的价格买入限价委托（或略低的价格卖出限价委托）也可以产生相同的效果。

全部执行或立即取消委托

顾名思义，全部执行或立即取消委托是立即全部执行或当即取消的限价委托。

批量委托

批量委托用于多合约头寸，交易员想要在不同的价位开仓。例如，如果6月英镑期货交易价格153，那么想要在市场上涨至155—157区间中卖出10份合约的交易员可能会使用批量委托卖出10份6月英镑合约，在155.20限价委托一份合约，之后每增加0.20点委托一份合约，在157限价委托最后一份合约。

二者择一委托

二者择一委托是同时建立两个委托，其中一个委托执行后立即取消另一个委托。例如，一个在117做多2月活牛期货的交易员打算在125获利了结或是在109止损，他可能会发出如下委托：在125限价卖出2月活牛期货/在109停止，二者择一委托，取消前有效。

或有委托

在这种类型委托中，一份合约的执行依另一份合约的情况而定。例如，如果3月白糖期货在13.00或更低价格交易的话，那么按照市场价格卖出10月白糖（并不是所有的交易所都接受此类委托）。

价差委托

价差委托涉及同时买入一份期货合约和卖出另一份期货合约，可能是相同市场的合约也可能是相关市场的合约。本质上，价差交易员主要关心的是价格之间的差异而不是价格波动的方向。价差交易的例子如下：买入一份7月棉花期货/卖出一份12月棉花期货，7月比12月溢价200个点。如果7月合约能在比12月合约卖出的价格上高200个点或更少点的价格上买入的话，价差委托将被执行。如果交易员预期7月棉花对12月棉花的溢价会进一步展宽时，那么他就会使用此类委托。

并非所有经纪公司都会接受本部分的委托类型（它们可能会提供一些此处没有列出的其他委托）。交易员应当咨询他们的经纪公司来确定可以使用的委托类型。

手续费和保证金

在期货交易里，手续费通常按每份合约收取。在大多数情况下，交易规模大的交易员将能够议定较低的手续费率。虽然商品手续费相对较低，但是对于频繁交易的交易员而言手续费成本会相当高——这就是为什么长线交易更加可取，除非交易员有一套行之有效的短线交易方法。

本质上，期货保证金相当于信用存款而且只占期货合约价值的一小部分（大约是5%左右）。期货交易所为每种合约设定最小保证金要求，但是很多经纪公司通常会要求更高的保证金存款。由于初始保证金仅占合约价值的一小部分，当市场朝着不利方向运动时，交易员通常被要求追加额外的保证金。这些额外的保证金支付被称为是维持保证金。

很多交易员倾向于过度担心经纪公司收取的最低保证金率。如果交易员遵守审慎货币管理原则的话，那么实际保证金水平其实是无关重要的。通常来说，交易员在每单交易上应当配置3～5倍于最低保证金要求的资金。在接近于全部保证金水平附近进行交易的话很容易出现严重亏损。如果交易员不在账户里放上数倍于保证金要求的资金，那么他就是在过度交易。

税负考虑

税法会随时间变化，但对于美国的普通投机者来说，期货合约税收法规的精髓可以被归纳为如下三个基本点。

（1）不考虑期货交易持有期（即平等对待所有交易，不考虑头寸的持有期长短，也不考虑头寸是多还是空）。

（2）60%的期货交易收益被视作长期资本利得，余下的40%被视作短期资本利得。由于长短期资本利得的当前最高税率分别为20%和50%，这意味着期货交易的最大税率为32%。

（3）给定年度的利得（或损失）是截至12月31日的已实现的利得（或损失）和未实现利得（或损失）的总和。

第2章

基本面分析对技术面分析大讨论

然而，令人好奇的是，差劲的技术面分析师从不为他的方法表示歉意。如果说还有什么的话，他比以往更加狂热。如果你犯了社交错误，询问他为什么这么差劲，那么他会相当巧妙地回答你，说他犯了过于人性的错误，没有相信自己的图形。令我感到非常尴尬的是，我和一位信奉技术图形的朋友共进晚餐的时候，他就做过相似的评论，把我噎得够呛。自那以后，我就给自己定了个规矩，再不和信奉技术图形的人士一起吃饭了。因为不利于消化。

——波顿·G. 麦基尔

一天晚上，在和一位信奉基本面分析的人共餐时，我偶然把餐刀碰到了桌角。他注视着刀子在空中旋转，最后任由刀子的尖端插进了他的鞋里。我大惊地说道："为什么你不躲开你的脚呢？"他回答："我一直在等着刀子回到它原来的地方。"

——埃德·史柯达（一个公认的技术面分析人物）

基本面分析使用经济数据（即生产、消费和可支配收入）预测价格，然而技术面分析主要（通常仅仅）研究价格数据本来的形态。哪种方法更好呢？围绕这个问题的争论一直不休。有趣的是，专业人士在这一问题上的分歧没有门外汉那么大。在一系列的书中我采访了一些世界上最优秀的交易员[①]，我很惊讶关于这个问题会有这么大的分歧。

吉姆·罗杰斯是另一个极端的代表。20世纪70年代，吉姆·罗杰斯和乔治·索罗斯是量子基金的两大领袖，而量子基金是那个时代华尔街最成功的基金。1980年，罗杰斯为了避开管理职责离开了量子基金，他把自己全部的时间用于管理自己的投资——他又一次证明自己成就非凡的伟大事业（在乔治·索罗斯的领导下，量子基金在后来数年里延续了它的辉煌）。多年以来，罗杰斯一直维持着市场预测高比例准确性的记录。

---

① 市场奇才. 霍博肯. 新泽西：约翰·威利父子出版公司，2012[第一版1989])；新市场奇才. 霍博肯，新泽西：约翰威利国际出版公司，2008.)；股票市场奇才. 纽约，纽约州：哈珀商业出版公司，2003.)；霍博肯对冲基金市场奇才. 霍博肯，新泽西：约翰·威利父子出版公司，2012.)。

例如，1988年我对罗杰斯进行采访时，他准确地预测了日本股市大崩盘和黄金持续多年的下行趋势。显而易见，吉姆·罗杰斯的观点值得仔细思考。

当我询问罗杰斯对于图表研读的观点（技术面分析的经典方法）时，他答道："我还没遇到过有钱的技术面分析师，当然不包括靠出售自己的服务而赚了很多钱的技术面分析师。"这个讽刺的回答言简意赅地概括了罗杰斯关于技术面分析的观点。

马丁·施瓦茨是一个持另一种极端观点的交易员。在我采访他的时候，作为一名独立股票指数期货交易员，施瓦茨正在考虑管理外部资金。除了这项事业以外，他刚刚审计完自己的过往交易业绩并且允许我来看这些结果。在此前的10年里，他每个月的平均收益为25%！同样让人印象深刻的是，在这120个月里，他仅在2个月里发生亏损——而且损失小到只有2%和3%。同样，马丁·施瓦茨也是一个重要人物，他的观点不容小觑。

尽管我没有向施瓦茨提及过罗杰斯的评论，但是当我问施瓦茨面是否曾从基本面分析转型到技术面分析时（施瓦茨入行时曾是股票分析师），他的回答几乎听起来就是对吉姆·罗杰斯的直接回击："当然！我总是嘲笑那些说'我从未遇到过有钱的技术面分析师'，我喜欢这样！这是一个多么自高自大而且毫无道理的回答。我使用基本面分析有9年的时间，但是在成为技术面分析师后才变得富有。"

这就是你看到的。两个功成名就的市场参与者关于基本面和技术面分析有效性完全对立的观点。你相信谁呢？

根据我的评估，罗杰斯和施瓦茨的观点都有其真实性。无论是纯粹的基本面分析者、纯粹的技术面分析者或是二者结合的分析者，都可以成为一名成功的交易员。这两种方法肯定不是互相排斥的。实际上，世界上很多成功的交易员使用基本面分析确定市场交易的方向，使用技术面分析来确定交易进场和离场的时机。

我发现成功的交易员所具备的一个普遍的特质就是：他们多倾向使用一种最符合他们性格的方法。一些交易员偏好长期方法，而另一些交易员更倾向于日间交易；一些交易员只有在遵循自动系统发出的信号时才感到放心，而另一些交易员却对这样的机械方法感到厌恶；一些交易员在交易室里（近乎精神病院一样的环境里）成长，而另一些交易员只有在安静的办公环境里决策才会成功；一些交易员发现基本面分析是自然方法，而另一些交易员本能地倾向于技术面方法，还有一些交易员则融合了这两种方法。

本质上来说，对这个问题没有普适的答案，哪个更好，基本面分析还是技术面分析？非常简单，这取决于个人情况，由自己来确定合适的方法。

基本面分析和技术面分析的相对受欢迎程度在整个大周期循环里此消彼长。在20世纪70年代我刚成为市场分析师的时候，基本面分析被视为是坚实有效的方法，技术面分析被大多数人视为骗人的黑魔法。

然而，环境在变化，因为在20世纪70年代商品通胀时期发展起来的巨大价格趋势与很多技术面分析师广泛推崇的遵循趋势的技术完美契合。在这段时期里，甚至是最简单的追踪趋势的策略都表现极为优异，而复杂的基本面方法时常被证明是有误导性的。在这种环境下，技术面分析受欢迎的程度显著上升，而基本面分析日益衰竭。这种基本趋势延伸至20世纪80年代。截至20世纪80年代末期，期货行业绝大多数的货币经理人在进行交易决策的时候完全或高度依赖技术面分析。因此，虽然在20世纪70年代早期几乎没有市场参与者考虑技术面分析，但是在20世纪80年代晚期几乎没人考虑基本面分析。

然而，到现在，一般的市场行为已经变得越来越古怪，没有持续趋势而且假价格突破越来越多（即价格向上或向下突破交易区间，不是遵循价格延伸而是遵循价格反转）。同时，一些奉行技术趋势的人优异的表现越来越恶化，或者至少他们的结果时常出现较大的权益回撤。同时，似乎很多表现优异的交易员和货币经理人都是那些以基本面分析为导向的人，或者至少是在交易决策中依赖基本面分析的人。

总而言之，关于基本面和技术面分析的争论没有正确答案：合适的方法取决于个人情况。此外，甚至对于每个交易员而言，观察到的答案随着时间推移可能发生巨大变化，或者甚至完全反转。而且，把基本面分析和技术面分析整合到一起可能会提供一个特别有效的方法，而且确实是一些世界上最成功交易员使用的通用方法。归根结底，每个交易员都必须深入研究两个方法，选择合适的方法论，或者把感觉最合适的方法融合在一起。

使用基本面和技术面分析进行交易的利弊，以及把两种方法结合在一起时的实际考虑将会在第29章详细记述。

第二部分

图形分析和技术指标

第 3 章

图形：预测工具还是民间传说？

常识不是那么寻常。

——伏尔泰

有一个关于投机者的故事，讲的是随着他的每一次失败，他对成功的渴望却越来越强烈。一开始，他依靠基本面分析进行交易决策。他构建了一个个复杂的模型，这些模型根据一系列的供需指标预测价格。不幸的是，他的模型预测总是因为一些突如其来的事件搞糟，例如干旱或是出乎意料的出口销售数据。

最后，他愤怒地放弃了基本面方法，转而使用图形分析。他仔细检查价格图形，搜寻可以揭示交易成功秘密的形态。他是第一个发现鲨鱼牙底部和大提顿顶部等异常形态的人。但遗憾的是，这些形态在他开始把它们用于交易之前似乎总是值得信赖的。当他想做空的时候，顶部形态被证明不过就是巨大牛市中的短暂整理。同样让人痛苦的是，在他刚刚做多不久，看似稳定的上升趋势总有一种神秘的倾向让走势反转。

他推理："问题在于图形分析太不精确。我需要的是一个计算机化的交易系统。"所以，他开始测试各种各样的方案，看看是否在过去有一种方案可以成为赚钱的交易系统。经过大量研究后，他发现在奇数日子的月份的第 1 个星期二买入牛、可可和欧洲美元并在该月的第 3 个星期二平仓，在之前的 5 年中产生了极其可观的盈利。令人难以理解的是，一旦他开始交易，这个仔细研究得来的形态却不再成立了。又一次时运不济的打击。

投机者尝试了很多其他的方法——艾略特波浪、菲波纳奇数字、江恩矩阵、月相——但所有这些方法均被证明不管用。恰巧在这时，他听说在遥远的喜马拉雅山里住着一位有名的大师，他会回答所有找到他的朝圣者的问题。于是，他乘飞机来到了尼泊尔，雇用了当地的向导，花了两个月的时间长途跋涉。最后，就在他筋疲力尽的时候，找到了那位有名的大师。

他说："噢，智者，我是一个屡遭挫败的人。多年来，我一直在找寻交易的真谛，但是我尝试的每个事物都以失败而告终。成功的秘密究竟是什么？"

大师停顿了一下，然后专注地凝视着这位来访者，答道："Blash。"然后就一言不答了。

"Blash？"他不理解这个答案。在他清醒的每时每刻他都在思索这个答案，但不能理解它的深意。他把这个故事讲给了很多人听，直到最后一位听众解释了大师的答案。

"这个答案很简单，"他说："低买高卖。"

大师的意思对很多寻找交易智慧高深答案的读者来说有点令人失望。低买高卖的策略并不满足我们关于深入见解的定义，因为它充其量也就是一个常识而已。但是，如果，按照伏尔泰的话，"常识不是那么寻常"，那么常识也不是像表面上看上去那么显而易见。例如，想想下面的问题：一个市场新高的交易含义是什么？常识性的低买高卖理论明确地指出后续的交易活动应该仅限于做空。

大多数的投机者可能对于这个解释很满意。可能低买高卖方法的吸引力迎合了绝大多数交易员展示他们伟大的愿望。毕竟，任何一个傻子都会在一个长期上升趋势中买入，但是弱化趋势和选择高点却需要一定的智慧。无论何时，几乎很少有交易举动比偏重低买高卖更出自于直觉的。

因此，当市场达到一定高点时，很多投机者有强烈的倾向去做空。采用这种方法只有一点错误：它不管用了。一个似乎有理的解释是容易找到的。市场达到并且维持新高的能力往往是强大的深层力量的一种反映，而这种力量时常把价格推得更高。这是常识吗？当然！但是要强调的是，交易的含义是与很常识性的低买高卖方法大相径庭的。

关键就在于，我们很多关于市场行为的常识性直觉是错误的。图形分析提供了一个在交易中获取常识的方法——一个远比它听上去更难以捉摸的目标。例如，如果在开始交易前，一个人用尽一切地研究历史价格图形，以便确定市场创出新高的后果，那么他在避免新手交易员失足的常见圈套时会有优势。相似地，其他的市场真相也可以通过研究历史价格形态来收集。

然而，必须要承认的是，以图形作为预测未来价格方向指标的有用性是一个争论激烈的话题。与其说是比照这个论点的利弊，倒不如说是我们发现了二十世纪八九十年代备受欢迎的一部金融市场电视连续剧中的一幕简洁地概括了这个争论的一些要点问题。这部剧的对白如下：

主持人：大家好，我是《华尔街周报》的路易斯·普奈塞。今晚，我们将不会采用普通的访谈模式，而是开启一场关于商品价格图形有用性的讨论论坛。所有这些波浪线条和形态真的可以预测未来吗？或者说，莎士比亚对于生活的描述——"人生是否如痴人说梦，充满着喧哗与骚动，却没有任何意义？"也适用于图形分析吗？今晚我们的嘉宾有费思·N.特兰德——华尔街特纳姆·博纳姆公司的著名技术面分析师和菲利普·A.

柯奥因——象牙塔大学教授和《击败市场唯一之路——成为经纪人》的作者。柯奥因先生，你属于随机游走者团体。这是那种扔飞镖在追踪图上来确定目的地的徒步旅行俱乐部吗？（他在镜头里沾沾自喜地笑。）

　　柯奥因教授：噢不，普奈塞先生。随机游走者是一群信奉市场价格随机运动的经济学家。也就是说，一个人不能设计出一个可以预测市场价格的系统；同样，一个人也不能设计出一个可以预测赌轮盘上颜色出现顺序的系统。严格来说，这两个事件都是纯属偶然事件。价格没有记忆，昨天发生的事情和明天发生的事情也没有关系。换句话说，图形只能告诉你过去发生了什么；它们在预测未来方面毫无用处。

　　特兰德女士：教授，你忽略了一个非常重要的事实，每天的价格不是从碗里抽出来的，而是所有市场参与者集体活动的结果。人类活动可能不像物理学原理主导的行星运动那样可以预测，但是它也不是完全随机的。如果它是完全随机的话，你的职业——经济学——注定会和炼金术有相同的命运。（在提及这个说法的时候，柯奥因教授在椅子上不自在地扭动。）图形揭示了基本的行为模式。假如买卖双方相似的交互影响会导致相似的价格形态，那么过去的确可以用做未来的指引。

　　柯奥因教授：如果过去的价格能用于预测未来的价格，那么为什么大量的学术研究得出结论，在考虑手续费的情况下，被检验的技术规则的表现并未优于一个简单的买入持有策略呢？

　　特兰德女士：在这些研究中使用的规则通常过于简单化。研究显示那些规则不起作用。它们并不能证明一个更丰富的价格信息集合——例如图形分析或是更复杂的技术系统——不能成功地用于交易决策。

　　柯奥因教授：那么为什么没有研究可以令人信服地显示图形分析作为预测工具的有效性呢？

　　特兰德女士：你的论据只反映了量化图形理论的困难而没有反映图表方法的缺陷。一个人的顶部形态是另一个人的密集配置区域。尝试界定除最简单的图形形态以外的任何事物在数学上是不可避免的武断。当一个人意识到在任何既定时点图形都可能展示出矛盾形态的时候，问题就变得越加混乱。因此，在这个意义上来说，客观地检验图形理论真的是不太可能。

　　柯奥因教授：那对你而言是相当方便的，不是吗？如果这些理论不能被严格地检验的话，他们又有什么用处呢？你怎么知道图形交易会导致一个好于50/50的胜率呢——也就是说，在考虑手续费之前？

　　特兰德女士：如果你的意思是盲目遵循每个图形信号就能让你的经纪人致富的话，我并不同意。但是，我的观点是图形分析是艺术而非科学。熟悉基本的图形理论仅仅是起点。图形的真正用处取决于交易员把自身经历和标准概念进行成功结合的能力。在运用得当时，图形在预测市场主要趋势的时候非常有价值。很多成功的交易员主要依靠图形进行决策。你把他们的成功归因于什么呢——运气吗？

柯奥因教授：是的，那就是运气。如果交易员足够多的话，他们中的一些人是成功者，不管他们是靠阅读图形来决策还是靠在商品价格图上投飞镖来决策。这不是交易方法，只是概率论。甚至在赌场里，一定比例的人会是赢家。你总不能说他们的成功是因为有深入的见解或是交易系统。

特兰德女士：所有这些证明了一些图形分析者较优的表现可能是纯属偶然。它不能证伪有能力的图形分析者对于可以给他带来优势的情况了然于胸。

主持人：我在这里感受到了很多反驳，我认为你们可以使用更多的支撑观点。你们中的任何一位已经提供了可以证实你们观点的证据了吗？

柯奥因教授：是的！（这时，柯奥因教授从他的公文包里取出一份厚厚的手稿，然后把它放到普奈塞先生的手中。主持人匆匆查看了手稿，当他注意到大量奇怪的小写希腊字母后摇了摇头。）

主持人：我脑子里想的是一些非数学化的事物。即使是教育类的电视节目都没准备好您的这些东西。

柯奥因教授：好的，我也准备了这个。（他取出一张纸，递给了特兰德女士。）你怎么解释这个图形呢，特兰德女士？（他试图压制得意的笑，但没成功。）

特兰德女士：要我说的话，这个图形看起来是抛硬币得到的。

柯奥因教授：（他的得意笑容已经变成了显而易见的蹙眉。）你是怎么知道的？

特兰德女士：侥幸猜中了。

柯奥因教授：（继续）在你的价格图形上快速指出的相同的图形形态也显示出了明显的随机序列的特点。

特兰德女士：是的，但是这个推理逻辑也会得出一些奇怪的结论。例如，你是否同意正在工作的经济学家通常有高学位的情况是偶然事件？

柯奥因教授：当然同意。

特兰德女士：那么好的，总体的随机样本也可能提供一些有高学历的人。那么，你会因此而得出经济学家有高学历是偶然事件的结论吗？

柯奥因教授：我还是没有看到价格图形和我的随机生成图形之间有什么区别。

特兰德女士：你没有看出来吗？这看起来像一个随机生成的图形吗？（特兰德女士举起了一张 1980 年 7 月白银期货的图形——见图 3.1。）

柯奥因教授：不完全像，但是……

特兰德女士：（继续质问）或者这个呢。（她举起了 1994 年 12 月咖啡期货的图形——见图 3.2。）我还可以继续。

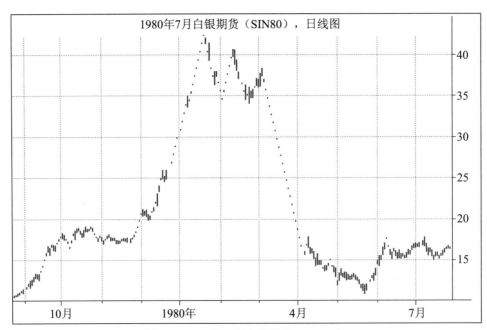

图 3.1　1980 年 7 月白银期货（SIN80）

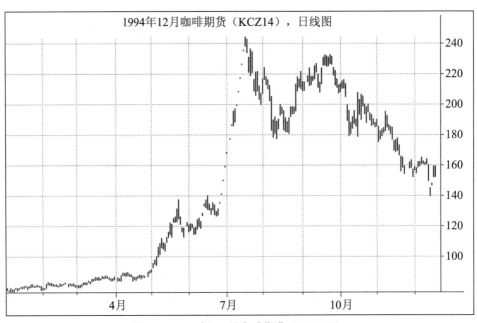

图 3.2　1994 年 12 月咖啡期货（KCZ14）

　　主持人：（对柯奥因教授说）特兰德女士似乎真的占据了上风。有反驳她例子的理由吗？

柯奥因教授：好的，我承认这些例子非常极端，但是它们还是不能证明过去的价格可以预测未来的价格。

主持人：容我直言，在我们的时间用完以前，我想要另辟蹊径，我想知道你们对于基本面分析师的观点是什么？

柯奥因教授：好的，他们比图形分析师更好，因为他们至少能解释价格运动。但是我恐怕他们预测价格的尝试一样也是没有结果的。你是知道的，在任何给定时点，市场对所有已知信息弱化反映，所以他们不可能预测价格，除非他们能预期到未预见到的未来发展（如干旱或是出口禁运）。

特兰德女士：好的，首先我想要说明的是图形分析忽视了基本面。实际上，我们相信价格图形提供了关于所有基本面和心理因素净影响的明确和及时的概括。相比较而言，准确的基本面模型，如果这样的模型可以被构建的话，将会是极端复杂的。此外，预测期的基本面数据也需要估计，因此使得价格预测非常容易出错。

主持人：那么可以说，你们两位都同意基本面分析师有漏洞。

特兰德女士：是的。

柯奥因教授：是的。

主持人：好的，在这个令人愉快的共识上，我们结束今晚的节目。

在这个意义上，"随机游走者"和图形分析师之间的辩论从来没有明确地解决过。必须要理解的是，证明随机性是不可能的；一个人可以证明的是既定的形态并不存在。由于很难对多种图形形态精确的数学解释达成共识，因此就既不能证明这些形态作为价格预测指标的有效性，也不能证伪。

例如，如果一个人想要测试突破交易区域提供有效交易信号这个论点的正确性，那么，首先需要确定交易区域和突破的简要定义。假设采用下面的定义：（1）交易区域是一个完全包含了过去 6 周时间里的所有每日价格变化的价格区间，而且价格区间的宽度不超过这段时间里价格中位数的 5%[①]；（2）突破是收盘价格高于或低于 6 周交易区域。虽然突破作为价格信号的有效性可以用这些明确的定义来测试，但是定义本身会被很多人所质疑。一些反对的观点如下所述。

（1）价格区间太窄。
（2）价格区间太宽。
（3）6 周期间太长。
（4）6 周期间太短。
（5）没考虑区域外的日子——绝大多数图表分析师均认为不会干扰基本形态。

---

① 最大价格宽度的规定是有意从定义为交易区域的价格区间中排除价格宽幅波动的时期。

（6）没有考虑交易区域前的趋势方向——很多图表分析师会把这个因素视作解释突破可信性的关键输入变量。

（7）应当规定突破至少超过交易区域达到最小幅度（即价格水平的1%），方可视为有效。

（8）应当要求收盘在交易区域以上几次后方为突破。

（9）在检测突破有效性时应当使用时滞。例如，在最初突破区域一周后价格是否仍然在区域以外？

前面的列表反映了仅仅部分可能的关于我们设定的交易区域和突破定义的反对项目，而且所有这些是针对最基本的图形形态之一而言的。可以试想一下在明确界定一个确定的头肩形态时会遇到的复杂情况和意义不明确的地方。

图表分析师也不能赢得辩论。虽然图表分析是以普通原理为基础的，但是它的应用取决于个人的解释。以图表为导向成功的交易员可能不会怀疑图表分析的有效性，但是"随机游走"理论家们可能会把他的成功当作是一定概率论的结果，因为甚至是一个完全的随机交易选择过程都会产生一定比例的赢家。简而言之，这样争论是不会结束的。

即便确定性的检测是可行的，随机游走者和图表分析师相互冲突的观点不一定是对立的，认识到这一点很重要。看待这个情况的一种方式是市场可能发生长时间的随机波动，期间散布着较短时间的非随机行为。因此，即使整个价格序列表现出随机性，但是完全可能存在价格显示出明确形态的时期。图表分析的目的是发现这些时期（即主要趋势）。

到承认我们自己偏见的时候了。个人经历让我相信图形即使不是必须的工具，至少也是有价值的工具。但是，这样的见解不能证明什么。随机游走者们认为我的结论是以选择性记忆为基础的——即倾向于记住图形分析的成功和忘记失败——或者纯凭运气。他们是对的。这样的解释的确可能正确。

归根结底，每个交易员必须独立地评估图形分析，得出自己的结论。但是，应当着重强调的是，很多成功的交易员认为图形是非常有价值的交易工具，因此新交易员单凭直觉上的怀疑就否定这个方法的时候应当小心谨慎。下面是使用图标的一些重要的潜在优点。需要注意的是，尽管一个人完全否定图形可以用于预测价格，但是很多用途仍然有效。

（1）图形为每个交易员提供了简洁的价格历史——精炼的信息。

（2）图形给交易员对市场波动性的良好感觉——在评估风险的时候非常重要的考虑。

（3）对于基本面分析师，图形是有用的工具。长期价格图形能够让基本面分析师快速分离出主要价格运动时期。通过确定与这些时期相关的基本面状况或事件，基本面分析师可以发现影响价格的关键因素。这个信息也可以用于构建价格行为模型。

（4）图形可以用做择时工具，即使是根据其他信息（如基本面信息）制定交易决策的交易员也可以使用。

（5）图形可以用做货币管理工具，有助于确定有意义和现实的止损点。

（6）图形反映了某些重复形态的市场行为。一旦有了充足经验，一些交易员将会发掘出使用图形成功预测价格波动的内在能力。

（7）理解图形概念可能是开发赚钱的技术交易系统的先决条件。

（8）反对者注意了：在特定情况下，对经典图形信号采用反向交易方法可能会产生有利可图的交易机会。这种方法的细节在第15章详细记述。

简而言之，图形可以把一些东西给予每个人，从反对者到信奉者。第二部分余下的章节将回顾和评估经典图形理论的重要概念，以及解决如何把图形用做有效的交易工具这一至关重要的问题。

第4章

图形类型

想知道风向哪边吹，你不需要问天气预报员。

——鲍勃·迪伦

❑ 柱状图

柱状图是最常见的价格图形。在每日柱状图中，一条涵盖每日低点和高点的垂直线代表每个交易日。日收盘价由柱状图右侧的水平突出来表示，而开盘价由柱状图左侧的突出表示。图4.1是2015年7月大豆合约的每日柱状图。

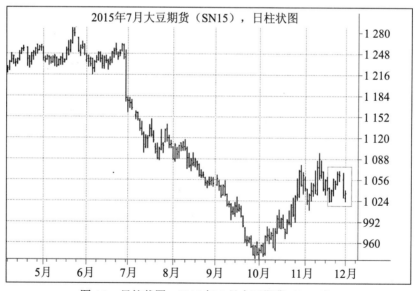

图4.1 日柱状图：2015年7月大豆期货（SN15）

每日（或对短线交易员而言称作日间）柱状图在交易上是非常有用的，但更长数据时期的柱状图往往提供极其重要的视角。这些更长时期的柱状图（如周、月）和日柱状图完全类似，每个垂直线代表价格范围和这个时期的最终价格水平。图4.2是大豆期货的周柱状图。长方形内的部分对应图4.1中描绘的时期。图4.3是大豆期货月柱状图，两个长方形包括了图4.2和图4.1中描绘的时期。

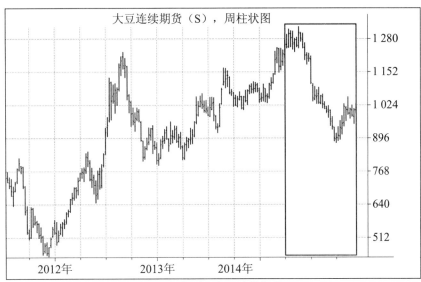

图4.2　周柱状图：大豆连续期货（S）

注：连续期货将在后续部分中解释。

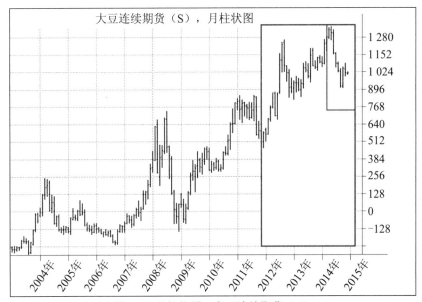

图4.3　月柱状图：大豆连续期货（S）

时间角度的变化也可能发生在另一方向上：日间图形比日图形提供了更详细的价格行为。图4.4是7月大豆期货30分钟图形，包括的时间区域与图4.1中最后8个日柱状图的时期相同。

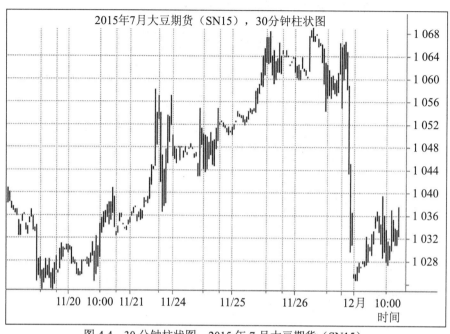

图4.4　30分钟柱状图：2015年7月大豆期货（SN15）

搭配使用，月、周、日和日间柱状图提供了远距离摄像的效果。月图和周图用于提供全市场的视角和制定与潜在长期趋势相关的交易建议。日图——对短线交易员来说日间图——用于确定交易时机。如果长期技术图形充分确定的话，在交易员查看日图或日间图的时候，他可能已经有了很强烈的市场倾向。例如，如果一个交易员把月图和周图解释为暗示市场已经形成了一个主要长期顶部趋势的可能性的话，那么他就会仅仅检测日图和周图以寻找卖出信号。

长短期图形的视角可能有显著的差异。例如，在图4.5的日柱状图里，咖啡期货的技术图形似乎相当弱势，2013年10月下旬价格已经向下突破了一段时间的横盘价格行为，而且长期下行趋势没有任何缓解迹象。然而，近期期货周图（图4.6）提供了一个显著不同的视角。虽然这个时间跨度为数年的图形也显示市场处于一个未突破的下行趋势，但它解释了价格已经回落至2008年和2009年低点的边缘——一个过去一段时间里支持市场的关键价格水平，而且在2013年年末暗示了主要趋势反转潜力。的确，正如内置的2014年12月咖啡合约图形所示，价格随后从2013年11月—2014年10月初启动了一波巨大的反弹。虽然2013年10月末这些相互冲突的解释中哪个说法更占优势还不明朗，但基本上来说更长期限的图形可能暗示了和日柱状图完全不同的对价格形态的解释。因此，应该检查这两种类型图形。

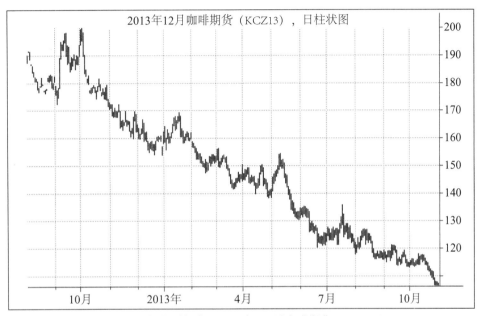

图 4.5　日柱状图角度：2013 年 12 月咖啡期货（KCZ13）

图 4.6　周柱状图角度：最近咖啡期货（KC）

连接的合约系列：最近期货和连续期货

典型的周或月柱状图所覆盖的时间周期要求使用一个合约系列。通常，使用最近期货方法合并这些合约：绘制一个合约直至该合约到期，然后绘制随后的合约直至该合约到期，以此类推。交易员应当知晓，由于到期月和随后合约之间的价格缺口，一个最近期货合约图形可能反映了重大的扭曲。

图 4.7 提供了关于这种类型扭曲的两个清楚的例子。上部的图形是活牛每周最近期货图，下部的图形是活牛每周连续期货图，很快会对后者进行解释。最近期货图在 2012 年 8 月 31 日收盘价至 9 月 7 日收盘价中隐含了一个 7.175 美分（6%）的一周盈利。但是，这个价格调升没有真的发生，因为这一价格缺口表示的不过就是 2012 年 8 月的低价活牛合约到期并转换为 2012 年 10 月的高价活牛合约。对比而言，反映了实际价格运动的连续期货图形（后续将解释），显示价格从 2012 年 8 月 31 日—9 月 7 日上涨了仅仅 0.45 美分。大约 1 年以后，不同合约月的价格之间的相同关系导致了一个甚至更值得关注的差异：虽然最近期货图形显示从 2013 年 8 月 30 日—9 月 6 日盈利 3.15 美分，但是连续期货图形显示活牛价格在这两个日期间实际下跌了 1.125 美分。

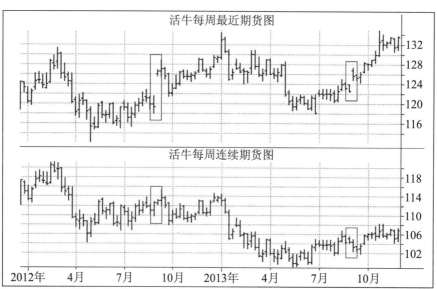

图 4.7　最近期货图形中的价格扭曲：活牛每周最近期货图（上部）和活牛每周连续期货图（下部）

从图形中描绘的价格运动可能与一个交易员实际实现的结果（正如活牛期货例子中所示的）形成鲜明对比这个意义上来说，最近期货图容易产生巨大的价格扭曲这一事实，使人不得不考虑使用替代的不存在这个缺陷的连接合约图形。连续期货图形提供了这种替代方法。

仅收盘价（线性）图

顾名思义，仅收盘价图不考虑最高价和最低价信息，仅仅反映收盘价。一些价格系列可以描绘在仅收盘价图中，因为日间数据是不容易得到的。两个典型的例子是现货价格系列（如图 4.8 所示）和价差（如图 4.9 所示）。价差是两个合约之间的价格差，在本例中是 2015 年 7 月和 2015 年 11 月大豆期货价格。

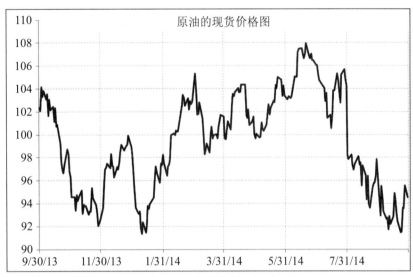

图 4.8　现货价格图：原油

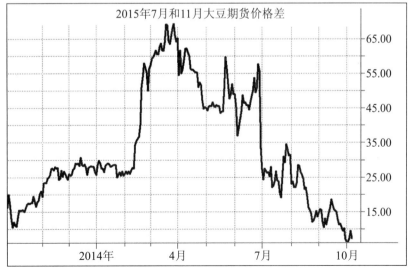

图 4.9　价差图：2015 年 7 月和 11 月大豆期货价格差

一些图形交易员可能偏爱仅收盘价图形，即便最高价、最低价、收盘价数据都可以获得，因为他们感觉通过使用收盘价就可以获得比较清晰的价格图形。根据他们的观点，在图形里包括最高价和最低价只会让价格图形变得混乱。强调收盘价作为每日重要价格信息的典型有很多理由。但是很多重要的图形都视最高价和最低价数据的可得性而定，因此一个人在不考虑这些信息前应三思而行。

点数图

点数图的基本特点是它所有的交易都视作单一的连续流，因此不考虑时间。图4.10展示了一张点数图。如图所示，一张点数图由一系列X形柱体和O形柱体组成。每个X表示一个给定幅度的价格运动，被称为箱体尺寸。只要价格持续上升，X就会被加到柱体上，增加幅度等于箱体尺寸。但是，如果价格下跌的幅度大于或等于反转尺寸（通常报价为箱体尺寸的一个倍数），一个新的O形柱体就会出现并且以下降形式绘制在图中。O形的数量取决于反转的幅度，但是按照定义规定必须至少等于反转尺寸。通过转换，柱体中的第一个O总是画在上一个柱体中最后一个X下面的一个箱体处。相似的描述也将适用于价格下跌和上涨的反转。箱体和反转尺寸的选择任意。

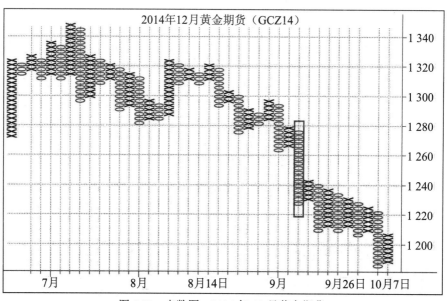

图4.10　点数图：2014年12月黄金期货

图4.10是2014年12月黄金期货的点数图，箱体尺寸为3美元，反转尺寸是3倍的箱体尺寸（即9美元）。换而言之，只要价格不下跌超过9美元，X就会被一直加到柱体中。当价格下跌大于或等于9美元，那么一个新的O形柱体就会出现，第一个O

会被置于最后一个 X 下面一个箱体处。

如前所述，点数图不反映时间。一个柱体可能代表一天或者两个月。例如，图 4.11 是一个与图 4.10 中点数图对应的柱形图。长方形中捕捉的时期对应着点数图中高亮的柱体。注意这 7 天周期仅仅占用了点数图中的一个柱体。

图 4.11　与图 4.10 点数图对应的柱状图：2014 年 12 月黄金期货（GCZ14）

蜡烛图

蜡烛图在简单的柱状图里引入了维度和颜色。柱形图中表示开盘价和收盘价之间区域的部分由一个二维的实体来表示，超出这个区域延伸至最高价格和最低价格的部分由线体来表示（也被称为影线）。开盘价和收盘价处于交易区域两个极端的交易日将有一个非常大的实体，而开盘价和收盘价之间的净变动极小的交易日将有一个非常小的实体。实体颜色表示收盘价是否高于开盘价（白色——图 4.12）或低于开盘价（黑色——图 4.13）。图 4.14 显示和图 4.10 与图 4.11 所示的价格行为相对应的每日蜡烛图。

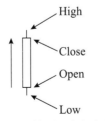

图 4.12　蜡烛图：白色实体

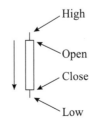

图 4.13　蜡烛图：黑色实体

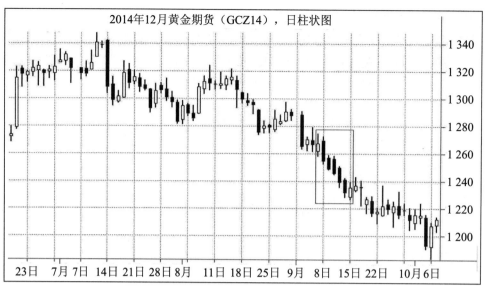

图4.14 和图4.10与图4.11所示的价格行为相对应的蜡烛图：2014年12月黄金期货（GCZ14）

第5章

连接合约用于长期图形分析：最近期货和连续期货

☐ 连接合约图形的必要性

在第 6 章至第 9 章中详细记述的很多图形分析类型和技术需要长期图形——通常期限长至数年的图形，特别是在识别顶部和底部形态以及确定支撑和阻力位置的时候。

期货市场上图形分析师面临的主要问题是绝大多数期货合约的期限相对有限，而且这些合约交投活跃的事情甚至会更短。对于很多期货合约（如货币、股票指数），活跃交易主要集中在最近 1 个或两个合约月。例如，在图 5.1 中，随着 2015 年 12 月合约到期临近，

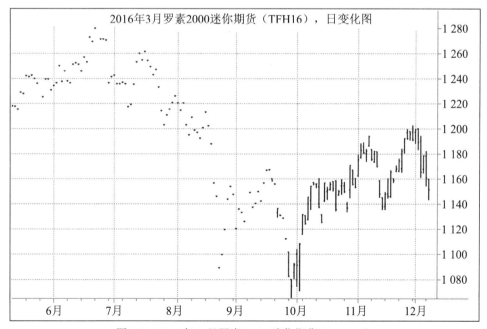

图 5.1　2016 年 3 月罗素 2000 迷你期货（TFH16）

2016年3月罗素2000指数迷你期货合约成为市场上最有流动性的合约，只有大约两个月的流动性强的数据可以获取。在这方面，这个市场不是特别异常。在很多期货市场里，几乎所有的交易都集中在最近合约里，当前一份合约接近到期时，这些最近合约仅仅有几个月（或几周）的高流动交易历史。

对于很多期货合约——甚至那些在各自市场里交投最活跃的合约而言，可以获取的价格数据非常有限，这使得在单个合约图形上应用绝大多数的图形分析技术几乎是不可能实现的即使是在那些单个合约有一年或更长时间流动数据的市场里，精细图形研究中的一部分工作仍然包括了分析多年的周图和月图。因此，使用图形分析时不可避免地要求把连续的期货合约连接在一起置于一张图形内。在那些单个合约数据非常有限的市场里，这类连接图形在进行任何有意义的图形分析上都是必要的。在其他市场里，连接图形在分析多年的图形形态时也将是必要的。

▢ 产生连接合约图形的方法

最近期货

产生连接合约图形最常见的方法通常被称为最近期货。这种类型的价格序列在创建时，逐个选用单个合约序列数据直到该合约到期，然后续接下一个合约直到该合约到期，以此类推。

虽然，从表面一看，这个方法在构建连接合约图形时显得合理，但是最近期货图形的问题在于在到期合约和新合约之间存在价格缺口——而且通常这些缺口可能非常巨大。例如，假定9月咖啡期货到期时价格为每磅132.50美分，下一个最近合约（12月）在同一日收盘在每磅138.50美分。进一步假定在第二天12月咖啡期货价格下跌每磅5美分—每磅133.50美分——跌幅3.6%。一个最近期货价格序列将显示这两个连续交易日的收盘价格如下：132.50美分和133.50美分。换句话说，最近期货合约将显示1美分（0.75%）的盈利，而其实在这一天多头遭受了巨大亏损。这个例子绝对不是虚构的。这样的扭曲——而且的确有更极端的情况——在最近期货合约滚动展期时是相当常见的。

由于最近期货图形在合约滚动展期点数上容易发生价格扭曲的情况，因此构建连接合约价格图形时衍生的替代方法是非常可取的。此类方法在后面的部分详细描述。

连续（价差调整的）价格序列

价差调整的价格序列，又称为连续期货，是通过把新旧合约之间在滚动展期点上的累积差异加到新合约序列上构建起来的。① 一个例子能把这个方法讲明白。假定我们用 6 月和 12 月合约来构建一个价差调整的连续价格序列。② 如果价格序列在公历年年初开始，这个序列里的价格最初将与今年到期的 6 月合约价格一致。假定在滚动续作日（不一定是最后交易日）6 月黄金期货收盘价是 1 200 美元、12 月黄金期货收盘价是 1 205 美元。在这种情况下，基于 12 月合约的所有后续价格都将向下调整 5 美元——在滚动续作日的 12 月和 6 月合约的价格差。

假定在下一个滚动续作日 12 月黄金期货在 1 350 美元交易，随后的 6 月合约在 1 354 美元交易。12 月合约价格 1 350 美元隐含了价差调整的连续价格为 1 345 美元。因此，在下一个滚动续作日，6 月合约在调整序列之上的 9 美元水平交投。因此，所有基于下一个 6 月合约的后续价格将向下调整 9 美元。这个过程将持续，每个合约的调整取决于现在和之前转换点价格差的累积和。这样推导出的价格序列将不会因为合约之间的滚动续作点上存在的价差而发生扭曲。

一个连续期货序列的构建可以被认为是选用一个最近期货图形、剪切图形中的每个单个合约序列，然后把尾端粘贴在一起（假定一个连续序列使用所有合约而且使用最近期货图形）的数学等价物。通常，作为最后一步，通过累积调整因子来改变整个序列的规模是方便的，这一步可以把序列的当前价格设置为等于当前合约的价格，而且不改变序列的形状。连续期货图形的构建将在第 18 章中详细讨论。

比较序列

一个连接的期货价格序列只能像最近期货一样准确反映价格水平，或者像连续期货一样准确反映价格运动，但是不能同时反映两者——就像一个硬币要么正面朝上、要么背面朝上，不可能同时显示两面。理解这一点非常重要。用于构建连续序列的调整过程意味着连续序列里的过去价格和那个时间的实际历史价格不匹配。但是，一个连续序列将准确反映市场的实际价格运动，而且与持续做多的交易员账户上的权益波动精确地同步（在相同滚动续作日期上滚动展期头寸，用于构建连续序列），然而一个最近期货价格序列在这方面可能极其有误导性。

---

① 为了避免混淆，读者应当注意一些数据服务商使用连续期货这个词语来指连接相同月份的合约（例如在 2015 年 3 月玉米合约到期时把该合约与 2016 年 3 月玉米合约连接到一起，以此类推）。此类图形仅仅是最近期货图形的一个变体——仅仅使用一个合约月的图形——而且和最近合约图形一样至少很容易受到大价格缺口的影响。这种类型的图形和本部分描述的价差调整的连续期货序列毫不相关——也就是说，仅仅名字相同罢了。不幸的是，一些数据服务商决定使用相同的词语来描述和这里的本义完全不同的价格序列。

② 对于合约组合的选择是任意的。一个人可以使用给定市场里的任意的活跃交易月组合。

◻ 图形分析中的最近期货和连续期货

考虑到最近期货和连续期货价格序列之间的显著差异，读者脑中的问题可能是：哪个序列——最近期货或是连续期货——更适用于图形分析？一定程度上来说，这个问题就好比是在问一个消费者在购买一部新车前应当考虑哪个因素——价格还是质量？答案明显是两个都要考虑——每个因素都提供了另一个因素不能度量的特点的重要信息。就价格序列而言，考虑最近期货和连续期货时，每个序列都提供了另一个序列没有提供的信息。明确地来说，一个最近期货价格序列提供了关于过去价格水平的准确信息，而非价格波动，但是反言之，连续期货序列提供了关于价格波动的信息，而非价格水平的信息。

例如，考虑图 5.2。什么样的灾难性事件引起了 2013 年 7 月 12—15 日玉米最近期货图形上出现的 165 美分（24%）的瞬间下跌呢？答案：绝对什么也没有。这种"幽灵"价格运动反映的只是旧 7 月合约向新 12 月合约移仓的情况。图 5.3 描述了相同市场的连续期货价格（而且根据定义排除了合约滚动续作时的价格缺口），该图显示不存在此类价格运动——玉米从 7 月 12—15 日实际上几乎没有变化。明显地，最近期货图形由于滚动续作时的价格缺口容易发生价格扭曲，这种情况让最近期货很难用于关注价格波动的图形分析中。

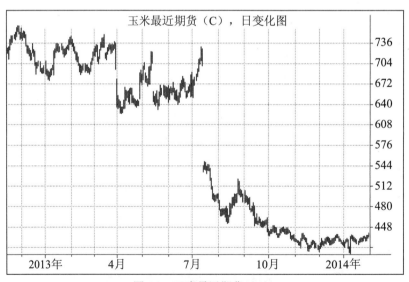

图 5.2　玉米最近期货（C）

另外，连续期货图形以放弃反映价格水平准确性为代价实现了描绘价格波动的准确性。为了准确显示过去价格波动的幅度，历史连续期货价格可能最终会从实际历史价格水平中移除。实际上，历史连续期货价格为负的情况也不是异常的（见图 5.4）。明显地，此类"不可能"的历史价格不可能与预期的支撑和阻力位的指示相关。

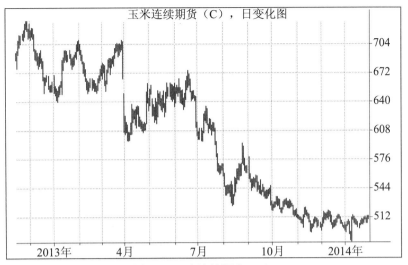

图 5.3 玉米连续期货（C）

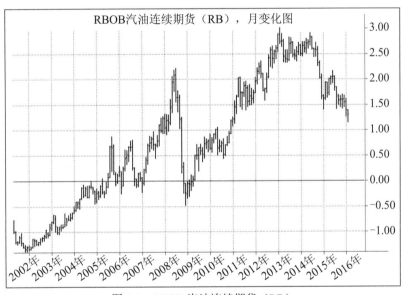

图 5.4 RBOB 汽油连续期货（RB）

每种价格图形类型——最近期货和连续期货——都有某些显著的内在缺陷，这刚好促成在更完整的分析中结合使用两种类型图形。通常，这两种类型的图形将提供完全不同的价格图像。例如，考虑图 5.5 中描绘的瘦猪肉最近期货图形。看着这张图，很容易得出瘦猪肉在 2013 年经历了一段时期的严重价格错位和波动，在 7 月初的某个时间达到了顶峰。现在看图 5.6，该图显示了同一个市场的连续期货图形。这张图显示瘦猪肉价格从 4 月开始维持在一个上升趋势中，在 10 月末达到顶峰。毫不夸张地说，如果不是图表标签标示的话，几乎看不出来图 5.5 和图 5.6 描绘的是同一个市场。

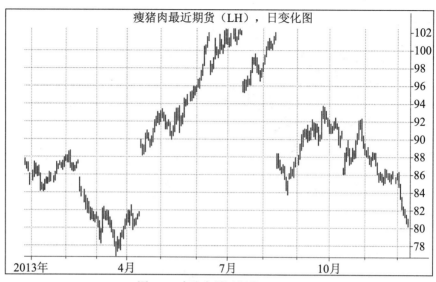

图 5.5 瘦猪肉最近期货（LH）

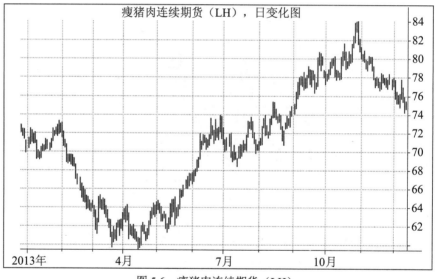

图 5.6 瘦猪肉连续期货（LH）

结论

综上所述，很多市场里期货合约流动性强的时期很短，这使得使用连接合约图形很有必要。连续期货图形避免了合约移仓换月时价格缺口引起的扭曲，可以说是最有意思的长期图形类型，而且总的来说，和更传统的最近期货图形相比更受欢迎——虽然后者在发现长期支撑和阻力位方面仍然是有用的辅助工具。连续期货在测试交易系统方面甚至更加至关重要——这个主题将在第 18 章中探讨。图 5.7～图 5.16 提供了各个期货市场的长期最近期货图形和连续期货图形之前的比较。注意，同一市场的最近期货图形和连续期货图形的差异是多么的鲜明！提醒读者，在未来生成的连续期货图形和下面数页里展示的图形在价格范围上将是不同的（虽然价格运动仍然相同），因为我们假定价格范围将会有所调整以和当前合约相匹配。

图 5.7　10 年期美国国债最近期货（TY）

图 5.8　10 年期美国国债连续期货（TY）

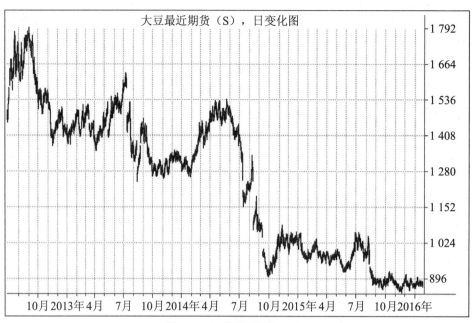

图 5.9 大豆最近期货（S）

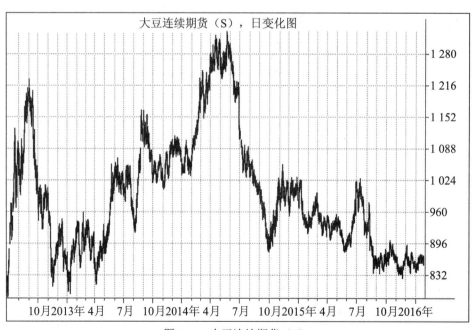

图 5.10 大豆连续期货（S）

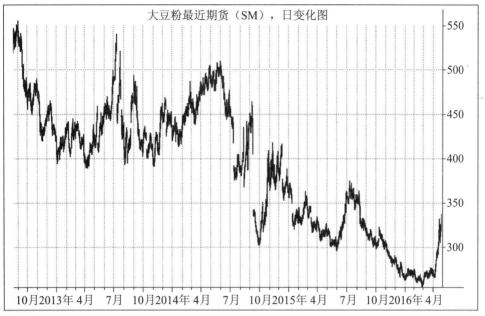

图 5.11　大豆粉最近期货（SM）

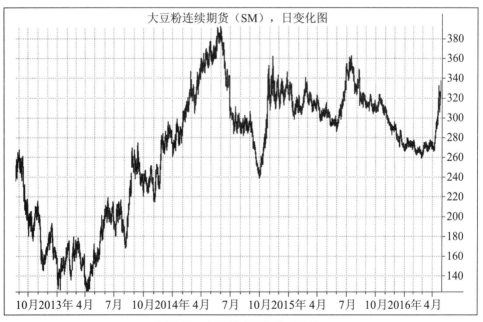

图 5.12　大豆粉连续期货（SM）

图 5.13 芝加哥期权期货交易所波动指数最近期货（VX）

图 5.14 芝加哥期权期货交易所波动指数连续期货（VX）

图 5.15　活牛最近期货（LC）

图 5.16　活牛连续期货（LC）

第6章 趋势

> 趋势是你的朋友，除非最后它发生了转向。
>
> ——艾德·斯科塔

❑ 用最高价和最低价来界定趋势

上升趋势的一个标准定义是连续刷新最高价，而且最低价越来越高。例如，图6.1中2014年5月—2015年3月，每个相对高点（RH）比前期高点更高，而且每个相对低点（RL）比前期低点更高。本质上来说，除非一个前期低点被突破，否则上升趋势保持不变。违反这个条件可以作为一个趋势结束的警示信号。例如，在图6.1中，4月末价格刺穿了4月初的相对低点确认了几乎一年牛市的终结，自此之后市场进入了一个延伸的交易区

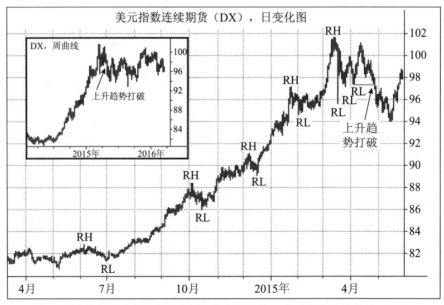

图6.1 连续出现升高的高点和低点的上升趋势：美元指数连续期货（DX）

注：RH=相对高点；RL=相对低点。

域（见插入的周图）。图 6.2 提供了一个日间的例子，由连续出现升高的高点和低点来界定上升趋势。但是，应当强调的是，升高的高点和低点（或者降低的高点或低点）形态的打破应该被视作一个可能发生长期趋势反转的线索，而不是决定性指标。

与此相似，一个下降趋势可以被定义为连续出现降低的低点和高点（见图 6.3）。除非前期高点被突破，否则一个下降趋势可以被认为保持不变。

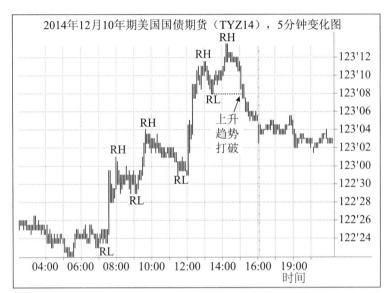

图 6.2　连续出现升高的高点和低点的上升趋势：2014 年 12 月 10 年期美国国债期货（TYZ14）

注：RH= 相对高点；RL= 相对低点。

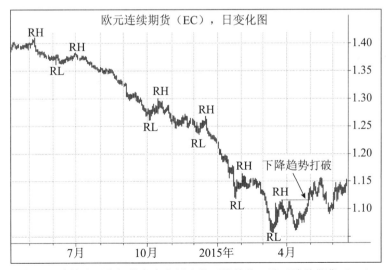

图 6.3　连续出现降低的高点和低点的下降趋势：欧元连续期货（EC）

注：RH= 相对高点；RL= 相对低点。

上升趋势和下降趋势也通常以趋势线的形式来界定。一个上升趋势线是一条连接一系列升高的低点的直线（见图6.4～图6.6）；一个下降趋势线是一条连接一系列降低的高点的直线（见图6.7）。趋势线有时可能延伸数年之久。例如，图6.8是一个带有趋势线的周图，反映了纳斯达克100电子迷你期货多年的上升趋势，该图也包括图6.4中的每日上升趋势时间框架。图6.9描绘了一条10年期美国国债期货33年上升趋势的趋势线。

图6.4　上升趋势线：电子迷你纳斯达克100连续期货（NQ）

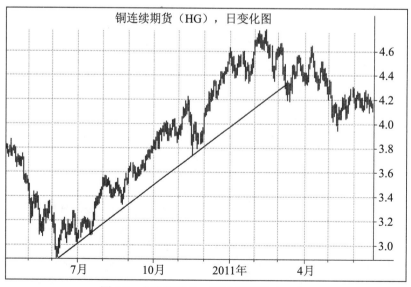

图6.5　上升趋势线：铜连续期货（HG）

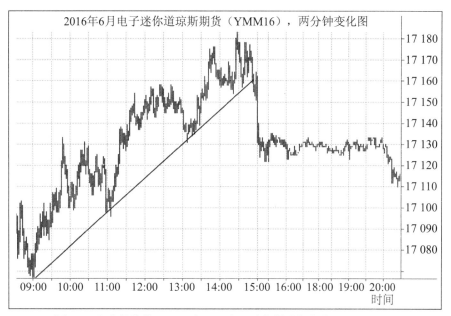

图6.6 上升趋势线：2016年6月电子迷你道琼斯期货（YMM16）

图6.7 下降趋势线：西得克萨斯轻质（WTI）原油连续期货（CL）

针对主要趋势的价格博弈发生在和趋势线平行的直线附近，这种情况并不少见。包括趋势线在内的一组平行线被称为趋势通道。图6.10显示了日线图的上升趋势通道，图6.11显示了周线图的下降趋势通道。

图6.8 上升趋势线：电子迷你纳斯达克100连续期货（NQ）

图6.9 上升趋势线：10年期美国国债连续期货（TY）

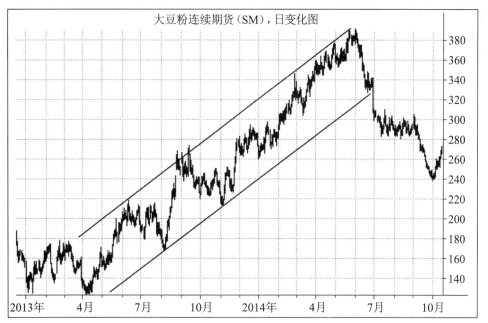

图 6.10 上升趋势通道：大豆粉连续期货（SM）

图 6.11 下降趋势通道：大豆油连续期货（BO）

下面的规则通常适用于趋势线和趋势通道。

（1）下跌至上升趋势线和上涨至下降趋势线通常是在主要趋势方向上开仓的好机会。

（2）突破上升趋势线（特别是在收盘价方面）是卖出信号；突破下降趋势线是买入信号。通常，为了确认突破，需要一个最低百分比价格运动或是一个最低次数的收盘价在趋势线以外。

（3）下降趋势通道的底端和上升趋势通道的上端为短线交易员构成了现在的获利了结区域。

趋势线和趋势通道有用武之地，但是它们的重要性时常被高估。当把趋势线画出来回过头来看市场的时候，很容易高估趋势线的可信性。常常被忽视的考虑是，随着牛市或熊市延长，趋势线时常需要被重新绘制。因此，虽然突破趋势线有时将提供一个趋势反转的早期预警信号，但是通常来说，行情的发展将要求重新绘制趋势线。例如，图6.12显示一条连接罗素2000迷你期货2012年11月和12月低点的上升趋势线。在2013年2月以前，价格保持在这条趋势线以上，之后价格收盘价跌破至趋势线下方，显示上升运动的终结。图6.13延长了图6.12两个月的时间，显示2月突破原趋势线（虚线）是在一波更高的升势前的回调。价格维持在连接11月和2月低点的修正趋势线（实线）之上，这个趋势保持到4月初，此后市场发生了一个较为显著的修正。图6.14显示了一个更大的上升趋势延续了大约又一年，导致另外3次修正上升趋势线，每一次修正都是以收盘突破前期趋势线为必要条件。

图6.12　上升趋势线：罗素2000迷你连续期货（TF）

图6.13 重新界定的上升趋势线：罗素2000迷你连续期货（TF）

图6.14 重新界定的上升趋势线：罗素2000迷你连续期货（TF）

图6.15提供了一个下降趋势的相似例子。最初的下降趋势线连接2014年12月和2015年3月的高点（灰色虚线），在6月被向上突破，但是经过几周价格横向整理以后，市场重新下跌。连接2014年12月和2015年6月高点修正的趋势线（较宽的虚线）延伸至2015年11月，滞后价格再次上冲——冲高幅度足以对下降趋势线（实线）进行第3次修正，但是尚不足以终结更长期的下降趋势。

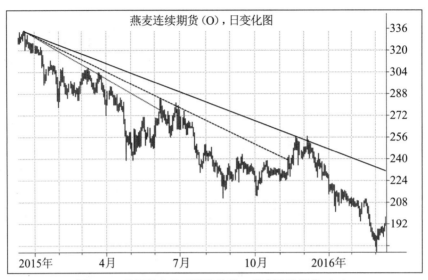

图6.15 重新界定的下降趋势线：燕麦连续期货（O）

前面的例子用来澄清一个观点，突破趋势线与其说是例外不如说是规则。一个简单的事实是趋势线倾向于被突破，有时在它们的进展中不断发生，这就等于说随着趋势线延伸，它们时常被重新界定。这个现象重要的含义就是趋势线在事后来看比同步来看发挥的作用更好，而且突破趋势线通常是假信号。

❏ TD 线

托马斯·迪马克在他的书《技术分析的新科学》[①]中准确地指出，绘制趋势线是一个高度主观的过程。给不同的人相同的图形，每个人画出的趋势线都是不一样的。实际上，在不同的时点给同一个人相同的图形，他绘制的趋势线都可能非常不同。

缺少精确性的理由显而易见。一条趋势线通常是用来连接价格相对高点或相对低点。如果只有两个这样的点，那么可以精确地绘制趋势线。但是，如果想要用趋势线连接3个或更多点——这种情况经常出现——那么只有在所有点之前的关系是完全线性的情况下才存在一条精确的直接。在绝大多数情况下，绘制的趋势线将触及最多一个或两个相对高点（或低点），把其他点分开或从其他点旁错开。最合适的趋势线出自最喜欢使用趋势线者的眼中。

迪马克承认，为了准确清楚地界定趋势线，趋势线必须建立在两个点的基础上。迪

---

① 托马斯·迪马克.技术分析的新科学.纽约州：约翰·威利父子出版公司，1994.

马克也指出，与传统观点相反，趋势线应当从右向左绘制，因为最近的价格活动比历史运动更重要。这些概念构成了他绘制趋势线方法的基础。迪马克的界定趋势线的 TD 方法可以通过以下定义来解释：①

相对高点。一个比之前 N 天和之后 N 天高点更高的日高点，N 是一个必须界定的参数。例如，如果 N 等于 5，那么相对高点被界定为一个比之前 5 天和之后 5 天的任何一个高点都高的高点（一个相似的定义适用于任何时间段表示的数据。例如，在一个 60 分钟柱形线图中，相对高点将是一个比之前和之后 N 的 60 分钟柱形高点更高的高点）。

相对低点。一个之前 N 天和之后 N 天低点更低的日低点。

TD 下降趋势线。当前下降趋势线是被定义为连接最近相对高点和比最近相对高点更高的相对高点的直线。后面的条件是保证连接两个相对高点的趋势线向下倾斜所必须的。图 6.16 显示了当前 TD 下降趋势线，假定使用一个 $N=5$ 的参数值来界定相对高点。

图 6.16　TD 下降趋势线（$N=5$）：电子迷你纳斯达克 100 连续期货（NQ）

TD 上升趋势线。当前上升趋势线是被定义为连接最近相对低点和比最近相对低点更低的相对低点的直线。图 6.17 显示了当前 TD 上升趋势线，假定使用一个 $N=8$ 的参数值来界定相对低点。

通过在最近相对高点和相对低点的基础上建立趋势线定义，随着新的相对高点和相对低点被界定，趋势线将持续被界定。例如，图 6.18 展示了一系列的 TD 上升趋势线，

---

① 下面的定义和术语与迪马克使用的定义和术语有所不同，但是发现趋势线的隐含方法是完全相同的。我发现下面的方法比迪马克关于相同概念的展示方法更加清楚和简洁。

随着新的相对低点被界定（$N=10$），这些上升趋势被重新界定，直到一个趋势反转信号出现。在这张图中，假定趋势反转信号被定义为3个连续收盘价低于当前的上升趋势线。相似地，图6.19展示了下降趋势线随着新的相对高点的界定（$N=10$）而确定，直到一个趋势反转信号出现（基于3个连续超过趋势线的收盘价格）。

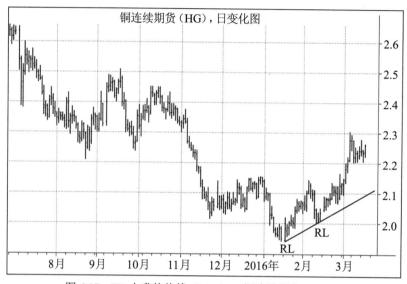

图6.17　TD 上升趋势线（$N=8$）：铜连续期货（HG）

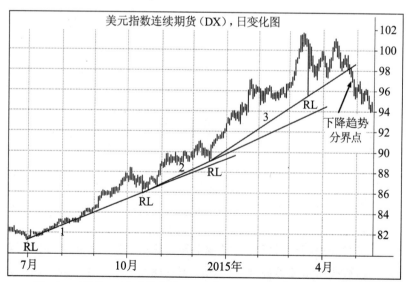

图6.18　系列 TD 上升趋势线（$N=10$）：美元指数连续期货（DX）

注：直线1～直线3是使用 $N=10$ 来界定相对低点（RL）的连续 TD 上升趋势线。

图6.19 系列TD下降趋势线（N=10）：2015年6月欧元期货（ECM15）

注：直线1和直线2是使用N=10界定相对高点（RH）的连续TD下降趋势线。

赋予N不同值将产生不同的趋势线。例如，图6.20～图6.22比较了相同图形的3个不同N值隐含的TD上升趋势线差异。N值越低，趋势线被重新界定的频率越高，趋势线越容易被突破。例如，比较图6.22中N=2定义产生的21条趋势线和图6.20中使用的N=10定义产生的仅有的3条趋势线。

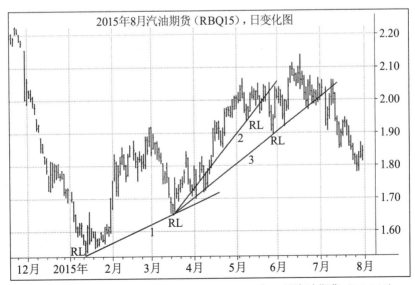

图6.20 系列TD上升趋势线（N=10）：2015年8月汽油期货（RBQ15）

注：直线1～直线3是连续TD上升趋势线，使用N=10界定相对低点（RL）。

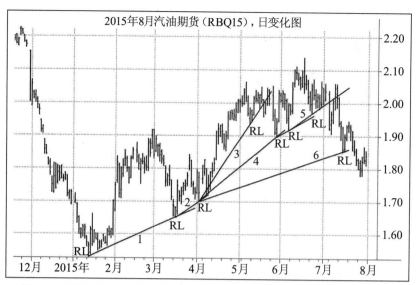

图6.21 系列TD上升趋势线（$N=5$）：2015年8月汽油期货（RBQ15）

注：直线1～直线6是连续TD上升趋势线，使用$N=5$界定相对低点（RL）。

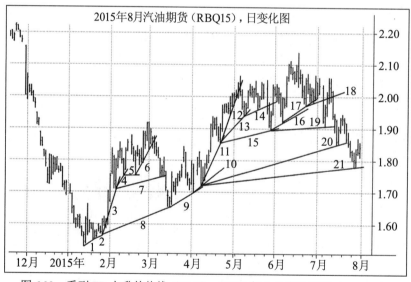

图6.22 系列TD上升趋势线（$N=2$）：2015年8月汽油期货（RBQ15）

注：直线1～直线21是连续TD上升趋势线，使用$N=2$界定相对低点（RL）。

相似地，图6.23～图6.25比较了相同图形的3个不同N值所隐含的TD下降趋势线。与图6.20～图6.22相似，这些图也显示了当N值低的时候，当前的下降趋势线频繁重新界定而且倾向非常敏感。在图6.23显示了$N=10$的TD趋势线，该图中只有3条下降趋势线。对于$N=5$，同期下降趋势线的数量增加至5条（见图6.24）。最后，对于

$N=2$，产生了 18 条不同的下降趋势线（见图 6.25）。正如这些图例展示的一样，N 取值的选择对于产生的趋势线和由此带来的交易含义完全迥异。

图 6.23　系列 TD 下降趋势线（$N=10$）：黄金连续期货（GC）

注：直线 1～直线 3 是连续 TD 下降趋势线，使用 $N=10$ 界定相对高点（RH）。

图 6.24　系列 TD 下降趋势线（$N=5$）：黄金连续期货（GC）

注：直线 1～直线 5 是连续 TD 下降趋势线，使用 $N=5$ 界定相对高点（RH）。

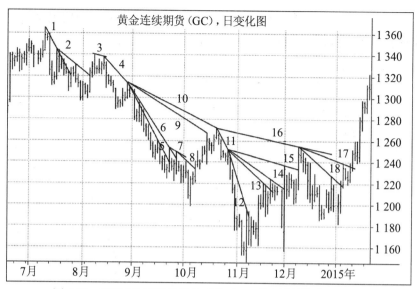

图 6.25 系列 TD 下降趋势线（$N=2$）：黄金连续期货（GC）

注：直线 1～直线 18 是连续 TD 下降趋势线，使用 $N=2$ 界定相对高点（RH）。

迪马克的趋势线基本定义等同于前述的 $N=1$ 的定义。虽然他承认趋势线可以被界定，特别是使用较高 N 值——在他的术语中被称为"高幅度 TD 线"——但是他更喜欢使用基本定义来绘制趋势线。就我个人而言，我的偏好恰恰相反。虽然使用 $N=1$ 定义来绘制趋势线将更早地产生有效趋势线突破的信号似乎是有道理的，但是重要的折中是此类方法将倾向于产生很容易出现假突破信号的趋势线。作为一个普适的法则，与抓住好信号相比，避免坏信号更加至关重要。因此，我强烈赞同使用较高的 N 值（例如，$N=3\sim12$）来界定趋势线。

然而，对于 N 取值的选择没有对错之分，严格说来，这是主观偏好问题。鼓励读者使用不同的 N 值来尝试绘制趋势线。每个交易员将对某些 N 值感觉合适而对另一些 N 值感觉不合适。一般来说，短线交易员将偏向低 N 值而长线交易员偏向高 N 值。

作为一个微调点，如果使用 $N=1$ 来界定趋势线的话，这点变得特别重要，基于真实高点和低点而非名义高点和低点来界定相对高点和低点更可取。这些术语被定义如下所述。

真实高点。高点或前收盘价，两者中取较高者。

真实低点。低点或前收盘价，两者中取较低者。

对绝大多数交易日，真实高点将和日高完全相同，真实低点将和日低完全相同。两者的价差将出现在向下跳空交易日（整个交易区间低于上一日收盘价的交易日）和向上跳空日（整个交易区间高于上一日收盘价的交易日）。虽然此类跳空缺口在 24 小时电子交易前的时代较少见（而且，一般来说较小），但是它们的确偶尔出现而且影响了相对高点和低点的识别。使用真实高点和真实低点产生的相对高点和相对低点和我们对于这些点所代表意思的直观概念更加符合。

例如，在图 6.26 中，使用 $N=3$ 的定义，柱 A 将被识别为基于名义低点的相对低点。但是，这个点被识别为相对低点仅仅是因为 3 天前出现的向上跳空缺口；否则的话，它几乎不符合相对低点的直观概念。在这种情况下，使用真实低点而不是名义低点将排除柱 A 低点作为相对低点的可能性。

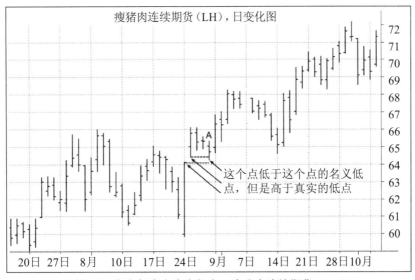

图 6.26　名义低点和真实低点：瘦猪肉连续期货（LH）

内部趋势线

通常来说，传统的趋势线绘制出来包含极端高点和低点。但是，存在一种说法，极端高点和低点是市场上过度心理行为所导致的偏差，而且，由于这个原因，这些点可能不表示市场中的主要趋势。一个内部趋势线排除了不得不在极端价格游走的基础上绘制趋势线的内在要求。一个内部趋势线是一条最好的近似绝大多数相对高点或相对低点而且不必特别考虑极端点的趋势线。从大致意义上来看，一个内部趋势线可以被视作一个对相对高点和相对低点近似最优拟合的直线。图 6.27～图 6.34 提供了广泛的内部上升趋势和内部下降趋势线的例子。为了比较，这些图形中的绝大多数也描绘了传统趋势线，以虚线来表示（为了避免图形混乱，这里只展示一条或两条价格运动过程中隐含的传统趋势线）。

图6.27 内部趋势线和传统趋势线:欧元连续期货(EC)

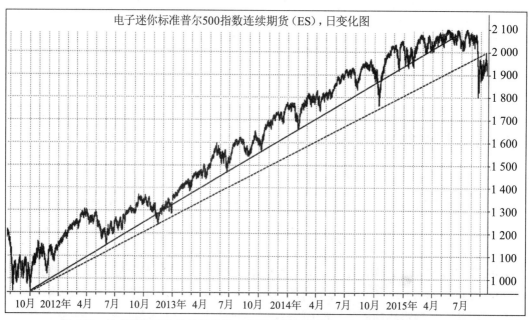

图6.28 内部趋势线和传统趋势线:电子迷你标准普尔500指数连续期货(ES)

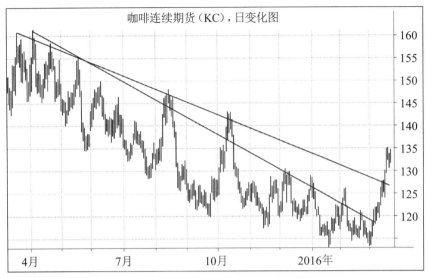

图 6.29 交替的内部趋势线：咖啡连续期货（KC）

图 6.30 内部趋势线：大豆连续期货（S）

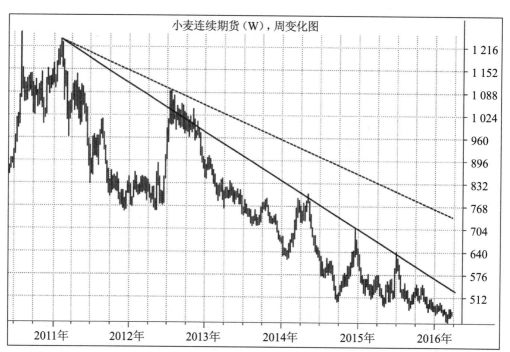

图 6.31 内部趋势线和传统趋势线：小麦连续期货（W）

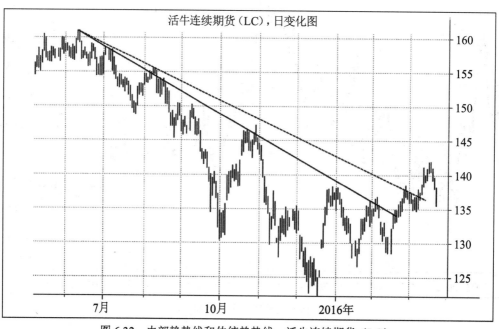

图 6.32 内部趋势线和传统趋势线：活牛连续期货（LC）

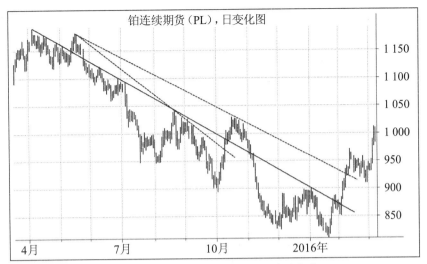

图 6.33　内部趋势线和传统趋势线：铂连续期货（PL）

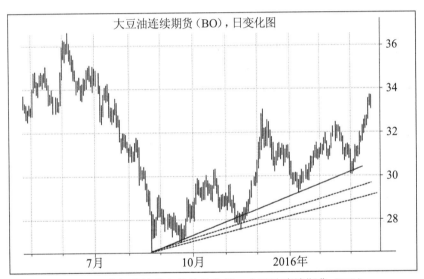

图 6.34　内部趋势线和传统趋势线：大豆油连续期货（BO）

内部趋势线的一个不足之处为它们的主观随意性，这一点是不可避免的。可能比传统趋势线更加主观随意，传统趋势线至少通过极端高点或低点来锚定。实际上，可以在图形上画出不止一条看似合理的内部趋势线——例如图 6.29。然而，根据我的经验，内部趋势线在界定潜在支撑和阻力区域方面比传统趋势线更加有用。检查图 6.27～图 6.34，这些图形中描述的内部趋势线一般来说，提供了一个比传统趋势线更好的关于市场在什么位置会停止下跌和停止上涨的提示。当然，这些例示的样本并不证明内部趋势线优于传统趋势线，因为总是可能找到可以支持几乎任何观点的图形，而且此类证据当然不是有意的或是暗示的。这些图形中比较的目的是给读者一种内部趋势线是如何提供关于潜在支撑和阻力区域的更好指示的感觉。

我个人发现内部趋势线比传统趋势线更有用的这个事实不能证明什么——一个人的趣闻观察几乎不能代表科学证据。实际上，考虑到内部趋势线的主观特点，对内部趋势线有效性的科学测试非常难构建。然而，我的观点是内部趋势线是一个应当被严肃的图形分析师所探究的概念。我确定，按照此方法进行的话，很多读者将会发现内部趋势线比传统趋势更加有效，或者至少是值得加入图形分析师的工具箱中的。

☐ 移动平均

移动平均提供了平滑价格序列和使趋势更加清晰可辨的简易方法。一个简单移动平均被定义为过去 N 日且以当日为结尾的平均收盘价格。例如，一个 40 天移动平均将等于过去 40 天收盘价的平均数，包括当日。（通常来说，移动平均的计算是使用日收盘价。但是，移动平均也可以基于开盘价、最高价、最低价或者日开盘价、最高价、最低价和收盘价的平均数。而且，移动平均的计算可以是针对非每日时间间隔的数据，在这种情况下收盘价是指给定时间间隔的最后报价。）"移动平均"这一术语是指被平均的一组数字随着时间变化而持续移动。图 6.35 展示了一个叠加在一个价格序列上的 40 天移动平均。要注意的是，移动平均清楚地反映了价格序列的趋势而且平滑了数据里无意义的波动。在交投活跃的市场中，移动平均将倾向于在一个一般的横向整理形态中摆动，如图 6.36 所示。

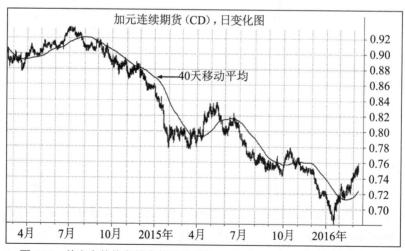

图 6.35　单方向趋势市场中的移动平均（40 天）：加元连续期货（CD）

使用移动平均来界定趋势的一个非常简易的方法是以一个移动平均数值相对于前一天的变化方向为基础的。例如，如果今天的值大于昨天的值，移动平均（而且隐含的趋势）将被认为是上升的；如果今天的值小于昨天的值，移动平均被认为是下降的。

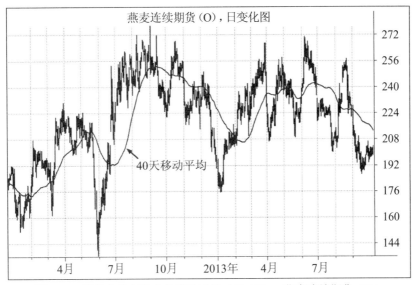

图6.36　横盘走势市场中的移动平均（40天）：燕麦连续期货（O）

要注意的是，上升移动平均的基本定义是等同于今天收盘价高于 N 天前收盘价这一简单条件的。为什么呢？因为昨天的移动平均和今天的移动平均完全相同，除了今天移动平均包括 N 天前的收盘价但不包括今天的收盘价。因此，如果今天的收盘价高于 N 天前的收盘价，那么今天的移动平均将高于昨天的移动平均。相似地，一个下降移动平均等同于今天的收盘价小于 N 天前的收盘价这一条件。

移动平均是以引入数据滞后为代价才获得平滑的特性。根据定义，由于移动平均是以过去价格平均数为基础的，因此移动平均的转折点将总是滞后于原始价格数据中的对应转折点。这个特点在图6.35和图6.36中显而易见。

在单方向趋势市场中，移动平均可以提供非常简单和有效的识别趋势的方法。图6.37复制了图6.35，预示了移动平均反转上升至少10个点处的买入信号和移动平均反转向下至少相同幅度处的卖出信号（使用一个最小反转限制来界定移动平均转向的原因是避免趋势信号来回转变——双重受损，这在移动平均接近零的时候很常见）。如图6.37所示，这极端简单的技术产生了良好的交易信号。在所示的24个月里，这个方法仅产生了7个信号。第一个信号（做多）在8月小幅获利了结出场。在这个点处触发的空头头寸获取了2014年7月—2015年3月下跌的一大部分盈利。2015年4月买入的头寸在2015年6月小额止损离场，但是随后的做空交易在10月获利了结出场。之后买入的头寸在11月末亏损平仓，而最后做空的交易在2016年2月获利了结出场。

问题是虽然移动平均在单方向趋势市场中表现利好，但是在交投活跃的横盘市场中容易产生很多假信号。例如,图 6.38 复制了图 6.36,显示移动平均上升至少 10 个点位置的买入信号和移动平均发生向下反转的位置的卖出信号。在图 6.37 中发挥了很好效果的相同方法——在移动平均向上时买入、向下时卖出——被证明为在这个市场中是灾难性的策略,产生了 6 次亏损和 1 个盈亏平衡的交易。

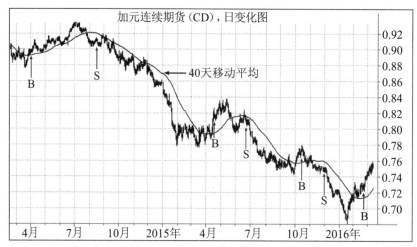

图 6.37　单方向趋势市场中的基于移动平均的信号:加元连续期货(CD)

注:买入(B)= 移动平均线自低点上升 10 个点。卖出(S)= 移动平均线自高点下降 10 个点。

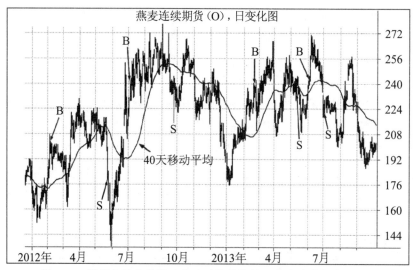

图 6.38　横盘市场中的基于移动平均的信号:燕麦连续期货(O)

注:买入(B)= 移动平均线自低点上升 10 个点。卖出(S)= 移动平均线自高点下降 10 个点。

除了本部分描述的简单移动平均以外,还有很多其他的方法来计算移动平均。这些方法中的一些方法以及移动平均在交易系统中的应用将会在第 16 章中进行探讨。

第7章

交易区间

> 普通的傻瓜，随时随地做错事；华尔街的傻瓜，自认为必须一直交易。
>
> ——埃德温·勒费弗

❑ 交易区间：交易考虑

交易区间是一个包含一段时间价格波动的水平走廊。一般来说，市场倾向于在交易区间中波动。但是，不幸的是，交易区间是很难交易获利的。实际上，绝大多数交易员将可能发现他们针对交易区间能采用的最好策略是尽量少参与此类市场——一个说起来容易做起来难的方法。

虽然有些方法可以在交易区间中获利，但是问题是这些方法在单方向市场里可能是极糟糕的，而且尽管在过去的价格里容易发现交易区间，但是几乎不可能预测交易区间。另外，应当注意的是，绝大多数的形态（例如，旗形、三角旗形）是相对没有意义的，尤其是出现在交易区间里（图形形态在第9章中进行探讨）。

交易区间常常持续数年。例如，白银市场在20世纪90年代的大部分时间里处于交易区间中（见图7.1）。图7.2～图7.4分别展示了一个连续期货、最近期货和2014年12月合约所表示的多年的原油交易区间。这3张图形展示了交易区间的上下限和时期会因描述方式（连续期货、最近期货或单个合约）不同而有所差异，然而这些替代的表现方式之间通常存在相当大的重叠。交易区间也出现在短线图形中。图7.5显示了一个15分钟欧元期货图形的例子。

一旦交易区间确立，上下限倾向于界定支撑和阻力区域。这个主题在下一章里将详细讨论。突破交易区间可能提供重要的交易信号——下一部分主题的观察。

图 7.1 多年交易区间：白银连续期货（SI）

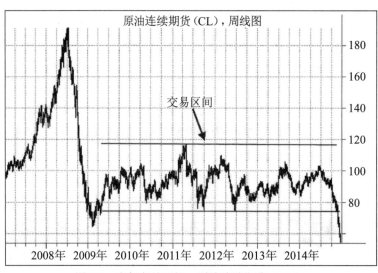

图 7.2 多年交易区间：原油连续期货（CL）

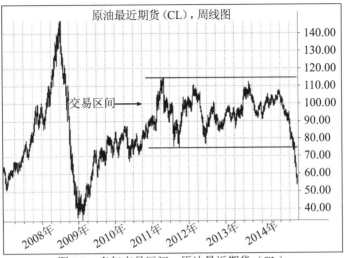

图 7.3 多年交易区间：原油最近期货（CL）

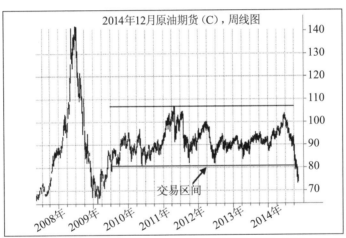

图 7.4 多年交易区间：2014 年 12 月原油期货（CL）

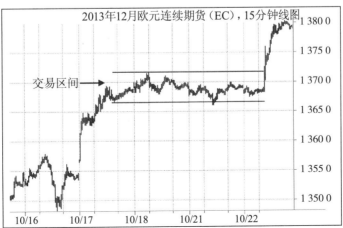

图 7.5 日间交易区间：2013 年 12 月欧元连续期货（EC）

交易区间突破

突破交易区间暗示了一个突破方向上的即将发生的价格运动。突破的重要性和可信性通常受如下 3 个因素影响而加强。

（1）交易区间的持续期。交易区间持续时间越长，最终突破的重要性可能越强。这一点分别在图 7.6 中使用周线图例子和在图 7.7 中使用日线图例子来展示。

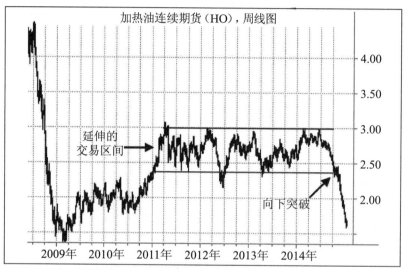

图 7.6 从延伸的交易区间向下突破：加热油连续期货（HO）

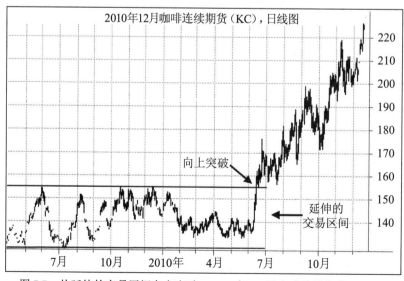

图 7.7 从延伸的交易区间向上突破：2010 年 12 月咖啡连续期货（KC）

（2）交易区间的窄度。从狭窄的交易区间突破倾向于提供特别可信的交易信号（见图 7.8～图 7.10）。此外，由于有意义的停止点隐含了一个相对低的美元风险，此类交易可能特别吸引人。

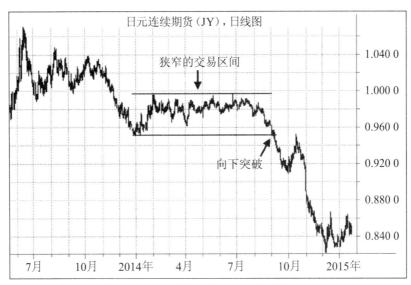

图 7.8　从狭窄的交易区间向下突破：日元连续期货（JY）

图 7.9　从狭窄的交易区间向下突破：澳元连续期货（AD）

（3）突破的确认。价格从一个交易区间突破仅仅是一个小幅度或是仅仅几天，然后回落至区间内，这种情况是相当常见的。这种倾向的一个原因是在交易区间外的区域往往密集存有停止委托。因此，稍微突破区间的一个价格运动可能有时发出一连串的停止委托。一旦这个最初批次的委托成交，突破将会失败，除非有充足的根本理由和追高买盘（或者在向下突破的情况下杀跌卖盘）以维持趋势。

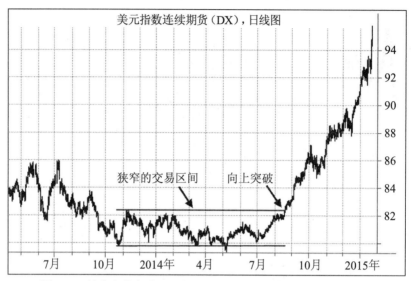

图 7.10　从狭窄的交易区间向上突破：美元指数连续期货（DX）

鉴于这些行为的考虑，如果价格在很多天后（如5天）仍然处于交易区间之外，那么交易区间突破作为一个预测即将发生趋势信号的可信性会显著增强。可以使用其他类型的确认——最小百分比突破、给定突破天数（在第9章中讨论）等。虽然在突破后等待确认将导致一些有效信号上的较差成交，但这将帮助避免很多假信号。这种利弊权衡将取决于使用的确认条件，而且必须由交易员个人来评估。但是，至关重要的一点是，交易员应当测试不同的确认条件，而不是盲目地遵循所有的突破。

第8章

支撑和阻力

在一个狭窄的市场里,当价格除了在一个窄幅区间里运动不能达到任何地方的时候,再尝试预测会是什么样的大幅运动——上涨或下跌——是毫无意义的。

——埃德温·勒费弗

最近期货或连续期货?

在技术面分析中,准确表现价格运动是必要的。对于技术面分析的各种应用而言,与最近期货相比,连续期货是描绘跨多个期货合约的价格序列的唯一切实可行的选择。但是,就支撑和阻力来说,实际过去价格水平也很重要,而它只能由最近期货来准确表现。这个考虑就提出了一个问题,应当使用哪种类型的长期图形——最近期货还是连续期货——来确定支撑位和阻力位。这没有准确地答案。在准确度量过去价格运动对于确定支撑和阻力是重要的前提下,应当使用连续期货。在过去实际价格水平对于确定支撑和阻力是重要的前提下,应当使用最近期货图形。归根结底,使用两种类型图形来界定支撑位和阻力位的理由都很充分。交易员需要测试在识别支撑和阻力位时是最近期货图形还是连续期货图形更有用,或者是两种图形都参考是最有效的方法。

交易区间

交易区间一旦确立(至少1~2个月每日横盘价格运动),价格将在区间上端遇到阻力,在区间下端遇到支撑。虽然图形分析最适合作为指示追踪趋势交易的工具,一些机敏的交易员却在交易区间的走势中采用一种逢高卖出、逢低买入的策略。一般来说,此类交易方法难以完全成功。此外,应当强调的是,交易区间内衰落的次要趋势可能导致彻底失败,除非损失有限(例如,如果价格突破区间范围一个确定的最小幅度或是市场在区间外交投达到一个最小量的柱形,或者两个条件都满足,那么通过结清头寸来限制损失)。

在价格突破交易区间后，关于支撑和阻力的解释就完全变化了。具体来说，一旦价格持续上破交易区间，交易区间的上限就变成了价格支撑区域。图8.1和图8.2中的延长线表示之前交易区间上限所隐含的支撑位。在持续向下突破交易区间的情况下，交易区间下限成为价格阻力区域。图8.3和图8.4中的延长线表示之前交易区间下限所隐含的阻力位。

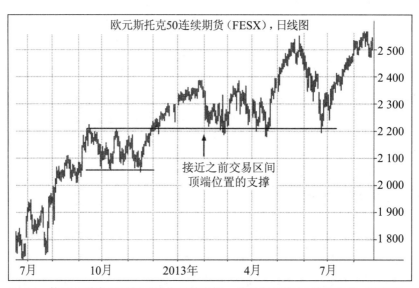

图8.1 接近之前交易区间顶端位置的支撑：欧元斯托克50连续期货（FESX）

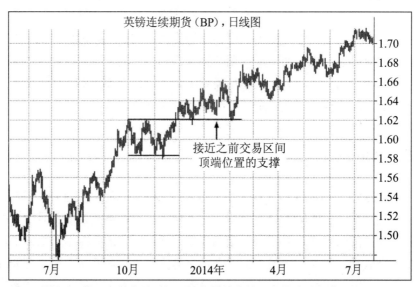

图8.2 接近之前交易区间顶端位置的支撑：英镑连续期货（BP）

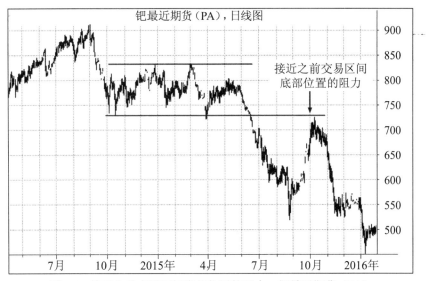

图8.3 接近之前交易区间底部位置的阻力：钯最近期货（PA）

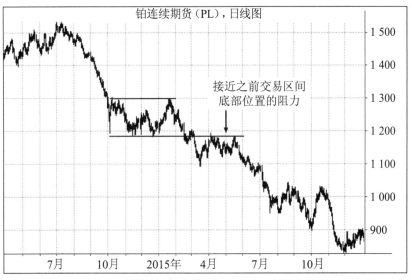

图8.4 接近之前交易区间底部位置的阻力：铂连续期货（PL）

前期主要高点和低点

通常，在之前主要高点附近将遭遇阻力位，在主要地点附近将遭遇支撑位。图8.5～图8.7表明了两个行为模式。例如，在图8.5中2003年年末的低点成为2004年、2007年和2008年后续低点的支撑位，而2005年的高点为2009年的几个高点设置了阻力位。

在图 8.6 中，2009 年年末高点和 2010 年年初高点在 2008 年高点的阻力位附近形成，而 2011 年年末低点为 2012 年和 2013 年低点提供了支撑。因此，2014 年高点成为 2015 年高点的阻力，而 2016 年年初的低点刚好在 2015 年年初低点的支撑位上方形成。虽然前期高点附近阻力和前期低点附近支撑的概念可能对于周线图或月线图非常重要，如图 8.5 和图 8.6 所示，但是原理也适用于日线图——如图 8.7 所示。在这个图形中，2013 年 6 月和 8 月高点出现在 2013 年 3 月高点附近。

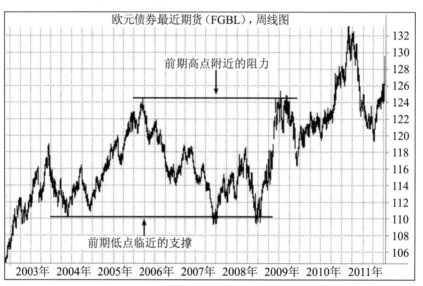

图 8.5　前期高点处的阻力和前期低点处的支撑：欧元债券最近期货（FGBL）

图 8.6　前期高点处的阻力和前期低点处的支撑：可可最近期货（CC）

图 8.7 前期高点处的阻力：棉花最近期货（CT）

应当强调的是，前期高点并不隐含后续的上涨将在该点处或之下停止，但是却隐含在该点附近会出现阻力。相似地，前期低点并不隐含后续的下跌在该点处或之上持稳，但是却隐含在该点附近会出现支撑。一些技术面分析的专业人士把前期高点和低点视作被赋予神圣重要性的点位：如果前期高点是 1 078，那么他们认为 1 078 是主要阻力位，而且如果市场上涨到 1 085，那么他们认为阻力位被突破了。这是废话。支撑和阻力应当从大致区域来考虑，而非精确的点位。要注意的是，虽然在前面的所有 3 张图中可以证明前期主要高点和低点作为阻力和支撑位是非常重要的，但是反转通常发生在价格达到一个给定的位置之前或是显著突破该位置一定幅度之后（虽然通常不是收盘在这个位置之外）。发生在前期高点或低点的精确位置附近的反转是例外而非常态。

突破前期高点可以视为买入信号，而突破前期低点可以视为卖出信号。与突破交易区间的情况相似，突破高点和低点的程度以价格幅度、时间持续长度或者上述两方面同时而言，应当是显著的才可视作交易信号。因此，正如在前面关于图 8.6 和图 8.7 的讨论中已经阐明的那样，一时（日线图上的一天、周线图上的一周等）的突破前期高点和低点不能证明什么。在假定此类事件表示一个买入信号或卖出信号之前，一个更强的确认比一个仅有的突破前期高点或低点更加必要。一些可能的确认条件包括一个最低数量的超越前高或前低的收盘价格、一个最低百分比的价格突破，或者同时要求上述两个条件。

图 8.8 和图 8.9 展示了突破前期高点构成了买入信号，假定在高点上方收盘 3 次为突破确认条件。相似地，图 8.10 和图 8.11 提供了突破前期低点构成卖出信号的例子，使用了类似的确认条件。在图 8.9 中，2012 年年末价格走低回落至 2012 年年初高点的

阻力位。在2014年1月，市场连续3周周线收盘在2012年高点上方（虚线），触发了买入信号。这张图形顺带着也提供了一个前期低点（2013年形成）持稳成为两年多以后的支撑位。

图8.8　突破前期高点的买入信号：罗素2000迷你最近期货（TF）

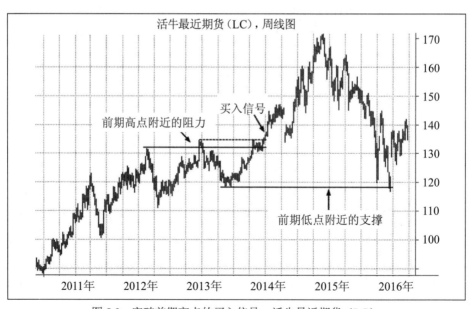

图8.9　突破前期高点的买入信号：活牛最近期货（LC）

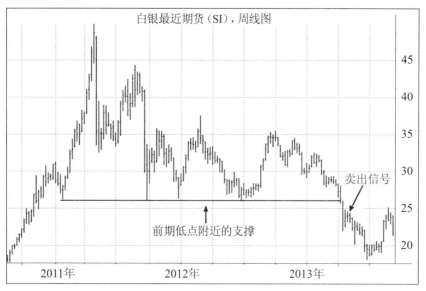

图 8.10　突破前期低点的卖出信号：白银最近期货（SI）

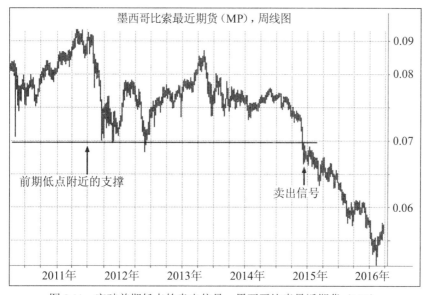

图 8.11　突破前期低点的卖出信号：墨西哥比索最近期货（MP）

在持续突破前期高点或低点以后，关于支撑和阻力的解释就完全变化了。换句话说，前期高点区域转变为支撑，前期低点区域转变为阻力。例如，在图 8.12 中，当市场上涨到前期高点前暂时回落的时候，图 8.9 中的阻力位随后在 2014 年 4 月变为支撑。在延续了图 8.10 中的支撑线的图 8.13 中，2011 年 9 月的低点为 2011 年 12 月和 2012 年 12 月低点提供了一个支撑区域。当这个支撑位后续在 2013 年 4 月被突破时，相同的位置之后被证明对 2013 年 6—8 月的反弹形成了阻力区域。图 8.14 显示了白银日线图形上展示的一个显著相似的形态：2013 年 6 月末的低点为 2013 年 11 月—2014 年 6 月的后续低点提供了支撑。当市场从 2014 年年末低点上涨以后，这个支撑水平后来在 2015 年 1 月和 2015 年 5 月成为了阻力位。在图 8.15 中，在 2015 年 8 月被向下突破的支撑位成为了 2015 年 10 月反弹和在 2016 年 3 月达到高点的升势中的阻力位。

图 8.12　前期阻力成为支撑：活牛最近期货（LC）

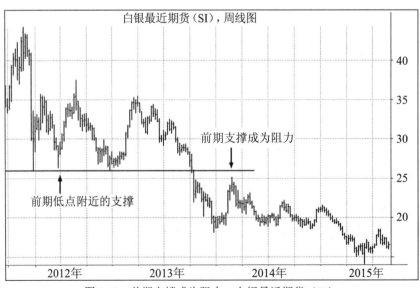

图 8.13　前期支撑成为阻力：白银最近期货（SI）

图 8.14 前期支撑成为阻力：白银最近期货（SI）

图 8.15 前期支撑成为阻力：活牛最近期货（LC）

相对高点和相对低点的集中

前面的部分主要着手研究前期主要高点和低点——单个最高点和最低点的支撑和阻力。在本部分里,我们关注的是相对高点和相对低点密集价格区域的支撑和阻力,而不是绝对的顶部和底部。确切说来,相对高点和相对低点倾向于集中在相对窄的区域里。如果当前价格较高,这些区域就暗示支撑区域;如果当前价格较低,这些区域就暗示阻力区域。这个方法在预测长期最近期货图形中的支撑和阻力区域时是特别重要的;就像读者记住的那样,长期最近期货图形与连续期货相比,准确地反映了过去价格水平,而后者准确地反映了过去价格波动。图8.16~图8.21提供了发生在相对低点和相对高点(或仅仅相对低点)之前集中位置上发生的支撑和阻力的周线图例子。在图8.21中,在市场抛售后,一个从2007—2010年多个相对低点界定的支撑区域随后在2013—2014年形成了阻力区域。

使用前期相对高点和低点密集区来界定支撑和阻力的方法也可使用于持续期足够长的连续期货或最近期货的日线图——例如两年。(对于这个方法,绝大多数单个期货合约的存续期太短以至于不能有效地应用到此类图形上)图8.22~图8.24提供了相对高点和相对低点之前密集区域上发生的支撑和阻力的日线图例子。图8.24与图8.21相似,因为支撑区域转变成了阻力区域。

图8.16 前期相对低点和高点密集区域界定的支撑区:瑞士法郎最近期货(SF)

注:↑=相对低点;↓=相对高点。

图 8.17 前期相对低点和高点密集区域界定的支撑区：汽油最近期货（RB）

注：↑ = 相对低点；↓ = 相对高点。

图 8.18 前期相对高点和低点密集区域界定的支撑区：大豆粉最近期货（SM）

注：↑ = 相对低点；↓ = 相对高点。

图 8.19　前期相对高点和低点密集区域界定的支撑区：英镑最近期货（BP）

注：↑ = 相对低点；↓ = 相对高点。

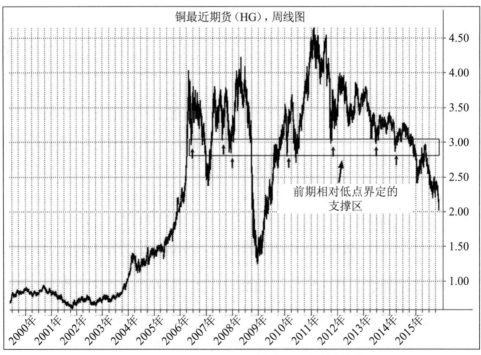

图 8.20　前期相对低点密集区界定的支撑区：铜最近期货（HG）

注：↑ = 相对低点。

图 8.21 前期相对高点和低点密集区域界定的支撑和阻力区:澳元最近期货(AD)

注:↑ = 相对低点;↓ = 相对高点。

图 8.22 前期相对低点和高点密集区域界定的支撑区:可可最近期货(CC)

注:↑ = 相对低点;↓ = 相对高点。

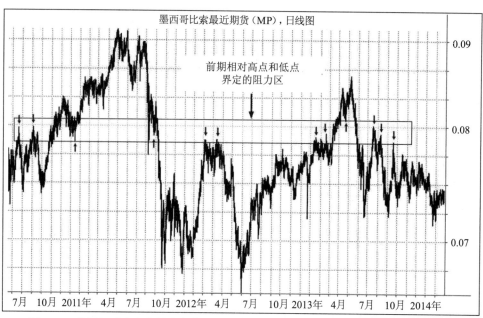

图 8.23　前期相对高点和低点密集区域界定的阻力区：墨西哥比索最近期货（MP）

注：↑ = 相对低点；↓ = 相对高点。

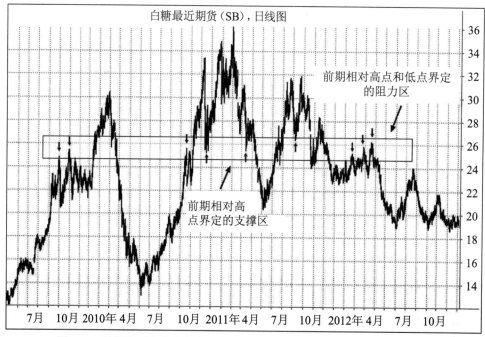

图 8.24　前期相对高点和低点界定的支撑和阻力区：白糖最近期货（SB）

注：↑ = 相对低点；↓ = 相对高点。

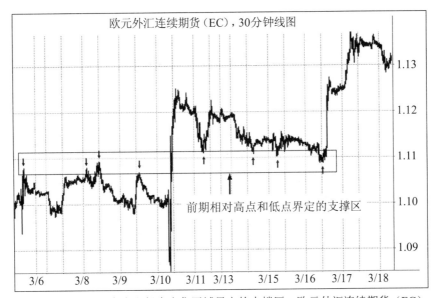

图 8.25 前期相对高点和低点密集区域界定的支撑区：欧元外汇连续期货（EC）

注：↑ = 相对低点；↓ = 相对高点。

虽然使用相对高点和低点前期密集区作为支撑和阻力区的技术最适用于较长期限图形，但是这项技术也可用于较短期图形。图 8.25 提供了日间的例子：在 30 分钟线图上由一系列前期相对高点和低点界定的支撑区。

趋势线、通道和内部趋势线

趋势线、通道和内部趋势线显示潜在支撑和阻力区域的概念在前文第 6 章中有详述。另外，正如前面所讨论的，根据个人经验，我认为在这方面内部趋势线比传统趋势线更加可信。但是，关于哪种类型的趋势线可以作为更好的指标这类问题是高度主观的事情，而且一些读者可能已经得出了相反的结论。实际上，甚至都没有一个关于趋势线和内部趋势线的精确的数学定义，而且绘制这些线的方法因人而异。

价格包络带

价格包络带可以从移动平均中推导出来。价格包络带的上端定义为移动平均加上一个给定移动平均百分比。相似地，价格包络带的下端定义为移动平均减去一个给定移动平均百分比。例如，如果当前的移动平均值为 600，百分比值界定为 3%，那么上端值将是 618、下端值将是 582。通过为一个给定的移动平均数选择合适的百分比边界，一个交易可以界定包络带，以便这个包络带可以包括绝大部分价格运动，使上边界与相对高点大致相符而下边界与相对低点大致相符。

图8.26展示了澳元连续期货的价格包络带，该包络带使用20天移动平均和2.5%百分比值。这个价格包络带为图形所捕捉的大部分时间区域提供了一个良好的支撑和阻力提示，特别是当市场横盘运动的时候（如2015年2—4月和2015年9月—2016年1月。）一个表达相同概念的替代方式是价格包络带表明了超买和超卖水平。价格包络带也适用于非每日数据。例如，图8.27展示了1.25%价格包络带适用于2016年3月电子迷你标准普尔500合约的60分钟柱状图。

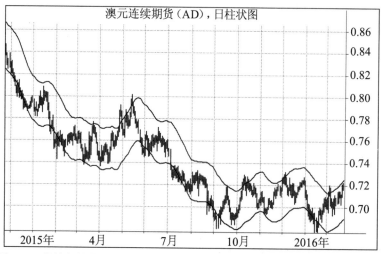

图8.26　价格包络带指示每日柱状图中的支撑和阻力：澳元连续期货（AD）

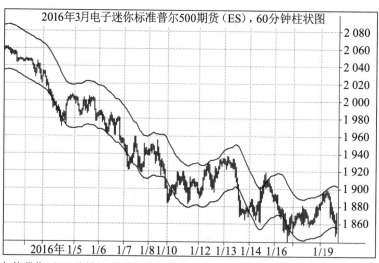

图8.27　价格包络带指示60分钟柱状图中的支撑和阻力：2016年3月电子迷你标准普尔500期货（ES）

但是，应当注意的是，价格包络带并非真的如它表面看上去那么有效。尽管它合理地提示了市场何时接近反转点，但是价格可能在一段趋势内持续紧靠着包络带的一端运动。例如，这种形态在图8.26开始处（2014年11—12月）和图形中部（2015年7—9月）非常明显。因此，尽管价格游离到价格包络带之外的情况很少而且时间很短暂，但是价格接近包络带边界一端的情况不一定意味着价格的转折点即将到来。总的来说，价格包络带提供一种测度可能的支撑和阻力区域的方式，但是它也容易受到多种假信号的影响。

第9章

图形形态

别把天才和牛市混为一谈。

——保罗·鲁宾克

一天形态

尖峰日

一个尖峰高点是一天的高点明显高于前面几天和后面几天的高点。通常来说,一个尖峰高点日的收盘价格将接近这天交易区间的底端。只有在一波价格上涨后出现,尖峰高点才有意义,在这种情况下,尖峰高点通常预示着至少会出现一个暂时的买压高潮,因此可以视为一个可能的相对高点。有时候,尖峰高点将被证明是主要顶部。

一般说来,下面的因素会增加尖峰高点的重要性。

(1) 尖峰高点与前几日、后几日高点的差异较大。

(2) 收盘价接近当日区间低点。

(3) 在尖峰形态形成前价格显著上涨。

上述3个条件中的每个条件越极端,那么就越能证明尖峰高点是一个重要的相对高点甚至是一个主要顶部。

相似地,一个尖峰低点是一天的低点显著低于前几天、后几天的低点。一个尖峰低点日的收盘价往往接近当日交易区间的上端。只有出现在一波价格下跌之后,尖峰低点才有意义,在这种情况下,尖峰低点通常预示着至少会出现一个暂时的卖压高潮,因此可以视作一个可能的相对低点。有时候,尖峰低点会被证明是一个主要底部。

一般来说,下面3个因素将增加尖峰低点的重要性。

(1) 尖峰低点与前几日、后几日低点的差异较大。

(2) 收盘价接近当日区间高点。

(3) 在尖峰形态形成前价格显著下跌。

这些条件中的每个条件越极端，就越可能证明尖峰低点是一个重要的相对低点甚至是一个主要底部。

图 9.1～图 9.4 包括了一些日线图和周线图上的尖峰高点和尖峰低点。图 9.3 中巨大的尖峰高点标示出了瑞士法郎期货中的多年顶部。图 9.4 包括了两个表示出摆动底部的尖峰低点的例子。

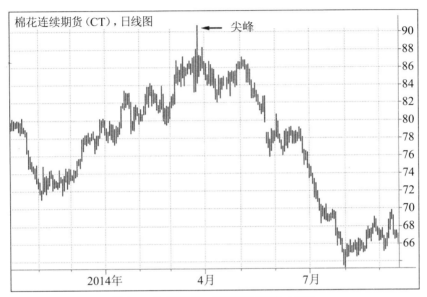

图 9.1　尖峰高点：棉花连续期货（CT）

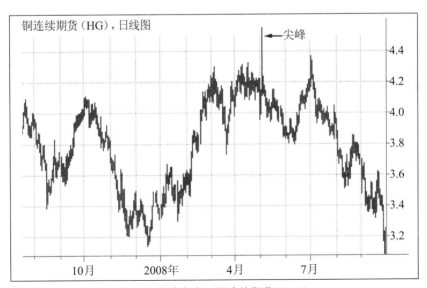

图 9.2　尖峰高点：铜连续期货（HG）

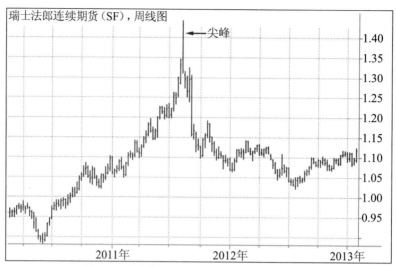

图9.3 尖峰高点：瑞士法郎连续期货（SF）

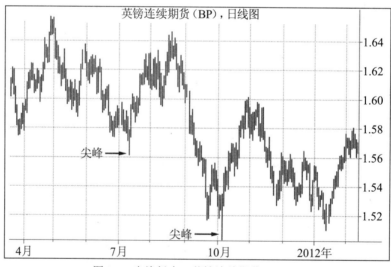

图9.4 尖峰低点：英镑连续期货（BP）

前面关于尖峰高点和尖峰低点的描述列出了代表此类交易日的3个必要特点。但是，这些条件的界定有失精准。具体来说，一日的高点（低点）与前几日、后几日高点（低点）之间的差异必须大到什么程度才能达到一个尖峰高点（低点）的标准呢？收盘价格必须接近日低（日高）到什么程度才能将这一天视为一个尖峰高点（低点）呢？之前的上涨（下跌）幅度多大才能将这一天视为一个可能的尖峰高点（低点）呢？答案是没有精确的标准；在每个问题里，达标条件的选择都是主观决定。然而，图9.1～图9.4提供了一个对于符合尖峰标准的交易日类型的直观感觉。

但是，可以在数学上构建尖峰日的准确定义。例如，一个尖峰高点日要满足下面所有 3 个条件（尖峰低点日也是类似的）。

（1）$H_t - \max(H_{t-1}, H_{t+1}) > k \cdot \text{ADTR}_{10}$，

H_{t-1} = 前日的高点；

H_{t+1} = 后日的高点；

k = 必须界定的乘数因子（例如，$k = 0.75$）；

ADTR_{10} = 过去 10 日[①]的平均每日真实区间。

（2）$H_t - C_t > 3 \cdot (C_t - L_t)$，

C_t = 给定日收盘价；

L_t = 给定日低点。

（3）$H_t >$ 过去 N 日里最高的日高点，N 是一个必须确定的常量（例如，$N=50$）。

前面第一个条件确保尖峰高点将比周围高点高，至少是过去 10 日平均真实区间的 3/4（假定 k 值为 0.75）。第二个条件确保尖峰日的收盘价位于交易区间较低的四分位数内。第三个条件要求尖峰日的高点比过去 50 日（假定 $N=50$）的最高的高点高，保证了尖峰日出现在价格上涨之后（一般来说，较高的 N 值将需要较大的前期上涨）。

对于尖峰高点日的三部分定义只是为了提供一个如何在数学上构建精确定义的例子。当然，还有很多其他的定义。

反转日

一个反转高点日的标准定义是在价格上升运动中创出新高，然后反转收盘到前一日收盘价之下的一天。相似地，一个反转低点日是在价格下降运动中创出新低，然后反转收盘至前一日收盘价之上。下面的讨论以反转高点日为主，但是反过来的评论将使用于反转低点日。

与尖峰高点日相似，一个反转高点日通常被解释为暗示着买入高潮，因此成为一个相对高点。但是，根据标准定义，一个反转高点日必需的条件相对偏弱，意味着反转高点日相当普通。因此，尽管很多市场高点是反转日，但问题是大多数反转高点日并非市场高点。图 9.5 指出了这一点，该图非常典型。该图展示了原油市场历史性上涨至 2008 年 7 月的历史高点和随后几个月同样让人印象深刻的抛售下跌。注意虽然一个反转高点日出现在 7 月顶部前的几天，但是在此之前从 2 月末开始还有 8 个反转日，它们中仅有一个（5 月末的第 7 个）后面跟着一个有意义的下跌走势。从 7 月末到 12 月发生的反转低点日绘制了一幅相似的画面：考虑到原油期货在 2009 年 2 月底（没有显示出）之

[①] 真实区间等同于真实高点减去真实低点。真实高点是在当日高点和前日收盘价中取最大值。真实低点是在当日低点和前日收盘价中取最小值。

前市场又下跌 20 美元，甚至 2008 年 12 月的最后信号都是极端不成熟的。图 9.6 描述了又一个不成熟的反转日信号普通平凡的例子。在这种情况下，一个反转日实际上发生在一个 2009 年年初主要涨势的最高点。但是，这个令人难以置信的卖出信号之前还有 8 个反转日，它们中的大多数发生得更早一些。任何打算用反转信号做交易的人在有效信号最终形成前都将认输离场。

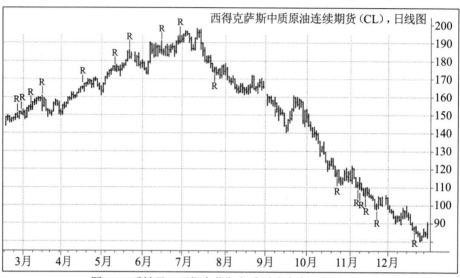

图 9.5　反转日：西得克萨斯中质原油连续期货（CL）

注：R= 反转日。

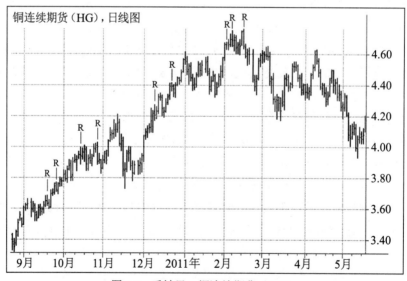

图 9.6　反转日：铜连续期货（HG）

注：R= 反转日。

在刚刚提供的例子里，至少一个反转日信号发生在实际高点处或附近。但是，一个上升趋势往往遇到很多被证明是假信号的反转高点，于是不能在实际顶部附近形成一个反转高点。可以说，每10个高点中能找出100个反转高点日来。换句话说，反转日偶尔提供绝佳的信号，但更多的时候给出的是假信号。

依笔者之见，反转日标准定义是如此容易产生假信号以至于它不值得成为一个交易指标。标准定义的问题是仅仅要求收盘在前一日收盘价下方是一个非常弱的条件。而笔者建议，把一个反转高点日界定为在价格上涨运动中出现一个新高然后反转收盘至前一日最低点下方的一日。（如可行的话，通过要求收盘价处于前两日低点的下方可以强化这个条件。）这个更有限制性的条件将极大地降低假反转信号的数量，但它也将排除一些有效信号。例如，这个修正了的定义将淘汰图9.5中第4个信号以外的所有信号。在图9.6中，更具限制性的反转日定义将排除除第4个和第9个（最后一个也是有效信号）以外的所有信号。

一个反转日可能听上去有点像尖峰日，但是这两个形态不完全等同。一个尖峰日不一定是一个反转日，而一个反转也不一定是一个尖峰日。例如，即使收盘价是当日低点，一个尖峰高点日可能没有收盘在前一日低点下方（甚至低于前一日的收盘价，正如标准定义规定的）。反过来，一个反转高点日可能不会像尖峰高点定义要求的那样显著超过前一日的高点，或者超过后一日的高点，因为后一日的价格行为不属于反转日定义的部分。同样，即使收盘价低于前一日收盘价，反转日收盘价可能也不在低点附近——尖峰日的标准特点。

偶尔有一日可能既是反转日又是尖峰日。这样的交易日远比仅仅的反转日更加重要。使用更具限制性。反转日定义的替代方法是使用标准定义，但是要求该日也要满足尖峰日的条件（虽然既满足强反转日条件和尖峰日条件的交易日最有意义，但是此类交易日相当少见）。图9.7给出一个既满足尖峰低点又满足反转低点条件的交易日条件。图9.8

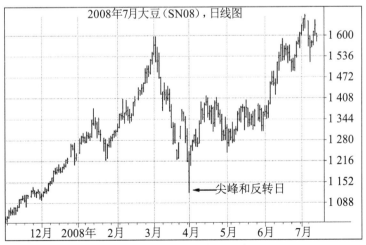

图9.7　尖峰和反转日：2008年7月大豆（SN08）

突出了 3 个日子：一个标示出上涨高点的尖峰和反转高点日、一个几天后出现在数日横盘价格行为之前的尖峰和反转低点日、一个下降趋势中价格修正形态前的尖峰和反转低点日。

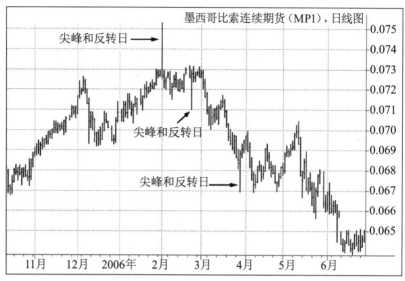

图9.8　尖峰和反转日：墨西哥比索连续期货（MP1）

穿日

上穿日是收盘价高于前一日高点的交易日，而下穿日是收盘价低于前一日低点的交易日。穿日的重要性是与收盘价是交易日最重要的价格这一概念相联系的。单个穿日不是特别有意义，因为穿日相当常见。但是，一系列上穿日（不一定是连续的）将反映显著的强势；相似地，一系列下穿日将反映明显的市场弱势。

在牛市里，上穿日在数量上明显超过下穿日——例如，见图9.9中的5月中旬至7月初的特别看涨的行情。相反地，在熊市里，下穿日在数量上明显超过上穿日——见图9.10中7—9月这段时期。而且，应该不会有什么奇怪，在横盘市场中，上穿日和下穿日倾向于大致平衡——例如，图9.9中的3—4月中旬和图9.10中10—11月这两段时期。

奔日

奔日是一个强趋势日。本质上，一个奔日是一个穿日更有力的版本（虽然奔日可能不能满足穿日的条件）。奔日的定义如下所述。

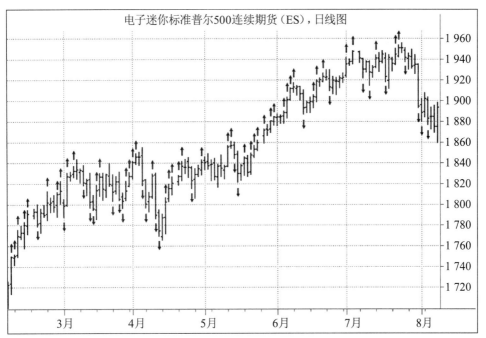

图 9.9 牛市中的上穿日和下穿日：电子迷你标准普尔 500 连续期货（ES）

注：↑ = 上穿日；↓ = 下穿日。

图 9.10 熊市中的上穿日和下穿日：2014 年 12 月欧元外汇期货（ECZ14）

注：↑ = 上穿日；↓ = 下穿日。

上奔日。满足下列两个条件的交易日。

（1）奔日的真实高点大于过去 N 日的最大真实高点（例如，$N=5$）。

（2）奔日的真实低点小于后续 N 日的最小真实低点。

下奔日。满足下列两个条件的交易日。

（1）奔日的真实低点小于过去 N 日的最小真实低点。

（2）奔日的真实高点大于后续 N 日的最大真实高点。

正如从定义可以看出的，奔日只有在发生 N 日之后才能界定。此外，注意虽然绝大多数奔日也是穿日，但是非穿日也可能满足奔日的条件。例如，一日的低点完全可能低于过去 5 日的低点，一日的高点也完全可能高于后续 5 日的高点，收盘价也可能高于前日的低点。

图 9.11 和图 9.12 给出了几个奔日的例子（基于 $N=5$ 的定义）。正如这些图形所示，奔日倾向于发生在市场处于一个趋势运动中——因此而得名。上奔日的形成，特别是集中密集的上奔日，可以视为市场处于行情看涨阶段的证据（见图 9.11）。相似地，下奔日占主导地位给出了市场处于看跌状态的证据（见图 9.12）。在第 17 章，我们使用奔日的概念来构建交易系统。

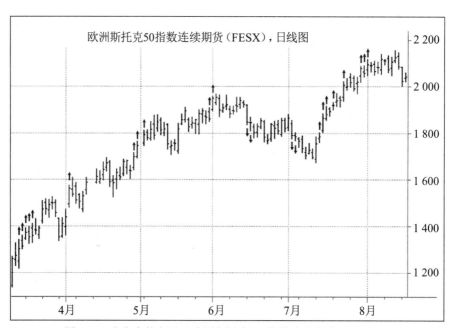

图 9.11　牛市中的奔日：欧洲斯托克 50 指数连续期货（FESX）

注：↑ = 上穿日；↓ = 下穿日。

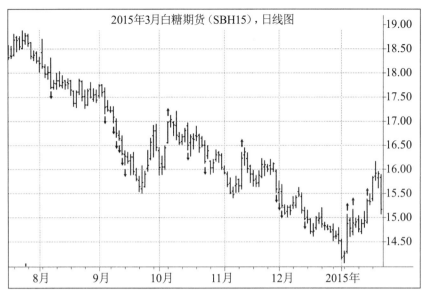

图9.12　熊市中的奔日：2015年3月白糖期货（SBH15）

注：↑ = 上穿日；↓ = 下穿日。

注：虽然穿日和奔日的基本前提适用于更长时间，但是在日间图形里不成立。日间柱形图的收盘价格——特别是非常短时间，例如，1分钟或几分钟——重要性和日线或周线柱形图的收盘价格不同，后者标志着重要交易时段的结束。

宽幅游走日

宽幅游走日是波动率显著超过最近交易日平均波动率的交易日。宽幅游走日定义如下所述。

宽幅游走日是波动率（VR）大于 k（例如，$k=2.0$）的交易日。波动率（VR）等于今天的真实区间除以过去 N 日平均真实区间（例如，$N=15$）。

宽幅游走日可能有特别的重要性。例如，在一段时间下跌行情后形成强收盘价的宽幅游走日常常预示一个上升趋势反转。相似地，在一段时间上涨行情后出现弱收盘价的宽幅游走日可能预示一个下降趋势反转。在图9.13中，强收盘宽幅游走日标示两个欧元期货下跌走势的反转（注意：虽然7月背对背的宽幅游走日没有在它们各自区间的上端区域收盘，但是它们都收盘在了前一日高点附近或上方）。图9.14突出了两组以戏剧化的方式终结了白银上升行情的连续弱收盘宽幅游走日。内置的周线图显示这些事件标志着市场较长时间上升趋势的有效终结，从而开启一段较长时间的横盘及偏低的价格行为。

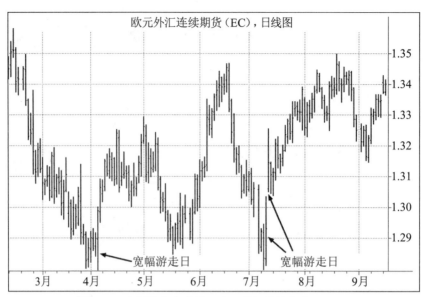

图9.13　宽幅游走上升日：欧元外汇连续期货（EC）

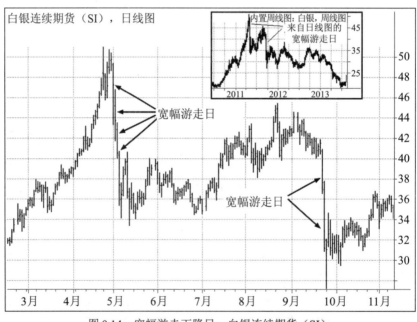

图9.14　宽幅游走下降日：白银连续期货（SI）

图9.15和图9.16突出了满足之前描述的宽幅游走日标准例子的几个交易日：每个宽幅游走日的真实区间大于之前15天平均真实区间的两倍。在图9.15中，这些交易日里的第一日，2012年5月的一个弱收盘宽幅游走日标志着西得克萨斯中质原油在市场

高点附近形成整固后上升行情的确定性终结。第二个下降宽幅游走日不是特别重要，因为它是在一段大幅下跌行情已经发生后形成的。第三个（强收盘）宽幅游走日预示了一个向上的主要市场反转。

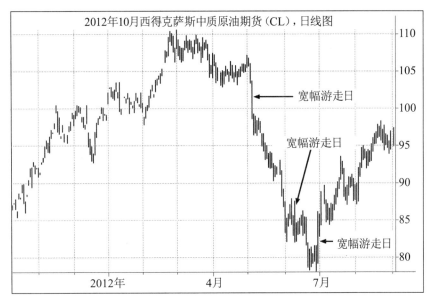

图9.15 宽幅游走上升日和下降日：2012年10月西得克萨斯中质原油期货（CL）

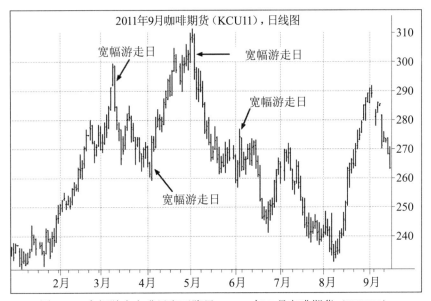

图9.16 宽幅游走上升日和下降日：2011年9月咖啡期货（KCU11）

在图9.16中有4个宽幅游走日，其中的前三个是主要趋势反转的开端；第四个没有发生任何持续到底的价格行为。但是，有一个重要的附加说明：5月初的宽幅游走日预示了市场顶部附近的反转，根据我们使用的参数为例（2.0乘数和15天）实际上并不严格满足宽幅游走日的标准——它的真实区间仅仅是15日平均真实区间的1.94倍。如果我们选择乘数为1.9而不是2.0来界定宽幅游走日的话，这天将代表一个没有任何限制的宽幅游走日。在我们的例子里选择的2.0和15天的参数值没有什么特别。这些值向上或向下的适度调整将仍然保持宽幅游走日的特点，正如5月初的宽幅游走日一样，这个宽幅游走日出现在一个主要上升趋势后有一个超大的区间和一个非常弱的收盘价。在选择乘数的参数值时需要权衡：选择界定宽幅游走日的乘数越低，捕捉有效宽幅游走日反转信号的概率越大，但是发现无意义的宽幅游走日的几率也越大。由于这个原因，对于交易员来说，使用多组参数值界定宽幅游走日以注意那些刚好不满足定义的交易日的方法可能是有意义的。当然，较高乘数界定的交易可能占有更大的分量。

图9.17和图9.18显示了不同时间周期的宽幅游走柱状图的例子。图9.17中宽幅游走的周线标志着延伸至2012年年初的日元期货上升趋势的开始，正如内置的月线图所示。在图9.18中，弱收盘的宽幅游走小时柱形图反转了7天的上涨行情。在第17章中，我们将使用宽幅游走日的概念作为构建样本交易系统的主要元素。

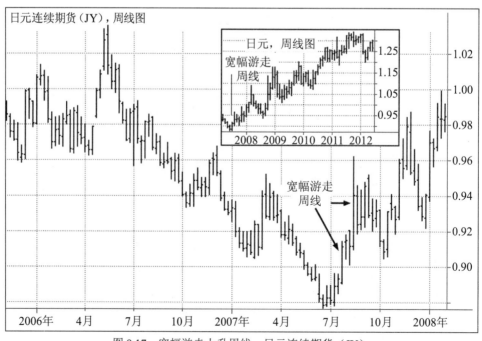

图9.17　宽幅游走上升周线：日元连续期货（JY）

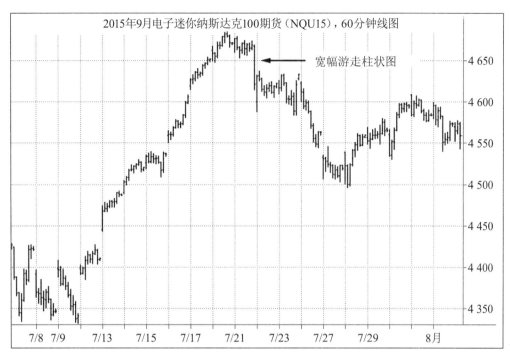

图 9.18　宽幅游走下降柱状图：2015 年 9 月电子迷你纳斯达克 100 期货（NQU15）

连续形态

连续形态是在长期趋势中形成的各种类型的密集阶段。顾名思义，一个连续形态预计被它形成前的同方向价格波动所化解。

三角形

三角形态有 3 种基本类型：对称（见图 9.19～图 9.21）、上升（见图 9.22～图 9.23）和下降（见图 9.24～图 9.25）。一个对称三角形通常伴随着一个在其形成前已有趋势的延续，如图 9.19～图 9.21 所示。传统的图形常识暗示了非对称三角形将转为三角形斜边斜率方向上的趋势，如图 9.22～图 9.25 所示。但是，三角形态突破的方向比类型更重要。例如，在图 9.26 中，虽然两个密集形态是下降三角形——而且在第二个形态前出现了价格下跌，但是两个形态都向上突破并且之后行情上涨。

图9.19 对称三角形：日元连续期货（JY）

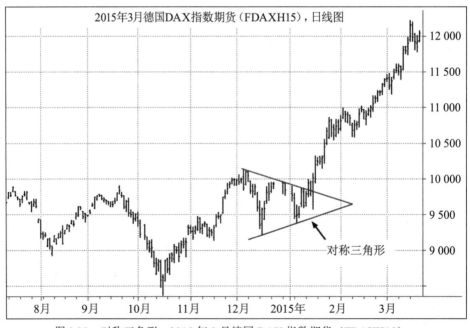

图9.20 对称三角形：2015年3月德国DAX指数期货（FDAXH15）

图 9.21 对称三角形：铜连续期货（HG）

图 9.22 上升三角形：欧洲斯托克 50 指数连续期货（FESX）

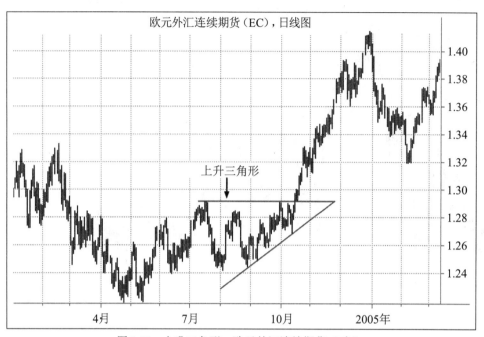

图9.23 上升三角形：欧元外汇连续期货（EC）

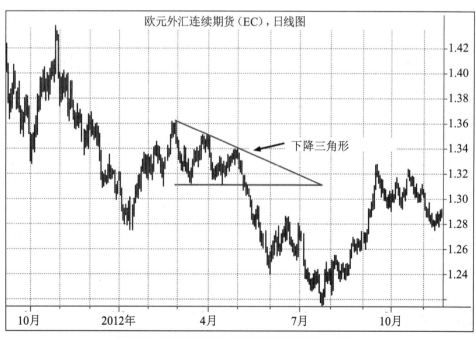

图9.24 下降三角形：欧元外汇连续期货（EC）

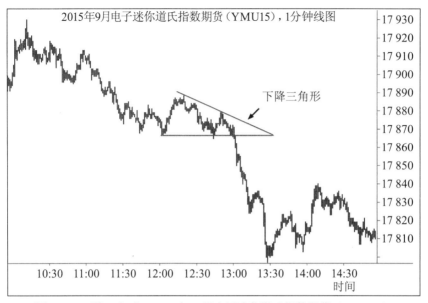

图 9.25　下降三角形：2015 年 9 月电子迷你道氏指数期货（YMU15）

图 9.26　下降三角形向上突破：10 年期美国国债连续期货（TY）

旗形和三角旗形

旗形和三角旗形势是趋势里窄通道、短时间（例如 1～3 周）的密集阶段。当形态由平行线封闭时，该形态被称为旗形。当直线相交时，该形态被称为三角旗形。

图 9.27～图 9.31 展示了两种类型形态。图 9.29 显示了周线图上形成的旗形，而图 9.30 显示了日间图形上的旗形和三角旗形。

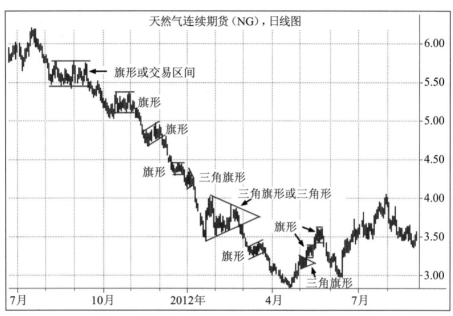

图 9.27　旗形和三角旗形：天然气连续期货（NG）

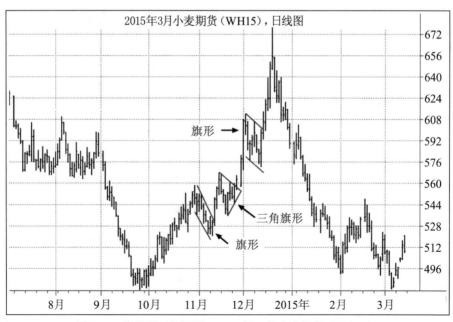

图 9.28　旗形和三角旗形：2015 年 3 月小麦期货（WH15）

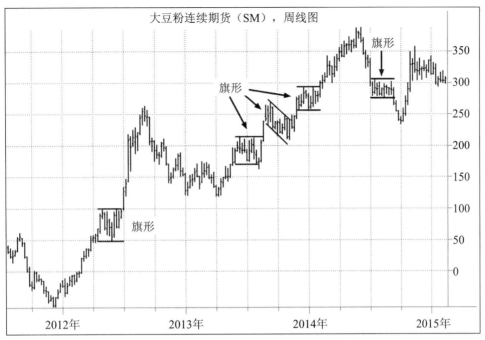

图 9.29　旗形和三角旗形：大豆粉连续期货（SM）

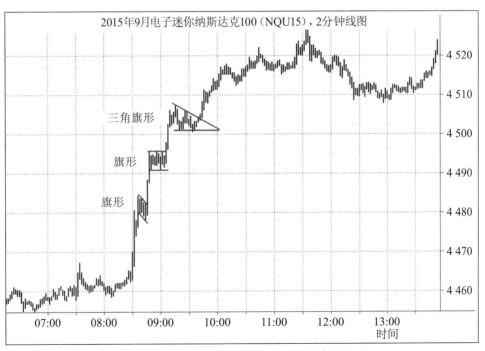

图 9.30　旗形和三角旗形：9 月电子迷你纳斯达克 100（NQU15）

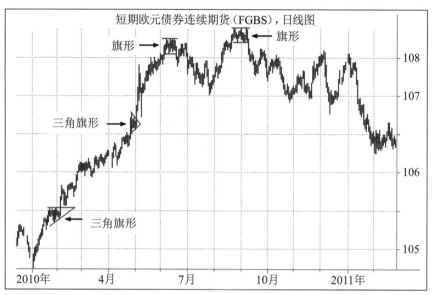

图 9.31　旗形和三角旗形：短期欧元债券连续期货（FGBS）

三角旗形看上去可能和三角形相似，但是从时间上来看它们是不同的——三角形持续时间更长。相似地，水平旗形和交易区间之间的区别也是持续时间长短的问题。例如，在图 9.27 的众多旗形和三角旗形中，两个密集形态（2011 年 8—9 月和 2012 年 1—2 月）可以归类为多旗形或三角旗形或空交易区间或三角形）。无论用哪个名字来命名这些形态，它们的含义都是一样的：旗形和三角旗形通常代表主要趋势的暂歇。换言之，这些形态后面通常跟随的价格波动和这些形态形成前的价格波动相一致。

旗形或三角旗形形态突破可视为趋势延续确认和趋势方向上的交易信号。但是，由于突破通常发生在主要趋势方向，笔者更喜欢在旗形或三角旗形形成过程中建立仓位，预测突破的可能方向。这个方法考虑了更有利的交易开仓而不会导致准确交易占比显著恶化，因为旗形和三角旗形突破后趋势反转与反预期方向突破的可能性大致形同。在旗形或三角旗形突破后，形态形成的反向极端可以用作一个大致的止损点。

旗形或三角旗形向预期反方向显著突破——即与主要趋势反向——可以视为一个可能的趋势反转信号。例如，在图 9.31 中，注意在一个包含主要趋势方向上的三角旗形突破的强烈上涨行情以后，在 6 月和 8 月形成的两个旗形出现的向下突破标志着短期和较长期的高点。

旗形和三角旗形通常指向主要趋势的反方向。这个特点在图 9.27～图 9.31 中大多数的旗形和三角旗形中展示出来。但是，旗形或三角旗形指出的方向不是重要的考虑。根据笔者的经验，笔者还没发现指向主要趋势方向而不是更常见的相反斜率的旗形和三角旗形在可信性上有任何显著差异。

在顶部附近或略高于交易区间上方形成的旗形或三角旗形可能是特别强的看涨信号。在交易区间顶部形成旗形或三角旗形形态的情况下，尽管市场达到了主要阻力区域——区间顶部——但并未发生后撤。此类价格行为有看涨行情的意味，而且暗示了市场正在积蓄力量以求一次最终向上突破。在交易区间上方形成旗形或三角旗形的情况下，价格在突破点上方持稳，因此给予了强烈突破确认。一般来说，交易区间持续越长，在区间顶部附近或上方形成旗形或三角旗形的潜在重要性更大。图9.32～图9.34给出了在区间顶部或上方形成旗形或三角旗形的例子而且证明是价格上涨的先兆。

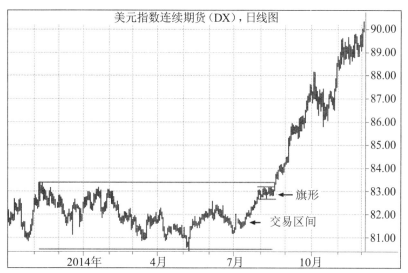

图9.32　交易区间顶部附近的旗形看涨信号：美元指数连续期货（DX）

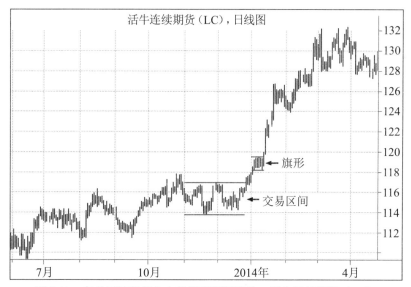

图9.33　交易区间顶部上方的旗形看涨信号：活牛连续期货（LC）

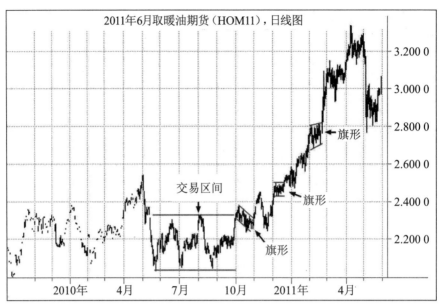

图 9.34　交易区间顶部附近的旗形看涨信号：2011 年 6 月取暖油期货（HOM11）

出于相似的原因，在底部附近或交易区间下方形成的旗形或三角旗形是特别看跌的形态。图 9.35～图 9.37 给出了在底部附近或交易区间下方形成的旗形或三角旗形的例子，而且证明其是价格下跌的前兆。

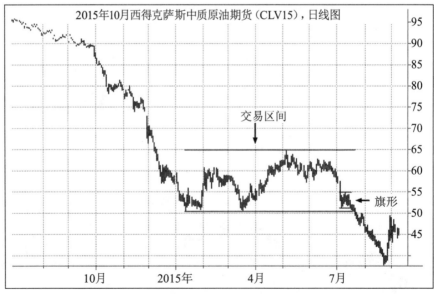

图 9.35　交易区间底部附近的旗形看跌信号：2015 年 10 月西得克萨斯中质原油期货（CLV15）

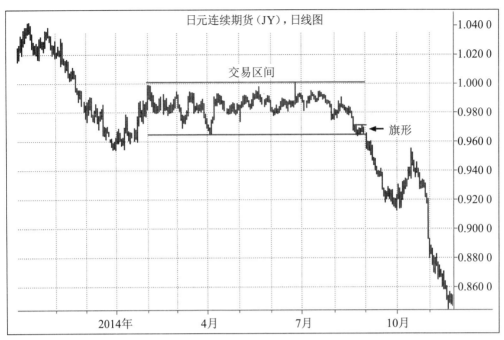

图 9.36 交易区间底部附近旗形看跌信号：日元连续期货（JY）

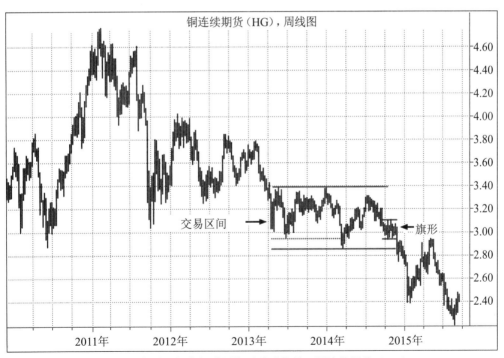

图 9.37 交易区间底部附近旗形看跌信号：铜连续期货（HG）

顶部和底部结构

"V"形顶和底

"V"形结构是一个形势很快变化的顶（见图 9.38）或底（见图 9.39）。"V"形顶或底的问题在于往往难以区分与快速调整的区别，除非搭配使用其他技术指标（例如，突出的尖峰日、显著的反转日、大缺口、宽幅游走日）。图 9.38 中的"V"形顶的确包含了此类线索——一个尖峰日——而图 9.39 中的"V"形底却没有伴随任何其他趋势反转的证据。

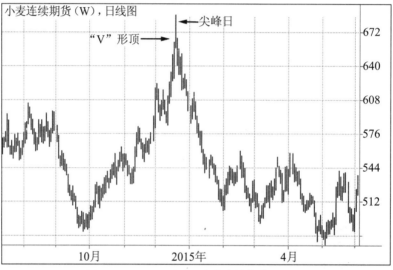

图 9.38　"V"形顶：小麦连续期货（W）

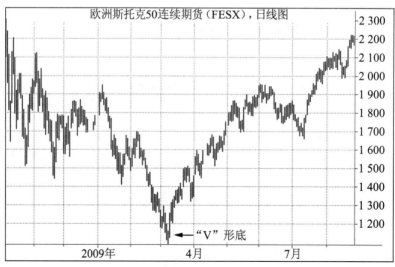

图 9.39　"V"形底：欧洲斯托克 50 连续期货（FESX）

双顶和双底

双顶和双底顾名思义。当然，构成这个形态的两个顶部（或底部）不需要完全相同，仅仅相互邻近即可。在一个大幅价格运动后形成的双顶和双底应当视为一个主要趋势反转的强烈信号。图 9.40 展示了欧元中期国债期货周线图中的一个主要双顶，而图 9.41 显

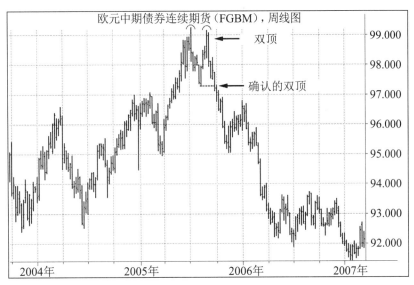

图 9.40　双顶：欧元中期债券周线连续期货（FGBM）

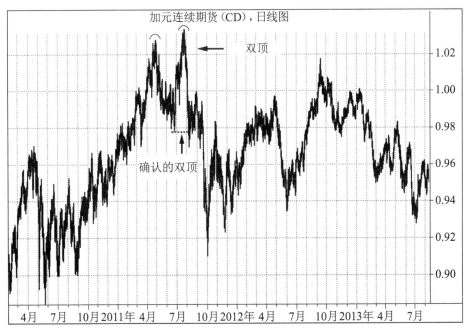

图 9.41　双顶：加元连续期货（CD）

示了加元期货日线图上的双顶。（在展示双顶和双底形态的绝大多数图形中均使用连续期货，是因为绝大多数单个合约流动性强的交易时期通常不够长，不足以显示包括这些形态与之前和之后趋势的时间跨度。）图 9.42 显示了电子迷你纳斯达克 100 期货中的主要双底形态。图 9.43 描绘了 2 分钟图形上的双底：在这个案例中，这个形态出现在 2015 年 6 月迷你罗素 2000 期货的爆炸式上涨行情之前。

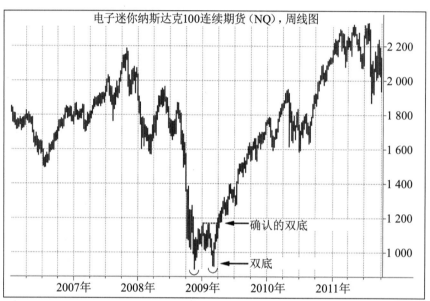

图 9.42 双底：电子迷你纳斯达克 100 连续期货（NQ）

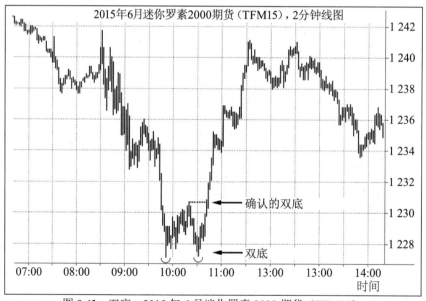

图 9.43 双底：2015 年 6 月迷你罗素 2000 期货（TFM15）

图 9.44 双顶：铂连续期货（PL）

正如图 9.40～图 9.43 所示，当价格运动到两个顶（底）之间的折返低点（高点）的下方（上方）时候，可以认为双顶（底）完结了。当干预折返相对深的时候，正如图 9.44 的例子，等待一个"正式"的确认是不实际的，而且交易员可能不得不期待这个形态在其他证据的基础上形成。例如，在图 9.44 中，直到市场从 2008 年 5 月高点（双顶的第二个高峰）下跌接近 20%，双顶状态才得到确认。但是，从那个高点最初下跌后形成的三角旗形形态隐含了下一波价格波动也将是下跌的。以这个线索为基础，交易员或许能够合理地推断出双顶形态已经形成，尽管根据标准定义这一形态尚未结束。带有更多重复的顶部和底部结构（例如，三顶或三底）很少出现，但是可以相同方式解释。图 9.45 展示了德国 DAX 指数期货周线图中的三顶。

头肩形

头肩形态势是一种众所周知的图形结构。头肩顶是一个 3 部分结构，其中中间的高点高于两边的高点（见图 9.46）。相似的，头肩底也是一个 3 部分结构，其中中间低点低于两边的低点（见图 9.47 和图 9.48）。图形分析的新手们犯的最常见错误之一是过早地期待头肩形形成。直到颈线——一条连接了分开头部和肩部的折返低点或高点的直线——被刺穿，头肩形态才被认为完成。另外，只有在一个主要价格运动发生后，一个有效的头肩形态才算形成。具有头肩结构但是不满足上述要求的形态可能具有误导性。

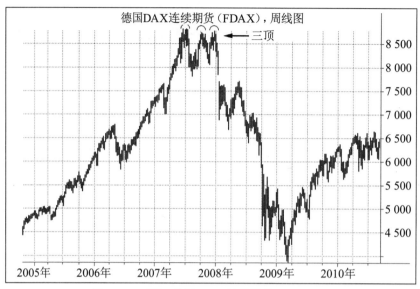

图 9.45　三顶：德国 DAX 连续期货（FDAX）

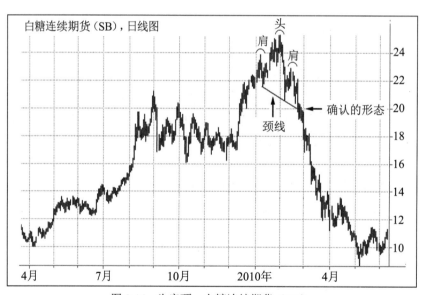

图 9.46　头肩顶：白糖连续期货（SB）

图 9.48 是值得关注的，因为头肩底的头部由两个构成双底的低点组成，正如在前面部分讨论的一样，当价格在 12 月初高点（短虚线）上方交投的时候，这个形态将被确认。头肩形态颈线突破大约发生在 6 周以后。

有时，头肩形态和三顶（底）形态的区别并不清晰。例如，图 9.49 显示了一个美元指数期货的主要长期顶部，其中绝对高点居中、两个稍微低些的高点居于两侧。这个结构可以归类为两种形态中的任意一种——无论如何归类，它作为顶部形态的含义都是相同的。

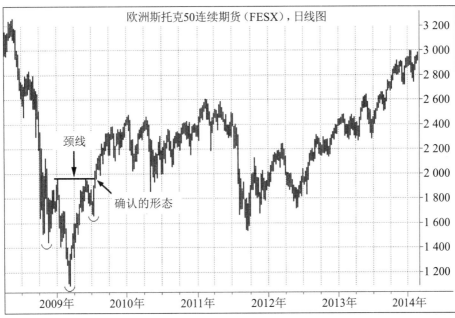

图9.47 头肩底：欧洲斯托克50连续期货（FESX）

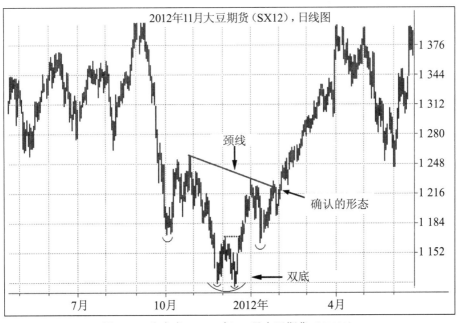

图9.48 头肩底：2012年11月大豆期货（SX12）

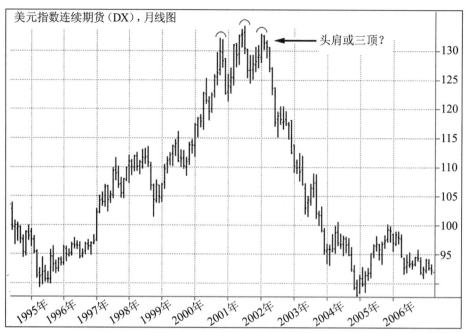

图9.49 头肩或三顶？美元指数连续期货（DX）

圆弧顶和底

圆弧顶和底（也称为碟形）形态并不多见，却是最可信的顶部和底部结构之一。图9.50显示了日经225连续期货图形，该图形具有一个在多年高点顶峰处形成的圆弧顶，其后是

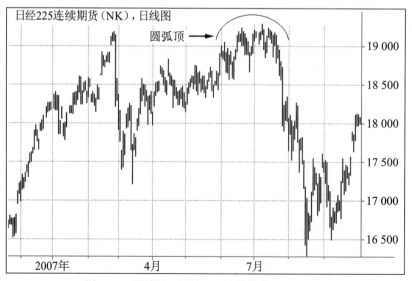

图9.50 圆弧顶：日经225连续期货（NK）

一波快速猛烈的下跌。在理论上，这个形态将不包括任何锯齿形，正如本图所示（例如，6月末的较低的低点），但是，笔者认为主要的标准为外周是否符合圆弧形状。图 9.51 描绘了一个形成了一个主要顶点的 2014 年大豆连续期货的圆弧顶形态。虽然 4 月末—5 月初价格下跌阻止了一个完美圆弧顶形态的形成，3—5 月价格行为的外边界很好地符合圆弧形态。

图 9.52 给出了一个瘦猪肉连续期货圆弧底形态的教科书式的范例。注意在本例中，筑底过程中价格行为相对平滑而且基本没有上一个例子里偶尔出现的锯齿运动。这个圆弧底后面跟着一波开始于 2014 年 2 月中旬的爆炸式上涨行情。图 9.53 显示了一个时间上更短暂的瑞士法郎圆弧底，标志着行情从下跌转为上涨趋势。

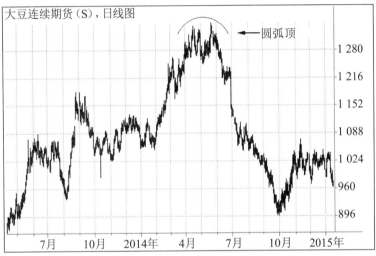

图 9.51　圆弧顶：大豆连续期货（S）

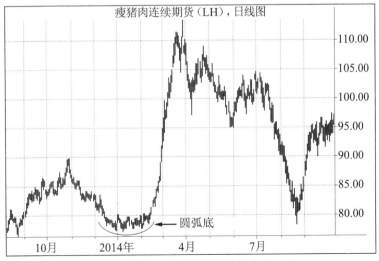

图 9.52　圆弧底：瘦猪肉连续期货（LH）

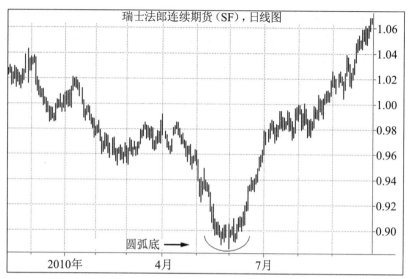

图 9.53 圆弧底：瑞士法郎连续期货（SF）

三角形

三角形，最常见的连续形态之一，也可能是顶部和底部结构。图 9.54 ～图 9.57 以图为例描述了三角形顶和底。如连续形态一样，主要的考虑是三角形突破的方向。

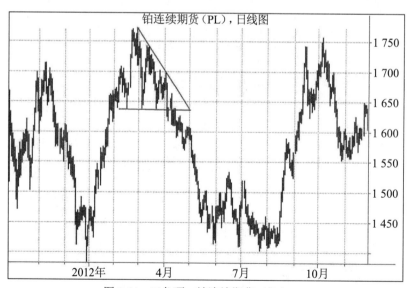

图 9.54 三角顶：铂连续期货（PL）

图 9.54 ～图 9.55 的顶部以大型下降三角形的形式出现。在这两个形态向下突破后

跟随着强有力的下跌抛售行情。（也要注意在图 9.55 中有两个在 3—5 月下降趋势中形成的旗形，之后三角形的下边界被击穿。每个形态都给予错过最初突破机会的交易员一个捕捉至少部分下跌行情的机会。）图 9.56 显示了德国 DAX 连续期货中的三角底部，其后出现了一波主要上升趋势。在 2010 年铜日线图（见图 9.57）上形成的对称三角形底部形态被展示在内置的周线图中，成为市场较长期趋势里的部分修正形态。

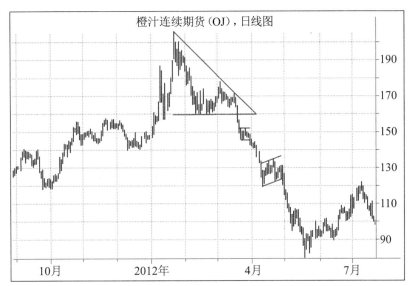

图 9.55　三角顶：橙汁连续期货（OJ）

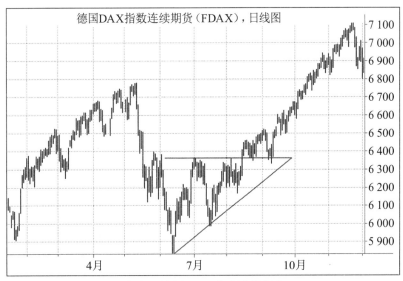

图 9.56　三角底：德国 DAX 指数连续期货（FDAX）

图 9.57 三角底：铜连续期货（HG）

主要顶和底形态通常可能和多种形态相一致。例如，前面的三角形顶和底可以被界定为有相似形态确认点的头肩形结构。

楔形

在一个上升楔形中，价格在一个收敛的形态中稳步缓慢地走高（见图 9.58）。在一

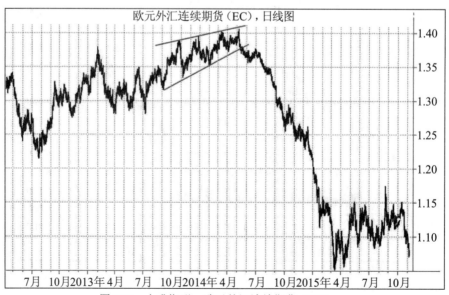

图 9.58 上升楔形：欧元外汇连续期货（EC）

个相对窄的通道内形成连续高点的情况下，虽然价格连续向新的高点试探，但是价格不能加速上行暗示了强烈扩大的卖压存在。当价格向下突破较低楔形线时，卖出信号即出现。图9.59给出了一个下降楔形的例子。楔形形态有时可能需要特别长的时间来完成。图9.59中的楔形用了一年的时间成形，而且已知的楔形甚至还有经历更长时间形成的。

图9.59　下降楔形：白糖连续期货（SB）

尖峰和反转日

这些一日形态通常标示出相对高点和相对低点，有时标示出主要顶点和底部，已经在本章前面的部分讨论过。

第 10 章

图形分析仍然有效吗？

> 我总是笑话那些说"我从来没遇到过一个富有的技术面分析师"的人。我喜欢这样！这是个如此傲慢且没有道理的回答。我使用基本面分析 9 年而最后靠技术面分析致富。
>
> ——马丁·舒华兹

绝大多数从未使用过图形分析的交易员（甚至一些已经使用过图形分析的交易员）对这一方法相当怀疑。一些经常被提出的反对意见包括："如此一个简单的分析方法怎么能起作用呢？""既然重要的图形点几乎不是秘密，大型专业交易者有时难道不会推动市场来人为触发图形停止点？""即使图形分析在很多网站、书籍和杂志中被详细记述为一种行之有效的分析方法，难道这个方法太过公开透明以至于不再有效？"

虽然这些问题提出的几点基本是有效的，但是很多因素解释了图形分析仍然是有效交易方法的原因。

（1）交易成功并不取决于大半时间判断正确——或者，关于这一点，甚至一半时间，只要严格控制损失而且允许盈利的交易正常进行。例如，考虑一个交易员在 1991 年 3 月假定 1992 年 9 月的欧元期货进入了又一个交易区间（见图 10.1）而且决定按照随后收盘突破的方向进行交易。图 10.2 显示了最初的交易信号和由于这个策略本可以实现的平仓点。这个隐含的假设是将止损放置在交易区间的中点处。（在选择停止点时的相关考虑在第 13 章中详细讨论。）正如在图 10.2 中所见，前两个交易已导致立即亏损。但是，图 10.3 显示第 3 个信号是真实的情况——多头头寸本已及时确立，为了从一波远超过前两个负面交易的合并价格波动的主要价格上涨中获利。（注意在每个假突破后相关交易区间经过重新界定——即有所展宽。）

有一点值得注意，虽然 3 笔交易中的 2 笔是亏损的，但是总的来说交易员已实现了一个大的净盈利。关键的一点是，严守货币管理原则是成功运用图形分析中不可或缺的要素。

（2）通过要求建仓的确认条件而不是盲目地遵守所有技术信号，可以使图形分析更加有效。在选择确认规则的时候有一个自然的权衡：条件越宽松，假信号的数量越多；

条件越限制，由于晚建仓而放弃的可能盈利越大。一些可以用来构建确认条件的重要方法可能包括时间延迟、最小百分比突破和一些确定的图形形态（例如，在信号方向上出现两个后续的穿日，才能确认交易。）

图 10.1　交易区间市场：1992 年 9 月欧元期货（EDU92）

图 10.2　假突破信号：1992 年 9 月欧元期货（EDU92）

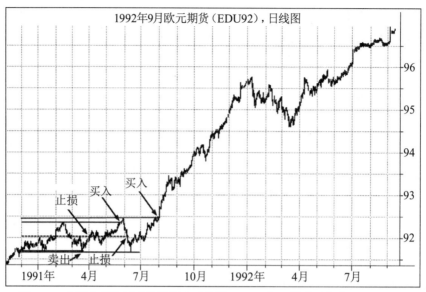

图 10.3 在两个假信号后的盈利突破信号：1992 年 9 月欧元期货（EDU92）

所谓的一组最佳的确认条件并不存在。在任何一列接受检验的选择中，显示出的最佳策略因市场而异也因时间而异。因此，确认规则最终选择将取决于交易员的分析和经验。实际上，确认条件的具体选择是图形分析个性化的关键方式之一。

作为确认条件如何使用的一个例子，考虑下面一组规则。

a. 在收到信号后等候 3 日。

b. 对于买入信号，如果自收到信号以来或在满足该条件后续的第一日收盘价位于高点以上就建仓。类似的条件将适用于卖出信号。

正如在图 10.2 所示，这些规则将过滤掉亏钱的 3 月和 5 月信号，而且仅仅稍微延迟了后续大幅盈利的买入信号所示的建仓时点。当然，一个人也可以构造使用确认条件不利于交易结果的例子。但是关键的一点是使用确认规则是将经典图形概念转换为更强大的交易方法的主要途径之一。

（3）图形分析不仅仅是单个形态的确认和解读。成功图形交易员的特定标记之一就是合成整个图形各个组成部分的能力。例如，确认了 1992 年 9 月欧元外汇期货（见图 10.1）中一个交易区间的交易员会同等对待向上突破和向下突破。但是，更有经验的图形分析师也将考虑更大的图形。例如，通过检查 1991 年年初长期连续期货周线图（见图 10.4），分析师可能已经注意到市场在一个 5 年交易区间顶部附近刚刚形成了一个旗形形态。这个极其看涨的长期图形将已经强烈地警告不要接受任何明显的日线图上的卖出信号。此类更加全面的图形分析因此帮助分析师规避了 3 月的假卖出信号（见图 10.2），而且采用了比如果形势被视为仅仅又一个交易区间的话，将采用的立场更加激进的做多交易立场。

图 10.4 长期图形作为全面分析的一部分：欧元连续期货（ED）

图 10.5 和图 10.6 以图为例展示了 2012 年 6 月天然气期货的一个相似例子。在 2011 年年初，一个决定在 2010 年 10 月—2011 年 1 月交易区间（再一次假定停止点在交易区间中部）突破方向上交易的，交易员将会在 2011 年 8 月卖出信号出现前经历 5 次亏损的交易（3 次买入和 2 次卖出），在该卖出信号后跟着一波长期的下跌趋势。但是，周线图（见图 10.6）显示已意识到在整个行情前较长下降趋势的交易员可能已经合理地选择忽略向上突破，并且完全关注向下突破，以期待这个趋势延续。

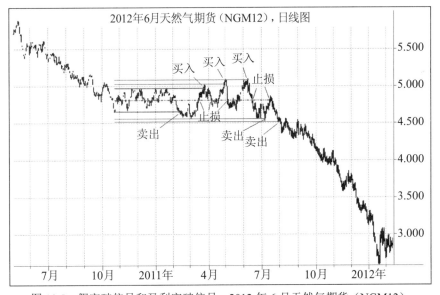

图 10.5 假突破信号和盈利突破信号：2012 年 6 月天然气期货（NGM12）

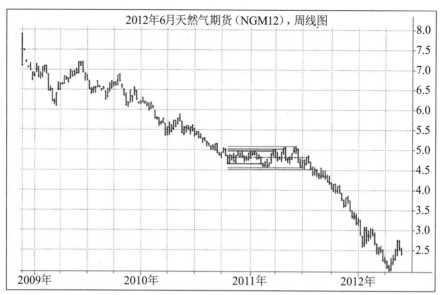

图10.6 长期图形作为全面分析的一部分：2012年6月天然气期货（NGM12）周线图

当然，前面的例子得益于后见之明。但是，这个论点不是为了证明图形分析的应用将令人信服地显示1991年年初欧元期货长期看涨行情的延续，或2011年天然气期货长期下降趋势可能永续。应该清楚的是，这个方法中隐含的技巧和主观因素将图形分析置于艺术领域，而不是仅仅依靠遵循一套教科书规则就能模拟的。这是理解图形方法虽广泛推广但仍然有效的至关重要的一点。

（4）假设某些基本面预测方面的技巧（即一个优于50/50准确率），图形分析可以和基本面预测相结合提供一种更为有效的方法。具体来说，如果长期基本面预测显示更高（更低）价格的概率，那么仅仅看涨（看跌）图形信号将被接受。因此，兼具基本面分析和图形分析能力的分析师比大多数仅依靠图形进行交易决策的交易员有决定性优势。

（5）市场不能在关键图形信号方向上进展到底的情况，是图形分析新手常常忽略的重要信息。认清形势并有所行动可以大幅度提高图形分析方法的有效性。这个主题在第15章中详细讨论。

综上所述，怀疑主义者声称对图形信号的巴甫洛夫式反映将无助于交易成功，这可能是正确的。但是，这个论断和引用因素所建议的论点——更为复杂的应用图形可以提供一个有效交易规划的核心——并不冲突。无论何种情况，图形分析仍然是高度个性化的方法，成败主要取决于交易员的技巧和经验。如果不加实践又无天赋就期望拉一手漂亮的小提琴，这简直是异想天开。图形分析也是一样——新手的音调难免刺耳。

第 11 章

技术指标

> 任何一个有智力的笨人都可以把事情搞得更大、更复杂,也更激烈。往相反的方向前进,则需要天分,以及很大的勇气。
>
> ——厄恩斯特·F.舒马赫

☐ 什么是指标?

技术指标是以市场数据为基础的数学公式,这些市场数据通常是价格,但偶尔是交易量和未平仓量。(在股票市场里,有时其他数据——例如上涨或下跌的股票数量——也包含在这些计算中。)大多数技术指标的隐含目标是为直接价格分析或基本面分析不能明确的市场方向,可能变化发出的信号。该方法的隐含假设是技术指标从市场数据中提取或提炼有用的预测信息。

大多数指标尝试通过下面两种方法之一种方法,将价格行为转化为方向性信号。

(1)比较当前价格水平和过去价格水平,以确定主要方向和价格波动幅度。

(2)使用平滑函数(如移动平均)来过滤随机波动("噪声"),因此揭示市场主要趋势。

有各种各样的方法来实现这两个目标中的任何一个或两个目标合二为一。可以研究最简单的,比较今天收盘价和最近 20 天价格行为来决定价格如何变化以及收盘价是相对强还是相对弱的案例。下面仅仅是一些可能的方法。

① 计算当前收盘价和 20 天前收盘价的差。

② 计算当前收盘价和 20 天前收盘价的百分比变化(比率)。

③ 确定 20 天的高点至低点区间内的当前收盘价的位置,或者其在过去 20 天的最高和最低收盘价区间内的位置。

④ 通过比较当前收盘价(以差或比率的形式)和过去 20 天内的其他收盘价的均值(或中位数)来衡量当前收盘价偏离过去 20 天"典型"价格的程度。

⑤ 一个较短期的移动平均（或中位数）值可代替前面计算中的收盘价，在这种情况下指数将成为 3 日移动平均和 20 日移动平均的差或两者的比率。

⑥ 使用统计测量，例如百分位数排名，以确定当前收盘价在最近 20 个收盘价中或 20 天区间内的位置。

⑦ 不使用最近收盘价作为参考点，过去 20 天的价格变化方向和节奏可以通过比较当期总（或平均）收益和总（或平均）损失来衡量。一个例子：用过去 20 天的收盘价对收盘价绝对负变化的总和（或平均值）去除以过去 20 天收盘价对收盘价正变化的总和（或平均值）。

所有这些计算给出了一些关于市场在过去 20 天里运动幅度和方向的评估。此外，前面提及的任何一个指标都可以以 20 以外的其他数值为基础，从另一个维度上扩展了可能的指标列表。如果可能的指数列表似乎过度（或冗长），那么详细阅读交易网站、程序或分析平台，你有可能见到数十个——有时超过 100 个——技术指标，据称所有指标均经过设计来帮助解读和预测市场活动。对于新交易员或分析师而言，应付大量指标以及这些指标的公式可能是一个令人畏惧的景象，他们可能认为每个工具都有其唯一的特性和特定的目的。

但是，真相是这样。虽然指标本身和各个支持者、追随者认为这些指标具有的属性多种多样，但是这些工具中的绝大多数都是基于几个基本数学公式。实际上，前面列出的 7 个计算的变体和组合构成了最广泛参考的技术工具中惊人的大比例的基础。这个情况的一个重要结果是，即使一眼看上去技术指标之间似乎毫不相关，但是其实它们之间有很高的相关性。

下面的讨论着眼于构成这些指标的基本计算类型以及它们能和不能传递什么关于市场行为的内容，而没有冒险比较数十个技术指标的假定应用和特点。目标是给读者客观解读和分析技术指标的逻辑基础。简而言之，寻找"什么是最好的技术指标？""什么是指数 xyz 最好的设置？"或"什么指数最应用于交易货币（或谷物、股票指数）期货？"这类问题答案的读者应当去别处找答案。事实上，这些问题没有意义，因为它们预先假定技术指标之间存在一定程度差异化，而这种差异化其实不存在而且假定单个指标表现稳定（实证经验不支持这一点）。

基本指标计算

绝大多数技术指标包含以下五个计算指标中的一个或几个。

（1）一个平滑函数，例如移动平均或移动中位数。

（2）比较目前数据点和具体的过去数据点，采用差的形式（今日收盘价减去 10 日前收盘价）或比率的形式（今日收盘价除以 10 日前收盘价）。

（3）比较目前数据点和平均值（例如，今日收盘价减去过去 10 日平均收盘价）。

（4）比较平均值和不同长度的另一个平均值（例如，10 日移动平均值减去 30 日移动平均值）。

（5）比较目前数据点和过去区间（例如，今日收盘价与过去 10 日最低低点的差除以过去 10 日最高高点与过去 10 日最低低点的差）。

在使用的价格柱形数量以外（追溯期），这些计算在没有改变技术指标的基本特点的情况下可以产生大量的变体。例如，一个平滑函数可以采用多种形式，包括简单移动平均、加权移动平均、指数移动平均或根据市场波动率变化调整长度的适应平均。此外，这些平均值中的任何一个都可基于柱形收盘价、高点、低点、开盘价或中点。

比较指数

图 11.1～图 11.5 举例说明了前面部分界定的 5 种类型指标计算，并且突出强调了这些指标计算之间的关系。出于参考的目的，我们将使用下面的速记法来识别这些公式。

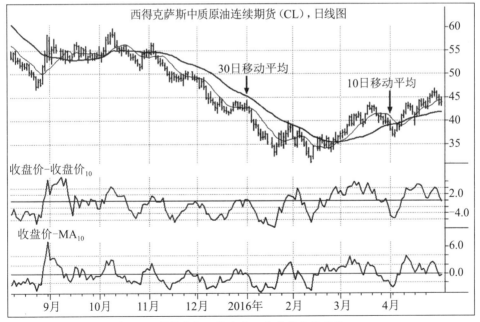

图 11.1 差数指标：收盘价 - 收盘价和收盘价 -MA

指标 1：MA（移动平均）。

指标 2：收盘价 - 收盘价（差）或收盘价 / 收盘价（比率）。

指标3：收盘价-MA（收盘价与移动平均的差）或收盘价/MA（收盘价与移动平均的比率）。

指标4：MA-MA（两个移动平均的差）或MA/MA（两个移动平均的比率）。

指标5：CS（收盘强度）。

在所有的例子中，使用下标来表示追溯期——例如，MA_{30}指的是30个柱形移动平均，收盘价-收盘价$_{10}$指的是目前收盘价和10个柱形前收盘价的差，等等。

在图11.1中，一个2015年8月—2016年5月的西得克萨斯中质原油日线图上加绘了10日和30日简单移动平均（分别为细线和粗线）。图形底部包含两个指标：第一个是最近收盘价与10日前收盘价的差（收盘价-收盘价$_{10}$），第二个是收盘价与10日移动平均的差（收盘价-MA_{10}）。这两个计算给出了最近10日价格运动的一幅快照——价格相对于每个指标各自的参考价格的移动幅度。对于第一个指标，当目前收盘价高于10日前收盘价，正值出现；当目前收盘价低于10日前收盘价，负值出现。对于第二个指标，正值或负值表示收盘价高于或低于10日平均价格。注意虽然两个指标略有不同，但是它们的波动紧密相关。

在图11.2中的指标是图11.1中指标的比率版——即当前收盘价除以10天前收盘价（收盘价/收盘价$_{10}$）和当前收盘价除以10日移动平均（收盘价/MA_{10}）的结果。注意除了比例以外，它们与图11.1中的指标似乎相同。实际上，图11.2中的指标和图11.1中指标完全相关。换言之，就产生交易信号而言，这两组指标之间绝对没有差异。

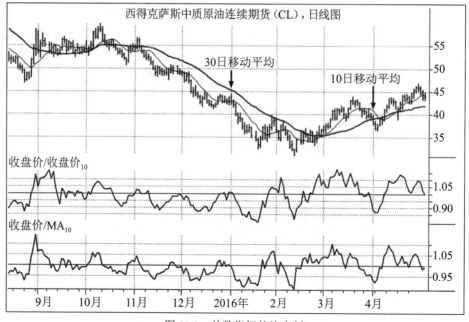

图11.2　差数指标的比率版

除了两个图的追溯期是 30 天而不是 10 天以外，图 11.3 回到了图 11.1 中使用的差数计算。此外，指标看上去非常相似，尽管每个和图 11.1 中的指标显著不同，这是因为更长的追溯期：图 11.3 中的 30 天指标突出了更少的较短期价格高点和低点，反而追踪中期价格行为的轨迹。例如，在 2015 年 10—12 月，两个质数都更加平滑，而且比图 11.1 中的 10 日指标有更明显的向下倾向。

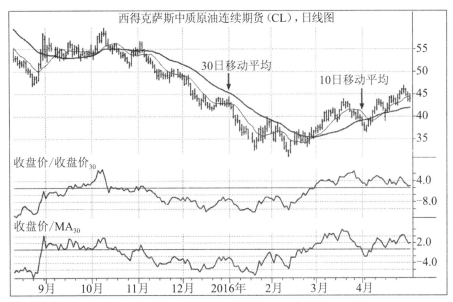

图 11.3　收盘价 - 收盘价和收盘价 -MA 指标的 30 日版

图 11.4　价格 -MA 和 MA-MA 指标

图 11.4 比较图 11.3 中的收盘价 -MA_{30} 指标和 MA_{10}-MA_{30} 指标，后者表示 10 日移动平均和 30 日移动平均的差。使用两个移动平均数产生一个和收盘价 -MA 指标密切相关但更平滑且滞后的指标（例如，注意 MA_{10}-MA_{30} 指标和收盘价 -MA_{30} 指标之间的滞后反映 4 月初价格低点）。

最后，图 11.5 比较图 11.2 中收盘价 / 收盘价 $_{10}$ 指标和 CS_{10} 指标，后者显示了目前收盘价在最近 10 日区间（高点 - 低点）所处位置（例如，如果收盘价位于最近 10 日的最高价，那么指标显示 1.00 或 100%）。

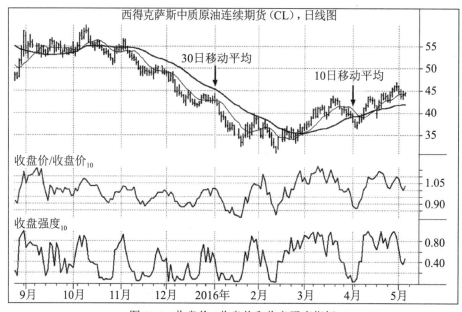

图 11.5　收盘价 / 收盘价和收盘强度指标

图 11.1 ～图 11.5 的指标彼此非常相似而且并不针对这些图形代表的时间窗口。表 11.1 显示 4 个 10 日指标计算（收盘价 - 收盘价、收盘价 -MA、CS 和 MA-MA[①]）的所有 6 对组合的相关系数[②]，涉及两个时期：2015 年 8 月 14 日—2016 年 5 月 5 日（图 11.1 ～图 11.5 中显示的时期）；另一个更长时期，2005 年 5 月 5 日—2016 年 5 月 5 日。2015 年 8 月—2016 年 5 月期间，任何两个指标之间的最低相关系数是 0.81。2005—2016 年期间的相关系数也类似，一些指标对具有略高的相关系数而另一些指标对具有略低的相关系数。在表 11.1 中甚至最低数（0.77，2005 年 5 月—2016 年 5 月收盘价 - 收盘价与 CS 指标比较）都反映了一个显著的正相关水平。

① 表 11.1 中 MA-MA 计算使用 3 日作为短期移动平均、10 日作为长期移动平均。
② 相关系数更像两个数据样本之间的线性相关关系，取值范围从 -1.00 ～ +1.00，-1.00 代表完全负相关（数值反向运动）而 +1.00 代表完全正相关（数值同向运动）。

表 11.1 10日指标相关系数，原油

	收盘价-收盘价和收盘价-MA	收盘价-收盘价和MA-MA	收盘价-MA和收盘价和MA-MA	收盘价-MA和MA-MA	收盘价-MA和收盘强度	MA-MA和收盘强度
2015年8月—2016年5月	0.81	0.83	0.89	0.81	0.93	0.83
2005年5月—2016年5月	0.84	0.86	0.90	0.77	0.87	0.78

表 11.2 20日指标相关系数

		收盘价-收盘价和收盘价-MA	收盘价-收盘价和MA-MA	收盘价-收盘价和收盘强度	收盘价-MA和MA-MA	收盘价-MA和上升/下降平均	收盘价-MA和收盘强度	MA-MA和收盘强度	收盘价-MA和上升/下降平均	MA-MA和上升/下降平均	MA-MA和收盘强度/和上升/下降平均
原油	2015年8月—2016年5月	0.84	0.81	0.84	0.88	0.72	0.95	0.68	0.72	0.69	0.72
	2005年5月—2016年5月	0.88	0.88	0.79	0.57	0.80	0.87	0.69	0.52	0.51	0.53
玉米	2015年8月—2016年5月	0.77	0.84	0.71	0.33	0.53	0.91	0.45	0.15	0.34	0.19
	2005年5月—2016年5月	0.86	0.90	0.71	0.59	0.69	0.80	0.55	0.52	0.53	0.51
标准普尔500	2015年8月—2016年5月	0.90	0.84	0.81	0.81	0.71	0.68	0.90	0.79	0.64	0.66
	2005年5月—2016年5月	0.88	0.84	0.74	0.51	0.67	0.57	0.86	0.44	0.43	0.48
欧元	2015年8月—2016年5月	0.80	0.86	0.77	0.77	0.58	0.90	0.55	0.74	0.61	0.75
	2005年5月—2016年5月	0.86	0.90	0.76	0.65	0.70	0.87	0.61	0.59	0.57	0.62
平均数：		0.85	0.86	0.77	0.64	0.68	0.82	0.66	0.56	0.54	0.56
中位数：		0.86	0.85	0.77	0.62	0.69	0.87	0.64	0.55	0.55	0.58

第 11 章　技术指标

表 11.2 把相同的分析拓展至了 3 个其他的市场——玉米期货、电子迷你标准普尔 500 期货和欧元期货，而且从 6 个指标对组合拓展至 10 个指标对组合，并以增加第 5 个计算为基础：上升/下降平均（U/D Avg.），定义为过去 N 日收盘价对收盘价正变化的平均数除以过去 N 日收盘价对收盘价负变化的平均数（绝对值），规范化以致其在 $0\sim1.00$ 的范围内波动。① 表 11.2 与表 11.1 不同，因为表 11.2 是基于 20 日回溯期（而不是 10 日），不包括 MA—MA 指标，该指标使用一个 10 日短期移动平均长度和一个 30 日长期移动平均长度。

虽然表 11.2 包含一些读数低于表 11.1 中最低相关系数（大都是涉及上升/下降平均指数的指标对），但是所示的 10 个指标组合的相关系数平均数和中位数仍然很强，位于低点 0.54 和高点 0.87 之间。表 11.3 使用 60 日而不是 20 日（20 日和 60 日移动平均长度用于 MA—MA 指数）回溯期复制了表 11.2 的分析，显示了非常相似的结果，相关系数平均数/中位数处于低点 0.49 至高点 0.90 之间。

目前讨论的指标公式彼此相似的重要意义是：它们是很多流行指标的基石，特别是那些公认的动能指标或是震荡指标。这组指标包括但不限于动能指标（momentum）、变化率（ROC）、随机震荡指标、相对强弱指标（RSI）、威廉 %R 指标、移动平均收敛背离指标（MACD）、价格（或移动平均）震荡指标、商品通道指数（CCI）和资金流指标（MFI）。（注：技术指标词汇几乎没有一致性，特别是关于更一般化的指标。动能、变动率和价格震荡这些词语有时在不同来源中指的是不同的计算。这里使用的名字是被广泛应用的，但是可能与其他来源冲突。重要的是计算本身而不是名字。）

图 11.6 比较 5 个流行的指标：动能指标、快速随机震荡指标、商品通道指标（CCI）、相对强弱指标和资金流指标。快速随机数是收盘强度（CS）指数的 3 日移动平均。（在图 11.6 的随机数图里的第 2 条稍细的线是初始指标线的 3 日移动平均。）商品通道指标用价格与移动平均的差（与收盘价-MA 指标相似）除以回溯期内的总价格方差绝对值。相对强弱指标（RSI）从本质上来说就是上升/下降平均指标，除了相对强弱指标使用指数平滑函数而不是简单移动平均，而且比例缩放从 $0\sim100$ 而不是 $0\sim1$。资金流指标基本上是相对强弱指标的交易量加权版，放大了高交易量伴随的指标数值。这些指标的精确公式（容易从线上获取）不如它们都是由我们的 5 个基本指标计算推导而且彼此高度相关这个情况重要。表 11.4 概括了表 11.2 和表 11.3 显示的相同时期的 5 个常见指标的 10 对组合的 20 天版本的平均相关系数。正如表 11.4 清楚地展示，这 5 个流行指标都与高度相关，相关指数从低点 0.67 至高点 0.94 中取值。

---

① 规范化指标数值在 $0\sim1.00$ 的公式是 $1 - \{1/[1+（UA/DA）]\}$，这里 UA 是过去 n 个柱形的收盘价对收盘价正变化的平均数，DA 是过去 n 个柱形收盘价对收盘价负变化的平均数的绝对值。

表 11.3 60 日指标计算

		收盘价－收盘价和收盘价－MA	收盘价－收盘价和MA－MA	收盘价－收盘价和收盘强度	收盘价－收盘价和上升/下降平均	收盘价－MA和MA－MA	收盘价－MA和收盘强度	收盘价－MA和上升/下降平均	MA－MA和收盘强度	MA－MA和上升/下降平均	收盘强度和上升/下降平均
原油	2015年8月—2016年5月	0.85	0.90	0.82	0.60	0.88	0.95	0.83	0.83	0.67	0.75
	2005年5月—2016年5月	0.91	0.92	0.76	0.27	0.90	0.86	0.43	0.74	0.26	0.50
玉米	2015年8月—2016年5月	0.23	0.05	0.42	0.53	0.56	0.90	0.07	0.46	0.22	0.22
	2005年5月—2016年5月	0.87	0.85	0.76	0.68	0.84	0.82	0.61	0.66	0.59	0.58
标准普尔500	2015年8月—2016年5月	0.62	0.13	0.57	0.22	0.82	0.96	0.70	0.81	0.77	0.66
	2005年5月—2016年5月	0.64	0.18	0.60	0.24	0.83	0.88	0.44	0.70	0.40	0.41
欧元	2015年8月—2016年5月	0.80	0.74	0.78	0.79	0.70	0.93	0.90	0.60	0.73	0.85
	2005年5月—2016年5月	0.85	0.86	0.78	0.62	0.84	0.88	0.59	0.72	0.53	0.64
平均数：		0.72	0.58	0.69	0.49	0.80	0.90	0.57	0.69	0.52	0.58
中位数：		0.82	0.80	0.76	0.56	0.84	0.89	0.60	0.71	0.56	0.61

表 11.4 常见指标相关系数，原油日线

	动能指标和随机指标	动能指标和商品通道指标	动能指标和相对强弱指标	动能指标和资金流指标	随机指标和商品通道指标	随机指标和相对强弱指标	随机指标和资金流指标	商品通道指标和相对强弱指标	商品通道指标和资金流指标	相对强弱指标和资金流指标
2015年8月—2016年5月	0.81	0.77	0.87	0.82	0.94	0.87	0.68	0.86	0.69	0.82
2005年5月—2016年5月	0.78	0.71	0.84	0.82	0.93	0.87	0.72	0.83	0.67	0.81

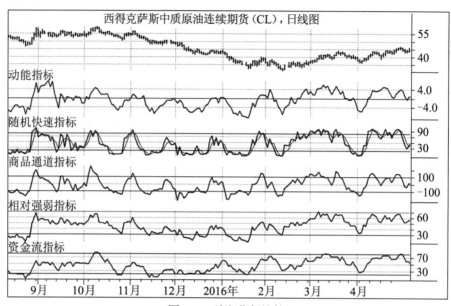

图 11.6 流行指标比较

这个分析的关键之处是衡量给定时期的价格幅度和方向的所有技术指标不可避免地必须比较至少两个价格点或两组价格,这意味着它们必须包含我们已经概括的 5 种类型指标公式中的至少一个或者一个紧密相关的计算。图 11.1~图 11.6 和表 11.1~表 11.4 暗示,就区分指标而言,所使用的计算的具体类型不如它测量的时期重要。指标的这个特点在图 11.7 中明确例示,该图比较了 3 个指标计算(从顶部至底部):收盘价—收盘价$_{10}$、

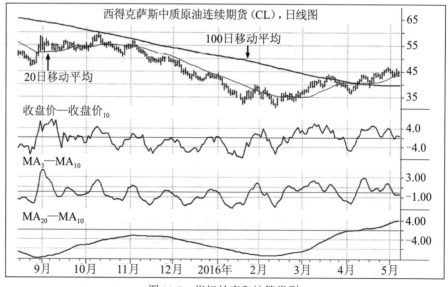

图 11.7 指标长度和计算类型

MA₃-MA₁₀和MA₂₀-MA₁₀₀。虽然上部和中部的指标使用不同类型的计算，但是它们非常相似。对比而言，中部和下部的指标使用相同类型的计算但是差异很大。关键之处是上部和中部指标相似是因为它们都追踪相似趋势长度，而中部和下部指标不同是因为下部指标所测量的时间长度更长。简而言之，重要的是时间长度而不是指标本身。

移动平均类型

移动平均在很多指标中均有涉及，可以用不同方法进行计算。虽然简单移动平均（SMA）对所有价格附加相同权重（即10日平均是过去10日收盘价的总和除以10），但是加权移动平均（WMA）和指数移动平均（EMA）使用乘数增加计算中最近数据的影响（见第16章）。在移动平均上附加权重的逻辑是基于一个隐含假设（不一定真实），即当尝试预测未来价格方向时最近价格行为比更远的价格行为更加重要。在移动平均上附加权重的目的是通过产生对方向变化更敏感的指标来减少滞后——一个似乎合乎逻辑的目标但却优劣并存。

表11.5显示了使用简单移动平均、加权移动平均和指数移动平均测试相同基本交易系统的结果。当价格收盘在移动平均上方的时候系统做多，当价格收盘在移动平均下方的时候系统做空。系统在3个市场中接受测试：电子迷你标准普尔500期货（ES）、西得克萨斯中质原油期货（CL）和欧元期货（EC），使用2006年1月30日—2016年1月28日的每日数据。在所有情况下，每个信号出现交易一个合约，并且移动平均长度设置为60日。

结果虽然是基于市场小样本，但是有例示作用。在每个市场里，不同类型的移动平均产生最高净盈利和最高净盈利因子（毛盈利/毛损失）。隐含的意思是寻找无法找到的最佳平滑方法。随着时间推移，应用在多个市场和参数值之间，一个特别的平滑计算不可能显示比其他计算具有优势。图11.8帮助解释具体原因。图形中的每日原油价格上覆盖了60日简单移动平均线（虚线）、加权移动平均线（粗实体线）和指数移动平均线（细实体线）。在仅仅大约6个月的时期内，在3条移动平均线之间存在不同程度滞后的多个例子，这些滞后或有助于表现或拖累表现。例如，在2015年3月，市场收盘在加权移动平均线和简单移动平均线上方（触发做多头寸），此后第二天市场转向收盘在两条移动平均线下方（触发了做空头寸）——这是一个在横向盘整或波动市场情况下追踪趋势策略产生双重损失的例子。指数移动平均线躲避开了这个损失。但是，在该图的其他双重损失交易例子中，加权移动平均线或简单移动平均线避开了亏钱的交易，而另外两个平均线却没有。此外，注意在6月初加权移动平均线遭受双重损失而简单移动平均线未受损失后，而在6月末随着市场突然走低，加权移动平均线给出了一个更好的做空建仓机会。结合该图中所显示的相互抵消的优劣以及多年来多个市场发生的相似情况，很容易看出来为什么平滑方法不可能显著优于其他方法，除了偶然情况。

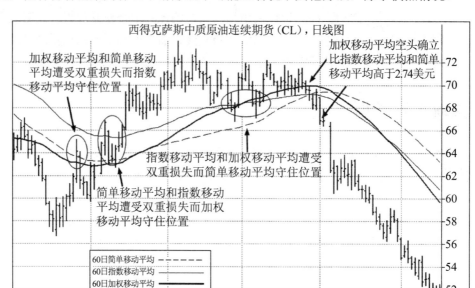

图11.8 移动平均比较

最终，回溯期将比特别的平滑技术更重要，随着时间推移，使用40期指数移动平均和40期简单移动平均的差异不如使用40期指数移动平均和80期指数移动平均的差异显著。此外，重要的是计算中使用的时间长度而非计算类型。

表11.5 简单、加权和指数移动平均信号

	净利润[a]（美元）	交易笔数	赚钱 %	盈利因子[b]
电子迷你标准普尔500指数期货（ES）				
指数	5 440	163	23.31	0.98
简单	−1 635	163	19.63	0.92
加权	−30 860	209	23.44	0.76
西得克萨斯中质原油期货（CL）				
指数	175 050	161	24.22	1.87
简单	113 870	178	23.03	1.42
加权	102 010	225	20.44	1.3
欧元期货（EC）				
加权	59 763	186	24.19	1.36
简单	46 350	202	21.78	1.29
指数	29 325	154	21.43	1.18

[a] 测试期末已平仓交易加未平仓交易损益（P/L）。
[b] 仅仅反映已平仓交易。

震荡指标和交易信号

目前为止最常见的指标类型是常被提及的动能指标或震荡指标，这是为了突出短期波动点和所谓的超买和超卖水平所设计的一种计算方法。图 11.1～图 11.7（使用较短期的回溯期）中所有的基本计算和指标可以归属于此类。很多交易员渴望尽可能多地捕捉市场波动，这让震荡指标颇受欢迎。但是，震荡指标普及性与其有用性呈负相关。想要看看原因，让我们来检查几个使用震荡指标作为交易工具的例子。

图 11.9 描绘了 10 年期美国国债期货和一个 10 日快速随机震荡线（即一个收盘强度计算的 3 日移动平均）。该指标的两条位于 80 和 20 的水平线是预置的超买和超卖水平，根据震荡指标传统知识，这些水平线用于显示价格运动过度延伸且可能修正的点位。因此，超买读数（80 以上）发出卖出机会信号，而超卖读数（20 以下）发出买入机会信号。虽然震荡指标似乎对所有的价格转折点均发出信号，但是它发出信号过早了。

精明的读者可能会说，每当震荡指标进入超买 / 超卖区域时单纯使用震荡指标发出交易信号可能是指标的次优使用。要是在产生交易信号之间我们等候显示的反转确认又会是什么样呢？例如，一个买入信号可能被以下两个条件触发。

（1）震荡指标跌入超卖区域（<20），暗示一个可能有助于做多头寸的环境。

（2）震荡指标然后上升至超卖阈值上方（>20），确认从下至上预期趋势反转。

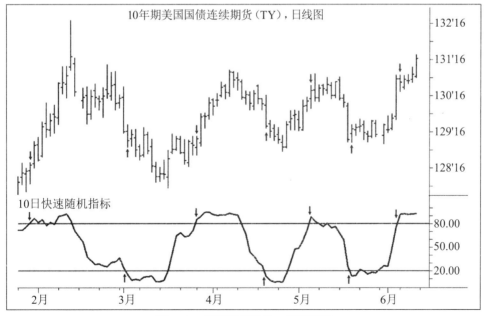

图 11.9　震荡指标信号：最初突破

仅在第二个条件满足以后,一个交易将会被发出信号。相似的一组两个条件也适用于卖出信号。图11.10与图11.9相同,除了它以增加确认条件为基础来例示信号。现在,作为一个交易工具,震荡指标似乎表现优异,在相对高点附近产生卖出信号,在相对低点附近产生买入信号!很多新手交易员将看到一个例如图11.10的图形,并且认为他们已经发现了完美的交易系统。实际上,对于一些经销商来说,使用相似的方法——用看上去与图11.10相像的图形来举例说明他们的交易系统传说的优异表现——来营销交易系统并非少见。

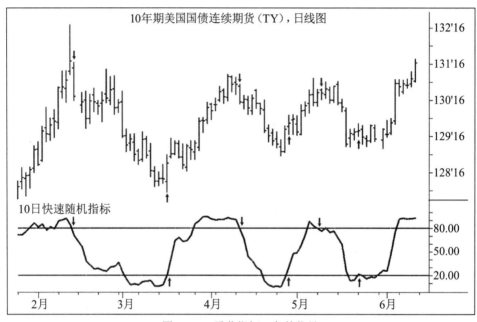

图11.10 震荡指标双条件信号

使用此类双条件震荡指标来产生交易信号有什么问题呢?没有问题,只要你可以预测出市场在未来维持在一个交易区间中。图11.10所示的时期(2016年1月末至6月中旬)代表对于追踪价格波动的震荡指标等短期指标几乎完美的条件:市场横盘运动而且价格波动在幅度上相对相似。在此类环境中,震荡指标似乎是万无一失的交易工具。但是,如果相同的方法应用于趋势市场——而且记住不可能知道未来是趋势市场还是交易区间市场占主导地位——结果可能是灾难性的。图11.11显示了在趋势市场中使用相同的双条件交易规则所导致的信号。在这种情况下,在8个月的时期里欧元期货下跌了大约16%,相同的震荡指标触发了一个卖出信号,同时发出了9个买入信号,包括从2014年8月—2015年1月的7个连续的亏钱买入信号。

归根结底,如果我们可以假定市场在交易区间中运动,那么震荡指标作为反趋势交易工具可以发挥良好作用。如果市场启动一个长期趋势的话，基于震荡指标的信号可能导致巨大亏损。而且尽管容易发现一个基于震荡指标的交易策略，将产生优异假定结果的过去交易区间，但是我们不知道交易区间市场或趋势市场是否在未来占主导地位。换言之，我们不知道即将到来的市场环境是有利于还是不利于震荡指标的使用。作为一个主观观察，总的来说，震荡指标可能对交易员的损害大于帮助。但是，如果一个交易员完全理解它们的局限性，这些工具仍可能给出合理的交易信号。例如，如果交易员有充足理由预期交易区间市场可能占主导地位——而且如果证明预测是错误的话就使用严格的风险管理来控制损失，那么震荡指标可用做交易工具。

图 11.11　趋势市场中的震荡指标信号

指标谜思

通过数十年的重复，关于技术指标的一点常见知识在交易文献里已经根深蒂固了，尽管交易员有能力通过测试证伪此类误导性的想法。下面的清单还远远不够详尽，但却涉及一些可能引起危险的误导性的而且容易驳倒的此类神话的例子。

确认谜思

交易员时常被劝告要参考多个技术指标以确认一个可能的交易信号。这条建议可能听上去合理，但是考虑到非常多的指标之间存在高度相关，这样的确认通常是错觉。除非所参考的技术指标不相关——例如，如果这些指标使用完全不同的回溯期（这常常不是真实情况），否则它们可能简单地重复着相同的信息，指标之间任何明显的变化可能没有意义。图11.1～图11.7显示的指标之间的相似性举例说明了从或多或少相同的技术指标计算中产生假"确认"是多么容易。

"魔数"谜思

关于一个具体的指标参数（通常是回溯期）提供普遍最优表现或者具有特殊属性的想法存在误解。常见的例子包括普遍使用14日回溯期作为预设的短期反趋势指标，以及金融媒体中关于突破200日移动平均重要性的引用参考。实际上，此类参数值仅在作为机会函数的孤立的市场里是最优的。只有计算机测试才能回答关于什么数值对于一个具体时期具体组合表现的发挥最有效作用的问题。而且，甚至那时答案仅适用于过去的数据而且不可能被假定显示未来的最优数值。第19章解决优化问题，并且提供关于此点的更加深入的讨论。

领先指标谜思

一些技术分析工具通常被称为领先指标，因为它们具有在价格系列本身给出变化方向指示之前就发出市场运动方向信号的能力。虽然基于价格的指标可以（对一些人来说）用预测属性突出价格行为的一个方面，这样的说法可能更合理，但是指标从来不能引领价格行为，这是无法逃避的事实，因为根据定义指标也是以历史价格为基础确定的。如果通过测试证明某个指标读数或形态具有预测价值的话，那么相关信息也必然存在于价格系列本身之中。

背离指标谜思

这条信念是领先指标谜思的子集。背离通常用来描述一个指标（通常用作"反趋势"工具）朝着一个价格系列反向运动的现象，而且因此据称对当前主要价格趋势中的脆弱性提供了提前警示。例如，价格可能在上升趋势中创出新高，而反趋势指标创出了一个更低的高点，暗示新的价格顶点是确立在一个较弱的动能上，这反过来暗示修正或反转即将到来。实际上，此类形态在市场转折点处相当常见。但是，不幸的是它们在其他时间也相当常见，通常在长期市场趋势中产生一个又一个假反转信号。图11.12描绘了2014年全年和2015年年初市场长期下跌过程中的原油价格，突出强调了一系列连续价格低点和与之伴随的移动平均$_5$-移动平均$_{20}$（MA$_5$-MA$_{20}$）和收盘价-收盘价$_{20}$指标中的较高的低点。价格和指标之间的这些背离开始发出了一个重要修正或反转可能的信号，与此同时趋势开始启动——在2015年1月末市场开始一个温和反弹前大约6个月和每桶50美元。这种情况甚至比看起来更加糟糕，因为图11.12忽略了一些没有标出的以免让图形更加拥挤的更小的假背离。

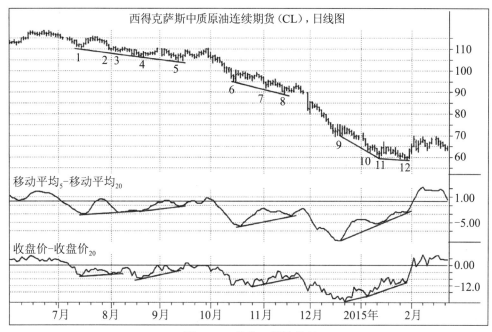

图11.12　价格-指标背离

指标"类型"

指标通常根据是否以发现更长期趋势或强调更短期价格波动和反运势运动为目的来分类。尽管移动平均等平滑函数有助于趋势分析（因为它们简化了价格行为），但是此分类与指标回溯期的关系大于与计算内在特点的关系。例如，虽然移动平均线交叉是"典型"的追踪趋势信号，但是符合标准移动平均交叉形式的移动平均$_3$-移动平均$_{10}$计算（3日移动平均减10日移动平均）几乎不能被描述为一个长期追踪趋势指标（见图11.13）。相比较而言，正如图11.13所示的收盘价-收盘价$_{100}$计算，随着回溯期增加，通常用来突出短期价格波动的基本的收盘价-收盘价动能计算却反映了更长期趋势。

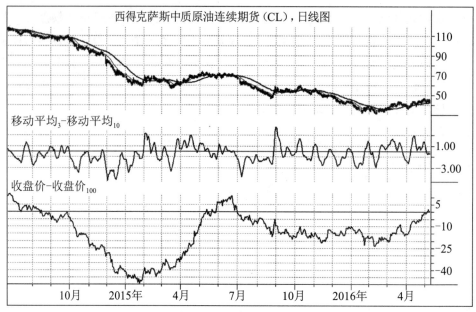

图 11.13　长度和指标类型

▫ 结论

由于指标是价格的导数，因此可以说技术指标——当用来产生交易信号的时候——实际上让交易员和分析师与他们正试图理解的数据间产生了距离。虽然指标可能突出通过观察图形或表格不能立刻明确的市场行为的某些方面，但是它们不能产生本不存在于市场价格本身中的信息。

一般来说，简化是与技术指标相关的优点。有这么多的方法来衡量价格变化的方向和幅度，这些方法之间的细微差距不可能产生交易信号上的有意义的区别。一个指标的输入项越多（那些输入项越神秘），那么要么就越可能掩盖而非澄清指标试图解读的市场行为，要么指标就仅仅是一个较简单计算的更复杂版本。

可能读者能够从本章中得到的最重要的领悟就是，在无趋势条件下表现良好的指标不可避免地在趋势条件下表现糟糕，然而为趋势设计的工具在无趋势市场中表现差劲。不幸的是，当从一个状态切换为另一个状态的时候，市场并不会鸣钟示警。结果就是，估计没有一个指标或参数输入值（如回溯期）可以在多个市场和多个时期表现持续良好。

第三部分

图形分析对于交易中的应用

第12章

趋势中建仓和金字塔交易法

没人能抓住所有的波动。

——埃德温·勒费弗

由于很多原因，你可能发现你自己在市场已经发生了巨大价格运动后考虑是否建立新头寸。例如：①你之前没有跟踪市场；②为了获得较好的价格，你徒劳无功地等候着从来不会发生的价格修正；③你之前怀疑趋势的可持续性，但是现在你已经改变了自己的观点。

面对此类情况，很多交易员特别不情愿进行市场交易。这种态度很容易从心理学的角度进行解释。在趋势已经完全展开以后建立新仓位的行为在一定程度上代表着承认失败。即便交易盈利，交易员也知道如果他们早些行动的话盈利本可以更大。因此，甚至当你对可能的市场方向有很强烈的感觉时，你可能会这样想："我已经错过了很多行情，干吗还要自找麻烦？"

举个例子。考虑以图形为导向的交易员正在审视 2014 年 2 月中旬的咖啡市场（见图 12.1），在这之前市场出现了一波快速价格上涨，交易员却没有参与这波行情。此时交易员已经注意到市场突破到了 2014 年 1 月和 2013 年 10 月高点所界定的阻力位上方，价格仍然维持在高位已经 2 周了——一个非常强烈的看涨图形形态。此外，价格在一波上涨后形成了旗形形态——价格运动显示出又一波即将到来的上涨。但是，观察到价格已经从 2013 年 11 月低点上涨了超过 37%（在 1 月末和 2 月初的仅仅 7 天里涨幅超 25%），交易员可能已经不愿意延迟地建立一个新的多头头寸，他们推断市场反应有些激烈了。

图 12.2 生动地描述了这个结论的愚蠢。截至 2014 年 2 月中旬，咖啡价格仅仅完成了向 3 月高点进发的终极上涨的 35%。埃德温·勒费弗所著的《股票操手回忆录》中的评论里给出的故事寓意是："价格从不会太高以至于不能开始买入，也不会太低以至于不能开始卖出。"

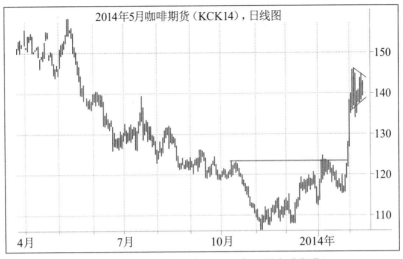

图 12.1　错过的价格运动（2014 年 5 月咖啡期货）

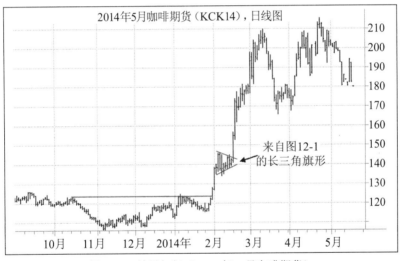

图 12.2　结果如何（2014 年 5 月咖啡期货）

关键问题是一个人如何在主要趋势过程中进入市场建仓。实际上，执行一个趋势中头寸的目标和发起任何头寸的目标是一致的：有利的建仓时机和风险控制。下面是 4 个可以用于达成这些目标的重要策略。

（1）百分比回撤。该方法尝试利用市场的自然倾向部分回溯之前的价格波动。一般来说，任何时候市场从上一个相对低点或相对高点的价格波动折回一定百分比后，人们可能会建仓。对于这个百分比的合理选择是一个介于 35%～65% 区间内的数字。图 12.3 举例描述了使用这个方法的建仓点位，假定一个 50% 回撤标准。注意这些回撤中的两个是基于相同的相对高点和不同的相对低点界定的上涨行情（分别为 A—D 和 C—

D）。这个方法主要的优势是可以给出绝佳的建仓点。但是，它也有一个很大的劣势：往往趋势运行了很远或可能甚至反转以后必要的回撤条件才得以满足。

（2）次级折返的反转。该方法是等待次级折返形成然后在主要趋势重新启动的第一个信号上建仓。当然，精确的方法是取决于折返和趋势启动是如何界定的。选择几乎是无限的。我们将给出一组定义来举例。

每当折返数达到4，就确认出现一个折返。折返数最初设置为0。任何一天当高点和低点相等，或者低于价格运动的高点所设置在那天的对应点时，折返数将上升到1。每天当高点和低点相等或是低于折返数增加的最近一日的高点和低点，那么折返数就增加1。任何时候当市场运动到新高，折返数就重置为0。类似的条件也适用于下跌市场。

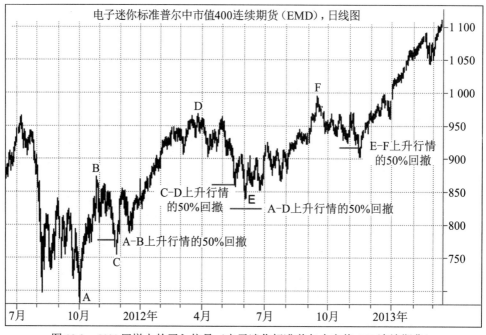

图12.3　50%回撤上的买入信号（电子迷你标准普尔中市值400连续期货）

每当冲数达到3，就显示主要趋势重新启动。冲数最初设置为0，而且在折返界定后将开始对冲数进行监控。在上升市场中出现折返的情况下，冲数将在每个上冲日增加1，每当折返低点被击穿后冲数将重置为0（冲日在第9章中有定义描述）。一旦收到信号，折返低点可以用作止损参考点。例如，每当市场收盘价低于折返低点时，头寸可能将被平仓。一组类似的条件也可以用来界定下跌市场中趋势的重新启动。

图12.4使用刚刚描述的具体定义来举例说明次级折返反转方法。被定义为折返的点位用符号RD来表示，这些点位前的数字表示折返数数值。在冲数等于3的点位标示买入信号，这些点位前的字母表示冲数数值。对于任何一个给定的建仓点，收盘价低于最近止损水

平（在本例中为介于折返确认和冲数完成之间的最低的相对低点）将发出止损平盘信号。

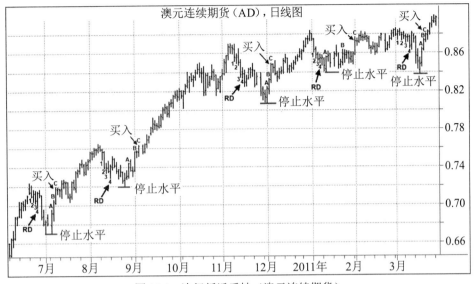

图 12.4　次级折返反转（澳元连续期货）

（3）连续形态和交易区间突破。第 9 章曾讨论过使用连续形态和交易区间作为建仓信号。由于一定程度上来说使用图形形态好比"情人眼里出西施"，因此这种方法反映了一定程度的主观性。图 12.5 给出了连续形态（隐含假设：形成一个连续形态至少需要 5 个

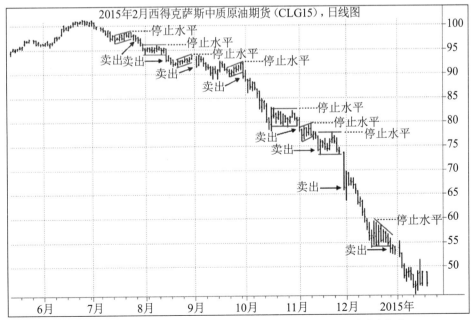

图 12.5　连续形态突破作为建仓信号（2 月西得克萨斯中质原油期货）

交易日)的解释,而且对应的卖出点位显示收盘价低于这些整理形态。但是,应当注意的是,一旦一个趋势确立,就不需要等待击穿连续形态来确认交易建仓信号。根据定义,这些形态预计会转化为其形成前价格运动同向的波动。因此,在下降趋势中,基于最终向下突破的预期,可以在整理形态中建立空头头寸。图 12.5 描绘的形态中的高点可以用作在这些形态向下突破后放置保护性止损点(正如图中所标示的)的参考点位。

(4) 折返至长期移动平均。价格回撤至价格序列的移动平均可视为主要趋势折返接近尾声的信号。具体来说,如果一个交易员认为上升趋势在进行中,那么每当价格跌破指定的移动平均就可以建立多头头寸。相似地,如果认为下降趋势正在进行中,那么价格上涨至移动平均上方就可以建立空头头寸。图 12.6 在电子迷你标准普尔 500 指数连续期货上添加了一条 40 日移动平均线,该图给出了这个方法的例子。例如,看涨所绘时期股票行情而且期望在修正行情中进场的交易员可能会利用价格回落这 40 日移动平均线下方作为建立多头头寸的信号。图 12.6 中箭头表示基于该方法的可能的建仓买入水平。

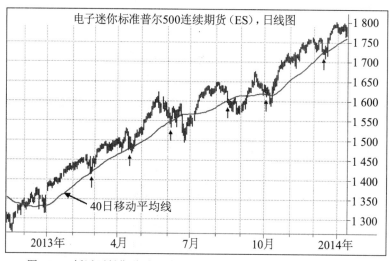

图 12.6 折返至长期移动平均(电子迷你标准普尔 500 连续期货)

注:↑=基于折返至 40 日移动平均线的买入建仓信号。

第 16 章举例说明如何使用移动平均线交叉作为趋势反转信号。在刚刚描述的方法中,我们使用移动平均线交叉点来表示趋势反转交易建仓信号。两者之间并不冲突。当使用移动平均交叉产生趋势反转信号的时候,通常使用两条移动平均线,以便两个数据序列的平滑将减少假趋势反转信号。在刚刚描述的方法里,我们特意以价格序列本身和一个移动平均线为基础来定义交叉点,价格序列本身比移动平均更加敏感,因为它不包括数据平滑。换言之,我们在反趋势应用中将使用比我们在趋势发现应用中使用的定义更加敏感的移动平均线交叉定义。

应当注意，趋势中建仓的问题和金字塔交易的问题一样，金字塔交易是在现有头寸上执行额外的单元。这两种交易都涉及在市场已经发生了一个给定方向上的显著运动后执行头寸。因此，本章讨论的趋势中建仓的策略也适用于金字塔交易头寸的择时。

对于金字塔交易法，一些其他的指导原则也是必须的。首先，除非所放置的最后单元显示盈利，否则不应当对现有头寸加仓。其次，如果预期的止损点隐含了整个头寸的净损失，那么不应当对现有头寸加仓。最后，金字塔单元不应当超过基础（最初）头寸规模。

第13章

选择止损点

所有人都是一样。出现小亏损的时候,他们一开始都不愿意止损而是坚持持有,希望市场能恢复到让他们盈亏平衡退出。而价格一路下跌直到损失大到了只有坚持持有才似乎合理的地步,即便需要一年,价格迟早会回来的。但是市场破位把他们震出了局,价格就是一路下跌因为不管他们卖或不卖,如此多人都不得不卖出。

——埃德温·勒费弗

以图形为导向的交易成功主要取决于有效的损失控制。一个精确的止损平仓点位应当在交易发起前就确定了。最严格的方法是在交易执行的同时建立一个取消前有效(GTC)止损委托。但是,如果交易员觉得他可以信赖自己的话,那么他可以提前确定一个止损点,然后在价格处于允许的每日限制内的任何时候建立一个当日委托。

应当如何确定止损点?一个基本原理是在价格运动引起技术图形转向的点位处或是这之前应当结清头寸。例如,假定一个交易员在10月中旬向下突破持续5天(见图13.1)以后决定卖出9月天然气合约。在这种情况下,保护买入止损委托应当放置在不高于7—10月交易区间上部边界的位置,因为此类价格实现将完全转变技术图形。经常被用于放置保护止损委托的一些技术参考点,包括如下内容。

(1)趋势线。卖出止损可以放置在上升趋势线下方;买入止损可以放置在下降趋势线上方。该方法的优势在于击穿趋势线通常是趋势反转的初期技术信号之一。因此,这类止损点将极大地限制损失程度或放弃的未平仓利润。但是,这个特点有个高昂的代价:趋势线击穿容易受假信号影响。正如第16章所讨论的,在牛市或熊市里重新界定趋势线是很常见的。

(2)交易区间。正如前面的天然气例子所示,一个交易区间的反面可以用作止损点。通常止损点会放置得比较近(特别是在交易区间较宽的情况下),因为如果突破是有效信号的话,价格应当不会深度回撤到交易区间里。因此,止损点可以放置在中点和区间更远端边界之间区域的某个位置。但是,交易区间近端边界不是一个有意义的止损点位置。实际上,价格回撤到这个区域是如此常见,以至于很多交易员在建立头寸前更加偏好等待这样的价格折返出现(这种突破发生后延迟建仓策略的可取性属于个人选择问题。在很多情况下,它提供了较好的建仓机会,但是它也让交易员错过了一些主要价格运动)。

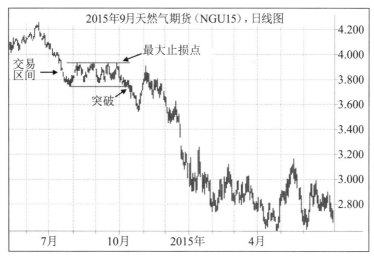

图 13.1 在交易区间突破后放置止损委托:2015 年 9 月天然气期货(NGU15)

(3)旗形和三角旗形。在价格从旗形或三角旗形结构的一个方向上突破后,价格返回到反方向(或超出范围的某些点位上)可以用作价格反转的信号,而且隐含地可以用作放置止损委托的点位。例如,在图 13.2 中,在 8 月中旬发生了一个旗形形态向下突破以后,紧随着一波反弹到这个结构的上方。这个价格行为证实是一波主要价格上涨行情的前兆。

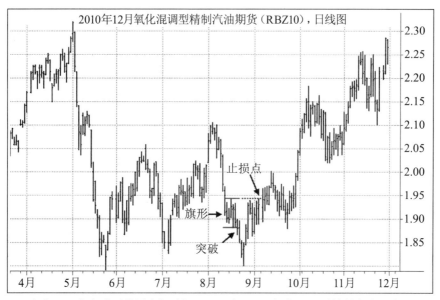

图 13.2 在旗形形态突破后放置止损委托:2010 年 12 月氧化混调型精制汽油期货(RBZ10)

（4）宽幅游走日。与旗形和三角旗形相似，在一个方向上突破后，价格返回到另一端可以用作价格反转的信号和一个放置止损委托的点位。例如，在图 13.3 中注意价格返回到 3 月中旬形成的宽幅游走下降日的真实高点上方（最初市场在这个形态下方交投）是如何导致一波强有力的上涨行情的。

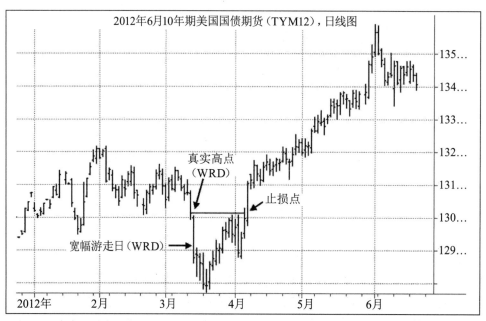

图 13.3　在宽幅游走日突破后放置止损委托：2012 年 6 月 10 年期美国国债期货（TYM12）

（5）相对高点和相对低点。如果隐含的风险不是太大的话，最近的相对高点或相对低点可以用作止损点①。例如，假定一个交易员建立了一个 12 月玉米的多头头寸，以来应对 6 月价格向上突破阻力位（见图 13.4）。在这种情况下，卖出止损委托可以放置在 5 月低点的下方或 6 月低点的下方。

有时，甚至最近的技术显著点位所隐含的风险都可能过度。在这种情况下，交易员可能选择使用货币止损——即不具有美元风险水平所确定的技术显著性的保护性止损点。例如，考虑一个交易员在 2008 年 7 月的困境，经历了 7 月 18 日当周快速巨大（几乎每桶 18 美元）的价格破位后，这个交易员相信原油市场正在建立一个主要顶部（见图 13.5）。最近的有意义的止损点——合约高点（最近相对高点）——隐含了每份合约 17 850 美元的风险（假定在 7 月 18 日收盘价格处建仓）！虽然如果交易员在进场前等

---

① 相对低点或相对高点的具体定义稍显主观臆断（下面的描述是就相对低点而言的，但是类似的评论也适用于相对高点）。一个相对低点的一般定义是低点低于之前和之后 N 日低点的一日。相对低点的具体定义将取决于 N 的选择。合理的 N 值方位是 5～15。

待折返出现的风险有时可能下降,但是这种回撤可能直到市场运动到相当低的位置时才可能出现。因此,在最近有意义的止损点隐含非常大风险的情况下,带有货币止损的市场委托可能代表最有效的交易方法。

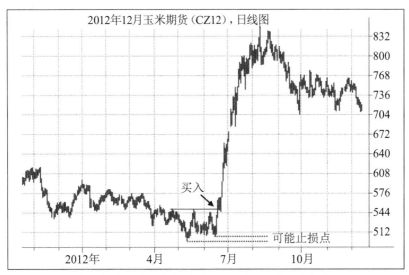

图 13.4　相对低点处放置止损委托:2012 年 12 月玉米期货(CZ12)

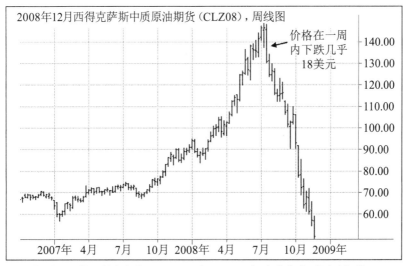

图 13.5　货币止损使用的市场例子:2008 年 12 月西得克萨斯中质原油期货(CLZ08)

使用止损委托目的不仅是限制损失也是保护利润。在多头头寸的例子里,随着市场上涨,止损委托位置应当时不时地提高。相似地,在下跌市场中,随着市场下跌,止损委托位置也应当降低。这种类型的止损委托被称为跟踪止损。

图 13.6 举例说明了跟踪止损的使用。假定一个交易员在价格突破到交易区间上端边界上方时执行了多头头寸，同时在相对低点处放置了止损平盘委托。具体来说，交易员计划在收盘价格低于最近相对低点以后结清多头头寸，并且每当市场达到一个新高时将修正止损委托的参考点（当然，止损条件可能通常更加具有限制性。例如，交易员可能要求一个指定数目的低于前期低点的收盘价，或者一个突破那个低点的最小幅度，以激活止损委托）。最初的止损委托点将是低于止损 1 的收盘价，这个止损委托点设置在交易区间低半区的某个水平——一个表示比更远的 2009 年 3 月相对低点处止损点更小风险的点。在 2009 年 6 月初上涨至新高以后，止损参考点将升至 5 月低点（止损 2）。相似地，止损参考点将连续上升至止损 3～止损 11 所示的位置。在市场下跌到 2010 年 3 月止损 11 下方时头寸将被止损离场。

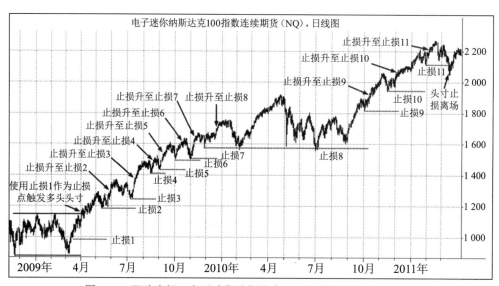

图 13.6　跟踪止损：电子迷你纳斯达克 100 指数连续期货（NQ）

一般来说，改变止损点就是为了降低风险。一些不能容忍在价格波动底部被止损出局（如果做空的话就是顶部）的交易员可能在建立头寸的同时，小心翼翼地放置取消前有效止损委托，但之后当市场进入区间后会取消委托。这种类型的委托被称为如果收盘就取消委托，这虽然很合适却很讽刺。修正止损委托允许更大风险等于是失去了止损的全部目的。

第14章

设置目标和其他头寸退出标准

> 让我赚大钱的从来不是我的思想。是我的执着。明白了吗？是我耐心等待不盲目采取行动！在市场里做对方向没有任何花招可用。
>
> ——埃德温·勒费弗

交易好比军队——进来容易出去难。假如交易员坚持货币管理原则，那么亏钱的交易意义明确：即提前确定的止损点将提示头寸平仓。但是赚钱的交易却带来了问题（虽然是让人满意的问题）。交易员应该如何决定何时获利了结呢？对于这个困境，有很多解决方案。下面的部分将探索一些主要的方法。

☐ 以图形为基础的目标

据信，很多图形形态提供了关于潜在价格运动幅度的线索。例如，传统的图形知识提示一旦价格突破了头肩形结构的颈线，后续价格运动距离将至少等于从头部的顶端（或底端）至颈线的距离。作为另一个例子，很多点数图分析师声称构成交易区间的柱形数目指出了后续趋势中箱形的潜在数量（看第4章关于点数绘图的解释）。一般来说，图形形态作为价格目标指标的可信性可能明显低于作为交易信号的可信性。

☐ 测量价格动态

这个方法是简单的本质。基本前提是市场将以大致相等规模的价格波动来运动。因此，如果市场上涨30美分然后折返，那么隐含的意思就是从折返低点上涨将大约为30美分。虽然测量价格动态的概念是如此简单以至于让人难以置信，但是该方法却超预期频繁地给出了合理的指导原则。当两个以上的目标几乎相一致的时候，该方法倾向于提高价格区域作为重要目标区域的可信性。

由于价格波动常常跨越几个合约，因此把测量价格动态技术应用到连接几个合约的更长期价格图形上是有用的。一般来说，连续期货图形对于测量价格动态比最近期货图形更加合适，因为按照第 4 章所述和第 5 章进一步详述的，连续期货准确地反映了价格波动，然而最近期货没有。

在图 14.1 中，2012 年 7 月实现的测量价格动态目标是将 2011 年 12 月—2012 年 5 月上涨量（404.75 美分）加到 2012 年 6 月初低点（667.25 美分）上的结果。图 14.2 显示了周线图上的两个测量价格动态。第一个测量价格动态目标在 0.271 1（MM1），与 2015 年 3 月相对低点非常接近，该目标是通过从 2015 年 1 月高点 0.346 2 中减去 2014 年 6—12 月下跌的 0.075 2 后得出的。第二个测量价格动态目标在 0.229 7（MM2），与 2015 年 9 月低点相当接近，该目标是通过从 4 月末高点 0.311 5 中减去 2015 年 1—3 月下跌的 0.081 8 后得出的。图 14.3 显示了 4 个测量价格动态目标，其中 3 个隐含的目标非常接近波动点高点。

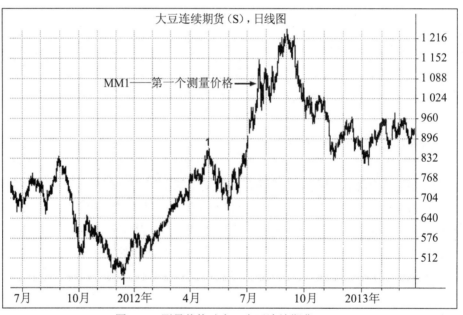

图 14.1 测量价格动态：大豆连续期货（S）

图 14.4 举例说明了 2012 年年中至 2013 年年末冷冻橙汁期货一系列合理准确测量的价格动态目标。价格没有达到其中的 3 个目标——虚线所示的 MM2、MM6 和 MM9，但是大幅错过的目标仅有 M2。在其余 6 个目标中，除了 MM4 以外所有目标均显示了相当有利的退出点。此外，注意到 MM3 和 MM5 在相当水平给出了退出点信号，强化了临近价格内的目标。

图 14.5 给出了一个大约两年时间连续的合理准确测量价格动态目标的例子。注意到相同的价格点可以作为两个不同价格波动的终点（见带有堆积在一起的数字 8 和 4 的

2014年10月高点），这可能导致以那个点（MM4和MM8）为基础的两个不同的测量价格动态目标。这个图形也给出了一个同时发生的测量价格动态目标的例子：MM6基于自5月低点发生的2014年1—3月上涨的预测，MM6距离MM8一个点位，MM8是在11月低点上加2013年6—10月上涨幅度的结果。MM4和MM5也在大约相同的价位给出了退出信号。

图14.2　测量价格动态：巴西雷亚尔连续期货（BR）

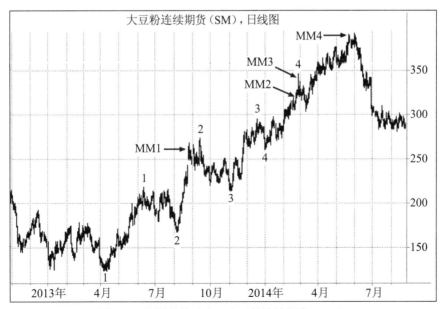

图14.3　测量价格动态：大豆粉连续期货（SM）

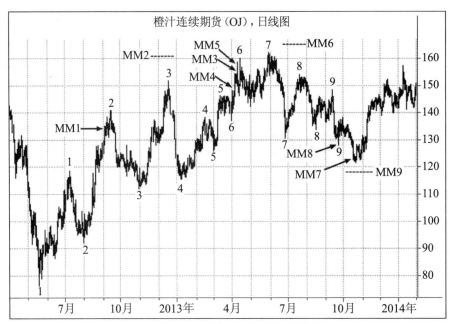

图 14.4　测量价格动态：橙汁连续期货（OJ）

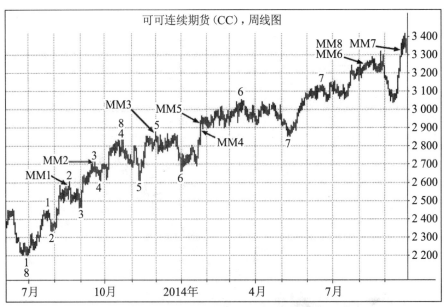

图 14.5　测量价格动态目标集中：可可连续期货（CC）

正如图 14.4 和图 14.5 所示，当有不止一个得到测量价格动态目标的相关价格波动时，对于相同的预测低点或高点不止一个测量价格动态目标。当两个或更多这样的目标几乎同时发生时，这倾向于提高被预测价格区域作为重要目标区域的可信性。图 14.6 给出了两个同时发生的测量动态价格目标的完美例子。2014年7月—2015年3月下降（MM5）行情和2015年5—10月下降（MM6）行情所隐含的测量价格动态目标同时发生在2016年1月形成的实际市场底部的上方。

图14.6　测量价格动态目标集中：加元连续期货（CD）

7 的规则

设置目标的方法是亚瑟·斯克拉鲁所著的《专业商品图形分析师技术》（温莎出版公司，1980年）一书中详细记述的一个有趣而且易用的方法。7的规则指的是用来确定目标常见的一组乘数，这些乘数是分别用5、4、3、2来除以7得出的。因此，这些乘数为：$7 \div 5=1.4$，$7 \div 4=1.75$，$7 \div 3=2.33$ 和 $7 \div 2=3.5$。这些乘数中的每一个与牛市中第一个价格波动幅度的乘积加到低点上，从而得到一系列价格目标。在熊市中，乘积从高点中扣除。

斯克拉鲁建议使用后3个乘数（1.75、2.33和3.5）来寻找牛市中的目标，使用前3个乘数（1.4、1.75和2.33）来获取熊市中的目标。此外，他表示，如果参考的价格运动（价格波动乘以乘数）持续时间长（即几个月），那么基于较低乘数的目标更有意义；如果计算中使用短期价格波动的话，那么基于更高乘数的目标更加重要。当然，该方法中存在一定程度的主观性，因为构成趋势中第一个价格波动的观点因人而异。

图 14.7 举例说明了 7 的规则（注意这张图形与图 14.3 中用来说明测量价格动态目标的图形相同。读者可能发现比较这两个方法的含义很有帮助）。开始于 2013 年 4 月的牛市第一浪是 94.30 点，按照 4 月低点至 6 月高点来衡量。按照斯克拉鲁的指导原则，由于这是牛市，我们跳过第 1 目标，使用第 2～4 目标，第 2～4 目标使用乘数 1.75、2.33 和 3.5 得出。4 月 11 日的低点是用来计算所有目标的，该低点为 123.90。第 2 目标是 288.90[123.90+（1.75×94.30）]。第 3 目标是 343.60[123.90+（2.33×94.30）]。第 4 目标是 454[123.90+（3.5×94.30）]。注意目标 2 恰恰在 2013 年 12 月相对高点 294.80 的下方，而目标 3 恰恰在 2 月 27 日相对高点 346.10 的下方。市场未能达到目标 4。

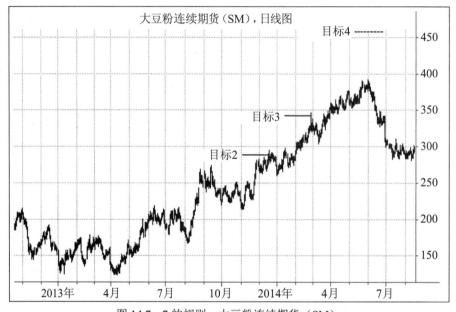

图 14.7　7 的规则：大豆粉连续期货（SM）

图 14.8（该图重复图 14.6）举例说明了加元连续期货中一段长时间熊市 7 的规则。图形有意显示了两组基于使用不同低点（A 和 B）来界定最初下降趋势的目标。在两种情况下，使用 2012 年 9 月高点作为最初高点参考价格。使用 2013 年 3 月低点 A 的熊市第一波是 0.067 4 点，而使用 2014 年 3 月低点 B 的第一波是 0.140 7 点。根据斯克拉鲁的指导规则，由于这是熊市，我们使用第 1～3 目标（使用乘数 1.4、1.75 和 2.33 得出）。从价格运动的高点减去这三个乘数和两个最初价格波动的乘积得出两组下降趋势目标。在参照低点 A 的三个目标中，仅仅目标 2 是相当接近相对低点（2014 年 1—3 月市场整理期间）。在使用低点 B 的目标中，目标 2 恰恰在 2015 年 3 月相对低点的下方，而目标 3 恰好在 2016 年 1 月低点的上方。

图 14.8　7 的规则：加元连续期货（CD）

支撑和阻力位

支撑位附近的点位给出了设置空头头寸初始目标的合理选择。例如，图 14.9 中显示

图 14.9　支撑区的下降趋势目标：澳元连续期货（AD）

的目标区是以两个前期相对低点区域中预期支撑位为基础的。相似地,阻力位附近价格可以用于设置多头头寸初始目标。例如,图 14.10 中显示的目标是以 2009 年年末和 2010 年年初的两个前期高点所隐含的阻力位为基础的。在图 14.11 中,2005 年年末相对低点隐含了 2009 年年初底部后英镑价格的一个上升趋势目标,该位置持续作为未来数年价格的顶部(如第 8 章所讨论的,这是一个前期支撑转化为阻力位的例子)。

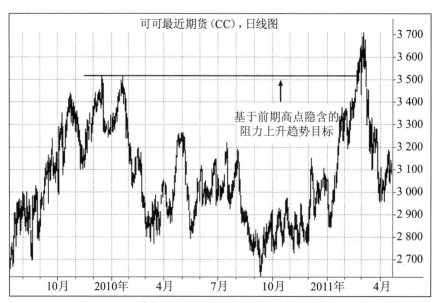

图 14.10　阻力位的上升趋势目标:可可最近期货(CC)

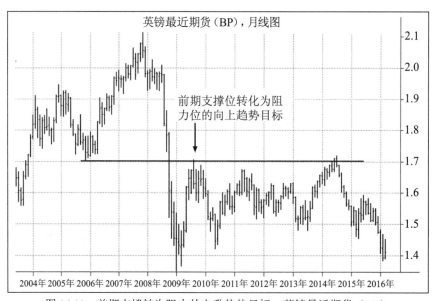

图 14.11　前期支撑转为阻力的上升趋势目标:英镑最近期货(BP)

一般来说，支撑和阻力位通常代表仅仅临时的而非主要的目标。因此，在使用该方法的时候，如果市场走势出现折返的话，设法再次开仓是可取的。

超买/超卖指标

超买/超卖指标是用来反映价格何时上升或下降太猛烈而因此容易出现折返行情的技术指标。图14.12举例说明相对强弱指数（RSI），该指标给出了一个超买/超卖指标的例子。[①] 相对强弱指数取值范围为0～100。基于标准解释，70以上表示超买状态，30以下表示超卖状态。

具体超买/超卖边界的选择是主观问题。例如，不使用70和30，可以使用75和25，或者80和20。所选的阈值水平越极端，超买/超卖信号距离市场转折点越近，但是错过的此类点的数量越多。

图14.12中的买入（向上）箭头表示相对强弱指数向下穿过30——即达到可以视为结清空头头寸信号的超卖状态。卖出（向下）箭头表示相对强弱指数向上穿过70——即达到可以视为结清多头头寸信号的超买状态。

图14.12　趋势状态和交易区间状态里的相对强弱指数：美元指数连续期货（DX）

---

① 相对强弱指标最初引入在 J. 韦尔斯·威尔德（小）. 技术交易系统的新概念. 温斯顿 - 萨勒姆，北卡罗来纳：亨特出版公司，1978。

虽然图 14.12 中超买/超卖信号给出图形后半段（2015 年 4 月中旬以后）的一些相当好的平仓信号，但是在那个点——当市场处于强烈上升趋势时——之前的信号几乎都是糟糕的。自 2014 年 7 月低点最终延伸至 2015 年 3 月的 27% 的涨幅产生了 10 个超买信号，其中 4 个信号连续不断地出现在上涨的前 2 个月里。仅仅最后两个信号发生在 2015 年 1 月末和 3 月初，可以考虑为相对及时的。这个例子暗示了使用超买/超卖指标作为平仓信号的优劣。当市场处于交易区间内的时候，该方法常常发挥得很有效果，但是在强烈的趋势市场中该方法往往遭遇惨败。

各种技术指标的推导和解释在第 11 章中有详细讨论。

德马克序列

正如第 11 章讨论的，所有受欢迎的超卖/超买指标（如相对强弱指数、移动平均收敛-背离 [MACD]、随机指标）相互之间高度相关。汤姆·德马克序列会对市场充分延展而且容易发生主要趋势反转的点位发出信号，并且代表一种完全不同和新颖独创的超买/超卖指标。序列方法属于形态确认范畴。德马克序列在汤姆·德马克的《技术分析新科学》（约翰·威利父子出版公司，1994 年）一书的篇幅达 48 页的一章中详细描述。下面是关于这项技术的简要概括，意在给出该方法的一般含义。对于德马克序列详细解释（其中包括几个限制性条件以及各种替代的建仓和退出规则讨论）感兴趣的读者可以参考德马克的文献。

序列买入条件实现涉及 3 个基本阶段。

（1）准备。准备阶段要求 9 个或更多连续收盘价低于 4 个交易日以前的对应收盘价。

（2）交叉。这个条件要求准备阶段第 8 天或第 8 天以后任何一天的高点超过 3 个或更多个交易日前的任何一天低点。本质上来说，这是确保买入准备阶段在瀑布式价格下跌中不会被认为结束的最低限制条件。

（3）倒数。一旦前两个条件满足，倒数阶段即开始。从 0 开始，每天当收盘价低于前两日低点，倒数阶段就增加 1。一旦倒数阶段达到 13，序列买入信号即产生。与准备阶段相比，倒数阶段交易日不一定要连续。如果下面 3 个条件中的任何一个发生，那么倒数阶段即取消。

① 在准备阶段，收盘价超过最高日内高点。

② 卖出准备阶段出现（即 9 个连续收盘价高于 4 天前对应的收盘价）。

③ 在买入倒数阶段完成前又一个买入准备阶段出现。在这种情况下，新买入准备阶段优先，而且一旦交叉条件满足，倒数阶段即从零重新开始。

序列卖出条件的满足同样需要以下 3 个基本阶段。

（1）准备。准备阶段要求 9 个或更多连续收盘价高于 4 个交易日前相应的收盘价。

（2）该条件要求准备阶段第 8 天或之后的任何一天低点低于 3 个或更多交易日以前任何一天的高点。基本上来说，该条件是确保卖出准备阶段在飞涨的上升行情里不被认为结束的最低限制条件。

（3）倒数。一旦前两个条件满足，倒数阶段即开始。从 0 开始，每天当收盘价高于前两日高点，倒数阶段就增加 1。一旦倒数阶段达到 13，序列卖出信号即产生。与准备阶段相比，倒数阶段交易日不一定要连续。如果下面 3 个条件中的任何一个发生，倒数阶段即取消。

① 在准备阶段，收盘价低于最低的日内低点。
② 买入准备阶段出现（即 9 个连续收盘价低于 4 个交易日前的对应收盘价）。
③ 在卖出倒数阶段结束前又一个卖出准备阶段出现。在这种情况下，新的卖出准备阶段优先，而且一旦交叉条件满足，倒数阶段即从零重新开始。

图 14.13～图 14.17 给出了满足完整序列过程的市场图解。在每个例子中，图形中标出了准备、交叉和倒数阶段。准备阶段的最后柱形用一个粗体 9 来突出，而倒数阶段的最后柱形用一个粗体 13 来标出。如果阅读前面的描述时把审查这些图形结合起来的话，将会更加清楚。

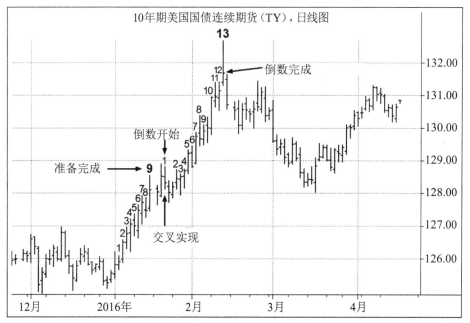

图 14.13 德马克序列：2016 年 6 月 10 年期美国国债连续期货（TY）

序列信号来源：德马克分析（www.demark.com）.

图 14.13 给出了 2016 年 6 月 10 年期美国国债期货序列卖出信号的图解。注意在这个例子中，倒数阶段第一日（在准备阶段结束后的 3 天出现）也满足交叉条件要求（一个柱形，其低点低于 3 天或更多天以前一天的高点）。倒数阶段在 2 月 11 日结束，该日标示出了上升运动的最高高点和收盘价。图 14.14 显示了 2016 年 6 月黄金合约，给出了序列买入的例子。正如图 14.13 所示，倒数阶段的第一天也标示出了满足交叉条件要求。倒数阶段的完成与 2015 年 12 月中旬的低点同时出现。

图 14.15 给出了序列买入的又一个例子，这次发生在 2016 年 5 月大豆合约中。在这个例子里，交叉要求发生在准备阶段的第 8 个柱形，而倒数阶段直到准备阶段结束后第 9 天才发生。倒数阶段在 2016 年 3 月初完成，即价格运动至最低点的当日和最低收盘价后一日（注：图 14.14 和图 14.15 反映的是仅仅每日的数据情况）。

序列规则也适用于时期为非日线图的柱形图形。图 14.16 解释了铜连续期货月线图上的一个序列卖出。在图中，准备阶段的结束、倒数阶段的开始和交叉阶段要求的满足都发生在同一个柱形（即同一月）。市场在倒数阶段的第 11 个月达到顶峰，但是真实的反转直到 6 个月以后倒数阶段完成后才发生。图 14.17 显示了一张日间图形（15 分钟柱形图）上完成的序列卖出和买入准备阶段。卖出准备阶段在上涨行情的顶部附近的整理期内完成，而买入准备阶段则在后续下跌行情的低点上方完成，但是恰恰在低点以后的第一个延长的上涨行情启动之初。

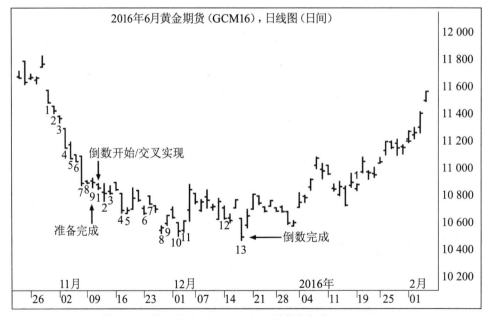

图 14.14　德马克序列：2016 年 6 月黄金期货（GCM16）

序列信号来源：2016 年，德马克 CQG，www.demark.com。

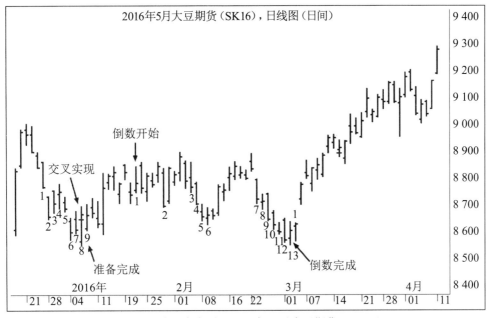

图 14.15　德马克序列：2016 年 5 月大豆期货（SK16）

序列信号来源：2016 年，德马克 CQG，www.demark.com.

图 14.16　德马克序列：铜连续期货（HG）

序列信号来源：2016 年，德马克 CQG，www.demark.com.

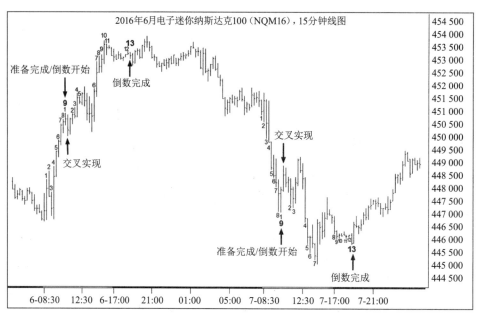

图 14.17　德马克序列：2016 年 6 月电子迷你纳斯达克 100（NQM16）

序列信号来源：2016 年，德马克 CQG，www.demark.com。

前面的例子明显是通过后见之明选出来图解这个方法的。当然，在现实交易中，德马克序列方法的准确性也达不到前面那组例子给出的一致近乎完美的信号。如果真的可以的话，任何人所需要做的所有事将是按照所有序列信号交易而后成为百万富翁退休。然而，这些例子应当显示出序列可能是一种非常强有力的工具，可以给出非凡的时机信号。德马克序列的好处是与通常在技术工具中占主导地位的追踪趋势方法呈负向相关。由于这些原因，很多交易员可能发现德马克序列对于他们总体交易方法而言是一个非常有用的补充。

相反意见

相反意见理论暗示，每当绝大多数投机者看涨的时候，那些想要做多的人已经做多了。因此，潜在的新买入者不足，市场将很容易发生向下折返。当绝大多数交易员看跌的时候，类似的解释也适用。相反意见度量是以市场咨询建议调查或交易员调查为基础的，隐含地假定这些意见合理地代表整个市场情绪。相反意见指数中的超买和超卖阈值因来源不同而各异。

虽然相反意见无疑是一个合理的理论概念，但是这个方法的致命弱点是准确衡量市场情绪的难度。现有服务机构提供的相反意见指标已经频繁地发出主要转折点出现的信号。另外，相反意见指数在市场持续上升的过程中维持高位或是在市场持续下跌过程中维持低位的情况也不少见。总的来说，只要不是单独作为交易指导原则，该方法可提供有用的信息。

跟踪止损

使用跟踪止损可能属于最不出彩但却最明智的确定交易退出点的方法。虽然一个人使用该方法从来不能高抛低吸，但是这个方法最接近让盈利的交易正常进展的理想状态。最终止损在第 13 章中有详细记述。

市场观点的变化

这种交易退出方法代表了另一个几乎没什么闪光点但却有很多道理的方法。在这种情况下，交易员根本不提前设置目标，但是维持头寸直到其市场观点至少变为中立。

第 15 章

图形分析中最重要的规则

> 市场就像感冒病毒——你认为搞定它的时候，它已经变异成了一种病毒。
>
> ——韦恩·H. 瓦格纳

失败的信号

失败的信号是所有图形信号中最值得信任的信号之一。当市场没有按照图形信号的方向发展的时候，这个失败的信号强烈暗示了反方向出现重要价格运动的可能性。例如，在图 15.1 中注意西得克萨斯中质原油市场在突破至 2013 年 7—8 月高点上方以后是如何突然反转的。如果向上突破的信号是有效的，那么市场应当不会回撤到整理形态较低的部分而且必然不会达到下边界的下方。几乎在突破后立刻出现的此类回撤强烈暗示了

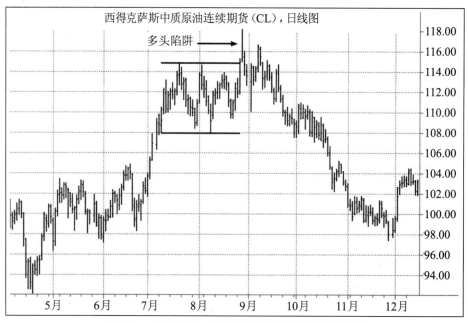

图 15.1　多头陷阱：西得克萨斯中质原油连续期货

一个"多头陷阱"。这样的价格行为与市场上行为一致，刚好足以激活区间边界外的止损委托，但是也揭示了在突破后没有其他买盘支撑——象征了一个非常脆弱的技术图形。实际上，明显的买入信号的立刻失败可以视作市场应当卖出的强烈标志。

既然我们已经确定了失败信号的重要性，下面的部分详细描述了各种类型的失败信号，以及解读这些信号和交易含义的指导原则。

多头陷阱和空头陷阱

多头陷阱和空头陷阱是其后紧随着突然快速价格反转的重要价格突破，与预期紧跟突破的价格随势行为形成鲜明对比。根据我的经验，这种反预期的价格行为是主要顶部和底部指标中最值得信赖的指标之一。

前面的部分（见图15.1）提供了一个多头陷阱的例子。另一个多头陷阱的例子是氧化混调型精制汽油2015年6月高点（见图15.2）。从2015年1—5月市场上涨以后，市场在6月中旬突破至新高点以前整理了大约1个月。但是，市场快速回调至交易区间中，而且截至7月中旬价格突破到区间下边界的下方，启动了一个数月之久的下降趋势。

与多头陷阱类似，在空头陷阱的情况下，市场下跌恰好足以触发交易区间下边界下方的止损单，但在突破后没有发现任何额外的卖出压力——象征着下方相当强的力量。实际上，卖出信号的迅速失败可以视为市场应当买入的信号。

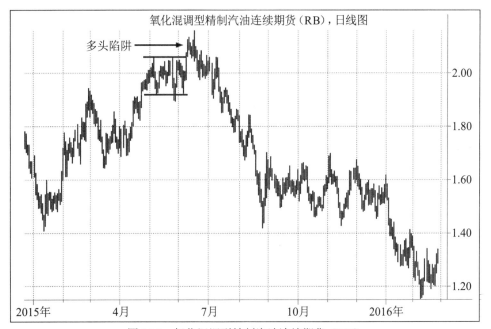

图15.2 氧化混调型精制汽油连续期货（RB）

图15.3显示了空头陷阱，标示出美元指数期货中的2014年低点。在5月，市场突破至长期区间的下轨下方，但是2天后返回收盘回到阈值上方。这个价格行为证明是10多年里市场最大上涨行情的开始。

图15.4给出了另一个空头陷阱的例子。玉米价格自2012年夏季末一直呈现下降趋

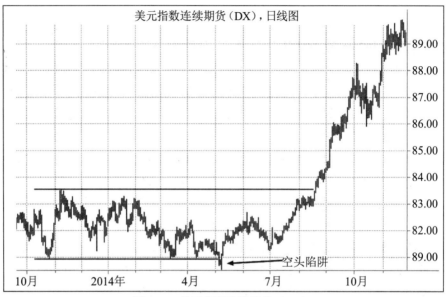

图15.3 美元指数连续期货（DX）

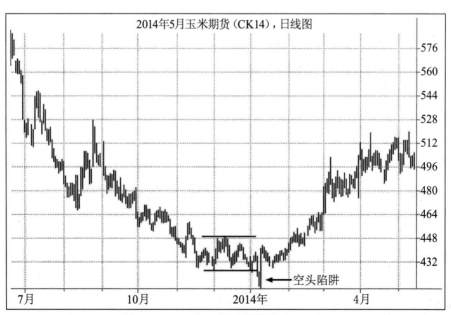

图15.4 2014年5月玉米期货（CK14）

势，在2013年11—12月进入了一个交易区间。在2014年1月初，市场向下突破了该交易区间，在接下来的2天时间了下跌超过2%，此后快速反转，返回至交易区间中点位置。5月玉米期货随后在接下来的3个月里上涨约25%。

回调多少时显示多头或空头陷阱已经发生？下面是一些可能的确认条件。

初始价格确认。价格回撤至突破前的整理形态的中点。

强价格确认。价格回撤至突破前的整理形态的更远边界（对于多头陷阱而言，下边界；对于空头陷阱而言，上边界）。

时间确认。在确定的时间内（如4周），市场未能回到突破后的极端价格。

在初始价格确认和强价格确认条件之间的权衡比较之处在于前者提供交易多头和空头陷阱的较好建仓位置，而后者给出更可信的信号。时间确认条件可以单独使用或者与两个价格确认条件搭配使用。图15.5～图15.8重复图15.1～图15.4，增加了3个确认条件中的每个条件（使用4周作为时间确认条件）。注意时间确认条件可以发生在两个价格确认条件之前、之后（见图15.6～图15.8）或是两个价格确认条件之间（见图15.5～图15.7）。

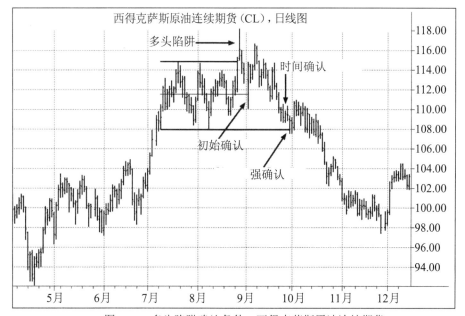

图15.5 多头陷阱确认条件：西得克萨斯原油连续期货

如果市场返回到突破高点，多头陷阱信号将无效作废。相似地，如果市场返回到突破低点，空头陷阱信号将无效作废。一旦市场在信号的方向上充分运动或达到一个具体时间，那么更敏感的条件可以用来证伪多头或空头陷阱信号。此类条件的例子是一旦收到强价格确认信号，价格返回到整理形态的反向边界（例如，在多头陷阱的情况下，在价格突破到整理形态下边界下方后重返整理形态顶部）。一个更敏感的价格/时间复合失效信号是在收到强价格确认后 4 周或 4 周以上的任何时间,价格重返至整理形态中位数(即多头和空头陷阱信号的初始价格确认点)。所选失效条件越敏感,错误召唤多头或空头陷阱的损失越小,但是过早放弃准确交易的概率越大。

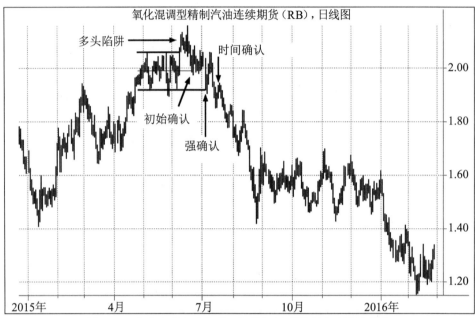

图 15.6 多头陷阱确认条件:氧化混调型精制汽油连续期货

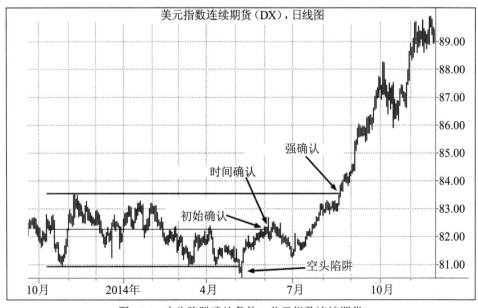

图 15.7 空头陷阱确认条件:美元指数连续期货

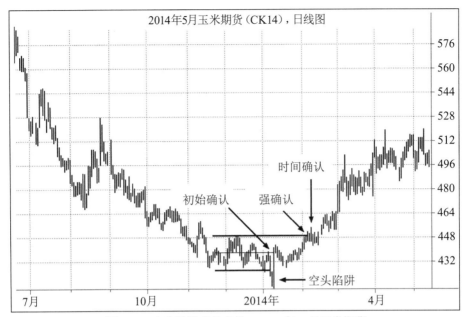

图 15.8 空头陷阱确认条件：2014 年 5 月玉米期货

如果所选失效条件没有发生，根据多头或空头陷阱信号执行的交易将维持指导一个价格目标或其他交易结清条件满足或直到反向趋势反转证据出现。

假趋势线突破

正如第 6 章中所讨论的，趋势线特别容易受假突破影响。此类假突破可以用作与突破反向交易的信号。实际上，根据我的观点，假趋势线突破信号比传统趋势线突破信号更可信。在下降趋势的情况下，如果在向上突破以后市场在趋势线下方收盘一定次数（例如，2 次或 3 次），假趋势线突破将被确认。相似地，在上升趋势的情况下，如果在向下突破后市场在趋势线上方收盘一定次数，假趋势线突破将被确认。

图 15.9 给出了 10 年期美国国债期货上升趋势线假突破的一个例子。上升趋势线 9 月被向下突破后很快被向上突破。标示出的失败信号是基于在趋势线上方收盘 2 次作为确认的要求。图 15.10 给出了电子迷你纳斯达克 100 期货的一个相似例子。

在趋势线重新界定的过程中，一个图形非常可能产生多个连续假趋势突破信号。在图 15.11 中，当前下降趋势线首次被向上刺穿发生在 3 月中旬。此后价格快速回撤到趋势线下方，假定趋势线下方的第二个收盘价触发了所标示的失败信号。另一个突破发生在大约 1 个月后，基于使用 3 月相对高点的重新界定的趋势线。价格在几天以后回撤到这条下降趋势线下方，产生了又一个假趋势突破信号。

图15.9 上升趋势线假突破：10年期美国国债连续期货

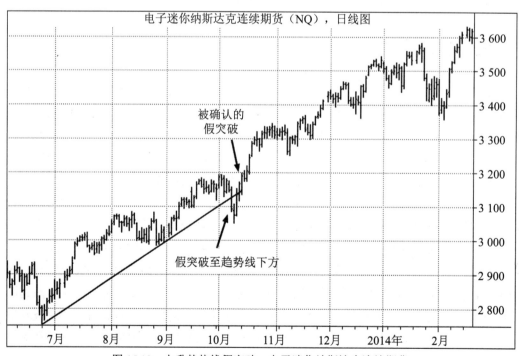

图15.10 上升趋势线假突破：电子迷你纳斯达克连续期货

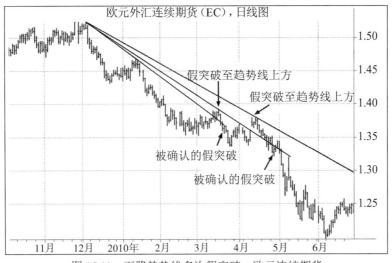

图 15.11　下降趋势线多次假突破：欧元连续期货

重回尖峰极点

正如第 9 章中所叙述的，价格尖峰频繁发生在重要价格反转处。因此，价格回到前期尖峰极点可视作最初的尖峰转化为失败的信号。尖峰越极端（尖峰高点或低点超过前期或后期高点或低点的幅度越大），那么它的突破就越重要。如果自初次尖峰出现后至少数周而且最好几个月过去的话，此类假信号的重要性也会加强。

在图 15.12 中，2016 年 1 月价格重返 2015 年 8 月和 10 月尖峰高点后，紧随一波快

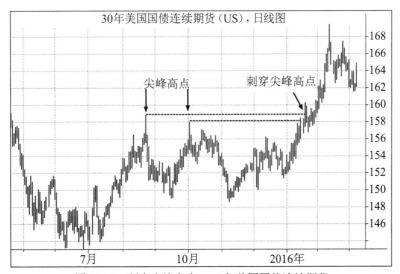

图 15.12　刺穿尖峰高点：30 年美国国债连续期货

速上涨行情，上冲到前期尖峰高点上方。在图15.13中，2010年10月刺破2008年年初尖峰高点，此后出现一波快速上涨行情。图15.14和图15.15提供了两个示例图形，向下突破尖峰低点后跟随着快速下跌行情。

图15.13　刺穿尖峰高点：棉花连续期货

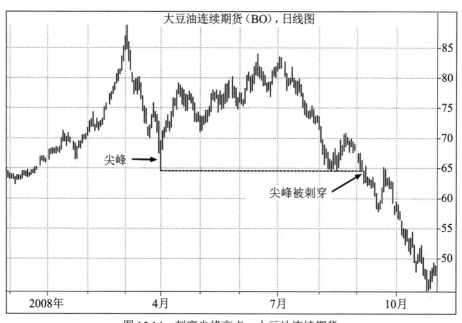

图15.14　刺穿尖峰高点：大豆油连续期货

图 15.15 刺穿尖峰低点：澳元连续期货

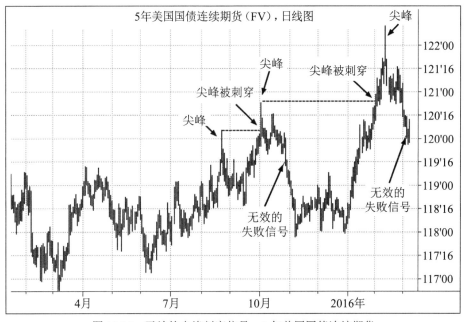

图 15.16 无效的尖峰刺穿信号：5 年美国国债连续期货

一般来说，价格收盘在尖峰反向极点以外可以视为失败信号失效。例如，在图 15.16 中，价格快速超过 8 月尖峰高点，在 10 月初形成了第二个尖峰高点，但之后立刻回撤，下跌至 8 月尖峰日低点下方——可以说是一个无效的失败信号。这个形态在 2016 年年初重现，当时市场刺穿 10 月尖峰，上涨行情持续大约一周（在此期间形成了一个尖峰高点），但之后行情调头，在 3 月初收盘至 10 月尖峰日低点下方。

回到宽幅游走日极点

正如第 9 章所解释的，具有特别强或特别弱收盘价的宽幅游走日（WRDs）倾向于产生同方向上的价格延伸。因此，收盘到向下宽幅游走日的最高价上方或向上宽幅游走日最低价的下方可以视为确认这类交易日为失败信号。

在图 15.17 中，在 2015 年 4 月中旬形成的宽幅游走日在大约 10 周后被向下刺穿，导致市场明显下跌。在图 15.18 中，一个巨大的宽幅游走日在 2013 年 7 月初也是 5 月波动高点附近形成。3 日后，上升趋势被一个向下宽幅游走日扭转，3 天后随之出现了一个位于第一个宽幅游走 6 日低点下方的收盘价，从而确认了失败信号并且导致一个延伸的市场下跌行情。

图 15.19 显示了一个 4 月末向上宽幅游走日在 12 天后被一个向下宽幅游走日扭转的例子。收盘刺穿 4 月宽幅游走日发生在 9 天后，之后紧随一波大幅持续的下降趋势。图 15.20 显示了一个巨大的向下宽幅游走日在 1 个多月后转化为向上宽幅游走日，随后跟着一波强烈上涨行情至新高。

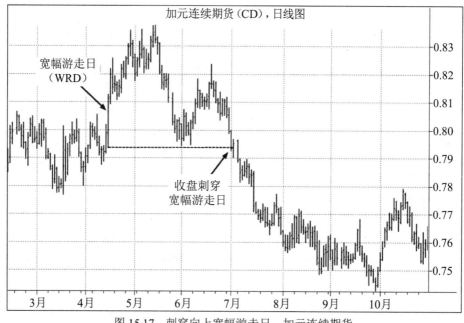

图 15.17　刺穿向上宽幅游走日：加元连续期货

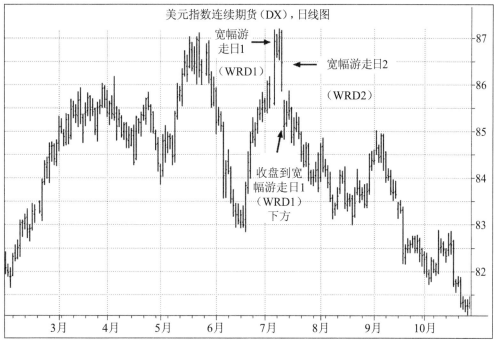

图 15.18　刺穿向上宽幅游走日：美元指数连续期货

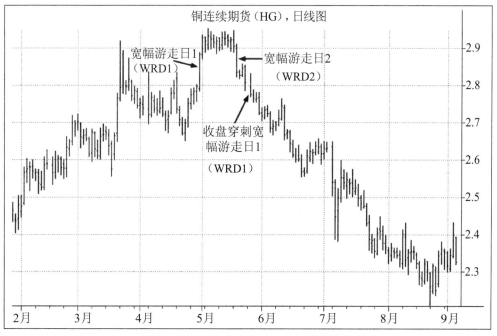

图 15.19　刺穿向上宽幅游走日：铜连续期货

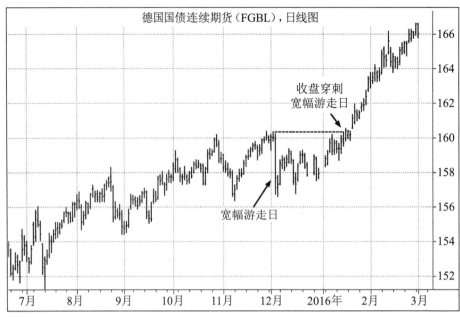

图15.20 刺穿向下宽幅游走日：德国国债连续期货

反预期突破旗形或三角旗形

正如第9章所解释的，旗形或三角旗形整理形态后面倾向于跟随着与它们形成前价格波动同向的价格波动。因此，如果一个旗形或三角旗形结构后面跟随者一个前期价格波动反方向上的突破，那么可以证明这个形态是失败信号。

在图15.21里，正如第9章提出的图形解读指导原则所隐含的，在大豆价格2014年下降趋势中演化的旗形结构后跟随着下降波动。但是，一个例外是9月末和10月初形成的旗形形态。在这个例子里，旗形后跟随着一个向上突破。这个反预期的价格行为后面跟着一波超过13%的上涨行情，直至11月中旬的高点。图15.22、图15.23和图15.24给出了3个例子，在这些例子里反预期向下突破旗形形态发出了主要趋势反转的信号。注意图15.24实际上是图15.19中描绘的相同反转，图15.19关注的是向下刺穿旗形前的强收盘宽幅游走日。在图15.25中，在反预期向上突破2015年年初形成的旗形后，取暖油价格在一个月内上涨超过33%。

要有效确认失败信号，反预期突破后面不一定非要紧随一个价格运动的延伸。在否定一个失败信号解读前，可以允许回撤的幅度是多少？一个合理的方法是只要价格不收盘在相关旗形或三角旗形的反向边界外部就考虑确认失败信号有效。图15.21中的回撤给出了一个好的例子：在突破到9—10月旗形顶部上方以后，价格回撤但是继续上涨之前在旗形形态中部附近持稳，因此让失败信号完好无损。

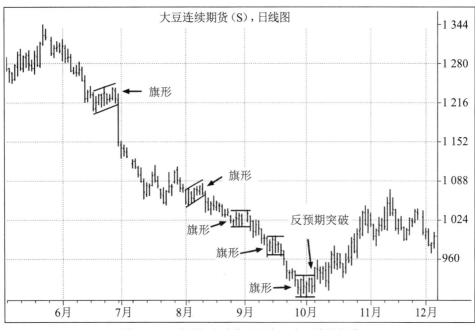

图 15.21　反预期突破旗形形态：大豆连续期货

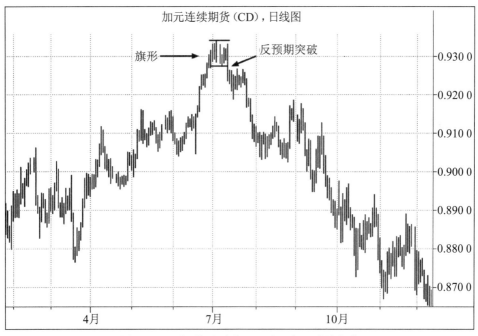

图 15.22　反预期突破旗形形态：加元连续期货

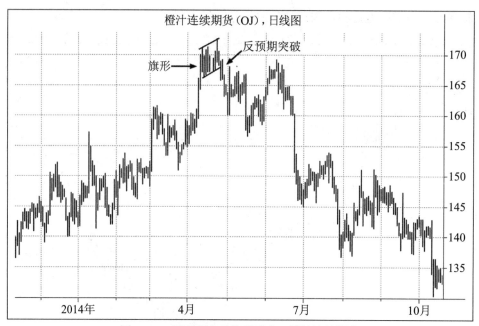

图15.23　反预期突破旗形形态：橙汁连续期货

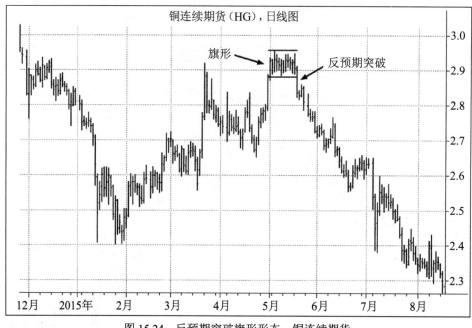

图15.24　反预期突破旗形形态：铜连续期货

图15.26突破了两个旗形形态。第一个旗形形态形成于7月，当时价格正在上涨而且在反预期向下突破后紧随着一波快速下跌行情。第二个旗形形态出现在9月，当时市

场正在反弹。市场最初在预期方向上——向上方——突破了旗形形态，但在几天以后价格下跌回到旗形区间内，而且最终刺穿旗形形态底部，确认了一个失败信号形态。市场因此在接下来的两周里下跌超过5%。在一个正常突破后的反转是下一部分讨论的主题。

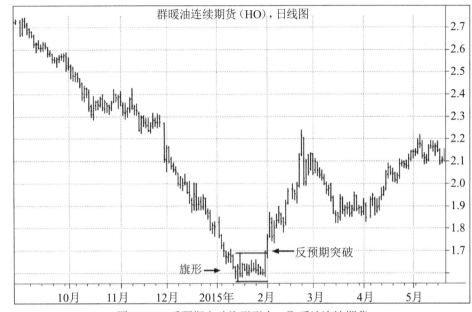

图15.25 反预期突破旗形形态：取暖油连续期货

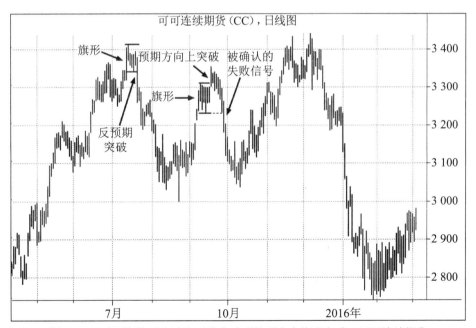

图15.26 反预期旗形突破和正常突破后的反方向旗形突破：可可连续期货

正常突破后旗形或三角旗形反向突破

在一些情况下，旗形和三角旗形后跟随着预期方向的突破，但是之后价格反转收盘到旗形或三角旗形反向极点外部，正如图15.26中2015年9月的形态。这个合并的价格行为给出又一个失败信号的例子，因为预期的旗形或三角旗形突破后跟随的是价格反转而不是价格追随行为。注意要确认失败信号而非日间突破，价格收盘到旗形或三角旗形反向边界外部是必需的。虽然这种更限制性的条件将产生不及时确认失败信号的情况，但是它将减少失败信号的错误影响的次数。

在图15.27里，在价格向上波动离开10—12月低点附近的支撑位以后，一个旗形形态在2013年1—2月形成，之后跟随着一个预期的向上突破。但是，价格没有继续维持上涨，在上行仅仅2天以后，市场在不到2周之后回撤到旗形整理形态下边界的下方。这个价格行为证明早期向上突破至旗形形态上方是一个假信号（注意如果繁盛在主要高点或低点处，这种类型信号也可称为多头或空头陷阱）。4月，一个反预期向上突破三角旗形结构后，在市场下跌至6月新低之前，出现了一波快速反弹和整理形态。

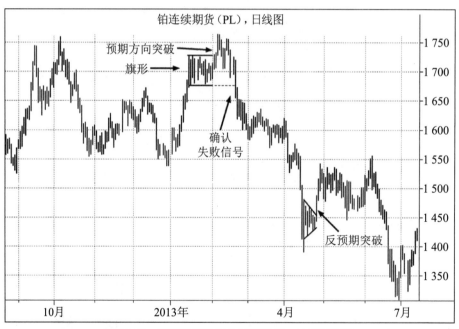

图15.27　正常突破后反向突破旗形：铂连续期货

在图15.28中，天然气价格上升波动过程中形成的旗形形态后面跟随着一个向上突破，之后价格回撤至旗形下边界的下方。在这个例子里，几天以后市场返回到旗形区间中，但是没有达到形态的上边界，令失败信号确认完好无损。

图 15.28　正常突破后反向突破旗形：2016 年 4 月天然气

图 15.29 说明了糖期货延伸的下降趋势中形成的一个旗形形态。市场最初在预期方向上突破了旗形，但是在形成了一个尖峰低点后的几天里反转。随后向上刺穿旗形确认了失败信号。在一个部分回撤至向上倾斜旗形形态中部以后，价格开始了一个巨大的上升波动。注意这个失败信号也是熊市陷阱底部的一个完美例子。

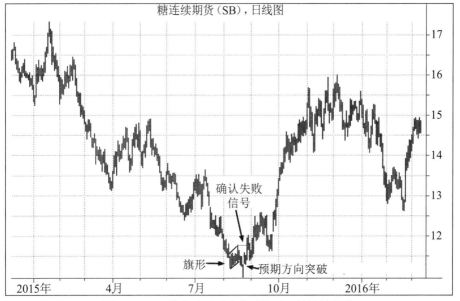

图 15.29　正常突破后反向突破旗形：糖连续期货

在图15.30里，一个预期的向下突破旗形后跟随着一个上升价格波动到上边界上方，确认了一个失败旗形信号，该信号后跟随着一波快速上涨行情。

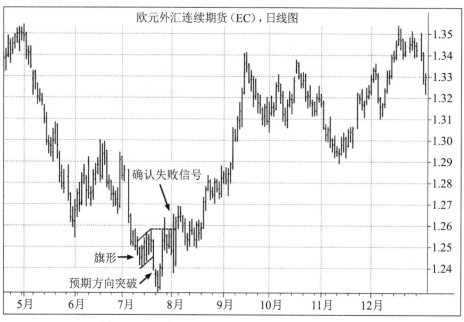

图15.30　正常突破后反向突破旗形：欧元连续期货

刺穿顶部和底部结构

刺穿与主要顶部和底部相关的形态代表另一个重要类型的失败信号。例如，图15.31举例说明了2010年年末形成的美国30年期国债期货双顶形态和几个月后刺穿这个顶部形态的情况。内置的月度图形显示了市场最后上涨的程度。刺穿双顶和双底可能是重要的失败信号，即使顶部和底部结构没有被确认。例如，图15.32显示了向下刺穿一个未确认的双底——即价格没有超过形态的2013年10月中期高点。然而刺穿这个形态的2013年7月和2014年1月低点代表突破了一个重要支撑位，正如随后的持续下跌行情所证明的。

刺穿双顶和双底形态给出了良好的信号，但这种情况是少见的。涉及头肩形态的失败信号更加常见而且常常提供绝佳的技术指标。虽然关于什么条件构成一个失败头肩形态确认的选择稍显主观，但是作者将使用超过最近肩部的价格标准。例如，在图15.33中反弹至2012年11月初到达顶峰的肩部上方代表确认了一个失败的头肩顶形态。有时候，价格在刺穿肩部以后首先回落，甚至当一个大幅上涨行情最终随之而来，正如图15.34所示，该图显示了电子迷你标准普尔500期货周线图上的一个长期例子。只要价格不在头部和右肩之间形成的相对低点下方收盘,那么失败信号将仍然保持完好。图 15.35 给出了失败的头肩顶后一波强烈上涨行情的又一个例子。

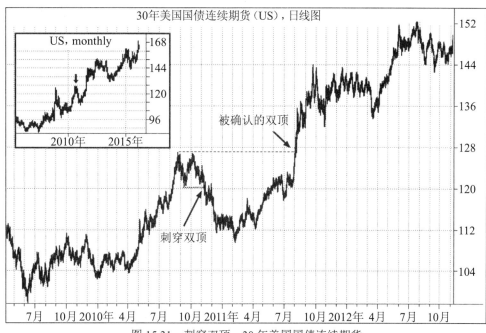

图 15.31　刺穿双顶:30 年美国国债连续期货

图 15.32　刺穿双底:澳元连续期货

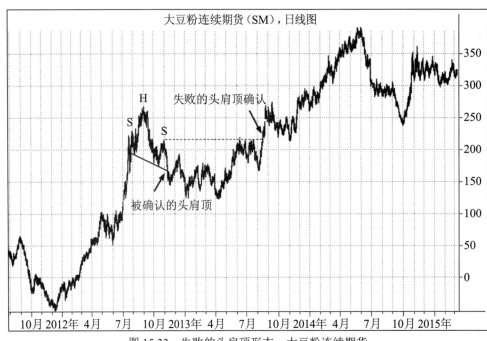

图 15.33　失败的头肩顶形态：大豆粉连续期货

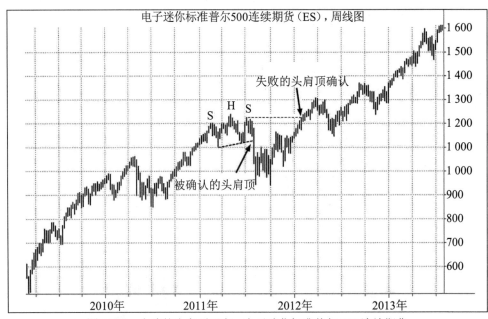

图 15.34　失败的头肩顶形态：电子迷你标准普尔 500 连续期货

图 15.36 以图为例说明了失败头肩低形态。和头肩顶例子相似，向下刺穿最近的肩部可以用做失败信号的确认条件。

交易员可能常常依靠等待价格回撤的机会然后基于失败的头肩形态确认来执行头寸从中获益，正如图 15.34 所示。需要权衡比较的地方是这种策略将导致在没有发生价格回撤或仅有一些非常温和回撤的情况下错过非常有利可图的交易（见图 15.35 和图 15.36）。

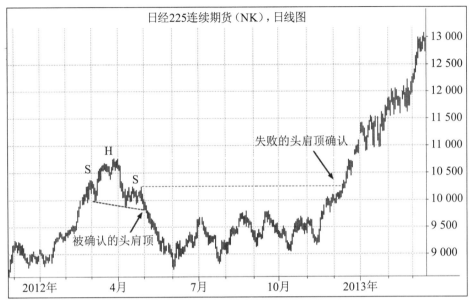

图 15.35　失败的头肩顶形态：日经 225 连续期货

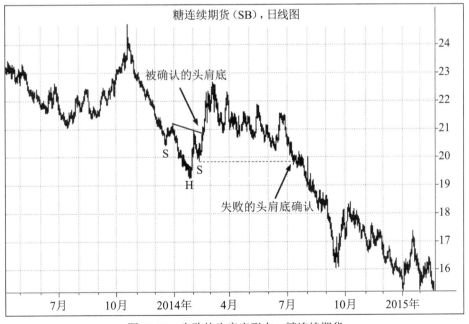

图 15.36　失败的头肩底形态：糖连续期货

打破曲率

如第 9 章所讨论的，圆弧形态常常提供非常可信的交易信号。在这个意义上，打破一个弧形的价格形态可以视为将这个形态转化为一个失败信号。图 15.37 实际上包含两个例子，其中打破一个明显的圆弧顶形态的曲率代表一个看涨信号。在图 15.38 中打破一个明显的圆弧底形态的曲率导致 2014 年玉米价格快速下跌。注意 2014 年 1 月的下冲日（弧形形态的低点）是图 15.4 和图 15.8 所示的熊市陷阱。实际上，这个图形举例说明了两个连续失败形态，第一个形态发出了一个近 2 个月的反弹信号，第二个形态随后反转成为一个主要下降趋势。

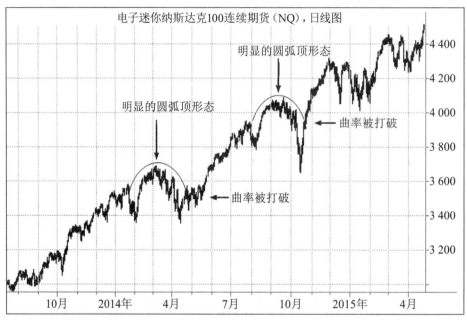

图 15.37　打破曲率：电子迷你纳斯达克 100 连续期货

失败信号的未来可信性

在技术指标的流行性和有效性之间存在一个反向关系。例如，数十年前，当时技术分析很少被市场参与者采用的时候，图形突破（价格异动到前期交易区间的上方或下方）倾向于发挥相对较好的作用，提供了很多绝佳的信号而且没有很多假信号。按照我的观察，随着技术分析变得越来越流行而且突破变成常用的工具，这种形态的有效性有些弱化。实际上，突破后的价格反转与其说是例外，不如说是规矩。

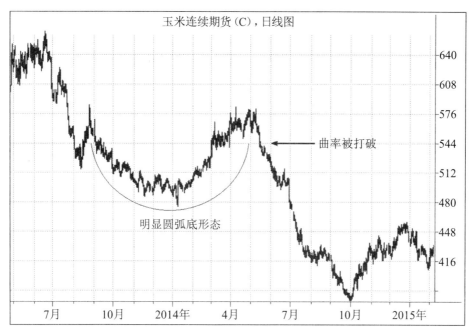

图 15.38　打破曲率：玉米连续期货

正如前面所述，笔者发现失败信号比传统图形形态更加可信。虽然失败信号的概念当然不算新事物，但是笔者认为它的作用没有被广发强调。如果失败信号的使用变得更加广泛，那么它们的长期可信性可能受到负面影响。

作为一个最后的评论，应当强调的是本章中失败信号的概念已经在传统图形分析的文献中有所阐述。未来——特别是在遥远的未来，流行的图形解读可能千变万化。通过紧盯传统知识的方式，失败信号的概念可能不断变化。换言之，如果新的图形形态今后成为受人欢迎的技术信号（例如，以突破在今天广泛使用的方式），那么图形失败可以视作比形态本身更加重要。在这个更普遍的意义上，失败信号的概念可以证明是不受时间影响的。

☐ 结论

新手交易员将忽视失败信号，满怀最大的希望却让头寸出现巨大亏损。更有经验的交易员了解货币管理的重要性，一旦明确他们做错了交易就立刻退出。但是，真正有技巧的交易员能够进行180°的腾挪，在亏损的时候反转头寸，只要市场行为（例如，确认失败信号）指出这样的动作。换句话说，要利用失败信号就要严守纪律，但是灵活度对于有效整合图形分析和交易活动来说也是必要的。

第四部分

交易系统和绩效测量

第 16 章

技术交易系统：结构和设计

存在两种类型趋势跟踪系统：快的和慢的。

——吉姆·奥卡特

事先告知。如果你期望找到一个在现实交易里每年持续获利 100% 以上且风险最小化的迄今为止秘密交易系统的设计图，那么你将不得不去别的地方找找。一方面，我还没发现这样一种肯定赚钱的货币机器。但是，从某种意义上来说，这已经超越了讨论的范围。另一方面，我总是有些迷惑，有些书或计算机软件的广告承诺可以破解那些赚 100%、200% 或更多利润系统的秘密！为什么这么有价值的信息他们只卖 99 美元或是 2 999 美元呢？

本章首要的是给读者开发自己的交易系统所必需的背景知识。讨论集中在下面 5 个领域。

（1）一些基本趋势跟踪系统概述。

（2）上述系统的主要缺陷。

（3）一般化系统转化为更有力系统的指导原则。

（4）反趋势系统。

（5）多样化作为提高绩效的一种手段。

第 17 章使用最初的系统举例说明，提供了交易系统的其他例子。一些基本的问题例如恰当数据选择、系统测试程序和绩效测量将在第 18 章、第 19 章和第 20 章中讨论。

❒ 机械交易系统的好处

仿真交易比真实交易更容易吗？绝大多数投机者会回答是的，尽管两个任务都需要一个相当的决策过程。不同之处以由一个因素来解释：情绪。因为传闻而过度交易过早平仓赚钱的头寸，为了得到一个更好的价格提前进入市场开仓，持有一个亏钱的头寸——这些只是实际交易中的一些情绪的负面表现。可能机械交易最大的价值就在于它从交易中提出了情绪影响。通过这种方式，机械交易可以使投机者避免很多影响交易绩效的常见错误。此外，摆脱了不断决策的隐含需求，极大地减少了交易相关压力和焦虑。

机械系统的另一个好处在于它确保使用一致的方法——即交易员追踪常见的一组条件指示的所有信号。这点很重要，因为即便是赚钱的交易策略如果有选择性地使用的话也可能会赔钱。为了举例说明这一点，考虑这样一个例子。一个市场顾问提出的建议长期来看产生了一个净盈利（在考虑手续费和差劲的交易执行以后）。如果这个顾问的订阅客户按照他的建议执行交易的话他们会赚钱吗？不一定。一些人将会挑选交易，不可避免地错过一些最赚钱的交易。另一些人在顾问经历一段失败时期以后将不再采纳他的建议，而且因此可能会错过一连串的赚钱交易。关键之处在于，一个好的交易策略不足以成功，成功也取决于始终如一的一致性。

机械交易系统的第三个好处是它们通常提供给交易员一个控制风险的方法。货币管理是交易成功不可或缺的要素。没有一个限制损失的计划，一笔坏交易就可能导致灾难。任何一个恰当构建额交易系统要么包括明确的止损规则，要么明确了不利方向价格运动情况下逆转头寸的条件。因此，遵守机械交易系统产生的信号通常将避免单笔交易上的巨额亏损（除了极端情况下由于市场处于一系列锁定限制运动中交易员不能平仓）。所以，使用机械系统的投机者最后往往由于很多负面交易的累积效果而亏钱，但是至少他的账户不会因为一两笔坏交易而爆仓。

当然，货币管理不一定需要使用交易系统。每当新头寸开仓时，通过发起直到取消为止有效的委托方法，或者通过在开仓时提前确定离场点位并坚持决策的方法，也能达到风险控制的目的。但是，很多交易员缺少足够的纪律约束，多次禁不住诱惑对市场让步。

▢ 三种基本类型系统

用来分类交易系统的种类是完全主观臆断的。下面的三种分类法主要是为了强调对可能交易方法中的重要概念差异的主观解读。

趋势追踪。趋势追踪系统等待一个确定的价格运动，而后基于趋势将会继续的隐含假设在相同方向上开仓。

反趋势。反趋势系统等待一个重要的价格运动，而后基于市场将会修正的假设在相反方向上开仓。

形态识别。从某个意义上来说，所有系统都可以归类为形态识别系统。毕竟，发出趋势或反趋势交易信号的条件也是一类形态（例如，收盘在20日高点或低点范围之外）。但是，这里隐含的意思是所选的形态不是主要基于方向性运动，正如趋势追踪和反趋势系统的例子一样。例如，形态识别系统可能以尖峰日（见第9章）为基础发出信号。在这种情况下，关键要考虑的是形态本身（例如，尖峰日）而不是任何前期价格运动的程度。当然，这个例子过于简化了。实际上，用于确定交易信号的形态更为复杂，而且一些形态可能包含在一个系统里。

这种类型的系统在进行交易决策过程中有时可能使用概率模型。在这种情况下，研究人员将尝试发现看似可以作为过去价格上涨或下跌行情先兆的形态。这个方法的一个假设是此类过去的行为形态可以用来估计给定确定条件下的当前市场上涨或下跌的概率。本章不详细记述交易系统设计的方法，因为它已经超出了整体讨论的范围。

应当强调的是，前面分类的界限并非总是明确的。由于可以进行修正，一种类型的系统可能开始越来越接近不同系统类型的行为形态。

趋势追踪系统

根据定义，趋势追踪系统从不在高点附近卖出或是在低点附件买入，因为需要一个有意义的反向价格运动来发出交易信号。所以，在使用这种类型系统的时候，交易员将总是错过价格运动的第一波，而且可能在收到反向信号前放弃一大部分盈利（假定系统总在市场中）。一个灵敏的系统会对趋势反转迹象做出快速反应，在有效信号上倾向于最大化利润，但是它也将产生更多假信号。一个不灵敏的或慢系统将反映相反的一组特点。

很多交易员尝试捕捉每个市场波动，对此十分着迷。这样的偏好导致他们偏向越来越快的趋势追踪系统。虽然在一些市场里快速系统一贯比慢速系统表现优异，但在绝大多数系统里情况往往相反，因为慢速系统里亏钱交易和手续费成本最小化超过了交易里的利润下降。这种情况仅仅作为追求更灵敏系统这一自然倾向的警告。但是，在所有情况下，快速和慢速系统之间的选择必须是以实证观察和交易员主观偏好为基础的。

在构建趋势追踪系统方面，有各种各样的可能方法。在本章中，我们主要关注两个最基本方法：移动平均系统和突破系统。

移动平均系统

一个既定日的移动平均等于该日收盘价格和之前 $N-1$ 日收盘价格的平均数，N 等于移动平均中的天数。例如，在一个 10 日移动平均里，一个给定日的合理数字是以该日为峰值的 10 个收盘价格的平均数。移动平均这个词语指的是被平均的那组数字随时间持续移动。

由于移动平均是以过去价格为基础，在一个上升市场里移动平均将低于价格，而在下降市场里移动平均将高于价格。所以，当价格趋势自上而下反转时，价格必然从上方穿越移动平均。相似地，当趋势自下而上反转时，价格必然从下方穿越移动平均。在最基本类型的移动平均系统里，这些交叉点可视为交易信号。当价格从下方穿过移动平均时，显示买入信号；当价格从上方穿过移动平均时，显示卖出信号。交叉应当以收盘价为基础进行确认。表16.1举例说明了10日简单移动平均的计算并且显示相应的交叉信号点。

表 16.1 计算移动平均

日	收盘价	10日移动平均	交叉信号
1	80.50		
2	81.00		
3	81.90		
4	81.40		
5	83.10		
6	82.60		
7	82.20		
8	83.10		
9	84.40		
10	85.20	82.54	
11	84.60	82.95	
12	83.90	83.24	
13	84.40	83.49	
14	85.20	83.87	
15	86.10	84.17	
16	85.40	84.45	
17	84.10	84.64	卖出
18	83.50	84.68	
19	83.90	84.63	
20	83.10	84.42	
21	82.50	84.21	
22	81.90	84.01	
23	81.20	83.69	
24	81.60	83.33	
25	82.20	82.94	
26	82.80	82.68	买入

(续表)

日	收盘价	10日移动平均	交叉信号
27	83.40	82.61	
28	83.80	82.64	
29	83.90	82.64	
30	83.50	82.68	

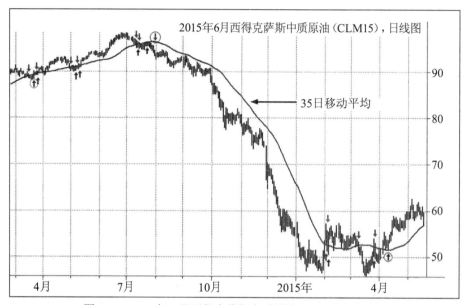

图16.1　2015年6月西得克萨斯中质原油和35日移动平均

注：↑＝买入信号：价格从下方穿过移动平均并且收盘在移动平均线上方；↓＝卖出信号：价格从上方穿过移动平均并且收盘在移动平均线下方；①＝没有被过滤淘汰掉的买入信号；②＝没有被过滤淘汰掉的卖出信号。

图16.1显示带有35日移动平均线的2015年6月西得克萨斯中质原油合约。图形中没有画圈的买入和卖出信号是以刚才描述的简单移动平均系统为基础的（暂时不考虑画圈的信号，后面将对其加以解释）。注意尽管系统捕捉了主要下降趋势，但是也产生了一些假信号。当然，增加移动平均长度可以缓解这个问题，但是倾向于产生过多的假信号是简单移动平均系统的一个特点。原因是足以触发交易信号的临时的、快速的价格波动都是未来市场里常见的事件。

一个思想流派认为简单移动平均系统的问题在于它给每一天的权重相等，但是最近几天更加重要，因此它们的权重应当更大。在构建移动平均系统中，很多不同的权重体系被提出来使用。两个最常见权重方法是线性加权平均（LWMA）和指数加权移动平均

（EWMA）。[1]

线性加权移动平均赋予移动平均中最远的价格权重值1、第二远的价格权重值2，以此类推。最近价格的权重等于移动平均中的天数。线性加权平均等于加权的价格之和除以权重之和：

$$\text{LWMA} = \frac{\sum_{t=1}^{n} P_t \cdot t}{\sum_{t=1}^{n} t}$$

这里，$t=$ 时间指标（最远的日子 $=1$，第二远的日子 $=2$，等等）

$P_t=$ 时间 t 的价格

$n=$ 移动平均里的天数

例如，对于10日线性加权移动平均，10天前的价格将乘以1，9天前的价格将乘以2，以此类推直至最近的价格，最近的价格将乘以1。然后，这些加权的价格之后将除以55（权重 $1 \sim 10$ 的和），从而得到线性加权移动平均。

指数加权移动平均的计算是当前价格乘以一个介于 $0 \sim 1$、以符号 a 表示的平滑常数和前一日的指数加权移动平均乘以 $1-a$ 的和：

$$\text{EWMA}_t = aP_t + (1-a)\text{EWMA}_{t-1}$$

在这个关联计算中，每天的指数加权移动平均的值取决于前一天的值，这意味着所有前期价格将有某个权重，但是每天的权重按照时间倒退呈指数下跌。任何一天的权重将是：

$$a(1-a)^k$$

这里 $k=$ 当前日前的天数（对于当前日，$k=0$，表达式为 a）。

由于 a 是一个介于0和1之间的数值，每个既定日的权重随着时间倒退快速下跌。例如，如果 $a=0.1$，那么昨日价格的权重将是0.09，两天前价格的权重将是0.081，10天前价格的权重将是0.035，而30天前价格的权重将是0.004。

带有平滑常数 a 的指数加权移动平均，大致对应于一个长度为 n 简单移动平均，这里 a 和 n 与下面的公式关联：

$$a=2/(n+1) \text{ 或者 } n=(2-a)/a$$

例如，带有平滑常数等于0.1的指数加权移动平均将大致对应于19日简单移动平均。又例如，一个40日简单移动平均将大致对应于一个带有平滑常数等于0.048 78的指数加权移动平均。

---

[1] 下面的两个来源用作本部分后面部分的参考：（1）佩里·考夫曼.交易系统和方法.霍博肯，新泽西州：约翰·威利父子出版公司，2013年）；（2）《股票和商品技术分析》，1995年加刊，工具栏第66页。

我认为，没有实证证据证明线性或指数加权移动平均系统在简单移动平均系统之上进行了实质的改善。有时候，加权移动平均表现更好；有时候，简单移动平均表现更好（见第11章相关例子）。哪个方法将产生更好的结果完全取决于所选的市场和时期，没有理由假定过去相关的优越性将显示可能的未来形态。简而言之，对不同加权移动平均进行试验不构成一个试图改进简单移动平均系统的特别有效途径。

交叉移动平均方法提出了一个更加有意思的改进。在这个系统中，交易信号取决于两条移动平均线的交叉，而不是一条移动平均线和价格之间的交叉。交易规则与简单移动平均系统的规则非常相似：当较短的移动平均线上穿较长的移动平均线时，产生买入信号；当较短的移动平均线下穿较长的移动平均线时，产生卖出信号（从某个意义上来说，简单移动平均系统可以视为交叉移动平均系统的特殊例子，在后者中，短期移动平均等于1）。由于交叉系统的交易信号是基于两个平滑系列（而不是一个平滑系列和价格）的，因此假信号的数量大大减少了。图16.2、图16.3和图16.4比较一个简单12日移动平均系统、一个简单48日移动平均系统和一个基于这两个平均线的交叉系统所产生的交易信号。一般来说，交叉移动平均系统远远优于简单移动平均系统（但是，应当注意的是，通过包含了后面部分所讨论的一些趋势追踪系统修正，即便是简单移动平均系统也可以给出切实可行的交易方法精髓）。交叉移动平均系统的缺陷和可能的改进之处在后面讨论。

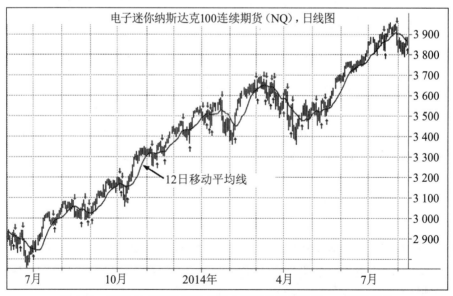

图16.2 带有12日移动平均线的电子迷你纳斯达克100连续期货

注：↑ = 买入信号：价格从下方穿过移动平均并且收盘在移动平均线上方；↓ = 卖出信号：价格从上方穿过移动平均并且收盘在移动平均线下方。

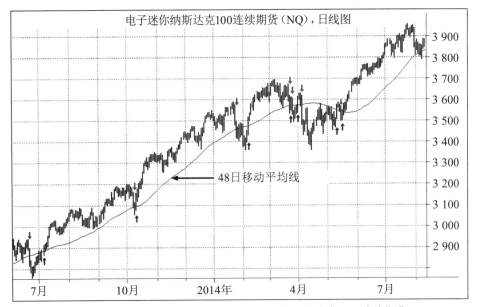

图16.3 带有48日移动平均线的电子迷你纳斯达克100连续期货

注：↑ = 买入信号：价格从下方穿过移动平均并且收盘在移动平均线上方；↓ = 卖出信号：价格从上方穿过移动平均并且收盘在移动平均线下方。

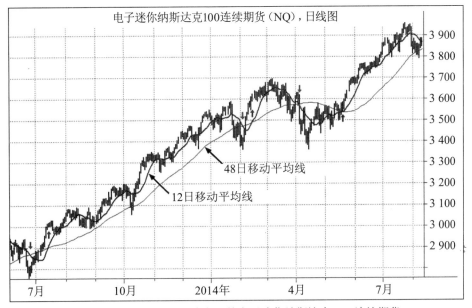

图16.4 带有移动平均线交叉的电子迷你纳斯达克100连续期货

注：↑ = 买入信号：短期移动平均线（12日）从下方穿过长期移动平均线（48日）；↓ = 卖出信号：短期移动平均线从上方穿过长期移动平均线。

突破系统

突破系统的基本概念是非常简单的：市场运动到新高或新低的能力显示突破方向上趋势延续的潜力。下面这组规则给出了简单突破系统的一个例子。

（1）如果今天的收盘价超过前 N 日的高点，那么空头平仓并且建立多头。

（2）如果今天的收盘价低于前 N 日的高点，那么多头平仓并且建立空头。

N 的取值将决定系统的灵敏性。如果使用短久期与当前价格比较（例如，$N=7$），系统将很快显示趋势反转，但也将产生很多假信号。相比较而言，选择一个更长久期（例如，$N=40$）将减少假信号，但要承担更慢进场建仓的代价。

图 16.5 使用 $N=7$ 和 $N=40$ 比较白银连续期货的前期简单突破系统产生的交易信号。下面 3 个观测结果显示在图 16.5 中，也可以作为快慢突破系统之间取舍权衡的有效概括。

（1）一个快速系统提供一个主要趋势转换的较早的信号（例如，2012 年 10 月卖出信号）。

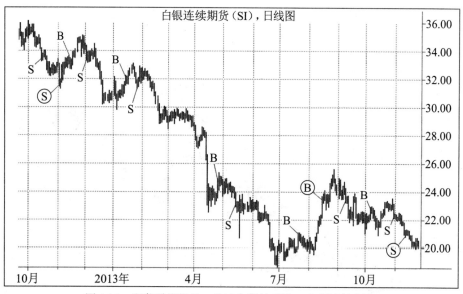

图 16.5 突破系统信号，快速和慢速系统：白银连续期货

注：B，S=$N=7$ 的信号；Ⓑ，Ⓢ=$N=40$ 的信号

（2）快速系统将产生更多假信号。

（3）更慢速系统中的每笔交易亏损比更快速系统里的相应交易的亏损更大。在一些情况下，快速系统可能甚至在一个导致更慢速系统亏损的小趋势上实现小幅盈利。例如，在 11 月平常的 $N=40$ 系统的 8 月买入信号导致了一个大约 2.54 美元（不包括手续费）的净损失。而 $N=7$ 系统的相应买入信号——7 月触发、8 月离场——导致了一个大约 2.46

美元的净盈利。

正如前面的例子所示，快速和慢速系统在不同的情况下各有优劣。在所选的例子里，总的来说，慢速系统更加成功。当然，也可以很容易地选择一个例子证明相反情况是正确的。然而，实证证据暗示，在绝大多数市场里，慢速系统倾向于更加有效。在任何情况下，在快速和慢速系统之间的选择必须以最新的实证测试为基础。

突破系统前面的例子是以当日收盘价和前期高点或低点为基础的。应当注意的是这些选择是主观的。其他的替代组合可能包括：当日高点或低点以及前期高点或低点；当日收盘价以及前期最高收盘价或最低收盘价；当日高点或低点以及前期最高收盘价或最低收盘价。虽然界定突破的条件选择将影响结果，但是刚才所给出的各种变体之间的差异在很大程度上将是随机的而且不会产生压倒性影响。因此，尽管这些定义中的每一个都可以加以测试，但是把研究努力更多关注在更有意义的基本系统修正上可能更有道理。

突破类型系统的不足之处与移动平均系统的不足之处基本相同，在后面的部分会详细记述。

标准趋势追踪系统的10个常见问题

（1）太多相似系统。很多不同的趋势跟踪系统会产生相似的信号。因此，很多趋势跟踪系统在相同的1～5日时期里发出一个交易信号的情况并不少见。由于很多投机者和期货基金将他们的决策基于基本交易跟踪系统，所以他们共同的行为可能导致一波相似的交易委托。在这种情况下，使用这些系统的交易员可能发现，如果对冲委托不足的话，他们的市场委托和止损委托将在预期的价格之外执行。

（2）双重损失。趋势跟踪系统会对所有主要趋势发出信号；问题在于这些系统也会产生很多假信号。使用趋势跟踪系统的交易员经理的主要挫折是市场会频繁波动到足以触发交易信号然后反转方向。这种令人不快的事件甚至会连续发生数次——用行话来说，蒙受双重损失。例如，图16.6显示了一个 N 值为10的突破系统产生的交易信号（收盘在前期 N 日高点和低点的范围之外），该图提供了一个关于趋势跟踪系统负面的生动描述。

（3）不能利用主要价格波动。基本趋势跟踪系统总是假定相等单位规模头寸。所以，鉴于一个延伸的趋势，此类系统可以做到最极致的地方是在趋势的方向上显示一个单位的头寸。例如，在图16.7中，一个 $N=40$ 的突破系统将在2012年12月发出一个多头头寸的信号，而且在整个上升趋势过程中保持多头，直至2014年2月。虽然这个结果几乎不令人满意，但是如果趋势跟踪系统可以通过发出显示基础头寸规模增加的信号来利用这类延伸趋势的话，就可以增加盈利。

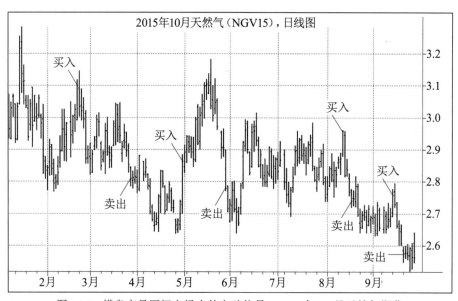

图 16.6 横盘交易区间市场中的突破信号：2015 年 10 月天然气期货

注：B= 买入信号：收盘在前期 10 日高点的上方；S= 卖出信号：收盘在 10 日低点的下方。

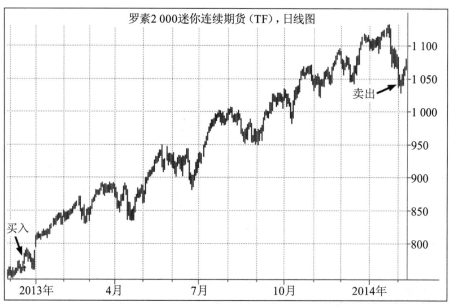

图 16.7 系统不能利用主要价格波动：罗素 2 000 迷你期货

（4）不灵敏（慢速）系统可能丧失大部分利润。虽然慢速趋势跟踪系统可能市场表现最佳，但是此类系统一个令人反感的特点是这些系统可能有时丧失大部分未平仓利润。比如在图 16.8 中，一个 $N=40$ 的突破系统捕捉了 2014 年 10—12 月白银期货价格上涨行情中的大部分盈利，但是之后在反向信号出现前丧失了全部盈利还有一定亏损。最初，6月买入信号是可以赚钱的，但是截至收到卖出信号时实现了更大的亏损。

（5）在横盘区间市场里不能赚钱。任何一个趋势跟踪系统在价格横盘整理的时期能做到最好的情况是盈亏平衡——即产生不了新的交易信号。但是，在绝大多数情况下，横盘整理市场具有蒙受双重损失的特点。这点是特别重要的考量，因为横盘价格代表了绝大多数市场的主导状态。

（6）临时大量损失。即便一个优异的趋势跟踪系统可能出现暂时的权益快速回撤期。此类事件对于享有利润垫的交易员来说可能是令人痛苦的，但是它们对于刚刚开始跟踪系统信号的交易员来说可能是灾难性的。

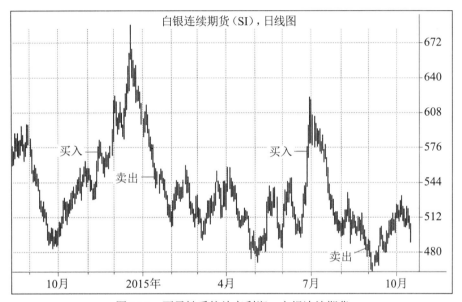

图 16.8　不灵敏系统放弃利润：白银连续期货

注：B=买入信号：收盘至前期40日高点上方；S=卖出信号：收盘至40日低点下方。

（7）表现最佳的系统中的极端波动。在一些情况下，交易员可能发现最赚钱的趋势跟踪系统也容易出现特别突然的回撤，因此暗示一个不能接受的风险水平。

（8）系统在测试阶段表现良好之后却彻底失败。这个情景可能是使用机械交易系统的交易员中最常见的痛苦的故事之一。

（9）参数变换①。通常，交易员可能不遗余力地搜寻，力图指导基于过去数据的最完美版本的交易系统（例如，一个突破系统中的最优 N 值），结果发现相同的变体版本在后续的时期里表现不佳（相对于其他变体）。

---

① 正如在交易系统中所使用的，术语"参数"的意思在第19章中有详述。

（10）理论现实差。又一个常见的经历：系统在仿真模拟交易上盈利，但同时在真实交易商亏损。理论现实差在第19章中已有讨论。

对基本趋势追踪系统的修改建议

如果在一个足够长的时间（比如3～5年，或更久）里始终一致地在一个大范围的市场里交易的话，即便是简单系统——例如移动平均或突破系统——都可能被证明是赚钱的。但是，简单既是这些系统的长处也是它们的缺陷。从本质上来说，这些系统的规则可能太简单以至于不能充分解释各种各样可能的市场情况。即使从长期来看是净盈利的，但是简单趋势追踪系统通常将让交易员面临时而发生的大幅亏损。实际上，此类系统的很多使用者在亏损期放弃使用该方法的天然倾向让这些使用者遭受净损失，即使长期来看可以证明系统是盈利的。

在这部分，我们讨论修正基本的趋势跟踪系统的一些主要方法，力图改进这些系统的表现。出于简化的目的，绝大多数的例子会使用之前描述的简单突破系统。但是，相同类型的修正也可适用于其他的基本趋势跟踪系统（比如交叉移动平均系统）。

确认条件

对基本的趋势跟踪系统所做的一个重要修正是在接受信号前要求满足额外条件。如果在收到反向信号以前这些条件没有实现的话，那么没有交易发生。确认规则特别被设计来处理趋势跟踪系统不可避免的惩罚：假信号。想法是有效信号会满足确认条件，而假信号通常不会。确认条件的可能选择的范围仅仅受到系统设计者想象力的限制。这里有3个例子。

（1）突破。只有市场运动到一个既定的参考水平（比如信号价格）范围外一个指定的最小幅度，交易信号才被接受。这个确认的价格运动可以以名义形式或百分比形式来衡量。图16.9比较一个 $N=12$ 的标准突破系统和一个具有要求收盘价超过前期 N 天高点或低点至少3%的确认规则的对应系统产生的交易信号。[①] 注意在这个例子中，虽然确认规则导致有效信号的进场建仓水平稍差，但是它也表明了6个亏钱的买入信号中的5个（在未被确认的买入信号后的卖出信号也被剔除了，因为系统在这些点位上已经做空了）。

[①] 由于图16.9描绘了连续期货序列，百分比价格变化将等于图中显示的价格变化除以图中没有显示的相应的最近期货价格。回忆第5章提到，连续期货准确反映的是价格波动而不是价格水平。因此，连续期货不能用作除数来计算百分比变化。

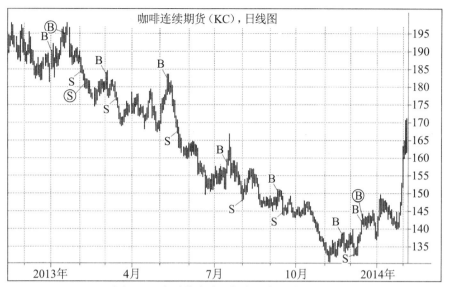

图 16.9 突破作为确认提交：咖啡连续期货

注：B，S=N=12 的突破系统的信号；Ⓑ，Ⓢ=N=12 和 3% 收盘突破确认的突破系统信号。

（2）时间推迟。在这个方法里，要求一个特别的时间推迟，并在其结束时重新评估信号。例如，一个确认规则可能明确指出，如果市场在最初信号日期后 6 天或以上的任何时间收盘在信号价格以外（更高的话买入，更低的话卖出），那么就采纳交易信号。图 16.10 比较 $N=12$ 的基本突破系统和具有 6 天时间推迟确认条件的相应系统产生的交易系统。此外，确认规则淘汰了 6 个亏钱的买入信号中的 5 个。

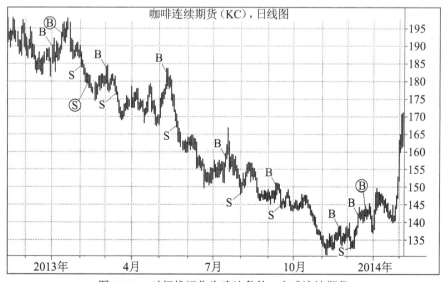

图 16.10 时间推迟作为确认条件：咖啡连续期货

注：B，S= N=12 的突破系统信号；Ⓑ，Ⓢ = N=12 和 6 天时间推迟确认的突破系统信号。

（3）形态。这是一个对各种各样确认规则的包罗万象的术语。在这个方法中，需要一个确定的形态来确认基本系统信号。例如，确认规则可能要求在信号价格以外的 3 个后续冲日。① 图 16.11 比较了一个 $N=12$ 的基本突破系统和使用 3 个冲日确认条件的对应系统产生的交易信号。在被确认的信号上计算冲日在图中用数字显示。而且，确认规则在这里也淘汰了 6 个亏钱买入信号中的 5 个。

交易系统的设计是个持续权衡比较的问题。确认条件的好处在于它们会极大地减少双重损失。但是应当注意的是确认规则也有令人不快的副作用——它们将延迟有效信号的建仓时机，因此减少赚钱交易的收益。例如，在图 16.9～图 16.11 中，注意确认规则导致所有有效交易信号较差的建仓价格。只要延迟建仓避免的亏损大于由此导致的利润下降，那么确认条件就是有益的。一个包含确认条件的系统不会总比基本系统表现优异，但是如果设计合适的话，从长期来看它表现得明显更好。

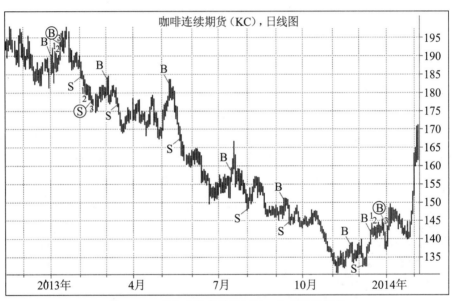

图 16.11　形态确认条件的例子：咖啡连续期货

注：B，S = $N=12$ 的突破系统信号；Ⓑ，Ⓢ = $N=12$ 和 3 个冲日确认条件的突破系统信号。

过滤

过滤的目的是淘汰那些被认为成功概率较低的交易。例如，技术系统可能与基本面模型合并，后者把市场分类为看涨、看空或中立。技术信号将被接受，只要它们与基本

---

① 冲日是最初在第 9 章中界定的，是指一个收盘价高于前日高点或低于前日低点的交易日。

面模型的市场分类相一致。在不一致的情况下，一个中立的头寸将被标示出来。但是，在绝大多数情况下，过滤条件在本质上也是技术性的。例如，如果一个人可以推导出在界定横盘整理市场存在方面具有一定准确性的一组规则，那么在横盘整理市场被标示时收到的信号将不被接受。从本质上来说，在开发过滤功能的时候，系统设计者正试图找到一个可以适用于大多数亏钱交易的共同特性。

我们将使用通常不让人满意的简单移动平均系统来提供一个过滤条件的具体例子。在图16.1中没有画圈的信号举例说明了简单移动平均系统产生很多假信号的典型倾向——即便是在趋势市场中。通过使用要求交易信号与移动平均趋势保持一致的过滤规则，可以极大地减少这些双重损失交易。例如，价格从下穿过移动平均线并且收盘在移动平均线上方将被接受为买入信号，只要移动平均线相对于前日水平是上涨的。从直觉上来说，这个过滤条件是合理的，因为它坚持了顺势交易的基本技术概念。

关于这条规则的使用，应当澄清两点。

（1）如果在价格和移动平均反向交叉以前移动平均转向信号的方向，那么被否决的信号可以激活。

（2）在被否决的信号后出现的信号被忽视，因为净头寸已经与隐含的交易相一致。这个观测是真的，因为简单移动平均系统总是随市场变化的。

在图16.1中带圈的信号显示了如果使用刚才描述的过滤规则就会被接受的交易（在两个例子里，这些交易在推迟后发生，正如之前描述的，而不是在移动平均线刚一突破的时候）。正如所见，这个规则很大地减少了假信号的数量。尽管在一些情况下使用过滤条件负面地导致了交易减仓的延迟（比如7月卖出信号），但是总的来说好处明显超过坏处。当然，一个例子不能证明什么。但是，图16.1的隐含含义的确有一个更普遍的可用性。绝大多数的实证检验会显示通常包含图16.1描述的过滤规则类型倾向改进表现。

实际上，与移动平均趋势方向相反的价格和移动平均线的交叉通常可以提供一个好的信号在最初头寸上加仓而不是反转。例如，在图16.1中，2014年3月和5月向下突破移动平均线可以视为买入而不是卖出信号，因为在这些情况下移动平均趋势仍然是上升的。这个解释背后的道理是，在一个趋势市场里，在价格重新获得更长期趋势之前，回调通常会到达移动平均线附近（见第12章）。因此，实际上，此类被否决的信号可以为金字塔式交易法提供基础。

应当注意的是，在某种意义上，在前面部分详述的确认条件表示一种过滤类型，因为满足后面这组条件的信号被接受，而不满足条件的信号被淘汰。但是，这里的区别是过滤隐含了一组在基础系统信号收到时运用的筛选规则。换句话说，整理程序发生不取决于后续的发展（虽然，为了完全准确，后续发展可能仍然允许推出接受被否决信号）。

因此，正如我们已经界定的术语，一个系统可以既包括过滤规则又包括确认规则。在此类系统中，实际上只有基于过滤定义而被接受和随后被确认规则证实的信号会导致交易。

市场特点调整

对简单趋势跟踪系统的一种批评是其对所有市场一视同仁。例如，在一个 $N=20$ 的突破系统里，高度波动和非常平静的市场对一个买入信号要求相同的条件——一个 20 日高点。市场特点调整力图弥补一个缺陷，即系统最优参数值设置将取决于市场状况。例如，在突破系统的例子里，不使用一个常数赋值给 N，N 的相应值可能取决于市场波动率的类别。正如一个具体的例子，在过去 50 日的时间里，平均两日价格区间可能被用来将市场按照波动率分成 5 类。① 用于产生任何给定一天信号的 N 值将取决于当前的波动率类别。

波动率似乎是分类市场状态的最合乎逻辑的选择，尽管其他准则也可以被测试（比如基于基本面的条件、平均量水平）。从本质上来说，这种类型的修正力图把一个基本的趋势跟踪系统从静态转化为动态交易方法。

买入和卖出信号之间的差异

基本趋势跟踪系统通常对买入和卖出信号假定相似的条件（比如，收盘至 20 日高点上方买入、收盘至 20 日低点下方卖出）。但是，没有理由自动做出假设。牛市和熊市表现各异的说法可能存在争议。例如，调查广泛的历史价格显示，价格从主要顶部突破倾向于比价格从主要底部上涨更快。② 这个现象显示，产生卖出信号要用比产生买入信号更加灵敏的条件，这样似乎合乎道理。但是，使用此类方法的系统设计者应当对过度拟合系统的危险特别敏感——这个不足之处将在第 19 章详细讨论。

---

① 一个两日价格区间而不是一个一日区间被用作波动率测量参数，因为后者很容易扭曲真实市场波动率。例如，在一个限制日，一日区间将等于零，与限制日反映高度波动情况形成极端对比。当然，很多其他测量参数可以用来界定波动率。

② 相反的陈述适用于以工具价格形式报价的短期利率市场，工具价格是一个随利率水平反向变动的数值。在利率市场里，利率而不是工具价格与标准市场里的价格相似。例如，商品价格或利率没有上限，但是下限在理论上也是有限的。又例如，当价格在高位时，商品市场倾向于更有波动性，而当利率在高位时（工具价格在低位）短期利率市场倾向于更有波动性。长期（比如债券）市场的情况并不明确，因为虽然利率可以下跌至不低于大约零的水平，但是随着利率下跌，这些工具背后的定价数学导致一个加速的价格上涨行情（对于相等的利率变化）。

金字塔交易法

基本趋势跟踪系统的一个内在缺陷是它们自动对所有市场条件假定一个不变的单元头寸规模。在主要趋势中考虑较大头寸规模的可能性似乎是让人满意的，这几乎完全对任何一个趋势跟踪系统的成功负责。一个在主要趋势里在基本头寸上追加单元头寸的合理方法是：等候一个确定的回调，然后在趋势重新开始的证据出现时发起额外的单元。此类方法力图最优化金字塔单元的时机，同时提供合理限制此类追加头寸可能引发潜在损失的离场规则。此类方法的一个例子在第 12 章详细描述。下面的这组规则提供了一个可能的金字塔式策略的又一个例子：

买入例子

1. 当净头寸为多头而且市场收盘在之前 10 日低点下方时，表明发生了回调。
2. 一旦回调界定了，如果下面的条件满足，那么在任何一个后续的 10 日高点上建立一个额外的多头头寸：
   a. 金字塔信号价格高于建立最近多头头寸的价格。
   b. 净头寸规模少于 3 个单元（该条件隐含存在两个金字塔单元的限制）。

卖出例子

1. 当净头寸是空头而且市场收盘在之前 10 日高点上方时，表明发生了回调。
2. 一旦回调界定了，如果下面的条件满足，那么在任何一个后续的 10 日低点上建立一个额外的空头头寸：
   a. 金字塔信号价格低于建立最近空头头寸的价格。
   b. 净头寸规模少于 3 个单元（该条件隐含存在两个金字塔单元的限制）。

图 16.12 举例说明应用在 2012—2013 年黄金市场上的一个 $N=40$ 的突破系统上添加金字塔式交易计划（暂时不考虑"止损水平"信号，稍后加以解释）。

如果在一个系统上添加金字塔式元素，那么风险控制显得极其重要。一般来说，使用比产生反向信号要求的条件更加灵敏的条件来平仓金字塔式头寸通常是可取的。下面是一个关于可以应用于使用金字塔式交易方法的系统上的一组止损规则的例子。每当两个条件中的任何一个满足，就平仓所有的金字塔式头寸：

1. 收到反向趋势跟踪信号。
2. 自最近界定的回调发生后，进行了金字塔式卖出（买入），随后市场收盘在高点（低点）价格上方（下方）。图 16.12 显示了 2012—2013 年黄金市场中这个规则隐含的止损水平。

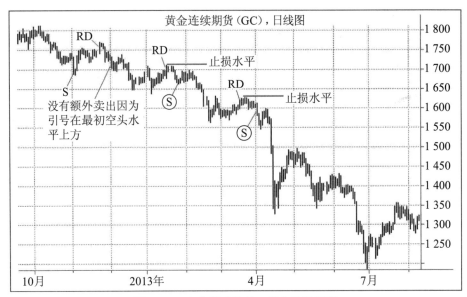

图16.12 金字塔式信号：黄金连续期货

注：S=基础头寸卖出信号；Ⓢ=金字塔式卖出信号；RD=界定的回调

交易退出

系统中交易退出规则的存在（比如止损规则）将允许在收到反向趋势跟踪信号以前将头寸平仓。此类规则可以限制亏钱交易的损失，并且限制赚钱交易上放弃的未平仓利润量。尽管这些都是相当令人满意的目标，但是使用交易退出规则所隐含的权衡之处也是相当严重的。如果使用交易退出规则的话，再次建仓的规则必须明确；否则，系统很容易错过主要趋势。

使用交易退出规则的危险之处在于它可能导致一个好交易的过早平仓。虽然再次建仓规则可以作为补充担保，但是一个激活的交易退出规则和一个后续再次建仓相结合就是一个双重损失。因此，增加交易退出规则（和一个隐含的再次建仓规则）会对绩效产生负面影响，这根本就不罕见。然而，虽然这并不容易，但是对一些系统来说可以安排交易退出规则来改进整体绩效（就收益而言，而且通常就收入/风险测量指标而言，如果一个交易退出规则有助于绩效表现，那么使用这个交易退出规则作为一个反转信号——而不是仅仅一个平仓信号——将更加有助于绩效表现）。交易退出规则也可以动态变化。例如，随着价格运动在幅度或久期方面逐渐加强，交易退出条件可以更为敏感。

反趋势系统

关于反趋势系统的一般性考虑

反趋势系统通常吸引很多交易员,因为他们的最终目标是低买高卖。不幸的是,实现这一目标的难度和这个目标的吸引人之处反向相关。要牢记的一个关键区别是,尽管趋势跟踪系统基本上是自我修正的,但是反趋势系统隐含了无限的损失。因此,在任何一个反趋势系统里包含止损条件是必不可少的(除非是与趋势跟踪系统同时交易)。否则,系统可能在主要下降趋势过程中做多或在主要上升趋势中做空(对于绝大多数趋势跟踪系统来说,止损条件是可选的,因为在头寸损失极端化以前会收到一个反向信号[①])。

使用反趋势系统的一个重要优势是它提供了一个在使用趋势跟踪系统同时绝佳的多样化的机会。在这方面,应当注意的是,即使反趋势系统会导致适当的净亏损,但它仍然是吸引人的,因为如果反趋势系统与同时交易的趋势跟踪系统反向相关的话,那么同时用这两个系统交易可能意味着比单纯使用趋势跟踪系统交易风险更小。因此,即使单独使用反趋势系统会亏钱,但是两个系统合并在一起完全可能产生一个更高的百分比收益(在相同风险水平上)。

反趋势系统类型

下面是一些可以用来尝试构建反趋势系统的方法类型。

减退的最小运动。这可能是最直接的反趋势方法。每当市场上涨至前一个反趋势买入信号以来的低点上方一个确定的最小量时,一个卖出信号被显示出来。相似地,每当市场下跌至前一个反趋势卖出信号以来的高点下方一个确定的最小量时,一个买入信号被显示出来。产生一个交易信号所要求的价格运动的幅度可以表示为名义形式或百分比形式。图16.13举例说明了2015年1—9月天然气市场7.5%阀值水平的这类反趋势所产生的交易信号。这张图描绘了本章前面所使用的相同市场,以举例说明一个灵敏的趋势跟踪系统的双重损失(见图16.6),这也不是偶然。反趋势系统倾向于在趋势跟踪系统表现差的市场状况下表现优异。

带有确认推迟的减退最小运动。这与前面的反趋势系统相似,除了在反趋势交易发起前需要趋势反转的某个最小指示以外。例如,为了证实基于减弱一个给定百分比的价格运动的反趋势信号,需要确认一个冲日。

---

① 但是,对于一个极端不灵敏的趋势跟踪系统而言,止损规则可能是强制的。例如,一个 $N=150$ 的突破系统。

振荡器。反趋势系统可以使用振荡器产生交易信号。但是，正如第 11 章和第 12 章讨论的，虽然使用振荡器发出反趋势交易的信号可能在横盘整理市场中表现良好，但是在趋势市场中此类方法可能是灾难性的。

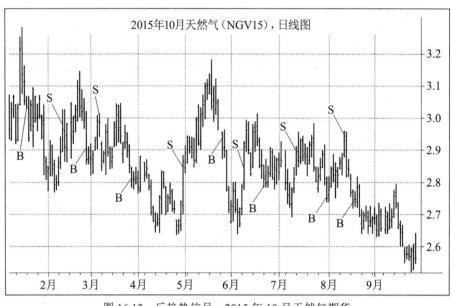

图 16.13　反趋势信号：2015 年 10 月天然气期货

注：百分比被计算为连续期货价格变化除以对应的最近期货价格水平。B= 买入信号：从前高点下跌 7.5%；S= 卖出信号：从前低点上涨 7.5%。

相反观点。反趋势系统可以使用相反观点作为择时交易的一个输入变量。例如，一旦相反观点上升至一个特定水平以上，一个做空头寸会被提示，取决于一个非常灵敏的技术指标的确认（相反观点在第 14 章讨论）。

多样化

关于术语"多样化"的标准解读是，交易是分布在广泛的市场中的。虽然在假定资金充足的情况下这是最重要的多样化类型，但仍然存在两个其他可能的多样化水平。第一，每个市场都可以用几个系统进行交易。第二，每个系统的一些变体都可以使用。例如，如果正在使用突破系统交易两份可可合同，那么每份合同可以使用不同的 N 值进行交易（即必须突破高点或低点来触发信号的交易日数量）。

在下面的讨论中，单一市场系统变体（SMSV）这一术语是指在一个市场中交易的一个给定系统的某个特定的变体。因此，在可可市场交易的 $N=20$ 的简单突破系统就是单一市场系统变体的一个例子。在一个单一系统用于所有市场而且单一系统变体用于每个市场的最简单情况下，每个交易的市场仅仅存在一个单一市场系统变体。这个简化的案例代表交易系统的典型应用并且仅仅使用了跨市场标准的多样化。但是，如果资金充足的话，也可以通过在不同系统和每个系统不同变体之间多样化来获得额外的收益。

多样化有三个重要的收益。

（1）弱化的权益回撤。不同的单一市场系统变体不会在完全系统的时期经历损失。因此，通过使用各种各样的单一市场系统变体交易，交易员可以得到一个更加平滑的权益曲线。这种现象暗示交易10个风险/收益特点等价的单一市场系统变体在相同收益水平下可以实现比交易一个单一市场系统变体的10个单元更低的风险。在一定程度上，即使组合包含了较差预期表现的单一市场系统变体，多样化也是有益的。一个关键的考虑是一个给定的单一市场系统变体与组合中其他单一市场变体的相关性。

（2）确保参与主要趋势。通常来说，只有一些活跃交易的期货市场在任何给定的一年里会经历显著的价格趋势。因为在绝大多数趋势跟踪系统中大多数交易会亏钱，[①] 交易员参与这种大利润交易——即主要趋势是必要的。这是多个市场间多样化重要性的一个至关重要的理由。

（3）坏运气保险。期货系统交易就像棒球，是咫尺攸关的游戏。考虑到各种情况凑巧结合，即便是某一天价格运动的细微差异都可能给一个特定的单一市场系统变体的盈利能力带来不同寻常的影响。为了解释这一点，我们考虑一个突破系统（$N=20$），带有一个确认规则要求一个突破前日高点或低点达到一个最小幅度的冲日。在系统A中，这个幅度为0.05%；在系统B中，这个幅度为0.10%。这是两个系统之间唯一的差别。

图16.14比较了1981年12月咖啡市场的这两个系统，该图代表了我曾经见过的系统表现对系统价值微小变化敏感度的最引人注目的例子。7月16日，收到基本系统买入信号（即收盘至20日高点上方）。7月17日，当收盘价在前日高点（A1点）上方0.09%时，系统A确认了这个买入信号。但是，系统B要求突破达到0.10%，直到第二天（点B1）才确认这个买入信号。

系统A的买入信号在大约0.97美元处（点A2）执行。但是，由于随后的一串限制运动，系统B的买入信号直到价格超过1.22美元（点B2）才执行。因此，在这个短暂的期间，系统A获得了每磅25美分（每份合约9 375美元），而系统B没有反转它的空头头寸，损失了相似的金额。市场没有在给定的一天收盘上涨至0.01美分更高的位置（一个等

[①] 此类系统可能仍然是赚钱的，因为平均收益显著超过平均损失。

同于不到 4 美元的价格运动），导致了两个大约相同系统变体表现上一个令人难以置信的每份合约 18 750 美元的差异！应当强调的是，这个例子反映了商品价格运动的随机性而不是被测试系统的不稳定性。除了一个日内交易系统，任何一个系统都可以反映相同的不稳定性程度，因为表现的差异是由于信号被一天分开的一笔交易。

图 16.14　系统交易：咫尺攸关的游戏（1981 年 12 月咖啡）

这个例子应当解释了交易员是如何使用一个一般来说变现良好的系统在一个给定的市场中亏钱的——他可能仅仅选择了一个比绝大多数其他变体（即便是非常相似的变体）表现较差的特定变体。通过交易一个系统的一些变体，投机者可以缓解此类独立的异常的不佳结果。① 当然，在这样做的时候，交易员也会放弃收益远超系统平均表现的可能性。但是，总的来说，这种情景代表了一个令人满意的权衡之处，因为假定基本的交易目标是始终一致的表现而不是意外收获的利润。

☐ 趋势跟踪系统常见问题重温

现在，我们准备好考虑之前列举的标准趋势跟踪系统问题的可能解决方案。问题和可能的解决方案总结在表 16.2 中。

---

① 在前面的例子里，系统 A 和系统 B 是有意被选择为大致相同，为的是以阐明概率的最强可能形式的潜在影响。但是，实际上，交易员应当选择显著更有差异化的系统变体。

表 16.2 标准趋势跟踪系统的问题和可能的解决方案

标准趋势跟踪系统的问题	可能的解决方案
1. 太多相似的系统	1a. 尝试构建新颖的系统以便避免随波逐流交易的问题
	1b. 如果交易多份合约，那么分散建仓
2. 双重损失	2a. 使用确认规则
	2b. 开发过滤规则
	2c. 使用多样化
3. 不能利用主要价格运动	3. 添加金字塔式交易部分
4. 不灵敏的（慢速的）系统可能放弃大部分利润	4. 使用交易退出规则
5. 不能在横盘交易市场中盈利	5. 结合使用趋势跟踪系统和反趋势系统进行交易
6. 暂时的大损失	6a. 如果资金允许的话，在每个市场中使用多个系统交易
	6b. 当开始使用一个系统交易时，如果在收到信号后的某个点建仓，那么轻仓交易
7. 表现最好的系统出现极端波动	7. 通过使用多样化，交易员可以分配一些资金给具有高利润潜力但是风险太大以至于不能单独用来交易的系统
8. 系统在测试中表现良好但之后完全失效	8. 如果系统被合理检测的话，此类情况的危险可以减少。这个话题在第 19 章详细讨论
9. 参数变动	9a. 如果资金允许的话，通过使用每个系统的几个变体来交易
	9b. 实验使用包含市场特点调整的系统
10. 理论与实现差	10. 使用现实的假设（在第 19 章讨论）

第17章

原创交易系统的例子

没有什么能在所有时间、所有类型的市场里生效。

——亚当·斯密

前一章提供了两个一般化交易系统的例子——移动平均系统和突破系统。本章详细描述了几个原创交易系统，这些系统基于第9章介绍的一些形态。虽然这里详述的系统代表完全自动化的交易策略，但是本章首要目标不是提供特定的交易系统，而是要给读者关于如何使用技术概念构建机械交易方法的感觉。学习这些例子将为读者提供如何设计他们自己的交易系统的思路。

宽幅游走日系统

基本概念

宽幅游走日，在第9章中介绍过，是指真实波动区间比最近交易时段更宽的交易日。[①] 宽幅游走日内在具有的高波动性赋予了这些交易日特别重要的意义。通常来说，市场倾向于沿着超出宽幅游走日边界的初始价格运动方向延伸发展。但是，市场最初从宽幅游走日一侧突破而后反转从另一侧突破的情况也具有重要意义。

宽幅游走日系统基于宽幅游走日界定交易区间。当价格收盘至这些交易区间上方或下方时交易信号产生。在最简单的情况下，交易区间被定义为宽幅游走日本身。但是，通过将交易区间界定为包含宽幅游走日前 $N1$ 日至宽幅游走日后 $N2$ 日这一期间所有真实高点和真实低点的价格区间，我们让系统更加一般化，这里 $N1$ 和 $N2$ 是必须界定的参数值。例如，如果 $N1$ 和 $N2$ 都等于 0，那么交易区间将被界定为宽幅游走日本身（即宽幅游走日的真实高点和真实低点之间的区间）。如果 $N1=2$、$N2=4$，那么交易区间将

---

① 真实波动区间等于真实高点减真实低点。真实高点是当日高点和前一日收盘价二者中的最大值。真实低点是当日低点和前一日收盘价二者中的最小值。

被界定为宽幅游走日前两日至宽幅游走日后 4 日这一期间的最高真实高点和最低真实低点之间的区间。

定义

宽幅游走日。波动比率（VR）大于 k（比如 $k=2$）的交易日。波动率（VR）等于今日的真实区间除以过去 N 日期间的平均真实区间（比如 $N=10$）。

价格触发区间（PTR）。最近宽幅游走日前 $N1$ 日至其后 $N2$ 日这一期间的最高真实高点和最低真实低点所界定的区间。注意，直到宽幅游走日后的 $N2$ 日，价格触发区间才可以界定（如果 $N2=0$，价格触发区间将界定至宽幅游走日本身的收盘价）。每当新的宽幅游走日出现（即新宽幅游走日之后的 $N2$ 日），价格触发区间将被重新界定。

交易信号

买入情况。在收盘价高于价格触发区间高点时，从空头反转为多头。
卖出情况。在收盘价低于价格触发区间低点时，从多头反转为空头。

每日清单

为了产生交易信号，每日按照下列步骤操作。

（1）如果做空而且今日的收盘价高于价格触发区间的高点，那么结清空头头寸并且做多。

（2）如果做多而且今日的收盘价低于价格触发区间的低点，那么结清多头头寸并且做空。

（3）检查是否自最近宽幅游走日开始 $N2$ 日已经过去。如果这个条件满足的话，重新界定价格触发区间。

这些步骤的顺序非常重要。注意，对新交易信号的检查在顺序上先于检查是否应当重新界定价格触发区间。因此，如果重新界定新价格触发区间的交易日基于那天存在的价格触发区间发出了交易信号，那么一个信号就产生了。如果步骤（3）优先于步骤（1）和步骤（2），每当信号出现在新价格触发区间被界定的那天，交易信号可能会被推迟（最近的宽幅游走日后的 $N2$ 日，当 $N2$ 等于 0 时，即为宽幅游走日本身）。例如，假定系统做多，$N2=0$，并且新宽幅游走日收盘价在之前的宽幅游走日的低点下方。根据列出的步骤顺序，新宽幅游走日将发出一个从多头转向空头的信号。如果步骤（1）和步骤（2）在步骤（3）后面，就没有信号出现，因为价格触发区间将重新界定，而且市场将不得不收盘在新宽幅游走日的下方以触发信号。

系统参数

$N1$。包含在价格触发区间时期内的宽幅游走日之前的天数；
$N2$。包含在价格触发区间时期内的宽幅游走日之后的天数；
k。为了界定宽幅游走日，波动比率（VR）必须超过的数值。
注：N 是用于计算波动比率（VR）的过去的天数，假定 N 值固定（比如 $N=10$）。

参数组列表

表 17.1 提供了样本参数组列表。读者可以按照列表内容使用这个列表或者随意调整该列表。第 19 章将着手解决测试多个参数组和决定在实际交易中使用哪个参数组的主题。

表 17.1 参数组列表

	k	$N1$	$N2$
1	1.6	0	0
2	1.6	2	0
3	1.6	4	0
4	1.6	0	2
5	1.6	2	2
6	1.6	4	2
7	1.6	0	4
8	1.6	2	4
9	1.6	4	4
10	2.0	0	0
11	2.0	2	0
12	2.0	4	0
13	2.0	0	2
14	2.0	2	2
15	2.0	4	2
16	2.0	0	4
17	2.0	2	4
18	2.0	4	4
19	2.4	0	0
20	2.4	2	0
21	2.4	4	0
22	2.4	0	2

（续表）

	k	N1	N2
23	2.4	2	2
24	2.4	4	2
25	2.4	0	4
26	2.4	2	4
27	2.4	4	4

图解例子

为了用图举例说明系统如何运作，图17.1～图17.5在2013年10月末—2015年11月的铜的图形上添加交易信号，在图17.1中内置的周线图所示的时期主要由一个活跃的、较长期的价格下跌行情构成，期间在2014年年中和2015年年初也散布一些短期上升趋势。注意这些图形是与用来产生信号的价格序列同期发生的连续期货。正如将在接下来的两章中详细描述的一样，连续期货通常是在交易系统里使用的最合适的价格序列。为了有助于提供两个图形间的连续性，每个图形会与前面的图形重叠1～2个月。

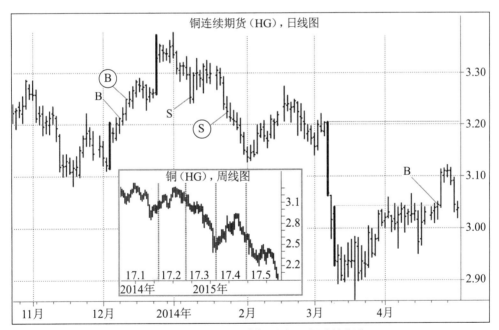

图17.1 宽幅游走日系统，图1：铜连续期货

注：更粗的柱形线是宽幅游走日。B，S = N1=0 和 N2=0 的买入和卖出信号；Ⓑ，Ⓢ = N1=2 和 N2=4 的买入和卖出信号。

两种类型的信号显示在附图上：

1. 当 N1 和 N2 都被设置为 0 时，系统产生未画圈的信号。换句话说，价格触发区间由宽幅游走日的真实高点和真实低点界定。

2. 当 N1=2、N2=4 时，系统产生画圈的信号（换句话说，价格触发区间由包含宽幅游走日之前两日至宽幅游走日之后 4 日这一期间的真实价格区间界定）。

偶尔，这两组参数值会产生相同信号。但是，在绝大多数情况下，第二个系统版本会晚些触发信号或根本不触发信号（相反的情况却从来不会发生，因为基于 N1=2 和 N2=4 的价格触发区间必须至少和基于 N1=0 和 N2=0 的价格触发区间一样宽。因此，突破前一个价格触发区间必然也突破后一个价格触发区间，但是反过来却不是）。

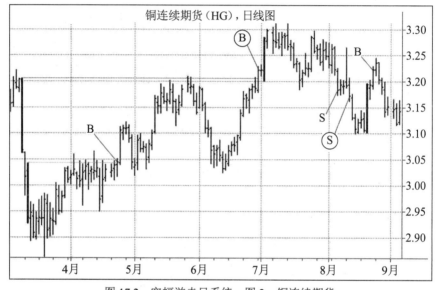

图 17.2　宽幅游走日系统，图 2：铜连续期货

注：更粗的柱形线是宽幅游走日。B，S = N1=0 和 N2=0 的买入和卖出信号；Ⓑ，Ⓢ = N1=2 和 N2=4 的买入和卖出信号。

首先，我们检查当 N1 和 N2 均等于零（未画圈的信号）时系统版本产生的交易信号。因此，暂时不考虑画圈的信号，这些信号是以 N1=2 和 N2=4 组成的参数组为基础的。我们后续将检查两个参数组产生不同信号的情况。

第一个信号出现在 2013 年 12 月，此时 12 月 4 日宽幅游走日高点上方的收盘价触发了买入信号（见图 17.1）。此后，当市场收盘至 12 月末形成的宽幅游走日低点下方时，系统在 2014 年 1 月稍高的位置反转为做空。1 月的空头头寸从随后的下降趋势中获利而且知道 4 月末一直保持不变，此时市场收盘至 3 月形成的第二个宽幅游走日高点上方，触发了买入信号。

几个月来，2014 年 4 月的多头头寸保持不变，从而在后续上升趋势中捕捉了一定盈利，直到 8 月初，多头头寸反转，此时市场收盘至 7 月初宽幅游走日的低点下方（见图 17.2）。

8月初的空头头寸是短暂的而且导致了第一笔亏钱的交易,此时后续市场反弹形成了一个宽幅游走日,而这个宽幅游走日在两天后被收盘价超越,触发了买入信号。这个8月的买入信号被证明是一个双重损失交易,因为系统在2014年9月反转为空头(见图17.3)。

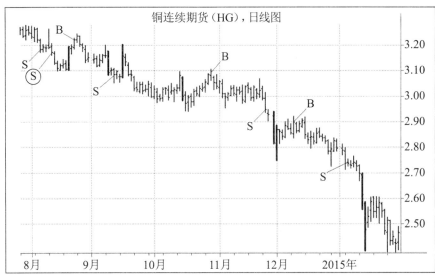

图17.3 宽幅游走日系统,图3:铜连续期货

注:更粗的柱形线是宽幅游走日。B,S = $N1=0$ 和 $N2=0$ 的买入和卖出信号;Ⓑ,Ⓢ =$N1=2$ 和 $N2=4$ 的买入和卖出信号。

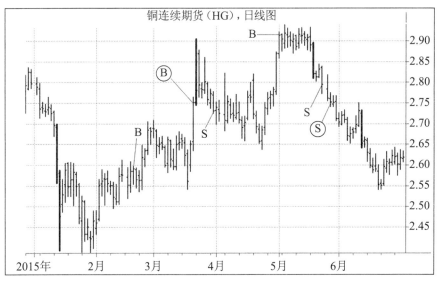

图17.4 宽幅游走日系统,图4:铜连续期货

注:更粗的柱形线是宽幅游走日。B,S = $N1=0$ 和 $N2=0$ 的买入和卖出信号;Ⓑ,Ⓢ =$N1=2$ 和 $N2=4$ 的买入和卖出信号。

下一个买入信号在2014年10月末大致相同水平形成，此时市场收盘至10月宽幅游走日真实高点的上方。这个买入信号被证明是又一个双重损失，因为市场立刻走低而且最终收盘至相同的10月宽幅游走日下方，触发了一个11月的卖出信号。注意，正如这里的情况一样，单个宽幅游走日可以触发多笔交易（在反方向上）而不干扰宽幅游走日。在导致2014年12月第三个连续的亏钱买入信号以前，11月卖出信号产生一笔小盈利。2015年1月卖出信号于2015年2月获利出场，此时市场收盘至1月形成的第二个宽幅游走日的高点上方时。其他的交易显示在图17.4和图17.5中。

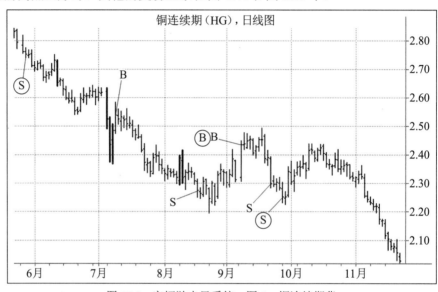

图17.5　宽幅游走日系统，图5：铜连续期货

注：更粗的柱形线是宽幅游走日。B, S = $N1=0$ 和 $N2=0$ 的买入和卖出信号；Ⓑ, Ⓢ = $N1=2$ 和 $N2=4$ 的买入和卖出信号。

接下来，我们检查第二个参数组（$N1=2$，$N2=4$；在图中圈出）产生的信号与第一个参数组（$N1=0$，$N2=0$）产生的信号之间的差异。读者将要注意的一个形态是，每当两个参数组具有相同周期的信号时——在第一个参数组触发反向信号线的同向信号，使用第二个参数组引起的延迟几乎不可避免地导致一个不大令人满意的建仓水平。在绝大多数情况下，建仓水平差异适度（比如图17.1所示的信号）。但是，在一些情况下，建仓水平的差异相当巨大。例如，在图17.2中，第二个参数组在6月末做多，这是在第一个参数组两个多月以后，因为价格不仅需要收盘在3月11日宽幅游走日高点上方，而且要在该日以前的两日高点上方。有的时候，两个参数组可能在同一天触发信号（例如图17.5中的2015年9月买入信号），但是没有出现过第二个参数组触发更好的建仓的情况。第二个参数组产生较差建仓水平不是偶然的，因为非零的 $N1$ 和 $N2$ 值所界定的更宽价格触发区间将总会导致相等或更高的买入信号以及相等或更低的卖出信号。

读者可能想要知道为什么一个人想要使用非零的 $N1$ 和 $N2$ 值，因为由此导致的延迟建仓不可避免地等同或差于基于 $N1$ 和 $N2$ 等于 0 的建仓。答案在于非零的 $N1$ 和 $N2$ 值所导致的更宽的价格触发区间倾向于过滤掉一些亏钱交易——一个可能对系统盈利性产生主要影响的特点。例如，在 2014 年 8 月卖出信号后，第二个参数组避免了第一个参数组所产生的 3 个连续的亏钱买入信号（见图 17.3）。因此，第二个参数在这一时期产生了客观的利润，而虽然当前主要为下行趋势，但是第一个参数组所产生的一系列交易导致了净损失。

总的来说，在图 17.1～图 17.5 图解的市场例子中，过滤掉一些亏钱交易的好处远远超过使用非零 $N1$ 和 $N2$ 值导致的较差建仓的累积负面影响；对于整个期间，第二个参数组产生了每镑 0.488 美元的累积利润（每份合约 12 200 美元），而第一个参数组产生了每镑 0.379 美元的累积损失（每份合约 9 475 美元）。

虽然在一些情况下具有更敏感建仓条件的参数组会有更好的表现，但是我们的例子中的结果更典型。一般来说，具有更限制性建仓条件的参数组会表现更好，因为减少双重损失交易的好处超过更差建仓的坏处。具有讽刺意思的是，人类的特性会让绝大多数交易员——特别是新手——选择更敏感的参数组，因为他们会被这些参数组所提供的更佳建仓水平和单笔交易上失去的更小的未平仓利润所吸引，从而不能完全理解坏交易减少的累积影响——这是更有限制性的参数组的特点。

应当强调的是，所选例子的目的是通过图形来解释各种市场条件下的宽幅游走系统的机制，而不是尽可能的表现系统本身。因此，这个例子特意包含了强势盈利和双重损失的期间。注意，通过选择趋势比较平滑的市场和时段，我可以轻易地让系统看起来更加引人注目。此类优选的图解在交易书籍、文章、网站——特别是广告中——简直太常见了。我们会在第 19 章的"精选例子"讨论中回到这个主题上。

奔日突破系统

基本概念

第 9 章定义了上奔日和下奔日。正如所解释的那样，奔日通常出现在强趋势市场中。在这个系统中，当市场收盘在特定数量的前期下奔日的最大真实高点上方时，产生买入反转信号。相似地，当市场收盘至特定数量的前期上奔日的最低真实低点下方时，产生卖出反转信号。主要思路是市场收盘在一个或多个此类强趋势日所界定的极端点反方向的能力暗示趋势反转发生。

交易信号

买入情况。每当下面两个条件都满足时，就反转做多：

1. 收盘价高于最近 $N2$ 个下奔日最大真实高点（注：只考虑奔日真实高点，不考虑期间交易日的真实高点）。

2. 最近奔日是上奔日（在一些情况下，没有第二个条件，卖出情况中的第一个条件将导致一个自动反转回空头头寸）。

卖出情况。每当下面两个条件都满足时，就反转做空：

1. 收盘价在最近 $N2$ 个上奔日最小真实低点下方（注：只考虑奔日真实低点，不考虑期间交易日的真实低点）。

2. 最近奔日是下奔日（在一些情况下，没有第二个条件，买入情况中的第一个条件将导致自动反转回多头头寸）。

☐ 每日清单

为了产生交易信号，每天进行下列 3 个步骤。

（1）检查当前日前 $N1$ 个的交易日是否能被定义为上奔日或下奔日[①]（记住：直到奔日后 $N1$ 日收盘才能界定奔日）。追踪所有的奔日及其真实高点和真实地点。

（2）如果做空的话，检查今日收盘价是否高于过去 $N2$ 个下奔日的最大真实高点。如果是的话，检查是否最近的奔日是上奔日。如果是的话，把空头头寸反转为多头头寸。

（3）如果做多的话，检查今日收盘价是否低于过去 $N2$ 个上奔日的最小真实低点。如果是的话，检查是否最近的奔日是下奔日。如果是的话，把多头头寸反转为空头头寸。

☐ 参数

$N1$。用于界定奔日的参数。例如，如果 $N=3$，一个交易日将被界定为上奔日，只要它的真实高点大于前 3 日的最大真实高点并且它的低点低于后 3 日的最小真实低点。

$N2$。用于计算最大真实高点之前的下奔日的数量，收盘价必须超过最大真实高点才可以产生买入信号（此外，用于计算最小真实低点的之前的上奔日数量，最小真实低点必须被收盘价突破才可以产生卖出信号）。

---

① 尽管不常见，一个交易日可以既是上奔日又是下奔日。

参数组列表

表17.2提供了一个样本参数组列表。读者可以按照表格样式来使用或者任意调整表格。

表 17.2 参数组列表

	N1	N2
1	3	2
2	3	3
3	3	4
4	3	5
5	5	2
6	5	3
7	5	4
8	7	2
9	7	3
10	7	4

图解例子

为了举例说明奔日突破系统的机制，图17.6～图17.9显示了西得克萨斯中质原油市场中参数组 $N1=5$ 和 $N2=4$ 的系统产生的买入和卖出信号。下奔日由向下的箭头表示，上奔日由向上的箭头表示。

收盘价低于最近4个上奔日的最小真实低点触发了2014年1月的卖出信号（见图17.6）。注意卖出信号的第二个条件——即最近奔日为下奔日——在信号日满足。假如信号出现在更早的一天，那么没有交易将会发生，因为2013年12月31日下奔日（一连串4个奔日中的第一个）还没有被确认，而且最近的奔日将是12月19日的上奔日（记住箭头标记的每个奔日都只在5天过去以后才能确认）。

2014年2月，一个买入信号出现，此时市场收盘至12月31日下奔日真实高点上方（一系列4个下奔日中最大真实高点）。第二个条件也得到满足，因为最近的奔日是上奔日。

6月，市场走高（注意，与下奔日对比，上奔日占据主要地位），此后市场在7月份逐渐走低（见图17.7）。接下来，系统在7月份做空，此时市场收盘在之前4个上奔日的最小真实低点下方。在随后的整个下降趋势中，系统保持做空，这是下奔日占据主要地位的特点，最终在接近9个月以后方向反转（2015年4月），也就是收盘价高于3月下奔日密集部分的真实高点时（见图17.8）。当市场从横盘运动转为稍微走高时，系统维持这个头寸直至6月份。7月份的下降行情产生了一系列的下奔日，系统在7月22

日转向做空，该日收盘价位于3月25日低点下方（见图17.9）。注意，虽然8月末的快速反弹规模大到足以让市场上涨至最近4个下奔日的最大真实高点上方，但是却没有买入信号产生，因为期间没有上奔日出现。

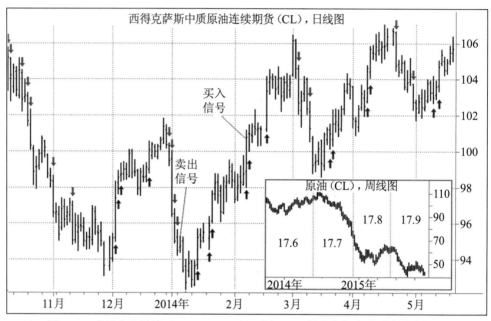

图17.6　奔日突破系统（$N1=5$；$N2=4$），图1：西得克萨斯中质原油连续期货

注：箭头防线显示奔日方向。

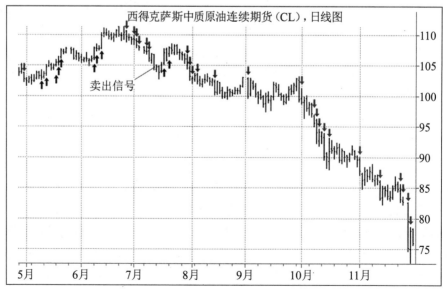

图17.7　奔日突破系统（$N1=5$；$N2=4$），图2：西得克萨斯中质原油连续期货

总的来说，系统成功地利用了两年调查期内出现的主要趋势（2014年7月—2015年8月），捕捉了一个理论上的交易员在两年高点做空并在这段时期低点回补头寸将实现的总利润的一半（见图17.9）。但是，警告读者不要基于单个市场或单个参数组例子一般化系统的表现。在绝大多数情况下，系统将不能实现图例中显示的表现水平。

图17.8 奔日突破系统（$N1=5$；$N2=4$），图3：西得克萨斯中质原油连续期货

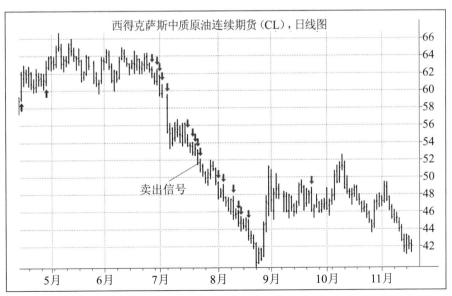

图17.9 奔日突破系统（$N1=5$；$N2=4$），图4：西得克萨斯中质原油连续期货

奔日连续记数系统

基本概念

系统在产生交易信号过程中也使用奔日作为关键输入变量。在这个系统中，每当出现特定数量的上奔日而且期间没有下奔日时，反转信号即出现，反之亦然。

定义

系统使用下面的定义：

买入记数。每当收到卖出信号，买入记数即被激活。记数从 0 开始，每当一个新的上奔日被界定，记数就增加 1。每当出现一个下奔日，记数就重置为 0。实际上，买入记数代表了期间没有下奔日干扰的出现上奔日的数量。当收到买入信号时，买入记数关闭。

卖出记数。每当收到买入信号，卖出记数即被激活。记数从 0 开始，每当一个新的下奔日被界定，记数就增加 1。每当出现一个上奔日，记数就重置为 0。实际上，卖出记数代表了期间没有上奔日干扰的出现下奔日的数量。当收到卖出信号时，卖出记数关闭。

交易信号

买入情况。每当买入记数达到 $N2$ 时，就反转方向做多。记住，直到第 $N2$ 个连续上奔日以后的 $N1$ 日才知道这个条件得以满足（这里"连续"的意思是没有期间干扰的下奔日，而不是上奔日连续数天出现）。

卖出情况。每当卖出记数达到 $N2$ 时，就反转方向做空。记住，直到第 $N2$ 个连续下奔日以后的 $N1$ 日才知道这个条件得以满足（这里"连续"的意思是没有期间干扰的上奔日，而不是下奔日连续数天出现）。

每日清单

为了产生交易信号，每天执行下列步骤。

（1）检查是否当前日之前 $N1$ 日的交易日可以被界定为一个上奔日或下奔日（记住，指导奔日后 $N1$ 日收盘，才能界定一个奔日）。如果交易日是上奔日，那么只要买入记数是活动的，买入记数就增加 1（也就是说，如果当前头寸是空头的话）；否则，卖出记数重置为 0（买入记数或卖出记数二者总有一个是活动的，取决于当前头寸是空头还是多头）。如果交易日被界定为下奔日，那么只要卖出记数是活动的，卖出记数就增加1（也就是说，如果当前头寸是多头的话）；否则，买入记数重置为0。

（2）如果买入记数是活动的，检查它在步骤（1）以后是否等于 $N2$。如果是的话，回补空头，做多，关闭买入记数，并且激活卖出记数。

（3）如果卖出记数是活动的，检查它在步骤（1）以后是否等于 $N2$。如果是的话，回补多头，做空，关闭卖出记数，并且激活买入记数。

参数

$N1$。用于界定奔日的参数。
$N2$。信号产生要求的连续奔日的数量。

参数组列表

表 17.3 提供了一个样本参数组列表。读者可以按照表格样式来使用或者任意调整表格。

表 17.3 参数组列表

	$N1$	$N2$
1	3	1
2	3	2
3	3	3
4	3	4
5	5	1
6	5	2
7	5	3
8	7	1
9	7	2
10	7	3

图解例子

图 17.10～图 17.14 举例说明了 $N1=5$ 和 $N2=3$ 的奔日连续记数系统产生的信号。换句话说，每当出现 3 个连续下奔日，系统就从做多反转为做空，并且每当出现 3 个连续

上奔日,系统就从做空反转为做多(这里"连续"的意思是没有反方向的期间干扰的奔日,而不是连续交易日)。记住,直到第3个连续奔日以后第5个收盘才收到实际交易信号,因为直到奔日出现后 $N1$ 日才界定一个奔日(在本例中,$N1=5$)。

图17.10中的第一个信号——2013年12月的买入信号——在一个短暂的交易区间中出现,而且被一个出现在2014年1月低点附近的卖出信号反转——一个即使盈利系统也会产生糟糕的单个交易信号的好例子。2月开始的3个连续上奔日触发了2月12日的一个多头头寸(第3个上奔日以后的5天)。图17.11显示直到6月12日这个头寸保持不变,此时市场反转做空。注意,虽然信号出现在第5个连续下奔日当天,但是该日是触发交易的第3个连续下奔日后的5日。6月开始的下降趋势经历了18个下奔日而期间没有出现上奔日。相比较而言,之前的2—5月上升趋势包括12个上奔日和唯一的下奔日。

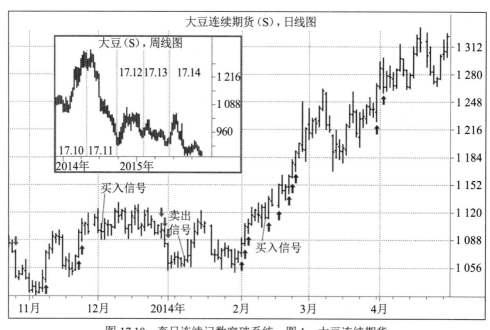

图17.10 奔日连续记数突破系统,图1:大豆连续期货

在2014年11月初,系统反转上行(见图17.12),这只是两个半月交易区间中的一周。3个连续下奔日导致向下突破交易区间,这让系统在2015年1月转向做空。接下来的信号是调查期内最差的交易,因为系统在2月反转做多,就在3月2日相对高点间不久(见图17.13)。直到5月末,系统才产生一个卖出信号,刚好在相对低点以前。幸运的是,系统在两周后即2015年6月反转做多,恰好在一个快速的但是短暂的上涨行情以前(见图17.14)。随后的向下反转同样快速,并且在下一个卖出信号在7月产生时系统失去

了多头头寸上的大部分利润。最后两个信号出现在 2015 年 10 月和 11 月的相对狭窄的整理期。

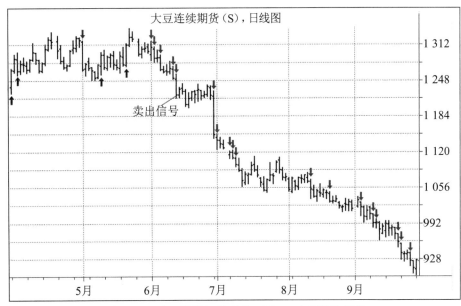

图 17.11　奔日连续记数系统，图 2：大豆连续期货

图 17.12　奔日连续记数系统，图 3：大豆连续期货

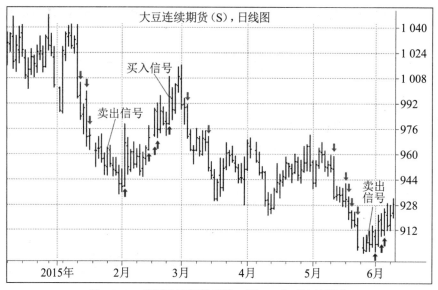

图17.13 奔日连续记数系统，图4：大豆连续期货

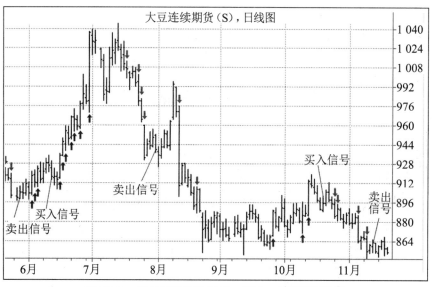

图17.14 奔日连续记数系统，图5：大豆连续期货

应当注意的是，我们的目的是选择系统的现实市场图例而不是要挑选一个系统表现特别优异的例子，就像大多数交易书籍中那样典型。前面的例子提供了一个具有让人满意和不让人满意（一个1年多的宽幅震荡的交易区间）的价格环境的市场。总的来说，系统是净盈利的（累计盈利每蒲式耳76.25美分或者每份合约3 812.50美元），因为这两个趋势时期的利润超过了延伸的交易区间时期的损失。

❑ 结论

在本章里，我们介绍了一些原创的交易系统。虽然它们就像描述的一样有效，但是读者可能希望测试使用这些系统概念作为更加复杂方法核心的修正。本章最终的目的不是提出特定的交易系统，而是举例说明基本图形概念如何转化为交易系统。从技术形态和本书已讨论的概念来构建的可能系统的数量只受读者想象力的限制。

第18章

选择最佳的期货价格序列进行系统测试

废料输入，废料输出。

——佚名

希望测试自己对期货价格想法的系统交易员总会面临一个主要的障碍：期货合约短暂的存续期。与一个延续整个测试期的价格序列可以代表一只给定的股票市场相比，在期货方面，每个市场由一串到期的合约来表示。对这个问题建议的解决方案一直是多类文献和大量讨论的主要话题。在这个过程中，产生了很多的困扰，正如使用相同的术语来描述不同烈性的价格序列。甚至更糟糕的是，关于这个话题有很多的误报误传，很多市场参与者认为这就等同于"地球平面"理论。

❑ 实际合约序列

表现上看，最好的途径可能是简单实用实际合约序列。但是，这个方法存在两个主要问题。第一，如果你正在测试一个系统在一段有意义的时间内的表现，每个市场模拟将需要大量单个价格序列。例如，一个典型市场15年测试运行会要求使用大约60～90个单独合约价格序列。此外，使用单独合约序列需要一个运算法则来确定在展期点处采取什么行动。作为可能遇到的这类问题的一个例子，对于一个给定系统而言，完全可能在旧合同中做多且在新合同中做空，反之亦然。这些问题几乎不能解决，但是它们让使用单个合约序列成为一个不大便利的方法。

但是，使用大量单个合约涉及的粗劣之处并不是主要问题。使用单个合约序列的主要缺陷是绝大多数合约中流动性高的时期往往是非常短暂的——比已经有限的合约存续期更加短暂。为了认识这个问题的深度，检查描绘到期前一年内价格行为的期货价格图形横断面。在很多市场里，合约直到最后5个月或6个月交易才达到有意义的流动性水平，而且有的时候甚至更少。这个问题在第5章中举例说明过。单个合约有流动性交易的有限时间意味着任何一个要求回顾超过6个月数据的技术系统或方法——这对于大量更长期方法而言也是如此——不能适用于单个合约序列。因此，除了短期系统交易员以外，使用单个合约序列不是一个有效的替代方法。它不仅是困难的而且也是不可能的，因为必需的数据根本不存在。

最近期货

正如刚刚描述的，使用单个合约序列的问题导致构建各种各样的连接价格序列。最常见的方法几乎广为人知，称为最近期货。这个价格序列构建是通过选取每个单个合约序列直到其到期日，然后用下一个合约延续直至其到期日，以此类推。对于构建用于图形分析的长期价格图形而言，这个方法可能是有用的，但是对于提供一个可以用于交易系统计算机测试的价格序列而言这方法是没用的。

使用一个最近期货序列的问题在于在即将到期合约与新合约之间存在价格缺口——而且通常这些缺口可能很大。例如，假定7月玉米合约在4美元处到期而且下一份最近合约（9月）在同一天收盘在3.50美元。假定在第二天9月玉米合约从3.50美元运动到3.62美元。一个最近期货价格序列在后面的两天会显示下面的收盘水平：4美元、3.62美元。换句话说，最近期货合约将隐含一个38美分的损失，而这一天多头将会享受一个12美分的价格收益（或者空头将蒙受等量亏损）。这个例子绝不是虚构的。实际上，在实际的价格历史上非常容易找到大量相似的极端情况。此外，即使在展期时典型的扭曲明显更加温和，但是关键是总是有一些扭曲存在，而且这些错误的累积效果将损害任何一个计算机测试的有效性。

幸运的是，很少有交易员会天真幼稚到使用最近期货类型的价格序列进行计算机测试。在下一部分描述的两个替代的连接价格序列成为了绝大多数希望在计算机测试中使用每个市场的单个价格序列的交易员使用的方法。

固定前移（"永续"）序列

固定前移（又称为"永续"）价格序列由固定前移时间量价格的报价构成。下面是银行间货币市场提供固定前移价格序列的实际例子。例如，欧元的3个月前移价格序列表示从序列中每个给定日开始前移3个月的欧元报价。这与标准的美国期货合约形成对比，后者明确指出一个固定到期日。

一个固定前移序列可以从期货价格数据中通过内插法构成。例如，如果我计算一个90日固定前移（或永续）序列而90日前移日期刚好落在最近的到期日之间1/3的位置，那么固定前移价格将被计算为最近合约价格的2/3与后续合约价格的1/3之和。

随着我们沿着时间前行，较近合约将占有较少权重，而后续合约的权重将成比例增加。最终，最近合约将到期并且从计算中去除，而固定前移价格将基于随后两个合约之间的内插。

看一个更加详细的例子。假定你想要产生一个基于欧元期货的 100 日前移的价格序列，在 3 月、6 月、9 月和 12 月合约中交易。为了举例说明推导 100 日固定前移价格的方法，假定目前日期是 1 月 20 日。在这个例子中，100 日前移的日期是 4 月 30 日。这个日期落在 3 月和 6 月合约之间。假定这两个合约最后交易日分别为 3 月 14 日和 6 月 13 日。因此，4 月 30 日是 3 月合约最后交易日后的 47 天，是 6 月合约最后交易日前 44 天。为了计算 1 月 20 日 100 日前移价格，使用 1 月 20 日 3 个月和 6 个月欧元期货报价来计算平均价格，每个报价权重与其至 100 日前移日期（4 月 30 日）的距离成反比。因此，如果在 1 月 20 日 3 月期货收盘价格是 130.04 且 6 月期货收盘价格是 130.77，那么 100 日前移序列的收盘价格将是：

$$\frac{44}{91}(130.04) + \frac{47}{91}(130.77) = 130.42$$

注意用于每个合约价格的权重银字的一般化公式是：

$$W_1 = \frac{C_2 - F}{C_2 - C_1} \quad W_2 = \frac{F - C_1}{C_2 - C_1}$$

这里，C_1——直到附近合约到期日的天数；
C_2——直到前移合约到期日的天数；
F——直到前移报价日期的天数；
W_1——附近合约价格报价的权重；
W_2——前移合约价格报价的权重。

所以，比如将用于推导 3 月 2 日 100 日前移报价的 3 月和 6 月报价将如下：

3 月报价权重 $= \frac{103-100}{103-12} = \frac{3}{91}$

6 月报价权重 $= \frac{100-12}{103-12} = \frac{88}{91}$

随着时间的推移，较近期的合约所占权重越来越少，但是后续合约的权重按比例增加。当远期合约到期前剩余天数等于固定前移时间（在这个例子中是 100 天），固定前移序列的报价将等于远期合约（6 月）的报价。后续的报价将基于 6 月和 9 月价格的加权平均。按照这个方法，一个连续价格序列可以被推导出来。

固定前移价格序列淘汰了展期点的巨大价格缺口问题，而且肯定比最近期货价格序列有一个显著的改进。但是，这种类型的序列仍然有明显的不足之处。首先，必须强调的是，一个人实际上不可能交易一个固定前移序列，因为这个序列和任何一个真实合约都不对应。固定前移序列的一个更严重的缺陷在于它不能反映出实际期货合约中存在的时间消失的影响。这个缺陷会导致重要的扭曲——特别是在期货溢价市场中。

为了说明这一点，考虑一个假设的情景。现货黄金价格在 1 年中维持稳定在每盎司 1 200 美元附近，而远期期货维持一个不变的每两个月 1% 的溢价价差。鉴于这些假设，期货将经历一个稳定的下降趋势行情，在 1 年里下跌每盎司 73.82 美元[①]（每合约 7 382 美元，等同于累积持有费溢价）。但是，要注意的是固定前移序列将完全不能反映这个下跌趋势，因为它将显示一个大约相同的价格。例如，一个两个月固定前移序列将持稳在大约每盎司 1 212（1.01×1 200）美元。因此，固定前移序列的价格模式会很容易地显著偏离实际交易的合约所显示的模式——一个相当不让人满意的特点。

连续（价差调整）价格序列

价差调整期货序列，通常称为连续期货，被构建出来是为了排除两个连接的期货合约在它们的转换点处的价格缺口引起的扭曲。实际上，连续期货价格会精确地反映一个期货头寸的波动，这个期货头寸在最后交易日前 N 天会被不断地展期到后续合约，这里 N 是一个需要界定的参数。如果要构建他们自己的连续期货数据序列，交易员应当选择与他们的实际交易实践相对应的 N 值。例如，如果一个交易员通常在最后交易日前 20 日把一个头寸展期进一个新的合约，N 将被界定为 20。连续期货序列的比例会被调整以便当前价格对应于当前交易的期货合约。

表 18.1 举例说了大豆市场连续期货价格的构建。为了简化，这个例子仅仅使用了两个合约月——7 月和 11 月；但是，连续期货价格可以使用任意数量的交易合约月来构成。例如，连续期货价格可以使用 1 月、3 月、5 月、7 月、8 月、9 月和 11 月大豆合约来构建。

表 18.1 使用 7 月和 11 月大豆构建连续期货价格（分 / 蒲式耳）*

日期	合约	实际价格	展期时价差（附近远期）	累积调整因子	未调整的连续期货（第 3 列 + 第 5 列）	连续期货价格（第 6 列 -772.5）
6/27/12	Jul-12	1 471			1 471	698.5
6/28/12	Jul-12	1 466			1 466	693.5
6/29/12	Jul-12	1 512.75			1 512.75	740.25
7/2/12	Nov-12	1 438	85	85	1 523	750.5

---

① 这是真实的，因为鉴于这些假设一年前移的期货价格将大约为 1 273.82（1.01^6×1 200）美元，而且在到期前会下跌至即期价格（1 200 美元）。

（续表）

日期	合约	实际价格	展期时价差（附近远期）	累积调整因子	未调整的连续期货（第3列+第5列）	连续期货价格（第6列-772.5）
7/3/12	Nov-12	1 474.75		85	1 559.75	787.25
***						
10/30/12	Nov-12	1 533.75		85	1 618.75	846.25
10/31/12	Nov-12	1 547		85	1 632	859.5
11/1/12	Jul-13	1 474	86.25	171.25	1 645.25	872.75
11/2/12	Jul-13	1 454		171.25	1 625.25	852.75
***						
6/27/13	Jul-13	1 548.5		171.25	1 719.75	947.25
6/28/13	Jul-13	1 564.5		171.25	1 735.75	963.25
7/1/13	Nov-13	1 243.25	312.5	483.75	1 727	954.5
7/2/13	Nov-13	1 242.5		483.75	1 726.25	953.75
***						
10/30/13	Nov-13	1 287.5		483.75	1 771.25	998.75
10/31/13	Nov-13	1 280.25		483.75	1 764	991.5
11/1/13	Jul-14	1 224.5	45.5	529.25	1 753.75	981.25
11/4/13	Jul-14	1 227.75		529.25	1 757	984.5
***						
6/27/14	Jul-14	1 432		529.25	1 961.25	1 188.75
6/30/14	Jul-14	1 400.5		529.25	1 929.75	1 157.25
7/1/14	Nov-14	1 147.5	243.25	772.5	1 920	1 147.5
7/2/14	Nov-14	1 141.5		772.5	1 914	1 141.5

* 假定在合约月前一个月的最后一天展期。

暂时忽略表 18.1 中的最后一列，关注未调整的连续期货价格（第 6 列）。在期初，实际价格和未调整的连续期货价格完全相同。在第一个展期点，远期合约（2012 年 11 月）比近期合约（2012 年 7 月）折价 85 美分交易。然后，2012 年 11 月合约的所有后续价格被向上调整了这个量（加上了一个正的近期/远期价差），产生了一个第 6 列所示的未调整的连续期货价格。在下一个展期点，远期合约（2013 年 7 月）比近期合约（2012 年 11 月）折价 86.25 美分交易。因此，2013 年 7 月的所有后续实际价格现在必须按照累积调整因子——截至目前的所有展期缺口总和——以便避免展期点处的任何人为的价格缺口。这个累积调整因子显示在第 5 列中。未调整的连续期货价格通过将累积调整因子加到实际价格上获得。

前面的过程继续直至到达当前日期。在这一点上，从所有的未调整连续期货价格（第 6 列）减去最后的累积调整因子，这一步设置序列的当前价格等于当前合约（在我们的例子中是 2014 年 11 月合约）的价格，不改变序列的形状。这个连续期货价格显示在表 18.1 中第 7 列。注意虽然实际价格似乎隐含了在被调查期间净价格下跌了 329.50 美分，但是连续期货价格显示增加了 443 美分——本可以被不变的期货多头头寸所实现的实际价格变化。

实际上，可以把构建连续序列考虑为下列一连串步骤的数学等价物：选取一个最近期货图形，剪切图形中得到的每单个合约序列，然后把尾部粘贴在一起（假定连续序列使用所有的合约并且使用相同的展期日期作为最近期货图形）。

在一些市场中，近期和远期合约之间的价差在溢价和折价之间波动（例如，牛）。但是，在另一些市场中，价差差异是单向的。例如，在黄金市场中，远月合约总是对近月合约溢价交易。① 在这些类型的市场里，价差调整连续价格序列可能与实际价格越来越不同。

应当注意的是，当合约展期时近月的溢价倾向于超过近月的折价，如图 18.1 中大豆连续期货图形所示，随着累积调整增加，序列完全可能最终包含一些过去时期的负价格。在这一时期连续持有的期货头寸本应实现的价格收益远超过最近期货隐含的净价格收益，而且从最近价格（2015 年）减去累积调整因子将导致在 2009 年以前绝大多数时间价格为负。如果连续期货价格序列反映连续持有的多头头寸的净收益，而且如果为了使当前连续期货价格等于当前合约实际价格必须设置一个不变因子，序列因该因子而变化的话，那么这样一个结果就不可避免。

虽然连续期货价格序列可能包含负价格这一情况听起来有点尴尬，但是这不会在使用序列进行系统测试时带来任何问题。原因是在衡量交易损益的时候，使用的价格序列准确地反映价格变化而不是价格水平，这一点至关重要。但是，为了方便参照实际合约图形检查交易信号等应用，产生于连续期货价格相对应的实际价格通常也很有用。

还应当注意的是，合约之间的转换不需要如最近期货价格序列的传统假设条件一样在最后交易日发生。实际上，由于实物交割合约因为交割相关的技术考虑特别容易受到最后几周交易扭曲的影响，因此在构建连续序列的过程中避开这些价格可能是合理的。另外，我们应该在最后交易日之前使用展期日（比如在最后交易日前 20 日）。

---

① 黄金价差的这种行为类型是因为世界黄金储量超出每年使用量很多倍，可能甚至高达百倍。因此，实际上从来不可能出现黄金短缺——而且近期供应短缺是可储藏商品会呈现近月合约溢价的唯一原因（通常，对于可存储的商品，远期合约内嵌持有成本将导致这些合约较更近月合约溢价交易）。黄金价格根据买方和卖方之间变化的黄金价值观点波动。即使当黄金价格处于极端高位的时候，这暗示的并非是任何实际的短缺，而是市场对黄金价值上升的观点。几乎任何水平的供给都是可以得到的——在某个价位。对于绝大多数商品而言，这并非正确，很多商品的总供给都有一个明确的限制。

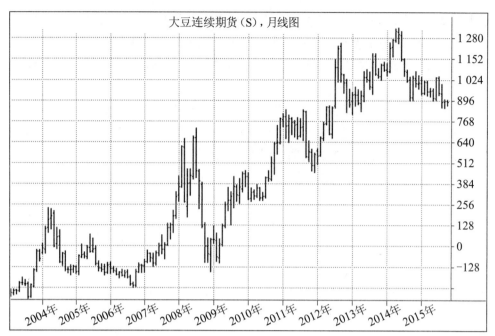

图 18.1　连续期货图形中的负价格：大豆连续期货

▢ 比较序列

连接期货价格序列要么只能像最近期货一样准确反映价格水平，要么只能像连续期货一样准确反映价格运动，但不能同时反映两者——就像一枚硬币要么正面落地要么反面落地，而不可能同时两面落地一样，理解这一点很重要。用来构建连续序列的调整过程意味着在连续序列中过去价格不会与这一时间占主导地位的实际历史价格匹配。但是，关键一点是连续序列是唯一会精确反映价格波动和实际交易账户权益波动的连接期货序列。因此，它是可以用来产生交易系统计算机测试准确模拟的唯一连接序列。

上述这点至关重要！数学不是主观观点问题。存在一个正确答案和很多错误答案。简单的事实是，如果连续期货价格序列被界定以便合约展期发生在与实际交易展期一致的日期，那么使用这个序列所隐含的结果就会与实际交易结果精确匹配（当然，假定手续费和延期费用的估计是准确的）。换句话说，连续序列将与一直持有的（比如被展期的）多头头寸波动严格一致。所有其他类型的连接序列与实际市场价格运动不匹配。

为了举例说明这个情况，我们使用本章前期引用的横盘黄金市场例子（即黄金在1 200美元附近高位盘旋，远期/近期合约溢价等于每两个月1%价差）比较各种价格序列的隐含意义。一个交易员买入一个1年远期期货合约支付大约1273.82（$1.01^6 \times$

1 200）美元。即期价格反映了一个 1 200 美元附近的横盘模式。正如前面看到的，60 日固定前移价格反映了一个 1 212（1.01×1 200）美元附近的横盘模式。一个最近期货价格序列会显示一个一般化的横盘模式，以延伸的次要下降趋势（反映了随着每个近期合约接近到期日持有费用时间溢价逐渐消失）和散布的即将到期期货合约和后续期货合约之间展期时向上缺口为特点。

因此，即期、固定前移和最近期货价格序列都暗示，一个多头头寸本应该导致当年交易盈亏平衡。但是，实际上，期货合约的卖方支付 1 273.82 美元，而合约到期时价值为 1 200 美元。因此，从交易观点或现实观点来看，市场实际上经历了一个下降趋势。连续期货价格是反映一个交易员实际会经历的市场下跌——而且是真实美元损失——的唯一价格序列。

我时常看到行业专家的评论和文章支持使用固定前移（永续）序列而不要使用连续序列，以避免扭曲。这个观点是舍好取坏。无论这些固定前移序列的支持者采取他们的立场是因为天真或是自我利益（即他们是固定前移类型数据的销售商），他们都是错误的。这不是一个观点问题。如果你有任何疑惑，那么尝试把实际交易账户的波动与固定前移类型价格序列隐含的那些波动相匹配。你很快就会相信我的话。

连续期货时间序列有任何不足之处吗？当然有。它可能是解决连接序列问题的最佳解决方案，但是它不是一个完美的答案。一个完美替代选择根本就不存在。一个可能的不足之处，即连续期货只能准确反映价格波动而不是价格水平这一事实的结果，就在于连续期货不能用来进行任何类型的百分比计算。但是，这种情况可以很容易修复。如果一个系统要求计算百分比变化数据，那么使用连续期货计算名义价格变化并且使用最近期货做除数。此外，在构建连续序列中也涉及一些不可避免的主观臆断，因为一个人必须决定使用哪个合约和在哪天进行展期。但是，这个问题不是一个真正的问题，因为这些选择只反映实际交易中使用的合约和展期日。另外，在讨论的任何一个价格序列使用中都涉及主观臆断。最后，在一些市场里，连接在一起的合约可能有非常不同的过去价格形态（正如在牲畜市场中的情况一样）。但是，这个问题在任何一种连接序列中都存在。

☐ 结论

出于交易系统计算机测试的目的，存在两种类型的有效价格序列：（1）单个合约序列；（2）连续期货序列。只要所用的方法不要求在时间上回顾超过 4 个月或 5 个月（一个排除了很多技术方法的限制条件），单个合约序列就是有效的方法。此外，使用单个合约序列太烦琐。因此，出于大多数目的，连续期货价格序列提供最佳替代方案。只要一个人避免使用连续价格进行百分比计算，这种类型价格序列将产生准确结果（即与实际交易一致的结果），并且提供每个市场一个序列的有效性。我再次强烈警示数据使用者，避免被那些支持在计算机测试程序中使用固定前移类型序列的人所误导。如果你的目标是一个准确反映期货交易的价格序列，那么固定前移序列将产生扭曲而不是避免扭曲。

多年以来，越来越多但不是所有的数据销售商和系统测试平台都包含了这里描述的连续期货序列作为长期分析和系统测试的预设数据类型。然而，交易员应当与销售商确认连接不同合约的长期期货数据序列的确是使用连续期货（即价差调整）方法构建的。交易员也应当知道销售商使用的合约和展期日，以便他们能匹配他们的合约选择和展期日。销售商应当能对他们构建长期（即连接合约）期货数据序列所用方法提供清楚的解释。

第19章

测试和优化交易系统

每个时代都有其独特的荒诞事,但基本原因千篇一律:人们固执地认为刚刚发生的事情在不确定的未来会继续发生,即使他们脚下的土地正在变化。

——乔治·J. 丘奇

☐ 精心选择的例子[①]

你已经支付了 895 美元参加第十期"百万富翁的秘密"期货交易年度讲座。按照这个价格水平,你觉得演讲者会透露一些非常有价值的信息。

当前的演讲者正在解释让人眼花缭乱的(SRD)商品交易系统。大屏幕上幻灯片展示了一个价格图形,上面符号"B"和"S"表示买入和卖出点。幻灯片让人印象深刻:所有的买入点似乎都比卖出点低。

下一张幻灯片把这点展示得甚至更加明白,幻灯片显示了使用这个系统进行交易将实现的资产净值流——一个近乎完美的上升趋势。不仅如此,就连系统也非常容易操作。

就像演讲者说的,"所需要的是每天 10 分钟和简单算术知识。"

你从没意识到在期货上赚钱会是这么容易。你可能会怪自己没有参加第 1 期至第 9 期年度讲座。

一回到家,你就挑选了 10 个分开不同的市场,开始使用 SRD 系统交易。每天你都绘制你的资产净值图。随着几个月过去,你注意到一个奇怪的进展。虽然你的账户的净值呈现非常稳定的趋势,就像讲座例子一样,但是有一个小小的不同:你的净值图上的趋势是下行。出什么问题了?

实际上,你可以为几乎任何一个交易系统找到一个让人满意的图例。所犯的错误是,基于一个独立并且精心选择的过去例子来外推可能的未来表现。

一个真实的例子可以帮助说明这一点。1983 年,我在交易系统方面仅仅研究了几年,

[①] 下面的部分改编自 1984 年 9 月《期货》杂志中首次出现的一篇文章。

我在一本交易杂志中读到一篇文章，它提出了下面这个非常简单的交易系统：

1. 如果6日移动平均高于前一日相应数值，那么回补空头并且做多。
2. 如果6日移动平均低于前一日相应数值，那么结清多头并且做空。

这篇文章使用1980年的瑞士法郎作为例子。没有详细讲述细节，就说了使用这个系统交易1980年的瑞士法郎将会产生每份合约扣除交易费用后的盈利17 235美元。即便考虑保守的资金配置每份合约6 000美元，这也意味着年收益达到287%！对于一个用两句话就能概括的系统来说已经不错了。很容易想象，如果看到这样的例子，交易员会多么热切地为了这个明显的赚钱机器而放弃其他的交易方法。

我不相信这样的简单系统能表现得这么好。所以我决定在更长的时期——1976—1983年年中①——和在更多的市场中测试这个系统。

从瑞士法郎开始，我发现在这个时期中的总利润是20 473美元。换句话说，不包括1980年，系统在剩下的6.5年里只盈利了3 238美元。因此，假定你配置6 000美元，按照这个方法交易，那么那些年的平均年化收益还不足8%——从1980年的287%明显回撤。

但是，等等。这还会更糟，简直糟透了。

当我把这个系统用于1976—1983年年中这段时期的一组25个市场中时，系统在25个市场中的19个中亏钱。在市场中的13个里——全部调查市场中过半数的市场——损失超过了22 500美元，即每年每份合约3 000美元！在5个市场里，损失超过45 000美元，等同于每年每份合约6 000美元。此外，应当注意的是，即使是在系统盈利的市场中，它的表现也明显不如同一时期绝大多数其他趋势跟踪系统在这些市场中获取的盈利。

对此毫无疑问。这真的是一个糟糕的系统。然而，如果你仅仅看这个精心选择的例子，你可能认为你无意间遇到了杰西·利弗莫尔在他鼎盛时期所用的交易系统。来谈谈感觉和现实之间的差距吧。

这个系统产生了这么大规模而且广泛的亏损，以至于你可能想知道为什么反向使用这个系统的信号不会是一个吸引人的交易策略。理由是，绝大多数损失都是因为系统如此灵敏以至于产生了大量交易成本（交易成本包括手续费和延期费用。延期的概念在本章后面讨论）。系统的这种灵敏性有的时候有好处，正如1980年的瑞士法郎的情况。但是，总的来说，它是系统主要的缺陷。

交易成本导致的损失不能通过利用系统反向信号来实现为盈利。此外，反向使用所有信号也会产生同样的交易成本。所以，一旦包括了交易成本，反向使用系统这一方

---

① 选择这个起始日期是为了避免在1973—1975年期间许多商品市场所经历的极端趋势带来的扰动。终止日期仅仅表示我测试这个特别系统的日期。

法的明显吸引力也就没有了。因为相关的时期和它引发的系统测试发生在很多年前，一些读者可能想知道系统在最近几年是否是一个有效策略，这也无可非议。为了回答这个问题，我们使用一个由31个美国期货合约组成的资产组合，测试了相同的系统在截至2015年10月30日10年里的表现，最后产生了相似的结果：31个市场只有12个产生净的毛利润——也就是说在计算手续费和延期费之前的利润。包括25美元的手续费和延期费以后，盈利市场的数量就下降到9个，而且没有盈利市场的总损失超过盈利市场的利润到达一个大约4：1的因子，整个10年期间的总累积损失为940 612美元（假定每个市场一份合约的交易规模）。

道理很简单：不要基于孤立的例子对系统（或指标）下结论。你判断系统是否有价值的唯一方法就是在广大的市场范围内长时间的测试该系统（事后认识没有好处）。

概念和定义

交易系统是一系列可以用来产生交易信号的规则。参数是为了改变信号时机在交易系统中可以随意赋予的数值。例如，在基本突破系统中，N（高点和低点必须被超过才能显示信号之前交易日的数量）是一个参数。虽然无论$N=7$还是$N=4$系统中规则的运作都相同，但是信号出现时机有很大不同（例如，见第16章的图16.5）。

绝大多数交易系统不止有一个参数。比如，在交叉移动平均系统里有两个参数：短期移动平均长度和长期移动平均长度。参数值的任何一个组合都被称为参数组。例如，在交叉移动平均系统里，10和40两个移动平均表示一个特定的参数组。移动平均值的任何其他组合表示另一个参数组。在只有一个参数的系统中（比如突破系统），参数组由唯一一个参数构成。①

绝大多数"普通"系统以1个或两个参数为限。但是，更多有创意和灵活的系统设计，或者对基本系统添加的修正，通常意味着需要3个或更多参数。例如，在交叉移动平均系统上增加一个确认时间延迟规则隐含了第三个参数：时间延迟中的天数。

作为一般原则，使用系统的最简单形式（即最少的参数数量）是明智的，相比更加复杂的形式，最简单形式并不意味着在绩效上会有任何明显逊色。但是，一个人不能单纯为了减少隐含参数组的数量而放弃被认为重要的参数。在这种情况下，一个更加合理的方法是限制实际被测试的参数组的数量。

应当注意的是，即便对于一个简单的含有1个或两个参数组的系统而言，也不需要测试所有可能的组合。例如，在希望测试$N=1$至$N1=100$表现的一个简单突破系统里，

---

① 注意，术语参数组和参数变体（后者在第16章中使用）指的是完全相同的概念。对术语参数组的介绍一直推迟直到本章，这是因为这样做可以让材料展示的顺序更有逻辑性。

不需要测试这个区间里的每一个整数。一个更加有效的方法是首先使用间隔的 N 值（比如 10、20、30…100）测试系统，然后如果交易员愿意的话，可以关注似乎特别感兴趣的区域。例如，如果系统对于参数值 $N=40$ 和 $N=50$ 呈现出特别令人满意表现的话，那么交易员可能想要在这个更窄的区间里测试一些其他的 N 值。但是，这样额外的步骤可能也不是必需的，因为，正如本章后面会讨论到，参数组数值表现上的差异——特别是在如此近距离中的数值之间——可能只是概率问题而且缺少任何重要意义。

作为一个更加实际的现实生活的例子，假定我们希望测试一个包含时间延迟确认规则的交叉移动平均系统。如果我们对短期移动平均参数值 1～50 的系统表现以及长期移动平均参数值 2～100 的系统绩效感兴趣的话，那么总计有 74 500 个参数组。[1] 注意，在不严重破坏系统基本结构的情况下，我们不能减少参数数量。但是，我们可以测试一个数量更有限的参数组而且仍然可以产生一个系统整体绩效的非常接近的结果。具体来说，我们可以在短期移动平均上以 10 为间隔（10、20、30、40 和 50），在长期移动平均上以 20 为间隔（20、40、60、80 和 100），并且在时间延迟上选择 3 个数值（比如 5、10 和 20）。这个方法可以将要测试的参数组数量限制在 57 个。[2] 一旦这些参数组被测试，结果将会被分析，并且根据评估，适当数量的其他参数组可能也会被测试。例如，如果时间延迟为 5——被测试的最小数值——对于绝大多数表现令人满意的参数组发挥作用最好的话，那么测试更小的时间延迟参数值也就合理了。

从概念上来说，定义 4 个类型参数可能是有用的：

连续参数。连续参数可以假定为给定区间内的任何一个数值。百分比价格突破即是连续参数的一个例子。由于连续参数可以假定为无限数量的数值，因此在测试此类参数的时候必须特别规定间隔。例如，百分比突破参数的检测可以在 0.05%～0.5% 区间上进行，间隔为 0.05（即 0.05、0.10…0.50）。对于参数值的一个增加变动，系统绩效结果仅适度变动，这种预期是合理的（假定测试期足够长）。

不连续参数。不连续参数只能假定为整数。例如，突破系统中的天数是不连续参数。虽然可以在特定范围内就每一个整数值来测定不连续参数，但是这样细致常常是不必要的，通常会使用较宽间隔。正如连续参数一样，对于参数值的微小变化，有理由预测系统绩效结果只适度变化。

编码参数。编码参数是用来表示定义分类的。因此，编码参数的基数值就没有什么意义。例如，假定我们希望使用突破的 3 个不同定义来测试简单突破系统（买入情况）：收盘价在前 N 日高点上方，高点在前 N 日高点上方，和收盘价在前 N 日最高收盘价上方。

---

[1] 为避免重复记数，每个"短期"移动平均都只能与一个更长时期的"长期"移动平均组合在一起。因此，总组合数（99+98+97+…+50）×20=74 500。

[2] （5+4+4+3+3）×3=57。

我们可以独立测试这些系统中的每一个，但是使用参数来特别规定预期的定义可能更加有效。因此，参数值0表示第一个定义，参数值1表示第二个定义，参数值2表示第三个定义。注意，这个参数只有3个可能的值，而且参数值的增长变化没有重要意义。

固定或非优化参数。通常来说，在测试系统中，任何类型的参数都可以假定为不同的值。但是在具有大量参数的系统中，为了避免过量参数组出现，可能需要固定一些参数值。此类参数被称为非优化参数。例如，在一个不灵敏（慢速）趋势跟踪系统中，我们可能希望包括一个备用止损规则，以防止灾难性损失。根据定义，在这种情况下，止损规则只在一些情况下被激活。因此，止损规则中隐含的任何参数都可以固定，因为这些参数值的变化不会对结果产生很大影响。

☐ 选择价格序列

在既定市场里测试系统的第一步是选择合适的价格序列。关于选择的相关问题在第18章中详细描述过。总的来说，连续期货序列是一个首选的选择，尽管实际合约数据可以用于短期交易系统。

☐ 选择时期

一般来说，测试期越长，结果越可信。如果时期太短，测试不会反映在一个合理的市场情况范围内的系统绩效。例如，针对仅使用2012年10月—2015年10月3年数据——一个持续熊市主导的时期见图19.1——加元市场的趋势跟踪系统的测试在系统可能的未来绩效方面会产生高度误导性的结果，正如内置的月线图所示，图19.1显示了2004年以来的市场价格行为。虽然在最近过去的时间里测试几乎总是不让人满意的，但是对于测试而言，更长时期不总是必然好于更短时期的。在一些市场里，如果用于测试系统的时期过长的话，调查期中更早的年份数据可能特别不能代表当前市场状况。

虽然不太可能提供一个关于测试中所用的最优年数的确切答案，但是10～20年是一个合理的范围。对于短期交易系统（平均交易时期等于几周或更少），一个更短的测试期（即5～10年）可能是充分的。以显著短于这些指导规则的时期为基础的交易系统测试结果是可疑的。实际上，一些关于交易系统的出版研究以两年或更短的时间为基础，这相当令人难以置信。

使用日内数据的交易系统不需要用长时期来测试，正如对于每日数据来说情况也是如此，因为任何时期都会包含多得多的数据点。例如，在5分钟柱形图的例子中，指数期货合约——刚好在股票市场现货交易时段——会在比3天多一点的时间里产生等同于一年的日线价格柱形图（252）。这个 5 分钟数据的一年时期将包括大约多达 78 年的每日数据。

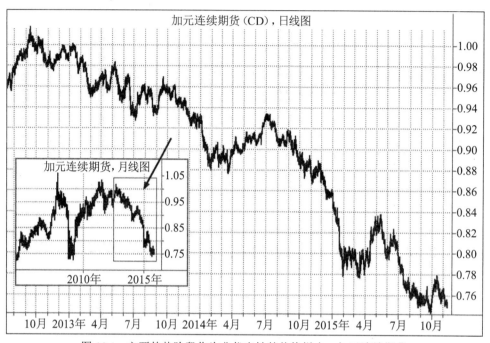

图 19.1　主要趋势阶段作为非代表性的价格样本：加元连续期货

但是，日间数据内在的更大数量的数据不意味测试期可以按比例减少——差得远了。指导原则总是选择足够的数据使系统经受广泛市场条件的检验。一个基于 5 分钟柱形线测试系统的交易员应当在远大于 30 天数据上进行测试，尽管这个数据包含比 10 年每日价格柱形线更多的柱形线，因为大规模市场状况在此类短暂时期里通常相对静态。例如，在一个非常强烈的 30 日趋势时期内，日间价格行为可能与日交易区间内的典型日内价格行为明显不同。任何一个有意义的系统测试横跨牛市、熊市和横盘市场的必要性意味着即便是日内系统需要在至少几年的时期内测试。实际上，考虑到当前计算机处理速度，如果数据可得的话，在比每日系统显著更短的时期内对日内系统进行测试是没有什么有说服力理由的。当然，此类测试将包括显著更多数据，但这是一件好事。

理论上来说，可以使用更长时期测试系统（比如 15 年），然后就这个时期总体以及各个较短的时间间隔（比如单个年份）来评估结果。此类方法在确定系统时间稳定度——从一个时期到下一个时期的相对绩效一致性——方面是重要的。时间稳定度是重要的，因为它提高了关于系统在未来维持一致地令人满意绩效潜力的信心。绝大多数人对于使用由于 3 个表现优异年份就在 15 年中产生高净利,但是之后在剩余 12 年中蒙受损失或接近盈亏平衡的系统这一点相当怀疑,而且理当如此。相比较而言,在 15 年期间取得温和净盈利而且在 15 年中的 14 年里盈利的系统无疑被很多交易员视为更有吸引力。

☐ 现实假设

系统交易员通常发现他们的实际结果明显逊于系统隐含的模拟交易结果。实际上,这种情况如此常见以至于甚至有专门的称谓:理论与现实差。假定结果的偏差不是由于程序错误引起的,理论与现实差基本上是在测试系统中不能使用现实假设所导致的。本质上来说,存在两种类型的错误假设。

(1)交易成本。绝大多数交易员没有意识到,在测试系统中仅仅调整实际手续费成本不是一个充分严格的假设。原因是手续费只占交易成本的一部分,而且通常是一小部分。另一个无形的但仍然真实的成本是理论执行价格和实际执行价格之间的差。例如,如果我们正在测试一个系统,假定在收盘价输入委托,使用收盘区域的中点可能不是一个现实的假设。出于某个原因,收盘区域顶端附近的买者和收盘区域低端附近的卖者似乎比反过来的情况更常见。有两种方法解决这个问题。第一,使用最差的可能执行价(比如收盘区域的最高价买入)。第二,使用一个远大于实际历史手续费成本(比如每笔交易每边 25 美元)的每笔交易成本假设。后面的方法更加可取,因为它更加一般化。例如,我们如何确定日内止损委托的最差可能执行价格呢?

(2)限价日。除非编写了程序,否则自动交易系统一收到每个信号就提示执行交易。但是,在现实世界里,事情不是如此简单。有些时候,交易执行不可能实现,因为市场被锁定在每日允许的限价上。或者即使可以执行,但是可能发生在比预期价格更差的水平上,因为远在信号外的市场缺口触发了价格。虽然几乎连续的交易时段让这些事件比几十年前更加少见了,但是它们仍然会发生,特别是在流动性较弱的市场里。如果假定在此类情况下执行交易,那么模拟交易结果可能显著地夸大实际绩效。图 19.2 举例说明了甚至一个锁定限价日可能在交易结果上产生的差异。2011 年 9 月玉米期货在 6 月 30 日收盘限价下跌至 648 美分。一个想要或者更糟糕的是需要在收盘时卖出但是没有收到交易执行的交易员将不得不等候下一个交易日来执行交易。第二天,市场开盘下跌 41.25 美分,假定交易就在开盘价上执行的话,意味着每份合约损失 2 062.50 美元。

潜在的系统交易员可能会发现,一旦使用现实假设,看上去似乎吸引人的交易系统就站不住脚了。这个特点对于非常活跃的系统来说特别正确,这些系统会产生大量交易成本。但是,在分析测试阶段发现这点比在实际交易中发现要好得多。

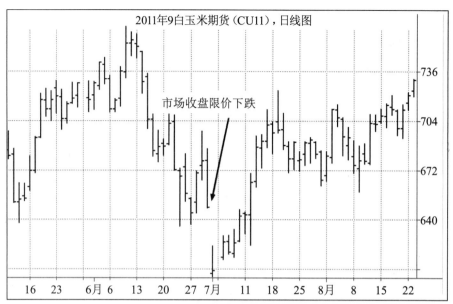

图 19.2　信号价格与实际建仓之间的巨大缺口：限价日的影响（2011 年 9 月玉米期货）

☐ 最优化系统

最优化是指为适用于一个特定市场的给定系统找到最优表现的参数组过程。最优化的基本前提是在过去表现优异的参数组有一个更大的概率在未来绩效表现出色（这个假设是否有效的问题在下一部分来着手解决）。

在最优化中必须考虑的一个基本问题是在定义最优绩效的时候使用什么标准。通常，最优绩效被简单地解释为最大资产净收益。但是，此类定义是不完整的。理论上来说，在绩效比较方面应当考虑 4 个因素。

（1）百分比收益。相对于使用系统交易的资金衡量的收益。使用百分比收益而不使用正常收益的重要性在第 20 章中详细描述。

（2）风险衡量。除了百分比收益以外，使用某个资产净收益波动衡量也很重要（例如，收益率变化率、资产净收益回撤）。除了明显的心理原因希望避免高波动率的参数组和系统，风险衡量也特别重要，因为我们可以选择一个不让人满意的开始日期使用系统交易。第 20 章讨论一些整合了百分比收益和风险的绩效衡量。

（3）参数稳定性。发现参数组的表现良好是不足够的。同样必须的是明确参数组不是反映系统的侥幸成功。换句话说，我们希望确定相似的参数组呈现令人满意的绩效表现。实际上，最优化的目标应当是找到良好绩效的广泛区域而不是单个绩效表现好的参数组。

例如，如果在测试一个简单突破系统过程中，我们发现参数组 N=7 显示出最好的百分比收益/风险特点，但是对于 N<5 和 N>9 的参数组，绩效表现下落非常迅速。而在 N=25 至 N=54 的区域所有组的绩效表现相对较好，那么从后面的区间里选择一个参数组就显得更有道理。为什么？因为参数组 N=7 的出色表现似乎是历史价格数据的特殊性，这不可能会重复出现。周围参数组表现差的情况意味着没有依据可以相信使用参数组 N=7 交易更好。相比较而言，对于 N=25 至 N=54 区间的参数组而言，绩效表现稳定性的广泛区域意味着从这个区域中心提取的参数组有一个更好的成功前景。

（4）时间稳定性。正如前面部分描述的，明确一个时期整体绩效表现令人满意是对整个时期的真实代表而不是一些独立时段优异表现的反映。

对于涉及同一个系统不同参数组的比较，前面的因素倾向于高度相关。一般来说，具有最好收益的参数组也是显示出最小净资产回撤的参数组。因此，对于最优化单个系统而言，使用一个基本的收益/风险衡量（比如夏普比率或是收获对付出比率）通常会产生与包含了多个绩效表现衡量的复杂绩效表现评估相似的结果。因此，虽然多因素绩效表现评估理论上更可取，但是它通常并非不可获取。但是，如果我们比较完全不同系统的参数组，更加重要的是明确考虑风险、参数稳定性和时间稳定性。

最优化神话

最优化受到很多关注但是它的基本前提却很少被考虑，这点很有讽刺意味。换句话说，过去绩效表现较好的参数组会在未来也持续表现出优于平均的绩效表现吗？

作为最优化有效性的实证测试，我们检查了突破系统的一些参数组数值的历史排名：如果今天的收盘价高于过去 N 天的最高收盘价，那么从做空反转为做多；如果今天的收盘价低于过去 N 天的最高收盘价，那么从做多反转为做空。测试这个系统参数 N 的 9 个数值：20、30、40、50、60、70、80、90 和 100。

表 19.1～表 19.10 比较了 3 个两年测试期（2009—2010 年、2011—2012 年和 2013—2014 年）10 个市场中参数组的损益排名，参数组按照它们各自此前 8 年时期内的绩效表现顺序排列（所有市场都是以每个信号一份合约来交易）。换句话说，此前 8 年时期（2001—2008 年、2003—2011 年或 2005—2012 年）里绩效表现最优的参数组列在首位，前期第二好的参数组列在第二位，以此类推。例如，如果一列中的首位数字是 6，那么它意味着在此前 8 年时期内该市场绩效表现最佳的参数组是在给定测试期内排名第 6 位的参数组（共计 9 个）。

表19.1 突破系统（10年期美国国债）：比较两年测试期参数组排名和此前8年时期的排名

此前8年期参数组排名	2009—2010年相同参数组排名	2011—2012年相同参数组排名	2013—2014年相同参数组排名
1	⑨	⑨	7
2	⑧	6	5
3	7	7	3
4	②	⑧	①
5	5	4	4
6	6	5	6
7	①	3	②
8	3	①	9
9	4	②	⑧

表19.2 突破系统（欧元）：比较两年测试期参数组排名和此前8年时期的排名

此前8年期参数组排名	2009—2010年相同参数组排名	2011—2012年相同参数组排名	2013—2014年相同参数组排名
1	4	②	①
2	⑨	①	7
3	5	4	②
4	6	5	5
5	7	6	⑧
6	3	3	3
7	⑧	7	⑨
8	②	8	6
9	①	9	4

表19.3 突破系统（日元）：比较两年测试期参数组排名和此前8年时期的排名

此前8年期参数组排名	2009—2010年相同参数组排名	2011—2012年相同参数组排名	2013—2014年相同参数组排名
1	⑨	5	4
2	②	3	①
3	⑧	7	6
4	①	6	②
5	3	①	7
6	4	4	⑧
7	7	⑨	⑨
8	6	②	5
9	5	⑧	3

表 19.4 突破系统（黄金）：比较两年测试期参数组排名和此前 8 年时期的排名

此前 8 年期参数组排名	2009—2010 年相同参数组排名	2011—2012 年相同参数组排名	2013—2014 年相同参数组排名
1	7	②	②
2	3	4	3
3	4	5	4
4	⑨	①	⑨
5	6	6	①
6	⑧	⑨	7
7	①	⑧	5
8	②	7	6
9	5	3	⑧

表 19.5 突破系统（天然气）：比较两年测试期参数组排名和此前 8 年时期的排名

此前 8 年期参数组排名	2009—2010 年相同参数组排名	2011—2012 年相同参数组排名	2013—2014 年相同参数组排名
1	⑧	3	①
2	4	5	4
3	5	①	②
4	①	6	3
5	6	⑧	⑨
6	②	⑨	5
7	⑨	4	⑧
8	7	7	6
9	3	②	7

表 19.6 突破系统（西得克萨斯中质原油）：比较两年测试期参数组排名和此前 8 年时期的排名

此前 8 年期参数组排名	2009—2010 年相同参数组排名	2011—2012 年相同参数组排名	2013—2014 年相同参数组排名
1	3	6	①
2	②	7	6
3	7	⑨	⑧
4	4	①	②
5	5	3	5
6	①	5	4
7	⑨	⑧	⑨
8	6	②	3
9	⑧	4	7

表 19.7　突破系统（玉米）：比较两年测试期参数组排名和此前 8 年时期的排名

此前 8 年期参数组排名	2009—2010 年相同参数组排名	2011—2012 年相同参数组排名	2013—2014 年相同参数组排名
1	3	7	3
2	4	①	7
3	②	3	5
4	①	⑧	⑧
5	⑨	4	①
6	5	⑨	6
7	6	②	②
8	⑧	5	4
9	7	6	⑨

表 19.8　突破系统（大豆）：比较两年测试期参数组排名和此前 8 年时期的排名

此前 8 年期参数组排名	2009—2010 年相同参数组排名	2011—2012 年相同参数组排名	2013—2014 年相同参数组排名
1	6	4	5
2	3	5	3
3	4	7	①
4	①	②	4
5	②	3	②
6	⑧	①	7
7	7	6	6
8	⑨	⑧	⑧
9	5	⑨	⑨

表 19.9　突破系统（咖啡）：比较两年测试期参数组排名和此前 8 年时期的排名

此前 8 年期参数组排名	2009—2010 年相同参数组排名	2011—2012 年相同参数组排名	2013—2014 年相同参数组排名
1	3	①	⑨
2	⑧	②	①
3	①	6	6
4	7	⑧	3
5	⑨	⑨	②
6	②	5	4
7	6	7	⑧
8	5	4	7
9	4	3	5

表 19.10　突破系统（电子迷你纳斯达克 100）：比较两年测试期参数组排名和此前 8 年时期的排名

此前 8 年期参数组排名	2009—2010 年相同参数组排名	2011—2012 年相同参数组排名	2013—2014 年相同参数组排名
1	5	3	⑨
2	7	①	7
3	4	②	8
4	②	8	4
5	6	6	6
6	9	5	①
7	3	⑨	②
8	8	4	5
9	①	7	3

作为一个有助于看到在过去和未来的绩效表现之间是否具有一致性的直观教具，每个测试期中两个绩效表现最佳的参数组用圆圈来表示，两个绩效表现垫底的参数组用方块表示。如果最优化的基本前提是有效的——即过去绩效表现最佳的参数组可能在未来成为绩效表现最优的参数组，表 19.1～表 19.10 反映了圆圈总是出现在列的顶部附近和方块总是出现在列的底部附近的模式。但是，这不是实际情况。圆圈和方块有时候都出现在列的顶部附近，有时候都出先在列的底部附近。表 19.1～表 19.10 中圆圈和方块垂直分布的明显随机性意味着过去和未来绩效表现之间的相关性是高度不足的。

表 19.11 进一步强调了过去和未来绩效表现之间的弱关系。除了在后续两年测试期（第二列）中展示 8 年样本期的最优绩效表现参数组的平均排名以外，表 19.11 也显示了在以前 8 年期内绩效表现最优和最差参数组在后续两年期内是如何重复它们的状态，对比完全反转它们的排名顺序。注意，最初绩效表现最好和最差的参数组在后续的两年期内重复了总共 8 次，只比最好组变成最差组或最差组变成最好组的次数多一次。还要注意的是，绩效表现最好参数组变成绩效表现最坏参数组（5）比绩效表现最好参数组重复成为最好组的次数多一次。

绩效表现最佳参数组在各期之间取值的不稳定性意味着依靠最佳过去参数组来衡量系统绩效表现将会非常高估系统绩效表现的潜力。为了以图例说明这一点，表 19.12～表 19.15 比较了每个测试期最好参数组的绩效表现，对比所有参数组的平均水平和在前期有最好和最差结果的参数组的绩效表现。在这个例子里，基于所有市场总数，选择前期最差参数组比在 3 个测试期中的一个（见表 19.12）以及 3 期总数（见表 19.15）中挑选最佳过去参数组的策略更好。这些表格中的倒数第二列标示出了以前 8 年期绩效表现最差参数组比后续两年期内此前绩效表现最好参数组表现更好的例子。最后一列显示了在后续两年期内平均参数组绩效表现多久超越以前 8 年期绩效表现最佳参数组的情况。

表 19.11 绩效表现最好和最差参数组的稳定性

市场	最好参数组的平均排名	最好参数组重复次数	最差参数组重复次数	最好组变成最差组	最差组变成最好组
10 年期美国国债	4.70	0	0	2	0
欧元	4.30	1	1	0	1
日元	4.77	0	0	1	0
黄金	4.27	0	0	0	0
天然气	5.10	1	0	0	0
西得克萨斯中质原油	5.13	1	0	0	0
玉米	6.00	0	1	0	0
大豆	5.43	0	2	0	0
咖啡	5.30	1	0	1	0
电子迷你纳斯达克 100	4.70	0	0	1	1
总数		4	4	5	2

表 19.12 2009—2010 年测试期损益（美元）比较：实际最好参数组 vs 期平均和前期最好和最差参数组

市场	期内最好参数组（美元）	前期最好参数组（美元）	前期最差参数组（美元）	所有参数组平均（美元）	前期最差 > 前期最好	平均 > 前期最好
10 年期美国国债	7 453	−7 188	2 391	253	X	X
欧元	47 575	18 963	47 575	22 511	X	X
日元	5 438	−23 825	−9 638	−8 967	X	X
黄金	50 740	7 420	19 020	25 084	X	X
天然气	46 960	−7 360	34 120	16 522	X	X
西得克萨斯中质原油	−11 670	−26 030	−45 150	−33 041		
玉米	8 875	6 913	−338	3 188		
大豆	34 188	11 875	22 350	16 944	X	X
咖啡	25 650	12 075	11 963	6 713		
电子迷你纳斯达克 100	12 330	4 820	12 330	5 417	X	X
总数	227 538	−2 338	94 623	54 625	7	7

表 19.13 2011—2012 年测试期损益（美元）比较：实际最好参数组 vs 期平均和前期最好和最差参数组

市场	期内最好参数组（美元）	前期最好参数组（美元）	前期最差参数组（美元）	所有参数组平均（美元）	前期最差 > 前期最好	平均 > 前期最好
10 年期美国国债	13 172	−3 750	9 234	3 516	X	X
欧元	10 900	10 900	−11 550	1 938		
日元	−1 538	−7 963	−12 913	−8 157		
黄金	16 310	7 300	3 170	−5 672		
天然气	16 050	2 590	10 930	−712	X	

(续表)

市场	期内最好参数组（美元）	前期最好参数组（美元）	前期最差参数组（美元）	所有参数组平均（美元）	前期最差 > 前期最好	平均 > 前期最好
西得克萨斯中质原油	12 330	−30 950	−11 920	−19 537	X	X
玉米	−963	−8 563	−8 538	−9 138	X	
大豆	24 013	−3 113	−16 413	−2 590		X
咖啡	48 563	48 563	20 963	8 308		
电子迷你纳斯达克 100	1 540	−7 630	−20 870	−13 506		
总数	140 377	7 385	−37 906	−45 550	4	3

表 19.14 2013—2014 年测试期损益（美元）比较：实际最好参数组 vs 期平均和前期最好和最差参数组

市场	期内最好参数组（美元）	前期最好参数组（美元）	前期最差参数组（美元）	所有参数组平均（美元）	前期最差 > 前期最好	平均 > 前期最好
10 年期美国国债	2 922	−2 328	−3 359	−1 557		X
欧元	19 963	19 963	5 013	2 568		
日元	39 713	38 138	39 713	27 339	X	
黄金	25 840	21 160	−4 340	11 042		
天然气	6 250	6 250	−1 590	−2 077		
西得克萨斯中质原油	39 060	39 060	18 070	23 379		
玉米	9 750	3 675	−1 150	2 661		
大豆	8 663	488	−12 863	1 211		X
咖啡	28 313	−9 113	2 963	7 677	X	X
电子迷你纳斯达克 100	29 640	−8 780	16 505	10 635	X	X
总数	210 112	108 512	58 961	82 878	3	4

表 19.15 三个测试期合并损益（美元）比较：实际最好参数组 vs 期平均和前期最好和最差参数组

市场	期内最好参数组总计（美元）	前期最好参数组总计（美元）	前期最差参数组总计（美元）	所有参数组平均总计（美元）	前期最差 > 前期最好	平均 > 前期最好
10 年期美国国债	23 547	−13 266	8 266	2 212	X	X
欧元	78 438	49 825	41 038	27 017		
日元	43 613	6 350	17 163	10 215	X	X
黄金	92 890	35 880	17 850	30 454		
天然气	69 260	1 480	43 460	13 733	X	X
西得克萨斯中质原油	39 720	−17 920	−39 000	−29 199		
玉米	17 663	2 025	−10 025	−3 289		
大豆	66 863	9 250	−6 925	15 565		X
咖啡	102 525	51 525	35 888	22 698		
电子迷你纳斯达克 100	43 510	−11 590	7 965	2 546	X	X
总数	578 027	113 559	115 678	91 953	4	5

我们的例子使用仅仅 9 个参数组的一个非常小的列表。很多系统开发者在成百或者甚至成千参数组之间运行最优化。想象一下通过这些例子里最好参数组来表示系统绩效表现会出现的绩效表现夸大的程度！

出于比较目的，表 19.16～表 19.19 显示的信息与表 19.12～表 19.15 的信息相同，唯一不同之处是它们显示的是 20 年前在一个稍微不同的组合上针对相同系统进行的测试（该组合为 30 年美国国债、德国马克、日元、黄金、白银、取暖油、玉米、大豆、活牛和白糖）。在这个例子中，3 个 8 年样本时期分别是 1981—1988 年、1983—1990 年和 1985—1992 年，3 个两年测试期是 1989—1990 年、1991—1992 年和 1993—1994 年。

表 19.16　1989—1990 年测试期损益（美元）比较：实际最好参数组 vs 期平均和前期最好和最差参数组

市场	期内最好参数组（美元）	前期最好参数组（美元）	前期最差参数组（美元）	所有参数组平均（美元）	前期最差 > 前期最好	平均 > 前期最好
美国国债	6 670	-9 090	1 420	-2 180	X	X
德国马克	7 780	3 020	6 340	5 390	X	X
日元	11 840	9 240	8 420	8 130		
黄金	3 390	1 700	-320	1 080		
白银	5 850	5 330	1 630	3 050		
取暖油	7 650	1 760	6 430	3 380	X	X
玉米	1 640	-2 190	-2 730	-590		X
大豆	4 970	-7 160	4 740	-740	X	X
活牛	2 090	850	-3 290	-20		
白糖	4 240	4 170	-5 560	-840		
总数	56 120	7 630	17 080	16 030	4	5

表 19.17　1991—1992 年测试期损益（美元）比较：实际最好参数组 vs 期平均和前期最好和最差参数组

市场	期内最好参数组（美元）	前期最好参数组（美元）	前期最差参数组（美元）	所有参数组平均（美元）	前期最差 > 前期最好	平均 > 前期最好
美国国债	3 710	-1 820	-2 920	-420		X
德国马克	9 180	1 680	9 180	4 770	X	X
日元	3 340	-240	-3 620	-1 670		
黄金	1 370	90	1 370	-1 050	X	
白银	-720	-1 890	-1 780	-1 640	X	X
取暖油	5 510	-980	4 290	1 540	X	X
玉米	560	-480	340	-440	X	X
大豆	-2 420	-6 090	-3 190	-4 650	X	X
活牛	1 380	-160	1 380	-340	X	
白糖	810	-1 690	-1 850	-1 410		X
总数	22 700	-11 570	3 200	-5 010	7	7

表 19.18　1993—1994 年测试期损益（美元）比较：实际最好参数组 vs 期平均和前期最好和最差参数组

市场	期内最好参数组（美元）	前期最好参数组（美元）	前期最差参数组（美元）	所有参数组平均（美元）	前期最差 > 前期最好	平均 > 前期最好
美国国债	11 600	3 500	7 910	7 180	X	X
德国马克	6 210	−3 660	−1 410	−3 300	X	X
日元	3 620	2 460	−3 060	260		
黄金	490	−1 900	−930	−1 460	X	X
白银	1 600	−3 650	−790	−2 690	X	X
取暖油	2 200	2 200	−890	−1 700		
玉米	1 910	1 910	−1 030	640		
大豆	2 120	1 570	−2 060	−240		
活牛	1 600	950	1 600	500	X	
白糖	880	570	−240	−550		
总数	32 230	3 950	−900	−1 360	5	4

表 19.19　三个测试期合并损益（美元）比较：实际最好参数组 vs 期平均和前期最好和最差参数组

市场	测试期内最好参数组总计（美元）	前期最好参数组总计（美元）	前期最差参数组总计（美元）	所有时期参数组平均总计（美元）	前期最差 > 前期最好	平均 > 前期最好
美国国债	21 980	−7 410	6 410	3 950	X	X
德国马克	23 170	1 040	14 110	6 860	X	X
日元	18 800	11 460	1 740	6 720		
黄金	5 250	−110	120	−1 430	X	
白银	6 730	−210	−940	−1 280		
取暖油	15 360	2 980	9 830	3 220	X	X
玉米	4 110	−760	−3 420	−390	X	
大豆	4 670	−11 680	−510	−5 330	X	X
活牛	5 070	1 640	−310	140		
白糖	5 930	3 060	−7 650	−2 800		
总数	111 070	10	19 380	9 660	5	5

以第二组测试合并的 3 期所有市场总数为基础，选择前期最差参数组实际上将超越从 3 个测试期中两个以及 3 期总数里选择最好过去参数组的策略！

这种情况本来不是为了暗示前期绩效表现最差参数组可能超越前期绩效表现最好参数组。如果对其他系统进行相似的实证测试，那么前期绩效表现最好参数组可能会比其他方式更多次超越前期绩效表现最差参数组（虽然我们的例子中的结果类型并非罕见）。但是，关键之处在于，正如表 19.12～表 19.5 和表 19.16～表 19.19 所示的情况，前期绩效表现最好参数不可避免地远逊于给定时期的实际绩效表现最好组，而且常常不能在所有参数组平均之上提供任何统计显著的改进。

虽然当被应用到逐个市场的时候最优化似乎没有什么价值，但是如果应用到组合的话最优化的确显得更加有用一些。换句话说，不为每个市场挑选最好的过去参数组，而是选择适用在所有市场中的最佳过去单个参数组。表 19.20 显示的是 10 个市场组成的组合的两年测试期参数组排名，这 10 个市场组成的组合提供了表 19.16～表 19.19 中的结果。① 过去和未来绩效表现之间一个显著的相关性是以前 8 年期里的最差参数组，也是所有 3 个测试期间中的后续两年期内的最差参数组。

虽然过去最差参数组也似乎可能成为未来最差参数组，但是其他过去的排名似乎没有预测价值。剩余 8 个前期排名中的所有 3 个测试期的平均排名（即不包括最差排名的所有排名）是 4.5。尽管以前 8 年期内最好参数组的平均测试期排名（3.3）稍微优于这个平均数，但是在前期排名第四的参数组到目前为止在未来测试期里有最好的平均排名（2.3）。也要注意的是，其次的前期参数组有一个平均测试期排名几乎与第二差的前期参数组的相应平均排名完全相同（4.7 vs 5.0）。

为了获得一些关于为什么最差前期排名似乎是未来绩效表现的一个优异预测指标（即对于那个参数组而言持续逊色的绩效表现）的深入了解，尽管其他排名似乎没有预测价值，我们还是以参数组数值为基础检查绩效表现排名。表 19.21 显示了以参数组数值基础的 3 个测试期中每一个时期的参数组排名（与前期排名对比，正如表 19.20 所示的情况）。参数组数值以升序排列。

表 19.20　突破系统（组合）：比较两年测试期内参数组排名 vs 以前 8 年期内排名

以前 8 年期参数排名	1989—1990 年相同参数组排名	1991—1992 年相同参数组排名	1993—1994 年相同参数组排名	平均排名
1	1	7	2	3.3
2	5	1	8	4.7
3	3	6	4	4.3
4	2	4	1	2.3
5	4	8	6	6.0
6	6	3	7	5.3
7	7	5	3	5.0
8	8	2	5	5.0
9	9	9	9	9.0

---

① 在这个例子中，组合由每个市场中的一份合约组成，玉米合约例外，因为玉米合约的低波动性，它是以两份合约来交易的。

表 19.21 突破系统（组合）：以 N 值为基础，比较两年测试期内参数组排名

参数组 N 值	1989—1990 年参数组排名	1991—1992 年参数组排名	1993—1994 年参数组排名	平均排名
20	9	9	9	9.0
30	8	2	5	5.0
40	7	5	3	5.0
50	6	3	1	3.3
60	4	6	6	5.3
70	5	7	8	6.7
80	1	1	2	1.3
90	2	4	4	3.3
100	3	8	7	6.0

表 19.21 显示每个测试期内绩效表现最差参数组实际上是同一个参数组！（由于表 19.20 显示了测试期最差参数组与所有 3 个例子中前期最差参数组相同，这意味着这个相同的参数组也是所有 3 个以前 8 年期内绩效表现最差参数组。）这个绩效表现一贯最差参数组位于所测试的参数组区间的一个极端：$N=20$。

虽然 $N=20$——所测试的最灵敏的参数组值——一贯是绩效表现最差的（当应用在组合间），但是所测试的其他值（$N=30$ 至 $N=100$）没有显示出一致不变的模式。参数组 $N=80$ 是迄今为止绩效表现最好的参数组并且具有一个难以置信的平均排名 1.3，这一点是真实的。

表 19.22 和表 19.23 显示表 19.12～表 19.15 中检验的更近的测试期内组合的类似组合最优化统计数据。注意在表 19.23 中相同的 $N=20$ 参数组又一次显示出较差的绩效表现，成为三期中两期内的绩效表现最差组。

重新回顾前面的最优化实验所展示的观察结果是非常有助益的。

- 当逐个市场应用的时候，最优化似乎没有价格。
- 但是，当应用在一个组合上，较早（1981—1994年）的例子中的最优化在预测非常可能出现较差未来表现参数组方面似乎是有用的，尽管它在预测非常可能出现较好未来表现参数组方面仍然显示不出令人可信的模式。
- 一旦更仔细检查，一贯较差表现的这个模式似乎不是与参数值一样是前期排名的结果。换句话说，所测试的参数组区间以对于给定系统明显次优的值开始：$N=20$。平均来说，这个相同的参数值在更最近的测试期内也仍然是次优的。虽然在参数组排名表内没有显示，但是随着 N 值下降，N 的较低值显示了甚至更差的绩效表——实际上显著更差。

表 19.22 突破系统（组合）：比较两年测试期内参数组排名 vs 以前 8 年期内排名（2000—2014 年）

以前 8 年期参数组排名	2009—2010 年参数组排名	2011—2012 年参数组排名	2013—2014 年参数组排名	平均排名
1	9	1	1	3.7
2	2	7	5	4.7
3	3	2	3	2.7
4	7	3	9	6.3
5	6	4	4	4.7
6	8	5	8	7.0
7	4	8	2	4.7
8	5	6	7	6.0
9	1	9	6	5.3

表 19.23 突破系统（组合）：以 N 值为基础，比较两年测试期内参数组排名

参数组 N 值	2009—2010 年参数组排名	2011—2012 年参数组排名	2013—2014 年参数组排名	平均排名
20	9	3	9	7.0
30	7	5	8	6.7
40	6	8	7	7.0
50	8	9	6	7.7
60	5	6	2	4.3
70	3	7	3	4.3
80	4	4	4	4.0
90	1	2	5	2.7
100	2	1	1	1.3

这些观察结果与我在过去所做的其他相似的实证测试结果一致，提出下面关于最优化的 5 个关键结论。[1]

（1）任何系统——重复说一遍，任何系统——通过最优化都可以非常有盈利性（即在它过去绩效表现基础上）。如果你曾经发现一个不能被最优化从而在过去显示良好盈利的系统，恭喜你，你已经发现了一部赚钱机器（通过反其道而为之，除非交易成本非常高昂）。因此，对于一个已经被最优化的系统来说，一个美好的过去表现可能看起来很好，但是它并不意味什么。

（2）最优化总会——重复说一遍总会——夸大系统的潜在未来绩效表现——通常

---

[1] 虽然单个实证实验不能被用来得出广泛的概论，但是我在这里愿意这么做，因为刚才描述的最优化测试结果是我过去做过的很多类似测试的典型代表。在这个意义上，文中详述的最优化测试不是要证明最优化的严重局限性，而是要对这一点图解说明。

很大幅度夸大（也就是说三辆拖车价值一般）。因此，最优化的结果从不应当，从来不应当用于评估系统的优点。

（3）对于很多如果不是最多的系统而言，最优化只会稍微改进未来绩效表现。

（4）如果最优化有任何价值的话，那么这在界定区间的边界方面是有用的，从这些区间中可以选择系统参数值。最优化的微调往好了说是浪费时间，往差了说是自欺欺人。

（5）鉴于前面的几项，精致复杂的最优化程序是浪费时间。最简化的优化程序会提供一些有意义的信息（假定可以得出有意义的信息）。

综上所述，与普遍的信念相反，关于最优化是否会长期产生比随机挑选参数组交易更好的结果这一点存在一些合理的质疑。以免出现误会，故特来明确表述，这个说法不是要暗示最优化从来没有价值。首先，正如前面显示的，最优化在界定次优极端区间方面是有用的，这些次优极端区间应当被排除在参数组选择之外（例如，在我们的突破系统例子中$N \leq 20$）。此外，对于一些系统而言，最优化在参数组选择方面是有一定优势的，甚至在次优极端区间被排除以后。但是，我的确是想要暗示，最优化所提供的改进程度是远远没有被普遍觉察到的，而且交易员可能通过首先证明他们关于最优化的假设而不是盲目相信采纳这些假设的方式节省很多钱。

测试与拟合

期货交易系统使用者常犯的最关键的错误是假定最优化的参数组在测试期内的绩效表现提供了这些参数组在未来的潜在绩效表现的近似。正如前面部分展示的，此类假设将导致过度夸大评估一个系统的真实潜力。必须要理解的是，未来市场价格波动受到很多随机性的影响。因此，丑陋的真相是，在任何一个给定时期内哪个参数组会有最好的绩效表现，这个问题在很大程度上是一个概率问题。概率论显示，如果足够数量的参数组接受测试，即便是一个没有意义的交易系统也会产生一些具有有利的过去绩效表现参数组。以最优化参数组（即调查期内绩效表现最好的参数组）为基础评估系统充其量可以描述为将系统与过去结果拟合而不是测试系统。如果最优化不能用来衡量绩效表现，那么你如何评估系统呢？下面的内容部分描述了两个有意义的方法。

盲点模拟

在盲点模拟方法中，使用特意排除最近年份的某个时期数据来优化系统。然后，使用随后几年经过选择的参数组测试系统的绩效表现。理论上来说，这个过程应当重复数次。

注意，拟合结果的错误得以避免，因为用于衡量任何一个给定时期绩效表现的参数组是完全以前期而不是同步数据为基础选择的。在这个意义上,这个测试方法模拟真实生活(即一个人必须以过去数据为基础决定用哪个参数组交易)。

前面部分的最优化测试使用这种类型的程序,在两年的时期内单步调试时间。具体来说,2001—2008年的系统结果被用来选择绩效表现最好的参数组,这些参数组随后被用来测试2009—2010年这段时期。接下来,2003—2010年的系统结果被用来选择绩效表现最好的参数组,这些参数组随后被用来测试2011—2012年这段时期。最后,2005—2012年的系统结果被用来选择绩效表现最好的参数组,这些参数组随后被用来测试2013—2014年这段时期。

基本的一点是,不应当允许模拟和最优化时期互相重叠。与最优化同期运行的模拟是毫无价值的。

平均参数组绩效表现

找到平均参数组绩效表现要求界定一个你希望在运行任何模拟前测试的所有参数组的完整列表。然后,对所有选择出来的参数组运行模拟,接受测试的所有组的平均水平被用作系统潜在绩效表现的指标。这个方法有效,因为你总可以无的放矢地从广泛的参数组数值范围内挑选出一个参数来。如果你扔的镖足够多的话,那么净结果就是平均水平。重要的一点是,这个平均水平应该从所有参数组中计算出来,而不仅仅是那些被证明是盈利的参数组。注意交易员仍然可以选择最优化的参数组来进行未来交易(而不是随机选择的参数组),但是系统绩效表现评估应当以测试的所有参数组的平均水平为基础(这等同于随机选择过程)。

盲点模拟方法可能最接近于模仿真实的交易环境。但是,平均参数组绩效表现可能同样稳健而且有要求更少计算量的优势。这两个方法都代表了测试系统的有效程序。

一个重要警告:在给定系统的广告词里,"模拟结果"这一术语通常泛指最优化结果(而不是暗示结果,是以盲点模拟过程为基础的)。如果情况是这样的话,这些结果的权重就应当等于投资在系统的资金:零。模拟结果的常见误用和扭曲在下一部分详细考察。

☐ 关于模拟结果的真相

虽然最优化在提高系统未来绩效表现方面的价值还有争议,但是使用最优化的结果会极大地扭曲系统的隐含未来绩效表现,这一点毋庸置疑。正如本章前面展示的,在一个时期系统内绩效表现最好参数与随后时期绩效表现最好参数之间几乎没有相关性。因此,绩效表现最好参数隐含的绩效在过去是可以达到这种假设是完全不现实的。

在获得多年的经验以后，我对模拟结果的态度可以通过我所说的施瓦格的模拟推论到格雷沙姆的货币法则来概括。正如读者可能从经济学101中回忆起来的，格雷沙姆提出的是"劣币驱除良币"。格雷沙姆的主张是，如果两种类型的货币（比如金和银）以某个主观界定的比率（如16∶1）流通，劣币（即在固定汇率上估值过高的货币）将驱除良币。因此，如果黄金的价值超过16盎司白银的价值，那么16∶1的比率将导致白银把黄金驱除出流动领域（就像人们倾向于贮藏黄金一样）。

我的推论是"坏模拟驱除好模拟"。"坏"这个意味着以极度不可靠的假设为基础推导的模拟，而不是就显示的绩效表现而言的坏。恰恰相反，真正"坏"模拟会显示出令人吃惊的结果。

我常常看到广告兜售系统，声称可以一年盈利200%、400%或者600%。让我们稳健保守些——而且我不严格使用术语——并且假定每年仅100%的收益。按照这个收益水平，在13年多的时间里100 000美元将增长至10亿美元。这种言论怎么可能是真的呢？答案是不可能。重点在于，鉴于足够的后见之明，构建几乎任何类型的过去绩效表现结果都是可能的。如果任何一个人尝试以真正现实的模拟为基础出售系统或交易程序，那么相对于正常的促销费用而言销售结果将看上去渺小得可笑。正是从这个意义上来说，我相信坏（不现实的）模拟驱除好（现实的）模拟。

模拟结果是怎么被扭曲的呢？让我们来细数方法。

（1）精心选择的例子（重温）。在构建精心选择的例子中，系统推销商在最好的时期，选择最好的市场，使用最好的参数组。假定在2015年25个市场上测试系统而且使用100个参数组变体，那么存在总计37 500（25×15×100）个一年期的结果。在这样的系统中，37 500个可能的结果里没有一个显示出优异的结果，构建这样的系统是很难的。例如，你抛一组10个硬币37 500次，你不认为你有时候可以一组抛出10个正面吗？当然可以。实际上，你抛1 024次，平均有一次就可以出现10个正面。

（2）厨房水槽法。通过使用事后调整，增加参数和建立额外的系统规则，方便地顾及过去的亏损期，几乎可以产生任何一种过去绩效表现水平。

（3）忽略风险。广告宣传的系统结果通常把收益计算为利润百分比的形式或一个不现实的低倍数利润百分比的形式。这种收益衡量方式可以把隐含的收益放大数倍。当然，风险也将等比例增加，但是广告没有提供这些细节。

（4）忽略亏损交易。对于系统网站或广告里的图形而言，在一些特定规则满足的点位显示买入和卖出信号并不罕见，但是在同样条件满足而且由此导致的交易亏损的相同图形上却未能显示其他点位。

（5）最优化、最优化、最优化。最优化（即为过去选择绩效表现最好的参数组）可能极大地放大一个系统过去的绩效表现。人类曾经想象的几乎任何系统都看起来很伟大，只要对每个市场来说结果是以最好参数组（即具有最好过去绩效表现的参数组）为基础的。测试的参数组越多，那么过去结果的选择就越宽，而且潜在模拟收益就越大。

（6）不实际的交易成本。通常来说，模拟结果只包括手续费不包括理论现实差（使用市场委托或止损委托所实现的假定建仓水平和实际执行水平之间的差异）。对于较短期系统（即那些使用日内数据的系统），忽略理论现实差可以使一个彻底消除现实生活中账户的系统看起来像一部赚钱机器。

（7）杜撰。即使非常容易为过去构建具有优秀绩效表现的系统规则，但是一些推销商不会麻烦做这么多。例如，一个声名狼藉的人多年来重复推销299美元的系统，这些系统根本就是冒牌货。

前面的部分不是为了指控所有系统推销商或那些使用模拟结果的人。当然，有很多人以适度严格的方式构建模拟结果。但是，惨痛的事实是多年来对于模拟超乎寻常的误用已经让模拟结果几乎没有什么价值。广告宣传的模拟结果与餐馆所有者撰写的餐馆评论非常相似——你几乎不能期待看到一个差评。我可以向你保证，你从来都不会看到一个系统的模拟结果显示系统截至1987年10月16日、2001年9月10日或2010年3月5日收盘做多标准普尔。模拟结果可以使用吗？可以，如果你是系统开发者而且你知道你正在做什么（例如，使用前面部分详述的模拟方法），或者，等同的，如果你绝对相信系统开发者的诚信和能力。

☐ 多市场系统测试

虽然预期任何一个单个系统在所有的市场里都发挥作用可能不现实，但是一般来说，一个好系统应当在大多数活跃交易市场中展现出盈利能力（例如，85%或更多）。当然，也有一些重要的例外。使用基本面输入变量的系统在概念上来说将会适用于仅仅一个市场。此外，一些市场的行为是如此不典型（比如股票指数），以至于设计在此类市场中交易的系统可能在广泛的市场范围内表现不佳。

在测试系统对于多市场组合的表现时，提前确定在每个市场中要交易的合约相对数量是必需的。这个问题通常是靠假定系统在每个市场中交易一份合同的方法来解决。但是，这是一个幼稚的方法，原因有两个。首先，一些市场比另一些市场波动更加剧烈。例如，包含一份咖啡合约和一份玉米合约的组合将更多取决于咖啡的交易结果。其次，降低一些市场相对权重可能是可取的，因为它们与另一些市场高度相关（例如，10年期美国国债和30年期美国国债）。①

---

① 出于未来交易的目的（与历史测试对比），历史绩效表现可能在确定合约权重方法是第三个相关因素。但是，这个因素不能被包括在测试程序中作为一个输入变量，因为它会使结果出现偏差。

在任何情况下，将可得资金按百分比分配到每个市场应当在测试系统前确定。这些相对权重可以用来确定每个市场要交易的合约数量。

负面结果

我们不应当忽略负面结果的潜在价值。分析系统绩效表现不佳所处的条件有时候可能会揭开被忽略的系统缺陷，并且提供如何改进系统的线索。当然，隐含规则变化改进绩效表现不佳例子中的结果这一事实不能证明任何事情。但是，如果此类修正一般来说倾向于改进其他参数组和市场的结果的话，那么任何建议的规则改变的有效性都可以被确认。负面结果作为如何改进市场这一思想源泉的潜在价值不能被夸大。"无序是思想的催化剂"这一概念是已故小说家约翰·加德纳曾经完美表达的普遍真理："在完美的世界里，不需要思想，我们思考是因为一些事物出了问题。"

从不好的结果里学习的思路基本适用于在绝大多数市场中生效的系统和绝大多数参数组，但是在孤立的情况下绩效表现很差。但是，在广泛的市场和参数组范围内呈现令人不满意结果的系统可能是注定要失败的，除非结果特别的差。在后面的情况中，完全反转最初系统交易型号的系统可能引人注目。例如，如果一个新趋势跟踪系统的测试显示系统在绝大多数市场里亏钱，这就意味着一个人可能碰巧遇到了一个有效的反趋势系统。从自尊心的角度上来说，此类发现可能是艰难的，但是他们不应当被忽视。

当然，系统呈现出持续不佳绩效表现，这并不意味着反向系统就会表现得令人满意，因为交易成本占了相当一部分损失。因此，正如本章一开始的时候所描述的精心选择的例子所示，一旦这些成本被计入，那么反向系统也可能表现很差。还例如，从表面上看，平均每年亏损 3 000 美元的系统所产生的信号反转使用可能似乎是一个有吸引力的策略。但是，如果 2/3 的损失是由于交易成本引起的话，那么假定相同的绩效表现延续，反向使用系统信号将导致每年亏损 1 000 美元（前面的假设隐含交易成本等于每年 2 000 美元，而且扣除这些成本后交易每年亏损 1 000 美元。因此，反向使用信号将意味着交易每年盈利 1 000 美元，但是每年 2 000 美元的交易成本将意味着每年净损失 1 000 美元）。此中寓意：如果你打算设计一个坏系统，如果它是有价值的话，那么它应当真地特别糟糕。

构建和测试交易系统的十个步骤

（1）获取需要测试的所有数据。此外，除了短期交易系统例外，能够使用实际合约数据，高度建议使用连续期货（不要与最近期货或永久价格混淆）。

（2）定义系统概念。

（3）编制规则以产生与这个概念一致的交易。

（4）选择市场小子集和这些市场年份的小子集。

（5）根据给的参数组，产生市场和时间子集的系统交易信号。

（6）检查系统是否按预期工作。几乎不可避免地，仔细检查将发现一些由于下面任何一个或两个原因引起的不一致：

① 程序有错误；

② 程序规则没有预测出一些情况，或者它们产生了无法预料的影响。

后面的一些例子可能包括给定一个信号预期的事件，系统不能产生信号的情况；当没有预期信号，系统产生信号；系统规则无意产生没有新信号可以被产生或头寸无限期持有的情况。归根结底，这些类型情况发生是因为常常有一些没有注意到的细微差别。

系统规则需要被修正以改正编程错误和没有预料到的不一致。应当强调的是，后面类型的修正只和让系统与预期的概念一致运转有关，而且应当与变化是提高还是降低用在开发过程中的样本例子里的绩效表现无关。

（7）在做了必要修正以后，重复第 6 步。特别留意显示信号对比前面步骤中的那些信号中的变化，原因有两个：

① 为了检查程序变化是否达到理想的修复目标；

② 为了确定变化没有非计划因素的影响。

（8）一旦系统按照预期计划运作，而且所有规则不完全确定的情况都已完全界定，而且只有在这一点以后，那么在完整数据库之间在全部界定的参数组列表上测试系统。确定在系统运行以前计划的交易组合已经被界定。

（9）正如这章前面详述的，以所测试的所有参数组的平均水平或盲点模拟过程为基础评估绩效表现（前者涉及更少的工作）。

（10）比较这些结果和对应组合、测试期的一般化系统（即突破系统、交叉移动平均系统）的结果。系统的收益/风险应当可衡量地好于一般化系统的收益/风险，只有它被认为有任何真正价值。

前面的步骤代表一个严格程序，该程序被设计以避免产生从事后来看向上偏差的结果。因此，可以预期绝大多数系统思路都不能满足第 10 步中优点的测试。设计一个具有真正优异绩效表现的系统比绝大多数人认为的要更难。

☐ 关于交易系统的结论

（1）在趋势跟踪系统中，用来发现趋势（比如突破、交叉移动平均）的基本方法可能是系统中最不重要的部分。从这个意义上来说，这个论点只是重申了吉姆·奥卡特的结论"只有两种类型的趋势跟踪系统：快速和慢速。"因此，在设计趋势跟踪系统的过程中，关注修正（比如，用来极少坏交易的过滤和确认规则、市场特点调整、金字塔交易规则、止损规则）相较于尝试发现更好的界定趋势方法更有道理。

（2）复杂本身没有优点。相对于更复杂的系统，使用最简化试行的系统，不意味着牺牲绩效表现。

（3）在广泛的市场范围内进行交易的广为人知而且非常有效的理由是通过多样化来控制风险：为错过任何分散的期货市场巨大价格波动来保险。捕捉所有此类重大趋势的重要性再怎么强调也不过分——这在一般的绩效表现和优异的绩效表现之间起了很大作用。2008—2011年黄金市场、2007—2009年和2014—2016年原油市场是对于组合绩效表现至关重要的三个显著的例子。

（4）如果交易资金充足，那么多样化应当延伸至系统和市场。用几个系统交易而不是一个系统可有助于平滑整体绩效表现。从理论上来说，如果系统组合包括反趋势、形态确认和趋势跟踪系统的话，那么可以实现最大程度多样化（但是，这个目标可能难以实现，因为反趋势和形态确认系统通常比趋势跟踪系统更难设计）。

（5）如果可以获得充足资金的话，用多个多样化的参数组交易比用一个最优化的参数组交易更好。

（6）一般来说，参数最优化的价值都被夸大。

（7）前面的结论强烈建议，最优化结果从来不应当用于评估系统的相对绩效表现。两个测试系统的有意义的方法在文中讨论。

（8）所谓的模拟结果常常是最优化结果（即后见之明推导出的），因此几乎没有意义。这个警告与交易系统促销特别相关，这不可避免地使用精心选择的例子。

（9）对成功系统结果的分析几乎一定显示存在很多有一年或多年巨大盈利的市场，但是几乎没有出现过非常大单个年份损失的情况。这意味着，这些系统成功的关键原因是它们的规则坚持至关重要但却陈腐的原则——让利润多留些时间但是快速止损。

（10）不应当因为市场的波动率快速增加就避开这个市场。实际上，波动最剧烈的市场通常是最盈利的市场。

（11）分离总体绩效表现好的系统的负面结果可以提供关于如何改进系统的有价值的线索。

（12）一个频繁被忽略的事实是，交易结果可能常常反映关于市场的信息多于关于系统的信息。例如，在图19.3中，在2015年1月中旬做空的趋势跟踪系统在系统提供平仓或反转信号前，经历了巨大的未平仓利润转化为巨大亏损的这一事实不一定反映风险控制不足。几乎任何一个趋势跟踪系统都经历过相同的宿命。

这个例子以图为例说明了系统价值不能脱离实际来判断。在一些情况下，绩效表现差可能反映的不过就是市场条件导致大多数系统结果差。相似地,有利的结果可能也反映的是市场条件而不是所测试系统优越性的程度。这些情况意味着,对新系统绩效表现有意义的评估应当包括与基础的比较(比如标准系统的相应绩效表现,例如,相同市场、相同时期内的交叉移动平均或简单突破系统)。

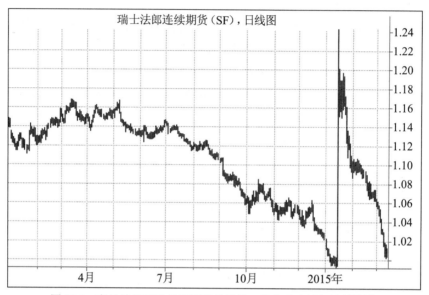

图19.3 交易结果反映市场而不是系统:做空瑞士法郎连续期货

(13)使用连续期货价格测试系统。

(14)仅使用数据库的一小部分(即一些市场对于全部时期的一部分)开发系统和排除系统故障。

(15)使用带有添加信号注释的图形作为排除系统故障的辅助手段。

(16)在检查系统产生信号的准确性和完整性方面,在偏离系统预期运行(与所使用规则的含义相关的疏忽或无法预料的情况引起的)时做出改变,完全不考虑此类改变是增加还是减少样本测试的利润。

第20章

如何评估过往业绩?

为什么单独考虑回报没有意义?

当你正在网上寻找伦敦的宾馆房间。你发现,同样的房间在不同的地点有不同的价格:

- 地点A:300
- 地点B:250

哪一个更合适呢?也许看起来显而易见,但是结果未必。曾经,我在一个会议上向观众提出了这个问题。一个参会者说,"这还取决于是否包含早餐","那将是一份昂贵的早餐",我回应道。但是,至少这名参会者的思路是正确的。这个问题并没有包含完整的信息。我并没有指出上述价格是用哪种货币标价的。如果300的那个价格是用美元标价而250那个价格是用英镑标价呢(假设1英镑等于1.4美元)?结果完全不同,不是吗?

当然,也许你会想没有一个理性人在比较价格时会忽略货币因素,所以重点是什么呢?重点是投资者仅仅考虑投资回报来进行投资时经常会犯这一类的错误。比较回报时不考虑所承担的风险因素,就像比较宾馆房间价格不考虑货币因素一样毫无意义。风险是决定回报的决定性因素。

表20.1 两位投资经理的业绩比较

	回报	风险(标准率)	回报/风险比率
经理A	10%	5	2:1
经理B	25%	25	1:1

以表20.1中的两名投资经理业绩为例,假设这两名投资经理在其他方面的表现都一样,哪位投资经理的投资业绩更好呢[①]?很多投资者倾向于认为B投资经理的业绩更

---

① 尽管本章是从一个投资者的角度来比较不同的投资经理的投资业绩,但是,同样的逻辑依然适用于一个交易员比较不同的交易策略和交易系统。

好，理由是"他们愿意承担更大的风险来获得可能更高潜在的回报"。但是，这个理由合理吗？在表20.2中，我们增加了第三种投资选择，将投资经理A的投资组合加三倍杠杆[①]。加了杠杆后的投资经理A的组合不仅比投资经理B的组合业绩回报更高，而且风险更小。所以，即使风险偏好型的投资者也会认为投资经理A的业绩更好，利用杠杆来使得投资回报达到预期水平。

表20.2　两位投资经理的业绩比较（修正后）

	回报	风险（标准差）	回报/风险比率
经理A	10%	5	2：1
经理B	25%	25	1：1
经理A 3倍	30%	15	2：1

我们可以将风险描述成一个沙坑，坑越深，风险越大，同时，将回报描述成一个沙堆。杠杆就像一把铲子，如果需要的话，可以将一些沙子从风险的沙坑里转移到回报的沙堆上，从而通过承担更大的风险来增加回报，这种权衡也许是有利的，如果风险水平小于预期的话。以此类推，通过去杠杆，我们可以将部分回报沙堆中的沙子转移到风险沙坑中，这就达到通过降低风险来换取更低的回报。从这个逻辑上来说，风险和回报可以通过杠杆率来互换（这将通过调整风险暴露来实现）。

作为一个说明上述概念的实例，在图20.1中，我们比较两个真实的投资经理。假定过往的业绩能够预示未来的业绩——至少相对而言，能够说明哪个投资经理的业绩更好？看起来答案是不确定的：显而易见，经理C获得了更好的回报，但是经理D的风险水平明显较低，这可以通过记录期小得多的股票价格回撤来证明。表面上看，我们无法判断哪个投资经理取得的业绩更好，但是在图20.2中，我们再次对比经理C和经理D的投资业绩，这次我们假设经理D的风险敞口扩大一倍[②]。现在，我们可以发现经理D的业绩在回报和承担的风险上均优于经理C，取得了明显高的净现值，同时，显著低

[①]　对于保证金交易策略（例如，期货、外汇、期权），投资经理只需要投资额的一小部分来满足保证金要求，在这种情况下，投资者可以使用只是名义资金量一小部分的资金来操作一个账户。例如，一个投资者可以使用账户的300 000美元现金来交易名义上900 000美元的投资，该投资的杠杆率达到300%。技术上说，虽然名义上的资金增加了每投资1美元的风险暴露，由于没有真实借款涉及，它实际上并不意味着加杠杆。我们的示例假定名义投资。然而，在随后的讨论中，我们用杠杆来表示增加的风险（即使没有借款）。对于那些必须完成融资的策略，杠杆部分的回报将减去借贷成本。

[②]　经理C和经理D是商品期货交易的交易咨询员，因此，增加风险敞口可以通过增加名义本金来实现（例如，通过借债来加杠杆），在图20.1中，我们在回报中去除了利息支出，所以风险敞口翻倍（无论是通过名义本金还是借入杠杆）将大致相当于原收益乘以2（如果收益包含利息收入，风险敞口翻倍将不能完全是回报翻倍，因为额外的风险敞口将没有利息收入）。

的价格回撤。尽管在图 20.1 中，经理 C 的期末回报更高，经理 D 可以通过加倍投资来获得更高的回报，同时，承担更小的风险。结论就是，回报是一个错误的评估标准，风险/回报比例才是真正关键的。

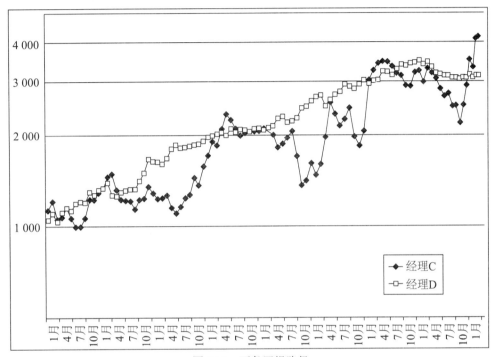

图 20.1　两条回报路径

如果不能加杠杆时将会发生什么呢？举例来说，如果投资者可以在图 20.1 中的经理 C 和经理 D 中做出选择，但是经理 D 不能加杠杆，风险和回报捆绑在一起了，因此，投资者必须在高回报／高风险的经理 C 和低回报／低风险的经理 D 中做出选择。看起来，风险偏好型投资者将会倾向于经理 C，这类投资者也许会说："我不在乎经理 C 是否风险更高，只要他的期末回报高就行。"这一假设的瑕疵在于选择经理 C 的投资者有可能在一个错误的时点进入，有可能导致巨额的损失而不是回报，即便他们连续持有投资。回报曲线越波动，投资者越有可能放弃投资在价格跳水时，结果就是，永远不可能实现较高收益。毕竟，在真实情况下，投资者不知道这笔投资什么时候能够止跌回升。因此，即便经理 C 的期末收益高于经理 D，很多投资者也许并不能坚持到最后，看到最终的回报（甚至对于那些在上涨期开始的投资者，也有可能减少甚至将他们的回报归零）。波动率越大，止损的投资者比例就越大。

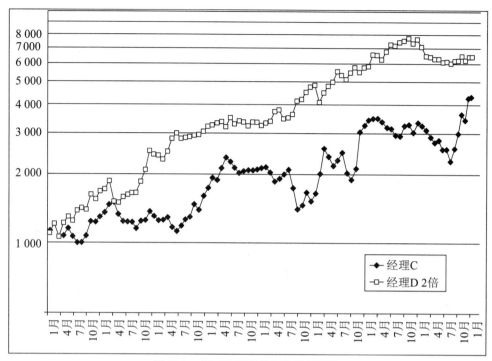

图20.2 低风险经理的风险暴露翻倍

毫无疑问,有必要通过风险调整后回报而不是回报本身来做出可信的比较。在下一节,我们将考虑几种风险调整回报的方法。

风险调整后的回报衡量方法

夏普比率

夏普比率是应用最广泛的风险调整回报的方法,夏普比率定义为平均超额回报除以标准差,超额回报是超过无风险回报(例如,国债收益率)的回报。例如,如果平均回报是8%每年,而国债收益率是3%,超额回报就是5%(值得注意的是,在特点的时间段里,例如,2008年金融危机后的数年里,0或者接近0利率可以有效地消除对于有意义的无风险回报的预期。作为参考,2009—2015年,3个月国债平均收益率只有0.08%,与此同时,2002—2008年的3个月国债平均收益率为2.58%,1995—2001年是5.03%。)标准差是回报波动率的一种衡量,本质上来说,夏普比率被风险波动率标准化的平均超额回报。

$$SR = \frac{AR - RF}{SD}$$

式中：SR——夏普比率；

AR——平均回报（作为一个预期回报的替代）；

RF——无风险收益率（国债收益率）；

SD——标准差。

标准差的计算公式为

$$SD = \sqrt{\frac{\sum_{I}^{N}(X_i - \bar{X})^2}{N-1}}$$

式中：$\bar{X}$——平均值；

X_i——每个回报；

N——回报个数。

假设用月度数据来计算夏普比率，最常见的做法是，夏普比率将会被乘以12的平方根来年化。这里的回报是算术平均的回报，不是复利计算的回报。

夏普比率有两个问题。

（1）回报衡量是基于平均值而不是复合回报。回报通常是一个投资者实现的复合回报，而不是平均回报。回报系列越波动，平均回报和实际回报偏差越大。举例来说，在两年时间内，第一年收益50%，第二年损失50%，将会带来0%的平均回报，但是投资者实际上将会遭受25%的损失（150%×50%=75%）。平均年化复合回报是 -13.4% 将会反映实际。

（86.6%×86.6%=75%）。

（2）夏普比率并不区分向上波动和向下波动。

夏普比率中内涵的衡量风险指标是标准差，但是标准差并不按照大多数投资者理解的方式来反映风险。投资者关心的是损失，而不是波动率，投资者反对向下的波动，但是喜欢向上的波动。我还没有碰到任何投资者抱怨他们的投资经理在一个月时间内赚太多钱的。但是，推导出夏普比率的标准差，在衡量向上波动和向下波动方面没有任何区别。夏普比率的这个特点将导致按照夏普比率的排名和大多数投资者的感知和偏好出现相抵触的情况[①]。

图20.3 比较了两个假想在持有期取得同样回报的两个投资经理，但是他们的投资回报路径却截然不同。哪个经理更有风险呢？在继续阅读之前，先做一个选择。

---

① 为了公平起见，在某些情况下，高向上波动率将预示着更大的向下波动的可能。在这种情况下，夏普比率将是一个合适的衡量标准。但是，在衡量那些设计为获取偶然大额回报同时严格控制向下风险的策略时，夏普比率将出现严重误导（例如，右偏策略）。

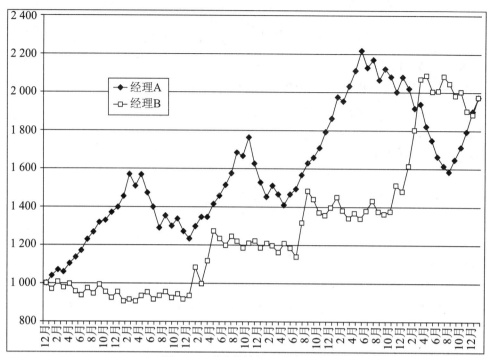

图 20.3　哪个投资经理更有风险

大多数投资者都和你一样，将认为经理 A 更加有风险。经理 A 有过三次超过 20% 的回撤阶段，最大的回撤达到 28%。与之相对比的是，经理 B 的最大回撤只有相当温和的 11%。但是，经理 B 的标准差——夏普比率中的风险因子——高了 30%。由此导致的结果是，尽管经理 A 和 B 的累积回报都一样，同时经理 A 有更大的回撤，经理 A 同样拥有显著高的夏普比率——0.71，经理 B 只有 0.58（假设 2% 的无风险收益）。这为什么会发生呢？主要原因是经理 B 有几个较高回报的月份，而这几个较高回报的月份推高了经理 B 的标准差，因此，降低了夏普比率。尽管大多数投资者都会倾向于经理 B，但是夏普比率给出了错误的排名。

由于夏普比率排名和投资者偏好存在着潜在的不一致，出现了其他回报/风险衡量指标来说明夏普比率的不足。在了解其他指标之前，我们先来考虑一个问题：一个负的夏普比率说明了什么？

尽管对于回报低于无风险回报的投资经理来说，负的夏普比率是常见的事。当夏普比率为正时，更高的波动率（被标准差衡量）——一个负向的特征——将会降低夏普比率。但是，当夏普比率为负时，更大的波动率将会增加夏普比率。这就出现了一个背离，即大量连续的负回报使得总回报相对负的更少。涉及负夏普比率的比较将会导致荒谬的结论。表 20.3 提供了一个案例。经理 B 的负超额回报两倍于经理 A，（-10% 相对

于 −5%），同时 4 倍波动率于经理 A。尽管就回报和波动率而言，经理 B 远逊于经理 A，但是，经理 B 有更高（更少负）的夏普比率，这种不合常理的结果是当夏普比率为负时，更高的波动率导致更高的夏普比率。那么该如何处理当夏普比率为负时呢？忽略它们[①]。这时夏普比率通常毫无价值且充满误导。

索提诺比率

索提诺比率解决了夏普比率的两个问题。第一点，索提诺比率用的是复利回报，更好地代表了投资任一期限实现的回报。

表 20.3　两个负夏普比率的投资经理的比较

	平均年化回报	无风险回报	超额回报	年化标准差	夏普比率
经理 A	−3%	2%	−5%	5	−1.0
经理 B	−8%	2%	−10%	20	−0.5

第二点，也是最重要的一点，索提诺比率关注于下行风险偏离，只考虑低于最小可接受回报（MAR）的偏离，取代了夏普比率中的标准差，含有所有偏离——向上偏离和向下偏离。具体来说，索提诺比率被定义为超过最低可接受回报的复合回报除以向下偏离，具体如下：

$$SR = \frac{ACR - MAR}{DD}$$

式中：SR——索提诺比率；
ACR——年化复合回报；
MAR——最小可接受回报（例如，0，无风险回报，平均回报）；
DD——向下偏离。

DD 被定义为

$$DD = \sqrt{\frac{\sum_i^N [\min(X_i - MAR, 0)]^2}{N}}$$

式中：X_i——单个回报；
MAR——最小可接受回报（例如，0，无风险回报，平均回报）；
N——数据个数。

例如，我们定义 $MAR=0$，这时，DD 就仅包含负回报的月份，索提诺比率中的

[①] 如果某些值必须使用呢？例如，在一个基于夏普比率的对于投资经理的排名中，在这种情况下，一个双重排名将会更加合理，当夏普比率为正时，对投资经理基于夏普比率排名；当夏普比率为负时，基于超额回报进行排名。

MAR 可以被定义为任一水平，但是接下来的三个定义通常被用于 MAR。

1. 0。所有的负回报将被包含进偏离计算。

2. 无风险回报。所有的低于无风险的回报将被包含进偏离计算。

3. 平均回报。所有的低于平均值的回报将被包含进偏离计算，这个公式最接近于标准差，但是仅考虑下半部分的回报。

通常来说，一个投资经理的索提诺比率会比夏普比率高，这证明了投资回报通常都是正偏的，即向上偏离比向下偏离大。这种比较是不正确的，索提诺比率和夏普比率不可比。从公式来看，索提诺比率总是比夏普比率高的，即便对那些最惨重损失大于最好回报的投资经理来说也是如此。索提诺比率偏好于向上偏离的原因在于它只是计算了一小部分回报的偏离——即那些低于最小可接受回报的回报，同时，分母是基于所有回报个数得出的向下偏离。由于索提诺比率区分向上和向下偏离，与夏普比率相比，索提诺比率更好地反映了投资者偏好，从这个角度上讲，索提诺比率是个更好地评估投资经理的工具。但是索提诺比率应该与其他索提诺比率相比，而不是夏普比率。

对称下行风险夏普比率

对称下行风险夏普比率（SDR），被 William T. Ziemba[①] 所发明，与索提诺比率类似。但是，做了一个重要的调整，去除了索提诺比率内含的相对于夏普比率的向上偏好。对称下行风险夏普比率被定义为复合回报减去无风险回报，再除以向下偏离。向下偏离的计算与索提诺比率的计算类似，但是有一个区别，系数 2 被用来补偿只有低于一定阈值的回报才被用来计算偏离[②]。计算向下偏离的阈值可以是任一水平，但是用于索提诺比率中最小可接受回报的 3 个选项也可以被用作阈值。例如，0，无风险回报和平均回报（在 Ziemba 的文章中，他用 0 作为阈值）。不像索提诺比率，对称下行风险夏普比率（用平均值作为阈值）可以直接与夏普比率比较[③]。

---

① William T. Ziemba，"对称下行风险夏普比率"组合管理杂志（2005 年秋，PP:108-121）

② Ziemba 用阈值代替最小可接受回报（MAR）来定义向下偏离，如果中位数被用来当阈值，则只有一半的回报值被用来计算向下偏离，这时系数 2 正好提供了一个完美的补偿调整。对于其他阈值的选择（例如，0，无风险回报，平均回报），低于阈值的回报不一定正好是一半，这时系数 2 将提供一个大致的补偿。

③ 为了完全精确，由于对称下行风险夏普比率用的是复合回报，而不是算术回报，对称下行风险夏普比率对于正态分布的回报来说会略微偏低，算术回报通常等于或略高于复合回报。如果 0 或者无风险回报作为计算向下偏离的阈值，假设投资经理的平均回报大于无风险回报，将会出现对称下行风险夏普比率比夏普比率高的倾向，理由如下：

（a）由于小于阈值的回报少于一半，所以系数 2 不能完全补偿。

（b）由于无风险回报，特别是 0 回报计算的向下偏离少于从平均回报计算的向下偏离。

以上两个因素导致对称下行风险夏普比率的向下偏离小于标准差，导致对称下行风险夏普比率高于夏普比率。

$$SDRSR = \frac{ACR - RF}{\sqrt{2} \times DD}$$

式中：$SDRSR$——对称下行风险夏普比率；

ACR——年化复合回报；

RF——无风险利率（国债收益率）；

DD——向下偏离。

$$DD = \sqrt{\frac{\sum_i^N [\min(X_i - \bar{X}, 0)]^2}{N-1}}$$

式中：X_i——每个回报；

$\bar{X}$——阈值回报。

由于对称下行风险夏普比率仅包含向下偏离，乘以系数 2 的平方根（起到了方差翻倍的效果），等同于假定向上偏离与向下偏离相等。正是这种用向下偏离替代向上偏离，带来了对称下行风险夏普比率与夏普比率可比。

对称下行风险夏普比率（用任一标准的阈值选择）比夏普比率更优，因为它说明了投资者对于向下偏离和向上偏离完全不同的感受。对称下行风险夏普比率同样优于索提诺比率，因为通过完全近似的计算[①]，对称下行风险夏普比率可以与广泛使用的夏普比率进行对比。同时，通过对比一个投资经理的对称下行风险夏普比率和夏普比率，投资者可以了解该投资经理投资回报是正偏还是负偏的。

收益损失比率

收益损失比率（GPR）是每月收益的总和除以每月损失和的绝对值[②]。这一表现指标表明累积净盈利和累积损失的比例。例如，GPR 等于 1 意味着，平均来说投资者的每月损失等于获得的净收益。GPR 指标惩罚了所有的损失，相对于他们的仓位大小来说。向上波动将会获益，因为他们只影响这个比例的收益部分。

---

① 除了引入系数 2，导致对称下行风险夏普比率和夏普比率可以进行无差比较。对称下行风险夏普比率和索提诺比率的唯一区别在于复合回报减去的是无风险回报，而不是最小可接受回报（可以是，或不是无风险回报）。

② 收益损失比率是一个我使用许多年的业绩表现统计指标。尽管这一术语有时被用作回报/风险或者回报/回落指标的通用参考，我并没有意识到这一指标之前的任何使用。收益损失比率和利润指标类似，利润指标在评价交易系统时经常使用。利润指标定义为所有盈利交易的和除以所有亏损交易的和的绝对值。利润指标用于交易，而收益损失比率被用于间隔（例如，每月）回报，利润指标可能等于收益损失比率 +1，利润指标和收益损失比率提供相同的表现排名。对于数量导向熟悉欧米茄函数的读者，注意欧米茄函数在 0 评价的时候同样等于收益损失比率 +1。

$$GPR = \frac{\sum_{i=1}^{N} X_i}{|\sum_{i}^{N} \min(X_i, 0)|}$$

其中，X_i——单个回报。

GPR 指标和夏普比率、对称下行风险夏普比率和索提诺比率的关键区别在于，GPR 指标对于 5 个 2% 的损失和 1 个 10% 的损失是没有区别的，然而，迄今为止其他所讨论的比率都将受到单个较大损失的更大影响。造成这个结果的原因是标准差和计算其他比率用到的向下偏离都涉及将相对参考回报（例如，平均值，0，无风险）和损失的偏离求平方差。例如，如果参考回报是 0，10% 的损失的平方差将是 5 个 2% 损失的平方差的 5 倍（$10^2=100$；$5 \times 2^2 = 20$）。在 GPR 计算中，作为对比，两个例子都给分母增加 10%。如果投资者对一个给定的损失程度在多个月或一个月内的经历不关心，那么 GPR 指标将是比对称下行风险夏普比率和索提诺比率更适宜的一个指标。但是，如果投资者认为一个较大的损失比多个但是总量相同的损失更加糟糕时，那么结论正好相反。

尽管 GPR 指标通常使用月度数据，它同样可用其他频率的数据来计算。如果每日数据可以得到，那么 GPR 可能是一个统计上非常显著的指标——由于大量的简单数据。时间跨度越长，GPR 指标越高，因为许多在短期内可见的损失将在较长的时间段内被抹平。根据我的经验，平均来说，对于同一投资经理，每日 GPR 值倾向于只有每月 GPR 值的 1/6，尽管每日和每月的 GPR 值的比例可能大幅波动。大概来说，对于每月数据，GPR 大于 1 就是较好的了，大于 1.5 就非常好了。但是对于每日数据来说，超过 0.17 就是比较好的，超过 0.25 就是非常好了。

GPR 指标相对于其他指标的一个优势就是甚至对于负回报排名也是相对一致的——即 GPR 较小的负值总是比较大负值要好（这个关系对于其他比例不一定适用）。GPR 为 0 意味着所有盈利的和等于所有亏损的和。GPR 的理论最小值为 -1.0，如果没有盈利月份时将会发生这种情况。GPR 越接近于 -1.0，所有盈利的和相对于所有损失越小。[1]

尾部比率

对于投资者来说，一个重要的问题是投资经理在较好和较差的极端回报是否较大。一个经常小幅盈利、偶尔较大损失（负偏的投资经理）的投资经理比另外一个经常较小损失、偶尔较大盈利（正偏的投资经理）的投资经理风险更大更不理想。尽管有统计指

---

[1] 盈利的和月亏损的和的比例等于 GPR+1，所以，例如，GPR 等于 -0.25 意味着盈利的总和与亏损的总和的比例等于 0.75。

标来衡量偏度——衡量回报分布向右（正）或向左（负）有长尾（极端事件）的程度——很难将直观的意义附加到特定的值（超出符号的值之外）。

尾部比率在一个值是直观清晰的统计里衡量极端回报是倾向偏向于正或负。

$$TR = \frac{\frac{\sum_{p=0}^{p=T} X_p}{N_{p<T}}}{\left|\frac{\sum_{p=100-T}^{p=100} X_p}{N_{p>100-T}}\right|}$$

其中，X_p——在百分位 p 的回报；

T——计算尾部比率的分子的百分位的阈值（隐含假设：低百分位排名代表较高的回报。例如，前10%的回报将是所有回报小于 T 的回报，T 就等于10）；

$N_{p<T}$——低于百分位的回报的数量；

$N_{p>100-T}$——回报大于百分位 100-T 的数量。

尾部比率要求一个参数输入：计算这一比率的上和下的百分位的阈值。如果这个阈值被设为10，例如，尾部比率将等于在最好的十分位的所有回报的平均值除以在最差的十分位的所有回报的平均值的绝对值（注意：在最差的十分位的所有回报的平均值得正的，那么尾部比率就没有意义，而且不能被计算）。如果回报正态分布，尾部比率等于1。当比率显著小于1时，表明最大损失比最大盈利大很多，如果比率显著大于1时，表明相反的趋势。例如，如果尾部比率等于0.5，在最差的十分位的所有损失的平均值是最好的十分位的所有收益的平均值的2倍——显示了该组合经理是非常冒险的。

MAR比率和回收比率

MAR比率是年复利回报除以最大回撤。

$$MAR = \frac{ACR}{1 - \min\left(\frac{NAV_j}{NAV_i}\right)}$$

其中，ACR——年复利回报（以小数形式表达）；

NAV——净资产价值；

$j > i$。

回收比率（Cam/mar）和 MAR 完全一样，只是计算被严格限制在过去3年的数据。尽管这些比率是有用的，因为它们是基于过去最差的形势的，风险测度因子仅基于一个事件的事实阻碍了它们的统计上的重要性。同样，如果应用于整个历史记录，MAR 指标将会强烈地不利于拥有较长记录的投资经理，由于记录越长，潜在最大回撤越大（这种偏向对于回收比率不适用，因为，根据定义，它仅仅是基于过去三年的数据）。组合经理的比较应该限制在平常的时间段，这个限制在使用 MAR 比率时非常重要。

回撤比率

回撤比率（RRR）和 MAR 与回收比率类似，因为它是一个平均年化复合回报除以回撤指标的指标。但是，关键的区别在于它不是基于单一的回撤（最大回撤），RRR 指标的分母是平均最大回撤（AMR），AMR 是基于每个月的最大回撤来计算的。每月的最大回撤等于下列两个数字中较大的那个：

（1）哪个月任何现有投资者经历的最大可能累积损失（前期高点的净资产和现行月末的净资产的百分比跌幅）。

（2）从哪个月末开始，任何新投资者经历的最大损失（现行月末的净资产和后续最低净资产的百分比跌幅）。

$$RRR = \frac{ACR - RF}{AMR}$$

式中：ACR——年复利；

RF——无风险回报；

AMR——平均最大回撤 $= MR_i / N$。

其中，N——月份的个数。

MR_i——较大值（$MRPNH_i$, $MRSNL_j$）。

其中，$MRPNH_i$ 是从此前净资产的高点以来的最大回撤，被定义为

$$MRPNH_i = (PNH_i - NAV_i)/PNH_i$$

式中：PNH_i——前期净资产高点（在月 i 前）；

NAV_i——在月 i 的月末的净资产。

$MRSNL_j$ 是到此后的净资产低点的最大回撤，被定义为

$$MRSNL_j = (NAV_i - SNL_j)/NAV_i$$

其中，SNL_j 是后续的净资产的低点（在月 i 后）。

之所以用两个条件来确定每个月的最大回撤是由于这两个条件倾向于在记录的一段中显示较小的回撤。第一个条件总是在记录的前面几个月显示小回撤——由于没有机会产生大的回撤。类似地，第二个条件总是在记录后面的月份显示较小回撤。通过使用两个条件下的最大值，我们确保了真正的每个月的最差情况。最大回撤的平均值是这些月度的最大回撤的平均值。回报回撤比率在统计上比 MAR 和 Calmar 比率更有意义，因

为它是基于多个数据点（每月一个）而不是单一的统计（真个记录期间的最大回撤）。

比较风险调整后回报表现指标

表 20.4 就我们讨论过的风险调整后的表现指标比较了图 20.3 中显示的投资经理 A 和经理 B 的表现。有趣的是，夏普比率——迄今为止最广泛使用的回报/风险指标——经常导致和其他所有指标完全相反的结论。夏普比率认为经理 A 的回报/风险表现明显较好，而其他所有指标认为经理 B 更好——好了很多。回顾经理 A 和经理 B 都拥有相同的累计回报，所以唯一的区别就是两人的回报中蕴含的风险不同。夏普比率使用标准差作为风险度量，认为经理 B 的风险更大，这是由于较高的波动率。但是，由于经理 B 的大部分波动率，都是在上行期——对于这个特点大部分投资者都认为是自然的，不是错误。尽管经理 A 总的来说波动率较低，但是在下行期的波动率比经理 B 更大——这个特点和多数投资者对更大风险的直觉相一致。夏普比率没有区分向下和向上的波动，而其他的风险调整回报指标区分了。

表 20.4 风险调整后的回报指标对比

	经理 A	经理 B	经理 B 相对于经理 A 的百分比
夏普比率	0.71	0.58	82%
索提诺比率（0）	1.27	1.44	113%
索提诺比率（无风险）	1.03	1.15	112%
索提诺比率（平均）	0.87	.094	107%
对称下行风险夏普比率（0）	0.75	0.85	113%
对称下行风险夏普比率（无风险）	0.73	0.81	112%
对称下行风险夏普比率（平均）	0.62	0.66	107%
收益损失比率（GPR）	0.70	0.71	101%
尾部比率（10%）	1.13	2.86	253%
尾部比率（5%）	1.10	2.72	247%
MAR 比率	0.41	1.09	265%
Calmar ratio	0.33	1.70	515%
回撤比率（RRR）	0.77	1.67	218%

尽管所有的风险调整回报指标——除了夏普比率以外，都惩罚了向下波动，但是它们是按不同的方式来实现的，有不同的含义：

- 索提诺比率和对称下行风险夏普比率。这些比例对于低于指定水平（例如，0）的回报进行了惩罚，对于向下偏离较向上的偏离给予更大的权重。因此，一个更大的向下偏离将会比多个小偏离减少比率更多，尽管多个小偏离加起来的总值等于大偏离。这些指标不受亏损月份顺序的影响。两个相距较远的10%的损失和连续的两个10%的损失具有同样的效果，即使后者导致更大的本金回撤。

- 收益损失比率。收益损失比率惩罚了向下偏离和偏离的幅度成正比。对比索提诺比率和对称下行风险夏普比率，一个较大偏离和多个小偏离但是总值相等有同样的效果。这种区别解释了为什么经理A和经理B在收益损失比率上基本相当，但是经理A在索提诺比率和对称下行风险夏普比率上要差得多：经理A有大损失和小损失，但是两个投资经理的损失总和差不多。收益损失比率与索提诺比率和对称下行风险夏普比率类似，对于损失的次序没有区别——即对于连续损失还是一次大损失没有区别。

- 尾部比率。尾部比率聚焦于具体的大多数的极端收益和极端损失。尾部比率对于突出那些最坏的损失往往大于最佳收益的投资经理是非常有效的。在尾部比率，经理B能实现偶尔非常大的收益，但其最严重的损失只是温和的，是显著优于经理A的，这个和趋势是反向节奏。

- MAR和Calmar比率。与上述所有业绩指标相反，这类比率会受到回报顺序很大的影响。集中的损失将会比分散在整个考察期间的小损失产生更大的影响。但是，这两个指标聚焦于单一的最差的本金回撤。因此，发生在最大的高点低点本金回撤期间以外的损失不会对这些比率产生任何影响。由于经理A的最大回撤比经理B的大许多，这两个指标显示两个经理之间有巨大的差异。

- 回报回撤比率（RRR）。RRR比率是唯一惩罚所有向下偏离和连续以及直接损失的指标。与MAR和Calmar比率对比，MAR和Calmar比率只是考虑了那些组成最大回撤的损失，而RRR指标考虑了所有的损失。

表20.5总结和比较了不同的风险调整收益指标的性质。

表 20.5 不同的风险调整收益指标的性质

性质	夏普比率	对称下行风险夏普比率	索提诺比率	收益损失比率	尾部比率	MAR和Calmar比率	回报回撤比率
是否被上行波动影响	X						
是否仅受下行波动影响		X	X	X	X	X	X

(续表)

性质	夏普比率	对称下行风险夏普比率	索提诺比率	收益损失比率	尾部比率	MAR 和 Calmar 比率	回报回撤比率
反映所有的下行波动	X	X	X	X			X
基于较大的损失更多的权重	X	X	X		X		
被直接损失影响						X	X
仅聚焦于极端回报					X		
当净回报为负时，排名保持一致				X	X		

哪个回报/风险指标是最好的？

从某种程度上说，选择哪一个回报/风险指标取决于每个投资者倾向于哪个表现指标的性质。这些表现指标的主要优点和缺点可以总结如下所述。

- 夏普比率。尽管夏普比率是最广泛使用的风险调整指标，由于它惩罚了上行收益，提供了和大多数人对于风险的直觉一致的排名。
- 索提诺比率。这一比率纠正了夏普比率在衡量风险时聚焦于向下风险而不是总体波动的不足。作为补充，索提诺比率用的是复合回报，这与整个考核期的实际回报相符。然而，夏普比率用的是算数平均回报，这与整个考核期的实际回报不符。索提诺比率的一个不足是它不能和夏普比率直接比较，由于它的计算倾向于更高的值。
- 对称下行风险夏普比率。这个指标和索提诺比率提供了一样的修补，而且它还有一个优势，那就是它进行了额外的调整使得它可以和夏普比率的值进行直接比较。和索提诺比率类似，对称下行风险夏普比率同样是用复合回报代替了算术平均回报。由于对称下行风险夏普比率会提供和索提诺比率近乎一样的排名，而且有可以和夏普比率的值进行直接比较的优势，看起来，这对于任何投资者都是较好地选择。使用另外两个比率将是多余的。
- 收益损失比率。和对称下行风险夏普比率以及索提诺比率类似，收益损失比率仅惩罚了损失（0收益也通常是下行风险夏普比率和索提诺比率最低可接受回报的选择）。收益损失比率根据幅度给予损失相应的权重，然而，对称下行风险夏普比率以及索提诺比率放大了较大风险的权重。对于投资者来说，如果认为每月1个10%的损失和5个2%的损失是一样的，那么他会倾向于收益损失比率。如果投资者认为每月1个10%的损失更加糟糕，那么他可能倾向于对称下行风险夏普比率。

- 尾部比率。通过定义，由于尾部比率仅考虑了所有回报中的一小部分（20%或者更少），它不打算作为一个独立的风险调整后的回报指标。但是，它聚焦于极端回报，使得它成为其他指标的一个有用的补充。
- MAR和Calmar比率。这两个比率将惩罚那些很大可能是同一回撤时的损失。其他比率（除了RRR）都不受回报出现顺序的影响。这两个指标的缺点是风险都是由单一事件（最大回撤）来确定的，损害了他们统计上的重要性和代表性。
- 回报回撤比率（RRR）。这一指标基于向下偏差，同时受临近损失的影响。它较MAR和Calmar比率最大的优势是它反映了所有的回撤，同时风险序号是基于所有月份的序号，而不是一个单一事件和单一的统计：最大回撤。尽管MAR和Calmar比率可能仍是反映最差情况的一个辅助指标，RRR指标是个更好的回报/回撤比率。

看得见的业绩衡量

许多人将会发现这一段的表现图较表现统计数据提供了一个关于相关表现（同时在回报和风险方面）更加直观的感受。

净资产（NAV）图

净资产图，正如图20.3中所阐述的，提供了一个极端有用的评估历史记录的方法。净资产图描绘了一段时间1 000美元的复合增长。例如，净资产2 000美元意味着初始投资已经翻倍了。净资产图可以提供一个关于过往表现的好的直观感受。实际上，如果一个投资者打算分析一个业绩表，那么净资产图可能是信息量最大的。

但是，我们传统上表面理解缩放的净资产图的方法可能会导致误导的推论。考虑图20.4，在继续阅读之前，先回答下列3个问题：

① 记录的前半段还是后半段的回报更高？
② 投资经理在记录的前半段还是后半段的风险更高？
③ 记录的前半段还是后半段的回报/风险表现更好？

如果你选取前半段来回答3个问题中的任意一个，你就错了。如果你选择了后半段，你同样也是错了。这两段是完全一样的。实际上，这个记录的每个 1/4 都是一样的。图 20.4 复制了经理 A 在图 20.3 中的表现，将序列粘贴了 3 遍，创造出了一个延长的净资产图，但是内部的趋势是一样的，一共重复了 4 遍。但是，看图 20.4，看起来似乎回报和波动率都在大幅增加。它们没有。这种错觉是由于根据传统的算数比例来绘制净资产表的。根据算术比例，当净资产等于 16 000 时，下跌 1 000，看起来就像 NAV 是 2 000 时，下跌 1 000。但是，这两个下跌，是很不一样的：一个是温和的 6% 下跌；另一个是 50% 的大幅下跌。算术比例表的这种扭曲会当净资产值范围很大时进一步放大，这经常对于长期图表来说是一个严重的问题。

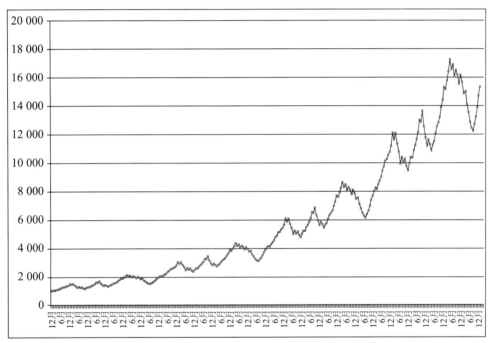

图 20.4　随着时间的推移，表现改变了吗

理想的方式是根据对数比例来绘制净资产表。根据对数比例，固定数量的变化（例如，1 000）将会随着水平的上涨而等比例的变小，结果就是，纵轴上等比例的变化看起来就像等数量的变化。图 20.5 描绘了和图 20.4 相同的净资产表，但是是根据对数比例绘制的，这张自我复制的表显示的业绩无论什么时候看起来都是一样的了。教训就是，使用对数比例是绘制净资产表的正确方法，尤其是当净资产范围较大时（特别是像长期表）。在本章前面的图 20.1 和图 20.2 中，就使用的是对数比例，代表了一段时间更加准确的相对波动率。

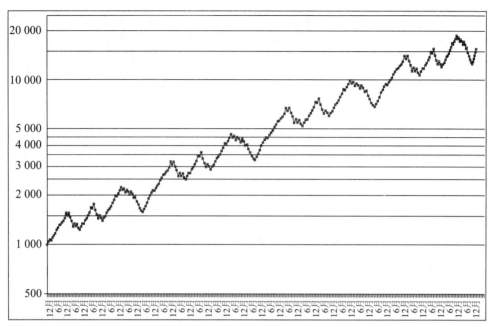

图20.5 对数比例：相等百分比价格移动显示相同

滚动窗口回报图

滚动窗口回报图显示的是指定时间长度截至每月月末的回报。例如，一个12个月的滚动窗口回报图显示的是截至每月月末的12个月的回报（从记录的第12个月开始）。滚动窗口回报图提供了关于一个投资经理一段给定时间业绩清晰的可视总结。同时，回答了如下问题：一个投资经理一项持有12个月的投资的回报范围是多少？24个月呢？投资持有12个月的最差损失是多少？24个月呢？对于任何12个月，12个月的滚动窗口回报将和年化回报一样。但是它们重要的区别是滚动窗口回报图对于其他月份显示类似的回报。12月成为最差的12个月回报的可能性只有1/12。通过显示任意月份所有的12个月回报，滚动窗口回报图将包含最差的情况，而最差的情况往往被年化回报遗漏，这将比仅有一年持有期的回报更有代表性。滚动窗口回报也可以用其他间隔来计算（例如，24个月，36个月）。

为了说明滚动窗口回报图作为图形分析工具的使用，我们比较在图20.6中的两个经理，两个人仅仅在回报上略有区别（经理E的年化复合回报要高1.3%），但是在回报稳定性上相差甚远。正如图20.7中所显示的，经理E的12个月回报波动巨大，从-49%到142%。作为对比，经理F的12个月回报就温和得多，范围从-10%到29%（见图20.8）。那些有足够耐心投资经理F的投资者至少12个月的投资将会很少出现净亏损。但是，这种耐心，并不能使投资了经理E的投资者感到宽慰，这些投资者在所有的12

个月持有期中，有 1/4 超过了净损失大于 15%，最大的损失超过了 40%。甚至持有经理 E 产品 24 个月的投资者仍有将近 1/5 的时间段损失超过 15%（见图 20.9）。作为对比，经理 F 的持有 24 个月的最差结果是 4%（见图 20.10）。

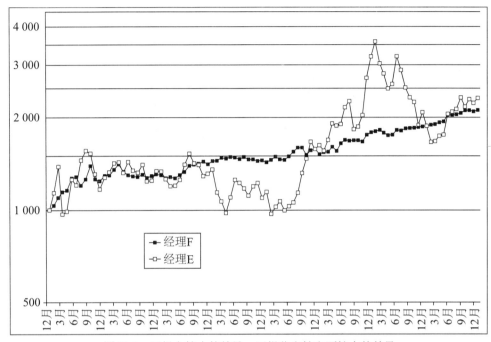

图 20.6　回报上较小的差异；回报稳定性方面较大的差异

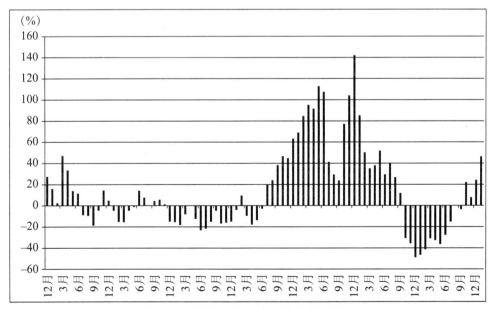

图 20.7　经理 E 的 12 个月滚动窗口回报

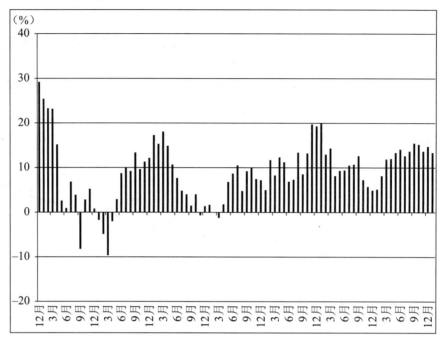

图 20.8　12 个月的滚动回报：经理 F

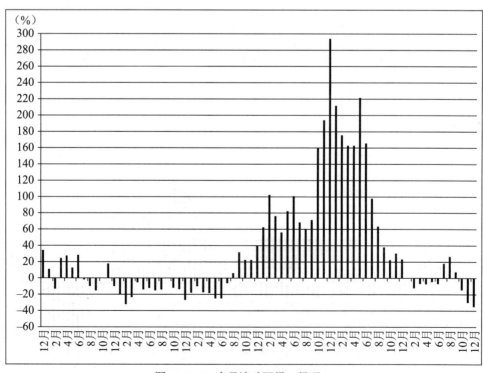

图 20.9　24 个月滚动回报：经理 E

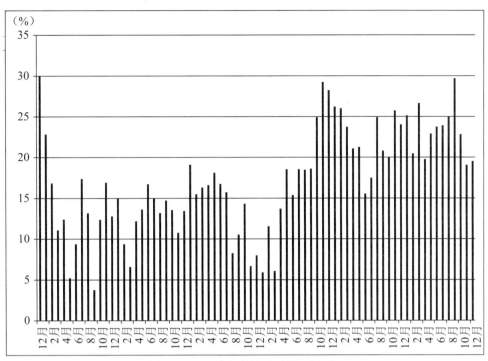

图 20.10　24 个月的滚动回报：经理 F

投资者可以用滚动窗口回报图来评估最差结果的潜在频率和幅度，并作为挑选与他们容忍亏损投资的时间相匹配的投资辅助工具。例如，对于一个不能容忍亏损超过 12 个月的投资者，就应该尽量避免 12 个月回报为负的投资经理，不管其他表现指标看起来多么诱人。

滚动图同样也可以用来描述其他统计数据，除了回报。例如，年化波动率（使用每日数据和若干个月的窗口）滚动图可以被用作监控投资经理和组合，作为风险可能增加的早期证据。

水下曲线

水下图显示了投资者可能经历的截至每月月底最糟糕的累计百分比损失——假设推出了投资从前一个净资产高点开始。净资产图的低点时最大回撤（在 MAR 和 Calmar 比率中使用的风险指标）。但是，水下图提供了更多的信息，因为它不仅显示了最坏的损失（最大的回撤），还显示了其他每月月末的最大可能损失。图 20.11 说明了图 20.6 中描述的两个同样的拥有完全不同稳定性回报投资经理的水下图。两者之间的差异简直是天壤之别。经理 F 的回撤幅度很浅而且相对是时间很短的（回到 0% 水平的上涨显示了净资产新高）；经理 E 的回撤幅度很大且长久。水下图提供了与大多数投资者对风险的理解相一致的对于一项投资相对风险的完美直观的代表。

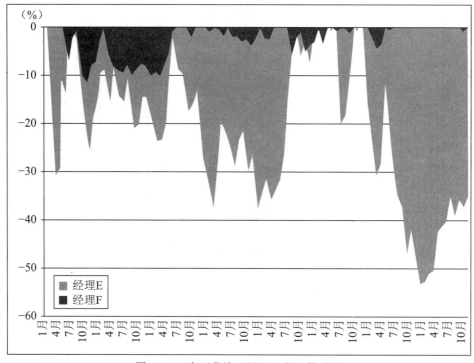

图 20.11　水下曲线：经理 E 和 F 的对比

水下图的一个不足是它在记录的早期会低估风险,因为缺少足够的朝前看的时间段。对于早期的几个月，没有办法评估一个真实的最差损失的代表，因为一个前期足够长的记录不存在。同样，水下曲线是从现有投资者经历的累计最差风险的角度来衡量的。可以争论的是，新投资者经历的最差损失可能是一个更相关的指标。对于水下表计算不足的一个解决方案是考虑对于每个月新开始的投资者经历的最差损失，假设投资在后续的净资产低点时退出。那么我们可以创造一个双方向的水下曲线（2DUC），这样就可以在每个月显示下列两个损失的最大值：

（1）从前期 NAV 定点进入的现存投资者的累积损失；

（2）从当月月末开始投资，并且在随后的 NAV 低点清盘的投资者的累积损失。

实际上，在 2DUC 图的所有点平均值将是在回报回撤比率中用到的风险指标（最大回撤平均值）。经理 E 的水下部分在 2DUC 图（见图 20.12）中变得更加极端，从每月平均 21% 扩大到 30%（AMR）。经理 F 的水下曲线在图 20.12 中保持了温和的态势，平均值为 3%。从图 20.12 中可以看出，经理 E 的平均最差情景比经理 F 的差 10 倍；那对于平均年化复合回报只差 1.3% 来说，风险大了许多。基于业绩，甚至对于大多数风险偏好的投资者也很难认为经理 E 比经理 F 要好。

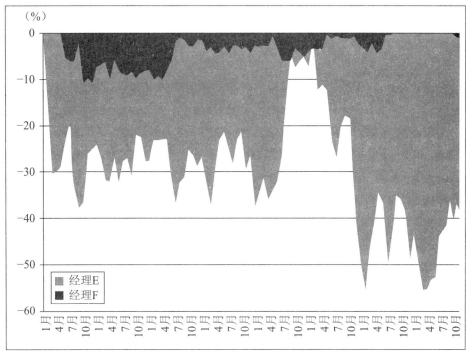

图 20.12　2DUC：经理 E 和经理 F 的对比

投资见解

许多投资者都过分注重投资回报，但是投资回报可以通过提高风险暴露来提升（例如承担更大的风险），回报 / 风险比率是一个更有意义的衡量投资表现的指标。假设有两项投资，如果其中一项有较高回报 / 风险比，且回报较低，那么这项投资可以通过增加杠杆使得它的回报达到另一项投资的水平，同时承担较低的风险。

迄今为止，夏普比率是最广泛使用的回报 / 风险衡量指标，然而，夏普比率对向上波动与向下波动同样不利，这与大多数投资者的直观感受不一致。其他本章详述的回报 / 风险指标更加注重于用损失来代表风险，能够更加直观地反映投资者理解的风险。表 20.5 中概括总结了各种回报 / 风险指标的特点。投资者可以根据不同的特点来选择不同的指标以满足他们的标准。

回报 / 风险统计可以和这章陈述的业绩图一起使用，这将提供大量直观和易得的信息，并组成业绩分析的核心。作者推荐使用下列业务图进行投资经理业绩评价和基金估值。

- 净现值表。
- 12个月和24个月滚动窗口回报表。
- 双方向的水下曲线。

附注：这一章中描述的某些统计和图表是我自己的发明，因此，在现有的软件上还找不到。许多统计和分析图表可以在 FundSeeder.com 网站上免费获得。

第五部分

基本面分析

第21章

四种常见的错误，或者怎样才能不犯错

亲爱的交易员，错不在基本面，而在我们自身。

（向莎士比亚致歉）

☐ 五个小情景

情景1

美国财政部宣布了一项新的出售库存黄金的计划。毫不意外，市场在第二天以接近极限的下跌开盘。你也许觉得这新的黄金出售计划会大幅增加市场黄金供应，因此，现在依然是一个卖出黄金的好机会，即便市场已经大幅下跌。也许，你还在一定程度上担忧通胀的上升和美元贬值，是，你还是认为这项黄金销售计划在近期内将主导黄金市场。

卖空黄金之后，市场徘徊了两天时间，然后，正如你预料的，大幅下跌。一周以后，你的交易开始大幅盈利，这使你更加确信，你抓住了熊市的早期，你决定持有空仓至长期交易。但是在接下来的一个星期中，市场开始莫名其妙地反弹，你的盈利遭到侵蚀。互相矛盾的是，今天并没有任何有意义的好消息，反弹还在持续，价格甚至超过了美国财政部的公告前。你的损失继续增加，然后，最终你爆仓了。你发誓，这是最后一次基于基本面进行交易。

情景2

你做了充分的准备，对于即将在下午公布的美国农业部发布的50个州的生猪和猪肉的报告充满了信心。这个报告说明猪肉生产正在大幅扩张，你预计生猪存栏将至少同比增长7%以上。在最近几周里，生猪价格已经大幅下跌，但是你认为这个报告符合你的预期，将使得价格更低。

尽管你熟悉在一个主要报告期持有仓位的风险，但这个机会你无法拒绝。在报告公布的时间，你死死地盯着屏幕，心跳在加速。你看到关键词，当你看到那个数字时，一个微笑划过面容,"我猜到了"你大喊道,这个报告显示,生猪存栏量增加了8%。

第二天,市场以跌停开盘。然后你开始计算,如果连续3个跌停板,你的利润将会是多少——这还是保守的估计。但是,还没等你算完利润,一个奇怪的事情发生了,市场开始反弹了,在今天的交易结束前,生猪价格竟然上涨了100个点。上涨的趋势一直持续到下一个交易日,一个星期之后,你以一定的损失平仓了。你感到被欺骗了,在你的预期里,你是对的:这个报告是偏空的报告,不是么?

情景3

你已经连续3周做多玉米了,而且这是你最好的交易之一。尽管有各种各样的谣言,市场还是很稳健地上行。就在政府公布额外大额向日本出口谷物的那个晚上,你开始畅想这笔交易是否可以让你提前退休。

第二天一早,你打电话给你的经纪人,他说:"每蒲式耳玉米涨了8到10美分。"没有如预期那么好,但是还可以。但是等到玉米即将开盘时,价格已经跌到前一日的价格,市场甚至以下跌2分钱开盘。几天以后,玉米价格已经跌了超过40分,你的利润最终全部蒸发。

情景4

奶牛期货已经接近历史高位。而且你意识到奶牛供应已经下降,同时预计将维持低位,但是基于更进一步的检查,你发现,在过去有好几次奶牛的价格更低的时候,奶牛供应更低。你得出结论现在的牛市已经过热了,因此卖空了奶牛。

当奶牛期货再上涨了10美分每磅后,你认识到市场现在处于更好的卖空时点,再次增加空仓的仓位。但是价格依然在上涨,直到你最终认输。

情景5

你了解到糖的价格已经低于生产成本了,一个指标看起来表明价格已经超跌了。你买多糖,不仅价格没有再次上涨,而且继续持续下滑。你不明白为什么生产者继续以亏损卖糖。你对现在这种逻辑矛盾的市场价格感到既困惑又沮丧,但是你的损失还在继续增加。

上述5个情景看起来给基本面分析不起作用提供了证据。至少,许多期货交易员从类似的经历中得出了上述结论。

但是,一个简单的事实是许多关于基本面分析的过去或者是不全面的或者是错误的,或者是两者兼而有之。一个完全忽视基本面的交易员几乎一定比一个错用基本面的交易员要好。但是，决不能否认基本面分析是一个有用甚至是强大的工具。

在讨论如何正确做事情之前，有必要先了解怎样才能不犯错。我们将从探究 14 个常用的基本面分析错误开始。碰巧的是，这些错误并不仅仅是初级交易员常犯的。事实上，这些错误在许多令人尊敬的财经新闻媒体和无数商品研究期刊中重复出现了很多次。他们的排序与重要性无关。

14 个常见的错误

1. 视基本面分析如无物

"基本面看空"被经常认为是供应过剩的同义词，这样的理解看起来似乎是有道理的，但是这将导致错误的结论。

例如，假设糖的市场价格在 30 美分每磅，而且正在从供应偏紧转向过剩，在这种情景下，基本面分析认为将进入熊市，价格下跌将是合理的预期。假设价格开始下跌，基本面分析者是否会认为 25 美分每磅依然是熊市？这非常有可能。20 美分？也许，15 美分？10 美分？5 美分？重点在于，在某一个价格位置，基本面分析者认为市场不再是熊市了，无论多大的预期供应。

事实上，如果价格在下跌时超跌，基本面分析者非常有可能认为在供应过剩的情况下转向看多，这是一个常见的情况。因此，基本面分析者不是看多或者看空本身，他们只是对于价格看多或者看空。许多失败的分析师认为或者意识到这是基本面分析者经常在市场高点看多、在低点看空的原因。

2. 将过时的信息视作新情况

财经新闻媒体经常用差不多的方式报道旧的信息和新的信息。例如，一条"世界棉花产量将增长 10%"的头条新闻听起来非常利空棉价。但是，这条新闻非常有可能并不会指出这已经是第四次甚至第五次类似的预测发布了。非常有可能，上个月的预测也预期了大约 10% 的世界产量增加。对于这件事，上个月的预测甚至有可能是增长 12%，现在的预测可能有利于价格。重点是，时刻牢记许多听起来新鲜的信息实际上已经过时了，已经被市场充分消化。

3. 仅进行一年比较

每年同期对比得到广泛使用，或许，同比提供了一个简单的直观分析方法。这种处理方式过于简单化了，但是，应该避免。例如，考虑这样一个市场评论，"12 月的生猪报告预示大量的猪肉供应迫在眉睫,市场上所有的生猪将增长10%,这预期生猪屠宰量将增加10%,从而拉低价格"。尽管这样的分析在某些情况下是正确的,但是如果持续使用,这将容易导致错误。

眼尖的读者也许已经根据错误1得出结论,大量的供应不一定意味着更低的价格,如果市场已经消化了这个趋势的话。但是,还有一些额外的潜在错误是关于同期比较的。第一,12月报告预期的生猪数量10%的增长并不意味着大量的供应。也许,去年生猪数量非常低。第二,生猪屠宰量和市场上的猪肉量还有很大差别,也许,前一年,从屠宰量到猪肉供应量的比例异常高,尽管一年比较可以被用来简单说明观点,他们决不能代表基本面分析的唯一基础。

4. 用基本面分析判断交易时点

如果这些常见错误按所犯的频率来排序,这一项有很大可能排第一位。基本面分析是一种给定统计条件的情况下观察价格是否合理的方法。它可被用作每年、每季、在某种情况下每月的价格预测。但是,可笑的是,有些交易员试图将供求统计简化成判断价格信号的位置,这确是部分依赖定时基本面分析的交易员在做的事。

基于网络、报纸文章等的交易都属于这一类错误。这样,那些基于网络文章进行投机的投机者投机失败也就不奇怪了。唯一主要例外的是那些将这些信息反着用的交易员,即将看多新闻公告看成是市场转多失败的信号,转而做空。

基本面研究者也必须预防当完成分析发现市场超涨或超跌后立即建立仓位的天性。市场并没有意识到研究者个人价格发现的时点,即使这些分析是正确的,正确的时点也许是3周后,甚至3个月之后。简而言之,对于判断交易时点,即使基本面分析者也应该使用一些技术面的元素。

5. 缺乏观点

假定如下的情景:一天浏览财经版面,你注意到如下的头条:"政府官员预计在最近的中西部暴风雪中有10 000头牛被冻死"。是否这么一个巨额的产能损失预示着一个买入良机?稍等,到底有多大的损失?如果你在自家草坪上看到10 000头牛,那听起来是一个很大的数目,但是如果考虑到全美国有9 000万头牛(全世界更是有很多倍),这点损失甚至比不上菜篮子里的损失。

这是一个基于供给的例子,但是涉及国内消费或者出口的例子也很容易说明。在这种情况下,同样的问题也可以这么问:从全球背景来看,这个事件到底有多重要(例如,产能损失,新增出口)。

6. 忽略相关时间考虑

对或错：上涨的谷物价格能导致上涨的肉类价格。不是欺骗，在阅读前仔细思考。

事实上，这不是一个公平的问题，因为答案基于时点框架。大多数人也许回答是"对"，因为上涨的谷物价格增加了饲养场的生产成本，这将导致饲养场的产能下降，从而抬升肉类价格（生产成本本身就是一个错误的概念，将会随后单独讨论）。但是，这个原因只在长期来看有用（2.5年以上）。

从中短期观点来看，对于期货交易员来说主要的时间框架考量，谷物价格上涨的效果也许正好相反，如果谷物价格上涨能够有效地引导养殖者减少产量，初步的影响将会是母牛集中处理而导致的市场扩大和价格下跌。上涨的谷物价格还可能导致牛饲料的使用量减少，当然这种影响相对较小。从长期来看，上涨的饲养成本仅仅意味着供应量的变化（由于牛通过草来增加自身重量要慢得多），而不是整个供给的变化。

在经济学的世界里，因果关系并不会立即显现，在有些情况下，有些事件会导致很快的价格反映，在另一些情况下——正如牛的例子——效果会数年后才反映。

7. 假定价格不会大幅低于生产成本

不论这一点被实际的事件证明了多少次，这一条永远不过时。生产成本不是一个价格支撑因素，特别是对于不可储存的商品。

一旦一个商品被生产出来，市场并不关心它的生产成本。价格将基于现有的供给和需求。当价格滑向生产成本而供给过剩存在，那么价格将会继续下跌直至达到均衡价格。

为什么生产者会以低于生产成本的价格销售商品呢？事实是他们没有别的选择。农产品市场是高度竞争的，有成千的卖家。任何个体都无力向市场传导生产成本。相反的是，个体必须接受市场能够承受的价格。毕竟，低价好过没有价格。

当然，不盈利会导致生产的缩减，但是这一切不会一夜之间发生。最小的至少是一年，在很多情况下，从价格低于生产成本到产出的减少将会花去数年之久。从这个意义上讲，错误7是错误6的结论——忽略了时间的考虑，许多商品市场都经历了价格下降，并持续低于生产成本达数年之久。当你下次读到因为价格等于或低于生产成本而购买某个商品的推荐时，牢记这些实例。

8. 不当的推论

错误8也许是最容易通过实例证明的。首先，饲料喂养牛的数量不一定能够预测未来的屠宰量，原因如下：饲料喂养牛并不包括散养的牛。而散养的牛占总屠宰量的稳定比例。这没有问题，但是，如果在一段时间内，占比出现大幅波动，直接用饲料喂养牛的数量去预测屠宰量将会导致巨大的错误。如果，比如说，高饲养成本导致散养牛的数量增加，尽管饲料喂养牛的数量明显下降，但是牛的总数量可能会更高。

许多市场分析和评论天真地忽略了前面所说的关于预测牛屠宰量的困难。这个错误多严重呢？表21.1是饲养牛数量占比变动和总屠宰量的关系。这两组数据有大量的变化。事实上，从1995—2014年，有34个季度饲养牛数量百分比变动和总屠宰量百分比变动的偏差超过5%，有7个季度的偏差超过10%。用在过去任一季度的屠宰量将等于相应的前一年的水平这样一个简单的假设就能更精确地预测屠宰量并不是在说大话。这是一个明确的没有信息将远远好过错误地使用信息的例子。

表21.1 饲养牛数量百分比变化和总屠宰量百分比变化对比

季度	饲养牛数量占前一年的百分比	牛屠宰量占前一年的百分比	两个百分比的差①
2015年1月	94.48%	100.98%	6.50%
2014年10月	91.17%	99.49%	8.31%
2014年7月	91.72%	97.61%	5.89%
2014年4月	94.14%	99.53%	5.39%
2014年1月	94.77%	94.79%	0.02%
2013年10月	97.01%	92.31%	-4.70%
2013年7月	99.85%	96.81%	-3.05%
2013年4月	100.19%	95.01%	-5.18%
2013年1月	96.95%	94.37%	-2.58%
2012年10月	98.66%	97.40%	-1.26%
2012年7月	95.37%	102.66%	7.28%
2012年4月	96.18%	102.00%	5.82%
2012年1月	96.53%	103.02%	6.49%
2011年10月	97.00%	104.86%	7.85%
2011年7月	99.84%	103.74%	3.90%
2011年4月	99.54%	104.92%	5.39%
2011年1月	101.85%	104.83%	2.99%
2010年10月	105.02%	102.91%	-2.10%
2010年7月	102.74%	103.26%	0.52%

① 第3列减去第2列。

（续表）

季度	饲养牛数量占前一年的百分比	牛屠宰量占前一年的百分比	两个百分比的差
2010 年 4 月	100.89%	96.46%	-4.42%
2010 年 1 月	102.36%	97.99%	-4.37%
2009 年 10 月	100.78%	100.57%	-0.22%
2009 年 7 月	96.14%	94.73%	-1.41%
2009 年 4 月	94.99%	95.53%	0.54%
2009 年 1 月	96.44%	92.90%	-3.53%
2008 年 10 月	95.30%	94.97%	-0.33%
2008 年 7 月	101.84%	95.88%	-5.96%
2008 年 4 月	102.58%	100.34%	-2.24%
2008 年 1 月	101.42%	101.03%	-0.39%
2007 年 10 月	103.22%	96.33%	-6.89%
2007 年 7 月	99.60%	98.76%	-0.84%
2007 年 4 月	100.25%	98.58%	-1.67%
2007 年 1 月	103.97%	101.44%	-2.53%
2006 年 10 月	103.73%	108.61%	4.89%
2006 年 7 月	102.94%	104.60%	1.66%
2006 年 4 月	106.22%	108.64%	2.41%
2006 年 1 月	103.25%	104.47%	1.22%
2005 年 10 月	100.45%	99.81%	-0.64%
2005 年 7 月	101.69%	102.57%	0.88%
2005 年 4 月	97.22%	100.99%	3.77%
2005 年 1 月	96.43%	100.41%	3.98%
2004 年 10 月	98.28%	102.73%	4.45%
2004 年 7 月	87.31%	101.96%	14.65%
2004 年 4 月	90.09%	100.33%	10.24%
2004 年 1 月	94.33%	105.58%	11.26%
2003 年 10 月	91.22%	98.05%	6.83%
2003 年 7 月	103.14%	94.62%	-8.51%
2003 年 4 月	103.37%	92.45%	-10.92%
2003 年 1 月	99.29%	91.60%	-7.70%

（续表）

季度	饲养牛数量占前一年的百分比	牛屠宰量占前一年的百分比	两个百分比的差
2002 年 10 月	100.62%	93.69%	−6.99%
2002 年 7 月	103.08%	95.24%	−7.84%
2002 年 4 月	101.37%	100.47%	−0.90%
2002 年 1 月	98.93%	98.03%	−0.91%
2001 年 10 月	100.65%	100.99%	0.34%
2001 年 7 月	97.13%	105.89%	8.76%
2001 年 4 月	98.22%	102.87%	4.65%
2001 年 1 月	94.41%	102.81%	8.40%
2000 年 10 月	98.64%	107.20%	8.56%
2000 年 7 月	99.18%	108.61%	9.43%
2000 年 4 月	100.26%	107.58%	7.33%
2000 年 1 月	103.09%	107.57%	4.48%
1999 年 10 月	102.15%	104.96%	2.81%
1999 年 7 月	102.89%	104.30%	1.41%
1999 年 4 月	102.03%	102.63%	0.60%
1999 年 1 月	100.62%	95.63%	−4.99%
1998 年 10 月	98.42%	97.83%	−0.59%
1998 年 7 月	97.99%	102.27%	4.28%
1998 年 4 月	96.69%	97.27%	0.58%
1998 年 1 月	97.54%	105.65%	8.11%
1997 年 10 月	99.57%	112.69%	13.12%
1997 年 7 月	101.46%	114.26%	12.80%
1997 年 4 月	97.00%	105.90%	8.90%
1997 年 1 月	99.19%	102.05%	2.86%
1996 年 10 月	100.12%	96.94%	−3.17%
1996 年 7 月	98.32%	85.05%	−13.27%
1996 年 4 月	105.91%	99.50%	−6.42%
1996 年 1 月	106.58%	107.92%	1.34%
1995 年 10 月	103.04%	101.63%	−1.41%
1995 年 7 月	105.14%	106.00%	0.85%

（续表）

季度	饲养牛数量占前一年的百分比	牛屠宰量占前一年的百分比	两个百分比的差
1995年4月	105.48%	100.17%	-5.31%
1995年1月	103.14%	94.61%	-8.53%
		绝对值平均	4.73%
		绝对值中位数	4.4%
		绝对值最大值	14.65%
		绝对值最小	0.02%
偏差大于5%的季度数			34
偏差大于10%的季度数			7

另一个不当推断的例子是从土地的数据推断总产量。土地的百分比变化不一定能推断出总产量有同样的变化（即便假设有同样的产量）。对于大多数谷物来说，产量的分布是一个及其重要的变量。例如，在某些州（譬如加州），棉花的平均产量大约是得州平均水平的3倍。尽管会花费很多的时间，产量预测需基于各个不同地区的土地（区域或州），而不是土地数量的简单加总。

9. 比较名义价格水平

用现在的价格去比较去年的价格水平是不准确的。与过去进行比较时，根据历史价格进行通胀调整是有必要的。尽管自从20世纪80年代中期以来，美国的通胀总体是温和的。但是在更长的时间段里，即使很小的通胀也可以产生巨大的累计效应。更何况，未来，高通胀可以再次发生，这将使得通胀因素变成一个重要的考量。

举例来说，假设一个详尽的关于过去几年商品X的统计数据的调查表明，1997年和2003年商品X的基本面和现在非常相似，这样的观察是否能推断出现在的价格与1997年和2003年一致呢？当然不能。以实际美元计算，价格也许差不多，但是考虑通胀的影响，现在的名义价格可能会更高一些。

通胀不能被认为不存在。但是，举例来说，一个从1980年开始延长的对大多数实物商品需求放缓（由减弱的库存要求导致）抵消了通胀的影响。由于需求很难被数量化——将会在22章中具体讨论，通胀调整的总效用有可能偏高。换句话说，具有讽刺意味的是，在某些情况下，另一个天真地忽略了需求变动和通胀调整的分析师有可能比一个考虑了通胀的分析师得出更准确的结论。这种偶然准确的结论有可能是个暂时的现象。正确的做法是同时考虑通胀和需求变动。

10. 忽略预期

市场经常对下一年（或季）的预期比当时的基本面更加重视。这种现象通常在供给从过剩向不足的转换时点更加明显，反之亦然。

1990年的小麦市场提供了一个绝佳的例子。1989——1990年，冬小麦的产量低于平均值，结转库存（通过利用率的百分比来衡量）跌至15年以来的最低点，此外，1990年冬小麦的育苗面积只是小幅增长，因此，这些似乎表明小麦供应紧张的局面将会持续到新的一年。

尽管是明显的看多条件，但是小麦价格走势平稳，并且从1990年年初大幅下跌。这个价格下跌并不能从当前的基本面来解释，只能从预期来解释。随着时间的推移，1990—1991年的硬红冬麦丰收的迹象将会越来越明显。最终，1990—1991年的冬小麦产量较前一季增长了16%，同时，收获的播种面积占比从75%提高到88%。这是由于特别好的产量和大幅下跌的荒废土地。1990—1991年的冬小麦的产量大幅增长了39%，尽管播种面积只是少量增加，同时，结转库存回到了合理水平。

尽管上述冬小麦的基本面转换仅从1990年春季中期以后的数据反映出来，但是在1990年年初，这样的变化已经进入了市场预期中。因此，在1990年前半年的冬小麦价格提供了一个经典的预期决定现价基本面的例子。

11. 忽略了季节因素的考虑

几乎所有的商品都呈现出一个或多个季节性变化。忽略季节性因素可以轻易地导致对基本面数据的误解。举例来说，第四季度生猪屠宰量较三季度增加5%实际上预示着产量减少，而不是增加产量，这个明显的矛盾解释在于生猪产量非常季节性，生猪养殖者通常在春季繁殖，而生猪冬季产仔较少，因为生猪从出生到上市大约需要6个月，因此，生猪屠宰量在秋季是最高的，夏季是最少的。因此，在比较当时和前一个月或季度的生猪屠宰量时就很有必要进行季节性调整。

比较前一年的生产和消费数据当然不需要考虑季节性因素，但是如果比较涉及年内不同时间段的数据，就有必要对历史数据进行仔细检查，而做出必要的季节性调整。

12. 期待价格符合世界贸易协定的目标价位

商品的历史充满了世界贸易协定完全不能达到宣称目标的例子，通常情况，贸易协定试图通过出口控制和库存计划来提振价格。尽管这些条款提供了一些支持，并且可能偶然触发短暂的反弹，但是他们通常不能有效地维持价格在一段时间内持续地高于均衡价格。国际食糖协定和国际可可协定是两个世界贸易协定最终失败地支撑价格高于他们分别制定的价格下限（在他们试图支撑价格的年份）的例子。也许，最有效的价格支撑组织是石油输出国组织（OPEC），但是，即便这个石油卡特尔也经常面临价格低于目标水平的情况——而且经常低很多。

需要指出的是，世界贸易协定在控制价格上涨方面更加重要。当价格接近目标区间的上限时，一个协定可以采取的最有效的行动就是取消所有的限制——换句话说，回到自由市场。

13. 基于不充分数据的结论

有时候对于缺乏充分的可比较的历史数据的市场，几乎不可能构建一个基本面分析模型。1972年8月出版的商品杂志《现刊名现代交易员》提供了一个完美的案例。这个案例详细研究了棉花市场的基本面。这篇文章最后得出了一个有说服力的结论是：1953年以来，只有两季棉花市场能被称作自由市场。正如这篇文章所解释的，从1950—1960年，政府的安排使得棉花价格高于市场供求确定的价格，到此为止，一切都好。

现有数据不能用于基本面分析去预测价格这一结论也许是合适的，毕竟，如果只有两年的数据来进行比较的话，你怎么能知道价格在统计上能表明什么呢？

不幸的是，作者继续描述基于非常有限信息的一整套价格预测结论。引用棉花的例子，从最终库存水平低于350万包推出非常紧张的供应形势，将导致价格水平在30美分以上。

尽管这样的表述肯定是正确的，但是，这样严重低估了棉花市场的上涨潜力。就在那篇文章发表一年多以后，棉花价格创出了历史高位99美分每磅。顺带说一下，我就是那篇文章的作者。

14. 混淆需求和消费的概念

需求也许是期货文献和分析中最被误用的两个词之一（参数是另外一个词，详见第19章）。需求和消费的误解不是词义学上的概念，这两个名词代表完全不同的概念，他们经常混用导致了许多重要的分析错误，对此进行充分的解释需要简要回顾一下基本的供给需求理论，下一章会具体描述。

在此，回到本章最初描述的5个场景，去看看这14个错误导致了哪些错误的交易结论。需要注意的是，每个场景反映出2个以上的错误，答案在表21.2中。

表 21.2　5 个场景中包含的错误

场景	错误[a]
1	4，5，10
2	1，3，4
3	2，4
4	9，10
5	7

[a] 有的场景也许还反映了其他错误（例如，错误 1 适用于所有场景），但是没有列出来，原因是文章中没有提供足够的信息。

第22章

供给—需求分析：基本的经济理论

在经济学领域里，不存在一致性的关系，导致的结果就是没有一种衡量方法是可能的。
——路德维希·艾德勒·冯·米塞斯

□ 供给和需求的定义

供给曲线是向上倾斜的，意味着价格越高供给越多（见图22.1）①。假设图22.1中横轴的时间单位是一个季度。不管价格如何，可以被提供给市场的供给将不超过总产量加上库存。但是，当价格较高时，生产者将会更加愿意降低库存，从而向市场提供更多的数量。相反，当价格较低时，生产者倾向于储存更大的数量，而不是在现有的低价位出售他们的产品。供给曲线的斜率将反映销售和库存的平衡②。

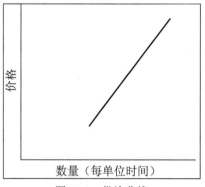

图22.1　供给曲线

---

① 为了便于阐述，这一章的供给和需求曲线都是直线，这样也可以避免不必要的讨论影响曲线具体形态的因素。尽管直线假设在正常情况下是合理的，但是，在所有价格范围内，供给和需求曲线不一定是线性的，举例来说，当价格上涨时消费量下降，经常价格大幅上涨才能使得消费量进一步下降。另外一个例子，短期来看，在某些价格供给曲线增长将是渐进式的，因为供给不可能超过现有的总供给（例如，库存加上现有的产量）。

② 在更长的时间单位里（例如，10年），供给曲线同样能够反映在现有水平上潜在的扩张产量的能力。例如，高价格将鼓励生产更多高价产品或者增加种植的花费使用量。从对期货交易有利的观点来看，将供求关系的讨论限制在短期内更为有利（例如，一个季度或者一个季度以内）。

对于那些易腐烂的（例如，鸡蛋、土豆①）商品，供给大致是确定的，可以用一条垂直的线来代表（见图22.2）。举例来说，如果画一条一年半时间的猪肉供给曲线，那段时间供应到市场的供应量相对独立于市场价格。低价格并不会减少供应量，因为一旦生猪长到可以供应市场的重量——除非例外的暂时延误，生产者不得不把生猪推向市场，不论价格多少。但是，由于从生产者决定饲养到幼崽达到可出售的重量大概有一年的时间，所以价格上涨并不能引起供应量的增加。事实上，类似有悖常理的供给曲线的任意商品，高价格都将减少供应量。背后的原因是高价格会是生产者将本应上市的生猪继续喂养，因此，减少了当下的供给。但是，为了简化起见，我们假设对于易腐烂和不可保存的商品供给曲线是一条垂直的线。

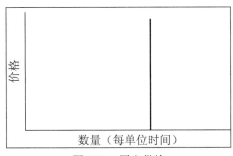

图 22.2 固定供给

需求可以被定义为一种商品在每一个价位所对应的消费量的明细表。从某种意义上说，需求是购买力的晴雨表。需求曲线向下倾斜，意味着价格越低需求越多（见图22.3）。

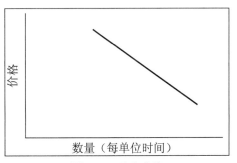

图 22.3 需求曲线

需求弹性的定义是需求增长的百分数除以价格减少的百分数。如果对一个商品的需求是缺乏弹性的，意味着一个价格相对较大的百分比的变化只能带来需求量的较小的百分比的变化。图 22.4 分别反映了富有弹性的和缺乏弹性的需求曲线。

需求的弹性基本上取决于以下两点。

---

① 这些商品已经不在期货市场交易了，但是可以说明易腐烂商品的特点。

1. 替代物的可用性。需求弹性直接取决于替代物的可用性。例如，对食盐的需求弹性很小，但是对给定品牌的食盐需求弹性却是很大。

2. 某个物品的花费占总收入的比重。需求弹性直接与某个物品的花费占总收入的比重相关。例如，对汽车需求的弹性远大于对食盐的需求，尽管他们都没有相关的替代品。

通常来说，大多数商品的需求曲线都不是富有弹性的，即价格的变动只会引起更小的需求数量的变化。因为在商品短缺的时候，缺乏弹性的商品价格变化会更大。这是一个重要的考量。

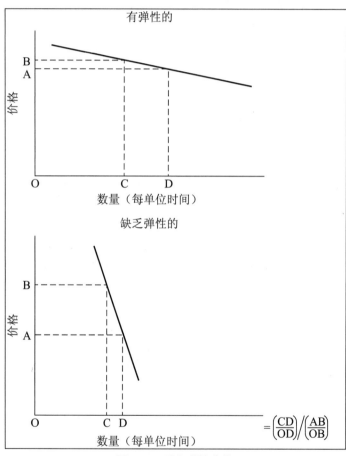

图 22.4 需求弹性曲线

数量化需求存在的问题

正如所有读者在经济学基础知识上学到的,价格由供给和需求曲线的交汇点确定(见

图 22.5）。但是，用供给需求分析来预测价格有一个主要问题——需求无法量化，即无法确定在给定价格水平，多少会被消费掉。然而，在大多数条件下，供给量可以大致确定，正如易腐烂和无法保存的商品的例子一样，至少，可以用产量和库存来大致地预测①。需求是完全无法确定的。你很难去询问每个潜在消费者在给定的价格水平上会买多少某个商品。甚至对于分析员来说，样本法都会不实际且过于昂贵，没有理由假设消费者描述他们的需求曲线。②

唯一理论上可行的数量化需求的方法是通过认真分析历史消费和价格数据来推算。如果需求足够稳定，这种方法相对简单，但是，不幸的是，如果需求经常大幅波动的话，这么做要不然太难，要不然不可能。

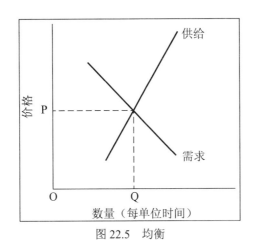

图 22.5　均衡

▫ 理解消费和需求的区别

也许，解决数量化需求难题最常用的方法就是用消费来估算需求。然而，这种方法有一个主要的问题：这是完全错误的。认为消费和需求是一样的想法混淆了两个完全不同的概念。消费是一种商品被使用的数量，被价格决定，从而被供给和需求因素决定。需求指的是在一个价格水平某个商品将被使用的量，和供给一起，决定价格。

---

① 稀有金属市场提供了一个重要的例外，在本章的结尾，"为什么传统的基本面分析在黄金市场不灵了"这一段进行了解释。
② 每条需求曲线的弹性不是一成不变的。弹性是针对某一点的一个概念，而不是整个曲线。当我们沿着一条线或一条需求曲线（不论是有弹性的还是缺乏弹性的），需求的弹性都会下降，因为任意价格上的较大百分比的变动，都会造成更小的需求数量上的百分比变动。换句话说，正如图 22.4 中所说的，沿着需求曲线向右运动，将会增加需求弹性的分子，减少分母。

需求增加意味着在给定价格水平，更多商品将被消费（见图22.6）。影响需求的因素包括可支配收入、消费者口味和替代品的价格，但是，通过定义可以看出，不是价格。对于大多数商品来说，可支配收入的增加将会带来需求的增加；那么，在每一个给定价格，将会比从前消费得更多。价格下跌将会导致消费增加，显示了在同样的需求曲线上的运动，但是对于需求并不能得出什么结论。换句话说，其他都一样，对于任意给定的价格，消费量将相同，除非需求发生变化。

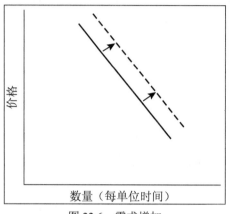

图22.6 需求增加

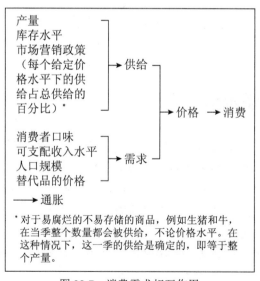

图22.7 消费需求相互作用

图22.7总结了需求和消费之间的关系。消费（例如消费总量）直接取决于价格，其中，价格由供给和需求的相互关系确定。需要牢记的关键点是：消费是价格的结果，并不是

价格的决定因素。因此，消费反映需求的观点是完全错误的；消费是由供给和需求共同确定的。

实际上，对于易腐烂和无法存储的商品来说，消费基本上反映了供给，而不是需求。例如，假设猪肉消费急剧增加。这是否意味着猪肉的需求急剧增加了呢？当然不是。消费增加仅仅是因为生猪屠宰量增加的结果。回想生猪的供给曲线（因此带来猪肉）可以近似为一条垂直的线，图 22.8 表明消费水平将取决于供给，不管需求曲线怎样，消费量都是一样的。因此，消费量的增加仅仅反映供给的增加，或者右移——一个看空的变化，而不是需求的增加——这将是一个看多的变化。

需求增加和消费减少完全有可能同时发生。图 22.9 说明了供给变化和固定的情况下需求增加和消费减少是如何同时发生的。在开始时，在时间段 1，均衡的消费水平在点 A。尽管需求在时间段 2 增加，但是均衡消费水平下降至 B，这是由于供给的下降。

甚至美国农业部（USDA）——这个国家领先的经济学家供职机构，也错误地使用了需求的术语。流行的术语供给—需求报告实际上是供给—消失报告（这里消失定义为总国内消费加上出口）。

通常来说，当农业部改变对于某些有时标签为需求的项目的预期时（例如，国内消费，出口）①，这种修正反映的是供给的变化，而不是需求。例如，如果商品的预计结转已经是估计的最低要求了，美国农业部预测的产量下调将意味着农业部或者下调国内消费预测，或者下调出口预测，或者两者兼而有之。否则，美国农业部将会发现它预期的结转将会是荒唐地接近于零或者是负的。但是，关键的一点是这类修正并不能得出需求减少了——一个看空的结论，而是高价格将配给稀缺的供给，因此减少了使用量。

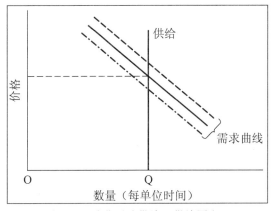

图 22.8　消费反映供给（供给固定）

---

① 但是美国农业部的报告表格里，将这些项目标为"消失"的组成部分。

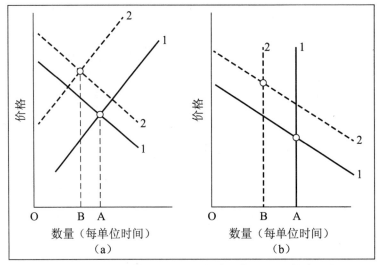

图 22.9 较高的需求，较低的消费：供给可变（a）和供给固定（b）

考虑需求的必要性

由于数量化需求涉及的困难，在构建一个基本面价格预测模型时，经常会有一种倾向是仅仅集中在供给因素上。这可能是一个严重的错误，因为需求的变化经常是主要价格变动的主导力量。1980—1982 年铜市场提供了忽视需求危险的经典案例。聚焦在这个例子，我们将分析一个 21 年的铜市场（1973—1993 年），这段时间里包含了 3 个主要的牛熊转换，波动中间的熊市阶段包含了 1980—1982 年这个我们关注的中心。

考虑如下的铜价格预测模型：

$$P = f\left(\frac{S}{C}\right)$$

其中，P——那段时间平均剔除通胀的铜价

S——铜库存水平（美国加上国外精炼铜库存）

C——那段时间的铜消费水平（年交货的精炼铜量，美国加上国外）

$f(\ )$ 是方程的意思，它基本上意味着"取决于"。

乍一看，这种模式似乎合情合理。从本质上讲，该模型意味着相对于使用水平铜库存量大时，价格就比较低，反之，则价格较高。这种模式似乎足够合乎逻辑。图 22.10 说明了铜价和库存/消费比率在 21 年期间（1973—1993）的关系，这 21 年中，以 1980—1982 年的熊市为中心，我们聚焦于这段时间，将确认预期的市场行为。库存/

消费比率和铜价强烈的相反关系在显示整个时段内得到广泛证实。但是，需要注意1980—1982年中旬那段时间看似莫名其妙的价格行为。在那段时间，价格大幅跳水，尽管库存/消费比率下滑至主要的低点。这种和预期相反的价格行为该如何解释呢？

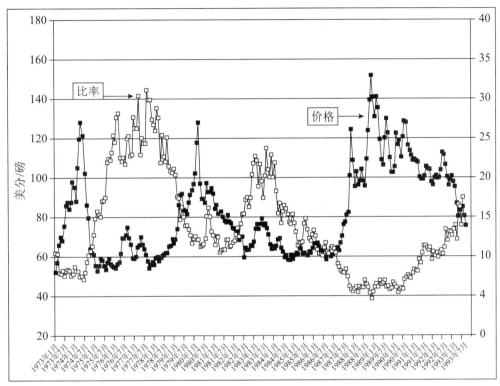

图22.10　月度铜最近月期货价格平均价和铜库存/消费比率

这没什么神秘的。尽管库存/消费比率是一个重要的价格影响因素，但是库存/消费比率仅反映供给。1980—1982年中旬明显的反常行为原因是这个模型没有考虑需求。在那段时间里，高真实利率（利率减去通胀率）条件下严重衰退的预期和最终实现显著地减少了在每个给定价格水平下的库存量。换句话说，需求曲线有一个大幅的向下移动。这个关键的基本面变化没有通过上述的模型得到反映。

背后的意义是，考虑需求因素总是有必要的。下一段讨论了几种在价格预测模型中考虑需求因素的方法。但是，甚至当这类分析不存在时，需求也依然需要被考虑。如果由于需求在数量化方面碰到的问题导致需求不是模型中的一部分，那么分析应该被分成两步：

（1）模型预测；

（2）需求因素潜在影响的非正式评估。

考虑需求的可能方法

如何规避需求不可量化的问题?答案取决于市场。下列市场类型带来了解决量化需求的解决方案。

稳定需求

对于某些市场,需求是稳定的假设是一个合理的简化假设。实际上,在这类市场中,基本面价格预测可以严格基于供给统计数据。

需求的变化是稳步增长的

在另外一些市场中,尽管需求每年都在变化,变化的节奏可能被一个简化的假设描述(例如,需求每年增长3%)。对于这类市场,需求可以被一个指数所代表,这个指数的变化与假设的需求变化节奏相一致。

识别影响需求的变量

对于某些市场中,尽管需求的变化不是持续增长的节奏,但是影响需求的因素是可以被识别的。例如,牛肉需求在某些年份增长,在其他年份下跌。然而,这种变化是依赖于其他一些可识别的因素——例如,替代性肉品供应的获得性。在这类例子中,可以通过用供给统计和决定需求的因素来直接构建价格预测模型,以绕过精准确定需求曲线的问题。这类模型的一个例子的方程式如下:

$$QCP = f(CS, HS, BS, T)$$

其中,QCP——平均季度牛的价格;

CS——季度牛的屠宰量;

HS——季度猪的屠宰量;

BS——季度鸡的屠宰量;

T——时间趋势。

在上述例子中,CS 代表的是供给变量,其中,HS、BS 和 T 代表的是影响需求的变量。趋势通过通胀和其他具有趋势特征的因素来影响需求(由于通胀,在每个名义价格水平需求将更多)。

另外一个例子,为了预测铜价,我们考虑需求影响的一个方法是聚焦于关键的铜消费领域的活动水平。图22.11说明了铜价和新屋价格指数在我们调查的21年的时间里的关系。图22.12说明了在同样时间里铜价和国内汽车销量的关系。注意,房价和汽车

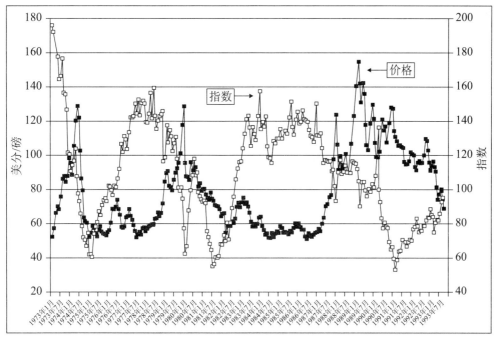

图 22.11 平均月度铜最近期货价格和新屋价格指数的对比

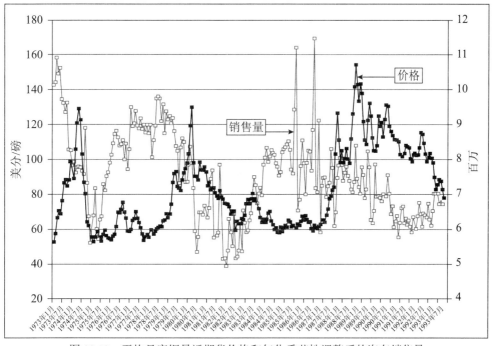

图 22.12 平均月度铜最近期货价格和年化季节性调整后的汽车销售量

销量下跌是如何领先铜价下跌的,包括1980—1982年的下跌。回忆上一段中1980—1982年中的,如果只考虑库存/消费量比率的莫名其妙的熊市。图22.11和22.12说明了这种看似矛盾的现象在考虑了需求因素之后就合理了。当然,包含的具体的需求因素可能会随着时间的推移而改变。例如,我们对于铜价的说明聚焦于1973—1993年。在现有的铜价模型里,潜在需求的指标将比那时重要得多。

极度缺乏弹性的需求(相对于需求有弹性的供给)

尽管在概念上不正确,但是从实际上来讲,对于这种类型的市场,用消费来替代需求是可能的。因为,根据定义,在这类市场里,在给定年份的消费量不会有很大波动,无论价格水平如何,可以假设现有的消费水平大致反映了需求水平。例如,图22.13说明了一系列缺乏弹性的需求曲线和两条不同的供给曲线。注意在均衡价格下消费量是如何取决于当下的需求曲线的。因此,对于未知的需求曲线,消费量可以被用作替代指标。

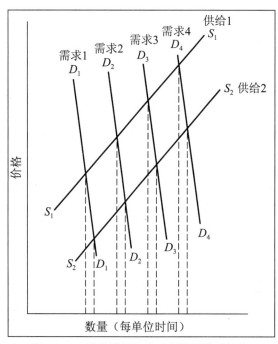

图22.13 消费量用作缺乏弹性需求的替代

这种方法的一个例子如下：

$$DASP = f\left(\frac{IS+P}{C}\right)$$

其中，$DASP$——剔除通胀的平均价格；
IS——初始库存；
P——产量；
C——消费量。

注意，初始库存加上产量是供给的替代，消费是需求的替代。

为什么传统的基本面分析在黄金市场里不适用？

不幸的是，我们列举的处理需求的方法不能涵盖所有的情况。对于某些市场，不仅仅是需求高度不稳定，而且确定需求对于其他变量稳定的关系是非常困难的，有时近乎不可能。

黄金是这类市场的一个完美例子。黄金需求基本上取决于市场对于黄金价值的心理感知，这反过来又依赖于无数相互关联的变量，包括相对通胀率、世界利率、货币波动、贸易平衡、欧佩克行动和政治混乱。明确黄金需求的问题，还由于影响黄金需求的这些因素相对重要性发生相当大的变化，而进一步复杂化。例如，在同样的时间里，货币波动可能是首要的影响价格因素，而其他时间，货币波动只对价格带来较小的影响。

在黄金的例子里，甚至方程的供给端不能被准确地估算。与需求类似，供给也较大且飘忽不定地变化，这同样取决于市场的心理。供给曲线的不可能是由于市场抛售行为，而不是商业供给的变化。

高度不稳定的无形供需曲线的结合，使得黄金市场成为基本面分析师们的噩梦。某些分析师试图通过聚焦于金矿产量和工业使用量来构建一个黄金基本面模型。这种方法真的很愚蠢，由于这类数据仅仅等于黄金总供应的一小部分。黄金价格取决于前述的心理考虑，没有办法避免这一点。

实际上，对于类似于黄金的市场，传统的基本面方法完全不适用。构建一个预测黄金价格的计量经济学模型，就像试着编写一个根据摄影师过去的镜头来预测下一张照片的电脑程序——答案也许比瞎猜稍微好一点，但是这样很不值得。

第23章

基本面分析的类型

当你可以度量你所说的，并且可以把你所说的用数字表达出来，表明你了解一些你所说的东西；但是，当你无法度量，无法用数字表达，你对它的了解是贫乏的和不令人满意的。也许，这就是知识的开始，但是在你看来，你才刚刚进入科学的殿堂。

——威廉·汤姆逊（开尔文勋爵）

老手的方法

老手的方法指的是那些已经熟悉这个市场，并且对于价格波动已经产生了第六感的分析员使用的方法。通过和各种商业人士交谈，他们得出市场节奏的感觉。老手们也已经很好地理解了各类市场信息，他们持续不断地评估市场对信息的反映。严格来说，这种像电脑一样的处理方式不是一种科学的方法，从本质上来说，这并不比那些更复杂的方法差，它的价值严格依赖于分析者的技能和直觉。事实上，对于这所学校的分析师来说，简直不能偶然超过那些计量经济导向的同行们。这种方法是严格个性化的。而且，从定义上来看，他们只能通过个人经验来获得。

平衡表

平衡表总结了当季供给和消费的核心组成部分，还有和上一季的比较。供给和消费的差是季末结余；结余的相对大小被认为是基本的决定价格的统计量。表23.1阐述了一个美国农业部关于小麦市场的平衡表。

表23.1 美国小麦供给/消费平衡表，6—5月种植季（百万蒲式耳）

	1988—1989年	1989—1990年	1990—1991年	1991—1992年	1992—1993年	1993—1994年[a]
期初库存	1 261	702	536	366	472	529
进口量	23	23	37	41	70	75

（续表）

	1988—1989 年	1989—1990 年	1990—1991 年	1991—1992 年	1992—1993 年	1993—1994 年[a]
产量	1 812	2 037	2 736	1 981	2 459	2 493
总供给	3 096	2 762	3 309	2 888	3 001	3 097
食品消费	726	749	786	789	829	845
种子消费	103	100	90	94	93	94
饲料/残余	146	143	500	254	196	325
总国内消费	975	992	1 376	1 137	1 118	1 264
出口	1 419	1 233	1 068	1 280	1 354	1 125
总消费	2 394	2 225	2 444	2 416	2 472	2 389
季末库存	702	536	866	472	529	708
季末库存占总消费的比重（%）	29	24	35	20	21	30

[a] 预期的

资料来源：美国农业部

严重依赖平衡表的分析员将会聚焦于供给和消费的各个组成部分的变化，来预测价格的可能变化方向。

平衡表是一个简要总结市场数据的有价值的辅助。但是单单平衡表本身，并不能充分地解释在给定的现有条件下哪个价格是对的。事实上，那些仅仅依靠平衡表来预测价格的分析师将会犯 21 章详述的错误 1（视基本面分析如无物）。

相似季节法

相似季节法，是分析员找出过去某一个与现在基本面特征相似的季节，然后用相似基本面的价格做一个路线图，来预测当季价格的波动。例如，如果当季的产量上升，消费量下降，同时季末库存/消费量的比率下降，分析员则找出过去所有具备这些条件的季节。接下来，分析员将甄别在相似季节的价格转折点（例如，收获时低，收货后高，冬季低，农作物受到惊吓时高），再计算出每一季的这些价格转折点的时机和相对价格波动的幅度。最后，基于当季价格波动的节奏至少与之前相似季度的价格波动类似的假设，来预测当季的价格波动幅度和时间转折点。

回归分析

怎样才能确定在决定价格的基本面因素中，哪一个是最重要的呢？即便假设你可以做一个合理的假设，关于哪些是影响价格的关键基本面因素，你怎样才能把这些因素现在的水平融入价格预测中去呢？例如，你尝试去预测猪肉期货价格。你假设猪肉价格将会与屠宰量负相关，同时和其他竞争性的肉类的屠宰量负相关（例如肉鸡屠宰量、牛屠宰量）。你还假设由于通胀的影响，对于任意各种肉类的供给组合，今年的价格都会比以前年份要高。即使这些假设都正确，你如何决定，对于任意肉类供给组合的价格呢？

简单地比较现有的供给水平和以前年度的供给不会产生任何价格预测。例如，如果生猪屠宰量同比下降3%，而肉鸡和牛的屠宰量均同比增长2%，对价格意味着什么？如何调和今年和过往年份的多重比较？当对不同年份做对比时，选择多大的时间差？所有这些问题通过对比现在和过往数据看起来都是无解的。

回归分析提供了一个将基本面数据嵌入价格预测中的统计过程。刚才那些看似影响猪肉价格的假设可以被融入下面这个方程式：

$$P = a + b_1 H + b_2 B + b_3 C + b_4 T$$

这里： P——平均价格；

H—— 生猪屠宰量；

B——肉鸡屠宰量；

C—— 牛屠宰量；

T—— 时间。

a，b_1，b_2，b_3 和 b_4 的值将通过回归分析法（在附录中解释）。只要有生猪屠宰量、肉鸡屠宰量和牛屠宰量的预测，我们可以把这些数据和时间数据代入前述的公式里，从而得到一个精确的价格预测。

即使你不是很有数学天分，在放弃使用回归分析法之前，请再仔细考虑考虑。回归分析法包含了一系列重要的属性。

1. 回归分析法使得将比较多个年份的多个基本面因素结合起来成为可能，去得到一个价格预测。

2. 回归分析法可以用来测试各个价格影响变量（被叫作自变量）的相对重要性，同时可以整体作为一个预测方程式。

3. 回归分析提供了一个有效的学习工具，来理解不同的基本面因素和价格的相关关系。

在基本面分析中，回归分析也许是单一最有用的分析工具，附录 A 到 E 提供了一个关于回归分析的深度讨论。

☐ 指数模型

有时候我们希望建立一个基本面模型，用解释变量的值来作为一个市场价格的指标。

例如，我们假设债券价格和一系列通胀指标（例如，黄金价格、标准普尔高盛商品指数、消费者价格指数），经济指标（例如，就业率、工业产值、新屋开工）和货币指标（例如，收益率点差）负相关，考虑到这类指标较宽的范围，同时，每个指标可以有多个时滞（关于和债券利率的关系，一个指标通常不是同时期的），你可以轻而易举地发现可能解释变量的指标可以达到 50 个以上。

回归分析通常无法解决大量解释变量（自变量）的情况，通常来说，一个回归方程使用 5 个或更少的解释变量（自变量）。回归分析不能使用大量解释变量的原因主要有两个。

①如有大量的自变量，将会产生过度的风险（例如，建立一个模型适用于过去的数据，而对于预测未来价格或价格趋势一无所用）。

②当使用大量自变量的时候，事实上，许多变量互相高度相关的情况将会无法避免，在一个回归模型里，自变量高度相关将会导致一个统计学的问题——叫作多重共线性，这将摧毁预测方程式的可信度（这个问题在附录 E 中有详细讨论）。

解决大量自变量的一个方法是将他们融入一个指数模型中。接下来的方法阐述了一个可能的方法。

①当一个指标对现在某个市场的价格有正向影响时，让它等于 1；如果是负向影响时，让它等于 -1（为什么这么做将会接下来讨论）。

②将所有指标的值加起来得到一个指数值。

③将这个指数乘以 100 再除以指标的个数，来进行标准化，这一步会产生一个理论上从 100（所有指标都是正向影响）到 -100（所有指标都是负向影响）的指数。例如，如果有 50 个指标，其中 30 个有正向影响，20 个有负向影响，这一步将产生一个标准化的指数值 +20。当然，如果正向指标和负向指标个数一样，将产生一个指数值为 0，这是一个凭直觉都很理想的结果。

这一步听起来很简单，关键的问题是如何确定一个指标现在的值是正向影响还是负向影响。决定某个值来作为正向影响和负向影响的分界线是非常不可取的，原因有两点：一是很多指标随着时间推移会发生变化；二是由于随着时间发生的结构性变化，对于很多指标来说，高和低的定义会变动。因此，将某一指标分为正向指标或是负向指标基于它的变动方向（例如，趋势）而不是它的相对程度更为实际。然而，趋势分类，更像技术分析的范畴，而不是基本面分析。事实上，有些技术分析的基本工具（例如，移动平均的交叉点）可以被用来定义在前述的指数模型中给定的指标的值。例如，用一个移动平均值的交叉点去定义一个指标的趋势方向，如果一个指标的短期移动平均值大于长期移动平均值，它将被定义为 +1；如果相反，则被定义为 -1。

第24章

预期的角色

我们期望的很少发生,我们最不抱希望的却经常发生。

——本杰明·迪斯雷利

☐ 用前一年的预测而不是最后修正的统计值

历史数据是基于最后修正的预测,而不是当时可以使用的预测。例如,美国玉米产量的历史水平在整个季度都在不断地修正,最后一次修正是在季末之后完成的。这些最后修正的对每一季的预测(也就是实际水平)可以和每一季的主流预测(预期水平)千差万别。类似的,历史玉米消费量和出口量(基于最后一次修正预期的实际水平)也可以和当季的主流预期水平千差万别。

典型的做法是,基本面分析模型用实际历史数据作为输入项。但是这种默认的做法是最佳的方法么?一个强有力的论据是当时预期的数据比实际的数据更能解释当时的价格行为。因为实际的数据只有当预测期结束后才能知道。因此,用过去的预测而不是实际的统计值作为价格的解释变量来建立一个更加准确的模型就成为可能。例如,如果我们想建立一个模型去解释和预测9—10月的玉米价格,我们就会发现,过去在9—10月间发布的产量和使用量的预测比实际的供应量在解释同比价格变化方面更有帮助。这种价格行为仅仅反映了这样一个事实,就是市场认为什么是对的比什么确实是对的在决定价格方面更重要。这是一个合理的结果,原因在于市场参与者无法得到实际值,只能依赖主流预测来进行营销、购买和交易的决定。

关键点在于使用过去的预期数据而不是实际统计数据在理论上更加有说服力,将会带来更好的价格预测模型。当然,在数据收集方面,用过去的预期将会付出更多的努力,这也许解释了为什么这类数据远没有最终修订的数据常用。就像对大多数人来说是对的一样,创造一个更好的产品(在这个案例中的价格预测模型)需要更多的努力。做正确的事没有捷径。

☐ 在价格预测模型中加入预期作为一个变量

迄今为止，我们已经讨论了用预期值还是实际值来作为解释过去价格变动的选择。无论哪一种数据被使用，仍旧可以考虑加入一个代表预期的变量作为下一季的关键数据。为了澄清这种差异，我们列举了四种在一定程度上预期被纳入模型中：

1. 价格是同期实际数据的函数（没有使用预期）。
2. 价格是同期实际数据预测的函数（预期了同期数据）。
3. 价格是同期实际数据和下一季的预期的函数（预期了下一季的数据）。
4. 价格是同期数据预测和下一季数据预期的函数（预期了同期和下一期数据）。

对下一季的价格的预期经常比当季的基本面能够产生更大的价格冲击。这种现象通常在每一季的后半段更加突出。因为在每一季的后半段基本面通常较为确定，而不会产生大的变化。事实上，通常来说，当原有玉米基本面和新玉米预期效用相当时，后者通常能够主导价格走势。

为什么对下一季价格的预期会影响当季价格呢？预期影响当季的买卖心理。例如，如果供给无法支持，就是预期供给收紧，卖方将会倾向于惜售商品，在现有的价格水平上减少对市场的供应（作为供给减少的回应，供给曲线将会上移）。同时，买方将会试图增加库存，因此增加在现有价格水平上的购买量（需求曲线也将上移）。这两个因素互相强化，导致的结果就是在当季价格更高。

☐ 在实际统计中预期的影响

讽刺的是，对于新玉米的利多预期将会导致当季的基本面看起来更加不利。下面的因果关系图解释了这一点：

对于新玉米的看多预期→旧玉米季的价格上涨→旧玉米季的消费量和出口量下降→旧玉米的库存上升

作为这一系列事件的结果，在经历了新玉米看多预期的季节里，出现了玉米价格基于旧的基本面的高估。这也从另外一个方面解释了，在任何情况下，为什么新玉米的预期需要被纳入价格预测模型。

☐ 定义新玉米的预期

从供给方面来看，新玉米预期可以是基于种植意愿的、最终是基于种植面积的预测。用这些预测来定义预期时，经常需要假定一个趋势产量（通过回归分析，确定过往产量的最适宜产量），或者当如果没有明显的趋势时，一个平均产量（例如，每个州的 5 年平均产量）。如果生长环境比较适宜的话，这种中性的预判通常会被上调；反之，则被下调。

从使用量方面来看，预期通过历史行为节奏来定义。例如，如果近年来，对于某种商品的消费量的变化量介于 –2% ～ 4%，作为一个价格变化方向和程度的函数，在没有其他额外条件的情况下，可以用 1% 的消费增长量来作为预期新玉米消费量的代表值。

历史预期数据可以通过同样的方式产生，或者通过查阅过往美国农业部的形势报告、交易报告、和行业市场报告。不幸的是，后一种方法将会产生不可避免的随意性——即预期数据取决于采用哪个来源以及每个来源的权重。但是，这种模糊不清并不是一个严重的错误，因为在任何时间，通过不同来源的新玉米预期倾向于落在大致相同的区域里。

第25章

考虑通胀

没有什么比持续的通胀更能削弱一个政府的了。

——约翰·肯尼思·加尔布雷思

在设计价格预测模型时，需要牢记于心的一点是，价格的度量——美元——本身也是一个变量。因此，比较相隔遥远的几年的名义价格，就像比较一种商品在某一季的美元价格和另一季的欧元价格一样。可以说，任何一个没有考虑通胀的模型严格来说都是有缺陷的。

表25.1～表25.4说明了1995—2015年期货市场名义价格和通胀调整价格的区别。这些图表表明通胀调整可以改变过往高和低的关系，以及相对变动的幅度。例如，在图25.1中，木材最近期货2004年的高点在名义上高于1996年和1999年的高点（实线），但是，经过通胀调整后，低于这些前期的高点（虚线）。在图25.2中，2004年3月大豆最近期货的价格名以上高于1997年3月的高点，但是，经过通胀调整后，2004年3月的价格就更低一些。

图25.3比较的是名义上和通胀调整后的铜最近期货价格。2007—2008年，名义上连创新高，但是通胀调整后，2008年高点更低。同样说明了尽管名义价格在期末显著高于期初，但是经过通胀调整后，价格几乎保持不变在那个期间。

最后，在图25.4中，名义价格曲线显示了从1995—2011年，活牛价格出现大幅上涨（尽管2008年出现大幅回调），但是通胀调整后的价格同期变动相对较为平稳，这一时间段里总体只有较小的净变化。换句话说，在这17年里，名义价格的上涨只不过是通胀的作用。

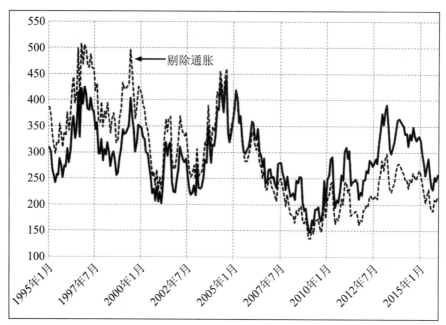

图 25.1 木材：最近月期货，名义价和剔除 PPI 后的价格

每月收盘价剔除 PPI，PPI 指数在 2005 年 6 月设为 100。

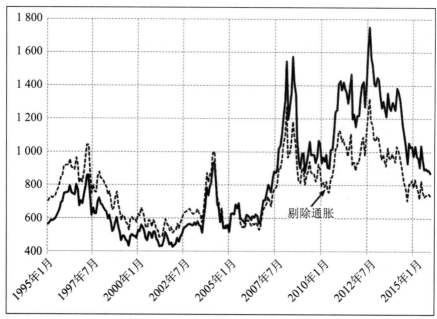

图 25.2 大豆：最近月期货，名义价和剔除 PPI 后的价格

剔除 PPI 每月收盘价，2005 年 6 月 PPI 指数设为 100。

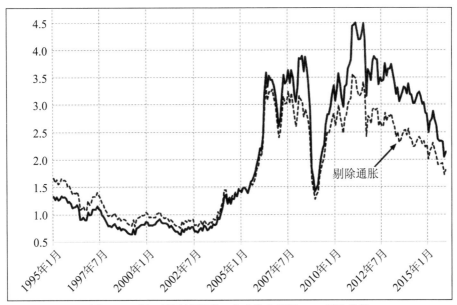

图 25.3　铜：最近月期货，名义价和剔除 PPI 后的价格

剔除 PPI 每月收盘价，2005 年 6 月 PPI 指数设为 100。

图 25.4　活牛：每月最近月期货，名义价和剔除 PPI 后的价格

剔除PPI每月收盘价，2005年6月PPI指数设为100。

通胀被纳入价格预测模型可以通过以下几种方式：

（1）选取一个有代表性的通胀指数（例如，生产者价格指数（PPI）、消费者价格指数（CPI）或者国内生产总值（GDP）紧缩指数），然后，每一个历史价格除以同期的指数值，生成一个没有通胀的价格系列。（因为指数的数值以百分比的形式表示，所以每个指数值被除以了100）。在图25.1—图25.4的通胀调整后的价格就是通过这种方式得到的。以2005年6月的PPI数据作为基础（例如，2005年5月的PPI=100），然后用每月的PPI数据来进行通胀调整。表25.1用这种方式对玉米价格进行调整。通过这种方法导出的价格预测可以通过乘以预测期间的价格指数预期来转换成现价值。

（2）此外，通过每个过去的价格乘以预期期间的预期通胀指数和历史的价格指数的比例，可以将历史价格转换为现价值。表25.2基于PPI数值只到2015年8月的假设，说明了用这一方法，来预测2015年9—11月价格。表25.2通过假设2015年9—11月的百分比变动和2015年6—8月PPI同比百分比变动相同，来预测平均2015年9—11月的PPI（用这种方法预测出来的PPI是-7.5%，实际值是-7.3%）。

需要注意的是，即便有时PPI预测证明是完全不对的，对于价格预测的损害也是有限的，原因有两点：第一，任何合理的通胀预期几乎和实际值都只是几个百分点的差距，通常更接近。第二，所有过去的价格都将被同等地高估或低估（按百分比来说），由此，保持了他们相对关系稳定，使得任何价格解释模型实际上不受影响。不管怎样，由于不精确的通胀预测导致的预测错误和不考虑通胀调整的名义价格相比都是微乎其微的。

（3）通胀影响可以通过它对需求曲线的影响被考虑。通胀使得需求曲线向上移动，在其他条件完全相同的条件下，在每个给定价格下，消费量将会随着时间的推移而增加，因为，每个名义价格水平代表的是更低的实际价格。但是，由于前面讨论过的关于量化需求曲线的问题，这种方法代表的更多的是理论上的概念，而不是实际的方法。

进行通胀调整的方法是次要的，关键的点是通胀是一个非常重要的考虑因素，应该被纳入任何基本面的价格预测模型。

表25.1 玉米每月最近期货价格：名义和扣除通胀

年份	平均12月期货价格9—11月	平均9—11月 PPI[a]	通胀调整后平均价格
1995	325.00	81.21	400.20
1996	277.83	83.04	334.57
1997	269.67	82.78	325.75
1998	215.58	80.23	268.70
1999	198.42	82.96	239.18

（续表）

年份	平均12月期货价格9—11月	平均9—11月 PPI[a]	通胀调整后平均价格
2000	204.17	87.51	233.31
2001	209.42	84.99	246.41
2002	246.42	86.11	286.17
2003	237.50	90.02	263.83
2004	200.17	97.02	206.32
2005	196.42	106.31	184.76
2006	320.08	106.33	301.03
2007	377.67	113.89	331.61
2008	412.83	121.00	341.19
2009	370.92	113.78	325.99
2010	535.92	120.80	443.63
2011	613.58	130.96	468.54
2012	753.33	131.71	571.95
2013	428.33	131.26	326.33
2014	357.75	131.93	271.17

[a] 报告的指数值应该被除以100，因为报告数值是以2005年6月=100的百分比来标价的。

具有讽刺意味的是，在1979年后期，有一些简单的没有考虑的通胀影响的价格预测模型比那些考虑了这一重要因素的模型更加准确的案例。这一明显自相矛盾的现象是由于1979—1980年异常高的实际利率（名义利率－通胀率）导致了持久的库存心理的改变。持有库存的高成本使得生产商有动力减少整个生产线的库存。实际上，大范围的低库存决定导致了经典的需求曲线下移的例子。一旦把1979—1980年的高通胀/高利率环境激活起来，同时被技术进步和新库存理论（如及时盘存调节法）支持，即使通胀和利率水平大幅下跌，库存需求将继续收缩，这导致持续的需求下移，将平衡掉通胀的影响。

前面所讨论的当然不能得出通胀可以被忽略，而是说，需求的大幅波动可以抵消通胀的影响。正如20世纪80年代和90年代初期的显著需求曲线下移的例子。有一些需求变动可以被考虑的例子（假设一个回归模型）就是加入一个趋势变量[①]和使用虚变量来分割不同时间段的数据。（虚变量将会在附录E中讨论）。

---

① 需要注意的是趋势变量不需要在分析的整个时间段增加，而是当趋势变量（我们需求下行的例子中）在某一点消失时，可以假定趋势变量是持平的。

表25.2 9—11月、12月玉米的平均价格：名义和2015年美元值的预期

年份	平均12月期货价格	平均9—11月 PPI[a]	预期平均2015年9—11月 PPI	过往价格转换为2015年值的乘数	以2015年美元值的12月期货的9—11月的价格
1995	325.00	81.31	120.16	1.478	480.35
1996	277.83	83.24	120.16	1.444	401.19
1997	269.67	82.63	120.16	1.454	392.10
1998	215.58	80.02	120.16	1.502	323.80
1999	198.42	82.91	120.16	1.449	287.51
2000	204.17	87.84	120.16	1.368	279.30
2001	209.42	83.86	120.16	1.433	300.10
2002	246.42	86.24	120.16	1.393	343.26
2003	237.50	90.24	120.16	1.332	316.35
2004	200.17	97.56	120.16	1.232	246.61
2005	196.42	106.48	120.16	1.128	221.56
2006	320.08	106.37	120.16	1.130	361.69
2007	377.67	114.99	120.16	1.045	394.67
2008	412.83	115.38	120.16	1.041	429.76
2009	370.92	114.65	120.16	1.048	388.72
2010	535.92	121.84	120.16	0.986	528.42
2011	613.58	130.11	120.16	0.923	566.33
2012	753.33	131.09	120.16	0.917	690.80
2013	428.33	130.85	120.16	0.918	393.21
2014	357.75	129.90	120.16	0.925	330.92

[a] PPI指数以2005年6月=100位基础。

第 26 章

季节性分析

冰冻可能会在冬季到来,但季节性反弹将在秋季来临。

——杰克·D. 施瓦格

季节性交易的定义

很多市场都表现出季节性特点。有时候,这些季节性节奏可以归根于基本面因素,例如某些农产品在可能的冰冻灾害前出现的买卖行为。金融市场同样有由基本面因素导致的季节性节奏(例如,国库退款、年末图书集中进货)。但是,有时季节性节奏不和任何明显的基本面因素相关。

利用季节性因素做交易决定的概念是基于季节性因素可以导致市场价格运动出现偏差的假设。当然,这种关系远不能说完美。市场向相反的季节性趋势变化也不少见。总的来说,关键问题是,未来价格变动和过去的季节性节奏是否有足够的正相关关系。由于即使是随机出现的,季节性节奏也被期望出现(具体将在后面详述),很难确定在何种程度上季节性节奏反映真实的价格偏离,而不是随机出现,所以,在决定过去季节性节奏的权重时,存在着不可避免的主观性。一个合理的解决方法是在交易决定时用季节性分析作为基本面分析和技术分析的补充,而不是一个单独的考虑因素。

现货与期货价格季节性的比较

理解季节性节奏对于现货和期货价格具有不同的重要性很重要。例如,对于某一种谷物的来说,现货价格在收获季节走低很正常,但是这种节奏并一定意味着交易机会。因为,期货市场很可能已经将收获期的价格走软贴现到了现货价格中,因此,消除了任何可能的盈利机会。因为我们这里涉及的是期货交易,而不是现货商品或者金融工具,所以关键的问题是是否季节性节奏存在于期货市场中,因此,期货数据应该被纳入所有的季节性计算中。

☐ 预期的角色

因为市场倾向于将预期的事件折现——例如，季节的变化，真正的季节性节奏往往从根本上不同于传统的关于季节性节奏的观点。例如，市场对于极端寒冷的气候是脆弱的这一点曾经被广泛认可；例如，民用燃料油、冷冻浓缩橙汁，还有咖啡，在冬季表现强势（对于咖啡，有关冬季期为 6—8 月）。然而，这些市场往往在冬天来临之前表现出季节性强势，随着冬季的来临而趋于回落。

☐ 它是真的还是它只是概率？

即使某一市场表现出明显的季节性节奏，这并不意味着一个真正的季节性节奏存在。如果有足够的市场被检验足够的时间，一些明显的季节性节奏将会是事实上一定会出现，即使所有被检验的价格系列是随机的。换句话说，过去的季节性节奏可能只是单纯的由于正态概率分布，并没有表明未来的期货价格行为任何潜在的偏见。

为了说明季节性节奏是如何发生的——事实上，很有可能发生（即使价格变动是随机分布的）我们可以用抛硬币来表示上升或下降的价格变化，正面代表某一周价格上涨，背面代表某一周价格下跌，假设我们掷硬币 10 次代表某一给定市场在过去的 10 年里的价格变动，然后，我们重复这 10 抛试验共 52 次（一个对应于一年中的每星期）。

虽然数量相等的正面和背面（即相等年数的价格涨跌变动）将是最常见的事件，但是，超过 75% 的试验将产生不相等的数目的正面和背面（涨跌年份数不相等）。事实上，有些试验会导致正面和背面严重不平衡。概率理论显示，在 52 个试验（周）中，有超过 75% 的机会获得一个或多个 10 抛试验中至少有 9 个正面或背面（一个或多个周，在 10 年中至少有 9 年的价格是上涨或下跌的）。

如果上述的 52 个 10 抛实验重复进行 25 次（代表 25 个不同的市场），那么得到 10 抛中至少 9 次是正面或者背面的概率几乎是确定的（99.999 999 998%）。事实上，多于 15 次的 10 抛至少有 9 抛是正面或背面的概率大于 99%。用期货市场术语说明这一点就是，即使所有的 25 个市场的价格上下波动的分布是随机的，在 25 个市场中，可以在 15 个以上的市场里找到某一个指定周的价格在 10 年里有 9 年以上较高或者较低的概率率超过了 99%。因此，理解即使价格波动的分布是随机的，一定数量明显的季节性节奏也是不可避免的这一点很重要。

☐ 计算季节性指数

有很多计算季节性指数的方法。这一段分析两个基本的方法。

平均百分比法

平均百分比法是迄今最简单的计算季节性指数的方法。这种方法涉及以下几个步骤。

（1）计算每年或每季度的年平均值。

（2）将每个数据项（每日、每周或者每月数据）转化成相应的年平均值的百分比形式。或者每日、每周、每月的数据可以被用来构建季节性指数。一个每日或者每周的季节性指数明显优于每月的季节性指数，特别是对于交易目的，但是仍然需要更多的数据操作。这一段用每月指数仅仅是为了简化说明。

（3）将每一时间段（每月、每周或者每日）的百分比的数据求平均，结果就是季节性指数。

为了说明这种方法，我们将计算燃料油的季节性指数。表 26.1 列出了 1996—2015 年 12 月燃料油合约（11 月到期）的月度平均价格。需要指出的是，第一列数据（11 月）为后面使用，所以没有被包括在计算年度平均值里。表 26.1 的最后一列说明的是每个合约 12 个月的平均值。表 26.2 将每个月度的价格用年度平均值的百分比的形式表现出来。在表的最下面，计算这些百分比的数据每个月的平均来产生季节性指数。

在计算季节性指数时，检查那些也许会扭曲最后结果的任何极端年份是一个聪明的做法。但是哪些年份是极端年份这个问题的答案只能是相当主观的。关于 1996—2015 年的燃料油市场，一个年份是个例外：2008 年。正如表 26.1 显示的，在 2008 年 12 月，燃料油合约跨越了一个极其宽广的范围。在计算季节性季节性指数时，最好将这些非典型性的年份排除在外，除非对这些夸张的影响进行一些调整。但是，并没有具体的调整的规则，同时，最终的决定还取决于研究者的判断。

尽管对于季节性变化的感觉可以通过分析表 26.2 最下面的季节性指数来获得，一个图表的形式的表达将更加直观和方便。图 26.1 显示了季节性指数，包含了 2008 年和不包含 2008 年。在这种情况下，极端年份对于季节性节奏不会产生显著影响。正如已经很明显的，价格有季节性倾向在 9—10 月间达到相对高点，同时，在 12—次年 1 月间达到相对低点。

平均百分比法并没有从数据中剔除任何趋势这一点很重要。因此，某些看起来像季节性因素实际上可能是一个长期的价格趋势。事实上，对于有很强趋势的数据，趋势的效应经常会掩盖任何季节性影响（通过这一点，我们的意思是季节性影响是去除趋势后的季节性影响）。对于没有调整过的季节性指数是相关的，例如，用平均百分比法得到

表 26.1 12月燃料油合约平均月度数据

合约到期年份	11月[a]	12月	1月	2月	3月	4月	5月	6月	7月	8月	9月	10月	11月	12月 - 平均11月
1996	0.507	0.515	0.510	0.509	0.527	0.543	0.538	0.543	0.572	0.601	0.672	0.711	0.701	0.579
1997	0.587	0.591	0.610	0.586	0.584	0.574	0.591	0.574	0.567	0.573	0.575	0.600	0.564	0.582
1998	0.572	0.553	0.528	0.514	0.495	0.500	0.489	0.458	0.435	0.398	0.417	0.416	0.358	0.463
1999	0.444	0.418	0.411	0.386	0.427	0.469	0.466	0.475	0.535	0.570	0.609	0.589	0.641	0.500
2000	0.563	0.570	0.601	0.651	0.686	0.647	0.720	0.794	0.794	0.877	0.977	1.016	1.004	0.778
2001	0.771	0.725	0.722	0.750	0.734	0.754	0.803	0.789	0.733	0.760	0.739	0.643	0.568	0.727
2002	0.600	0.596	0.597	0.596	0.665	0.702	0.707	0.685	0.709	0.735	0.787	0.778	0.720	0.690
2003	0.669	0.702	0.748	0.805	0.779	0.722	0.738	0.781	0.808	0.841	0.780	0.842	0.841	0.782
2004	0.760	0.785	0.828	0.841	0.899	0.916	1.018	1.036	1.120	1.219	1.272	1.491	1.402	1.069
2005	1.282	1.189	1.225	1.324	1.533	1.622	1.498	1.655	1.789	1.956	2.047	1.992	1.716	1.629
2006	1.807	1.857	1.934	1.959	1.949	2.128	2.135	2.171	2.239	2.177	1.916	1.729	1.725	1.993
2007	1.940	1.943	1.788	1.861	1.947	2.004	2.011	2.072	2.156	2.065	2.192	2.352	2.604	2.083
2008	2.445	2.477	2.531	2.624	2.897	3.115	3.634	3.902	3.917	3.383	3.001	2.438	1.926	2.987
2009	2.140	1.695	1.710	1.481	1.528	1.575	1.685	1.961	1.810	1.951	1.818	1.963	1.985	1.763
2010	2.261	2.213	2.209	2.118	2.231	2.378	2.234	2.162	2.090	2.140	2.163	2.279	2.343	2.213
2011	2.441	2.521	2.700	2.984	3.115	3.299	3.123	3.027	3.076	2.987	2.937	2.904	3.059	2.978
2012	2.971	2.919	3.000	3.160	3.276	3.214	2.988	2.657	2.811	3.019	3.139	3.122	3.014	3.027
2013	2.966	2.974	3.015	3.065	2.977	2.912	2.875	2.911	2.983	3.073	3.047	2.982	2.950	2.980
2014	2.904	2.963	2.915	2.921	2.937	2.917	2.921	2.986	2.952	2.879	2.763	2.558	2.374	2.840
2015	2.375	2.073	1.813	1.903	1.897	1.922	2.015	1.959	1.791	1.583	1.613	1.547	1.452	1.797

注：[a] 合约年份前一年的11月的数据，这一列用来计算表26.3。

表 26.2　12 月燃料油合约平均月度数据作为 12 月—次年 11 月平均值的百分比

合约到期年份	12 月	1 月	2 月	3 月	4 月	5 月	6 月	7 月	8 月	9 月	10 月	11 月
1996	88.98	88.23	88.03	91.14	93.87	92.90	93.92	98.87	103.79	116.20	122.85	121.21
1997	101.58	104.71	100.63	100.21	98.54	101.46	98.50	97.29	98.46	98.71	103.09	96.82
1998	119.36	113.98	111.00	106.75	107.83	105.46	98.76	93.94	85.97	89.97	89.80	77.18
1999	83.77	82.32	77.32	85.38	93.79	93.27	95.04	107.05	114.11	121.92	117.81	128.22
2000	73.26	77.23	83.67	88.15	83.09	92.53	102.08	102.05	112.71	125.60	130.58	129.07
2001	99.76	99.44	103.16	101.02	103.82	110.46	108.63	100.83	104.54	101.72	88.50	78.11
2002	86.40	86.59	86.45	96.42	101.80	102.44	99.28	102.74	106.53	114.13	112.80	104.43
2003	89.80	95.63	102.86	99.60	92.25	94.41	99.82	103.24	107.49	99.76	107.59	107.56
2004	73.41	77.43	78.72	84.08	85.72	95.26	96.92	104.80	114.03	119.00	139.49	131.12
2005	72.99	75.22	81.29	94.12	99.56	91.94	101.64	109.82	120.06	125.69	122.28	105.39
2006	93.16	97.01	98.28	97.76	106.75	107.12	108.92	112.35	109.23	96.14	86.73	86.54
2007	93.28	85.82	89.37	93.47	96.21	96.54	99.48	103.50	99.13	105.23	112.94	125.01
2008	82.92	84.73	87.84	96.98	104.28	121.65	130.65	131.13	113.26	100.47	81.63	64.47
2009	96.14	96.95	83.98	86.64	89.31	95.56	111.19	102.64	110.63	103.11	111.31	112.57
2010	100.00	99.80	95.71	100.82	107.42	100.93	97.69	94.44	96.68	97.71	102.96	105.84
2011	84.67	90.67	100.21	104.60	110.78	104.88	101.66	103.31	100.33	98.62	97.54	102.73
2012	96.44	99.13	104.41	108.23	106.17	98.74	87.79	92.87	99.76	103.71	103.16	99.58
2013	99.77	101.17	102.83	99.89	97.72	96.47	97.68	100.08	103.11	102.25	100.05	98.98
2014	104.33	102.61	102.82	103.38	102.69	102.83	105.12	103.91	101.36	97.29	90.06	83.59
2015	115.31	100.86	105.88	105.53	106.95	112.14	108.97	99.66	88.07	89.77	86.08	80.77
平均值:												
所有年份	92.77	92.98	94.22	97.21	99.43	100.85	102.19	103.23	104.46	105.35	105.36	101.96
不含 2008 年	93.28	93.41	94.56	97.22	99.17	99.75	100.69	101.76	104.00	105.61	106.61	103.93

季节性指数，原因是这种方法更加直接地反映了过去的结果，即在一个给定日期进入一个仓位，同时在另一个给定的日期清仓的结果。但是，由于长期的趋势也许会改变，剔除趋势的季节性指数在反映季节性影响时也许更相关。下一段将会描述一个得到剔除趋势的季节性指数的方法。

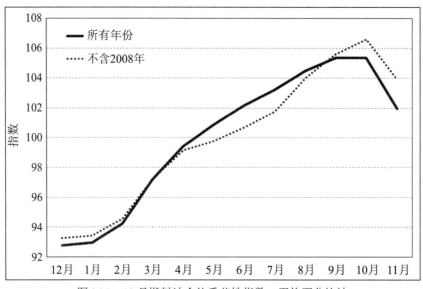

图26.1　12月燃料油合约季节性指数：平均百分比法

链环相关法

链环相关法主要包含以下几个步骤。

（1）将每个数据表示成前一个月的数据百分比的形式。

（2）求这些每月的数据的平均值。

（3）将第一个月的数据设定为100，将其他月度的数据转换成第一个月数据的相对百分比的形式。

（4）对上述数据进行趋势调整。

（5）对这些数据乘以共同的因子，使得每月的平均季节性指数等于100.

如果我们完成一个例子，以上这些步骤将会更加清晰。表26.3将每月的价格表示成上月价格的百分比的形式（这些数据由表26.1得出）。这些百分比数据的按月平均值在表下方列出。

表 26.3 12 月燃料油合约每月平均价格作为前一个月价格的百分比

合约到期年份	12 月	1 月	2 月	3 月	4 月	5 月	6 月	7 月	8 月	9 月	10 月	11 月
1996	101.51	99.16	99.77	103.53	103.00	98.97	101.10	105.26	104.98	111.95	105.73	98.66
1997	100.70	103.09	96.10	99.58	98.33	102.96	97.08	98.78	101.20	100.25	104.44	93.92
1998	96.74	95.50	97.39	96.17	101.01	97.80	93.65	95.11	91.52	104.65	99.82	85.94
1999	94.23	98.27	93.93	110.42	109.85	99.45	101.90	112.64	106.59	106.84	96.63	108.84
2000	101.21	105.43	108.33	105.35	94.26	111.37	110.31	99.97	110.45	111.43	103.97	98.84
2001	93.95	99.68	103.74	97.93	102.77	106.39	98.35	92.82	103.68	97.30	87.01	88.26
2002	99.38	100.23	103.83	111.53	105.59	100.63	96.91	103.49	103.68	107.13	98.84	92.58
2003	104.99	106.50	107.56	96.82	92.62	102.34	105.74	103.43	104.12	92.80	107.85	99.97
2004	103.24	105.47	101.67	106.81	101.95	111.13	101.74	108.14	108.81	104.36	117.22	94.00
2005	92.72	103.06	108.07	115.79	105.77	92.35	110.54	108.05	109.33	104.69	97.29	86.18
2006	102.77	104.13	101.31	99.48	109.20	100.34	101.69	103.15	97.22	88.02	90.21	99.78
2007	100.16	92.07	104.13	104.58	102.94	100.34	103.05	104.04	95.78	106.15	107.33	110.69
2008	101.31	102.18	103.67	110.41	107.52	116.65	107.40	100.37	86.38	88.71	81.24	78.98
2009	79.23	100.84	86.63	103.16	103.08	106.99	116.36	92.31	107.78	93.21	107.95	101.13
2010	97.90	99.80	95.91	105.33	106.55	93.96	96.79	96.67	102.38	101.06	105.38	102.79
2011	103.30	107.09	110.52	104.38	105.91	94.67	96.93	101.62	97.11	98.29	98.91	105.32
2012	98.24	102.79	105.32	103.66	98.10	92.99	88.92	105.79	107.41	103.97	99.47	96.52
2013	100.26	101.40	101.64	97.14	97.84	98.72	101.25	102.46	103.03	99.17	97.85	98.93
2014	102.05	98.35	100.21	100.54	99.33	100.13	102.23	98.85	97.55	95.98	92.57	92.82
2015	87.27	87.46	104.98	99.67	101.34	104.85	97.18	91.46	88.37	101.93	95.88	93.84
平均值	98.06	100.62	101.54	103.61	102.35	101.65	101.46	101.22	101.37	100.89	99.78	96.40

表 26.4　1996—2015 年 12 月燃料油合约：每月平均价格作为前一年 12 月平均价格的百分比

12 月	1 月	2 月	3 月	4 月	5 月	6 月	7 月	8 月	9 月	10 月	11 月	12 月
100	100.62	102.17	105.86	108.35	110.14	111.74	113.10	114.65	115.67	115.42	111.26	109.10

下一步，在表 26.4 中，我们将第一个月（12 月）的价格设为 100，然后将每月的价格转换成相对于第一个月的值。因此，从表 26.3 中可以得出，1—12 月的平均比率是 100.62，然后 1 月值被设为 100.62（例如，100 的百分之 100.62）。同样，由于 2—次年 1 月的平均比率是 101.54%，二月值被设为 100.62 的百分之 101.54，或者 102.17。三月的值就是 102.17 的百分之 103.61，或者 105.86，以此类推。注意，12 月第二个值的记录等于 11 月值的 98.06%（98.06% 是表 26.3 中 12 月的平均值）。

第二个 12 月的值更高反映了数据的趋势。剔除这个趋势，我们必须找到一个恒定的变量通过 12 次方增长至 109.1（第二个 12 月的值与第一个的比率）。换句话说，我们想要找到一个恒定的每月增长率 X。这个可以被表达为 $X^{12}=109.1$。得到 X 的值需要用到对数（不熟悉对数的读者可以直接跳过，接下来会有另外一种方法来剔除数据的趋势）：

$$X^{12}=1.091$$
$$12\log X=\log(1.091)$$
$$\log X=1/12\log(1.091)$$
$$\log X=0.003\ 152$$
$$X=1.007\ 284，取整\ 1.007\ 3$$

换句话说，$1.007\ 3^{12}=1.091$。

我们假设一个稳定增长的趋势。第一个月（12 月）的值还是 100；第二个月的值将被除以 1.007 3；第三个月的值将被除以 1.007 3^2；第四个月除以 1.007 3^3，以此类推。这些计算将在表 26.5 中阐述。最后一个月（第二个 12 月）将被除以 1.007 3^{12}，因此将它的值转化为 100.0。既然 2 个 12 月的值经过调整后一样了，那么这个确实已经被从数据中剔除了。

另外一种方法

接下来的步骤不需要用到对数，可以用来推算出一个表 26.5 中最后一列的合理的好的估计。

表 26.5　每月指数值的趋势调整

月份	表 26.4 的值	趋势调整除数	趋势调整除数的值	调整值
12 月	100			100
1 月	100.62	$(1.007\ 284)^1$	1.007 284	99.89

(续表)

月份	表26.4的值	趋势调整除数	趋势调整除数的值	调整值
2月	102.17	$(1.007284)^2$	1.014 621	100.69
3月	105.86	$(1.007284)^3$	1.022 012	103.58
4月	108.35	$(1.007284)^4$	1.029 456	105.25
5月	110.14	$(1.007284)^5$	1.036 954	106.21
6月	111.74	$(1.007284)^6$	1.044 508	106.98
7月	113.10	$(1.007284)^7$	1.052 116	107.50
8月	114.65	$(1.007284)^8$	1.059 779	108.18
9月	115.67	$(1.007284)^9$	1.067 499	108.36
10月	115.42	$(1.007284)^{10}$	1.075 275	107.34
11月	111.26	$(1.007284)^{11}$	1.083 107	102.73
合计				1 256.71

（1）找到表26.4中两个12月值的差（9.1）。
（2）用第二个月（1月）的值减去第一步的差乘以1/12的积（100.62-0.76=99.86）。
（3）用第一步的差乘以2/12，然后用第三个月的值减去乘积。用第一步的差乘以3/12，然后用第四个月的值减去乘积。用接下来月份的数据重复上述过程。

用这种方法，调整后的数据是：

12月	1月	2月	3月	4月	5月	6月	7月	8月	9月	10月	11月
100	99.86	100.65	103.59	105.32	106.35	107.19	107.79	108.58	108.85	107.84	102.92

这些估算的数据已经和表26.5中调整后的值非常接近了。为了一致起见，如果每月的季节性指数的平均值等于100将是适宜的或者类似的，每月指数值的和等于1 200。表26.5表明指数值的和大于1 200，这使得有必要用一个乘数进行调整。

$$乘数 = \frac{1\,200}{1\,256.71} = 0.954\,9$$

表26.5中的每一个值除以0.945 9得出了表26.6中的季节性指数值，这是数值在图26.2中标出。平均百分比法和链环相关法在图26.3中进行了比较。注意，这两种方法有许多相似点。一个基本的区别是平均百分比法的指数反映了长期的趋势，但是链环相关法不是。两种方法都表明12—1月这段时间价格偏低，9月价格偏高。

12月	1月	2月	3月	4月	5月	6月	7月	8月	9月	10月	11月
95.49	95.38	96.15	98.91	100.50	101.42	102.15	102.65	103.30	103.47	102.50	98.09

图 26.4～图 26.9 说明了在不同的期货市场里，具体合约月的季节性图表，都是基于 1996—2015 年的数据，未调整的（平均百分比法）和未剔除趋势的（链环相关法）（除了标准普尔 500 在图 26.6 中，那是基于 1998—2015 年的数据）。

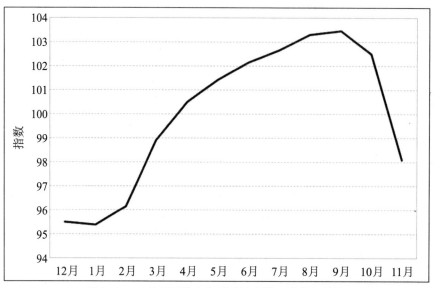

图 26.2　12 月燃料油合约季节性指数：链环相关法

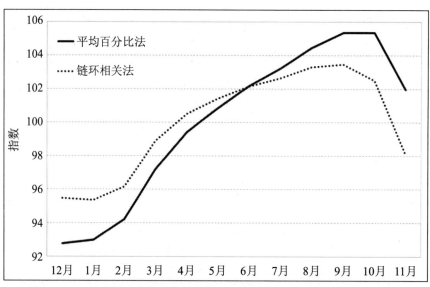

图 26.3　12 月燃料油合约季节性指数：平均百分比法和链环相关法的比较

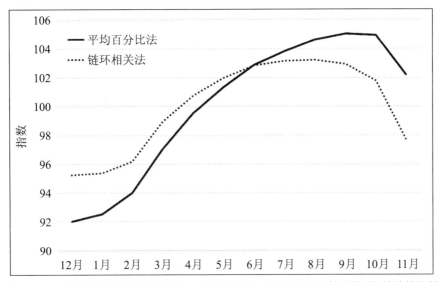

图 26.4 12 月西得克萨斯中质原油：季节性指数：平均百分比法和链环相关法的比较

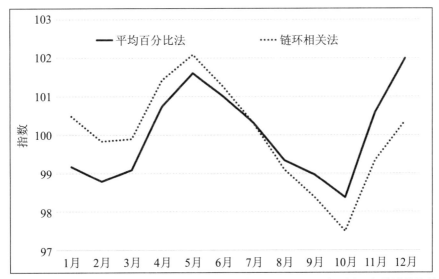

图 26.5 12 月电子迷你标准普尔 500 季节性指数：平均百分比法和链环相关法的比较

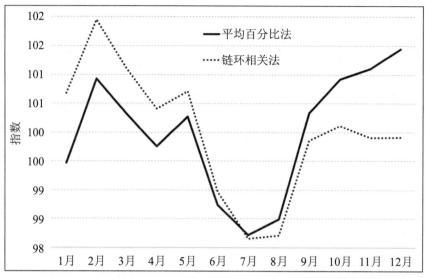

图 26.6 12 月黄金季节性指数：平均百分比法和链环相关法的比较

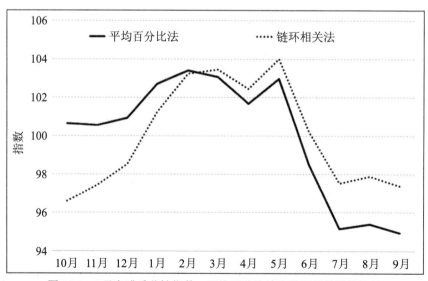

图 26.7 9 月咖啡季节性指数：平均百分比法和链环相关法的比较

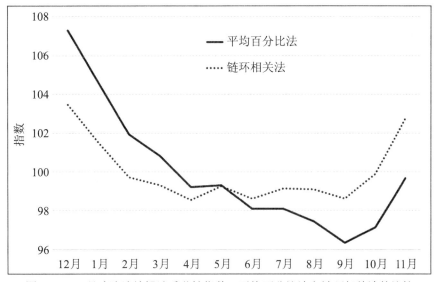

图 26.8　11 月冷冻浓缩橙汁季节性指数：平均百分比法和链环相关法的比较

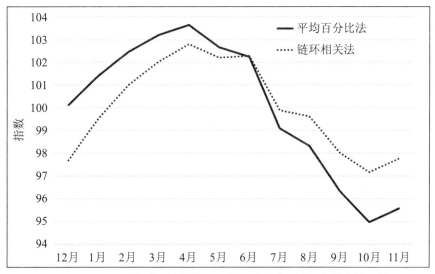

图 26.9　12 月玉米季节性指数：平均百分比法和链环相关法的比较

需要强调的是季节性趋势永远不应该被用作做交易决定的唯一基础。由于它们只是一个影响因素，可以轻易地被基本面和影响市场的技术趋势淹没。

第27章

分析市场反应

市场永远不会错——市场观点经常会。

——杰西·利弗莫尔

❑ 评估重复性事件的市场反应

市场对关键基本面发展的反应可以为未来可能的价格方向提供重要线索。当这些发展是重复性的，例如，关键经济数据发布或者美国农业部报告，一个系统的方法可以用来分析市场反应的影响。一般的分析程序包括以下步骤：

（1）确定要研究的事件（例如，国债市场对月度就业报告的反应）；
（2）构建一个表，比较报告的公布后市场的直接反应，以作用到随后的价格趋势；
（3）寻找一致的趋势。

没有单一正确的模式来分析市场反应。本章的目的是说明分析过程，而不是为市场交易提供具体的市场反应模型。下面的例子中所观察到的市场反应是温和的，没有足够的数据来排除结果可能只是由于机会。读者可以应用类似的方法来分析其他可能感兴趣的情况的市场反应。

案例A：国库票据期货对每月美国就业报告的反应

美国劳动统计局公布的就业形势报告是月度经济观察中最受关注的。能够在广泛的市场范围内触发大幅的波动。让我们说，我们的目标是检查在每月的就业报告发布的当天，美国国债期货价格的方向（和幅度）是否预示随后几周的价格方向。换句话说，我们要检查假设，对就业报告的"看涨"或"看空"市场反应可能是短期价格方向的指标。我们可以进行如下步骤：

（1）首先确定一个对于就业报告的看多或看空的阈值；
（2）在就业报告公布后的 N 天里，衡量满足条件的市价格变化。

表27.1 显示了 2006—2015 年在每月就业报告公布后的 10 个交易日（两周），基

于报告日前一日收盘至报告日收盘的价格是多还是空，美国 10 年国债期货是如何交易的。在这个例子中，看多的初始反应是以报告日收盘盈利超过 0.5 点定义的（以前一日收盘价为基础来衡量）。同时，看空的初始反应定义为超过 0.5 点的下跌（选取名义本金只是为了说明，没有特别的含义）。

从 2006—2015 年，26 个就业报告日满足了看多的条件（表的上半部分），33 个就业报告日满足了看空的条件（表的下半部分）。表 27.1 显示了从报告日收盘到接下来的 10 天内收盘的累计平均和中位收益。作为对比，该表同样包含了从第 1 天到第 10 天的平均价格变化，在 10 年的分析窗口。该表同样表现了国债期货收盘价高于在看多和看空反应后报告日的收盘价的次数的占比，以及接下来的 10 天里收高的占比。例如，在看多初始反应的第 1 天，10 年期美国国债期货收盘价平均来说，和平均 0.021 点收益相比低 -0.054 点（-0.039 点中位）。看多反应一天以后，市场收高的比例达到 42.31%，同时，51.93% 的交易日所有天数都收高。

由于通过图表来表示更易于理解，图 27.1 的中展示了看多反应的结果，同时，图 27.2 展示了看空反应后的结果。奇怪的是，分析表明，国债价格在报告发布后的一段时间里，有一种向市场最初反应相反方向变动的趋势。具体来说，在对失业报告的最初的看多反应之后的两天里（之后交易就不单单是报告的影响了），反向价格行动似乎有一个显著的趋势。同时，在最初看跌反应之后，价格更为持续看涨。图 27.1 表明，两天以后，国债收盘价低于报告日的收盘价的占比达到 73%，平均下跌 0.205 点。这个观察表明，那些试图建立和市场看多反应一致的仓位的交易员，可以在稍晚几天找到更好的进入价位。

作为对比，图 27.2 强调了市场倾向于在看空反应后走高。需要指出的是，调查中，看到一个长期的上行趋势。因此，适当的比较是所有天的相应变化。

图 27.3 和图 27.4 表现出一个不同的角度在对月度就业报告的看涨和看空的初步反应后 10 年期的中期国库券期货的表现。不是显示从就业报告日中的累积表现，这些图表展示了每一天的收益和损失。图 27.3 强调了在看多反应两天后，平均收益为负。同时，图 27.4 表现了在看空反应两天后市场价格走高的趋势。

在分析历史趋势（如市场反应、季节性趋势）时，通常不能说明显地偏向反应市场偏见（或是市场无效）或者这种结果是一个交易机会。甚至拥有 50% 概率的明显的随机事件有时也会纯粹意外地偏离很远。例如，如果你将 10 个硬币抛 1 000 次，大约 17% 的总次数，你将得到超过 7 个以上的正面。在每次抛出 10 个硬币时得到 7 个正面当然不能推理出硬币倾向于落在正面。在评估一个过去的趋势是否有意义而不是随机时需要考虑以下两个因素。

表 27.1　10 年期美国国债期货对于每月就业报告的反应：指示日累计变化（2006—2015 年）

看多											
26 个实例	第 1 天	第 2 天	第 3 天	第 4 天	第 5 天	第 6 天	第 7 天	第 8 天	第 9 天	第 10 天
报告后变化中值	-0.039	-0.172	0.016	0.164	0.211	0.063	0.117	0.344	-0.055	0.117
报告后平均变化	-0.054	-0.205	-0.035	-0.030	0.119	0.214	0.093	0.189	0.082	0.111
报告后所有日变化的平均值	0.021	0.042	0.063	0.084	0.105	0.126	0.147	0.168	0.188	0.208
收盘价高于报告日（次数占比）	42.31%	26.92%	50.00%	53.85%	65.38%	53.85%	53.85%	53.85%	46.15%	57.69%
所有天数收盘价高于报告日（次数占比）	51.93%	53.85%	55.09%	55.24%	54.94%	55.04%	56.09%	57.14%	56.79%	56.79%

看空											
33 个实例	第 1 天	第 2 天	第 3 天	第 4 天	第 5 天	第 6 天	第 7 天	第 8 天	第 9 天	第 10 天
报告后变化的中值	0.031	0.219	0.141	0.328	0.484	0.422	0.406	0.609	0.313	0.484
报告后变化值的平均值	0.081	0.285	0.306	0.401	0.474	0.605	0.707	0.649	0.622	0.603
报告后所有日的平均值	0.021	0.042	0.063	0.084	0.105	0.126	0.147	0.168	0.188	0.208
收盘价高于报告日（次数占比）	51.52%	57.58%	57.58%	63.64%	63.64%	72.73%	69.70%	66.67%	72.73%	63.64%
所有天数收盘价高于报告日（次数占比）	51.93%	53.85%	55.09%	55.24%	54.94%	55.04%	56.09%	57.14%	56.79%	56.79%

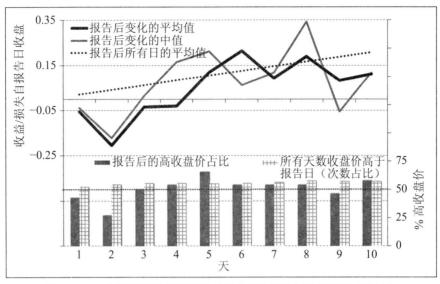

图 27.1　10 年期美国国债期货在对就业报告看多初始反映后（累计）

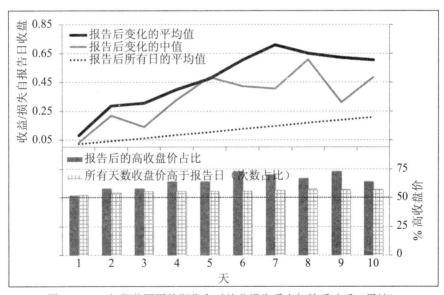

图 27.2　10 年期美国国债期货在对就业报告看空初始反映后（累计）

（1）观察样本的数量。观察样本数量越多，过去的趋势有可能就越显著。

（2）理论的解释。如果对于过去的趋势为什么会发生有一个逻辑的原因，它将强化潜在观测趋势的显著性。

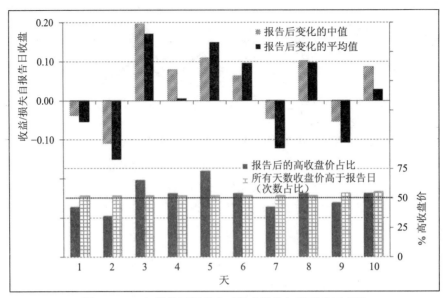

图27.3 10年期美国国债在对就业报告初始看多反应后

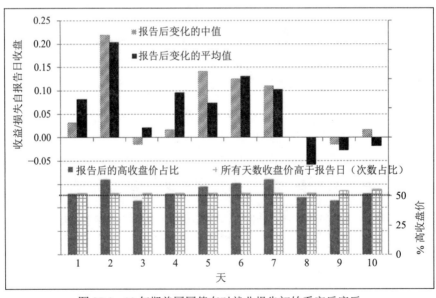

图27.4 10年期美国国债在对就业报告初始看空反应后

案例B：股指期货对于就业报告的反应

股指期货也倾向于由于每月的就业报告剧烈波动。图27.5和图27.6表现的是

2006—2015 年的就业报告发布后 10 个交易日里对于电子迷你标准普尔 500 期货合约的表现分析的结果。但是,在这个例子中,看多和看空不是按照报告发布日的价格变化来定义的,而是按收盘价在报告日价格区间的位置来确定的。

(1) 收盘价在上 25% 的报告日的价格区间里,定义为看多初始反应。

(2) 收盘价在下 25% 的报告日的价格区间里,定义为看空初始反应。

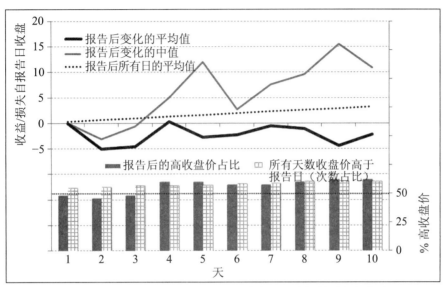

图 27.5 电子迷你标准普尔 500 累积变化在看多初始反应报告后

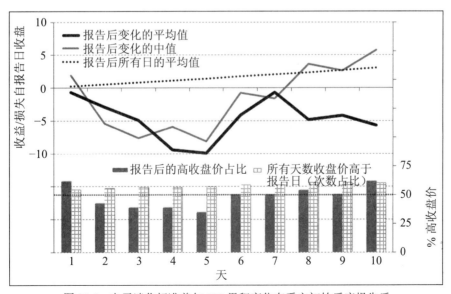

图 27.6 电子迷你标准普尔 500 累积变化在看空初始反应报告后

2006—2015 年，所有的 120 个就业报告中，42 个满足看多的条件，26 个满足看空的条件。图 27.5 表现了电子迷你标准普尔 500 期货合约的平均和中位损益，从看多反应报告日收盘到连续 10 个交易日后。同时，图 27.6 为看空反应报告提供了同样的图表。最值得注意的趋势是在看空反应报告发布后的持续弱势，而看多反应报告发布后相对没有方向。

表 27.2 展示了一个相关分析的结果。在这个例子中，一个初始的看多反应被定义为收盘价高于前一日的收盘价超过 1.35%，而看空反应被定义为低于前一日的收盘价超过 1.35%。初始反应介于 ±1.35% 的，定义为中性。这些初始的反应和从报告日收盘到下一个月的就业报告发布前一日（大约 20 天，根据月份的不同可能介于 18—25 天）的价格变动进行比较。在这个例子中，在看多和中性反应后的累计价格变动是类似的（都是正向变动的），同时，在看空初始反应后的表现是偏负面的。

表 27.2 2006—2015 年，在对就业报告初始反应后的一个月里，电子迷你标准普尔 500 累积价格变动

	看多初始反应	看空初始反应	中性初始反应
平均	5.54	-16.05	7.88
中位数	18.13	-8.75	14.25
收高的占比	64.29%	35.71%	65.91%

由于在调查期间有一个决定性的向上的趋势，因此，不论任何事件，价格都会有一个上偏——在中性报告反应后，也会有一个上涨的时间。因此，价格在看多反应后的交易日里上涨可能只是长期趋势的结果，而不是短期影响。特别是价格变化在看多和中性反应报告后是如此相似。但是，在看空反应后的交易日里，价格下跌就显得非常重要，因为这和决定性的长期趋势相背离。然而，即便如此，还是应该说明结果是基于少量样本的。

☐ 独立事件

预期是衡量市场对于任意独立事件的关键。换句话说，如果市场未能像预期的那样果断地对基本面变化作出反应，这就提供了一个关于市场的强势或弱势的重要信号。

关于上述原则的一个经典的例子是，在 1991 年海湾战争中的黄金市场背离预期的反应。随着美国将于 1 月 17 日开始空袭的截止日期的临近，伊拉克仍然拒绝妥协。黄金价格坚挺。随着空袭在美国晚间时候开始，在夜盘，黄金价格开始飙升至 3 个月的最高点，410 美元每盎司。但是这轮反弹突然停止了，黄金价格开始大幅跳水。到第二天

早上美国黄金市场开盘时，价格实际上是 28 美元每盎司，低于前一晚的收盘价。这一对本来预期价格大涨事件的极其弱势的价格变化，即使考虑到美国很快取胜这个证明市场正确的因素。这个背离表明黄金价格对于未来的下降是很脆弱的。正如图 27.7 中可以看到的，价格确实在随后的数月里继续滑向新合约的低点。

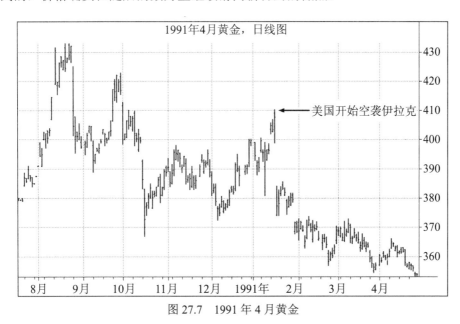

图 27.7　1991 年 4 月黄金

图表由 TradeStation 公司绘制。TradeStation 技术公司拥有版权。

基本的原则是对于一个重要事件的价格反应和原本的预期明显不同时，这个背离对于市场可能的近期方向是一个重要的线索。

市场反应分析的局限性

以下是在进行市场反应分析时出现的一些含糊之处。

（1）在任意一种类型的市场反应分析时，我们得到的答案都取决于分析中使用的参数。例如，在本章中不同的阈值来定义看多和看空反应是挑选出来的有代表性的值来说明分析的过程；它们不是最佳的定义多或者空反应的值。分析指标的选择，经常是主观性的，可能对结果造成很大的影响——这一事实就给分析一系列的参数带来了有力的争论。

（2）当处理那些相对不那么常见的市场事件时，这就造成了基于太少样本（或者时间跨度多长，或穿越多个分析时段）结果的显著性在统计学上不够有效。例如，本章中的有些例子就只有 13 个或者 14 个观测值。

（3）反应的变化会随着时间的推移而改变。市场对于一个特定的报告或者事件在随后一段时间的反应，在一种类型的经济环境或者市场结构下是一致的，但是这个趋势可能减弱或者消失，如果条件改变的话——例如，从加息环境变为降息环境。

鉴于上述的局限性，市场反应趋势应该被视为一个近期市场方向的潜在指标，应该和其他分析一起支撑一个交易观点，而不应该被用作单一的市场指标。

第28章

建立一个预测模型：逐步完成法

> 经济学作为一门实证科学，是对经济现象的一种初步接受的概括，可以用来预测环境变化的后果。
>
> ——米尔顿·弗里德曼

由于大宗商品市场的异质性，没有一个标准的基本模型。区分市场的关键本质特征是商品的可储存行、可替代程度、进口和出口的重要性、政府干预类型以及对经济环境的敏感性。因此，与可以应用到广泛的市场的特定系统或方法的技术分析相反，基本面分析法通常需要对每个市场进行单独分析。

基本面分析法耗时的本质使得这种方法不可能应用于大量的市场。因此，作为一个实用的方法，一个希望用基本面分析法做交易决定的交易员必须采取下列替代方案。

（1）将基本面分析控制在对广泛市场范围的关键统计数据进行表面的分析。

（2）只对少数市场进行深度的基本面分析，然后对其他市场进行基于技术分析交易。

（3）依靠发表的基本面分析。

第一种选择通常是低劣的妥协，基于粗略基本面分析的市场知识往往比完全无知更糟。事实上，仅次于糟糕的现金管理，也许不专业的交易员在商品市场亏钱的最共同的原因就是他们基于肤浅的基本面信息（如市场日志、在线论坛、经纪人三言两语的市场总结）进行交易决策。本章概述的分析方法完全呈现了替代方案。从分析跟踪一两个市场的基本面开始是一个好主意，当所有的想法在备选市场里都仔细研究过了之后，扩展至其他市场。只要是精心选择的，第三个备选方案是每个市场研究的合理的补充。不幸的是，相当一部分发表的研究报告在分析上是不可靠的。但是，如果你能充分掌握本章的概念，你将会毫不费力地评估已发表的报告的分析价值。

一旦进行基本面研究的市场被选定，下面的逐步完成法可以被应用。

（1）阅读背景材料。任何分析的第一步都必须是熟悉被分析的市场。在开始前，一个分析师必须对影响市场的关键基本面因素有较好的了解，还有统计信息的基本来源。

（2）收集统计数据。一旦你对市场的基本运行机制有了较好的理解，列出所有和价格分析相关的统计数据。美国农业部发表了广泛的关于国内外农产品产量的报告，是一个优秀的信息来源。另外一个主要的统计数据来源是商品研究局商品年鉴，该年鉴包含了各个商品市场的丰富的数据。对于很多市场来说，必须依靠特别的统计资料。第一步中描述的熟悉过程应该包括给定市场的基本统计数据来源。

（3）通胀调整后的价格数据。通胀调整是基本面价格预测所必要的一步。需要附加说明的是，如果有一个决定性的需求下降的趋势（需求下降的趋势会抵消通胀），那么未调整的价格将会产生更精确的预测。

（4）建立一个模型。选择一种或多种在第 23 章中讨论的方法去建立一个价格解释模型。回归分析，也许是最有力和最有效的方法，在附录中有详尽的解释。

（5）修改模型。当发现过去的某些年份或季节不符合基本的趋势后，分析师应该试着去分析能够解释这种不符的因素。在有些例子中，在过去某一年非常罕见的价格变化可能反映的是和现在市场不相关的独立事件的影响（如价格管制、出口禁运、巨大投机的强制平仓）。在这种情况下，从模型中剔除异常年份值是可取的。但是，需要强调的是，仅仅因为不适合模型就删除某一年的数据是不适当的方法。关于删除某年数据的更加实用的决定过程在附录 E 中有更详细的讨论。

（6）考虑预期。检验加入预期的统计是否会提高这个模型。

（7）估算自变量。自变量是模型里解释和预测价格的因子。这些输入项在预测期必须被估算。例如，新一季的玉米产量显然是任何玉米价格预测模型的关键输入项，可以根据种植面积、历史产量和天气情况来估算。

（8）预测一个价格区间。考虑到每一个自变量都有一个区间范围，用模型来预测下一阶段的价格范围。

（9）评估政府管制的潜在影响。考虑不论现有的政府监管或者国际条约都有可能干扰正常的自由市场运行机制。

（10）分析季节性趋势。用第 26 章讨论过的方法，判断某一给定市场是否存在显著的季节性趋势。更进一步，有必要检验现在的价格变化是否破坏了正常的季节性趋势，由于这类变化可能反映的是市场内在的强势或者弱势。

（11）寻找市场反应趋势。正如第 27 章所详述的，对于关键的基本面信息（如主要的市场报告）的市场反应，可能给即将发生的价格方向提供重要的线索。

（12）评估交易机会。将分析步骤发现的潜在的价格区间和现有的价格水平进行比较。只有当现有的价格在价格区间之外时才会有交易机会（这一步对于那些用来预测价格方向的方法并不适用）。

（13）交易进入时点。一些基本面分析法的组成部门，例如，季节性分析和市场反应趋势和一个基本面分析的方法——例如，指数模型法——也许会提供时点线索。通常来讲，交易的进入时点应该是基于技术分析变量（如图表分析、技术模型）。否则，一个基本面导向的交易的时点倾向于在分析完成的时点——一个可笑的结论。更有甚者，应该被强调的是，甚至基本面分析时正确的，价格可能在趋势反转之前就已经和趋势背离了。将进本面分析和交易结合起来的实用的方法是第29章的主题。

第29章

基本面分析和交易

> 我们所有的知识使我们更加接近我们的无知。
>
> ——托马斯·斯特尔那斯·艾略特

□ 基本面分析和技术面分析的对比：一个更需要注意的课题

几乎每一个曾经以基本面分析为基础观点的学生，都能回忆起他的结论被证明是错误的时候。当然，同样的道理也适用于技术面分析者。但是，这两者有明显的区别。如果技术面分析师的方法得出是错误的结论，同样的分析工具最终将会指向完全相反的结论。实际上，技术面分析法是自我纠正的方法。作为对比，基本面分析师则基于更加危险的基础。当小麦的市场价格是6美元时，如果基本面分析员的评估表明小麦的价格是7美元，如果市场价格跌至5.5美元时，他应该更加看多小麦价格——假定关键经济统计数据保持不变。

用基本面分析时有一些内在的风险：预测越不精确，如果预测和现有的市场情况一致的话，交易者有可能越坚信他们初始的预测。因此，那些严格按照基本面进行交易决策的交易员，将会发现他们可能在最不正确的地方仓位最重——可能出现灾难的结果。换句话说，单独或主要依靠基本面的交易员迟早有把一个小错误变成巨大交易损失的风险。

事实上，这种难忘的经验使得许多基本面分析师放弃他们之前的分析信仰。这让人想起了马克·吐温的描述："坐在热炉盖上的猫再也不会坐在热炉盖上了，冷的也不会了。" 问题不在于作为一个有价值的分析工具基本面分析的有效性，而在于没有认识到基本面分析的不足。这一章将聚焦于这些不足。

□ 基本面分析的三大陷阱

甚至那些所有都对的基本面分析师也最终会发现他们的结论是错的，究其原因，主要有以下三点。

（1）意料之外的发展。在这种情况下，模型是对的，但是假设错了。1972—1973年的棉花市场提供了一个经典的这种变化的例子。在那之前，美国没有向中国出口过棉花。但是这种情况在1972—1973年发生了巨大的变化，美国出口了150万包棉花，或者总出口量的11%给中国。表29.1显示到中国的出口在1973—1974年进一步扩大。作为美国棉花的主要进口商，中国成为棉花1972—1973年大牛市背后最主要的原因之一。

表29.1　1970年早些时候美国增加的对中国出口的棉花（1 000包）

年份	至中国的出口量	总出口量	至中国的出口量占总出口量的比重
1971—1972	0	3 385	0
1972—1973	585	5 311	11.0
1973—1974	898	6 123	14.7
1974—1975	307	3 926	7.8
1975—1976	9	3 311	0.2
1976—1977	0	4 784	0

天气在农产品市场中经常扮演导致意料之外变化的角色。图29.1描绘了1989年8月—1990年3月冻灾对冷冻压缩橙汁市场价格的影响。图29.2阐述了2012年旱灾对玉米市场的影响。尽管天气很难出现极端变化，但是他们不可预期，由于它们出现的可能性经常导致其他年份价格虚高。

图29.1　1990年3月冷冻浓缩橙汁市场

图表由TradeStation公司绘制。TradeStation技术公司拥有版权。

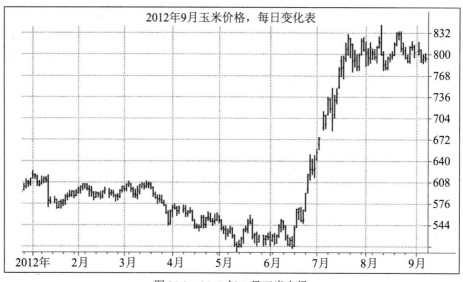

图 29.2　2012 年 9 月玉米市场

图表由 TradeStation 公司绘制。TradeStation 技术公司拥有版权。

由不可控事件导致较大市场反应的例子是 2011 年 3 月的日本地震，这场地震引发了海啸，海啸导致福岛核电站的 3 个反应堆融化了（尽管海啸导致灾难的可能性被预期到了，但是海啸的时点当然是不可控的）。图 29.3 显示了这场灾难在接下来的 4 天里，日经指数下跌了 20%。

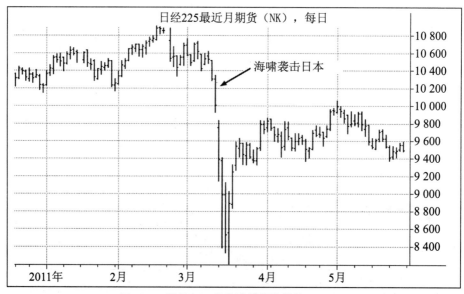

图 29.3　日经 225 指数连续期货价格（NK）

图表由 TradeStation 公司绘制。TradeStation 技术公司拥有版权。

1990年8月，伊拉克入侵科威特是另外一个非预期事件可以显著地影响供求平衡、引发巨大价格变化的例子。在图29.4中，这一事件导致了原油价格大幅度上涨，由于市场认为原油供给将会因科威特石油出口中断、伊拉克原油禁运以及冲突可能延伸并威胁到沙特阿拉伯的供应等因素的影响。

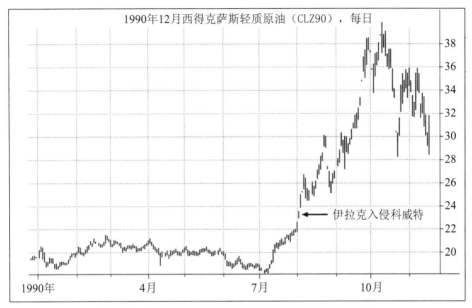

图29.4　1990年12月西得克萨斯轻质原油（CLZ90）

图表由TradeStation公司绘制。TradeStation技术公司拥有版权。

图29.5显示的是瑞士央行出人意料地突然取消瑞士法郎价格上限给市场带来的巨大影响已经持续了3年时间。这一冲击事件在2015年1月15日几乎立即导致瑞士法郎的价值跳升了25%。尽管这一价格上行在接下来的两个月里回撤了大部分，但是这一市场突然变化对持有瑞士法郎空头的交易员造成了灾难性的影响。

那些能导致巨大价格变化的政府报告中的意外事件，是非预期事件的常见来源。但是，由于这些报告发布的时间是提前知道的，即使这些报告倾向于导致大的价格波动（典型的是，播种量和产量预测对农产品市场的影响），它们造成的价格变化和无规律的事件（如霜冻、核泄漏、入侵）相比，没有那么完全的不可预期。但是，有时一个通常不会激起价格太大反应的报告有可能会造成更大的影响。例如，2013年3月28日，美国农业部季度玉米库存报告发布时。当时市场预期玉米库存异常紧张（由于图29.2中干旱的结果），这份报告显示玉米库存比前期预测的高出8%（3.87亿蒲式耳）结果就是，玉米期货价格在第二个交易日下跌了5%，第三个交易日下跌超过8%。（见图29.6）。

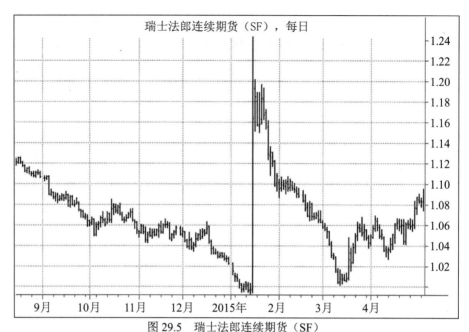

图 29.5 瑞士法郎连续期货（SF）

图表由 TradeStation 公司绘制。TradeStation 技术公司拥有版权。

图 29.6 2013 年 5 月玉米（CKB）

图表由 TradeStation 公司绘制。TradeStation 技术公司拥有版权。

（2）遗漏的变量。通常情况，一个价格变化已经在一段时间里被一系列变量解释清楚的市场会突然被一个全新的变量显著影响。在1972—1973年的通胀时期，通胀时期通常的囤积心理提供了关于遗漏变量的绝佳的例子。在那段时间，在不同市场的价格行为变得非常相关，许多不同的市场价格都远超过他们内在基本面显示的价格。任何忽略整体价格上涨影响的某个具体市场的基本面分析都会大幅低估对价格的预期。

1981—1982年提供了另外一个几乎完全相反的遗漏关键变量的例子。在这个例子中，没有考虑到通货紧缩和高真实利率同时对库存心理的明显影响将导致高估了几乎任何商品市场的价格预测。

人们很容易认为，诸如上述对商品需求曲线影响的两大关键事件是如此显而易见，它们将很快被纳入任何基本面模型中。但是，这种主要的转变在回想的时候往往比在发生时更引人注目。通常，当这种结构性变化变得明显时，价格已经发生了一个重大的转变。

（3）错误的时点。即使基本面分析时准确的，同时，假设也是正确的，市场同样可以在短期内与基本面预期的方向相反——甚至在中期的时间内。换句话说，通常来讲，基本面分析并不提供时点信息。

2008年的金融危机和后续的大萧条提供了关于基本面分析和价格变动时点不相关的例子。2008年的金融危机有许多原因，但是，毫无疑问，其中首要的原因是房产泡沫的爆发，房价已经远超历史的正常水平。自从凯斯-希勒全国房价指数开始的100多年来，通常调整后的指数水平在65～130之间波动。在2003—2006年的房产泡沫的巅峰时期，指数几乎相当于长期中位水平的两倍（见图29.7）。

图29.7 凯斯-希勒全国房价指数，通货膨胀调整

图表由TradeStation公司绘制。TradeStation技术公司拥有版权。

房产泡沫被过剩的次级抵押贷款推向极致：贷款被贷给了很差信用的借款人，首付很低或者压根不要首付，在后期甚至不需要收入和资产证明。无止境地为了装入抵押贷款证券（MBS）的抵押贷款需求激励着按揭贷款提供者提供尽可能多的按揭贷款。这些借款人不确定能否归还贷款，因为他们把这些按揭贷款卖给其他金融机构来证券化。贷款人之间追逐新的借款人竞争看起来就像是发行最差质量贷款的比赛。

凯斯-希勒全国房价指数在 2006 年春天达到顶点（见图 29.8）。同时，次级调整利率抵押贷款（ARMS）的延期率在 2006 年稳步上行，在 2007 年加速上行（见图 29.9），尽管这些是不详的变化。美国股票价格继续走高，最终达到历史新高，如图 29.8 和图 29.9 中所显示的。事实上，股票牛市一直延续到房价顶点后的 2006 年中，直到抵押贷款的延期率翻了一倍多——一个基本面的变化。不仅对房价和经济有负面影响，甚至严重威胁到了数以万亿计的次级抵押贷款支持证券。所有这些因素都对股市造成了利空。尽管如此，直到房价达到顶点后的 18 个月以后，一个类似的急剧上升的次级按揭贷款拖欠率出现后，股票市场才最终从 2007 年 10 月高点跌落。

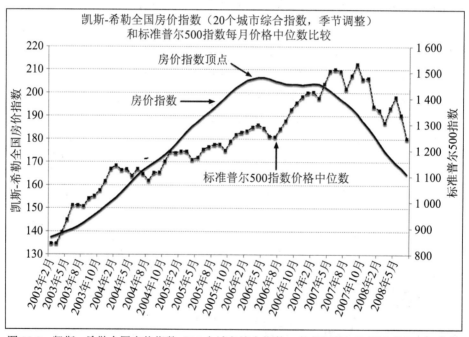

图 29.8　凯斯-希勒全国房价指数（20 个城市综合指数，季节调整）和标准普尔 500 指数每月价格中位数比较

图表由 TradeStation 公司绘制。TradeStation 技术公司拥有版权。

图 29.9 次级贷款总延期率和标准普尔 500 指数每月价格中位数比较

数据来源：OTS（延期数据）。

图表由 TradeStation 公司绘制。TradeStation 技术公司拥有版权。

假设一个基本面分析员得出了 21 世纪初的股票牛市是严格来自于房地产泡沫，这是不可持续的，一旦泡沫不可避免地逆转将会导致股票市场崩溃——这个预测最终证明是非常正确的。更进一步假设，该分析师认为凯斯-希勒全国房价指数将会在 2006 年中逆转，并且，将同时出现的次级按揭贷款延期率上升视作房产泡沫即将被刺破的早期证据——另外一个正确的判断。现在考虑如果这个分析师基于他的判断进行交易，做空股票指数期货在 2006 年 9 月——次级贷款延期率达到多年来新高的后一个月。一个标准普尔指数空头合约在 2006 年 9 月的中位价格在市场达到 2007 年 10 月的最终高点之前上涨了 20%。尽管后来股票市场崩溃了，分析师的操作能够在如此之大的反向变化中坚持下来，而不是巨亏清盘的可能性非常低。

这里需要指出的不是基本面分析师应坚定地坚持自己的仓位——如果他们对自己的分析有信心的话，这种精神态度几乎一定会导致金融灾难，由于只要一次错误的预测就有可能导致灾难性的损失。而是相反，甚至很准确的基本面分析可能导致惨淡的交易结果，如果基本面分析用作预测时点。

1985 年的原油价格提供了另外一个在重要基本面发生变化后，前期的趋势继续延续的经典案例，只是在数月之后，才发生大逆转。1985 年 3 月，沙特人宣布，他们不再充当石油输出国组织(欧佩克)的"浮动供给者"(调整自己产量以保持供求平衡的角色)。他们放弃自己价格支撑者的角色意味着未来看空后市油价走势。沙特在1985年夏天决定引入原油价格"净倒推法",或者保证沙特石油的买家一定的利润空间。本质上,沙特将以可以卖出所有产量的价格来进行石油定价。尽管出现了这种坏兆头,价格依然上行(见图29.10)。价格直到欧佩克在1985年12月的会议上,官方宣布决定"追求市场份额"时才大幅下跌,这已经是沙特采取新定价法后6个月了。

如果一个基本面分析师认为在1985年夏天世界石油市场濒临崩溃,那么毫无疑问他是正确的——最终来看。但是,在中间这段时间,任一基于这个分析的空头仓位将会承受长久的、巨大的亏损。因此,基于基本面糟糕的进入时点分析有可能将一个潜在的成功的交易转变成一个巨大的损失。这其中简单的原因是价格变化的时点通常和基本面变化的时点不一致。

图29.10 1986年3月西得克萨斯轻质原油期货(CLH86)

图表由TradeStation公司绘制。TradeStation技术公司拥有版权。

☐ 将基本面分析与技术分析和现金管理结合起来

鉴于基本面分析的三个不足,事实上,对于任何基本面分析师,买入并持有或者卖出并持有的策略将会最终导致灾难。即使假设一个价格预测模型包含了所有的变量,由于非预期的变化和错误的时点,基本面分析师仍有可能遭到较大损失。上一段中看到的例子揭示了下面重要的交易规则：

规则：永远不要过于死板地坚持基本面观点。

清楚的是，单纯依靠基本面分析对于做交易决定是不充分的。遗漏的两个因素是技术分析和现金管理。这些因素可以按照下述方式结合起来。在交易决策过程中，基本面分析被用作第一步来确定市场是否低估、高估或者恰当估值。

规则：将基本面分析视作判断市场是否偏离实际情况。

一旦基本面分析确定之后，技术分析因素被用作可能的确认分析。技术分析因素可以是图表或者电子交易系统。要点是有必要分析基本面分析显示的交易是否在市场现状上合理。例如，如果基本面显示市场在大幅上涨的一段时间高估，通常来说，最好延迟建立空头仓位。但是，这种基本面预测可以在市场出现盘整时第一时间提供做空的动力。

偶尔地，如果市场接近主要的阻力区域，根据基本面进行和现在价格趋势相反的交易是合理的。例如，假设玉米价格现在是 6 美元/蒲式耳，并且正处于上涨趋势，而基本面分析显示市场均衡价格只有 5 美元。如果市场接近一个主要的阻力区域（例如，前期高点或者前一个交易区间的低点），交易员可以用基本面分析当作预期顶点的判断。但是，这样的交易只能在提前确定好退出点位的情况下才能被考虑。

在做交易决策时的第三个主要因素是：现金管理。当然，控制损失是必要的，即使基本面和技术分析同时确认交易是可行的。但是，当市场预期出现拐点，现金管理特别重要。

规则：一个有效的交易方法应该包括基本面分析、技术分析和现金管理。

为什么要进行基本面分析？

关于这一点，读者也许会问：如果基本面因素必须和技术分析结合使用，那么为什么还要在第一时间进行基本面分析？对于这一问题有以下答案：

（1）基本面分析提供了另外一个维度的信息，而这类信息对于纯技术分析来说是没有的。对于交易决策来说，了解市场为什么按照现在的方式运行非常重要。例如，一个下跌行情中的反弹可能是由于一个没有意义的、不改变看跌基本面的因素。或者，也许反映了从基本面来说市场被超卖了。技术分析师不能区分这两种情况——技术分析必须用近似的方式对待所有相似的变化，不论背后的原因是什么。但是，基本面分析师可以借助对现有市场情况和潜在变化来分析一个反弹是牛市的起点还是诱多。当然，这样的判断不一定总是准确，但是这样的考虑不是一个问题。对于有价值的基本面因素，只有正确决策所带来的利润（或减少的损失）超过了由错误决定造成的损失（或减少收益）

才是有必要的。

（2）基本面有时可能在任何技术信号之前预示一个重大的价格变动。这意味着意识到这种潜在转变的交易员比那些只遵循技术指标的交易员有一个重要的优势。

（3）当基本面分析显示了潜在的大市场变化，对于基本面的了解可以使交易员采取更加激进的观点。但是对于严格的技术分析交易员来说，必须对待所有的交易信号一视同仁。

（4）了解背后的基本面因素可以使一个盈利交易坚持更久。

（5）市场对于基本面消息反映的方式可以被用作一个交易工具，即使对于技术分析交易员来说。

基本面分析会立即打折吗？

受到许多经济学家推崇的一种流行的经济理论，有效市场假说的一个方面可以被意译如下：在任一给定时点，市场会对所有已知的信息打折。当然，如果这种假设是正确的，所有的市场分析师——和这本书的读者——将会被错觉所困惑。但是，有更多令人信服的理由来质疑这个假设。其中一个就是造成主要价格变化的基本面信息通常都在价格趋势变化前获得了。另外一个原因，价格变动常常是对前期价格波动使市场远远超出了基本面认可的可持续均衡水平的反映。在这两种情况下，引人注目的价格变动可能会出现在缺乏任何明显的重大的基本面变化时。实际上，当市场大幅超过均衡水平，价格经常对某些基本面消息向相反的方向变化（例如，一个看空消息后的反弹）。

如果假设市场对所有在任何给定时间已知的信息进行折扣，上述类型的价格行为是莫名其妙的。但是，市场行为的一个更合理的观点是，价格有时滞后于预期现有信息所隐含的水平。

在2002—2006年。铜的价格变化提供了一个很好的市场价格变动发生在解释这一变化的基本面变化之后的例子。2002年，铜库存达到了惊人的程度。毫不奇怪，铜市场在低位萎靡不振。然后，库存开始了一轮长期减少，但是价格并没有做出反应达一年以上（见图29.11）。在2003年晚些时候，价格最终开始反弹，到了一个较高的平台，随着库存进一步下滑，价格又横向盘整了大概一年（从2004年初至2005年初），即使库存进一步下滑。这段盘整后，铜价出现了爆炸式的上涨，几乎在一年时间里翻了三倍。颇具讽刺意味的是，这个巨大的价格上涨发生在库存已经开始小幅增加了。如果一个基本面分析师准确地预测到铜库存的高点和低点，根据基本面变化来进行交易，那么他的表现将相当惨淡。

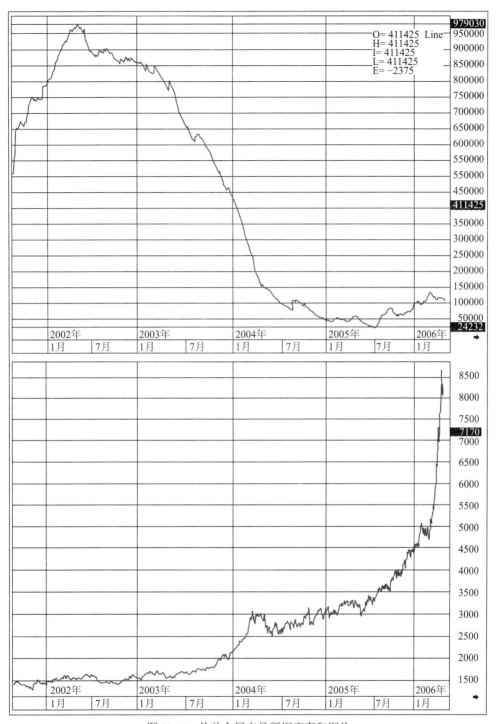

图 29.11 伦敦金属交易所铜库存和铜价

基本面（库存）的重大变化之后的价格变化经常滞后很久。2006年和2005年初的基本面情况相同，但是交易价格显著上行。基本面变化和价格调整之间长期的滞后和有效市场假说的价格迅速调整产生了矛盾。更合理的解释是，市场从充足供应量的满足到供应短缺敏感的心理转变是随着时间的推移逐渐发生的，而不是面对基本面变化出现一个直接反应。

1985—1986年的玉米市场提供了另外一个基本面信息和价格变化不同步的例子。玉米价格从1985年9—12月间稳步增长（见图29.12），尽管不断重复的产量增长和使用量下降的预测导致了持续扩大的库存/使用量的比率（见表29.2）。如果假设价格总是即时对新的基本面信息做出反映，一个在现实世界中经常遇到矛盾的学术假设，这个价格变动是无法理解的。相反，更为有意义的是，在1986年1—2月，随后看到的价格崩溃是对基本面持续恶化的迟来回应。

图29.12　1986年3月玉米价格（CH86）

图表由TradeStation公司绘制。TradeStation技术公司拥有版权。

表29.2　玉米：美国农业部供给/使用量预测1985—1986年（百万蒲式耳）

月份	产量	总使用量	期末库存	库存/使用量比率（%）
1985年8月	8 266	7 145	2 364	33.1
1985年9月	8 469	7 070	2 717	38.4
1985年10月	8 603	7 070	2 851	40.3

(续表)

月份	产量	总使用量	期末库存	库存/使用量比率（%）
1985年11月	8 717	7 045	3 052	43.3
1985年12月	8 717	7 045	3 052	43.3
1986年1月	8 717	7 045	3 052	43.3
1986年2月	8 865	6 845	3 403	49.7

☐ 使新闻迎合价格变化

虽然日常的价格变动往往反映正在进行调整的背景基本面和转移的预期，而不是反映并发事件，但是媒体总是试图使新闻迎合价格变化。如果在某日市场大幅上涨，有些经济新闻将会被发掘出来解释市场强势。同样地，如果市场突然下跌，这时一些看空的基本面解释总会被找到。这些裁剪消息以迎合价格变化有时可能到荒唐的程度，以下列两个摘录为例。第一个选择是从一篇标题为"强大的经济报告提振美元"的文章中节选的。

在一个交易员认为强于预期的经济报告之后，美元大部分都收高。"对于令人惊讶的强大数据有良好的反映，"说……"最大的一个是零售额。"……商务部报告显示零售额在10月维持不变之后，在11月上涨了0.3%。新一周的申请失业的人数下降同样提振了美元。

下一段引用来自一个标题为"长期利率下降的报告"的故事。

……债券价格受益于一份商务部报告显示圣诞购物季在11月缓慢启动……乍一看，这些数字似乎表明消费者的活动已经开始回升，但是分析师声称这一增长受到了质疑，由于9月和10月销售数据的向下修正。"这一修正显示消费者依然在挣扎，"说……

这两个故事来自同一份报纸，同一天，还都在封面位置！

当然，重要的未预期变化公开之后将会产生直接的市场影响，但是对于大部分信息来说，有效市场假说假设价格将会同步基本面信息变化。更准确地说，金融信息将会同时根据价格变化调整。不论在某一个指定日，市场是向上还是向下，金融记者不得不对价格变化找出一个解释。因此，一个解释将从当天碰巧发生的新闻中得出，不论是否相关。这种常规的过程可能会导致滑稽的情况，在市场大幅波动的交易日，同样的变化既被用作看多和又被用作看空的解释，反之亦然。

2011年8月26日是一个完美的例子。在那一天，市场中早上清仓卖出，然后下午大幅反弹。市场注意力都集中在美联储主席伯南克的演讲。接下来是新闻专线在同一天发表的两个关于股票市场的头条：

华尔街在伯南克评论后下滑；

华尔街反弹当伯南克表示希望依然存在。

第一个故事是这样解读的："在美联储主席伯南克表示，美国经济复苏远不及预期强劲，但短期内进一步促进增长的信号不再缺乏之后主要指数下跌超过1%。"；第二个故事看事情有一些不同："伯南克提高了在9月延长政策会议上美联储考虑更进一步刺激经济措施的希望。"

现在，你可能相信在看多之前，同样的事件可能是看空。然而，相信事件的解释被修改以适应市场价格的行动似乎更为合理。我可以向你保证，如果市场没有反弹，就不会有任何关于市场忽视伯南克的建设性评论的故事。市场行动决定了对新闻的解释，而不是反过来。

较为常见的是，市场价格对于一个已经被市场知道一段时间的长期基本面或前期的下跌使得价格低于基本面，做出上涨反映。但是，当这些长期的背后因素改变价格时，而不是常见的细小不相关的变化碰巧发生在同一天的变化，这些小变化显然不能成为可接受的信息。上一次你见到金融版面头条写到，"由于看多基本面没有改变，市场大幅反弹"或是"市场暴跌，价格修正近期投机狂热"是什么时候？

☐ 基本面变化：长期影响与短期反应

当理解新变化时，有必要对长期和短期做出区分。长期的理解相当直接：其他所有都一样，一个看多的新闻表明更高的价格。但是，短期的新变化的理解却相当不同：必要的考虑因素是市场对信息的反应。在这方面，显著的发现是基本面消息和随后的价格行动之间的分歧，总结出下面的规则。

规则：看多的基本面变化之后的下跌或者反弹不及预期应该被视作看空信号。看空基本面变化之后的反弹或者显著小于预期的下跌应该被视作看多的信号。

这个规则本身并不足以使得交易决定的理由充分。但是和其他市场信息结合起来——例如，背景基本面和技术图表，意识到这一规则可以帮助提高交易员的业绩。

一些理解市场反应的例子在本书第27章讲到过。不过，另一个例子可能有助于在使用基本面变化作为一个交易工具澄清这种方法。时间是1980年12月24日，棉花市场由于假期缩短到一周收入略低于合约高低，仅仅较历史高点低了几美分。尽管前6个月的价格明显上涨，但因为供应和使用趋势显示有可能出现自 20 世纪 50 年代初最低的库存结余，基本面仍然看涨。收盘后发布的每周出口报告显示净出口额超过 150 万包。这一出口数据确认了潜在的向中国的巨大出口，并且事实上保证了非常低的季末库存结余。

基于她的分析，斯蒂芬妮的统计已经看多了一段时间。在令人瞩目的 12 月 24 日看多的出口数据发布后，斯蒂芬妮就几乎忍不住根据这一最新消息计算她账户权益的增长。周一早晨，市场几乎以接近涨停开盘，"还不错。"她想，但是市场并没有打开上限让人感到不安。随着时间的推移，价格开始缓和，警钟开始在她脑海里敲响。一定有什么事出错了——市场并没有完全正确，由于这个出口信息。基于这一因素，斯蒂芬妮那天清掉了 1/3 的仓位，并在第二天又清掉了 1/3，剩下的 1/3 在一周后也清掉了。这种分阶段清仓的操作反映了她并不愿意放弃棉花市场的多头仓位，给定她仍然认为有一个非常乐观的基本面前景。

在那个时候，斯蒂芬妮关于市场的基本面观点不能错得更多。后续的表现证明，那个星期一是市场的高点（见图 29.13）同时，是一年多下滑期的起点——尽管有预期中的极低的期末库存。最终，市场疲软的根本原因逐渐清晰：高利率，深度衰退，同时预期新的大种植量。但是，在那个时候，价格已经显著地降低了（虽然下跌的很大一部分还没有实现）。至关重要的一点是，看涨信息的逆向理解提供了在市场顶部平仓多头的信号和防止错误的市场基本面分析将盈利仓位转换成巨大的损失。

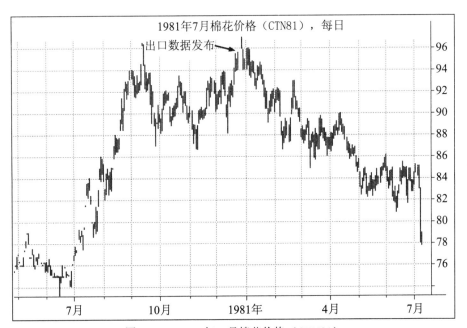

图 29.13　1981 年 7 月棉花价格（CTN81）

图表由 TradeStation 公司绘制。TradeStation 技术公司拥有版权。

前面的故事不是一个事后描述的娱乐。所描述的事件是真实的，只有名字已经改变，以保护隐私。

对于一个看似中性事件的巨大的价格变化同样引人注目。冷冻浓缩橙汁市场对于 1993 年 10 月作物收成报告，一个开始被认为是中性的事件，它的反应提供了一个完美的例子。这种情况和它的影响在以下摘录的《商品交易消费者报告》上公布的采访罗素·金沙的报道中很好地从交易者的角度进行了描述。

昨天发布了一个作物收成报告。预期的橙汁产量介于 1.65 亿～1.8 亿箱。最终出来的数据是 1.72 亿箱，正好在正中间。今天早上的开盘价还是略低一点，可是在开盘前的几分钟，他们改变成低 300，市场以低了 700 开盘，现在低了 900。

我不知道基本面是什么。我昨天下午阅读了作物收成报告，我认为应该是平静的一天。也许预测是错误的。也许有人不相信预测。我对于为什么会下跌毫无线索。所有我知道的是这只是一个中性的报告，有一个基本没变化的电话。但是，市场突然大幅下跌，我没有逃出来，所有我相信的基本面并没有拯救我。我争先恐后地逃出去，削减我的损失。

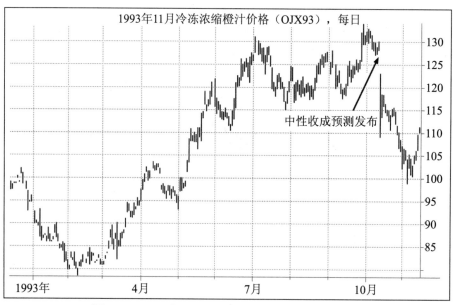

图 29.14　1993 年 11 月冷冻浓缩橙汁市场（OJX93）

图表由 TradeStation 公司绘制。TradeStation 技术公司拥有版权。

正如读者在图 29.14 中所确认的，即便以下跌 900 点撤出多头仓位在几天或者几周后看起来非常好。前面的引用显然是在市场被描述的时点记录的，这提供了一个很好的关于基本面信息的市场反应如何被用来辅助交易决策的现实生活中的例子。

总结

意识到基本面分析的潜在不足是成功进行基本面分析的必要条件。也许，需要牢记于心的关键点是基本面分析是一个预期中长期价格波动的工具，不应该用作时点指标。这一基本假设的唯一例外是，一个和基本面信息预期相反的市场变化应该被视作逆势交易信号（例如，如果没有引起预期的积极价格反映，看涨的基本面变化短期将有看跌的影响）。

第六部分

期货价差与期权

第30章

价差交易的概念与机制

曾经有一个一手交易员叫弗莱德，
他试图降低价差风险。
但价差是他的死亡——
他操作的仓位过大，
交易的不是1，而是10。

简介

尽管广泛的宣传和丰富的信息，价差仍然是一个经常被误解和相对较少使用的交易工具。关于价差交易没有什么特别复杂的。许多交易者只是缺乏对相关概念的熟悉。颇为讽刺的是，对于初级交易员，价差可以成为一个特别有用的交易工具。初级交易员通常回避价差交易由于它们难以理解且仅限于有利的一面。此外，即使经验丰富的交易者往往表现出对交易价差的偏见，更愿意直接交易，因为直接交易有更大的潜力。这些交易员没有意识到，有时价差交易可能会提供一个更有吸引力的回报/风险。换句话说，在一个给定的时间，一定数量的价差交易可以和一个直接交易具有相似的盈利潜力，但是却风险更小（当然，这类判断总是带有一定的主观性）。

价差——定义和基本概念

价差交易涉及在购买一个期货合约的同时卖出另外一个期货合约或者在同一个市场，或者在另外一个相关的市场。正常来说，当交易者认为两个期货合约之间的价差偏离了正常水平，而不是认为绝对价格水平过高或过低时，将开启价差交易仓位。从本质上，价差交易者更关心价差，而不是价格的方向。例如，如果交易员买入10月牛期货，同时，卖出2月牛期货，10月上涨500点同时2月上涨400点，和10月下跌400点同时2月下跌500点对他来说没有区别。在这两种情况下，相对于2月，10月将获得100点的利润，交易员的利润将完全独立于整体市场方向。

但是，并不是说价差交易者发起交易时无需确定对未来市场方向的判断。事实上，通常来说，市场的方向将决定价差的变化。然而，在某些情况下价差交易者开启一个仓位时，他对未来的市场方向没有偏好，但鉴于给定的价格差异是如此极端，他相信该交易将盈利，或者无论市场怎么变化只会有温和的损失。在后面，我们将对市场方向何时、怎样影响市场这个问题进行详细阐述。

为什么交易价差？

下面是不限于只交易直接仓位的某些优势：

（1）在大幅波动的市场，对于小额交易者来说，合约的最小保证金将产生额外的风险。在这种市场里，日间的价格波动超过1 500美元每合约很常见，这就导致一个合约的仓位对许多交易员来说也太大了点。讽刺的是，通常来说，大幅波动的市场存在潜在盈利的机会。价差在减少风险至合理和可控状态方面提供了很大的流动性，由于价差交易通常只是直接交易①风险的一部分。例如，一个价差交易大约相当于直接交易的1/5的风险。在这个例子里，对于那些认为一个合约交易风险过大的交易员来说，可以选择开始1个、2个、3个、4个价差交易合约，取决于他们的理想风险水平和目标。

（2）时不时会发生价差交易比直接交易拥有更好的回报/风险比率。当然，回报/风险比率的确定是一个主观的事情。然而，给定交易员的市场偏好，在给定情境下的价差交易可能提供更好的交易机会。

（3）价差交易经常某种保护，以应对由于重大事件导致的一系列止盈或是止损给仓位带来的突然极端损失（如冰冻、大额出口订单）。这种情况并不是很罕见，交易员有时会在他们打算清盘前，损失他们打算允许最大损失的数倍（如由于止损导致的）。作为对比，在一系列连续止盈、止损的过程中，价差交易的价值可能都不会改变，由于两笔交易同向变化。当然，最终价差会有所反映。但是当价差反映时，市场已经度过了极度的恐慌阶段，而且和直接交易的剧烈价格变化相比，变化是逐渐的和温和的。

（4）掌握并了解价差还可以成为直接交易的辅助。例如，在一个反弹中，近月期货没有充分上涨（在一些商品市场中，收益可以被预期的），可能是提醒交易员警惕市场回撤前的技术性反弹的一个信号。换句话说，价差变化表明并没有真正的紧缩存在。这个情景仅仅只是价差变化能够对直接交易的方向提供有益观点的例子。自然而然，有时候从价差变化中得出的结论可能会产生误导，但是，总的来说，价差变化对于交易员

---

① 对于某些市场，减少大小的合约可以在多个市场里获得。

来说是有价值的辅助工具。第二种理解价差帮助直接交易员的方法是帮助确定开始交易的最佳合约月份。了解价差的交易员在挑选最佳开始月份时有明显的优势。从长期来看，单就这一点将显著地提高交易业绩。

（5）有时候，交易机会可能存在于价差间，而不在于任何一个直接的交易本身。

价差的类型

价差有三种基本的类型：

（1）市场内部（跨期）价差是最常见的价差类型，由买入一个月份和卖出另外一个月份的同一商品组成。市场内部价差的一个例子是做多12月玉米的同时，做空3月玉米。市场内价差是迄今为止应用最广泛的价差类型，在这一章将会重点讨论。

同一作物的价差是市场内部价差的一种涉及两个不同收获年份的特殊形式（如做多旧的收获月份、做空新的收获月份）。同一作物价差需要特殊的考虑和额外的警惕。同一作物价差经常非常波动，新老作物月份朝不同方向变化经常发生。同一作物价差的价格区间和变化趋势经常和市场内部的价差完全不同（例如，标准的市场内部价差）。

（2）跨商品价差是由做多一种商品和做空另一种相关商品组成。在这种价差交易中，交易员认为一种给定商品的价格相对于另外一种相关商品的价格太高或太低。这种价差交易的例子包括做多12月牛/做空12月猪和做多7月小麦/做空7月玉米。原料/产品价差，涉及一种商品和它的副产品——例如，大豆与豆粕，和/或大豆油——是一类具体的跨商品价差交易有时候被单独列出。

通常来说，跨商品价差会涉及每种商品的相同月份，但是这一点不总是要求如此。理想的是，交易员应该选择他们认为市场最强的月份买入和最弱的月份卖出。显而易见，他们不总是同一个月份。例如，假设下列价格构成：

	12月	2月	4月
牛	120	116	118
猪	84	81	81

给定价格结构，交易员可能觉得牛相对于猪的溢价太小，有可能上涨。这个交易观点可能决定开始做空牛/做空猪的价差交易。但是，交易员可能相信2月牛被低估相对于其他月份，而12月猪相对于其他月份又相对高估了。在这个例子里，对于交易员来说，做多2月牛/做空12月猪将比做多12月牛/做空12月猪或者做多2月牛/做空2月猪更有利。

有一点必须牢记的是当交易跨商品价差时，每种商品的合约大小有可能不同。例如，欧元期货的合约大小是125 000单位，但是，英镑的合约大小是62 500单位。因此，只有一手多单的欧元／英镑价差交易可能有价差，即使两个市场的价差保持不变。价格水平的差异是另外一个和期货比率相关的重要因素。确定跨商品价差交易合适的合约比率的标准和方法将在下一章中讨论。

（3）跨市场价差。这种价差涉及在一个交易所买入一个商品，在另外一个交易所卖出同样的商品，经常是另外一个国家。这类价差交易的例子是做多纽约 3 月可可／做空伦敦 3 月可可。运输、可交割的等级、相对位置的供给的分布（总供给和可交割）、历史和季节性的关系是这类价差交易的基本考虑因素。跨市场价差交易的案例通常涉及不同的国家，货币币值波动成为一个主要的考虑因素。跨市场价差通常简称为套利。作为一个规则，跨市场价差比其他价差要求对商品有更复杂和综合的了解。

通用的规则

对于许多商品来说，跨市场价差经常但不总是被用作直接做多或做空仓位的近似。作为一个通用规则，相对于远月，近月合约在牛市中将盈利更多，同时在熊市中亏损更多。这种行为的原因在于牛市时，通常供给较为紧张，因此，经常对于更易获得的供给给予溢价。但是，在熊市时，供给通常成为负担，远月合约有更多价值由于隐含的一段时间的储存成本。因此，如果交易员预期会发生一个大的上涨行情，他可以买入近月同时卖出相对远月合约。如果他的分析是正确的，市场果然上涨了，近月合约的涨幅很有可能比远月合约的跌幅要大，带来成功的交易。必须牢记的是，通用规则只是一个大概的指南。对于许多商品来说，这个规则并不适用，甚至对于那些适用的商品来说，还有许多重要的例外。在下一段，我们将详述适用性的问题。

在这一点上，问题可能以下面的方式合理地提出，"如果一个成功的价差交易取决于对市场方向的预判，那么对于交易员来说，直接交易不是更好么？"诚然，直接交易的潜力毫无疑问更大。但是，需要记住的是直接交易的仓位风险更大。有时候，直接交易将会提供一个更好的回报／风险比率；有时候，价差交易会提供更有吸引力的交易。确定哪种方法更好取决于绝对价格水平、当时的价格差异和交易员对于每种方法涉及的风险和潜力的主观判断。

通用规则——适用性和不适用的地方

通用规则适用的商品

通用规则有规律的适用的商品包括玉米、小麦、燕麦、大豆、大豆粉、大豆油、木材、糖、可可、棉花、橙汁、铜和燃料油（通用规则同样适用于利率市场）。尽管通用规则在这些市场中通常成立，还是有一些重要的例外，其中一些包括：

（1）在某个特定的时间点，近月合约的溢价可能已经太大了，因此，市场的总体价格上涨可能不会进一步扩大价差。

（2）由于较高的价格通常也会提高运输成本（见"有限风险价差"那一段），理论上说，在一个过剩的市场，价格上涨有可能增加近月的折扣。尽管对于更高价格的这样的价差反映并不典型，但是它发生的可能性在高利率的环境中将会增加。

（3）涉及临近到期的月份的价差交易可能走出独立行情，走出和通用规则得出的方向相反的走势。原因是接近到期的仓位的价格严格依赖于各种技术指标，包括运输情况、常见的广泛扭曲。

（4）技术面上涨的走势可能不会影响近月的正在扩大的溢价，由于没有真正的短期紧张存在（这种价格上涨本质上通常是短暂的）。

（5）政府干预（如出口控制、价格控制等）。或者甚至政府行动的预期，可能完全摧毁正常的价差关系。

因此，在对这些商品开展价差交易时，交易员必须牢记的是不仅要考虑整体的市场方向，还要考虑相对的现有的价差和其他相关因素，这一点很重要。

运行规律和通用规则相反的商品

有些商品——例如金和银，规律正好和通用规则相反：在上涨的市场中，远月合约相对于近月合约收益高；同时，在下跌的市场里，远月亏损更高。事实上，在这些市场中，做多远月/做空近月的价差交易和直接交易的多头仓位是很好的近似。相反的交易则是空头仓位很好的近似。在这些商品的每一个市场里，近月合约近乎都不可避免地按折扣价交易，折扣在牛市中放大，熊市中收窄。

金银的近月合约倾向于在牛市里折扣更大的原因是来自于全世界范围内的巨大库存。通常来说，金和银的价格波动并不反映短期的紧张或过剩，而是市场对于他们价格判断的变化。在牛市里，远月合约的溢价将会增加，由于高价格意味着运输费用增加（例如，利息费用将会增加随着合约的总价值增加）。因为远月合约包含了运输商品的成本，他们的溢价将会随着成本的增加而增加。尽管上述代表着常见的趋势，由于技术因素，还是有一些孤立的例外。

和通用规则关系很弱或者没有关系的商品

和通用规则关系很弱的商品通常都是不可存储的商品（活牛和活猪）。我们将分析活牛的案例来说明在不可存储商品市场为什么价格和价差方向没有一致性的关系。

活牛，通过定义，可以看出是一个完全不可存储的商品。当饲养场的牛达到市场重量时，他们必须被卖掉；和其他多数商品不同，它们明显不能被存储以等待更好的价格。（为了更精确的说明，牛饲养者有一点微小的灵活性，他们可以在最佳重量之前或稍后卖掉饲养的牛。但是，经济上的考虑将对这种灵活性有一个强约束）。作为这种商品的自然属性的结果，不同月份的活牛，在某种意义上说是不同的商品。6月的活牛和12月的活牛是完全不同的商品。它们各自的价格将会取决于市场对于各自给定时点的决定性的供求关系的预判。常见的是，一份关键的牛存栏量的报告对于近月合约看多的同时意味着远月合约看空，反之亦然。在这种情况下，期货市场通常对于近月合约和远月合约做出相反的反映。关键点在于在看多（看空）的形势下，有时市场会认为近月供给/需求平衡更看多（更空）；而有时，市场又认为远月的形势更多（更空）。相似的行为趋势在猪市场也存在。因此，通用规则也不适用这类市场。

在这类市场里，与其考虑整体的价格方向，价差交易员主要关注市场将在不同的时间段如何理解基本面的情况。例如，在过去的某一时点，6月牛和12月牛合约交易的价格大致相同。如果交易员认为在接近6月到期时，市场将承压，同时，进一步认为市场哲学将这种情况视为短期因素，价格将在接近年底的时候恢复，那么他将开始做多12月牛/做空6月牛。需要注意的是，如果他关于近月市场压力的预判是正确的，但是市场随着时间的推移更加弱势，该交易并不能盈利，甚至他预期的在年底时价格恢复也是正确的。必须始终牢记的是价差交易的存续期必须限定在近月交易的到期日之前，在近月交易到期日之后的交易证实对于交易员来说没有任何用处。因此，交易员必须严格关注不仅仅是基本面本身，还有市场对于基本面的感知，这两者可能一样，也可能不一样。

☐ 价差而不是直接交易——一个案例

通常来说，一个给定市场的波动率是如此之高以至于一个合约的仓位对某些交易员来说也是风险过于高了。在这种情况下，价差交易为交易员提供了介入这个市场的可供选择的方法。例如，在2014年早些时候，咖啡期货大幅上涨，从1月下旬到3月上旬，上涨了75%，由此导致那段时间每日的波动率增长了3倍。在接下来的几个月里，价格大幅波动——在4月达到了新高，但是，在7月的大抛售中，价格回撤了超过1半。而在10月，价格大幅上行，达到了又一个新高（见图30.1）。在那个时候，假设一个低风险的交易员相信2014年10月中的近月期货价格接近2.22美元不可持续，但是基于市场的波动率（当时依然是那年早些时候的3倍左右）和他的现金管理原则，他感到无法承担直接交易的风险。这样的一个交易员可以开展一个替代的看空价交易（例如，做空2015年7月咖啡/做多2015年12月咖啡）从而从接下来的价格滑坡中获利。图

30.1 说明了价差和市场的一致性。直接交易将获得更大的收益是一个不相关的因素，由于该交易员的风控限制阻止了他参与下跌行情，同时，他对于市场的观点也限制了参与直接交易。

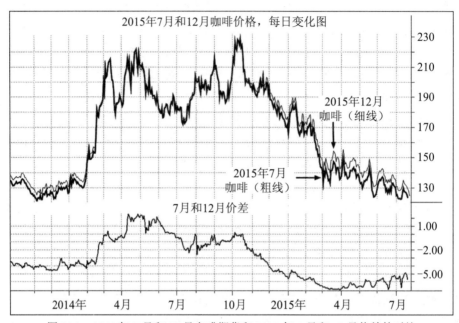

图 30.1　2014 年 7 月和 12 月咖啡期货和 2015 年 7 月和 12 月价差的对比

有限风险价差

有限风险价差是一种同一商品内的价差，涉及买入一个近月（相对来讲）和卖出一个远月的一个可以存储的商品，在这个过程中的运输、存储和日后的转运不需要重新检测以及涉及较大的转运存储困难。这种定义有助于排除那些像牛一样的商品——牛不可存储，还有糖，在转运和存储中存在较大困难。属于有限风险的商品包括玉米、小麦、燕麦、大豆、大豆油、铜、棉花、橙汁、可可和木材[①]。

如果一个商品满足上面的条件，它远月的期权费将超过近月的期权费，超过部分大致等于运输成本，两个到期日之间持有的成本和转运的成本。这整个流程的成本被称作全部持有成本。有限风险的术语仅当近月期货处于折价状态是使用。例如，假设

---

① 尽管稀有金属可以容易的接受、存储和转运，但是他们没有被列在这里，由于稀有金属的价差几乎全部都是由持有成本决定的，因此，唯一开展稀有金属价差交易的动机是预期持有成本发生变化。作为对比，有限风险价差的目的是从价差收窄中获利，而不是持有成本变化（持有成本假设是不变的）。

10月/12月棉花价差的全部持有成本为200点，那么在10月做多10月/做空12月价差100点时可以被称为是有限风险的价差。但是，同样的做多10月/做空12月价差不能被称作有限风险，例如，10月时价差为300点。然而，需要指出的是，甚至在后面的例子中，最大的风险依然是明确的——名义上，500点——在这一方面，这个价差依然和卖出近月期货的价差，或者其他不满足上述有限风险条件的价差有所不同。

最好的方法理解是为什么远月的期权费很难超过持有成本是假设存在一种情况——确实出现了期权费超过持有成本的情况。在这种情况下，交易员买入近月商品，卖出一个远月商品，然后获得投机性收益，至少，拥有了运输、存储和转运后盈利的选择权（由于我们假设远月的期权费超过了持有成本）。听起来太好了，不像是真的了？当然，正是由于这个原因，超过全部持有成本的情况极其罕见，除非在运输过程中有技术的问题。实际上，通常来说，价差接近全部持有成本的情况都很少，对于投机性交易者来说，如果只有有限的风险，同时又有无线的盈利可能，那么机会就存在。换句话说，当价差接近全部持有成本时，有些交易员就会开始做多近月/做空远月的价差交易，考虑到总有机会盈利，或者至少损失是有限的。正是基于这个原因，价差永远到不了全部持有成本。

从表面上看，有限风险价差看起来是很有吸引力的交易，而且事实上，他们通常也确实是。但是，需要强调的是，正是由于相对接近全部持有成本的价差交易都不一定意味着是个有吸引力的交易。经常，这类价差交易可以更接近全部持有成本，导致损失，或者在非常窄的范围内交易，锁住本该用在其他地方的本金。但是，如果交易员有理由相信近月将超过远月，这个价差的风险有限的事实（在全部持有成本和现有价差的区别）使得交易很有吸引力。

持有成本的组成包括利息、存储、保险和交易佣金。我们不用深入每一个部分计算持有成本（这类信息可以通过交易所或者商品经纪商或者给定商品的专业分析师获得）。但是，我们要强调的是，持有成本的各个组成部分是变化的，不是固定的，由此导致的结果就是持有成本随着时间的推移可能宽幅震荡。利息成本通常是持有成本的主要组成部分，通常取决于利率和价格水平，这两者经常都是非常波动的。当进行历史比较时，牢记持有成本是变化的这一点非常重要。

当交易员进行有限风险价差交易时，能亏损的比交易开始时全部持有成本和价差之间的差额更大么？答案是尽管这种情况不太可能发生，但还是有可能发生的。由于一件事，正如我们上面说过的，持有成本是可变的，所以非常有可能由于持有成本的变化，价差交易的理论最大损失增加。例如，交易员可能在10月进入一个做多10月棉花/做空12月棉花的价差100点的交易，当时，全部持有成本大约为200点——意味着最大损失为100点。但是，在接下来的月份里，有可能较高的价格和上涨的利率导致全部持有成本上涨超过200点，相应地增加了交易的风险。在这种情况下，从理论上，有可能给定价差变化显著地超过交易员设想的最大风险。尽管这种事情可能发生，需要强调的是并不太常见，由于在一个有限风险的价差交易里，较高价格使得持有成本增加通常都是近月收益更多。至于利率，足够影响持有成本的市场变化通常都是需要很长时间的。

另外一个有限风险价差可能包含隐含风险的案例是政府可能对近月合约设置价格上限，但是对远月合约却没有类似要求。尽管非常不常见，这种情况之前确实发生过，代表了一种价差交易员必须考虑的可能的风险，在当时的政治环境有利于制定价格管制时。

同样地，对于较短的时间间隔，由于近月合约缺少价格限制，而导致价差超过持有成本。对于一部分商品来说，近月合约的价格限制在到期日前被取消（例如，第一个公告日，到期月的第一个交易日，等等）。结果就是，在大幅下跌的市场里，近月合约可能出现打折超过全部持有成本当远月触及价格限制时。尽管这种情况通常都会在几天内自我纠正，但是在这个过程中，对于价差交易员来说，产生了可观的交易利润空间。持有仓位直到取消近月价格限制的价差交易员可以很容易地利用这短暂的价格偏离盈利。

最后，需要强调的是，尽管远月合约比近月合约在持有收费的市场里的溢价差有理论上限，但是近月合约的溢价却没有上限。近月溢价通常显示当下紧张的供应形势，没有办法确定市场对于立即可得到的供应的溢价上限。

价差交易——分析和方法

步骤1：直接历史对比

一个符合逻辑的起点是从调查给定价差近年来的价格变化开始。历史价差图，如果可以得到是很理想的。如图表中（或能被下载到工作表中的历史价格数据）没办法得到，如果可能的话，交易员应该审视历史数据，检查给定价差每两周或每月的不同，至少检查5—10年。这是一个耗时的工作，但是，如果价差交易员对任何历史趋势没有一点概念就开始交易的话，从某种意义上说就像在黑暗里乱开枪。尽管价差可能和历史趋势差别很大，了解一个价差的正常范围和它的平均水平依然很重要。

步骤2：分割相似的时间段

作为一个规则，价差倾向于在相似的环境下表现也相似。因此，第二步就是细化第一步的工作，将大致类似的时间分开。例如，在一个高价的年份，我们可能对其他上涨的时间里价差的变化感兴趣。或者我们可以更加清晰，仅考虑那些需求导致的牛市或仅考虑供给导致的牛市。在过去时间里不同基本面情况下的价差行为分析通常会揭示相似和不相似时间里的相对重要性。

步骤3：分析价差的季节性因素

这一步是第一步的更进一步的细化。有时候一个价差会表现出独特的季节性趋势。例如，一个给定的价差可能倾向于在特定时间段变宽或收窄。了解这种季节性趋势可能在决定市场开展一个给定的价差交易方面是非常重要的。例如，如果在过去10年里有9年的3—6月，都出现了一个价差的近月合约跑输远月合约的情况，如果你打算在3月做多这个价差时，则需要再三考虑。

步骤4：相关基本面的分析和内涵

这一步需要对市场的方向有一个构想（在适用的商品里），或者在那些不适用这一点的商品市场里进行相当的合理的分析。这个方法在题为"通用规则"和"通用规则——适用性和不适用性"的段落里有详细解释。

步骤5：图表分析

开始一个价差交易前的关键一步，应该分析该价差现有的图表（或者使用其他技术因素）。正如在直接交易中，图表是宝贵的信息工具，而且是重要的时点的辅助。

陷阱和注意点

- 不要自动假设价差交易是低风险交易。在某种情况下，价差交易可能涉及更大的风险。具体来说，在跨商品价差、跨作物价差和涉及不可存储商品的价差中，价差的两边有时可能朝相反的方向变化。
- 当心不要由于价差的低风险和保证金就过量开展价差交易。1~10个合约的价差交易如果做错的话，将会比一个坏的直接交易仓位损失更大。过量交易在价差交易中是常见的错误。
- 作为一个通用规则，交易员应该避免在他们不熟悉基本面的市场里进行价差交易。
- 检查涉及月份的未平仓量，确保流动性，特别是涉及远月的价差。缺乏流动性可能在撤出亏损交易时显著地增加成本。当然，有时，一个价差交易可能由于缺乏流动性才看起来很有吸引力。然而，在这种情况下，交易员意识到额外的风险就很重要了。
- 基于价差基础来下价差单，而不是两个独立的交易。有些交易员进行价差交易时，都是先开始一边交易，另一边希望获得更好的开始价位。这种方法是不推荐的，不仅是因为经常事与愿违，而且会增加交易佣金。

- 如果价差的两个月在价格上非常接近，就需要给予额外的关注来确定哪个月是升水月。
- 不要假设现在的价格报价反映了实际的价差。买卖不同合约的时滞，以及某一给定合约的指令堆积，经常会带来报价得出完全没有代表性的价差值。
- 平仓时不要平一次平价差交易的一边。没有一次平掉整个价差交易也是常见的代价高昂的错误，曾经导致许多好的价差交易以亏损收场。
- 价差交易需避免快要到期的合约。快到期的合约，除了经常没有各种价格限制，价格经常出现大幅的飘忽不定的波动，价格取决于技术性的运输条件。
- 不要在开始有限风险价差交易时，假设上一季的持有成本依然适用。大幅价格波动和急剧变化的利息成本可能剧烈的改变持有成本。
- 试图时刻了解合约细节的任何变化，由于这类变化有可能显著的改变价差的行为。
- 合理实施的跨商品和跨市场价差交易通常都要求每个市场的合约数量是不相等的。确定不同市场里合理的合约比例的方法将在下一章讨论。
- 不要用价差交易去保护已经亏损的直接交易的仓位——即，不要用开一个与现有仓位方向相反的仓位来代替止损掉已经亏损的交易。在大多数情况下，这种行动只是愚弄自己，经常会加剧风险。
- 由于经常特别容易拖延清掉一个亏损的价差仓位，价差交易员需要在遵守风险管理原则方面特别的警惕。有一个建议，是价差交易员在进入一个价差交易前确定一个心理上的止损点（通常是基于收盘价），如果心理上的止损点达到了，就立即止损。
- 避免过量的低风险价差交易，由于交易成本（交易佣金）会占到盈利潜力的很大一部分，这将减少净盈利的概率。简而言之，这种概率的累积对于低风险价差交易者很不利。
- 作为前一项的推论，交易员需要选择适宜的风险水平下的最宽的价差。通常来说，价差交易的时间跨度越长，价差的波动率越大。这一点对于遵循或者不遵循通用规则的市场来说都是正确的。开展超过一个单位的市场内价差交易的交易员应该确保选择的是符合交易策略的有流动性的最宽价差。例如，进行两个单位的3月/5月玉米价差交易非常没有道理，因为1个单位的3月/7月玉米价差可以只用一半的交易成本提供非常类似风险/回报的交易。

第31章

跨商品价差：确定合约比率

> 更多的人只是观看而不去称。
> ——菲利普·道摩·斯坦霍普（切斯特菲尔德第四任伯爵）

通过定义，价差交易者的意图是建立一个反映合约间价差变化而不是合约价格变化的仓位。为了达到这个目的，价差交易的两边必须权重相同。作为一个明显的例子，做多2合约12月玉米/做空1合约3月玉米只是名义上的价差。这种仓位将严重依赖玉米价格的变化，而不是12月和3月的价差变化。

但是，权重相同的意义是明显的。许多交易员简单假设一个平衡的价差交易意味着多头和空头的合约数量相同。这样的假设对于大多数同一市场的价差交易是有效的（尽管在本章后面要讨论一个例外）。但是，对于许多跨市场和跨商品[①]价差，自动推测多头和空头合约数目相同将能导致严重的扭曲。

考虑一个交易员预期对于低质量的罗布斯塔咖啡豆（伦敦合约）的需求相对于高质量的阿拉伯咖啡豆（纽约合约）将会下降，他打算通过5合约做多纽约咖啡/做空伦敦咖啡价差来获利。假设预测是正确的，伦敦咖啡价格从0.8美元/磅下跌到0.6美元/磅，同时，纽约咖啡价格同时从1.41美元/磅下跌到1.31美元/磅。从表面上看，看起来这个交易相当的成功，由于交易员做空了伦敦咖啡（下跌了0.15美元/磅），同时做多了纽约咖啡（仅下跌了0.1美元/磅）。但是，这笔交易实际上是亏钱的（甚至不考虑交易佣金）。原因就在于纽约咖啡和伦敦咖啡的合约大小是不一样的：纽约咖啡的合约大小是37 500磅，而伦敦咖啡合约是10公吨，或者22 043磅（注意：在实践中，伦敦咖啡合约是按美元/吨报价的，这一段的计算为了便于和纽约咖啡合约的比较，转换成了美元/磅）。由于这种不一致，相同合约数量的仓位反映了纽约咖啡更大的委托量。结果就是，这样一个价差交易倾向于在咖啡市场走牛时盈利（假设做多纽约咖啡），同时，在熊市中亏损。在我们的例子中，做多纽约/做空伦敦价差损失了2 218美元加上交易

[①] 跨市场和跨商品的价差区别在第30章进行了定义。跨市场价差涉及买入和卖出同一商品在两个不同的交易所（如纽约和伦敦可可）；跨商品价差是指买入和卖出2个不同却相关的市场（如小麦和玉米、牛和猪）。

佣金，尽管伦敦咖啡亏损的更多：

利润/损失 = 合约数量 × 每合约的单位数 × 每数量的盈利/损失

纽约咖啡多头仓位的利润/损失 = 5 × 37 500 × （-0.1）= -18 750

伦敦咖啡空头仓位的利润/损失 = 5 × 22 043 × （+0.15）= +16 532

价差的净利润/损失 = -2 218

两个市场的合约大小的差异可以通过调整价差的合约比率来使得多头和空头的大小在数量上相同。通用的过程是对于较少数量的市场（如伦敦咖啡）用 U1/U2 合约来对应每一合约的数量较多的市场（如纽约咖啡）（U_1 和 U_2 分别代表了各自市场每一个合约的数量 -U_1=37 500 磅，U_2=22 043 磅）。因此，在纽约咖啡/伦敦咖啡价差中，每一纽约咖啡合约将和 1.7（37 500/22 043）伦敦咖啡市场合约相当，推出最小相同数量的价差是 5 个伦敦咖啡合约相当于 3 个纽约咖啡合约（将理论上的 5.1 个伦敦咖啡合约取整至 5 合约）。上述例子中，数量调整相等后的价差应该是盈利的：

利润/损失 = 合约数量 × 每合约的数量 × 每数量的盈利/损失

纽约咖啡多头仓位的利润/损失 = 3 × 37 500 × （-0.1）= -11 250

伦敦咖啡空头仓位的利润/损失 = 5 × 22 043 × （+0.15）= +16 532

价差的净利润/损失 = +5 282

但是，数量大小的调整并不是结束。甚至数量相同的纽约咖啡/伦敦咖啡的价差依然是不平衡的，由于两个市场有另外一个明显的差异：伦敦咖啡的价格低于纽约咖啡价格。这一点就提出一个问题，调整价差至相同价格变化或相同价格百分比变化就更重要。后者的理由是，如果其他都一样，价格变化的幅度有可能在高价市场里更大。

价格百分比变化是更有意义的衡量指标而不是绝对价格变化，这个事实可以通过黄金/白银价差的极端例子来说明。用相同数量法中和了两个市场的相同美元变化，将得到可笑的 50 个黄金合约对应 1 个白银合约（白银的合约大小是 5 000 盎司；黄金的合约大小是 100 盎司）。显然，这样一个仓位将会完全取决于黄金价格的变化而不是黄金/白银价差的变化。这种不一致是由于黄金价格远高于白银价格（基于过去 30 年的区间，黄金/白银价格比例在 32—101：1），而且价格波动同样也大得多。例如，如果黄金交易价格在 1 400 美元/盎司，而白银交易价格为 20 美元/盎司，白银价格上涨 2 美元很可能相当于黄金价格远大于 2 美元的上涨。毫无疑问，黄金/白银价差的相关标准应该是相同的价格百分比变化，而不是绝对价格变化相同。尽管不那么明显，同样的原则也更合理，甚至对于跨商品或者两个价格更相近的市场的跨市场价差（如纽约咖啡/伦敦咖啡）。

因此，我们接受一个平衡价差的概念，就是在两个市场里相同的价格百分比变化。

如果价差交易在开始时，多头和空头的金额是相等的[1]，平衡价差的条件就得到了满足。一个金额相等价差可以通过使用和合约价值（CV）成反比的合约比例来实现。具体如下（符号定义见脚注2）：

$$\frac{N_2}{N_1} = \frac{CV_1}{CV_2} = \frac{U_1 P_{1, t=0}}{U_2 P_{2, t=0}}$$

$$\text{或} \quad N_2 = N_1 \left(\frac{CV_1}{CV_2} \right)$$

例如，如果纽约咖啡交易价格为1.41美元/磅，而伦敦咖啡交易价格为0.8美元/磅，金额相等价差的合约比例为1纽约咖啡对应3伦敦咖啡：

$$N_2 = N_1 \left(\frac{CV_1}{CV_2} \right) = N_1 \left(\frac{U_1 P_{1, t=0}}{U_2 P_{2, t=0}} \right)$$

如果 $N_1=1$ 纽约咖啡合约，

$$N_2 = \frac{37\,500 \times 1.41\,\text{美元}}{22\,043 \times 0.8\,\text{美元}} = 3\,\text{伦敦合约}$$

因此，在一个金额相等价差仓位中，3纽约咖啡合约将和9伦敦合约相匹配。

这可能有助于澄清刚刚定义的等金额法和纽约咖啡/伦敦咖啡例子中的等数量法。尽管等数量价差等同于相等绝对价格变化，它将受到等价格百分比变化的影响（当然，除非在两个市场中的价格水平一样，这样两种方法就是一样的）。例如，给定初始的纽约咖啡价格=1.41美元/磅和伦敦咖啡价格=0.8美元/磅，考虑一个做多3纽约咖啡/做空5伦敦咖啡（相同数量）价差的价格下跌25%的影响：

做多纽约咖啡的损益 $=3 \times 37\,500 \times (-0.3525) = -39\,656$ 美元

做空伦敦咖啡的损益 $=5 \times 22\,043 \times (+0.2) = +22\,043$ 美元

价差损益 $= -17\,613$ 美元

---

[1] 如果价差的金额是相等的，那么 $N_1 U_1 P_{1, t=0} = N_2 U_2 P_{2, t=0}$，其中，$N_1$=市场1的合约数量，$N_2$=市场2的合约数量，$U_1$=市场1的每合约的商品数量，$U_2$=市场2的每合约商品数量，$P_{1, t=0}$=市场1在开始时价格，$P_{2, t=0}$=市场2在开始时价格。相同价格百分比推出价格变化相同的因子 k。因此，$P_{1, t=1} = kP_{1, t=0}$ and $P_{2, t=1} = kP_{2, t=0}$，其中，$P_{1, t=1}$=市场1在相同百分比变化后的价格，$P_{2, t=1}$=市场2在相同百分比变化后的价格。等式就变成了：市场1仓位的本金变化 $=N_1 U_1 |kP_{1, t=0} - P_{1, t=0}| = N_1 U_1 P_{1, t=0} |k-1|$，市场2仓位的本金变化 $=N_2 U_2 |kP_{2, t=0} - P_{2, t=0}| = N_2 U_2 P_{2, t=0} |k-1|$，因此，根据定义，一个金额相等的价差将得出 $N_1 U_1 P_{1, t=0} = N_2 U_2 P_{2, t=0}$，仓位的本金变化是一样的。需要注意的是，相同金额价差只是保证了相同价格百分比变化将不会影响价差，如果价格百分比变化是以相对于初始水平来衡量的。但是，后续价格水平的相同百分比变化将会导致在多头和空头仓位不同的绝对金额变化（由于仓位价值在之后参考的任一时点不一定相等）。

但是，等金额价差将会是基本不变的：

做多纽约咖啡的损益 =3×37 500×（-0.3525）=-39 656 美元

做空伦敦咖啡的损益 =9×22 043×（+0.2）=+39 677 美元

价差损益 =+ 21 美元

回到我们初始的例子中，如果交易员预期伦敦咖啡的价格相对于纽约咖啡的价格将走弱，用等金额法调整后（假设纽约咖啡 3 合约仓位），结果如下：

做多纽约咖啡的损益 =3×37 500×（-0.1）=-11 250 美元

做空伦敦咖啡的损益 =9×22 043×（+0.15）=+29 758 美元

价差损益 =+18 508 美元

因此，当那个幼稚的相同合约数量价差最终导致 2 218 美元亏损的同时，更合理的等金额法带来了 18 508 美元收益。这个例子强调了在跨商品和跨市场价差中确定合理的合约比率的极端重要性。

有必要指出的一点是，如果使用等金额法来进行跨市场和跨商品交易——正如它们本来应该的样子——市场间的价格差异不再是分析的相关要素。然而，这个方法和两个市场的价格比例息息相关。这一点意味着图表分析和历史区间的定义都应该基于价格比例，而不是价格差异。图31.1～图31.3 说明了这一点。图31.1 以标准形式价差描述了2013 年 9 月小麦/2013 年 9 月玉米价差。图31.2 说明了 2013 年 9 月小麦/2013 年 9 月玉米同样时间段的价格比例。最终，图31.3 画出了大致等金额价差的本金波动：3 小麦对应 4 玉米。注意，等金额仓位和价格比例的平行关系是那么接近，而不是和价差。①

在上述例子里，由于小麦的合约比玉米的大（以金额计），做多 1 合约小麦/做空 1 合约玉米的价差将会偏向一种谷物的价格方向。例如，在 2012 年 11 月—2013 年 8 月，这段时期，谷物价格持续下跌（见图31.4），等合约数价差看起来显示，小麦价格相对于玉米价格明显偏弱（见图31.1）。实际上，如图31.2 和图31.3 所示，那段时间小麦/玉米关系的最大特点是一个交易区间。为了说明价差比例的交易含义，考虑在 2012 年 11 月下旬相对高点时开始的做多小麦/做空玉米价差交易，在 2013 年 8 月高点时清盘。如果这个价差是基于等金额的价差，那么这笔交易最终将以基本持平收场（见图31.2 或者图31.3）。如果使用等合约数量来进行交易，那么将会导致巨大的损失（见图31.1）。

---

① 如果在价差中的合约比率能够连续调整以反映价格比例的变化，等金额价差将会和价格比例精确相关（由于合约权重是独立于价格水平，类似的问题在等数量价差中并不存在）。但是，除非在价差持有期间价格水平大幅波动，合约比例理论上是否再调整将不会造成分别。换句话说，等金额价差的本金波动正常情况下将会紧跟价格比例的变化。

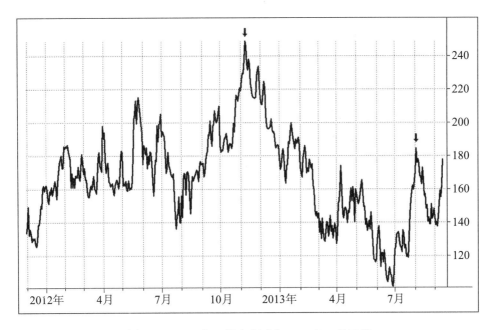

图 31.1　2013 年 9 月小麦减去 2013 年 9 月玉米

图表由 TradeStation 公司绘制。TradeStation 技术公司拥有版权。

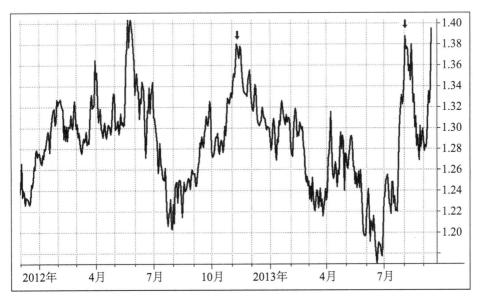

图 31.2　2013 年 9 月小麦和玉米的价格比例

图表由 TradeStation 公司绘制。TradeStation 技术公司拥有版权。

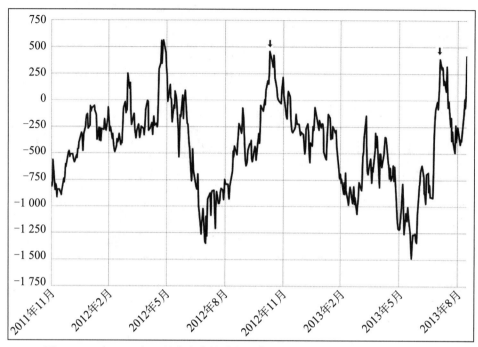

图 31.3　3 个 2013 年 9 月小麦合约减去 4 个 2013 年 9 月玉米合约的本金变化

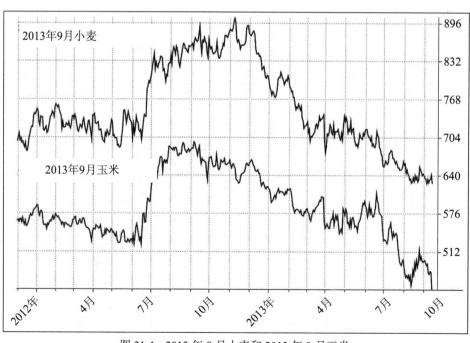

图 31.4　2013 年 9 月小麦和 2013 年 9 月玉米

现在应该清楚为什么一个标准的平等合约假设通常对同一市场内的价差是有效的。在这些价差中，合约大小是一样的，同时，价格水平通常也很接近。因此，等金额法要求的合约比例通常非常接近1:1。

但是，如果同一市场的价差的两个合约的交易价格显著不同，使用等金额法的论据（和等合约法相反）在跨商品和跨市场的案例里一样。在市场极端看多的情况下，市场给予附近的供给（例如，符合第30章中的"通用规则"的市场）很大的溢价，这将导致同一市场价差合约间大幅的价格差异。跨谷物价差（跨市场价差的一个子类）同样有可能出现大幅的价格差异。在这些例子里，高价月份的金额波动越大，在价差开始时，低价月份的合约数量越多。

需要注意的是，等金额法的概念对于利率期货毫无意义。例如，100万美元的欧洲美元合约当然不是10万美元国债期货合约的10倍大。实际上，由于国债长的多的期限，因此，波动率更大，国债期货在任意定义中都是显著的"较大"合约。

第32章

股指期货中的价差交易

股市只是一面镜子……提供基础或基本面经济状况的图像。

——约翰·肯尼斯·加尔布雷思

☐ 场内股指价差

那些需要持有成本市场里的价差（如黄金），对于开发股指期货价差的理论行为模型提供了很好的起点。正如黄金的例子一样，股票指数永远不会出现短期紧缺的情况，这意味着价差将完全取决于持有成本。正如我们在第30章里所解释的，黄金价差很大程度上取决于短期利率。例如，由于交易员能够接受到期合约的黄金运输，然后再根据下一个合约转运，两个月份之间的价差将基本上反映财务成本——即短期利率。如果合约的溢价远超短期利率所显示的水平，套利者将可以通过现金——持有操作锁定无风险利润。同时，如果溢价显著低，套利者可以通过做空近月/做多远月来锁定无风险利润，借入黄金用于近月交割，同时在远月合约到期时在买回。这些套利的力量将使得场内价差在任何短期利率和价格的组合下，保持在一个合理的水平上。

用股票指数替代黄金，同样的论证可以被复制。从广义上说这是对的，但是，股指价差和黄金价差有一个重要的不同：股票有股息。因此，持有股票仓位的利息成本（部分的或者超过全部的）将被股息抵消。股息的存在很容易被纳入计算理论价差水平的框架。如果基于现有的价格、利率和股息，在两个价差月份之间，持有指数中实际的股票和买入远期指数期货没有区别，那么价差就达成了均衡。持有股票将会产生利息成本，而持有期货不会，但是持有股票会有股息，而期货持有者不会收到股息。在 P_1 到期时的理论价差水平（P_2-P_1），当股票多头仓位的两个替代——持有股票和股指期货——将会得出均衡的结果，用符号表示如下：

$$P_2 - P_1 = P_1 \left(\frac{t}{360} \right)(i-d)$$

式中 P_1——近月（即将到期）期货合约价格；

P_2——远月期货合约价格；

t——近月合约和远月合约到期日之间的天数；

i——p_1 到期时的短期利率水平；

d——年化股息率（%）。

从这个等式显而易见的，如果短期利率超过股息率，远月合约较近月合约将会出现溢价。相反，如果股息率超过短期利率，远月合约将会低于近月合约。

由于短期内股息率不可能大幅变化，对于任意给定指数（价格）水平，场内股指价差将基本上反映预期未来短期利率（与黄金价差类似）。如果短期利率表现得很平稳，正如在 2008 年金融危机后的接近 0 利率的市场环境里，股指价差就在非常窄的范围里交易——由于股指价差的两个主要因素（利率和股息率）都很平稳的结果。

跨市场股票指数价差

就像跨市场和跨商品价差在不同价格水平上交易的例子一样，股指价差应该基于比例交易，而不是价差——这个方法将使得价差仓位对于两个市场（指数）等价格百分比变化时保持不变。作为一个提醒——交易比例，交易员需要将价差的两边大致金额相当，这在第 31 章中已经有所展示，可以用一个和合约价值成反比的合约比例来实现。

例如，如果电子迷你纳斯达克 100 期货合约，它的合约价值是指数的 20 倍，交易在 4 300（合约价值 86 000 美元），而罗素 2 000 迷你期货合约，它的合约价值是指数的 100 倍，交易在 1 150（合约价值 115 000 美元），纳斯达克相对于罗素期货的合约价值比例（CVR）应该等于：

$$CVR = (20 \times 4\,300) / (100 \times 1\,150) = 0.747\,8$$

因此，合约比例应该等于合约价值比例的倒数：1/0.747 8 = 1.337。因此，例如，一个 3 合约做多（做空）罗素合约将和 4 合约的纳斯达克做空（做多）合约相当：3 × 1.337 = 4.01。

因为某些股票指数本质上比其他指数更加波动——例如，小盘指数往往比大市值指数更易波动——某些交易员可能希望对合约比例进行额外的调整来中和波动率分歧。如果这么做了，通过合约价值比例倒数确定的合约比例将被通过以一个波动率指标的倒数来进一步调整。这个波动率指标的一个选择是平均真实区间（ATR），在第 17 章中定义过。作为一个说明，如果在前述纳斯达克 100/罗素 2000 的比例，现行的纳斯达克 100 的 ATR 是罗素 2000ATR 的 0.8 倍，那么 1.337 的纳斯达克/罗素 2000 合约比例将被乘以 ATR 的倒数（1/0.8=1.25）来进行调整，产生一个合约比例 1.671。如果补充调整完成后，3 合约做多（做空）罗素合约将和5合约的做空（做多）纳斯达克合约相当：3×1.671=5.01。

这取决于交易员来决定是否希望进一步进行波动率调整。作为本章的一个提醒，我们假设合约比例只进行了合约价值调整（例如，不对波动率差异进行任何额外的调整）。

4个交易最活跃的股指期货合约是 E-迷你标准普尔500、E-迷你纳斯达克100、E-迷你道琼斯和罗素2000迷你。这4个市场有6种可能价差组合：

- 电子迷你标准普尔500/电子迷你道琼斯；
- 电子迷你标准普尔500/电子迷你纳斯达克100；
- 电子迷你标准普尔500/罗素2000迷你；
- 电子迷你纳斯达克100/电子迷你道琼斯；
- 电子迷你纳斯达克100/罗素2000迷你；
- 电子迷你道琼斯/罗素2000迷你。

有些交易员认为某些股票将比另外一些股票表现得更好或者更差，可以通过股票指数价差来实现这个观点。例如，如果交易员认为大盘股将超过小盘股，可以进行做多电子迷你标准普尔500/做空罗素2000迷你价差，或者做多电子迷你道琼斯/做空罗素2000迷你价差。那些认为小盘股将超过大盘股的交易员可以执行相反的价差。另外一个例子，如果交易员认为科技股可能有出众表现，可以考虑做多科技股权重较大的电子迷你纳斯达克100指数，然后做空另外一个指数（例如，做多电子迷你纳斯达克100指数/做空电子迷你标准普尔500）。再一次，按价格的比例来交易价差，这样价差才能是在每一边合约价值大致相当的水平，只有当合约比例等于合约价值比例倒数时才能实现。

图32.1～图32.6说明了2002—2015年的这6个价差对的合约价值比例。在某些情况下——例如电子迷你标准普尔500/电子迷你道琼斯价差中合约价值比例不怎么波动。正如图32.1中可以看出的，这个价差对的合约价值比例在整个时间段里从最低点到最高点合约价值比例没有超过1.2。但是，对于另外一些指数对，合约价值比例的范围相当广泛。例如，图32.4中显示，在相同的时间段，纳斯达克/道琼斯合约价值比例的高点相当于低点的2.5倍。由于使得两个市场相同价格变化百分比对价差没有影响的合约比例等于合约价值比例的倒数，因此，这些价差适宜的合约比例可以波动相当广泛。例如，对于前述的电子迷你标准普尔500/电子迷你道琼斯价差中，当合约价值比例在低点时，一个3合约的道琼斯仓位将和7合约的纳斯达克仓位相当，当合约价值比例在高点时，一个3合约的道琼斯仓位将大致和3合约的纳斯达克仓位相当。

图32.7～图32.12说明了同一时间段，这6个股指对的价格比例，为了便于分析股指价格比例和市场整体走势方向的关系，把一条曲线进行了遮盖。注意，图32.7～图32.12的价格比例和图32.1～图32.6的合约价值比例在趋势上市一样的，这是因为合约价值比例等于价格比例乘以一个常数——这个常数等于指数的比例乘数。

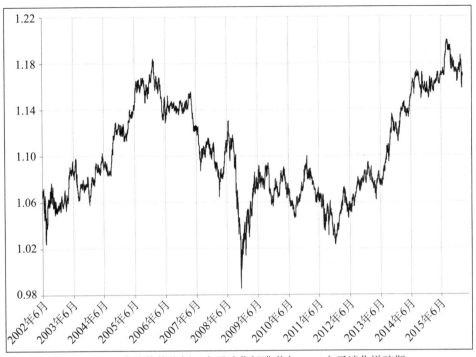

图 32.1 合约价值比例：电子迷你标准普尔 500/电子迷你道琼斯

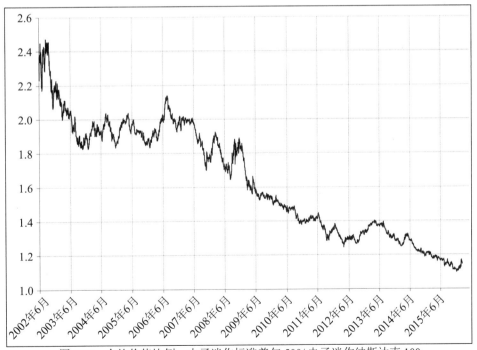

图 32.2 合约价值比例：电子迷你标准普尔 500/电子迷你纳斯达克 100

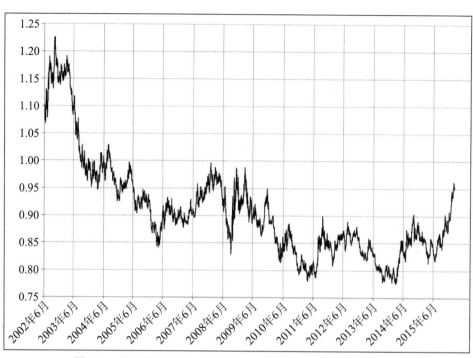

图 32.3 合约价值比例：电子迷你标准普尔 500/ 罗素 2000 迷你

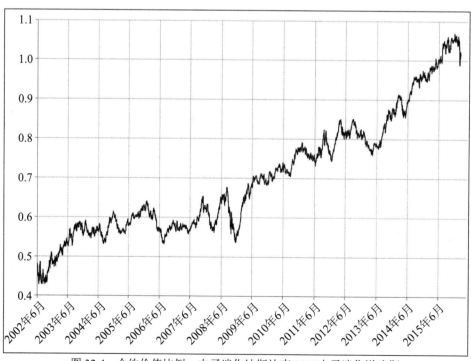

图 32.4 合约价值比例：电子迷你纳斯达克 100/ 电子迷你道琼斯

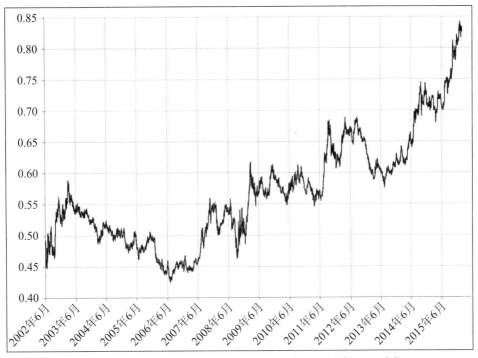

图 32.5　合约价值比例：电子迷你纳斯达克 100/ 罗素 2000 迷你

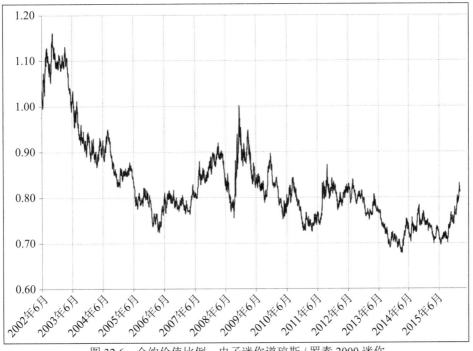

图 32.6　合约价值比例：电子迷你道琼斯 / 罗素 2000 迷你

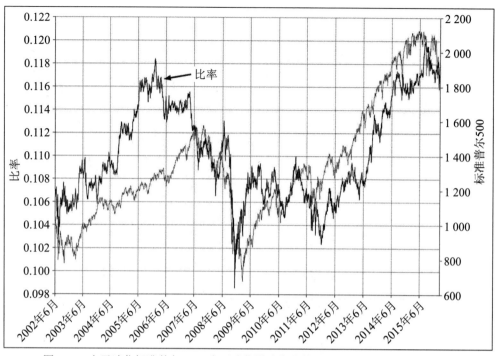

图 32.7 电子迷你标准普尔 500/电子迷你道琼斯价格比率和标准普尔指数的对比

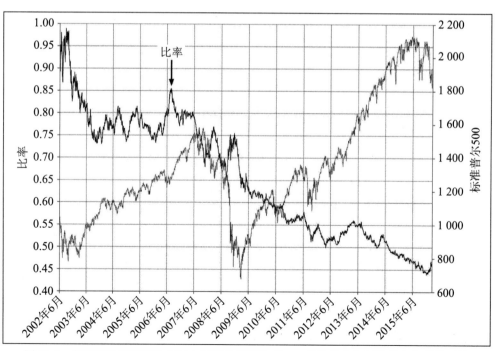

图 32.8 电子迷你标准普尔 500/电子迷你纳斯达克 100 价格比率和标准普尔指数的对比

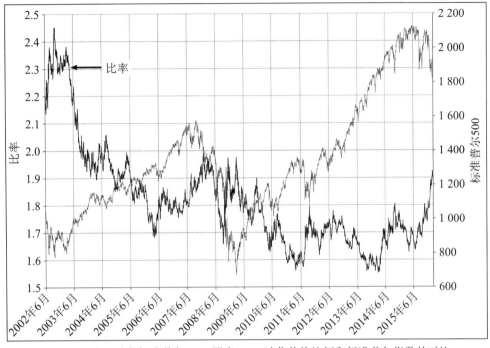

图 32.9 电子迷你标准普尔 500/罗素 2000 迷你价格比例和标准普尔指数的对比

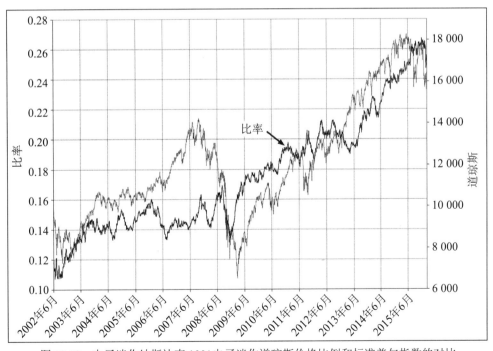

图 32.10 电子迷你纳斯达克 100/电子迷你道琼斯价格比例和标准普尔指数的对比

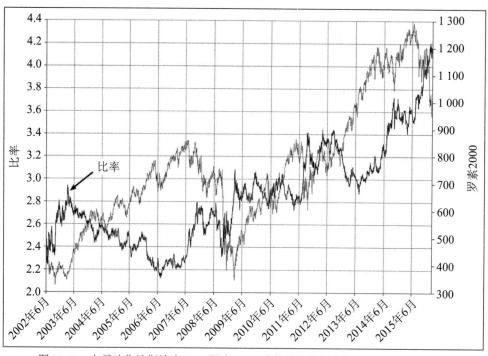

图 32.11　电子迷你纳斯达克 100/ 罗素 2000 迷你价格比例和标准普尔指数的对比

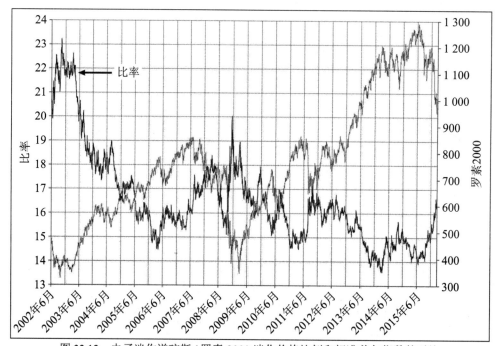

图 32.12　电子迷你道琼斯 / 罗素 2000 迷你价格比例和标准普尔指数的对比

通常来说，至少在这些图里记录的过去14年的时间里，图32.7～图32.12反映了一个趋势，在市场上行期，大盘股指数跑输小盘股指数，在市场下行期，则正好相反。例如，图32.12比较了4个指数中市值最大的（道琼斯）和最小的（罗素2000）的指数比例和罗素2000指数。总的来说，指数比例和市场方向有明显的反向关系。另外一个例子，在图32.7中，价差的两个指数都是大盘股指数，但是，相对较小的那个（标准普尔）是比例的分子，这个比例显然和市场方向正相关。图32.7的另外一个有趣的方面是标准普尔500/道琼斯的比例看起来好像领先直接交易市场的某些趋势。

第33章

货币期货的价差交易

> 列宁当然是对的。没有比稀释货币更微妙、更可靠地破坏社会存在基础手段。这一过程将所有经济法的隐藏力量与毁灭的一面联系起来,并以一种一百万人中都没有一个可以诊断的方式进行。
>
> ——约翰·梅纳德·凯恩斯

☐ 跨货币价差

从概念上说,跨货币价差和期货的直接交易一样。毕竟,一个货币期货的净多头或者空头也是一个隐含相反美元仓位的价差。例如,日元的净多头仓位意味着对应美元做多日元。如果日元相对于美元走强,做多日元将会盈利。如果日元相对于瑞士法郎和欧元走强,但是对于美元保持稳定,做多日元仓位将保持不变。

在一个跨货币的价差中,隐含的做空美元被另外一种货币替代。例如,在做多日元/做空欧元的价差中,当日元相对于欧元走强时,这个仓位将盈利,但是不会受日元相对于美元的走势的影响。做多日元/做空欧元的价差仅仅是做多日元/做空美元和做多美元/做空欧元的仓位组合,其中,相反的美元仓位互相抵消(为了精确起见,隐含的美元仓位只有当日元和欧元仓位的美元价值完全相等时,才会完全抵消)。

对于开展跨货币价差的原因可能有两个:

(1)交易员认为货币1将会较美元走强,同时,货币2将会较美元走弱。在这个例子中,做多货币1/做空货币2价差最好被认为是两个单独的直接交易。

(2)交易员认为某国外货币将超过另外一个,但对于它们对美元的走势没有强烈的观点。在这个例子中,跨货币价差和直接的货币交易是一样的,只是用另外一种货币代替了隐含的做多美元或者做空美元。但是,如果这两个货币互相之间紧密相关,远超于他们和美元的关系。对于价差的内涵或许至少部分的是适宜的。

如果一个跨货币价差交易是由于第二个因素,仓位应该在金额上是平衡的(对于较小规模的交易员,这可能不总能实现)。否则,本金损失就会发生,甚至这两个货币之间的汇率保持不变。

例如，考虑一个做多 4 合约 12 月瑞士法郎 / 做空 4 合约 12 月欧元价差交易，其中，12 月瑞士法郎的价格 =1 美元，12 月欧元的价格 =1.25 美元。在交易开始时，瑞士法郎和欧元的汇率是 1 欧元 =1.25 瑞士法郎。如果瑞士法郎上涨至 1.1 美元，而欧元上涨至 1.375 美元，瑞士法郎和欧元的汇率没有变，1 欧元 =1.25 瑞士法郎。但是，这个价差仓位将损失 12 500 美元：

$$本金变化 = 合约数量 \times 每合约的数量 \times 每单位的损益$$

$$做多瑞士法郎的本金变化 = 4 \times 125\,000 \times 0.1 美元 = 50\,000 美元$$

$$做空欧元的本金变化 = 4 \times 125\,000 \times -0.125 美元 = -62\,500 美元$$

$$净损益 = -12\,500 美元$$

甚至瑞士法郎 / 欧元的汇率保持不变，价差亏钱的原因在于初始的仓位是不平衡的。开始时，这个价差中瑞士法郎的仓位是 500 000 美元，但是做空欧元的仓位是 625 000 美元。因此，如果美元相对于两个货币走弱，这个价差偏向于盈利；反之，则偏向于亏损。但是，如果这个价差以美元计金额是平衡的，仓位的本金将会保持不变。例如，如果初始仓位是做多 5 合约 12 月瑞士法郎 / 做空 4 合约 12 月欧元（仓位中两边的美元价值 =625 000 美元），前述的价格变化将不会导致本金的任何变化：

$$做多瑞士法郎的本金变化 = 5 \times 125\,000 \times 0.1 美元 = 62\,500 美元$$

$$做空欧元的本金变化 = 4 \times 125\,000 \times -0.125 美元 = -62\,500 美元$$

$$净损益 = 0 美元$$

确定等美元价值价差的比例通用计算公式（每货币 2 合约对应的货币 1 合约的数量）如下：

$$等美元价值价差的比例 = \frac{(货币2每合约的数量)(货币2的价格)}{(货币1每合约的数量)(货币1的价格)}$$

例如，如果货币 1 英镑（BP）=1.5 美元，而货币 2 欧元 =1.2 美元，英镑期货合约有 62 500 单位，欧元期货合约有 125 000 单位，由此得出的价差比例是：

$$\frac{125\,000 \times 1.2 美元}{62\,500 \times 1.5 美元} = 1.6$$

因此，等美元价差将由 1.6 英镑合约对应 1 欧元合约，或者 8 英镑对于 5 欧元。

等美元跨货币价差的本金变化将反映两种货币的价格比例（或汇率）。应该被强调的是，价格比例（相对于价差）是唯一有意义的代表跨货币价差的方法。例如，如果英镑 =1.5 美元而瑞士法郎 =1 美元，两个货币都上涨 0.5 美元将使得英镑和欧元的价差保持不变，即使这将导致两种货币的相对价值明显变化：1 英镑从 1.5 瑞士法郎下跌至 1.33

瑞士法郎。

同一货币价差

同一货币价差——同一货币的两个期货合约间的价差——直接反映美元计价账户与给定货币账户之间的隐含远期利率差异。例如，6月/12月欧元价差显示在6月时，6个月的欧洲美元和欧元利率的预期关系。①

为了展示同一货币价差和利差之间的关系，我们比较投资美元计价账户与投资欧元计价账户：

S——现货汇率（美元/欧元）；
F——现行的在投资期末的远期汇率（美元/欧元）；
r_1——投资期美元计价账户的简单回报利率（没有年化）；
r_2——投资期欧元计价账户的简单回报利率（没有年化）。

选择A： 投资于美元计价账户	选择B： 投资于欧元计价账户
1. 投资1美元在美元计价账户。 2. 到期日的金额=1美元$(1+r_1)$。	1. 现在将1美元转换成欧元。汇率是S，这产生$1/S$欧元。（通过定义，如果S等于每欧元对应的美元，$1/S$=每美元对应的欧元。） 2. 投资$1/S$欧元在欧元计价账户以利率r_2。 3. 锁定远期汇率，在到期日以现在的远期汇率F②，卖出预期的欧元收益。 4. 期末的金额=$1/S(1+r_2)$欧元。 5. 在期末以汇率F转换成美元=$F/S(1+r_2)$（因为F=每欧元对应的美元）。

如果上述两种结果是相等的，那么：

$$1+r_1=\frac{F}{S}(1+r_2)$$

因此，在均衡水平，给定S、r_1和r_2的值，F将会自动确定。例如，如果S=0.8美元/欧元，r_1=2%每6个月的时段（年化4.04%），r_2=1%每6个月的时段（年化2.01），

---

① 欧洲货币利率是在货币发行国外的定期存款利率，因此不受政府控制。例如，在伦敦以美元计价的存款利率是欧洲美元利率，在法兰克福以英镑计价的存款利率是欧洲英镑利率。引述的欧洲货币利率代表了国际大银行之间的交易利率。

② 做空远期仓位可以通过以下两种方法中的一种来实现：（1）以3个月时间间隔卖出未来日期的期货；（2）在外汇掉期市场开展做多现货/做空远期交易，然后同时卖出现货。

在均衡时，6 个月远期汇率将是：

$$F = \frac{S(1+r_1)}{1+r_2} = \frac{0.8(1.02)}{1.01} = 0.80792$$

当远期汇率 $F=0.80792$，两种方案都将产生 1.02 美元。这个结果对于美元计价账户是显而易见的；对于欧元计价账户：

$$F/S(1+r_2)\text{美元} = \frac{0.80792(1.01)\text{美元}}{0.80} = 1.02\text{美元}$$

考虑如果远期汇率 F 大于均衡水平，将会发生什么。例如，用一个假设的 $F=0.82$ 美元/欧元，B 方案的结果将是：

$$\frac{0.82(1.01)\text{美元}}{0.80} = 1.03525\text{美元}$$

因此，如果 $F=0.82$ 美元/欧元，套利者能以 r_1 借入美元，然后转换成欧元，以 r_2 投资欧元，以 0.82 美元/欧元锁定预期 6 个月远期欧元收益。通过这么做，他们将为美元债务付出 1.02 美元，但是将赚回 1.03525 美元，因此，每借入 1 美元净赚无风险利润 0.01525 美元。如果这么一个完美的机会存在（马上就会清楚为什么这不可能），所有的套利者都会意识到这个机会，将会涌向这个交易。套利者的行动将会同时影响现货和远期汇率。在现货市场，美元集中兑换欧元会使得欧元兑美元走强，因此，现货汇率 S 将会提高。同样地，在远期市场，集中卖出欧元兑美元，使得欧元对美元走弱，因此，远期汇率 F 将会下跌。① 这些市场的力量将会收窄预期和即期利率的差，直到：

$$\frac{F}{S} = \frac{1+r_1}{1+r_2}$$

当然，刚刚描述的市场的力量将会在远期/即期比例上涨至 0.82/0.8=1.025 之前发挥作用。有套利者的参与使得 6 个月的远期/即期比例不会大幅上涨超过 $\frac{1+r_1}{1+r_2} = 1.0099$。一个类似的论点可以用来证明，套利者的干预将保持远期/现货比例不会显著低于 1.0099。简而言之，套利活动将会保证远期/现货比例大致等于上述公式确定的比例。这种关系通常称为利率平价定理。

由于货币期货必须在合约到期时与即期汇率一致，一个远期期货合约和附近的即将到期的合约价格之间的价差必须反映当时的利率比（欧洲美元利率和给定的货币利率之

---

① 在期货市场，这样的卖出将会直接发生。在现货外汇市场上，对于远期利率向下的压力将通过做多现货/做空期货（价差）来表现。

间的利率比）。① 因此，两个远期期货合约的价差可以被理解为反映的是在较近合约到期日市场预期的利率比例。具体来说，如果 P_1= 较近到期日的期货在 t_1 到期时的价格，P_2= 较远到期日的期货在 t_2 到期时的价格，那么 P_2/P_1 将等于在时点 t_1 是 t_2-t_1 这段时间的预期的利率比例（用 $1+r_1/1+r_2$ 来表示）。需要强调的是，期货价差得出的远期利率比例通常都和现行的利率比例不同。

如果市场预期欧洲美元利率将比国外欧洲货币利率走强，那么那种货币的远期期货将较近月合约出现溢价——预期的差异越大，价差越大。相反地，如果国外欧洲货币利率预期比欧洲美元利率要强，远期合约较近月合约出现折扣。

上述关系显示同一货币价差能够被用来对不同货币未来利率预期差异进行交易。如果一个交易员预期欧洲美元利率较另外一个欧洲货币利率（相对于由同一货币期货价差得出的预期利率比例）走强（上涨得多或者下跌得少），这种预期能够被表示成对那个货币做多远期/做空近期价差。相反地，如果交易员预期外国欧洲货币利率相对于欧洲美元利率走强，得出的交易就是做多近期/做空远期同一货币价差。

作为一个技术点位，1∶1 的价差合约比例可能波动，甚至隐含的远期利率比例不变的情况下。例如，如果 P_2=0.81 美元/欧元，P_1=0.8 美元/欧元，如果两个汇率都上涨 10%，将会使得远期合约上获得 810 点收益。但是，近期合约仅获得 800 点收益，即使隐含的远期利率比率不变（即使每个月的等百分比变化将会使得 F/S 不变）。为了使得价差交易不受两个合约价格的等百分比价格的变化的影响，那么得出的远期利率比例将不受影响，这个价差必须是多头仓位和空头仓位的美元价值相等。这个等式将在合约比率等于价格比例的倒数时成立。例如，给定上面的例子，P_2=0.81 美元，P_1=0.8 美元，那么 80 合约的远期合约/81 合约近期合约价差将不受相同价格变化的影响（例如，价格上涨 10%，将使得价差两边总计 64 800 点的变化）。正如这个例子中可以看到的，一个平衡的价差只有当仓位非常大的时候才有可能实现。但是，这个事实并不带来问题，由于这个扭曲太小了，所以 1∶1 的合约比例价差可以提供一个合理的近似。

同一货币价差还可以被结合起来对两种国外的欧洲货币利率预期进行交易。在这个例子里，对于预期相对强的货币，交易员可以通过较强货币做多近期/做空远期价差，和对另一种货币做多近期/做空远期价差。例如，假设在 2 月，从 6 月和 12 月欧元期货价差中得出 6 月的欧洲美元 6 个月期限利率比欧元利率高 1%，同时，从 6 月和 12 月日元期货价差得出 6 月欧洲美元利率比欧洲日元利率高 2%。作为组合，这些价差交易可以得出 6 月欧元利率比欧洲日元的利率高。如果交易员预期在 6 月欧洲日元利率高于

---

① 这一段里所有引用的利率比都应该被理解为 $(1+r_1)/(1+r_2)$，其中 r_1 和 r_2 是未年化的 S 和 F 之间这段时间的回报利率。因此，在上述的例子里，6 个月期限的给定年化利率为 4.04% 和 2.01%，那么利率比例等于 1.02/1.01=1.009 9。读者应该注意不要误解利率比例字面意思的引申意思，根据字面意思，上述例子中的数值应该是 0.02/0.01=2。

欧元利率，就会得出下面组合的价差交易：做多6月日元/做空12月日元加上做多12月欧元/做空6月欧元。

总而言之，同一货币价差能以下列方式交易利率：

预　　期	预示的交易
欧洲美元利率较给定欧洲货币利率走强（相对于价差推导出的利率比例）	给定货币的做多远期/做空近期的价差
欧洲美元利率较给定欧洲货币利率走弱（相对于价差推导出的利率比例）	给定货币的做多近期/做空远期的价差
欧洲货币利率1较欧洲货币利率2走强（相对于两个市场的价差推导出的利率比例）	在市场1做多近期/做空远期价差，在市场2做多远期/做空近期价差

第34章

期货期权简介

> 卖出期权也许被叫做粘棒更为合适。对于卖出期权最重要的一点——它的目的，如果你愿意——卖出期权给了它的所有者一个权力，即将100股不为人知的股票以一个不愿意被接受的价格卖给其他人的权力。所以，卖出期权在做的事情就是把股票粘给别人。
> ——安德鲁·托拜厄斯
> 一年10万美元的代价换来的教训（还有其他悲伤的故事）

☐ 预备工作

期权有两种基本的类型：买入期权和卖出期权。买入一个期货的买入期权赋予了买者一项权利，但不是义务，以指定价格买入对应的期货①，这个价格叫做履约价格或执行价格，执行的时间是直到到期日②。一个卖出期权给予买者一项权利，但不是义务，以行权价在到期日前任何时间卖出基础期货合约（需要注意的是，因此，买入一个卖出期权是做空交易，同时，卖出一个卖出期权是做多交易）。期权的价格叫做期权费，以美元（或美分）每份或每个点报价。表34.1说明了如何计算期权费的价格。看一个具体的例子，交易员买入8月1 000美元黄金买入期权，期权费50美元每盎司（每合约5 000美元），即获得了以1 000美元（不论黄金价格到时候涨到多高）买入8月黄金期货合约在该合约8月到期前的任一时间。

由于期权可以交易买入期权和卖出期权，也可以按照不同的行权价交易，因此，不同期权交易组合的数量远超过期货合约的数量——经常是10∶1的比例。大量的可交易期权给交易员提供了无数可供选择的交易策略。

---

① 第34章和第35章处理基于期货合约的期权。但是，通常来说，同样的概念也可以被应用于现金或者实物（如金条和黄金期货）。基于期货合约的期权的优势将在后面讨论。

② 对于某些市场，期权的到期日和基础期货合约的到期日是一样的，对于另外一些市场，期权的到期日是在期货合约到期日之前的某一个指定日期。

表 34.1　确定期权费的价值

以指数报价的合约		
期权费（以点数为单位）	× 每一点的价格	= 期权费的价格
例子：		
电子迷你标准普尔 500 期权		
8.5（期权费）	×50 美元每点	=425 美元（期权费的价格）
美元指数期货		
2.3（期权费）	×1 000 美元每点	=2 300 美元（期权费的价格）
以美元报价的合约		
期权费（以美元或美分为单位）	× 期货合约的数量	= 期权费的价格
例子：		
黄金期货		
42 美元（期权费）	×100（盎司每合约）	=4 200 美元（期权费的价格）
西得克萨斯中质原油期货		
1.24 美元（期权费）	×1 000（桶每合约）	=1 240 美元（期权费的价格）

正如它们基础的期货合约，期权是交易所交易的标准化的合约。结果就是，期权仓位可以在到期前通过进入一个相反的仓位来平仓。例如，一个买入期权的持有者可以通过一个卖出同样到期日和行权价的买入期权来平仓。

一个买入期权的买家将通过锁定买入价从预期的价格上涨中盈利。他最大的可能损失也就是他所付的期权费。当直到到期日，行权价都高于期货价格时，他将面临最大的损失。例如，如果 8 月黄金期货在 8 月黄金期权到期前的交易价格是 990 美元，那么这个 1 000 美元的买入期权就一文不值，由于期货可以以更便宜的价格在市场上买到[①]。如果期货价格在到期日高于行权价，那么期权就有一定价值，因此被行权。但是，如果期货价格和行权价格的差值小于所付的期权费，这笔交易的净价值依然是损失。买入期权买家为了获得盈利，在行权时，期货价格和行权价的差值必须超过期权费（扣除手续费之后）。期货价格越高，净利润越高。当然，如果期货价格达到目标价位后，或者买入期权的持有者改变了对市场的看法，他可以在到期日之前卖出他所持有的买入期权[②]。

卖出期权的买家通过锁定卖出价来从预期中的价格下跌来盈利。与买入期权买家相

---

① 但是，需要指出的是，即使在这个例子里，这个买入期权买家有可能部分地收回来期权费，如果他在到期日之前卖出这个期权的话。由于只要存在到期日之前期货价格上涨超过行权价的可能性，这个期货就将有一定的价值。
② 即使买入期权持有至到期，通常来说，在期权市场里平仓也比在期权市场里行权要容易。

同,他最大的可能损失是为期权付出的期权费。当卖出期权持有至到期,如果行权价超过期货价格的差值超过了期权费(扣除手续费),这笔交易就是盈利的。

考虑到期权的买家只有有限的风险,同时,拥有无限的潜在收益[1],对于卖家来说正好相反。期权的卖家(承销商)收到的是期权费,作为交换,以行权价承担了相反的仓位(如果期权被行权的话)。例如,如果一个买入期权被行权,卖家必须在期货市场以行权价开一个空头仓位(由于买入期权行权,买家相当于以行权价开了一个多头的头寸)。在行权时,清算机构将以行权价分别建立相反的期货仓位。在行权后,买入期权买家和卖家或者保留,或者卖出他们分别的期货仓位。

买入期权的卖家将会通过预期中横盘至小幅下跌行情盈利。在这种情况下,卖出/买入期权所得的期权费将会提供最有吸引力的交易机会。但是,如果交易员预期价格大幅下跌,他最好做空期货或者买入/卖出期权——这笔交易将有无限的盈利潜力。类似的是,卖出期权的卖家将通过横盘至小幅上涨行情盈利。

一些初学者很难理解为什么一个交易员总是不倾向于买入期权(买入期权或者卖出期权,取决于他的市场观点),尽然他们拥有无限盈利可能的同时风险有限。这种困惑反映出这些交易员并没有考虑概率因素。尽管期权卖家的理论风险是无限的,对于期权卖家来说,最有可能发生的价格(例如,在期权交易发生时市场价格附近的价格)却是正收益。大致来说,期权买家以较大概率承受较小损失换来了较大概率的较小收益。在有效的市场里,从长期来看[2],不论期权持续的买家还是卖家都不可能拥有优势。

☐ 决定期权费的因素

期权的期权费由两部分组成:

$$期权费 = 内在价值 + 时间价值$$

一个买入期权的内在价值是现在的期货价格高于行权价的部分。一个卖出期权的内在价值是现在期货价格低于行权价的部分。实际上,内在价值就是一旦期权被行权,期货合约的价格抵消掉现在市场的价格之后的那一部分。例如,如果7月原油期货交易价格是74.6美元,一个行权价为70美元的买入期权的内在价值就是4.6美元。内在价值

---

[1] 从技术来说,卖出期权的收益将是有限的,因为价格不可能低于0,但是从实践的目的,认为卖出期权的最大收益是无限的也是合理的。

[2] 为了更精确一点,这一表述并不能得出期权的持续买家和卖家将获取同样的预期收益(不考虑交易费用的情况下是0和游戏)。理论上说,平均来看,市场通过期权的定价来补偿期权卖家由于他们为价格提供了保险是合理的——即假设高度不受欢迎的风险暴露和无限制的损失。所以,实际上,期权卖家可能将有更具吸引力的回报和权买家更小的风险。正是在这个意义上,市场平均而言,通过期权定价,使买方和卖方没有净优势。

充当着期权地板价的角色。为什么？因为如果期权费低于内在价值，交易员可能买入期权并行权，同时立即平掉买入的期货仓位，将实现净收益（假设利润至少覆盖交易手续费）。

有内在价值的期权（例如，买入期权行权价低于现货价或者卖出期权行权价高于现货价）被称作价内期权。没有内在价值的期权被称作价外期权。期权的行权价和期货价格相等被称作平价期权。平价期权这一术语同样被经常用到那些行权价接近期货价的期货合约。

对于定义上内在价值为零的价外期权来说，由于在到期日之前期货价格有可能超过行权价的原因，它们仍具有一定的价值。价内期权拥有比内在价值更大的价值，由于期权的仓位比期货仓位的价值更大。理由：期权和期货在正确的价格方向上拥有同样的收益，但是期权的最大损失是有限的。期权费中超过内在价值的部分被称作时间价值。

需要被强调的是，由于时间价值几乎总是大于零的，因此，交易员应该避免在到期日之前行权。几乎不可避免的，想要抵消期权头寸的交易员通过卖出期权来实现更好的回报。卖出期权可以在内在价值的基础上增加时间价值。而直接行权只会收获直接价值。

时间价值取决于 4 个可量化的因素[①]。

（1）行权价和现在期货价格的关系。正如在图 34.1 中所描述的，当期权朝着价内或者价外的的方向走得越远时间价值会下降。深入的价外期权将只有很少的时间价值，由于期货价格在到期日之前回到行权价的可能性极低。深入的价内期权也只有很少的时间价值，由于期权和它基于的期货的仓位极其相似——都是赢或损失相同的数量。换句话说，对于一个深入的价内期权来说，风险有限的情况并没有太多价值，由于行权价和期货价还差得很远。正如图 34.1 中所示，时间价值在行权价时达到最大。

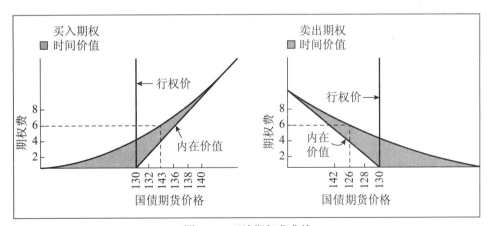

图 34.1　理论期权费曲线

资料来源：芝加哥交易所销售部门。

---

① 理论上说，时间价值还会被价格预期所影响，但是价格预期不是一个可量化的因素。

（2）到期前的时间。到期前的时间越长，期权的时间价值越大。这是正确的，由于时间跨度越大，增加了内在价值在到期前增加的概率。换句话说，距离到期日越远，期货的可能价格区间越大。图 34.2 说明了关于一个平价期货的时间价值和距离到期日时间的关系的标准理论假设。具体来说，时间价值假设是时间平方根的函数（这种关系是关于期货合约的价格概率曲线的形状与经典假设的结果）。因此，一个还有 9 个月到期的期权的时间价值是还有 4 个月到期的期权的 1.5 倍（$\sqrt{9}=3; \sqrt{4}=2; 3\div2=1.5$），同时，3 倍于只有 1 个月到期的期权的时间价值（$\sqrt{9}=3; \sqrt{1}=1; 3\div1=3$）。

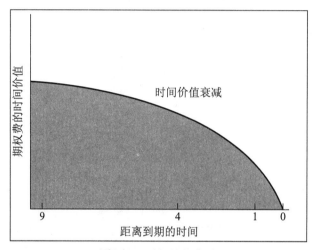

图 34.2　时间价值衰减

资料来源：纽约商品交易所黄金期货期权，商品交易所发表，纽约商品交易所，1982

表 34.2　作为电子迷你标准普尔 500 期货价格波动率的一个函数的期权价格[a]

年化波动率	卖出或买入期权费（美元）
10	22.88（1 144）
20	45.75（2 288）
30	68.62（3 431）
40	91.46（4 573）
50	114.29（5 715）

[a] 行权价为 2 000 的平价期权，距离到期日还有 30 天。

（3）波动率。时间价值根据基础期货合约在到期日之前的预期波动率波动。这种关系是波动率越高，内在价值在到期日前上升的概率越大的结果。换句话说，波动率越高，期货的价格可能的区间越大。正如表 34.2 所显示的，波动率对期权的理论期权费有直接巨大的影响。

尽管波动率是确定期权费价值的一个非常重要的因素，但是需要强调的是，期权合约的波动率在到期前不可能被精确地确定（作为对比，距离到期日的时间、期货的现价和行权价的关系在任何时点都可以精确确定）。因此，波动率总是基于历史波动率数据进行的测算。正如将要写到的，这一要素在解释理论和实际的期权费的差异时非常重要。

（4）利率。利率对期权费的影响被认为小于上面的三个要素中任意一个。杰姆斯·鲍[①]简洁地概括了利率和期权费之间关系的具体本质。

由于利率变化不仅仅影响期权的价值，还影响到基础的期货价值，所以利率的影响是复杂的。分步来说，任意给定期权的买家必须在买之前付出期权费，当然，卖家在卖之前收到了期权费。如果利率上升，而其他都不变，期权买家的机会成本机会增加，所以他将更愿意付出更少的钱。相反地，期权的卖家将会通过投资收到的期权费获得更多，所以愿意收到更少的期权费，期权的价值下跌。但是，在期货市场，远期合约的部分价值体现在与拥有商品的利率成本相关。利率水平的上升可能导致期货价格上升，由此带来现存买入期权价格上升，对于买入期权的净效用是不清楚的，但是，卖出期权的价值将会随着利率的上涨而下跌。

理论和实际的期权费

给定上一段详述的4个因素的具体信息，有许多可用的数学模型来计算期权的理论"公允"价值。理论价值可以估计，但是一般不可能和实际的期权费相等。这种偏差的存在一定意味着期权被错误定价了么？当然不是。模型算出来的期权费和实际期权费不等主要有以下两个原因。

（1）模型关于期权价格和影响因素的数量关系的假设也许并不能准确描述市场行为。在某种程度上说，这不一定是正确的，因为即使最好的期权定价模型也只是真实市场行为的理论估算。

（2）一个期权定价模型的波动率数据经常会和市场预期的未来波动率存在一定出入。这一点非常重要，需要进一步详述。

回想一下，虽然波动率是任何期权定价模型的关键因素，但是它的值只能被估测。期权的理论"公允价值"将依赖于波动率数据的选择。影响波动率估计值的一些因素包括：用来估计波动率的上一段期限的长度，用来衡量波动率的时间间隔，在历史波动数据上使用的加权方式（如果有的话），同时还包括反映相关调整的影响（如波动率最近的趋势）。应该明确的是，任何特定的波动率估计都会隐含地反映一些不可避免的主观

---

① 詹姆士·鲍著.期权交易策略手册.纽约：咖啡、糖和可可交易所，1983）.

决定。关于从过去的波动率估计未来波动率的最佳程序的不同假设将产生不同的理论期权费。因此，单一的，明确定义的期权公允价值是不存在的。

任一期权定价模型所能告诉你的就是在给定关于预期波动率和期权价格与影响价格关键因素之间的数学关系形式的情况下，期权的价值应该是什么。如果一个给定的数学模型可以提供市场行为的近似估算，理论值和期权费的实际值的差值就是市场对于波动率的预期，称作隐含波动率，以区别于在模型中使用的基于历史数据的波动率预测。但是模型中使用的波动率假设是否能比隐含波动率（例如，由实际期权费显示的期货波动率）更为准确地估算实际波动率的问题只能通过实证来回答。买入低估（相对于理论模型的公允价值）期权和卖出高估期权的偏好将是合理的（如果实证证据显示），总的来说，模型的波动率假设在预测实际波动率水平上证明比隐含波动率更好。

如果模型的波动率预测证实比隐含波动率预测更好，从严格的概率角度来说，将表明一个看多交易员卖出看空期权就比买入看多期权好——如果期权高估的话（基于模型预测的公允价格）；反之，如果期权低估的话，买入看多期权就比卖出看空期权好。同样的，如果期权高估的话，一个看空交易员卖出/买入期权就比买入看空期权好；如果期权低估的话，买入/卖出期权就比卖出/买入期权要好。但是，对于任一交易员来说，最好的交易策略将取决于具体的价格预期（例如，交易员认为的不同回报的概率）。

德尔塔（中性对冲比率）

德尔塔，有时也被叫作中性对冲比率，是指基础期货合约价格一个单位的变动导致的相应期权价格的预期变动。例如，如果 8 月黄金买入期权的德尔塔值是 0.25，这意味着 8 月黄金期货价格每变化 1 美元，将导致相应期权的期权费变化 0.25 美元。因此，一个给定期权的德尔塔值可以被用来确定与单一期货合约较小价格变化风险相当的期权数量。需要强调的是，德尔塔值将会随着价格变化迅速变化。因此，德尔塔值不能在价格大幅变化时用于比较期权和期货的相对风险。

表 34.3　电子迷你标准普尔 500 买入期权的期权费变化，当基础期货变化 20（1 000 美元）[a]

距离到期日的时间	如果期货价格上涨，2000 买入期权期权费的增长量					
	从 1900 到 1920		从 2000 到 2020		从 2100 到 2120	
	美元	德尔塔	美元	德尔塔	美元	德尔塔
1 周	10	0.01	500	0.5	1 000	1
1 个月	120	0.12	510	0.51	870	0.87
3 个月	260	0.26	510	0.51	750	0.75

（续表）

距离到期日的时间	如果期货价格上涨，2000 买入期权期权费的增长量					
	从 1900 到 1920		从 2000 到 2020		从 2100 到 2120	
	美元	德尔塔	美元	德尔塔	美元	德尔塔
6 个月	330	0.33	520	0.52	690	0.69
12 个月	390	0.39	520	0.52	650	0.65

[a] 假设波动率 15%，假设利率 2% 每年。

资料来源：芝加哥商业交易所集团（www.cmegroup.com）。

表 34.3 阐述了对于价外、平价和价内买入期权一系列到期日的预测德尔塔值。这些数值从哪里来的呢？它们来自于与确定期权费理论价值相同的数学模型，在给定行权价和当前的期货价格、剩余时间、直到到期日、估计波动率和利率的关系的情况下。对于这些因素任一给定的一组数值，德尔塔值等于期货价格变动一个点时，模型预测的期权费的变化的绝对值。表 34.3 阐述了关于理论德尔塔值的一些重要特点。

（1）价外期权的德尔塔值较低。这一关系是由于任意价格上涨[①]，有很大概率在到期时对于期权的价值毫无影响（例如，期权很有可能毫无价值的到期）。

（2）价内期权的德尔塔值相对较高，但是小于 1。价内期权有较高的德尔塔值是因为期货价格变化 1 个点，有可能意味着期权价格在到期日变化 1 个点。但是，由于这个概率总是小于 1，德尔塔值总是小于 1。

（3）平价期权的德尔塔值总是接近于 1。由于平价期权将平价到期的概率大约是 50%，所以期货价格上涨 1 个点导致期权价格上涨 1 个点的概率大约是 50%。

（4）价外期权的德尔塔值将会随着距离到期时间增加而增大。距离到期日的时间越长，期货价格上涨使得期权价值在到期日发生变化的可能性的概率越大，这是由于有更多的时间使得期货价格达到行权价。

（5）价内期权的德尔塔值将会随着距离到期时间增加而减小。由于有更长的时间使得期货价格跌回行权价，所以，距离到期日的时间越长，期货价格变化导致期权价值不受影响的概率增加。

（6）平价期权的德尔塔值将不会受距离到期时间长短的影响，直到接近到期。这一行为上的趋势是真实的，因为平价期权将会平价到期的概率接近 50%。

---

① 这一段假设期权是买入期权，如果期权是卖出期权，将"价格减少"理解成"价格上升"。

第35章

期权交易策略

经纪人们热衷于对可能的期权买家说期权是极好的值得买的东西，同时，对于可能的期权卖家说，期权是极好的值得卖的东西。他们完全地相信这个悖论。因此，买家很好，卖家也很好，同时，无须强调的是，经纪人做得够好。可以举出许多案例显示他们三方都从冒险中获利。令人奇怪的是为什么失业问题不能通过失业者买卖他们各自的头寸，而在公园的长椅周围闲荡来解决。

——弗雷德·施韦德
《客户的游艇在哪里？》

☐ 比较交易策略

期权的存在极大地扩展了可能的交易策略。例如，在一个没有期权的市场里，看多的交易员只能做多或者启动一个看多价差（在那些价差变动对应价格方向的市场里）。但是，如果涉及期权的交易方法被纳入进来，看多交易员可以考虑许多替代策略，包括：做多价外买入期权，做多价内买入期权，做多平价期权，做空价外卖出期权，做空价内卖出期权，做空平价期权，"合成的"多头仓位，将期货和期权结合起来，还有一系列看多期权价差。通常来说，上述这些涉及期权的策略的每一个将会在给定风险水平的同时产生显著的更好的盈利潜力——和单一的期货合约相比。因此，同时考虑添加期权策略和直接期货仓位的交易员应该比那些只考虑期货交易的交易员有决定性的优势。

没有单一的最好的交易方法。在任一给定的情况下，最优交易策略将会取决于期权费水平和具体的预期价格情景。交易员如何决定最好的策略呢？这一章将分两步来回答这一关键问题。第一步，我们将分析许多可选的交易策略的大致的盈利／损失特点（表）。第二步，我们将考虑价格预期如何与盈利／损失表结合起来以确定最好的交易方法。

利润／损失表是一个图表，一系列的市场价格（横轴）下仓位所隐含的利润或损失（纵轴）。利润／损失表提供了一个理想的理解和比较不同交易策略的工具。关于下一节详述的损益表，应注意以下几点：

（1）所有的阐述都是基于单一的期权系列，对于单一市场，在某一日：2015 年 4 月 13 日的 8 月黄金期权。这个共同点使得比较不同的交易策略的含义变得容易。选择 2015 年 4 月 13 日不是随意的。在那一天，8 月黄金期货（1 200.2 美元）的收盘价几乎完全等于一个期权的行权价（1 200 美元/盎司），因此，提供了一个近乎精确的平价期权——有助于说明价外期权、价内期权和平价期权理论差异的一个因素。那一天期权费的具体收盘价如下：（美元/盎司）

行权价	8 月买入期权	8 月卖出期权
1 050	155.2	5.1
1 100	110.1	10.1
1 150	70.1	19.9
1 200	38.8	38.7
1 250	19.2	68.7
1 300	9.1	108.7
1 350	4.5	154.1

这一章的期权价格数据由 OptionVue 提供（www.optionvue.com）。

读者应该在下一段中分析每个损益表时参考这些报价。

（2）为了避免不必要的混淆，损益表并不包含交易成本和利息收入效应，这两者都微乎其微（注意交易成本等于 0 的假设，使得佣金成本等于 0，在这种情况下，仓位可以按报价水平成交——在这种情况下，以收盘价成交）。

（3）损益表反映的是期权到期时的情况。这一假设简化了阐述，由于期权的价值可以在那个时点精确地确定。在以前，期权的价值将取决于前一章讨论的各种因素（例如，距离到期日的时间、波动率等）。允许在中期阶段评估每个期权策略将带来一定层次的复杂性，这将超出本书的范围。但是，需要牢记的关键点是包括净多头期权仓位的交易策略的损益表将会上移（当参考时间点离到期日更远时）。原因是，在到期日，期权只有内在价值；而在到期日前，期权还有时间价值。因此，在到期日前，期权持有者应该以高于内在价值的价格平仓——在损益表里的平仓价。类似的，损益表应该下移，对于期权卖出者在到期日前的时点。由于在较早的时点，期权卖出者不仅要付出内在价值，还有时间价值——如果他想覆盖他的仓位的话。

（4）有一个非常重要的点是单一期权相当于比单一期货合约更小的仓位（见上一章中题为"德尔塔（中性对冲比率）"的一段）。类似的，一个价外期权相当于比价内期权更小的仓位。因此，交易员还要考虑各种策略的多种组合的损益表。在任何情况下，一种策略优于另外一种策略应该是完全基于回报和风险的关系，而不是绝对的利润（损失）水平。换而言之，策略偏好应完全独立于仓位大小。

（5）交易策略是基于投机者的角度来评估的。期权交易的套期保值应用将在本章的结尾部分单独讨论。

关键交易策略的损益表

策略1：做多期货

案例：以1 200美元的价格买入8月黄金期货（见表35.1和图35.1）。

表35.1 损益计算：做多期货

到期日期货价格（美元/盎司）	期货价格变化（美元/盎司）	仓位损益（美元）
1 000	−200	−20 000
1 050	−150	−15 000
1 100	−100	−10 000
1 150	−50	−5 000
1 200	0	0
1 250	50	5 000
1 300	100	10 000
1 350	150	15 000
1 400	200	20 000

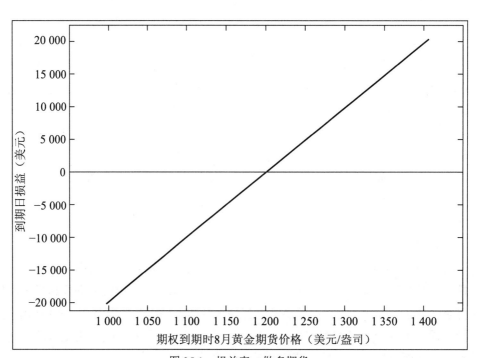

图35.1 损益表：做多期货

评论：简单的做多期货不需要太多的解释，被纳入进来只是为了和其他不那么熟悉的策略作比较的目的。正如每个交易员所知道的，当预期价格上涨时，最多期货仓位是合适的。但是，正如将要在这一段后面阐述的，对于任一给定的价格情景，基于期权的策略通常都会在回报/风险特征方面提供更有吸引力的交易。

策略2：做空期货

案例：以1 200美元卖出8月黄金期货（见表35.2和图35.2）。

表35.2 损益计算：做空期货

到期日期货价格	期货价格变化	仓位损益（美元）
1 000	200	20 000
1 050	150	15 000
1 100	100	10 000
1 150	50	5 000
1 200	0	0
1 250	−50	−5 000
1 300	−100	−10 000
1 350	−150	−15 000
1 400	−200	−20 000

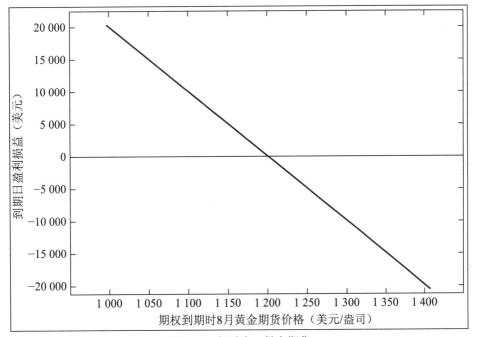

图35.2 损益表：做空期货

评论：同样，这一策略不需要解释，仅仅是为了和其他策略进行比较。正如任意交易员所知道的，当期望价格下跌时，做空期货仓位是合适的。但是，正如将在这一章后面看到的，对于任一给定的价格情景，基于期权的策略通常会在回报/风险特征方面提供更好的交易机会。

策略3a：做多买入期权（平价）

案例：以期权费38.8美元/盎司（3 880美元）买入8月1 200美元黄金期货，当8月黄金期货交易价为1 200美元/盎司（见表35.3a和图35.3a）。

评论：做多买入期权是看多策略，在这一策略里，最大的风险是为这个期权付出的期权费，同时，最大的收益理论上是无限的。但是，遭受损失的概率大于收益的概率，这是由于期货价格必须上涨超过期权费（在期权到期时），才能使买入期权买家实现利润。平价期权的两个具体的特点如下。

（1）最大损失仅有当期货交易价格在期权到期日等于或低于现有水平时才会发生。

（2）对于微小的价格变化，期货价格每变化1美元，将导致期权价格大约变化0.5美元（平价期权在快到期时，将会变化更大，这是个例外）。因此，对于微小变化，净多头期货合约在风险上相当于两个买入期权。

表35.3a 损益计算：做多买入期权（平价）

1	2	3	4	5
到期日期货价格（美元/盎司）	初始8月1 200美元买入期权（美元/盎司）	付出的期权费（美元）	到期日买入期权价值（美元）	仓位损益(4-3)（美元）
1 000	38.8	3 880	0	-3 880
1 050	38.8	3 880	0	-3 880
1 100	38.8	3 880	0	-3 880
1 150	38.8	3 880	0	-3 880
1 200	38.8	3 880	0	-3 880
1 250	38.8	3 880	5 000	1 120
1 300	38.8	3 880	10 000	6 120
1 350	38.8	3 880	15 000	11 120
1 400	38.8	3 880	20 000	16 120

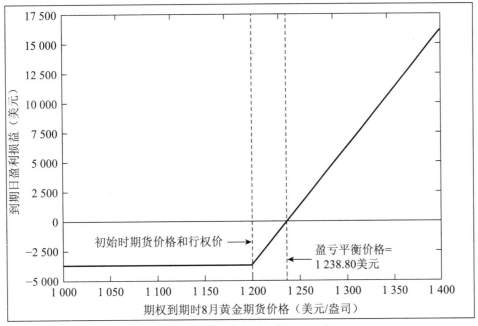

图 35.3a 损益表做多买入期权（平价）

策略3b：做多买入期权（价外期权）

案例：以期权费 9.1 美元 / 盎司（910 美元）买入 8 月 1 300 美元黄金期货，当 8 月黄金期货交易价格为 1 200 美元 / 盎司（见表 35.3b 和图 35.3b）。

表 35.3b 损益计算：做多买入期权（价外期权）

1	2	3	4	5
到期日期货价格（美元/盎司）	8月1 300美元买入期权期权费（美元/盎司）	付出的期权费（美元）	到期日买入期权价值（美元）	损益（4-3）（美元）
1 000	9.1	910	0	−910
1 050	9.1	910	0	−910
1 100	9.1	910	0	−910
1 150	9.1	910	0	−910
1 200	9.1	910	0	−910
1 250	9.1	910	0	−910
1 300	9.1	910	0	−910
1 350	9.1	910	5 000	4 090
1 400	9.1	910	10 000	9 090

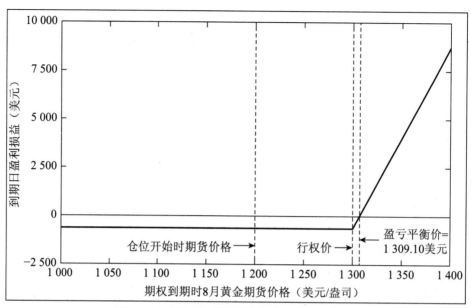

图 35.3b 损益表：做多买入期权（价外期权）

评论：一个价外买入期权的买家通过承受更少的盈利概率来减少最大风险。通过定义，价外买入期权的行权价高于现有期货水平。为了使得价外买入期权实现盈利，期货价格（当期权到期时）必须比行权价超过期权费（9.1 美元/盎司在这个案例里）。需要指出的是，在价外买入期权里，期货价格上涨后的价格仍低于期权价格将会导致期权的最大损失。做多价外买入期权对于期望价格大幅上行，同时顾虑价格大跌的概率的交易员来说特别合适。

需要强调的是，对于价外期权来说，为了实现盈利，期货价格不必达到行权价。如果市场价格快速上行，买入期权的价格将会上涨，因此，可以被卖出获得利润（但是，这一特点当价格缓慢上涨时不一定成立，由于时间推移对期权溢价的抑制作用抵消了期货价格上涨的支持作用）。

对于较小的价格变化，每当期货价格变化 1 美元时，价外买入期权价格将改变小于 0.5 美元。因此，对于较小的价格变化，在风险方面，每一个期货仓位的多头头寸相当于若干个价外买入期权。

策略3c：做多买入期权（价内期权）

案例：以 110 美元/盎司（11 010 美元）买入 8 月 1 100 美元黄金期货，在 8 月黄金期货交易价为 1 200 美元/盎司时（见表 35.3c 和图 35.3c）。

表 35.3c　损益计算：做多买入期权（价内期权）

1	2	3	4	5
到期日期货价格（美元/盎司）	8月1 100美元买入期权期权费（美元/盎司）	付出的期权费（美元）	到期日买入期权价值（美元）	损益（4-3）（美元）
1 000	110.1	11 010	0	−11 010
1 050	110.1	11 010	0	−11 010
1 100	110.1	11 010	0	−11 010
1 150	110.1	11 010	5 000	−6 010
1 200	110.1	11 010	10 000	−1 010
1 250	110.1	11 010	15 000	3 990
1 300	110.1	11 010	20 000	8 990
1 350	110.1	11 010	25 000	13 990
1 400	110.1	11 010	30 000	18 990

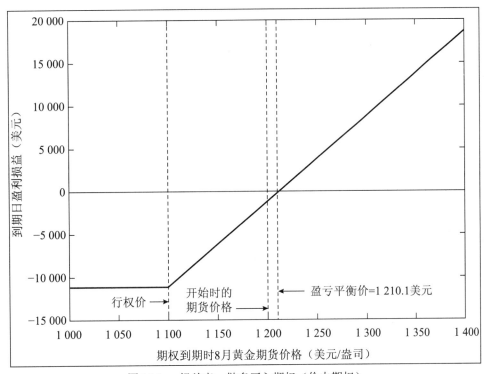

图 35.3c　损益表：做多买入期权（价内期权）

评论：在许多方面，做多价内买入期权和做多期货仓位非常类似。这两种交易策略的三个主要区别是：

（1）当价格上涨时，期货多头仓位会赚的更多一点——多出的部分等于期权费的时间价值（上述案例的1 010美元）。

（2）对于温和的价格下跌，期货多头头寸会损失的稍微少一点（同样地，差别等于期权费的时间价值部分）。

（3）当价格大幅下跌时，价内买入期权仓位的损失将被限制在所付的期权费，但是，期货多头仓位将是无限的。

从某种意义上说，买入价内买入期权的仓位可以被认为是期货多头仓位内嵌一个止损条件。这个特点非常重要的，对于那些使用保护性止损指令——一个谨慎的交易方法的投机者来说。对于多头仓位采取保护性卖出止损的交易员有可能碰到市场下跌激发止损后反弹的沮丧情况。买入价内买入期权给投机者提供了一个替代的限制风险并不会被误伤的方法。当然，这个收益不会没有成本，正如上面提到的，价内期权的买家在价格上涨的情况下，比期货交易员盈利稍微少一点，如果市场下跌的话会损失更多。但是，如果交易员预期市场波动较大，他可能会非常倾向于做多价内买入期权，和期货多头仓位加保护性的卖出止损。在任何情况下，关键点是那些经常比较买入价内买入期权和期货多头加保护性止损的策略的交易员将会比那些从来不考虑基于期权的策略的交易员们更有优势。

表35.3d 总结了在一系列价格假设下许多做多买入期权仓位的损益情况。需要注意的是，当买入期权盈利增加时，他们的利润和亏损特征越来越像一个多头的期货头寸。显著盈利的1 050美元买入期权提供了一个明显的有趣的悖论：这个期权损益特征几乎和价格高于1 050美元的期货多头仓位相同。这是怎么实现的呢？难道所有的交易员不应该倾向于做多1 050美元买入期权吗？因此，哄抬其价格，使其溢价也反映出更多的时间价值？（1 050美元买入期权的15 520美元的期权费几乎都是内在价值。）

对于这个悖论有两个合理的解释。第一，期权价格反映市场的评估，黄金价格再回到行权价的概率很低，因此，市场对于这个期权给予了一个很小的时间价值。换言之，市场对于一个行权价远低于市场价的期权的损失保护赋予了很低的价值。第二，1 050美元买入期权代表了一个相当没有流动性的期权仓位，报价没有反映买卖价差。毫无疑问，一个潜在的买入期权买家必须为了成交去付出更高的价格。

表 35.3d 对于做多不同行权价的买入期权的损益矩阵

		付出期权费的美元价值						
		1050 买入期权	1 100 买入期权[a]	1 150 买入期权	1 200 买入期权[a]	1 250 买入期权	1 300 买入期权[a]	1 350 买入期权
		15 520	11 010	7 010	3 880	1 920	910	450
			价内		平价		价外	
到期日期货价格 美元/盎司	在 1 200 美元做多期货（美元）	1 050 买入 期权（美元）	1 100 买入 期权[a]（美元）	1 150 买入 期权（美元）	1 200 买入 期权[a]（美元）	1 250 买入 期权（美元）	1 300 买入 期权[a]（美元）	1 350 买入 期权（美元）
		到期时的损益						
1 000	−20 000	−15 520	−11 010	−7 010	−3 880	−1 920	−910	−450
1 050	−15 000	−15 520	−11 010	−7 010	−3 880	−1 920	−910	−450
1 100	−10 000	−10 520	−11 010	−7 010	−3 880	−1 920	−910	−450
1 150	−5 000	−5 520	−6 010	−7 010	−3 880	−1 920	−910	−450
1 200	0	−520	−1 010	−2 010	−3 880	−1 920	−910	−450
1 250	5 000	4 480	3 990	2 990	1 120	−1 920	−910	−450
1 300	10 000	9 480	8 990	7 990	6 120	3 080	−910	−450
1 350	15 000	14 480	13 990	12 990	11 120	8 080	4 090	−450
1 400	20 000	19 480	18 990	17 990	16 120	13 080	9 090	4 550

[a] 这些买入期权在图 35.3d 中比较。

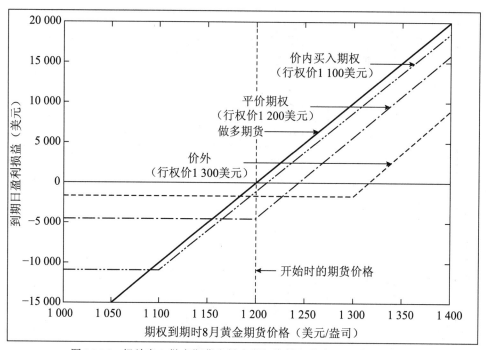

图 35.3d　损益表：做多期货和做多期权比较（价内，平价，价外）

图表由 TradeStation 公司绘制。TradeStation 技术公司拥有版权。

策略4a：做空买入期权（平价）

案例：在 8 月黄金期货交易价格是 1 200 美元/盎司时，以 38.3 美元/盎司的期权费卖出 8 月 1 200 美元黄金期货。

表 35.4a　损益计算：做空买入期权（平价）

1	2	3	4	5
到期日期货价格（美元/盎司）	8月1 200美元买入期权期权费（美元/盎司）	付出的期权费（美元）	到期日买入期权价值（美元）	损益（4-3）（美元）
1 000	38.8	3 880	0	3 880
1 050	38.8	3 880	0	3 880
1 100	38.8	3 880	0	3 880
1 150	38.8	3 880	0	3 880
1 200	38.8	3 880	0	3 880
1 250	38.8	3 880	5 000	−1 120
1 300	38.8	3 880	10 000	−6 120
1 350	38.8	3 880	15 000	−11 120
1 400	38.8	3 880	20 000	−16 120

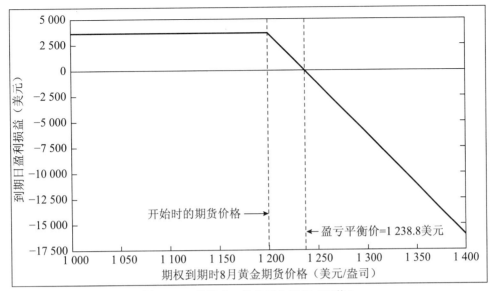

图 35.4a 损益表：做空买入期权（平价）

图表由 TradeStation 公司绘制。TradeStation 技术公司拥有版权。

评论：做空买入期权是一个看空的仓位。该仓位最大的潜在收益是收到的期权费，而风险是无限的。但是，作为承担这种毫无吸引力的回报/最大风险比的回报，买入期权的卖家可以享受很大概率获得利润。注意，只要期货价格在期权到期日没有比期权开始时高过期权费（我们案例里 38.8 美元/盎司），做空平价买入期权将会盈利。但是，最大可能盈利（如收到的期权费）将被实现如果期货价格在期权到期日低于期权卖出时的市场价（如行权价）。做空买入期权仓位是适宜的——如果交易员适度看空，同时，认为大幅上涨的概率不是特别大。但是，如果交易员预期价格大幅下跌，他还是最好买入卖出期权或者做空期货。

策略4b：做空买入期权（价外）

案例：在 8 月黄金期货交易价格为 1 200 美元时，以 9.1 美元每盎司的期权费卖出 8 月 1 300 美元黄金买入期权（见表 35.4b 和图 35.4b）。

评论：价外买入期权的卖家愿意接受一个更小的最大收益（如期权费）来换取交易盈利提升的概率。价外买入期权的卖家将会收获所有的期权费只要期货价格上涨不超过行权价和期权卖出时的期货价格的差。这笔交易将会盈利，只要在期权到期时，期货价格比行权价没有超过期权费（这个例子中的 9.1 美元/盎司）。做空价外买入期权代表的是比做空平价买入期权不那么看空的仓位。然而，做空平价期权反映的是预期价格只会略微上涨或下跌，做空价外买入期权仅仅反映的是价格不会大幅上涨的预期。

表 35.4b　损益计算：做空买入期权（价外）

1	2	3	4	5
到期日期货价格（美元/盎司）	8月1 300美元买入期权期权费（美元/盎司）	收到的期权费（美元）	到期日买入期权价值（美元）	损益（3-4）（美元）
1 000	9.1	910	0	910
1 050	9.1	910	0	910
1 100	9.1	910	0	910
1 150	9.1	910	0	910
1 200	9.1	910	0	910
1 250	9.1	910	0	910
1 300	9.1	910	0	910
1 350	9.1	910	5 000	-4 090
1 400	9.1	910	10 000	-9 090

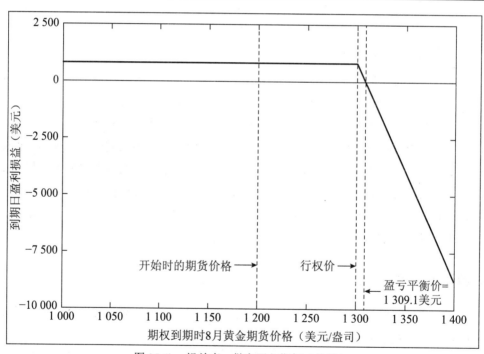

图 35.4b　损益表：做空买入期权（价外）

策略4c：做空买入期权（价内）

案例：在8月黄金期货交易价是1 200美元时，以110.1美元/盎司（11 010美元）卖出8月1 100美元黄金买入期权（见表35.4c和图35.4c）。

表 35.4c 损益计算：做空买入期权（价内）

1	2	3	4	5
到期日期货价格（美元/盎司）	8月1 100美元买入期权期权费（美元/盎司）	收到的期权费（美元）	到期日买入期权价值（美元）	损益（3-4）（美元）
1 000	110.1	11 010	0	11 010
1 050	110.1	11 010	0	11 010
1 100	110.1	11 010	0	11 010
1 150	110.1	11 010	5 000	6 010
1 200	110.1	11 010	10 000	1 010
1 250	110.1	11 010	15 000	−3 990
1 300	110.1	11 010	20 000	−8 990
1 350	110.1	11 010	25 000	−13 990
1 400	110.1	11 010	30 000	−18 990

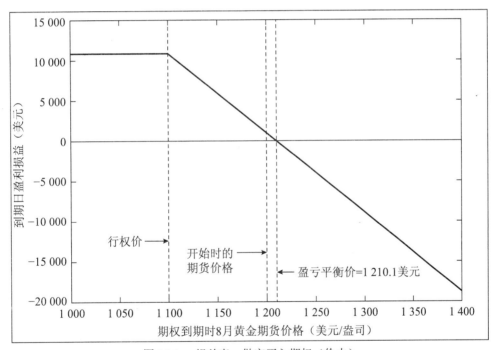

图 35.4c 损益表：做空买入期权（价内）

图表由 TradeStation 公司绘制。TradeStation 技术公司拥有版权。

评论：对于大多数可能的价格区间，做空价内买入期权的损益特点和做空期货合约非常类似。下面是这两种仓位的三个基本区别：

（1）当市场价格上涨时，做空价内买入期权将会做空期货合约损失略少，因为，损失将会被收到的期权费部分抵销。

（2）当市场价格适度下跌时，做空价内买入期权将会比做空期货合约收益略多。

（3）在剧烈下跌的市场中，做空期货合约的盈利潜力是无限的，然而，做空价内买入期权的最大收益只能是所收到的期权费。

实际上，价内买入期权的卖家选择对于可能的价格波动锁定一个中等较好的结果——以市场价格崩溃时的牟取暴利的可能性作为交换。通常来说，交易员应该选择做空价内买入期权，而不是直接做空期货合约，如果他认为价格大幅下跌的可能性极小的话。

表35.4d总结了在一系列假设价格条件下的不同买入期权的空头仓位的损益结果。正如所见的，当价格朝有利于买入期权的方向变化时，他们就更加类似于期货空头仓位（浮盈巨大的买入期权的卖家应该意识到，买家可能选择在到期前提前行权，如果潜在的期权费的利息收入大于该期权的理论时间价值在零利率假设的前提下，买家就会提前行权）。做空浮亏巨大的买入期权将在很广泛的价格区间内盈利，但是最大收益很小，理论上的最大损失却是无限的。

表35.4d 做空不同行权价的买入期权的盈利/亏损矩阵

	收到期权费的美元价值						
	1 050 买入期权	1 100 买入期权	1 150 买入期权	1 200 买入期权	1 250 买入期权	1 300 买入期权	1 350 买入期权
	15 520	11 010	7 010	3 880	1 920	910	450
	到期时的损益						
		价内		平价	价外		
到期日货价格	在1 200美元做空期货（美元）	1 050 买入期权（美元）	1 100 买入期权[a]（美元）	1 150 买入期权（美元）	1 200 买入期权[a]（美元）	1 250 买入期权（美元）	1 300 买入期权[a]（美元）	1 350 买入期权（美元）
1 000	20 000	15 520	11 010	7 010	3 880	1 920	910	450
1 050	15 000	15 520	11 010	7 010	3 880	1 920	910	450
1 100	10 000	10 520	11 010	7 010	3 880	1 920	910	450
1 150	5 000	5 520	6 010	7 010	3 880	1 920	910	450
1 200	0	520	1 010	2 010	3 880	1 920	910	450
1 250	−5 000	−4 480	−3 990	−2 990	−1 120	1 920	910	450
1 300	−10 000	−9 480	−8 990	−7 990	−6 120	−3 080	910	450
1 350	−15 000	−14 480	−13 990	−12 990	−11 120	−8 080	−4 090	450
1 400	−20 000	−19 480	−18 990	−17 990	−16 120	−13 080	−9 090	−4 550

[a] 这些买入期权在图35.4d中进行了比较。

图35.4d比较了每一种期权空头和期货空头仓位。在稳定市场的情况下，做空平价买

入期权仓位将是盈利最丰厚的。在上涨和下降的市场里，中间道路战略（相对于其他两种类型的买入期权）是最盈利的。在上涨市场中，做空价外买入期权将是损失最小的；但是，如果市场价格下跌，做空价外买入期权将是盈利最少的。做空价内买入期权是有最大盈利潜力的，同时也拥有最大风险。如上所述，这种策略和直接做空期货有很大的相似性。

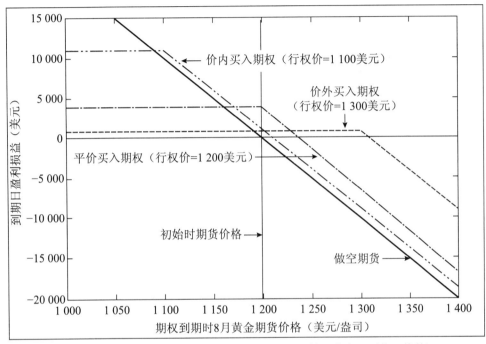

图 35.4d 损益表：做空期货和做空买入期权的比较（价内、平价、价外）

需要强调的是，图 35.4 中的比较都是基于一手仓位，但是，如前面所解释的，这些策略并不代表一样大小的仓位。基于相同风险指标（如相同的德尔塔值）权重的仓位的比较可以产生不同的实证结果。

策略5a：做多卖出期权（平价）

案例：当8月黄金期货交易价是1 200美元/盎司时，以期权费38.7美元/盎司（3 870美元）买入8月1 200美元黄金卖出期权。

评论：做多卖出期权是看空策略，在这种策略中，最大风险被限制在所付出的期权费，而最大的收益理论上是无限的。但是，损失的概率大于盈利的概率，由于期货价格必须下跌超过期权费（当期权到期时）才能使得卖出期权的买家实现盈利。平价期权的两个具体特点是：

（1）只有在期权到期时，期货的交易价格达到或超过当前水平时，才能实现最大损失。

（2）对于微小价格变化，期货价格每变动 1 美元将会导致期权价格大约变化 0.5 美元（除非期权接近到期）。因此，对于微小价格变化，期货净空头仓位大致相当于两个卖出期权仓位在风险方面。

表 35.5a　损益计算：做多卖出期权（平价）

1	2	3	4	5
到期日期货价格（美元/盎司）	8月1 200美元卖出期权期权费（美元/盎司）	付出的期权费（美元）	到期日买入期权价值（美元）	损益（4-3）（美元）
1 000	38.7	3 870	20 000	16 130
1 050	38.7	3 870	15 000	11 130
1 100	38.7	3 870	10 000	6 130
1 150	38.7	3 870	5 000	1 130
1 200	38.7	3 870	0	−3 870
1 250	38.7	3 870	0	−3 870
1 300	38.7	3 870	0	−3 870
1 350	38.7	3 870	0	−3 870
1 400	38.7	3 870	0	−3 870

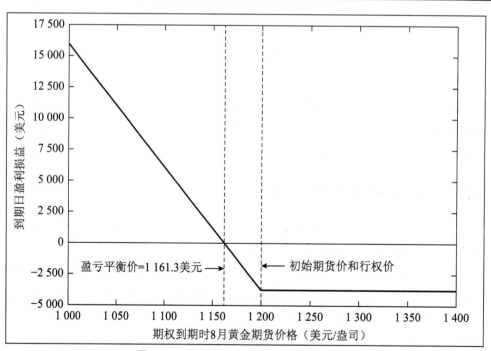

图 35.5a　损益表：做多卖出期权（平价）

策略5b：做多卖出期权（价外）

案例：以 10.10 美元/盎司（1 010 美元）的期权费买入 8 月 1 100 美元卖出期权（现在的 8 月黄金期权价格是 1 200 美元/盎司）（见表 35.5b 和图 35.5b）。

表 35.5b　损益计算：做多卖出期权（价外）

1	2	3	4	5
到期日期货价格（美元/盎司）	8 月 1 100 美元卖出期权期权费（美元/盎司）	付出的期权费（美元）	到期日买入期权价值（美元）	损益（4-3）（美元）
1 000	10.1	1 010	10 000	8 990
1 050	10.1	1 010	5 000	3 990
1 100	10.1	1 010	0	–1 010
1 150	10.1	1 010	0	–1 010
1 200	10.1	1 010	0	–1 010
1 250	10.1	1 010	0	–1 010
1 300	10.1	1 010	0	–1 010
1 350	10.1	1 010	0	–1 010
1 400	10.1	1 010	0	–1 010

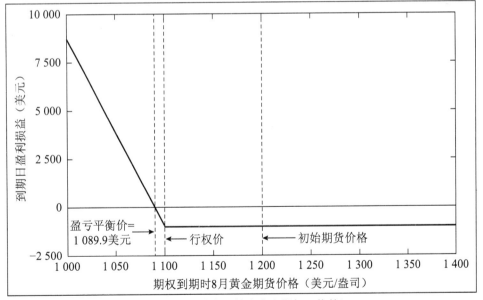

图 35.5b　损益表：做多卖出期权（价外）

评论：价外卖出期权的买家减少了最大风险，作为交换，得到了较小的盈利概率。通过定义，价外卖出期权的行权价低于现行的期货价格。为了使价外卖出期权实现盈利，期货的价格（当到期的时候）必须低于行权价超过期权费（上述例子中的10.10，美元/盎司）。需要注意的是，在价外卖出期权的仓位中，如果价格下跌后的期货价格依然高于期权的行权价的话，期权仍将面临最大损失。做多价外卖出期权可能对于预期价格大幅下跌，但是对担忧价格可能大幅上涨的交易员来说特别合适。

需要强调的是，期货价格并不需要一定到行权价才能使得价外卖出期权盈利。如果市场价格大幅下跌，卖出期权的价值将提高，因此，可以被卖出获得盈利。（但是，这种情况对于小幅下跌并不一定成立，因为，时间推移对期权溢价的抑制作用可以较好地抵消价格下跌对期货价格水平的支撑效应。）

对于较小的价格变化，价外卖出期权对于期货价格每一美元的变化都会相应变化小于0.5美元，因此，对于较小的价格变化，每一个期货的空头仓位将会和若干个价外卖出期权的空头仓位在风险上相当。

策略5c：做多卖出期权（价内）

案例：当8月黄金期货价格为1 200美元/盎司时，以108.7美元/盎司（10 870美元）买入8月1 300美元黄金卖出期权（见表35.5c和图35.5c）。

评论：在许多方面，做多价内卖出期权和期货的空头仓位非常相似。这两种交易策略的3个主要区别是：

（1）当价格下跌时，期货空头仓位盈利略微多一些——多的数量等于所付期权费的时间价值部分（这个例子中的870美元）。

表35.5c 损益计算：做多卖出期权（价内）

1	2	3	4	5
到期日期货价格（美元/盎司）	8月1 300美元卖出期权期权费（美元/盎司）	付出的期权费（美元）	到期日买入期权价值（美元）	损益（3-4）（美元）
1 000	108.7	10 870	30 000	19 130
1 050	108.7	10 870	25 000	14 130
1 100	108.7	10 870	20 000	9 130
1 150	108.7	10 870	15 000	4 130
1 200	108.7	10 870	10 000	−870
1 250	108.7	10 870	5 000	−5 870
1 300	108.7	10 870	0	−10 870
1 350	108.7	10 870	0	−10 870
1 400	108.7	10 870	0	−10 870

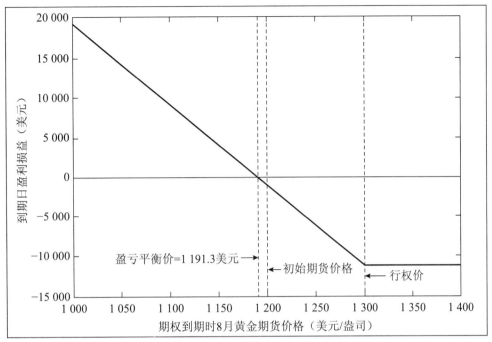

图 35.5c　损益表：做多卖出期权（价内）

（2）对于温和的价格上涨，期货空头仓位将会损失的更少（差异等于所付期权费的时间价值部分）。

（3）将价格大幅上涨时，做多价内卖出期权的损失将会被限制在所付出的期权费，但是期货的空头仓位的损失将是无限的。

在某种程度上，做多价内卖出期权可以被视作期货空头仓位加上一个内嵌的止损。这个特点对于投机者来说是特别重要的考虑，因为他们经常使用保护性止损指令——一个稳健的方法。一个在做空仓位中使用保护性买入止损的交易员面临市场上涨触发止损后立即回撤的可能性。做多价内卖出期权，给投机者提供了一个可供选择的限制风险的方法，而且可以避免上述风险。当然，这个好处并不是没有成本的：正如前面涉及的，价内卖出期权的买家当市场下跌时比直接做空期货赚得略少，同时，如果市场温和上涨的话损失得更多。但是，如果交易员预期剧烈波动的市场，他也许就非常倾向做多价内卖出期权，而不是做空期货附加保护性买入止损指令。在任何情况下，关键的一点就是那些常规比较两种策略的交易员比那些从来不考虑期权的交易员就有很大优势。

表 35.5d 总结了在一系列价格假设下，做多卖出期权的各种损益结果。需要注意的是，当卖出期权的盈利不断增加时，他们的损益特点和做空期权越来越像。

表 35.5d 做多不同行权价的卖出期权的盈利/亏损矩阵

	付出的期权费的美元价值						
	1 350	1 300	1 250	1 200	1 150	1 100	1 050
	卖出期权	卖出期权	卖出期权	卖出期权	卖出期权	卖出期权	卖出期权
	15 410	10 870	6 870	3 870	1 990	1 010	510
	到期时的损益						
		价内		平价	价外		
到期日期货价格 (美元/盎司)	在 1 200 美元做空期货 (美元)	1 350 卖出期权 (美元)	1 300 卖出期权[a] (美元)	1 250 卖出期权 (美元)	1 200 卖出期权[a] (美元)	1 150 卖出期权 (美元)	1 100 卖出期权[a] (美元)	1 050 卖出期权 (美元)
1 000	20 000	19 590	19 130	18 130	16 130	13 010	8 990	4 490
1 050	15 000	14 590	14 130	13 130	11 130	8 010	3 990	−510
1 100	10 000	9 590	9 130	8 130	6 130	3 010	−1 010	−510
1 150	5 000	4 590	4 130	3 130	1 130	−1 990	−1 010	−510
1 200	0	−410	−870	−1 870	−3 870	−1 990	−1 010	−510
1 250	−5 000	−5 410	−5 870	−6 870	−3 870	−1 990	−1 010	−510
1 300	−10 000	−10 410	−10 870	−6 870	−3 870	−1 990	−1 010	−510
1 350	−15 000	−15 410	−10 870	−6 870	−3 870	−1 990	−1 010	−510
1 400	−20 000	−15 410	−10 870	−6 870	−3 870	−1 990	−1 010	−510

[a] 这些卖出期权在图 35.5d 中进行了比较。

图 35.5d 比较了三种类型的做多卖出期权仓位和做空期货仓位。需要指出的是，就绝对价格变动而言，期货的空头仓位代表了最大的仓位大小，而价外卖出期权代表了最小的仓位大小。图 35.5d 显示了如下的重要特点：

（1）正如前面所述的，价内卖出期权和直接做空仓位非常类似。

（2）价外卖出期权在上涨的市场中损失最小，但是在下跌的市场里赚的也最少。

（3）平价卖出期权在稳定的市场里损失最大，但是在上涨和下跌的市场里都是中等表现（和其他两种类型的卖出期权相比）。

再一次需要强调的是，这些比较都是基于单个单位合约的仓位，单位合约的仓位可以大小差异非常大。对于每种策略的相同仓位大小（如相同德尔塔值的仓位）的比较将产生不同的特点。

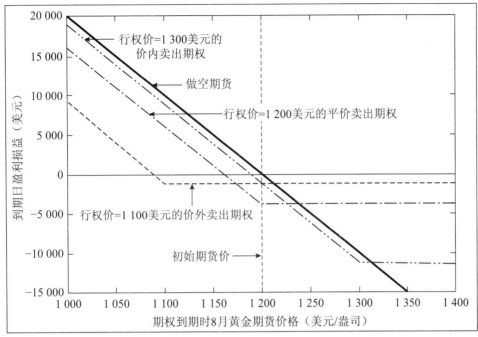

图35.5d 损益表：做空期货和做多卖出期权的比较（价内、平价、价外）

策略6a：做空卖出期权（平价）

案例：当8月黄金期货价格在1 200美元/盎司时，以38.7美元/盎司（3 870美元）的期权费卖出8月1 200美元黄金卖出期权（见表35.6a和图35.6a）。

表35.6a 损益计算：做空卖出期权（平价）

1	2	3	4	5
到期日期货价格（美元/盎司）	8月1 200美元卖出期权期权费（美元/盎司）	收到的期权费（美元）	到期日买入期权价值（美元）	损益（3-4）（美元）
1 000	38.7	3 870	20 000	−16 130
1 050	38.7	3 870	15 000	−11 130
1 100	38.7	3 870	10 000	−6 130
1 150	38.7	3 870	5 000	−1 130
1 200	38.7	3 870	0	3 870
1 250	38.7	3 870	0	3 870
1 300	38.7	3 870	0	3 870
1 350	38.7	3 870	0	3 870
1 400	38.7	3 870	0	3 870

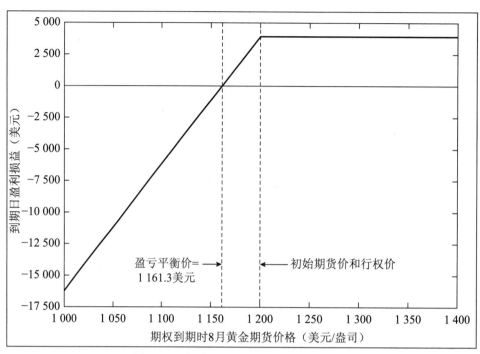

图 35.6a 损益表：做空卖出期权（平价）

评论：做空卖出期权是看多的仓位，具有最大的潜在收益等于收到的期权费，同时无上限的风险。但是，作为承担这种毫无吸引力的最大回报/最大风险比率的回报，卖出期权的卖家享受了更大的盈利概率。需要注意的是，只要期货价格在期权到期时，低于开始的期货价格不超过期权费（本例中的38.7美元/盎司），做空平价卖出期权就会盈利。但是，最大可能利润（例如，收到的期权费）只有当期权到期时的期货价格高于期权被卖出时的价格（例如，行权价）才有可能实现。做空卖出期权是合适的，只要交易员认为市场将会温和地走高，而且价格大幅下跌的可能性很低。但是，如果交易员预期价格会大幅走高，他最好还是买入一个买入期权或者直接做多期货。

策略6b：做空卖出期权（价外）

案例：当8月黄金期货价格在1 200美元/盎司时，以10.10美元/盎司（1 010美元）的期权费卖出8月1 100美元黄金卖出期权（见表35.6b和图35.6b）。

评论：价外卖出期权的卖家愿意接受较小的最大收益（例如，期权费），以换取获利概率增加。价外卖出期权的卖家将会收获所有的期权费，只要期货价格下跌不超过在期权卖出时期货价格和期权行权价的差。只要期货价格在期权到期时不低于行权价超过期权费（本例中10.1美元），这笔交易就是盈利的。做空价外卖出期权没有做空平价期权那么乐观。然而，做空平价卖出期权反映了价格只会微弱地上涨或者下跌的预期，做空价外卖出期权仅仅反映了价格不会大幅下跌的预期。

表 35.6b 损益计算：做空卖出期权（价外）

1	2	3	4	5
到期日期货价格（美元/盎司）	8月1 100美元卖出期权期权费（美元/盎司）	收到的期权费（美元）	到期日买入期权价值（美元）	损益（3—4）（美元）
1 000	10.1	1 010	10 000	−8 990
1 050	10.1	1 010	5 000	−3 990
1 100	10.1	1 010	0	1 010
1 150	10.1	1 010	0	1 010
1 200	10.1	1 010	0	1 010
1 250	10.1	1 010	0	1 010
1 300	10.1	1 010	0	1 010
1 350	10.1	1 010	0	1 010
1 400	10.1	1 010	0	1 010

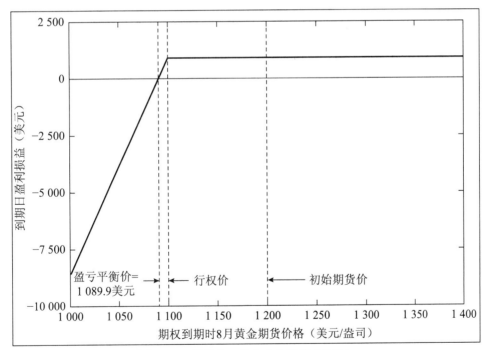

图 35.6b 损益表：做空卖出期权（价外）

策略6c：做空卖出期权（价内）

案例：当8月黄金期货价格在1 200美元/盎司时，以108.7美元/盎司（10 870美元）的期权费卖出8月1 300美元黄金卖出期权（见表35.6c和图35.6c）。

表35.6c　损益计算：做空卖出期权（价内）

1	2	3	4	5
到期日期货价格（美元/盎司）	8月1 300美元卖出期权期权费（美元/盎司）	收到的期权费（美元）	到期日买入期权价值（美元）	损益（3—4）（美元）
1 000	108.7	10 870	30 000	−19 130
1 050	108.7	10 870	25 000	−14 130
1 100	108.7	10 870	20 000	−9 130
1 150	108.7	10 870	15 000	−4 130
1 200	108.7	10 870	10 000	870
1 250	108.7	10 870	5 000	5 870
1 300	108.7	10 870	0	10 870
1 350	108.7	10 870	0	10 870
1 400	108.7	10 870	0	10 870

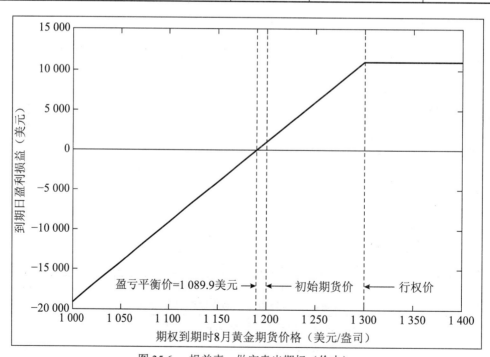

图35.6c　损益表：做空卖出期权（价内）

评论：对于大多数可能的价格区间，做空价内卖出期权的损益特征和直接做多期货非常相似。但是，有三点基本的不同。

（1）做空价内卖出期权比直接做多期货在下跌时损失更小，因为收到的期权费可以部分抵销损失。

（2）做空价内卖出期权比直接做多期货赚的略多——在市场温和上涨时。

（3）在市场大幅上涨时，做多期货的盈利潜力是无限的，然后，做空价内卖出期权的最大收益被限制在收到的手续费中。

实际上，价内卖出期权的卖家选择锁定可能价格区间内温和的收益，放弃了在市场大幅上涨时获得暴利的机会。总的来说，只有当交易员认为价格大幅上涨的概率非常低的时候，才会选择做空价内卖出期权而不是直接做多期货。

表 35.6d 总结了在一系列价格假设下，不同的做空卖出期权仓位的损益结果。正如可以看出的，随着卖出期权的盈利不断增加，它们和做多期货仓位越来越像（正如前面在买入期权中所解释的，深度盈利的期权的卖家需要意识到提前行权的可能性）。价外卖出期权的空头仓位在广泛的价格区间内都将盈利，但是最大收益很小，而理论的最大损失却是无限的。

表 35.6d 做空不同行权价的卖出期权的盈利/亏损矩阵

		收到的期权费的美元价值						
		1 350 卖出期权	1 300 卖出期权	1 250 卖出期权	1 200 卖出期权	1 150 卖出期权	1 100 卖出期权	1 050 卖出期权
		15 410	10 870	6 870	3 870	1 990	1 010	510
		到期时的损益						
		价内			平价	价外		
到期日期货价格（美元/盎司）	在1 200 美元做多期货（美元）	1 350 卖出期权（美元）	1 300 卖出期权ª（美元）	1 250 卖出期权（美元）	1 200 卖出期权ª（美元）	1 150 卖出期权（美元）	1 100 卖出期权ª（美元）	1 050 卖出期权（美元）
1 000	−20 000	−19 590	−19 130	−18 130	−16 130	−13 010	−8 990	−4 490
1 050	−15 000	−14 590	−14 130	−13 130	−11 130	−8 010	−3 990	510
1 100	−10 000	−9 590	−9 130	−8 130	−6 130	−3 010	1 010	510
1 150	−5 000	−4 590	−4 130	−3 130	−1 130	1 990	1 010	510
1 200	0	410	870	1 870	3 870	1 990	1 010	510
1 250	5 000	5 410	5 870	6 870	3 870	1 990	1 010	510
1 300	10 000	10 410	10 870	6 870	3 870	1 990	1 010	510
1 350	15 000	15 410	10 870	6 870	3 870	1 990	1 010	510
1 400	20 000	15 410	10 870	6 870	3 870	1 990	1 010	510

ª 这些卖出期权在图 35.6d 中进行了比较。

图 35.6d 比较了每一种做空卖出期权和做空期货的仓位。做空平价卖出期权在市场较为稳定时盈利最大，在市场上涨和下跌时，都表现得很中庸（和其他两种类型的卖出期权相比）。卖出价外卖出期权在市场下跌时损失最小，但是，市场上涨时盈利也是最小的。做空价内卖出期权具有最大的盈利潜力和风险，正如前面所讲述的，和直接做多期货有很大的相似性。

需要强调的是，在图 35.6 中的比较是基于单一合约的仓位的。但是，正如前面说过的，这些并不代表相当的仓位大小。基于风险指标（如相同的德尔塔值）相当的仓位的比较将产生不同的结论。

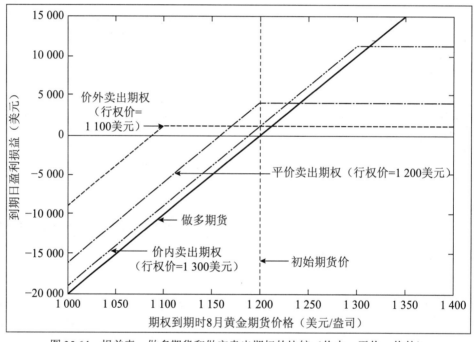

图 35.6d　损益表：做多期货和做空卖出期权的比较（价内、平价、价外）

策略7：做多跨式期权组合（做多买入期权+做多卖出期权）

案例： 以 38.8 美元/盎司（3 880 美元）的期权费买入 8 月 1 200 美元黄金期货买入期权，同时以 38.7 美元/盎司（3 870 美元）的期权费买入 8 月 1 200 美元黄金期货卖出期权（见表 35.7 和图 35.7）。

评论： 做多跨式期权是一个波动率的赌注。跨式期权的买家对于可能的价格方向没有观点，他仅仅相信期权的期权费和潜在的市场波动比起来低估了。安德鲁·托拜厄斯曾经提出了一个关于这种交易①更加讽刺的观点："事实上，如果你对市场未来的走向一无所知，但是感觉到市场要发生变化，你可以同时卖出期权和买入期权，这叫作跨式期权，将会提供足够的佣金使你的经纪人整个星期都笑逐颜开。"

表 35.7　损益计算：做多跨式期权（做多买入期权 + 做多卖出期权）

1	2	3	4	5	6	7
到期日期货价格（美元/盎司）	8月1 200美元买入期权期权费（美元/盎司）	8月1 200美元卖出期权期权费（美元/盎司）	付出的总期权费（美元）	到期日买入期权价值（美元）	到期日卖出期权价值（美元）	损益（5+6-4）（美元）
1 000	38.8	38.7	7 750	0	20 000	12 250
1 050	38.8	38.7	7 750	0	15 000	7 250
1 100	38.8	38.7	7 750	0	10 000	2 250
1 150	38.8	38.7	7 750	0	5 000	−2 750
1 200	38.8	38.7	7 750	0	0	−7 750
1 250	38.8	38.7	7 750	5 000	0	−2 750
1 300	38.8	38.7	7 750	10 000	0	2 250
1 350	38.8	38.7	7 750	15 000	0	7 250
1 400	38.8	38.7	7 750	20 000	0	12 250

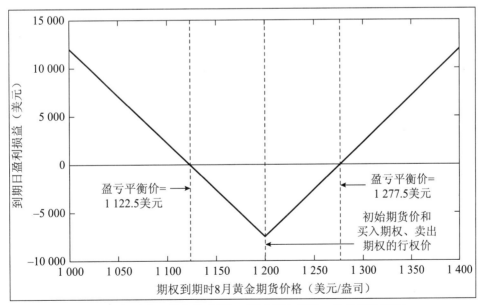

图 35.7　损益表：做多跨式期权（做多买入期权 + 做多卖出期权）

---

① 安德鲁·托拜厄斯，一年获得100 000美元（和其他的悲伤的故事）（纽约：西蒙 & 舒斯特，1980）。

从图35.7中可以看出的，如果价格以现在的价格为中心波动的话，做多跨式期权仓位将无利可图。但是由于价格落在这一区间的可能性很大，做多跨式期权有很大可能亏损。作为接受很大可能亏损的补偿，跨式期权的买家在价格大幅上涨或者下跌时享有无限的获利可能。做多跨式期权的最大损失等于为买入期权和卖出期权付出的总期权费，只有当期权到期时价格等于初始时的期货价（假设：买入期权和卖出期权都是平价期权）。

策略8：做空跨式期权（做空买入期权+做空卖出期权）

案例：以38.8美元/盎司（3 880美元）的期权费卖出8月1 200美元黄金期货买入期权，同时，以38.7美元/盎司（3 870美元）的期权费卖出8月1 200美元黄金期货卖出期权（见表35.8和图35.8）。

评论：做空跨式期权将在相当宽的价格范围内盈利。对于跨式期权的卖家来说，如果市场完全静止，收益将会是最大的。在这种情况下，卖家的收益将等于收到的总期权费。做空跨式期权仓位将会盈利，只要价格上涨或者下跌没有超过两个期权的期权费之和。跨式期权的卖家有很大可能性会盈利，但是当市场大幅上涨或者下跌时，将会面临无限的风险。

当投机者预期市场将会在温和的范围内波动但是没有明确的方向时，做空跨式期权的策略就是合适的。如果交易员预期市场不会波动，但是有一个明显的价格方向，最好还是卖出/买入期权或者卖出期权，而不是跨式期权。例如，如果交易员预期市场价格波动率低，同时，小幅下降，最好卖出两个买入期权而不是卖出跨式期权。

表35.8　损益计算：做空跨式期权（做空买入期权+做空卖出期权）

1	2	3	4	5	6	7
到期日期货价格（美元/盎司）	8月1 200美元买入期权期权费（美元/盎司）	8月1 200美元卖出期权期权费（美元/盎司）	收到的总期权费（美元）	到期日买入期权价值（美元）	到期日卖出期权价值（美元）	损益（4-5-6）（美元）
1 000	38.8	38.7	7 750	0	20 000	12 250
1 050	38.8	38.7	7 750	0	15 000	7 250
1 100	38.8	38.7	7 750	0	10 000	2 250
1 150	38.8	38.7	7 750	0	5 000	−2 750
1 200	38.8	38.7	7 750	0	0	−7 750
1 250	38.8	38.7	7 750	5 000	0	−2 750
1 300	38.8	38.7	7 750	10 000	0	2 250
1 350	38.8	38.7	7 750	15 000	0	7 250
1 400	38.8	38.7	7 750	20 000	0	12 250

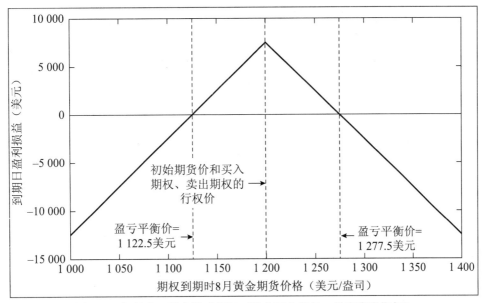

图35.8 损益表：做空跨式期权（做空买入期权+做空卖出期权）

策略9：看多"得克萨斯期权套期保值"（做多期货+做多买入期权）①

案例：买入8月1 200美元黄金期货，同时，以38.8美元/盎司（3 880美元）的期权费买入8月1 200美元黄金期货买入期权（见表35.9和图35.9）。

评论：这一策略为金字塔式交易法提供了有趣的替代。金字塔式交易法是指增加盈利交易的仓位。例如，交易员做多期货获利后，认为市场价格还会继续走高，希望增加仓位但是在市场回撤时又不使风险加倍——如果他买入第二个期货合约的话，就会出现风险加倍的情况。这样一个投机者可以选择在保留期货多头的同时买入期权，这样，在价格回撤时限制了总风险，但是如果价格继续上涨，也会少赚一点。

图35.9比较了买入两个合约的期货仓位和买入期货和期权仓位（为了简化起见，这个图假设期货合约和期权合约都是同时购买的）。正如所见，两个期货合约当价格上涨时总会赚的更多一点（多的数量等于为这个买入期权付出的期权费），但是当市场价格下跌时损失得更多。这两种策略损失的差当市场价格大幅下跌时将会进一步扩大。

---

① 通过定义，一个套期保值交易指与现有或预期实际头寸相对的期货头寸。在商品交易中，得克萨斯套期保值是对那些建立和自己仓位相同的期货仓位的套期者的开玩笑的说法。经典的得克萨斯套期保值的例子是牛养殖户做多牛期货。然而，正常的套期保值减少风险，得克萨斯套期保值增加风险。有许多期权策略将互相抵销的期权和期货结合起来。这个策略不太寻常，因为它将相同方向的期货和期权组合在一起，结果是，得克萨斯期权这个术语看起来提供了一个标签。

表 35.9 损益计算：看多"得克萨斯期权套期保值"（做多期货 + 做多买入期权）

1	2	3	4	5	6
到期日期货价格（美元/盎司）	8月1 200美元买入期权期权费（美元/盎司）	付出的期权费（美元）	做多期货的损益（美元）	到期日买入期权价值（美元）	损益（4+5-3）（美元）
1 000	38.8	3 880	−20 000	0	−23 880
1 050	38.8	3 880	−15 000	0	−18 880
1 100	38.8	3 880	−10 000	0	−13 880
1 150	38.8	3 880	−5 000	0	−8 880
1 200	38.8	3 880	0	0	−3 880
1 250	38.8	3 880	5 000	5 000	6 120
1 300	38.8	3 880	10 000	10 000	16 120
1 350	38.8	3 880	15 000	15 000	26 120
1 400	38.8	3 880	20 000	20 000	36 120

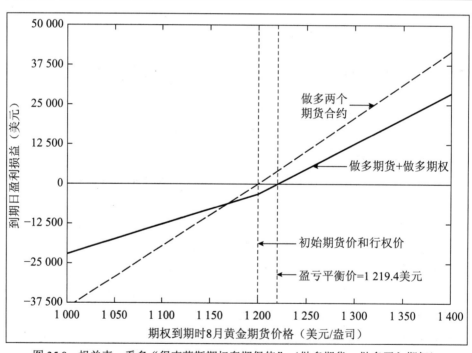

图 35.9 损益表：看多"得克萨斯期权套期保值"（做多期货 + 做多买入期权）

策略10：看空"得克萨斯期权套期保值"（做空期货+做多卖出期权）

案例：卖出1 200美元8月黄金期货，同时，以38.7美元/盎司（3 870美元）的期权费买入 8 月 1 200 美元黄金卖出期权（见表 35.10 和图 35.10）。

评论：这一策略也许是最为有效地增加空头仓位的替代方法。正如图 35.10 中所阐述的，将期货空头和卖出期权组合将会比做空两个期货合约在市场价格下跌时赚得略少，但是在市场上涨时损失有限。

表 35.10 损益计算：看空"得克萨斯期权套期保值"（做控期货 + 做多买出期权）

1	2	3	4	5	6
到期日期货价格（美元/盎司）	8月1 200美元卖出期权期权费（美元/盎司）	付出的期权费（美元）	做空期货的损益（美元）	到期日卖出期权价值（美元）	损益（4+5-3）（美元）
1 000	38.7	3 870	20 000	20 000	36 130
1 050	38.7	3 870	15 000	15 000	26 130
1 100	38.7	3 870	10 000	10 000	16 130
1 150	38.7	3 870	5 000	5 000	6 130
1 200	38.7	3 870	0	0	–3 870
1 250	38.7	3 870	–5 000	0	–8 870
1 300	38.7	3 870	–10 000	0	–13 870
1 350	38.7	3 870	–15 000	0	–18 870
1 400	38.7	3 870	–20 000	0	–23 870

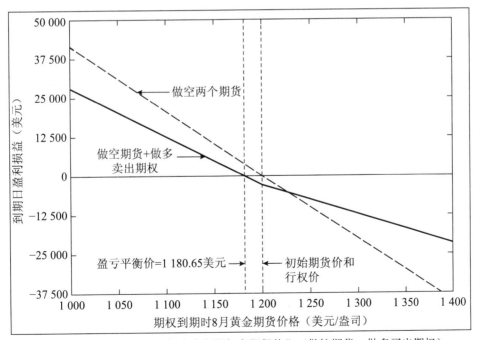

图 35.10 损益表：看空"得克萨斯期权套期保值"（做控期货 + 做多买出期权）

策略11a：期权保护的做多期货（做多期货+做多平价卖出期权）

案例：买入8月1 200美元/盎司黄金期货，同时，以38.7美元/盎司（3 870美元）的期权费买入8月1 200美元黄金卖出期权（见表35.11a和图35.11a）。

表35.11a 损益计算：期权保护的做多期货（做多期货 + 做多平价卖出期权）
（和做多平价买入期权相似）

1	2	3	4	5	6
到期日期货价格（美元/盎司）	8月1 200美元卖出期权期权费（美元/盎司）	付出的期权费（美元）	做多期货的损益（美元）	到期日卖出期权价值（美元）	损益（4+5-3）（美元）
1 000	38.7	3 870	−20 000	20 000	−3 870
1 050	38.7	3 870	−15 000	15 000	−3 870
1 100	38.7	3 870	−10 000	10 000	−3 870
1 150	38.7	3 870	−5 000	5 000	−3 870
1 200	38.7	3 870	0	0	−3 870
1 250	38.7	3 870	5 000	0	1 130
1 300	38.7	3 870	10 000	0	6 130
1 350	38.7	3 870	15 000	0	11 130
1 400	38.7	3 870	20 000	0	16 130

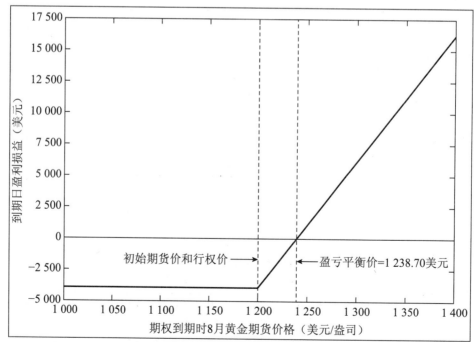

图35.11a 损益表：期权保护的做多期货（做多期货 + 做多平价卖出期权）（和做多平价买入期权相似）

评论：这是一个经常被推荐的策略，交易员开展（或持有）一个期货多头仓位可以考虑买入卖出期权以保护价格下跌风险。基本的想法是如果价格下跌，做多期货的损失将被做多卖出期权所抵销。尽管这个前提是对的，但是需要强调的是，这样一个组合仓位更像一个做多买入期权。读者可以通过比较图35.11a和图35.3a证明，事实上这两种策略本质上是相同的。如果价格上涨，做多期货仓位将会盈利，同时，期权将会毫无价值。另一方面，如果价格下跌，组合仓位的损失将会等于付出的卖出期权的期权费。实际上，如果买入期权和卖出期权的期权费是一样的，做多期货加做多卖出期权将会和做多买入期权完全一样。

在大多数情况下，交易员认为这种策略有吸引力的话，最好还是买进买入期权，因为交易费用有可能更低。但是，如果交易员已经持有了一个期货多头仓位，买入一个卖出期权可能是一个合理的替代清仓然后买进买入期权的选项。

策略11b：期权保护的做多期货（做多期货+做多价外卖出期权）

案例：买入8月1 200美元/盎司黄金期货，同时，以10.10美元/盎司（1 010美元）的期权费买入8月1 100美元黄金卖出期权（见表35.11b和图35.11b）。

评论：通过比较图35.11b和图35.3c可以证明，这一策略实际上和买入价内买入期权一样。辅助一个期货多头仓位而买入一个价外卖出期权将会带来稍差的回报——如果市场上涨或者温和下跌，但是当市场价格大幅下跌时，将会限制损失的幅度。因此，和做多价内买入期权非常类似，这一策略被视为多头仓位加上内嵌的止损。

表35.11b 损益计算：期权保护的做多期货（做多期货+做多价外卖出期权）
（和做多价内买入期权相似）

1	2	3	4	5	6
到期日期货价格（美元/盎司）	8月1 100美元卖出期权期权费（美元/盎司）	付出的期权费（美元）	做多期货的损益（美元）	到期日卖出期权价值（美元）	损益（4+5-3）（美元）
1 000	10.1	1 010	−20 000	10 000	−11 010
1 050	10.1	1 010	−15 000	5 000	−11 010
1 100	10.1	1 010	−10 000	0	−11 010
1 150	10.1	1 010	−5 000	0	−6 010
1 200	10.1	1 010	0	0	−1 010
1 250	10.1	1 010	5 000	0	3 990
1 300	10.1	1 010	10 000	0	8 990
1 350	10.1	1 010	15 000	0	13 990
1 400	10.1	1 010	20 000	0	18 990

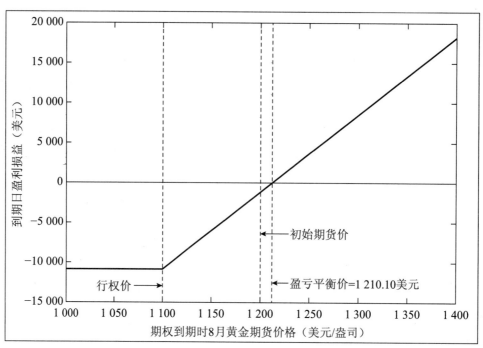

图35.11b 损益表：期权保护的做多期货（做多期货+做多价外卖出期权）（和做多价内买入期权相似）

在大多数情况下，直接买入一个价内买入期权对于交易员来说更加合理——由于交易成本更低。但是，如果一个投资者已经持有了期货的多头仓位，买入一个价外卖出期权将会比清盘再买入一个价内买入期权更合理。

策略12a：期权保护的做空期货（做空期货+做多平价买入期权）

案例：卖出8月1 200美元/盎司黄金期货，同时，以38.80美元/盎司（3 880美元）的期权费买入8月1 200美元黄金买入期权（见表35.12a和图35.12a）。

评论：一个经常推荐的策略是交易员开展（或持有）一个期货空头仓位时可以考虑买入一个买入期权以保护价格下跌的风险。基本的想法是，如果价格上涨，期货空头仓位的损失将做多买入期权所抵销。尽管这一假设是正确的，但是应该强调的是，这一个组合仓位和做多卖出期权是一样的。读者可以通过比较图35.12a和图35.5a来证明，事实上，这两种策略的本质是一样的。如果价格下跌，期货空头仓位将会盈利，同时，期权将会毫无价值；如果价格上涨，组合仓位的损失将会等于这个买入期权的期权费。实际上，如果卖出期权和买入期权的期权费是一样的，做空期货加上做多买入期权的仓位将和做多卖出期权是完全一致的。

表35.12a 损益计算：期权保护的做空期货（做空期货 + 做多平价买入期权）
（和做多平价卖出期权相似）

1	2	3	4	5	6
到期日期货价格（美元/盎司）	8月1 200美元买入期权期权费（美元/盎司）	付出的期权费（美元）	做空期货的损益（美元）	到期日买入期权价值（美元）	损益（4+5-3）（美元）
1 000	38.8	3 880	20 000	0	16 120
1 050	38.8	3 880	15 000	0	11 120
1 100	38.8	3 880	10 000	0	6 120
1 150	38.8	3 880	5 000	0	1 120
1 200	38.8	3 880	0	0	-3 880
1 250	38.8	3 880	-5 000	5 000	-3 880
1 300	38.8	3 880	-10 000	10 000	-3 880
1 350	38.8	3 880	-15 000	15 000	-3 880
1 400	38.8	3 880	-20 000	20 000	-3 880

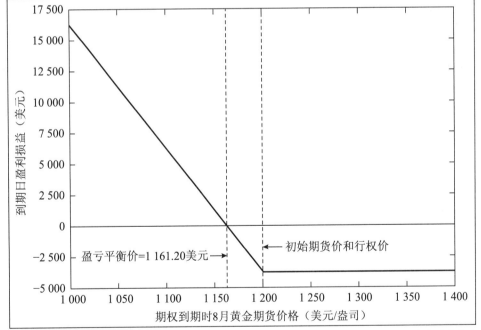

图35.12a 损益表：期权保护的做空期货（做空期货 + 做多平价买入期权）（和做多平价卖出期权相似）

在大多数情况下，发现这一策略有吸引力的交易员最好还是买入卖出期权，因为交易成本有可能更低。但是，如果交易员已经持有一个空头仓位，买入一个买入期权比清仓后买入一个卖出期权更合理。

策12b：期权保护的做空期货（做空期货+做多价外买入期权）

案例：卖出8月1 200美元/盎司黄金期货，同时，以9.1美元/盎司（910美元）的期权费买入8月1 300美元黄金买入期权（见表35.12b和图35.12b）。

表35.12b 损益计算：期权保护的做空期货（做空期货 + 做多价外买入期权）
（和做多价内卖出期权相似）

1	2	3	4	5	6
到期日期货价格（美元/盎司）	8月1 300美元买入期权期权费（美元/盎司）	付出的期权费（美元）	做空期货的损益（美元）	到期日买入期权价值（美元）	损益（4+5-3）（美元）
1 000	9.1	910	20 000	0	19 090
1 050	9.1	910	15 000	0	14 090
1 100	9.1	910	10 000	0	9 090
1 150	9.1	910	5 000	0	4 090
1 200	9.1	910	0	0	−910
1 250	9.1	910	−5 000	0	−5 910
1 300	9.1	910	−10 000	0	−10 910
1 350	9.1	910	−15 000	5 000	−10 910
1 400	9.1	910	−20 000	10 000	−10 910

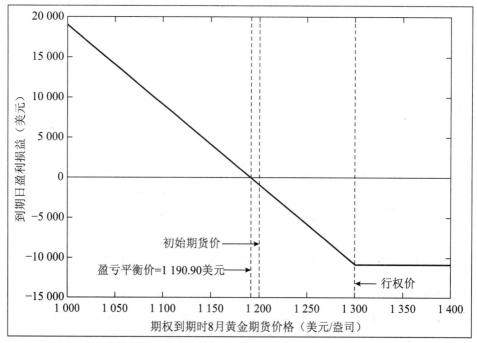

图35.12b 损益表：期权保护的做空期货（做空期货 + 做多价外买入期权）（和做多价内卖出期权相似）

评论：通过比较图 35.12b 和图 35.5c 可以证明，这一策略实际上和买入价内卖出期权是一样的。为了辅助一个期货空头仓位而买入一个价外买入期权将带来稍差的回报——如果价格下跌或者温和上涨。但是当市场大幅上涨时，将会限制损失的幅度。因此，与做多价内卖出期权一样，这一策略可以被视为空头仓位附带内嵌的止损。

在大多数情况下，交易员最好还是直接买入价内卖出期权，由于交易成本更低；但是，如果投机者已经持有期货空头仓位，买入一个价外买入期权将会更合理。

策略13：出售有保护的买入期权（做多期货+做空买入期权）

案例：买入 8 月 1 200 美元/盎司黄金期货，同时，以 38.8 美元/盎司（3 880 美元）的期权费卖出 8 月 1 200 美元黄金买入期权（见表 35.13 和图 35.13）。

评论：有许多关于出售有保护的买入期权毫无道理的说法。实际上，甚至这个术语也是具有误导性的。出售有保护的买入期权——卖出和多头头寸相反的买入期权——的意义是，在某种程度上，这是比直接卖出买入期权更保守的策略。这个假设是错误的。尽管直接卖出买入期权意味着无限的风险。但是对于出售有保护的买入期权也是一样的。在图 35.13 中可以看到，出售有保护的买入期权也是有无限的风险，对于直接卖出买入期权来说，当市场上涨时，风险是无限的；而出售有保护的买入期权市场下跌时，风险也是无限的。事实上，读者可以证明，出售有保护的买入期权实际上和直接做空卖出期权是一样的（见策略 6a）。

表 35.13 损益计算：出售有保护的买入期权（做多期货 + 做空买入期权）
（和做空卖出期权相似）

1	2	3	4	5	6
到期日期货价格（美元/盎司）	8 月 1 200 美元买入期权期权费（美元/盎司）	收到的期权费（美元）	做多期货的损益（美元）	到期日买入期权价值（美元）	损益（3+4-5）（美元）
1 000	38.8	3 880	-20 000	0	-16 120
1 050	38.8	3 880	-15 000	0	-11 120
1 100	38.8	3 880	-10 000	0	-6 120
1 150	38.8	3 880	-5 000	0	-1 120
1 200	38.8	3 880	0	0	3 880
1 250	38.8	3 880	5 000	5 000	3 880
1 300	38.8	3 880	10 000	10 000	3 880
1 350	38.8	3 880	15 000	15 000	3 880
1 400	38.8	3 880	20 000	20 000	3 880

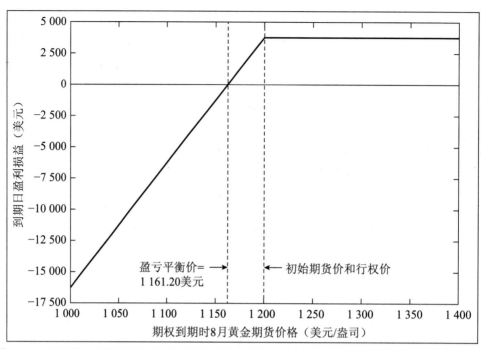

图 35.13 损益表：出售有保护的买入期权（做多期货＋做空买入期权）（和做空卖出期权相似）

经常提及的出售有保护的买入期权的动机是它允许期货多头仓位的持有人以更好的价格卖出。例如，如果市场价是 1 200 美元，多头期货合约的持有人以 38.8 美元 / 盎司卖出平价买入期权，他可以实现有效的销售价为 1 238.8 美元，如果价格走高（1 200 美元的行权价加上卖出买入期权的期权费）。在期权到期前，价格走低不超过 38.8 美元，他将至少实现销售价 1 200 美元。这种策略似乎看起来"上涨赢，下跌也赢"。但是，天下没有免费的午餐。问题在于如果价格下跌超过 38.8 美元，交易员的收入将少于直接平掉期货仓位。同时，如果价格大幅上涨的话，交易员将错失如果保留多头仓位应得的利润。

有必要指出的是，尽管有许多进行出售有保护的买入期权的动机，但是，交易员需要牢记的是这种策略和买入卖出期权一样。

策略14：出售有保护的卖出期权（做空期货＋做空卖出期权）

案例：卖出 8 月 1 200 美元 / 盎司黄金期货，同时，以 38.7 美元 / 盎司（3 870 美元）的期权费卖出 8 月 1 200 美元黄金卖出期权（见表 35.14 和图 35.14）。

评论：和策略 13 中的评论一样。买入卖出期权同时持有做空期货仓位和卖出买入期权一样。读者可以通过对比图 35.14 和图 35.4a 来证实。这两种策略完全相同（忽略交易成本的不同）——如果买入和卖出期权的期权费一样。

表 35.14 损益计算：出售有保护的卖出期权（做空期货＋做空卖出期权）
（和做空买入期权相似）

1	2	3	4	5	6
到期日期货价格（美元/盎司）	8月1 200美元卖出期权期权费（美元/盎司）	收到的期权费（美元）	做空期货的损益（美元）	到期日卖出期权价值（美元）	损益（3+4-5）（美元）
1 000	38.7	3 870	20 000	20 000	3 870
1 050	38.7	3 870	15 000	15 000	3 870
1 100	38.7	3 870	10 000	10 000	3 870
1 150	38.7	3 870	5 000	5 000	3 870
1 200	38.7	3 870	0	0	3 870
1 250	38.7	3 870	−5 000	0	−1 130
1 300	38.7	3 870	−10 000	0	−6 130
1 350	38.7	3 870	−15 000	0	−11 130
1 400	38.7	3 870	−20 000	0	−16 130

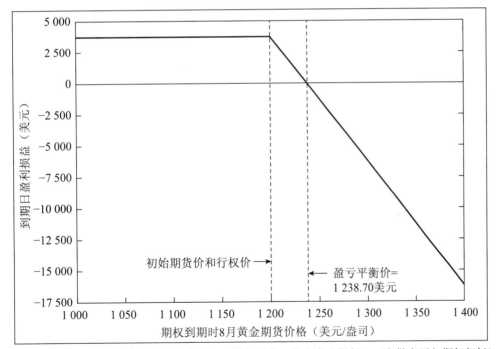

图 35.14 损益表：出售有保护的卖出期权（做空期货＋做空卖出期权）（和做空买入期权相似）

策略15：合成做多期货（做多买入期权+做空卖出期权）

案例：以70.10美元/盎司（7 010美元）的期权费买入8月1 150美元/盎司黄金

买入期权,同时,以 19.90 美元/盎司(1 990 美元)的期权费卖出 8 月 1150 美元黄金卖出期权(见表 35.15 和图 35.15)。

表 35.15 损益计算:合成做多期货(做多买入期权 + 做空卖出期权)

1	2	3	4	5	6	7	8
到期日期货价格(美元/盎司)	8月1 150美元买入期权期权费(美元/盎司)	付出的期权费(美元)	8月1 150美元卖出期权期权费(美元/盎司)	收到的期权费(美元)	到期日买入期权价值(美元)	到期日卖出期权价值(美元)	损益(5-3+6-7)(美元)
1 000	70.1	7 010	19.9	1 990	0	15 000	−20 020
1 050	70.1	7 010	19.9	1 990	0	10 000	−15 020
1 100	70.1	7 010	19.9	1 990	0	5 000	−10 020
1 150	70.1	7 010	19.9	1 990	0	0	−5 020
1 200	70.1	7 010	19.9	1 990	5 000	0	−20
1 250	70.1	7 010	19.9	1 990	10 000	0	4 980
1 300	70.1	7 010	19.9	1 990	15 000	0	9 980
1 350	70.1	7 010	19.9	1 990	20 000	0	14 980
1 400	70.1	7 010	19.9	1 990	25 000	0	19 980

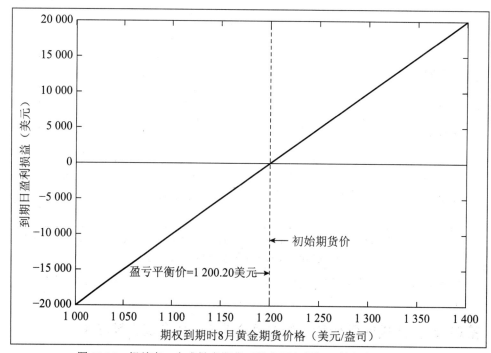

图 35.15 损益表:合成做多期货(做多买入期权 + 做空卖出期权)

评论： 一个合成的期货多头仓位可以通过组合做多相同到期日和行权价的买入期权和做空相同到期日和行权价的卖出期权来实现。例如，如表35.15和图35.15所阐述的，将做多8月1 150美元买入期权和做空8月1 150美元卖出期权组合以来和8月期货多头仓位完全相同。这种完全相同背后的原因是买入期权的付出期权费和卖出期权收到的期权费的差大致和买入期权的内在价值相等。价格每1美元的上涨带来的买入期权内在价值的上涨1美元的上涨。价格每1美元的下跌导致的买入期权内在价值的同等的下跌。（或者如果价格下跌低于1 150美元，增加卖出期权的价值。）因此，只要这两个期权的行权价和到期日完全相同，一个做多买入期权/做空卖出期权的组合仓位就像期货多头仓位一样。

通过组合仓位得到的和期货相当的价格通过下面的公式可以看出：

合成期货价格 = 行权价 + 买入期权期权费 − 卖出期权期权费

需要指出的是，每一对期权交易的行权价对应一个组合期货合约的价格。

在这个例子中，组合做头仓位和期货多头合约有相同的价格（合成期货价格 = 1 150+70.1−19.9=1 200.2）。因此，忽略交易成本和利息收入因素，买入8月1 150美元买入期权同时，卖出8月1 150美元卖出期权将和买入8月期货合约的价格相同。当然，将这一策略视作直接做多期货仓位替代考虑的交易员必须考虑交易成本和利息收入。在这个例子中，合成期货合约的真实成本将比直接做多期货合约要高的原因有以下三个因素：

（1）由于合成期货仓位涉及两笔交易，在流动性不太好的市场里，有理由假设交易成本更高。换句话说，基于期权的策略将要求交易员为了执行之一交易放弃更多的基点（相对于报价水平）。

（2）合成期货交易将会涉及更多的交易佣金。

（3）对买入期权付出的期权费（7 010美元）超过了卖出卖出期权收到的期权费（1 990美元）。因此，合成期货仓位将会涉及基于期权费差（5 020美元）的利息损失。但是，这一因素，将会被做多期权仓位的保证金要求抵销。

一旦考虑到上述这些差异，合成期货仓位的一些相对明显的优势有时就会——如果不是全部——大部分消失。然而，由于某些市场依然不那么有效，合成期货多头仓位有时候将会提供一些优势。实际上，这种价格差异的存在将会提高纯套利交易[①]的可能性。如果通过合成期货的价格低于期货的价格，即使考虑交易成本和利息收入等以后，套利者可以通过买入买入期权，卖出卖出期权，然后卖出期权，来锁定利润。这样的交易叫作反向转换。交换后，如果调整了交易成本和利息收入后，合成期货的价格大于直接的

---

① 纯套利交易是指无风险交易，在无风险交易中，套利者可以通过发掘两个相关市场暂时的价格背离锁定一个小利润。

期货合约的价格，套利者可以通过买入期货，卖出买入期权，买入卖出期权来锁定利润。这样的交易被称作转换。

显而易见的是，这样的无风险套利机会将是有限的和短暂的。通常来说，转换和反向转换套利只有那些交易成本（甲乙佣金＋执行成本）很低的职业套利者能得到。这些套利者的交易将使得合成期货仓位和实际期货价格一致。

策略16：合成做空期货（做多卖出期权+做空买入期权）

案例：以108.70美元/盎司（1 0870美元）的期权费买入8月1 300美元/盎司黄金卖出期权，同时，以9.10美元/盎司（910美元）的期权费卖出8月1 300美元黄金买入期权（见表35.16和图35.16）。

评论：接着前一个策略的讨论，合成做空期货仓位可以通过组合一个做多卖出期权和做空买入期权来实现。卖出期权和买入期权的到期日和行权价完全相同。在这个例子里，基于1 300美元行权价的合成期货仓位价格比直接的期货合约高0.4美元（合成期货合约的价格=1 300+9.1-108.7=1 200.4美元）。但是，基于和前一个策略类似的原因，一旦考虑交易成本和利息效用，一个合成期货的优势将会消失。利用合成期货的套利交易被称作转换，在上一个策略里详细阐述过了。

表35.16 损益计算：合成做空期货（做多卖出期权＋做空买入期权）

1	2	3	4	5	6	7	8
到期日货价格（美元/盎司）	8月1 300美元买入期权期权费（美元/盎司）	收到的期权费(美元)	8月1 300美元卖出期权期权费（美元/盎司）	付出的期权费（美元）	到期日买入期权价值（美元）	到期日卖出期权价值（美元）	损益（3-5+7-6）（美元）
1 000	9.1	910	108.7	10 870	0	30 000	20 040
1 050	9.1	910	108.7	10 870	0	25 000	15 040
1 100	9.1	910	108.7	10 870	0	20 000	10 040
1 150	9.1	910	108.7	10 870	0	15 000	5 040
1 200	9.1	910	108.7	10 870	0	10 000	40
1 250	9.1	910	108.7	10 870	0	5 000	-4 960
1 300	9.1	910	108.7	10 870	0	0	-9 960
1 350	9.1	910	108.7	10 870	5 000	0	-14 960
1 400	9.1	910	108.7	10 870	10 000	0	-19 960

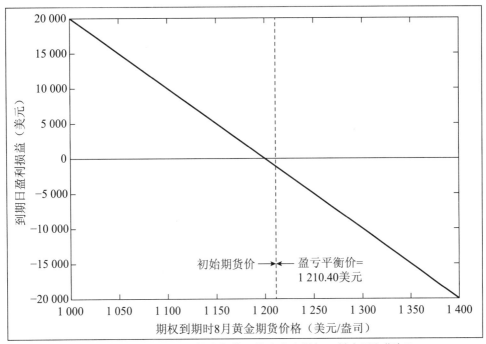

图 35.16 损益表：合成做空期货（做多卖出期权 + 做空买入期权）

策略17：出售比例买入期权（做多期货+做空2个买入期权）

案例：买入 8 月 1 200 美元黄金期货，同时以 38.8 美元 / 盎司（7 760 美元）的期权费卖出 8 月 1 200 美元黄金买入期权（见表 35.17 和图 35.17）。

表 35.17 损益计算：出售比例买入期权（做多期货 + 做空两个买入期权）

1	2	3	4	5	6
到期日期货价格（美元/盎司）	8月1 200美元买入期权期权费（美元/盎司）	收到的期权费（美元）	做多期货的损益（美元）	到期日两个买入期权价值（美元）	损益（3+4-5）（美元）
1 000	38.8	7 760	−20 000	0	−12 240
1 050	38.8	7 760	−15 000	0	−7 240
1 100	38.8	7 760	−10 000	0	−2 240
1 150	38.8	7 760	−5 000	0	2 760
1 200	38.8	7 760	0	0	7 760
1 250	38.8	7 760	5 000	10 000	2 760
1 300	38.8	7 760	10 000	20 000	−2 240
1 350	38.8	7 760	15 000	30 000	−7 240
1 400	38.8	7 760	20 000	40 000	−12 240

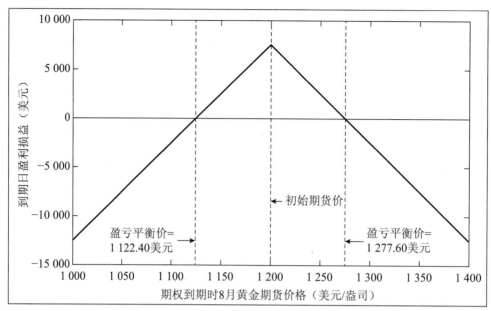

图35.17 损益表：出售比例买入期权（做多期货 + 做空两个买入期权）（和做空跨式期权类似）

评论：1个期货多头和两个平价买入期权的组合是一个德尔塔值的平衡的仓位。换句话说，在任意给定时点，做多期货由于微小的价格变化（例如，行权价附近的价格变化）导致的损益将完全被买入期权的变化所抵销。（但是，随着时间的推移，以微小价格变化为特征的市场将会导致期货多头仓位收益比买入期权空头多，由于期权的时间价值不断减少。）这种策略的最大利润等于收到的两个买入期权的期权费，当价格完全不变时，收益达到最大。这一策略将在市场价格以开展交易时的市场价格上下一定的价格范围内实现盈利。但是，如果市场价格大幅上涨或者下跌，这个仓位将隐含无限的风险。

这一策略的损益表看起来很类似——事实上，它和做空跨期交易（见策略8）完全一样。这种一致来自上一个策略讨论过的合成期货仓位的结构：

出售比例买入期权 = 做多期货 + 错空两个买入期权

但是，从合成期货的关系，我们知道：

做多期货 = 做多买入期权 + 做空卖出期权

因此，

出售比例买入期权 = 做多买入期权 + 做空卖出期权 + 错空两个买入期权

或者：

出售比例买入期权 = 做空买入期权 + 做空卖出期权

等式的右边实际上就是做空跨式期权的定义。相似的是，一个出售卖出卖出期权（做空期货 + 做空两个卖出期权）将产生和做空跨期期货相同的损益表。

策略18：看涨买入期权现金价差（做多较低行权价的买入期权/做空较高行权价的买入期权）

案例：以 19.2 美元 / 盎司（1 920 美元）的期权费买入 8 月 1 250 美元 / 盎司黄金买入期权，同时，以 9.10 美元 / 盎司（910 美元）的期权费卖出 8 月 1 300 美元黄金买入期权（见表 35.18 和图 35.18）。

评论：这种类型的价差仓位也被称作借方价差，因为对于做多买入期权付出的期权费比做空买入期权收到的期权费要高。这种类型的交易的最大可能损失是两个期权费的差。最大可能收益是两个行权价的差减去期权费的差。最大损失将会当市场价格低于较低的行权价时发生。最大收益将会当市场价格高于较高的行权价时发生。需要注意的是，尽管最大收益超过最大损失接近4：1，但是损失的概率显著的大于盈利的概率。这是事实由于价格必须上涨60.1美元以上，这个策略才能盈利。

这一策略也许通过和做多买入期权（例如，做多 8 月 1 250 美元黄金买入期权）进行比较最好理解。实际上，价差交易员减少了做多买入期权的期权费，通过卖出亏损更多的买入期权收到的期权费。这种减少净期权费的交易是以牺牲价格大幅上涨时无限收益的可能性为代价的。正如图 35.18 中可以看到的，和直接做多买入期权仓位相比，在较高行权价以上的价格将不会影响这个交易的盈利。

表 35.18 损益计算：看涨买入期权现金价差

（做多较低行权价的买入期权 / 做空较高行权价的买入期权）

1	2	3	4	5	6	7	8
到期日期货价格（美元/盎司）	8月1 250美元买入期权期的权费（美元/盎司）	付出的期权费（美元）	8月1 300美元卖出期权的期权费（美元/盎司）	收到的期权费（美元）	到期日1 250美元买入期权价值（美元）	到期日1 300美元买入期权价值（美元）	损益（5-3+6-7）（美元）
1 000	19.2	1 920	9.1	910	0	0	−1 010
1 050	19.2	1 920	9.1	910	0	0	−1 010
1 100	19.2	1 920	9.1	910	0	0	−1 010
1 150	19.2	1 920	9.1	910	0	0	−1 010
1 200	19.2	1 920	9.1	910	0	0	−1 010
1 250	19.2	1 920	9.1	910	0	0	−1 010
1 300	19.2	1 920	9.1	910	5 000	0	3 990
1 350	19.2	1 920	9.1	910	10 000	5 000	3 990
1 400	19.2	1 920	9.1	910	15 000	10 000	3 990

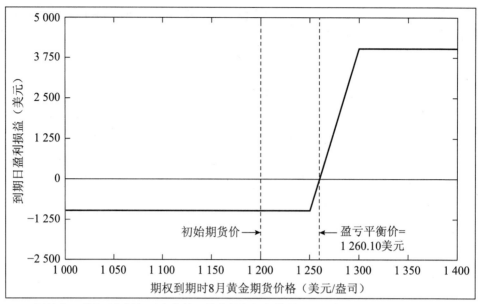

图35.18　损益表：看涨买入期权现金价差（做多较低行权价的买入期权/做空较高行权价的买入期权）

策略19a：看空买入期权现金价差（做空较低行权价的买入期权/做多较高行权价的买入期权）——案例1

案例：以70.1美元/盎司（7 010美元）的期权费买入8月1 150美元/盎司黄金买入期权，同时，以110.10美元/盎司（11 010美元）的期权费卖出8月1 100美元黄金买入期权。8月黄金期货的交易价格是1 200美元/盎司（见表35.19a和图35.19a）。

评论：这种类型的价差仓位也被称作贷方价差，因为对于做多买入期权付出的期权费比做空买入期权收到的期权费要低。最大可能收益等于两个期权费的净差额。最大可能损失等于两个期权行权价的差减去期权费的差。当价格低于较低行权价时，最大收益将会实现。当价格高于较高行权价时，最大损失将会发生。尽管，上述例子中的最大收益超过最大损失的因子为4∶1。但是，损失的概率大得多，由于价格必须下跌超过60美元/盎司才能盈利。

在这种类型的价差交易中，交易员获得了看空的仓位，同时，期权费用相当低，但是牺牲了当市场价格大幅下跌时的无限收益的可能。这一策略对那些预期市场价格下跌，但是大幅下跌的概率不大的交易员来说是适宜的。

表 35.19a 损益计算：看空买入期权现金价差（做空较低行权价的买入期权/做多较高行权价的买入期权）；案例 1——两个买入期权都是价内期权

1	2	3	4	5	6	7	8
到期日货价格（美元/盎司）	8月1 150美元买入期权的期权费（美元/盎司）	付出的期权费（美元）	8月1 100美元买入期权的期权费（美元/盎司）	收到的期权费（美元）	到期日1 150美元买入期权价值（美元）	到期日1 100美元买入期权价值（美元）	损益（5-3+6-7）（美元）
1 000	70.1	7 010	110.1	11 010	0	0	4 000
1 050	70.1	7 010	110.1	11 010	0	0	4 000
1 100	70.1	7 010	110.1	11 010	0	0	4 000
1 150	70.1	7 010	110.1	11 010	0	5 000	−1 000
1 200	70.1	7 010	110.1	11 010	5 000	10 000	−1 000
1 250	70.1	7 010	110.1	11 010	10 000	15 000	−1 000
1 300	70.1	7 010	110.1	11 010	15 000	20 000	−1 000
1 350	70.1	7 010	110.1	11 010	20 000	25 000	−1 000
1 400	70.1	7 010	110.1	11 010	25 000	30 000	−1 000

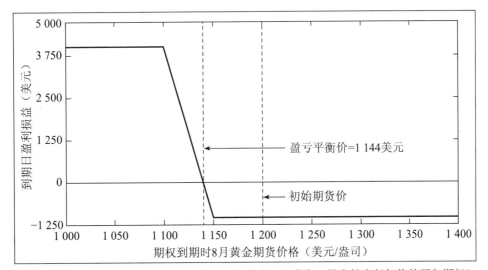

图 35.19a 看空买入期权现金价差（做空较低行权价的买入期权/做多较高行权价的买入期权）；案例1——两个买入期权都是价内期权

策略19b：看空买入期权现金价差（做空较低行权价的买入期权/做多较高行权价的买入期权）——案例2

案例：以9.1美元/盎司（910美元）的期权费买入8月1 300美元/盎司黄金买入期权，同时，以38.80美元/盎司（3 880美元）的期权费卖出8月1 200美元黄金买入期权。8月黄金期货的交易价格是 1 200 美元/盎司（见表 35.19b 和图 35.19b）。

表 35.19b 损益计算：看空买入期权现金价差（做空较低行权价的买入期权/做多较高行权价的买入期权）；案例 2——做空平价买入期权/做多价外买入期权

1	2	3	4	5	6	7	8
到期日期货价格（美元/盎司）	8月1 300美元买入期权的期权费（美元/盎司）	付出的期权费（美元）	8月1 200美元买入期权的期权费（美元/盎司）	收到的期权费（美元）	到期日1 300美元买入期权价值（美元）	到期日1 200美元买入期权价值（美元）	损益（5-3+6-7）（美元）
1 000	9.1	910	38.8	3 880	0	0	2 970
1 050	9.1	910	38.8	3 880	0	0	2 970
1 100	9.1	910	38.8	3 880	0	0	2 970
1 150	9.1	910	38.8	3 880	0	0	2 970
1 200	9.1	910	38.8	3 880	0	0	2 970
1 250	9.1	910	38.8	3 880	0	5 000	−2 030
1 300	9.1	910	38.8	3 880	0	10 000	−7 030
1 350	9.1	910	38.8	3 880	5 000	15 000	−7 030
1 400	9.1	910	38.8	3 880	10 000	20 000	−7 030

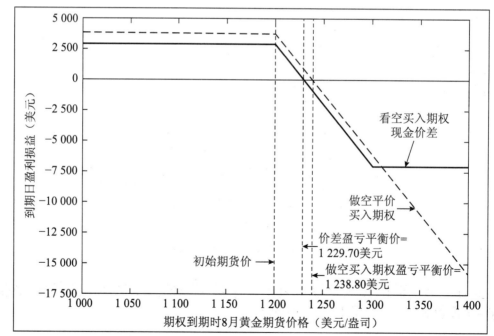

图 35.19b 损益表：看空买入期权现金价差（做空较低行权价的买入期权/做多较高行权价的买入期权）；案例 2——做空平价买入期权/做多价外买入期权和直接做空平价买入期权的比较

评论：作为和上一个策略的对比，上一个策略中，两个买入期权都是价内期权。这个策略是基于做空平价买入期权和做多价外买入期权的价差。从某种意义上说，这种类型的交易可以被认为是做空平价买入期权内嵌一个止损保护。（做多价外买入期权将发挥限制做空平价买入期权的风险的作用。）这个风险控制是以收到的卖出平价买入期权的期权费减少为代价的（减少金额等于为价外买入期权付出的期权费）。这种期权费和风险暴露的平衡在图35.19b中阐述。图35.19b中，比较了直接做空平价买入期权和上述价差策略。

策略20a：看多卖出期权现金价差（做多较低行权价的卖出期权/做空较高行权价的卖出期权）——案例1

案例：以68.7美元/盎司（6 870美元）的期权费买入8月1250美元/盎司黄金卖出期权，同时，以108.7美元/盎司（10 870美元）的期权费卖出8月1 300美元黄金卖出期权。8月黄金期货的交易价格是1 200美元/盎司（见表35.20a和图35.20a）。

评论：这是一个用卖出期权代替买入期权的贷方看多价差。这一策略的最大收益等于做空卖出期权收到的期权费和做多卖出期权付出的期权费的差值。最大损失等于行权价的差减去期权费的差。如果价格上涨到较高的那个行权价，就会得到最大收益。如果价格低于较低的行权价，那么就是遭受最大的损失。这一策略的损益表和在图35.18中描述的净借方看多买入期权现金价差的损益表很像。

表35.20a 损益计算：看多卖出期权现金价差（做多较低行权价的卖出期权/做空较高行权价的卖出期权）；案例1——两个卖出期权都是价内期权

1	2	3	4	5	6	7	8
到期日货价格（美元/盎司）	8月1 250美元卖出期权的期权费（美元/盎司）	付出的期权费（美元）	8月1 300美元卖出期权的权费（美元/盎司）	收到的期权费（美元）	到期日1 250美元卖出期权价值（美元）	到期日1 300美元卖出期权价值（美元）	损益(5-3+6-7)（美元）
1 000	68.7	6 870	108.7	10 870	25 000	30 000	–1 000
1 050	68.7	6 870	108.7	10 870	20 000	25 000	–1 000
1 100	68.7	6 870	108.7	10 870	15 000	20 000	–1 000
1 150	68.7	6 870	108.7	10 870	10 000	15 000	–1 000
1 200	68.7	6 870	108.7	10 870	5 000	10 000	–1 000
1 250	68.7	6 870	108.7	10 870	0	5 000	–1 000
1 300	68.7	6 870	108.7	10 870	0	0	4 000
1 350	68.7	6 870	108.7	10 870	0	0	4 000
1 400	68.7	6 870	108.7	10 870	0	0	4 000

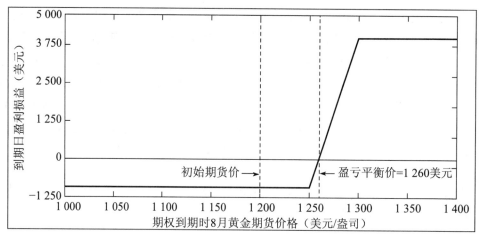

图 35.20a　损益表：看多卖出期权现金价差（做多较低行权价的卖出期权/做空较高行权价的卖出期权）；

案例1——两个卖出期权都是价内期权

策略20b：看多卖出期权现金价差（做多较低行权价的卖出期权/做空较高行权价的卖出期权）——案例2

案例：以 10.1 美元/盎司（1 010 美元）的期权费买入 8 月 1 100 美元/盎司黄金卖出期权，同时，以 38.70 美元/盎司（3 870 美元）的期权费卖出 8 月 1 200 美元黄金卖出期权。8 月黄金期货的交易价格是 1 200 美元/盎司（见表 35.20b 和图 35.20b）。

表 35.20b　损益计算：看多卖出期权现金价差（做多较低行权价的卖出期权/做空较高行权价的卖出期权）；案例2——做多价外卖出期权/做空平价卖出期权

1	2	3	4	5	6	7	8
到期日期货价格（美元/盎司）	8月1 100美元卖出期权的期权费（美元/盎司）	付出的期权费（美元）	8月1 200美元卖出期权的期权费（美元/盎司）	收到的期权费（美元）	到期日1 100美元卖出期权价值（美元）	到期日1 200美元卖出期权价值（美元）	损益（5-3+6-7）（美元）
1 000	10.1	1 010	38.7	3 870	10 000	20 000	-7 140
1 050	10.1	1 010	38.7	3 870	5 000	15 000	-7 140
1 100	10.1	1 010	38.7	3 870	0	10 000	-7 140
1 150	10.1	1 010	38.7	3 870	0	5 000	-2 140
1 200	10.1	1 010	38.7	3 870	0	0	2 860
1 250	10.1	1 010	38.7	3 870	0	0	2 860
1 300	10.1	1 010	38.7	3 870	0	0	2 860
1 350	10.1	1 010	38.7	3 870	0	0	2 860
1 400	10.1	1 010	38.7	3 870	0	0	2 860

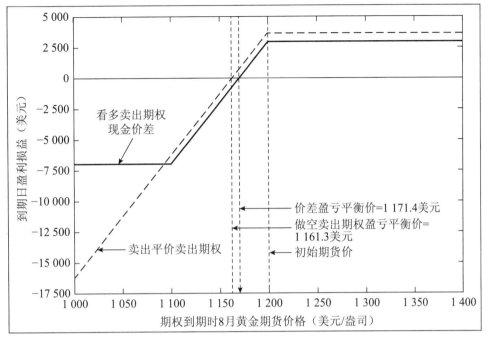

图 35.20b 看多卖出期权现金价差（做多较低行权价的卖出期权 / 做空较高行权价的卖出期权）；案例 2——做多价外卖出期权 / 做空平价卖出期权和直接做空平价卖出期权的比较

评论：和案例 1 对比，案例 1 中的两个期权都是价内期权，而这个策略是基于做多价外卖出期权和做空平价卖出期权的价差。从某种意义上说，这一个策略可以视为做空平价卖出期权内嵌一个止损。（买入价外卖出期权发挥了当市场大幅下跌时，限制最大可能损失的作用。）这一风险控制是以减少收到的期权费为代价的。这个风险暴露和收到的期权费之间的平衡在图 35.20 中进行了阐述。图 35.20 比较了直接做空平价卖出期权和这一价差策略。

策略21：看空卖出期权现金价差（做多较低行权价的卖出期权/做多较高行权价的卖出期权）

案例：以 10.1 美元 / 盎司（1 010 美元）的期权费买入 8 月 1 100 美元 / 盎司黄金卖出期权，同时，以 19.90 美元 / 盎司（1 990 美元）的期权费买入 8 月 1 150 美元黄金卖出期权。8 月黄金期货的交易价格是 1 200 美元 / 盎司（见表 35.21 和图 35.21）。

评论：这是一个用卖出期权替代买入期权的借方看空价差。最大的风险等于付出的和收到的期权费的差。最大的收益等于两个行权价的差减去期权费的差。如果价格高于较高的行权价，将会遭受最大损失。如果价格低于较低的行权价，将会收到最大收益。

这一策略的损益表和看空买入期权现金价差（见图35.19a）大致类似。

表 35.21 损益计算：看空卖出期权现金价差
（做空较低行权价的卖出期权/做多较高行权价的卖出期权）

1	2	3	4	5	6	7	8
到期日期货价格（美元/盎司）	8月1 150美元卖出期权期权费（美元/盎司）	付出的期权费（美元）	8月1 100美元卖出期权期权费（美元/盎司）	收到的期权费（美元）	到期日1 150美元卖出期权价值（美元）	到期日1 100美元卖出期权价值（美元）	损益（5-3+6-7）（美元）
1 000	19.9	1 990	10.1	1 010	15 000	10 000	4 020
1 050	19.9	1 990	10.1	1 010	10 000	5 000	4 020
1 100	19.9	1 990	10.1	1 010	5 000	0	4 020
1 150	19.9	1 990	10.1	1 010	0	0	−980
1 200	19.9	1 990	10.1	1 010	0	0	−980
1 250	19.9	1 990	10.1	1 010	0	0	−980
1 300	19.9	1 990	10.1	1 010	0	0	−980
1 350	19.9	1 990	10.1	1 010	0	0	−980
1 400	19.9	1 990	10.1	1 010	0	0	−980

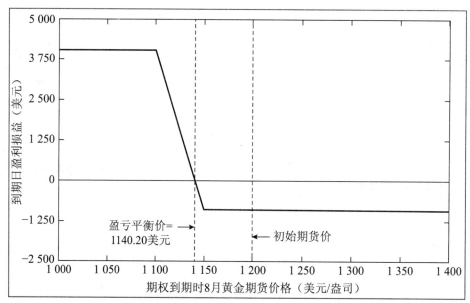

图 35.21 损益表：看空卖出期权现金价差（做空较低行权价的卖出期权/做多较高行权价的卖出期权）

其他价差策略

现金价差仅仅代表了期权价差交易中的一类。完整的期权价差策略的讨论将会需要大量延伸的讨论——这将超过本书的范围。下面是其他一些类型的价差交易的案例。

时间价差。时间价差是两个同样行权价、不同到期日的买入期权或者卖出期权的价差。一个时间价差的例子是：做多1个8月1 300美元黄金期货买入期权/做空1个12月1 300美元黄金期货买入期权。时间价差比本段中讨论的其他价差更加负责，因为，损益表在到期日不能准确确定，而是必须基于理论估值模型进行预测。

对角线差价期权。这个价差是基于两个不同行权价和到期日的买入期权和卖出期权。对角线差价期权的例子是：做多1个8月1 200美元黄金期货买入期权/做空1个12月1 250美元黄金期货买入期权。实际上，这种价差将现金价差和时间价差组合进一个交易中。

蝶形价差。这是一个三条腿的价差，期权有同样的到期日，但是不同的行权价。蝶形价差由两个给定价格的做空买入期权，做多一个较高行权价的买入期权，做多一个较低行权价的买入期权组成。

期权价差的列表可以再明显的扩展，但是上述的例子足以给读者展示潜在的价差策略的复杂性。关于期权价差的非常重要必须强调的一点是，这些策略都有一个主要的缺点——交易成本（佣金加上累积的买卖价差）相对于盈利潜力来说相对较高。这一点就意味着对于期权价差交易员来说，必须很大比例都得正确（如果他能提前逃出的话）。这一点怎么强调都不为过。简而言之，其他期货策略通常提供更好的交易机会。

多合约策略

损益表也能被用来分析多合约期权策略。实际上，多合约的期权仓位对于用来比较来说，可以提供更适宜的策略。例如，如前所述的，一个期货的多头仓位比买入期权的多头或者空头仓位要更加波动。实际上，对于较小的价格变动，期货价格每变动1美元，仅会导致期权价格大约变化0.5美元（平价买入期权的德尔塔值大约等于0.5）。结果就是，在考虑买期权还是买期货时，有可能比较1个合约的期货多头仓位和两个合约的买入期权多头仓位更加合理（见表35.22），而不是一个买入期权的多头仓位。

图35.22做多期货和做多两个合约的买入期权的策略，这两者在开始时在德尔塔值方面大致相当。需要注意的是，这种比较表明，如果价格变化很温和，那么做多期货仓位更加合适；如果价格急剧上涨，做多两个合约的买入期权赚得更多；如果价格急剧下跌，做多两个合约的买入期权亏的更少。作为对比，如果比较做多期货和1个合约的买入期权，将会表明，不论价格上涨多少（见图35.3d），做多期货都更合适。对于大多

数目的来说，比较两个合约的买入期权都更加有意义，因为两个合约的买入期权和期货多头在风险水平上更加接近。

表 35.22　损益计算：做多两合约的平价买入期权

1	2	3	4	5
到期日期货价格（美元/盎司）	8月1 200美元买入期权期权费（美元/盎司）	付出的期权费	到期日两合约买入期权价值	损益（4-3）
1 000	38.8	7 760	0	−7 760
1 050	38.8	7 760	0	−7 760
1 100	38.8	7 760	0	−7 760
1 150	38.8	7 760	0	−7 760
1 200	38.8	7 760	0	−7 760
1 250	38.8	7 760	10 000	2 240
1 300	38.8	7 760	20 000	12 240
1 350	38.8	7 760	30 000	22 240
1 400	38.8	7 760	40 000	32 240

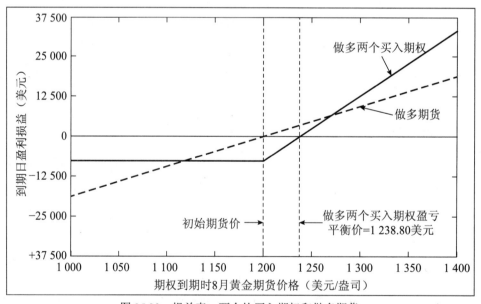

图 35.22　损益表：两合约买入期权和做多期货

选择一个最佳策略

在上面的段落里，我们分析了大量可供选择的交易策略。现在该做什么了呢？交易员该如何决定这些策略中的哪一个提供了最好的交易机会？这个问题只有当概率因素被纳入分析当中才可能被回答。挑选最优期权策略将完全取决于交易员的价格和波动率预期。但是每个交易员的这些预期都不尽相同，最优期权策略同样也不断变化，挑选的期权策略的成功将依赖于交易员预期的精确性。为了选择最优的期权策略，交易员需要将他的价格预期转换成概率。

最基本的方法是需要交易员对于整个可能的价格给予预期的概率水平。图35.23说明了6种不同的对于8月黄金期货的概率分配类型。这些分配可以被认为是代表6种不同的假想预期。（图35.23的图表中假设8月黄金期货的现行价格水平是1 200美元。）关于这些概率分配应该做几个重要的点如下所述。

（1）概率分布仅代表交易员大概的价格预期。实际上，任意合理的概率分布都将呈现为平滑的曲线。图35.23中的阶梯图只是来自为了简化计算的粗糙的模型。（使用平滑的概率分布在评估过程中将要用到积分。）

（2）所有概率的和等于1。

（3）图35.23中的阶梯图假设每个价格有相同的概率。

（4）每个图表中的高和低的间隔都是所有超过内部边界价格的总的描述。例如，在预期概率分布1中，假设价格在1 050和1 099.9中的概率为5%（所有那个区间内的价格都有均等的发生概率）和低于价格低于1 050的概率为0等于一个更实际的假设就是价格低于1 100的概率为5%，概率加权平均的价格等于1 075美元。

（5）图35.23中的概率分布是个人价格预期的一个假设样本的说明。在任何情况下的最优策略将会依赖于具体的价格预期分布的形状，这个因素是因交易员而异的。

图35.23中的各个分布所反映出的价格预期的总的内在特点总结如下：

预期概率分布1。高价格和低波动率。这一解释是来自较高价格具有较高的概率，而这些较高的概率在接近现有价格水平附近的权重较大。

预期概率分布2。高价格和高波动率。这一分布反映了和分布1中一样的对于高价格的60/40概率偏向，但是，显著高和显著低的价格的概率都很大。

预期概率分布3。低价格和低波动率。这一分布是分布1的看空部分。

预期概率分布4。低价格和高波动率。这一分布是分布2的看空部分。

预期概率分布5。中性价格假设和低波动率。这一分布对于高价格和低价格是对称的，概率高度集中在现有水平附近。

预期概率分布6。中性价格假设和高波动率。这一分布对于高价格和低价格是对称的，但是显著高和低的价格发生的概率远大于分布5。

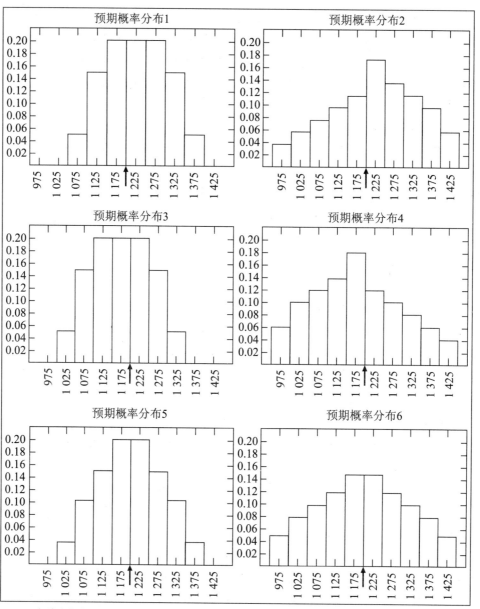

图35.23 在给定期权到期范围的各种预期概率分布的期货价格的概率（箭头标明期货的现在价格）

图35.24将三种多头策略和预期概率分布1结合起来。（由于该概率分布假设高价格的概率较大，所以不需要考虑空头或者中性交易策略。）到此为止，由于假设的概率分布主要集中在现有价格水平附近，做空卖出期权仓位看起来提供了最好的策略。图35.25将同样的三个多头策略和预期概率分布2显示的看多/波动价格情景结合起来。在这个例子中，做多买入期权看起来是最佳策略，由于到目前为止，对于价格大幅上涨

和下跌来说是表现最好的——而大幅上涨和下跌占了整个概率分布的很大一部分。

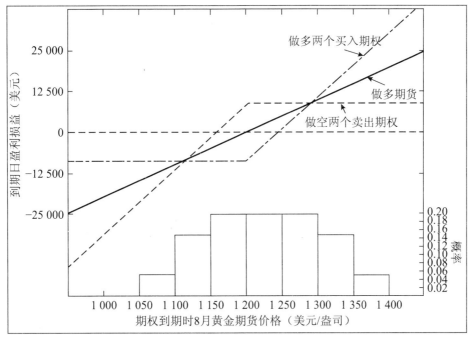

图 35.24 看多 / 不波动 预期概率分布和 3 个看多策略的损益表

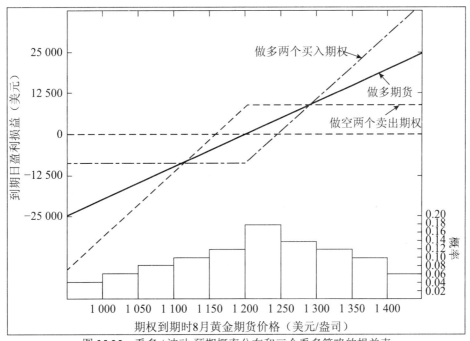

图 35.25 看多 / 波动 预期概率分布和三个看多策略的损益表

以类似的方式，图35.26表明在看空/不波动价格情景假设下，做空买入期权策略有优势。同时，图35.27表明在看空/波动的价格情景下，做多卖出期权的策略是最优选择。最终，在两个中性的假设波动率不同的价格分布下，两个中性的策略在图35.28和图35.29中进行了对比。做空跨期交易看起来在低波动率分布假设下提供最好策略，同时，在波动价格情况下会得出相反的结论。

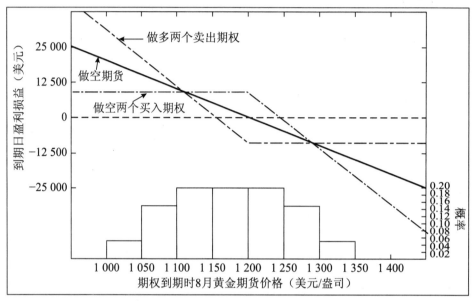

图35.26　看空/不波动 预期概率分布和三个看空策略的损益表

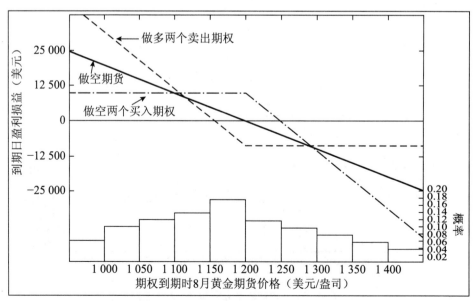

图35.27　看空/波动 预期概率分布和三个看空策略的损益表

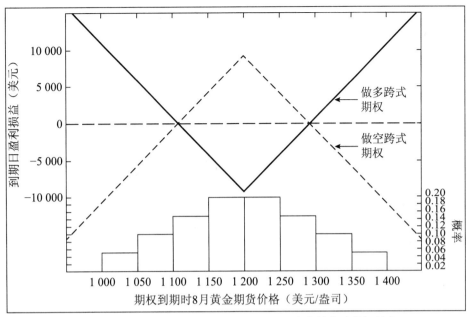

图 35.28 中性/不波动 预期概率分布和两个中性策略的损益表

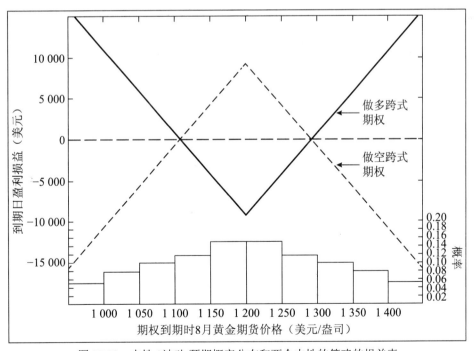

图 35.29 中性/波动 预期概率分布和两个中性的策略的损益表

迄今为止，前面描述的图形法的一个问题是可能不是总能直观地看出在给定几个分布假设下的最优策略。显而易见，一个确定最佳策略的更精确的方法将是更好的。从直觉上说，预期收益可能看起来将提供一个相对的办法。预期收益是一个交易预期的收益（或损失），可以用以下的方程式表达：

$$预期收益 = \sum_{i=1}^{n}(P_i)(X_i)$$

其中，P_i——价格间隔 i 的概率；
X_t——平均收益（或损失）价格间隔 i；
n——间隔的数量。

不幸的是，预期收益作为一个相对度量有一个主要的缺点：它取决于仓位大小。任意一个有正预期收益的策略都可以通过交易多个仓位来提高收益。因此，在比较可选有正预期收益的策略，显示的最佳策略将会根据假设的仓位大小而变化。这种相对性的随意性显然是不可接受的。

使用预期收益作为相对指标可能导致某些可笑的结论。例如，有一个策略，有50%的概率盈利1 000美元和50%的概率损失900美元，另一种策略的50%的概率是盈利100美元，50%的概率损失10美元（一个预期收益50美元对应预期收益45美元）。显而易见，事实上任何交易员都会倾向于第二种策略，尽管它的预期收益更低。

预期收益依赖于仓位大小实际上反映了这种指标的一个更加基本面的瑕疵：预期收益没有考虑风险指标。一个包含了风险的指标将不会依赖于仓位大小，由于仓位大小翻倍不仅能使预期收益翻倍，同样还使得风险加倍。一个可能的指标是概率权重利润 / 损失比例（PWPLR），定义如下：

$$PWPLR = -\frac{\sum_{i=1}^{m}(P_i)(G_i)}{\sum_{j=1}^{n}(P_j)(L_j)}$$

其中，P_i——间隔 i 的概率，其中，i 代表较间隔平均价格有净收益的间隔；
P_j——间隔 j 的概率，其中，j 代表较间隔平均价格有净亏损的间隔；
G_i——间隔平均价格显示的收益；
L_j——间隔平均价格显示的损失；
m——较间隔平均价格有净收益的间隔的数量；
n——较间隔平均价格有净损失的间隔的数量。

在概率权重利润 / 损失比例的形成过程中有隐含的假设，就是在给定间隔，每个价格都有同等出现的概率。①

需要注意的是，PWPLR 将完全不受仓位大小的影响。由于仓位增加将会同等影响 PWPLR 的分子和分母，因此，使得比例不变。表 35.23～表 35.28 通过图形来评估了在图 35.24～图 35.29 中分析过的策略。这个结论是同等的，但是，这种方法的优势它产生了准确、明确的结论。为了选择一个最优策略，交易员仅需定义它对于价格的概率分布的预测，然后计算每一个交易方法的 PWPLR 就可以了。

表 35.23 在"看多/不波动"预期概率分布下的概率权重利润/损失比例比较

价格区间（美元/盎司）	平均价格（美元/盎司）	假设的概率	做多期货 平均价格下的损益（美元）	概率权重损益（美元）	做多买入期权 平均价格下的损益（美元）	概率权重损益（美元）	做空卖出期权 平均价格下的损益（美元）	概率权重损益（美元）
1 050～1 099.9	1 075	0.05	−12 500	−625	−3 880	−194	−8 630	−431.5
1 100～1 149.9	1 125	0.15	−7 500	−1 125	−3 880	−582	−3 630	−544.5
1 150～1 199.9	1 175	0.2	−2 500	−500	−3 880	−776	1 370	274
1 200～1 249.9	1 225	0.2	2 500	500	−1 380	−276	3 870	774
1 250～1 299.9	1 275	0.2	7 500	1 500	3 620	724	3 870	774
1 300～1 349.9	1 325	0.15	12 500	1 875	8 620	1 293	3 870	580.5
1 350～1 399.9	1 375	0.05	17 500	875	13 620	681	3 870	193.5
概率权重利润/损失比例			4 750/2 250=2.11		2 698/1 828=1.48		2 596/976 =2.66	

表 35.24 在"看多/波动"预期概率分布下的概率权重利润/损失比例比较

价格区间（美元/盎司）	平均价格（美元/盎司）	假设的概率	做多期货 平均价格下的损益（美元）	概率权重损益（美元）	做多买入期权 平均价格下的损益（美元）	概率权重损益（美元）	做空卖出期权 平均价格下的损益（美元）	概率权重损益（美元）
950～999.9	975	0.04	−22 500	−900	−3 880	−155	−18 630	−745.2
1 000～1 049.9	1 025	0.06	−17 500	−1 050	−3 880	−233	−13 630	−817.8
1 050～1 099.9	1 075	0.08	−12 500	−1 000	−3 880	−310	−8 630	−690.4
1 100～1 149.9	1 125	0.1	−7 500	−750	−3 880	−388	−3 630	−363
1 150～1 199.9	1 175	0.12	−2 500	−300	−3 880	−466	1 370	164.4

① 值得注意的是，概率权重利润/损失比例和预期收益与亏损交易的预期损失的比例将产生同样的次序的策略，其中，亏损交易的预期损失定义为：$\sum_{j=1}^{n}(P_j)(L_j)$，可以表现如下：

$$预期收益 = \sum_{i=1}^{m}(P_i)(G_i) - \sum_{j=1}^{n}(P_j)(L_j)$$

$$\frac{预期收益}{亏损交易的预期损失} = \frac{\sum_{i=1}^{m}(P_i)(G_i)}{\sum_{j=1}^{n}(P_j)(L_j)} - 1 = PWPLR - 1$$

（续表）

价格区间（美元/盎司）	平均价格（美元/盎司）	假设的概率	做多期货 平均价格下的损益（美元）	概率权重损益（美元）	做多买入期权 平均价格下的损益（美元）	概率权重损益（美元）	做空卖出期权 平均价格下的损益（美元）	概率权重损益（美元）
1 200～1 249.9	1 225	0.18	2 500	450	−1 380	−248	3 870	696.6
1 250～1 299.9	1 275	0.14	7 500	1 050	3 620	507	3 870	541.8
1 300～1 349.9	1 325	0.12	12 500	1 500	8 620	1 034	3 870	464.4
1 350～1 399.9	1 375	0.1	17 500	1 750	13 620	1 362	3 870	387
1 400～1 449.9	1 425	0.06	22 500	1 350	18 620	1 117	3 870	232.2
概率权重利润/损失比例			6 100/4 000=1.53		4 020/1 800=2.23		2 486/2 616=0.95	

表 35.25　在"看空/不波动"预期概率分布下的概率权重利润/损失比例比较

价格区间（美元/盎司）	平均价格（美元/盎司）	假设的概率	做空期货 平均价格下的损益（美元）	概率权重损益（美元）	做空买入期权 平均价格下的损益（美元）	概率权重损益（美元）	做多卖出期权 平均价格下的损益（美元）	概率权重损益（美元）
1 000～1 049.9	1 025	0.05	17 500	875	3 880	194	13 630	681.5
1 050～1 099.9	1 075	0.15	12 500	1 875	3 880	582	8 630	1 294.5
1 100～1 149.9	1 125	0.2	7 500	1 500	3 880	776	3 630	726
1 150～1 199.9	1 175	0.2	2 500	500	3 880	776	−1 370	−274
1 200～1 249.9	1 225	0.2	−2 500	−500	1 380	276	−3 870	−774
1 250～1 299.9	1 275	0.15	−7 500	−1 125	−3 620	−543	−3 870	−580.5
1 300～1 349.9	1 325	0.05	−12 500	−625	−8 620	−431	−3 870	−193.5
概率权重利润/损失比例			4 750/2 250=2.11		2 604/974=2.67		2 702/1 822=1.48	

表 35.26　在"看空/波动"预期概率分布下的概率权重利润/损失比例比较

价格区间（美元/盎司）	平均价格（美元/盎司）	假设的概率	做空期货 平均价格下的损益（美元）	概率权重损益（美元）	做空买入期权 平均价格下的损益（美元）	概率权重损益（美元）	做多卖出期权 平均价格下的损益（美元）	概率权重损益（美元）
950～999.9	975	0.06	22 500	1 350	3 880	233	18 630	1 117.8
1 000～1 049.9	1 025	0.1	17 500	1 750	3 880	388	13 630	1 363
1 050～1 099.9	1 075	0.12	12 500	1 500	3 880	466	8 630	1 035.6
1 100～1 149.9	1 125	0.14	7 500	1 050	3 880	543	3 630	508.2
1 150～1 199.9	1 175	0.18	2 500	450	3 880	698	−1 370	−246.6
1 200～1 249.9	1 225	0.12	−2 500	−300	1 380	166	−3 870	−464.4
1 250～1 299.9	1 275	0.1	−7 500	−750	−3 620	−362	−3 870	−387
1 300～1 349.9	1 325	0.08	−12 500	−1 000	−8 620	−690	−3 870	−309.6
1 350～1 399.9	1 375	0.06	−17 500	−1 050	−13 620	−817	−3 870	−232.2
1 400～1 449.9	1 425	0.04	−22 500	−900	−18 620	−745	−3 870	−154.8
概率权重利润/损失比例			6 100/4 000=1.53		2 494/2 614=0.95		4 025/1 795=2.24	

表 35.27 在"中性/不波动"预期概率分布下的概率权重利润/损失比例比较

价格区间（美元/盎司）	平均价格（美元/盎司）	假设的概率	做多跨式期权 平均价格下的损益（美元）	概率权重损益（美元）	做空跨式期权 平均价格下的损益（美元）	概率权重损益（美元）
1 000～1 049.9	1 025	0.05	9 750	488	−9 750	−488
1 050～1 099.9	1 075	0.1	4 750	475	−4 750	−475
1 100～1 149.9	1 125	0.15	−250	−38	250	38
1 150～1 199.9	1 175	0.2	−5 250	−1 050	5 250	1 050
1 200～1 249.9	1 225	0.2	−5 250	−1 050	5 250	1 050
1 250～1 299.9	1 275	0.15	−250	−38	250	38
1 300～1 349.9	1 325	0.1	4 750	475	−4 750	−475
1 350～1 399.9	1 375	0.05	9 750	488	−9 750	−488
概率权重利润/损失比例			1 929/2 175=0.89		2 175/1 925 = 1.13	

表 35.28 在"中性/波动"预期概率分布下的概率权重利润/损失比例比较

价格区间（美元/盎司）	平均价格（美元/盎司）	假设的概率	做多跨式期权 平均价格下的损益（美元）	概率权重损益（美元）	做空跨式期权 平均价格下的损益（美元）	概率权重损益（美元）
950～999.9	975	0.05	14 750	738	−14 750	−738
1 000～1 049.9	1 025	0.08	9 750	780	−9 750	−780
1 050～1 099.9	1 075	0.1	4 750	475	−4 750	−475
1 100～1 149.9	1 125	0.12	−250	−30	250	30
1 150～1 199.9	1 175	0.15	−5 250	−788	5 250	788
1 200～1 249.9	1 225	0.15	−5 250	−788	5 250	788
1 250～1 299.9	1 275	0.12	−250	−30	250	30
1 300～1 349.9	1 325	0.1	4 750	475	−4 750	−475
1 350～1 399.9	1 375	0.08	9 750	780	−9 750	−780
1 400～1 449.9	1 425	0.05	14 750	738	−14 750	−738
概率权重利润/损失比例			3 985/1 635=2.44		1 635/3 985 = 0.41	

套期保值的应用

本章所有的讨论都是从投机者的观点出发的。但是，基于期权的策略也可以被套期保值者使用。为了说明期权是如何被套期保值者使用的，我们比较了对于一个预计 8 月将买 100 盎司黄金的珠宝商可选的 5 种基本的策略。在这段阐述中假设的数据如下。日期 2015 年 4 月 13 日，现货黄金价格 1 198.9 美元，8 月黄金期货 1 200 美元，8 月 1 200 美元黄金买入期权期权费 38.8 美元，8 月 1 200 美元黄金卖出期权期权费 38.7 美元。5 种可选的购买策略如下：①

（1）等待直到时间截止前。在这种方法中，这个珠宝商简单的等待到 8 月份买黄金前。实际上，这个珠宝商是在押注黄金中间的价格变化。如果黄金价格跌了，他将更好。但是，如果黄金价格上涨了，他的购买价格将上涨。如果这个珠宝商有实现签订的合约，他可能需要锁定原材料的采购成本，以保证满意的利润率。结果就是，这种方法中隐含的价格风险可能不被接受。

（2）购买现货黄金。这个珠宝商可以购买现货黄金，然后储存至 8 月。在这种情况下，他锁定了买入价为 1 198.9 美元 / 盎司加上持有成本（利息、存储和保险）。这种方法消除了价格风险，但是也取消了潜在的价格下跌的收益。

（3）购买黄金期货。这个珠宝商可以购买 1 个合约的 8 月黄金期货，因此，锁定价格 1 200 美元 / 盎司。较高的黄金期货价格反映了期货价格包含了持有成本。黄金期货和现货的价差和持有成本紧密相关。这个方法的优势和劣势和上面讨论的策略很类似。

（4）买入平价买入期权。不是购买现货或期货，这个珠宝商可以以 38.8 美元 / 盎司买入 8 月 1 200 美元黄金期货买入期权。这个方法的缺点是如果价格上涨，珠宝商锁定了一个较高的买入价格：1 238.8 美元 / 盎司。但是，通过买入买入期权，珠宝商保留了从中间价格下跌中以较低价格购买的可能。因此，如果现货价格在期权到期时跌至 1 050 美元 / 盎司，珠宝商的购买价将下降至 1 088.8 美元 / 盎司（黄金的现货价加上期权费）②。实际上，买入买入期权可被视作一种形式的风险保险，保险的费用等于期权费③。

（5）买入价外买入期权。作为一个例子，这个珠宝商可以以 9.1 美元 / 盎司的期权费买一份 8 月 1 300 美元黄金期货买入期权，在这个例子中，珠宝商放弃了对温和价格上涨的保护，以换取期权费的下降。因此，珠宝商确保了他不高于 1 309.1 美元 / 盎司的买入价。这个价格保护的成本是 910 美元，而不是平价买入期权的 3 880 美元。从这

---

① 这里无意暗示下列对冲策略的清单包含了所有的可选策略。许多其他基于期权的策略同样也是可能的。例如，一个珠宝商可以以相同的行权价买入一个买入期权和卖出一个卖出期权———一个和买入期货合约类似的策略（见策略 15）。

② 技术上来说，由于黄金期权在合约月份开始时到期，有效的购买价格应该加上到 8 月前的数周的持有成本。

③ 用期货来套期保值经常被描述成"保险"。但是，在这里，这个术语被误用了，在标准的应用中，保险的术语意味着对于一个灾难性的事件以一个相对损失来说非常小的成本进行保护。在用期货进行对冲的过程中，潜在的成本等于损失保护。例如，如果珠宝商购买了黄金期货，如果价格上涨 100 美元 / 盎司，他将保护自己免受 10 000 美元购买成本上升的损失；但是，如果价格下跌 100 美元 / 盎司，他同样会遭受 10 000 美元的损失。从这个意义上说，使用买入期权来套期保值和保险的标准概念更加接近。被保险的潜在损失的程度远大于保险的成本。

个意义上说，买入价外买入期权可以被视作一个有一定抵扣的价格风险保险。正如在买入平价买入期权的例子中一样，珠宝商保留了从中间价格下跌中获利的可能性。

正如应该从上述讨论中明确的，期权确实扩大了套期保值者的选择范围。正如在投机性应用的案例中所显示的，一个最优策略的选择取决于交易员（套期保值者）的个人期望和偏好。需要强调的是，这一段仅仅是对用期权进行套期保值的概念进行了简要介绍。一个全面的套期保值策略的回顾需要更多的广泛讨论。

第七部分

实用交易指南

第36章

计划交易法

如果赚钱是个缓慢的过程,亏钱会很快。

——井原西鹤

如果你在期货交易中冒险的金额占你的净资产的一小部分,那么你交易的主要动机就是娱乐,直来直去的方法是合适的。但是,如果你在期货交易中的主要目标是赚钱,一个组织有序的交易计划就是必须的。这个说法并不只是老生常谈。回顾那些成功的期货投机者,毫无疑问,你会发现他们都采用清晰定义的、有纪律的交易方法。

接下来的七个步骤对建立有组织的交易计划提供了通用的指导方针。

☐ 步骤一:确定一个交易哲学

你计划如何做交易决定?如果你的答案是模糊的,就像"当我的朋友从他经纪人那得到消息时""当我阅读市场日志时得到的一个交易想法"或者"当看交易屏幕时的市场感觉",你还没有准备好开始交易。一个有意义的策略应该是基于图表分析,或是技术交易系统,或是基本面分析,或是上述几种方法的组合。同样的方法不一定非得用在所有的市场。例如,在某些市场里,交易员也许使用基本面和图表分析法的组合来做交易决定。同时,对于其他市场,交易决定仅仅需要基于图表分析。

交易策略越具体,效果越好。例如,一个计划通过图表分析来进行交易的交易员,应该能够区分曲线意味着交易的趋势,同时,还有其他细节——例如,确认交易的规则。当然,最具体的交易策略应该是基于一个交易系统。但是,这样一个全自动的方法也许并不适用于所有交易员。

☐ 步骤二:选择交易的市场

在决定了如何开始交易之后,你必须决定去哪个市场交易。对于大多数交易员来说,时间和金钱的限制将会明显地制约跟踪和交易的市场数量。在挑选市场时，三个因素也许应该被考虑。

（1）对交易方法的适用性。

交易员应该根据他们计划的交易方法，选择那些具有取得满意表现的最大潜力的市场。当然，这个决定只有通过或者过往的交易经验，或者是对于一个交易策略的历史检验才能确定。

（2）多元化。

多元化的各种益处已经在第16章充分讨论了。但是，仍有一点需要指出的就是，多元化提供了一个化解风险的最有效的方法。多元化可以通过选择不相关的市场来加强。例如，如果你知道你想交易黄金，那么白银和铂金将是额外市场不好的选择，除非你的资金足够充足，允许你在许多其他市场进行交易。

（3）波动率。

一个只有有限资金的交易员应该避免极度波动的市场，将这类市场纳入组合将会极大地限制可交易市场的数量。（波动率这里是指每份合约的波动率。自然而然的是，高波动率将会导致相对较大的价格波动、更大金额的合约或者兼而有之。）除非你的方法对于某个波动的市场特别适用，你最好交易大范围的较少波动的市场（再次多元化）。

步骤三：明确提出风险控制计划[①]

对损失的严格控制也许是成功交易最关键的先决条件。一个风险控制计划应该包含以下要素。

每笔交易的最大风险

交易员可以通过限制投入在任意一笔交易[②]的资金量占总资金量的比重来显著提高长期成功的概率。任意一笔交易的最大风险应该被限制在2%以内，理想情况下应该在1%以内。对于较小的账户，遵守这一规则将会限制交易只能在较小波动的市场里，微小的合约和点差。那些拿超过本金3%的资金在一笔交易上进行冒险的投机者必须慎重考虑他们财务上是否适合进行期货交易。

最大交易风险可以通过在某一市场里的最大合约开仓数量来确定。例如，如果某一

---

① 风险控制经常也被称为"现金管理"，尽管我相信前者是更加准确的说法。
② 这里隐含的假设是交易员预期的每笔交易利润为正。如果一个交易员的每笔交易利润预期为负，概率法则，如果他交易的时间足够长，他一定会亏损。这种情况就像每次赌博预期收益为负轮盘赌玩家的情况类似。

交易的最大风险是1%的本金，这个交易员的账户资金是20万美元，一个原油期货交易合约要求低于市场价1美元每桶的止损点，意味着最大的仓位数量是2张合约。（原油期货合约是一张合约1 000桶，所以，每1美元的价格变动对应着每张合约1 000美元的变化。）

止损策略

在进入交易之前必须清楚地知道在什么地方退出。这一点无论怎么强调都不为过。没有一个事先确定的退出点，你会发现你在清理一个亏损的仓位时很容易犹豫不决。在错误的时点，这样一次不遵守交易纪律会将你彻底踢出交易。

理想情况是，你应该在进入交易时，下一个取消前有效的止损单。但是，如果你相当确定你能信任你自己，可以在进入交易时设定一个内心的止损点，因此可以调整来减少损失。关于更多详细的止损策略的讨论本书在第13章。

需要指出的是，依靠系统的交易员不一定非得使用止损规则来进行风险控制。例如，如果一个交易系统能够在给定足够趋势反转信号的情况下，能够自动地反转仓位，这个系统就自带止损功能——阻止了单一交易的灾难性损失——在没有明确的止损规则的情况下。当然，大量的累积损失仍有可能通过许多交易发生，如果使用止损的话同样的漏洞也可以避免。

多元化

由于不同的市场会在不同的时间经历相反的变化，在多个市场中交易会降低风险。有一个非常简单的例子，假设你有一个10万美元的账户，你正在使用一个交易系统，在黄金和欧元期货交易中平均下跌了5 000美元。如果你在两个市场中交易了两份合约，损失将达到10%（10 000÷100 000），然后，如果你只交易了一份合约，损失将会毫无疑问的减少（如果黄金和欧元是负相关的甚至小于单个市场的一份合约）。实际上，除非两个市场的下跌是完全同步的，平均损失能够达到10%（假设两个市场的平均损失为5 000美元），但是这一点几乎不可能。当然，如果更多不相关的市场被加入组合，多元化的风险减少收益将会增加。同样的，正如本书第16章里所指出的，多元化的定义不仅仅指在多个市场中交易，同时可以指通过多个系统（或者方法）和对于每个系统的多个变量（例如参数设置）——前提是假如资金足够充裕的话。

尽管这一段我们的重点是风险控制，需要指出的是多元化还可以增加收益，通过允许交易员增加在每个市场的仓位而不增加总体风险的情况下。实际上，在现有组合里新增一个平均收益低于其他市场的市场将会增加收益，通过多元化带来的风险会减少大于加入这个市场所导致的回报下降的风险。两个其他多元化的好处——确保参与主要趋势和"坏运气保险"——在第16章讨论过了。

减少相关市场的杠杆

尽管在组合中增加一个市场允许交易员增加杠杆，但是对于高度相关的市场进行调整非常重要。例如，一个货币组合，包含8个最活跃的货币期货合约（欧元、日元、英镑、澳元、加币、美元指数、墨西哥比索、瑞士法郎），和一个更加多元的8个市场的组合相比，将会承受较大风险，由于这8个货币中的有些市场高度相关。结果是，这样一个全货币组合的风险水平（通过保证金和本金的比率或者其他风险指标来衡量）应该被调整，调整为一个更加多元的8个具有相当波动率的市场组合。

市场波动率调整

对于任意给定的本金规模来说，在每个市场中交易的合约数量应该根据波动率的不同而进行调整。这一条规则有两个方面。第一，在一个波动率高的市场里，交易的合约数量应该较少。第二，甚至对于单一市场，交易的合约数量需要根据波动率的变化进行调整。当然，由于一份合约不能分开交易，那些账户金额较小的交易员将不能进行这样的波动率调整，这也是为什么小账户将会承担更大的风险。（其他原因包括每个交易的最大风险不可避免地超过理想水平，还有不能充分的多元化。）

根据本金数量调整仓位大小

仓位大小需要根据本金变化来进行调整。例如，如果本金是20万美元时，一个交易员在玉米市场的仓位是4个合约，那么，如果本金下降5万美元，那么玉米市场的合约数应该被减少至3个合约。（当然，如果本金增加，交易仓位应该随之增加。）

亏损期调整（只适用于自主交易者）

当交易员的信心因为持续的亏损而动摇时，暂时削减头寸大小甚至采用完全中断交易直到信心恢复是个好主意。这样，交易员可以使得亏损期不至于演变成大灾难。但是，这个建议不适用于一个系统交易员，因为对于大多数可行的系统，亏损期增加了在接下来的时间里获得良好收益的潜力。或者，换句话说，自信和心态对自由交易者的表现至关重要，但与系统的表现无关。

🔲 步骤四：建立一个例行的计划时间

在每天晚上留出一些时间来回顾市场并且更新交易策略是很重要的。在大多数情况下，一个交易员建立了具体的例行时间，30—60分钟应该就足够了（如果只有少量交易被交易，可以更少的时间）。在这段时间的基本任务是：

（1）更新交易系统或者回顾图表。至少两者中的一个应该被用来辅助制定交易决策。在那些进行基本面分析的市场里，在重要的新信息发布后，交易员还必须定期重新评估基本面图形（例如，政府农作物报告）。

（2）计划新的交易。确定第二天是否有新的交易，这一点可以包含在前一晚也可以不包含在前一晚的内容中。如果新的交易机会出现了，确定具体的进入交易的计划。（这一点仅适用于自主交易者，因为系统交易法应该包括了具体的交易进入方法。）在某些情况下，一个交易决定将会视第二天的市场情况而定。例如，假设一个交易员看空玉米，同时当天收盘后，一个看多玉米的报告发布，如果当天白天玉米价格下跌，那么这个交易员有可能在收盘前一小时以内的任一价位做空玉米。

（3）对于现有仓位更新退出价位。交易员应该回顾止损价位和现有仓位的目标价，根据当天的价格变动检验修正是否正确。关于修正止损点，这类修正只能朝减少风险的方向。

🔲 步骤五：保留交易员的电子表格

在上一段例行讨论的计划中，我们可以按需要进行系统的格式化的记录。图36.1提供了一个可用作交易员电子表格的样本格式。

前四列简单地描述了一笔交易。第五列被用来标明在进入时预期的止损点。止损点的修正可以被计入第六列。保留初始止损点的原因在于这个信息在随后的交易分析中有用。例如，交易员也许希望去检查他们初始的止损点是否太宽或者太窄。

第7列～第10列提供了持有仓位可能的风险的总结。通过增加持有仓位的这些描述，交易员可以评估现有的风险水平——关于控制风险和确定是否开新仓位的非常重要的信息。

目标（列11和列12）的使用是关于每个交易的表现。尽管在有些情况下，使用目标值可以带来更好的退出价格，在另外一些条件下，目标值会导致提前退出交易。结果就是，有些交易员倾向于放弃使用目标值，退出交易或者是根据一个尾随的停止点，或者是观点改变。

1	2	3	4	5	6	7	8	9	10	11	12	13	14	15	16	17
				止损		累计风险		本金的百分比		目标值						
多或空	数量	市场	进入价格	初始	现在	初始	现在	初始	现在	初始	现在	退出日期	退出价格	净利润或损失	进入交易的原因	评论
进入交易日期																

图 36.1 交易员电子表格的样本页

退出交易的信息列在第 13～15 列。保留退出日期的原因在于该日期可以用来交易的持续期，这个信息对于交易分析也许有用。列 15 将表明交易是盈利的还是亏损的（在扣除手续费之后）。

列 16 和列 17 为对进入交易的原因和事后的评价进行简短的评论提供了空间。（当然，这两列需要的空间也许比图 36.1 提供的要大得多。）这两列中列出的总结将会在发现成功或者失败的原因时特别地有用。更有甚者，更为详细的交易描述应该体现在交易日记中，这一点在下一段有详细的讨论。

对于初学者来说，在真正的交易开始前一段时间的模拟交易将会获益匪浅。交易员的电子表格完全使用于这一目的，由于这个表格不仅仅能够记录潜在的交易成功，还能够帮助新交易员建立系统性和有约束的交易习惯。因此，当真正进入真实交易时，决策过程将会按部就班。当然，如果真的开始交易，那么交易决策的难度将会明显增加。但是，至少，一个已经养成保留电子表格习惯的新交易员比那些准备不足的交易员将具有明显的优势。

步骤六：记录交易员日记

对于每个交易，交易员日记需要包含下列基本的信息。

（1）交易的原因。在进入交易时记录交易的原因这一点很重要，因为这个记录可以对最初的交易动因、不偏不倚的事后评价和交易成果进行精确的描述。随着时间的推移，这些信息可以帮助交易者判断他们的交易策略中的一个是否特别容易成功或失败。

（2）退出交易的评论。交易退出和交易进入同等重要。在这里，交易员应该同时记录好的和坏的退出决定。例如，当对一个交易设置止损点时，它是否导致退出了一个好交易，或者它是否对一个可能产生更大损失的交易减少了损失？另外一个例子，如果一个尾随止损被使用了，它是否导致了提前退出，或者导致了较大的利润放弃？这一段中的评论将会帮助交易员确定退出策略是有益还是损害了业绩表现。

（3）教训。交易员应详细说明交易中的错误和正确的决定。保留这种书面记录的习惯可以极大地帮助交易者加强良好的交易习惯，避免重复过去的错误——特别是如果重复的错误用大写的标黑的字体标出。交易员日记应该被定期回顾来强化这些记录。一段时间以后，这些教训将会内化于心。从个人的经验来说，这种方法可以帮助消除经常重复的错误。在日记中通过图表来详细说明进入和退出时点将会非常有帮助。

步骤七：分析个人交易

交易员不仅需要分析市场，还需要分析他们过去的交易，以便于分析他们交易方法的长处和弱点。除了交易员日记外，在这类分析中两个有用的工具是分隔交易分析和本金表。

分隔交易分析

将交易分隔成不同的类别的目的是帮助确定那些明显地高于或者低于平均表现的趋势。例如，第一个例子，一个依靠图表特征来做交易决定的交易员可以根据触发交易的图表特征类型来分隔交易。这个操作可以揭示某些图表特征将比其他信号更加可靠，帮助交易员做出适宜的调整。

第二个例子，将交易区分成买入和卖出，交易员也许会发现做多的偏好，即使过往做空交易平均盈利更高。这样的区分可以明显地帮助纠正做多的偏好。

第三个例子，根据市场的不同来区分交易，交易员也许会发现自己倾向于在某一特定的市场持续的亏损。这类证据可以建议交易员通过停止在某个市场的交易来提升整体表现。通过市场来分隔交易是一个重要的操作，由于许多交易员对于他们在不同市场中相对的成功程度有很差的直觉。在表现较差的市场停止交易不一定是永久性的。交易员可以尝试找出这些市场令人失望的结果的原因，然后研究和测试可能的交易调整。

第四个例子，同时进行日间交易和持仓交易的交易员可能会发现比较每个类别的净结果特别有意义。我怀疑，如果这样的操作被所有相关的交易员实施的话，日间交易员的人数将会一夜之间下降50%。

当然，还有许多其他指标来分隔交易。两个例子是基本面分析导向的交易和技术分析导向的交易，和交易系统的建议吻合的交易和不吻合的交易。在每种情况里，交易员可以寻找成功或失败的特征。通过前面描述的交易员电子表格可以使得分析分隔交易的过程极大的简化。

本金表

本金表是显示每日账户本金的唯一形式（包含持有仓位的本金）。这种表的初始目的是提醒交易员哪里出现了业绩表现极具恶化。例如，如果在一个持续的、稳定的提升之后，账户本金突然大幅下跌，交易员应该马上降低仓位，并重新评估形势。这样一个突然的业绩表现下跌可能预示着市场环境的转换、交易员操作方法中的弱点，或是对于错误交易决定的偏好。是否确定真正的原因并不是必须的，因为任一原因都可以被视为强烈的减少风险的信号。简而言之，本金表是一个减少本金回撤的重要工具.。

交易员可以为他们自己的账户创立本金表，同时，可以在 fundseeder.com[①] 上免费查询其他业绩表现表和数据统计。

---

① 为了全面披露的目的，我对 FundSeeder 有财务上的兴趣。

第37章

75条交易规则和市场观察

> 如果你活得足够久，最终你将做错所有的事。
>
> ——拉塞尔·贝克

很少有事情比交易建议更容易被忽视。许多最关键的交易规则已经被广泛传播，以至于他们不能激发新交易者引发任何想法。因此，有效市场的见解往往被视为明显的陈词滥调。

想想"削减你的损失"这条规则，也许是最重要的交易准则。生活中哪一个投机者没有听说过这样的建议？当然，生活中并不缺乏忽视了这一规则的投机者。不足为奇，也不缺乏因为一两笔错误交易就导致账户被清零的投机者。

事实是，大多数投机者都忽略了这条建议，直到他们从自身的交易经验中"重新发现方向"。此外，许多投资者会重复同样的错误许多次直到他们最终汲取教训。因此，我对本章和下一章的建议使读者不犯基本的交易错误并不抱幻想，但是，这几章的材料（特别是在经历几次交易失败后）会帮助初级交易者少犯错误还是有希望的——几乎微不足道的成就。

这一章中的观察都是基于个人经验。因此，接下来的交易规则列表应该从正确的角度来看：他们都是基于经验的观点，而不是被证实的事实。总的来说，和其他已发表的交易指南会有很大的重叠。这并不奇怪，因为，很多交易规则（他们中很多很平常）都是基于坚实的原则，所以他们都被普遍接受。例如，我还从来没有见过一个成功的交易者不认为风险控制对于交易盈利至关重要。但是，下面列出来的交易规则反映的是主观的看法，与其他作者相矛盾（例如，用市场指令代替止损指令）。在最后的分析中，交易员必须发现他们自己的交易真理。但愿接下来的列表会加速这一过程。

☐ 进入交易

（1）区分大仓位交易和短期交易。聚焦于大仓位交易，因为这些交易对交易过程更加重要。短期交易（通过持仓数量和止损点来说明）的风险通常来说要小得多。许多交易员都会犯的一个错是他们执着于捕捉每一个小的市场波动（在这个过程中产生了大量的交易手续费和业绩下滑）而错过了主要的价格波动。

（2）如果你认为一个大的交易机会存在，不要执着于得到一个略好的进入价格。一个错过价格的盈利潜力可以抵销 50 个略好的交易价格。

（3）进入一个大仓位交易必须是仔细规划和深思熟虑的，绝不能是一个日间的冲动。

（4）寻找一个图表形态表明时机是正确的——就是现在。没有这么确定的形态就不要开始一个交易。（当然，这条规则仅适用于那些基于图表做交易决定的交易员。）

（5）根据每日的分析来下交易订单。如果市场没有接近适宜的进入水平，或者下一个在适宜的价位取消前有效的订单，或者记下这个交易想法，每天回顾直到进入交易，或者交易想法看起来不再有吸引力。不遵守这条规则将会导致错失好的交易。一个常见的现象是，当市场错过一个理想的进入时机时，一个交易想法被想起，然后很难在更差的价格做同样的交易。

（6）当寻找趋势上的大反转时，更明智的做法是等待某个图表形态表明时机正确，而不是等趋势回落到某个目标位置或是支撑点位。这条规则当市场出现价格的长期高点或低点时（例如，前 100 天的高点或低点）特别重要。记住，在大多数情况下，市场不会形成"V"形反转，相反，市场价格会不断试探高点或低点好多次。因此，等待顶部或者底部的形成可以防止在寻顶或者寻底的过程中被削成碎片，更不用提当你提早抄底或者逃顶时损失可能发生。即使市场确实发生了"V"形反转，后续巩固时期可以带来回报/风险适宜的进入时点。

（7）当你看着图表时，你会立刻产生直觉的印象（特别是，如果你并没有意识到你在看哪个市场），跟着感觉走。

（8）不要因为错过了一个新趋势的第一阶段，就放弃交易那个趋势（只要你能定义一个合理的止损点）。

（9）不要建立与最近的价格变化错误相反方向的仓位（例如，牛市陷阱后的多单、熊市陷阱后的空单），即使有很多其他理由支持这个交易。

（10）不要在价格波动过程中首个大幅波动（例如，价格波动远大于平均幅度）的交易日做反向交易。例如，如果你在等待进入一个纠正交易，同时，这个纠正在一个大幅波动的交易日形成，不要进行这个交易。

（11）在大多数情况下，用现价指令，而不是限价指令。这一条规则在止损时特别重要，或是进入一个临时察觉的大交易机会，就是交易员认为市场机会转瞬即逝的那种交易机会时也特别重要。尽管，对于很多交易来说，限价指令可以获得略好的成交价位，但是这点好处将被差的多的价位或者由于限价指令没有成交错失的盈利机会抵销。

（12）不要在市场重返初始交易点位时将仓位翻倍。通常情况是，市场重返初始点位对一个交易来说是负面指标。即使这个交易依然很好，在此时加倍仓位会由于过度交易而损害维持能力。

退出交易和风险控制（资金管理）

（13）在进入交易时，决定一个确定的保护性的止损位。

（14）当市场节奏出现新变化或者市场与交易方向反向变动时退出交易，即使止损点还没到。问问自己："假如你必须在这个市场中建立仓位，这个仓位将会如何？"如果答案不是你现在持有的仓位，退出！事实上，如果反向指标足够强，反转仓位。

（15）如果原来某个交易假设的前提被破坏，立即退出交易。

（16）如果你在交易的第一天就犯下严重错误，立即放弃这个交易。

（17）当一个重大的突发事件产生的影响与你持仓相抵触时，或者立即清算，或者设定一个非常近的止损点。

（18）如果某个市场突然朝自己仓位相反方向在远超近期平均波动水平大量成交时，立即清仓。例如，如果一个市场大约50点的范围内日间波动，突然，有一天这个市场开盘在100点，然后上涨至150点以上，如果你持有空单的话，立即清仓。

（19）如果你在阻力位卖出或者在支撑位买入，然后，市场开始盘整，而不是反转，立即退出。

（20）对于分析员和咨询师：如果你的直觉是最近的建议或书面报告错了，就逆转你的观点。

（21）如果你在一段时间内不能关注市场（例如，旅行时），或者清掉所有的仓位，或者为所有开仓设置停止指令。（在这种情况下，可以通过限价指令来确保以更低的价格完成计划的买入，或者以更高的价格完成计划的卖出。）

（22）永远不要对开着的仓位过于自信。即使当前的点位远好于原来的价格，时刻清醒什么时候退出。同样，一个变化中的相反的节奏可能预示着早于预期的退出。

（23）克制止损后立即重返市场的欲望。重返市场只会在原有损失的基础上增加额外的损失。唯一重返止损的交易的理由是基于变化的市场节奏、现在的时点是否合宜，也就是只有当这个交易满足任何新交易的所有条件和判断。

其他风险控制（现金管理）规则

（24）当交易走向相反方向：（a）较少持仓量（牢记在高度相关的各个市场的仓

位与一个更大的仓位类似）；（b）设置更加严格的止损点位；（c）减慢开展新交易。

（25）当交易走向相反方向：通过平掉部分亏损的交易减少风险敞口看，而不是盈利的交易。令人难忘的是，这一观察与埃德温·勒费弗的《股票操作手回忆录》相关："我做了错事，棉花让我亏损，我保留了它，小麦让我盈利，我却卖出了它。在所有的投机错误中，没有比试图平均损失更重要的了，总是卖出亏损，保留盈利的。"

（26）盈利之后，对于改变交易模式要保持高度警惕：

A. 不要开展那些在开始阶段就特别冒险的交易。

B. 不要突然增加持仓数量。（但是随着盈利的增加逐渐增仓是可以的。）

（27）用对待大仓位同样的常识来对待小仓位。永远不要说"这只是1、2手而已"。

（28）避免根据主要报告或者在重要的政府统计发布之前持有极大仓位。

（29）将相同的资金管理原则应用于头寸的价差和全部头寸。常见的误解是，利差是逐渐变化的，不必担心止损保护。

（30）不要在没有规划最终交易终止价格的情况下，购买期权。

持有和退出盈利交易

（31）不要在主要仓位交易时，兑现快而小的盈利。特别是，当你在一个交易明显正确时，永远不要在第一天就兑现盈利。

（32）不要当交易在你持有的方向上大幅波动时急于退出交易。但是，当价格大幅波动时，可以重置更近的止损点。

（33）尝试使用尾随止损，根据市场发展情况，而不是用指定目标作为一种退出有利可图交易的方法。使用指定目根据标往往会阻碍充分实现主要趋势的盈利潜力。记住，你需要偶尔的大赢利来补偿损失。

（34）尽管有前述规则，当进入一个交易时，设置一个初始的目标对于应用下述规则还是有用的：如果一个目标的很大比例很快实现（例如，一周内完成50%—60%，或者在两三周内完成75%—80%），兑现部分盈利，兑现部分较快且可观的盈利的想法是可以的。尽管这条规则经常会导致错过了兑现部分剩余的盈利。在这种情况下，当市场第一次回撤时，可能导致紧张的经常性的合约清算。

（35）如果目标达到了，但是你依然喜欢这个交易，保留交易，并采取尾随止损。这条规则对于捕捉一个主要趋势很重要，记住，耐心很重要，不仅在于等待合适的交易，而且还在于保留盈利的交易。不能从正确的交易中获得合适的盈利是一个重要的盈利限制因素。

（36）一个上述规则不全面的例外是如果你重仓持有的股票在直线上涨，可以考虑兑现扩大了的利润。推论规则：当事情看起来太好以至于不像是真的——当心！如果所有的事都在超正确的方向发展，也许，现在就是一个兑现扩大利润的合适时点，同时，对部分仓位采取缩小的尾随止损策略。

（37）如果兑现一个从长期来看很有潜力的交易（但是假设很可能短期内有一个回撤）的部分利润，制订一个重新进入仓位的计划。如果市场没有充分回撤至重新进入的位置，注意可以用来重新进入的时点。不要让重新进入的位置比当时退出的位置更差这一点阻碍你重新进入一个无论从长期来看还是当下的时点都显示应该进入的仓位。不能在一个稍差的价格进入将导致错过大趋势的主要部分。

（38）如果交易多个合约，避免想要100%正确的情绪陷阱。例如，如果想兑现一个表现还好的交易利润，至少在过程中保持一部分仓位，直到市场形成一个确定的反转趋势或者达到一个有实际意义的止损点。

☐ 其他原则和规则

（39）始终对于市场行动和演化趋势保持更大的注意力，而不是支撑/阻力位。后者经常会导致你提早逆转一个正确的市场偏好。

（40）无论何时当你觉得需要采取行动或者进入或者退出一个仓位——行动，不要耽误。

（41）永远不要违背你自己对市场长期趋势的看法，换句话说，不要试图在雨点中跳舞。

（42）赢得交易往往从一开始就领先。沿着同一条思路，一个有着40年成功经验的交易员，彼得·勃兰特建议道："永远不要把一个亏损的交易在周五带回家。"

（43）即使这个交易大错特错，正确的进入或者退出时点（例如，在一个可信赖的趋势上进入，或者在看到失败的第一个信号时立即退出）可以使得损失很小。

（44）盘中的决定通常是错误的。大多数交易者最好在白天关闭他们的屏幕，在主要交易时段结束后，每天检查一次市场。

（45）务必在星期五收盘前检查市场。通常地，形势在每周结尾更加清楚。在这种情况下，一个更好的进入或者退出通常在周五临近收盘时发生，而不是下周一一早开盘。这条规则特别重要，如果你持有重仓的话。

（46）按照市场的梦想行事（他们被明确地回忆）。它们代表着你的潜意识，试图突破意识思维所建立的障碍的市场知识。（例如，"当我上周可以以低2 000美元的价格做多的时候，我怎么能现在买入呢？"）

（47）你永远无法避免坏的交易习惯——你能做得最好就是让它们潜伏。一旦你变得懒惰或懒散，他们就会回来。

☐ 市场规律

（48）如果市场达到历史新高并且保持住了，赔率强烈显示后面将会远远超出旧的高点。在新的高点卖出可能是业余交易者最严重的错误之一。

（49）在一个较大交易区间的顶端窄幅波动是牛市的规律。与之相同，在底部窄幅波动代表着熊市。

（50）当市场突破了一个窄的价格区间时，可以在另一边止损的同时，沿着突破的方向交易。

（51）当交易价格从现有区间突破，并维持了1—2周时间，或者更长时间，就成为一个即将到来的趋势最可靠的技术指标。

（52）上述规则一个常用且特别重要的形式是：在前期价格区间正下方或者正上方的信号旗是趋势将继续的一个相当可靠的指标。

（53）如果市场突破到了一个新的高点或低点时，然后再拉回来，在即将突破的区间的位置形成一个信号旗，可以假定顶部或者底部已经准备就绪了。在这个信号旗巩固前，可以用保护性的止损来进入一个仓位。

（54）当突破一个交易区间后，紧跟着又被狠狠地拉回到区间内（例如，超过3/4重返区间内），这代表着形成了另一个牛市或者熊市陷阱。

（55）如果一个明显的"V"形底部紧跟着大量交易巩固，那么将代表着一个底部趋势。但是，这种巩固一旦被向下打破，市场可以被解读为即将再创新低。后一种情况，可以在巩固时期的上部，建立空仓，同时使用保护性止损。类似的观点可以应用于"V"形顶部紧跟着大量交易巩固。

（56）"V"形的顶部和底部进行几个月的盘整巩固，将形成真正的反转点，一个主要的顶部或者底部倾向于逐步形成。

（57）紧凑的旗状调整倾向于目前趋势将继续的信号，可以进入现有的趋势，同时，建立紧跟却有意义的止损点。

（58）如果一个紧凑的旗状调整之后是错误方向的突破（例如，是反转而不是现有趋势继续），市场将继续沿着突破的方向。

（59）曲线调整倾向于表明市场将朝着曲线的方向加速前进。

（60）短期的曲线调整，在与曲线相反的方向被突破后，将倾向于一个好的反转信号。

（61）一个大幅波动的交易日收盘价与主要趋势相反，预示着趋势变化的可靠信号。特别是，如果还触发了反转信号（例如，彻底的穿透前期的盘整）。

（62）在2～4天内，近乎垂直的大幅的价格波动（到达一个相对的高点或者低点），倾向于在接下来的数周内趋势将继续。

（63）尖峰是很好的短期反转的信号。一个尖峰的顶点可以被用作停止交易的点。

（64）在尖峰的情况下，要从两方面来看图表——有和没有尖峰。例如，当尖峰被去除以后，如果旗状还是确定的，穿透旗状就是一个有意义的指标。

（65）当其他相关市场都面临巨大压力时，某一市场能够保持稳定，可以被看成是内在强势的标志。同样的，当其他相关市场都表现强势时，某一市场走弱，可以被看作熊市的标志。

（66）如果某一市场在交易时间中持续高位成交，可以期待收盘也将收高。

（67）两个只隔了小间隔的连续旗状可以被看作是趋势将继续的信号。

（68）一个曲线的底部，紧跟着一个较浅的，同样方向的，在这一趋势顶部的调整（杯柄）将是牛市形成的信号。同样的趋势可以应用于市场顶部。

（69）一个失败的信号比原来的信号更可靠。走另外一条路，用失败信号前的高点或者低点作为一个终结。规则53、54、58和60中有关于失败趋势的例子。

（70）一个失败的市场紧跟着明显的牛或熊的消息（例如，主要的美国农业部的报告），经常是即将到来的趋势反转的先兆。如果你已经持有仓位，需要特别关注这类变化。

分析和回顾

（71）每天回顾图表——特别是当你很忙的时候。

（72）定期回顾长期图表（例如，每2～4周）。

（73）认真地记录交易笔记，包括每次交易的图表，同时标注下面的信息：为什么交易；预设的止损点和止盈目标（如果有）；后续记录交易机会是如何出现的；观察和教训（错误、做对的事、重要的趋势）；净利润/损失。当交易进入时，就记录在表里，这样，交易的原因才能准确地反映你实际的想法而不是重建。

（74）保留一个趋势图表本，无论何时你注意到一个市场趋势是有趣的，或者，你想记录下你关于最终结果是怎么想的，或者你想记录下来这个趋势最终是如何终结的（这种情况下，你对于趋势的理解不含有任何偏见）。务必跟踪每个图表，在稍后的时间里看看最终的结果是什么。随着时间的推移，这一过程会通过提供统计上各种不同图表的预见可靠性来提高图表理解能力（正如实时识别）。

（75）定期回顾和更新交易规则、交易者笔记和趋势图表（例如，每3个月一回顾）。当然，上述三项可以被更频繁地回顾，任何时候只要觉得回顾是有价值的。

第38章

50个专业的市场教训[1]

没有什么事情像做对或击败市场一样,如果你赚钱了,是由于你和市场理解了同样的事,如果你输钱了,只是你理解错了,没有其他的方式看它。

——穆萨尔·曼苏尔·艾杰兹

杰出交易员使用的方法是极其多样化的。一些人是纯粹的基本面分析者,另外一些则只使用技术分析;同时,还有一些同时使用技术分析和基本面分析。一些交易员认为两天就算长期交易了,另一些则认为两个月是短期。尽管有广泛的风格,我还是发现某些原则不论对于各种成功的交易员来说都是正确的。这一章包含了50个交易成功的案例,他们都是从过去几十年里,我在采访伟大交易员的过程中学到的经验和发现的观点中归纳的——一个记录在四本市场向导中的先驱。

(1)重要的事情先说。首先,务必确认你真的想去交易。通常情况是,那些认为他们想交易的人们最后发现他们根本不想交易。

(2)分析你的动机。考虑一下为什么你想交易。如果你只是为了刺激而想交易,你最好还是玩过山车或悬挂式滑翔机。如果你只是因为交易可以容易地赚很多钱而被吸引,市场很可能会纠正你这个假设。

(3)交易中没有法宝。许多交易员错误的相信有单一的方法来定义市场行为。那些我采访过的非常成功的交易员不仅仅使用的方法各不相同,有时他们所使用的方法完全相反。

(4)使交易方法和你的个性相匹配。交易成功不是寻找一个正确的方法,而是寻找一个适合你的方法。选择一个和自己个性和适应程度相符的方法非常重要。如果你不能承受巨额利润回吐,甚至一个非常好的长期趋势跟随策略都会成为一个灾难,因为你永远不能跟踪趋势。如果你不愿意整天盯着报价屏幕(或者是不能),不要尝试每日交

---

[1] 这一章改编自下面两本著作:杰克·施瓦格,《新市场向导》(纽约,1989,第461-478页)美国哈珀·科林斯出版公司出版,经过许可使用;杰克·施瓦格,《对冲基金市场向导》(纽约,2012,第489-499页);约翰·威利父子公司出版,经过许可使用。

易法。如果你不能承受交易决策的情绪紧张,那么尝试开发一个交易的机械系统。找到一种适合你自己方法的重要性怎么强调都不为过。兰迪·麦凯,无论是场内,还是场外,都堪称成功的交易者,他曾断言"实际上,我认识的每一个成功的交易者最终都会有适合自己的交易风格"。

顺便说一句,交易风格和性格错配是那些买来的交易系统很少能为购买者盈利的一个关键原因,即使这个系统很好。为什么?因为每个系统都会有表现不好的时候。如果你在用其他人的系统交易——特别是一个你不了解信号产生原因的"黑箱"系统,很可能在这个系统第一次表现不好时就放弃它。

(5)有一个边界是绝对必要的。没有边界,你不可能赢,即使拥有世界上最好的交易纪律和现金管理能力。如果你可以赢,那么用完美的交易纪律和风险控制,你能玩轮盘赌赢率(从长期来看)。当然,根据概率论,那是不可能的。如果你没有边界,所有的现金管理和交易纪律所能做的就是保证你会逐渐流血至死。顺便说一句,如果你不知道边界在哪里,你就没有边界。

(6)得出一个方法。为了得到边界,你必须要有方法。至于方法的类型则无所谓。有些超级交易员是纯粹的基本面分析,有些是纯技术派,而有些则是混合派。甚至在每一组里面,还有很多的不同。例如,在技术派里面,有卷尺阅读者(或者他们现代的等同者——盯屏幕者)、图表者、机械系统交易员、波浪理论分析师、甘恩分析师,等等。方法的类型不重要,但是有一个方法很重要——当然,这个方法必须有一个边界。

(7)开发一个方法是一项艰苦的工作。捷径很少能够带来交易成功。开发你自己的方法需要研究、观察和思考。这个过程将会花费大量的时间和艰苦的工作。在你找到适合自己成功的交易方法前,将会有很多失败。记住,你是在和数以万计的职业选手进行对抗。为什么你应该好一些呢?如果很容易的话,那将会有很多交易员成为百万富翁。

(8)技能和努力工作。交易成功是依赖自身的技能吗?还是艰苦的工作就可以了?毫无疑问,很多超级交易员都有特殊的交易天赋。马拉松长跑和交易有些类似。事实上,任何人都可以跑马拉松,如果有足够的坚持和艰苦的训练。但是,不管努力和欲望,仅有一小部分人能够跑进2小时12分(或者女子2小时25分)。类似的是,任何人都可以学着演奏一种乐器,但是,不论怎么工作和付出,只有极个别人拥有成为音乐会独奏家的天赋。通用的法则是,异常优秀的表现需要同时具备天赋和艰苦的工作来实现潜力。如果内在的能力不足,艰苦的训练可以补足,但是不能达到优秀。

按我个人的观点,同样的原则对于交易也适用,任何人都可以成为一个盈利的交易员,但是只有一小部分具有与生俱来的天赋成为超级交易员。正是基于这个原因,也许可以通过教育培养成功的交易者,但是也只能达到这一点了。对于自己的目标要实事求是。

（9）好的交易应该毫不费力。等等，我刚刚不是将艰苦的工作列为成功交易的一个原因了么？一个成功的交易怎么能要求艰苦的工作同时还毫不费力？这里没有矛盾，艰苦的工作指的是准备阶段——成为一个好交易员必要的研究和观察——而不是交易本身。在这一方面，艰苦的工作和毅力、创造力、坚韧、驱动力、欲望等素质息息相关。艰苦的工作并不意味着交易本身的过程应该充满努力。当然，这并不意味着与市场斗争或对抗。正好相反，交易过程越轻松自然，成功的机会就越大。一位交易员引用《禅宗和射箭的艺术》做了如下比喻："在交易中，就像射箭，每当有努力、压力、紧张、挣扎或尝试，这是错误的。你失去了与市场的同步，你与市场不协调了。完美的交易是不需要努力的。"

想象一下世界一流的长跑运动员，以每5分钟跑完1英里的节奏。再想象一个走样的，250磅的长时间看电视的胖子试图以10分钟跑完1英里。专业长跑运动员滑过优雅——几乎毫不费力——尽管有更长的距离和更快的速度。但是，走样的跑者有可能挣扎——气喘吁吁，像南斯拉夫牌汽车提升1%的档位。谁投入更多的工作和努力呢？谁更成功？当然，世界一流的长跑运动员在训练期间将会付出艰苦的工作，此前的努力和付出对于他的工作必不可少。

（10）在自己的舒适区域交易。如果一个仓位过大，因为恐惧将主导决策过程，你会倾向于因为无关紧要的修正而退出好的交易。

（11）现金管理和风险控制。几乎我采访过的所有的伟大的交易员都认为现金管理比交易方法还要重要。因为交易者在应用策略的过程中缺乏控制风险的方法，许多潜在的成功系统或交易方法导致了灾难。你不必是一个数学家或投资组合理论专家来管理风险。风险控制可以如以下四种方法一样容易。

① 不要在任何交易上用超过你1%～2%的总资本来冒险。（每一个交易的风险小于1%，如果这个限制可以满足，同时仍然符合你的方法是更好的。）

② 在你进入一个交易时，提前决定你的退出点位。我采访的许多交易员都引用了这个规则。

③ 从一个深思熟虑的小交易额开始，以至于失去这部分交易额对于你没有造成任何重大的财务或情绪的影响。如果这部分交易额损失了，停止交易。一旦你有了信心，准备再次交易，开始用另一小部分交易额。通过这种方式来严格限制最坏的情况，你永远不会因为一次灾难性的交易经验被淘汰——正如很多发生在新手交易员身上的一样。

④ 如果你的本金正在下降，同时感觉你与市场不同步，或者你的交易信心不稳，喘口气，分析哪里出了问题，直到你感到自信，有一个高概率的想法时再开始交易。对于大额交易者，在交易间隙，交易很小一部分是一个合理的选择。在亏损时，大幅削减交易规模的策略被许多我采访过的交易员提到。

（12）交易计划。试图在没有交易计划的情况下赢得市场就像试图建立没有蓝图的房子一样——代价高昂（而且可以避免的），错误几乎是不可避免的。一个交易计划只需要将个人交易方法和具体资金管理和交易进入规则结合起来。罗伯特·克劳兹，一个专门和交易员工作的催眠师，认为缺少交易计划是所有交易员在市场里碰到的纪律困难的根源。理查德·德莱豪斯——一个我采访过的非常成功的共同基金经理强调说，交易计划应体现一个人的核心理念。他解释说，如果没有一个核心理念，你将无法在非常困难的时候坚持你的仓位或坚持你的交易计划。

（13）不要混淆盈利和亏损的交易与好和坏的交易的概念。一个好的交易可能亏钱，同时，一个坏的交易可能赚钱。甚至一个最好的交易的过程，可能在相当一部分时间里是亏钱的。没有办法提前知道一个交易是否能赚钱。只要一个过程中附着的交易拥有正边界，它就是一个好交易，无论它是否赚钱与否。因为如果类似的交易重复多次，他们会最终盈利。相反地，一个像赌博一样的交易是坏交易，无论它是否盈利，因为随着时间的推移这类交易会亏损。

（14）纪律。纪律也许是我采访过的优秀的交易员使用最频繁的词。通常来说，交易员以一个几乎抱歉的语气说道："我知道你之前已经听过很多次了，但是相信我，它真的很重要。"

纪律主要有两个基本的原因。第一，它是保持有效风险控制的先决条件。第二，你需要纪律来毫不犹豫地应用你的方法选择哪个交易来进行。我保证，你几乎经常选择错误的那一个。为什么？因为你总是倾向于挑选容易的交易。正如比尔·埃克哈特——一个转型成为成功的商品交易咨询师（CAT）的数学家解释的："好的感觉往往是错误的。"

（15）明白你需要负责任。无论赚钱或者亏损，你需要为你自己的结果负责。即使你因为你的经纪人的建议，一个咨询服务的推荐，或者你购买的系统一个错误的信号而亏损，你必须负责，因为是你做了听从和行动的决定。我从未遇到过一个成功的交易者因为他的损失而责怪别人。

（16）需要保持独立性。你需要进行自己的思考。不要陷入大规模的歇斯底里。艾德·斯科塔——一个在过去18年里将自己的本金翻了1 000倍的期货交易员指出：当一个故事成为全国性期刊的封面时，这个趋势可能就接近结束了。

独立性还意味着你需要做出自己的交易决定。不要听其他意见。即使它们偶尔能提供帮助。听别人的意见似乎最终总是浪费你的钱——更不用说还混淆你自己的市场观点。正如迈克尔·马库斯——一个极其成功的期货交易员在《市场先导》中所说的："你只需要跟随你自己的光，如果你合并两个交易员的，你将会得到它们各自最差的那一部分。"

说说另一个我在《市场先导》采访的交易员的个人轶事。虽然他被蒙上眼睛，放在游泳池底的箱子里，也比我交易得好，但他仍然对我关于市场的观点感兴趣。某一天，他打来电话，问道："你怎么看日元？"

当时，日元是少数几个我有坚定的观点的市场之一。日元已经形成了一个特别的图表趋势使我看空日元。"我认为日元将会直线下跌，我做空了。"我回复道。

他接着给我 51 个理由为什么日元已经超卖，将会反弹。挂断电话后，我想："明天我就要出差。我的交易在过去几周表现得不是很好。做空日元交易是我账户里唯一的交易了，考虑到这些因素，我真的想拒绝世界上最好的交易者的意见吗？"于是我决定平仓。

几天以后，当我出差回来，日元已经跌了 150 点了。碰巧的是，那天下午，那位交易员正好打电话过来。当话题转向日元，我禁不住问："顺便问一句，你还做多日元么？"

"哦，不，"他回复道，"我在做空。"

关键不是这个交易员试图误导我。正好相反，当他表达的时候，他坚定地相信自己的观点。但是，他是一个超短期的交易者，他的时机足够好，所以他可以从交易两边获利。作为对比，我一无所获，尽管我初始的行动完全正确。教训是，即使是一个更好的交易者的建议也可以导致有害的结果。

（17）信心。关于他们有能力继续赢得市场的坚定信心，几乎是我采访的交易者一个普遍的特点。范塔普博士——一个做了大量关于交易员研究的心理学家——被《市场先导》采访时宣称，盈利交易员的一个基本的特质是他们相信"在他们开始之前，他们已经赢了游戏"。

那些有自信心的交易员将有勇气去做正确的决定，有勇气不恐慌。在马克·吐温的《在密西西比河上》中的一篇文章，我发现了非常恰当的评论，甚至它和交易完全没有关系。在那篇文章中，主角——实习轮船驾驶员——被他的导师和其他船员欺骗，在他知道整个航线中最容易的一段陷入恐慌。以下的交流发生在他和导师之间：

"你难道不知道那个十字路口没有底吗？"

"是的，我知道。"

"那好，你不应该让我或者其他任何人动摇你的信心。记住这一点，还有另一件事，当你到一个危险的地方，不要变成懦夫，那不会有任何帮助。"

（18）亏损是游戏的一部分。伟大的交易者都充分认识到亏损是交易游戏的内在组成部分。这个态度看起来和自信心关联。因为，优秀的交易员很自信他们在长期交易中将胜出，个别失败的交易看起来不再恐怖，它们只是看起来不可避免——那就是它们。正如琳达·拉希克——一个赢率很高的期货交易员解释的："亏损从来不会困扰我，因为我知道我会赢回来。"

没有比害怕失败更确定的导致失败的原因了。如果你不能承受亏损，或者你将承担更大的损失，或者错过巨大的盈利机会——任何一个错误都将足以丧失成功的机会。

（19）缺乏信心和休息时间。只在当你感到自信和乐观的时候交易。我经常听到交易员们这么说："我似乎总是做错事"，或者"我打赌我再次在底部附近出局"，如果你发现自己在这样消极的角度思考，这将是一个最好停止交易的确切信号，慢点返回交易。将交易想象成冰冷的大海，在跳进去前先测测水温。

（20）征求意见的冲动。征求意见的冲动暴露了缺乏信心。如琳达·拉希克说过："如果你发现自己试图去寻找别人对交易的看法，那就是你应该平仓的一个确定的信号。"

（21）耐心。等待合适的时机将增加成功的概率。你不用总待在市场里。正如埃德温·利弗莫尔在他的经典著作《股票操作手回忆录》中说的："总有一个愚蠢的傻瓜总是在任何时候做错事，但是华尔街有傻瓜认为他必须一直在交易。"

著名投资者吉姆·罗杰斯在《市场向导》有一个关于交易耐心的更加丰富多彩的描述："我只是静静地等待，直到有钱躺在角落里，然后所有我需要去做的只是走过去，捡起它。"换句话说，直到他非常确定一个交易看起来像从地板上捡钱一样容易，否则，他什么也不做。

马可·威斯坦，在《市场向导》中被采访过，提供了下面适当的类比："虽然猎豹是世界上跑得最快的动物，能在平原上捕捉任何动物，但是它也一定要等到完全确定它能抓住猎物。它可能躲在树丛中一个星期，等待最好的时机。它将等待一只小羚羊，但不是任何小羚羊，最好是生病或跛脚。只有在那时，它不可能失去猎物，它才攻击。那对我来说，是专业交易的缩影。"

（22）持有的重要性。耐心不仅在等待合适的交易时很重要，而且在坚持持有还在盈利的交易时也很重要。不能从正确的交易中充分的盈利也是限制利润的关键因素。再次引用利弗莫尔在《股票操作手回忆录》中所说的："为我赚大钱从来不是我的想法。我总是持有，明白吗？紧紧地持有！"比尔·埃克哈特关于这一主题提出了一个特别难忘的评论："一个常见的完全错误的谚语是，你赚着钱怎么可能破产。这正是许多交易者破产的原因。当业余者因亏损而破产时，专业交易员会因兑现小利润破产。"

（23）开发一个低风险的想法。范塔普博士在自己的讲座上使用的一个练习是让参加者花些时间写下关于低风险交易的想法。低风险想法的优点在于它结合了两个基本要素：耐心（因为只有很小一部分想法合格）和风险控制（固有的定义）。花时间去思考低风险策略对于所有交易员来说都是有用的练习。每个交易员具体的想法会千差万别，这取决于交易的市场和使用的方法。在我参加的论坛上，参会者列出了一长串关于低风险想法的描述。举个例子：在一个只需很小的市场变化就能确信证明你错了的市场里的交易。尽管和交易没什么关系，我个人最喜欢的低风险的想法是"在警察局隔壁开一个甜甜圈店"。

（24）变化赌注大小的重要性。所有长期持续盈利的交易员都有一个边界。但是，交易的边界却千差万别。在数学上可以证明，在任何具有不同概率的赌博游戏中，奖金最大化可以根据感知的机会来调整赌注大小，使盈利最大化，得到一个成功的结果。最佳二十一点投注策略提供了关于这个概念的一个完美的说明。

如果交易员知道哪些交易有更大的优势——比如说，基于较高的置信水平（假设它是一个可靠的指标），那么在这种情况下更具进攻性是有道理的。正如斯坦利·德鲁肯米勒——历史上最持续盈利的对冲基金经理之一所说："获取长期回报的方法是通过资本保全和家庭。当你对某一交易上非常有信心时，你就必须抓住重点。当一个傻瓜需要勇气。"对于一些市场专业人才来说，对于何时真正踩上油门的敏锐判断，并且有勇气这样做帮助他们实现卓越（而不仅仅是好）的回报。我采访的一些交易员提到，他们根据自己的交易方式改变交易规模。例如，麦凯表示，他经常会调整他的仓位的大小，甚至从100到1。他发现这种方法可以使他在盈利时增加利润，同时在亏损时降低风险。

（25）扩大和缩小交易。你不必一次性全部进入或者退出仓位。扩大或者缩小仓位提供了调整交易的灵活性，并且扩大了选择的机会。由于人类天生渴望成功，大多数交易员都毫不犹豫地牺牲了这种灵活性。（通过定义，逐渐调整法意味着一部分交易仓位会以更坏的价格进入或者退出。）一些交易员还指出逐渐退出法使得他们可以保留一部分长期盈利的仓位更长时间（与一次性退出相比）。

（26）围绕着一个仓位交易时有益的。大多数交易员倾向于将交易视作两步的过程：何时进入和何时退出。交易是一个关于进出的动态过程，而不是静态的过程。基本的观点是，当交易朝希望的方向变化时，仓位应该逐步削减。变化越大，市场和预期的目标越近，越多的仓位应该被削减。以这种方式减少仓位后，如果市场反转，仓位也应该被恢复。任何时间，市场回撤到正确的重新进入的位置，净利润将会产生，否则，利润将无法实现。市场越起伏，更多的超额利润将会通过围绕仓位交易产生。即使对于一个市场未能在预定的方向上的交易，总的来说，仍有可能通过在有利时盈利、在回撤时卖出这种方式，来实现总的盈利。这一策略也将减少因为市场调整而被震出正确仓位的概率。因为，如果一个仓位被减少了，市场回撤将会减少影响，而且可以重新进入。这一策略唯一的将产生不好的影响的情况是如果市场一直朝着预期的方向，几乎不回撤至重新进入的位置。但是，这种不好的结果仅仅意味着原来的交易是盈利的，只是总利润有所减少而已。简而言之，围绕着一个仓位交易可以产生超额的利润，并且增加持有一个好交易的概率，但是当市场朝着预期的方向直线变化时，会损失部分利润。

（27）做对远比成为天才重要。我想为什么许多人试图去寻找最高点和最低点的一个原因是他们想向世界证明他们多聪明。考虑获利而不是成为英雄。忘了通过你多接近最高点或最低点来证明交易成功吧，应该通过你能很好地选择每个具有适宜的回报/风险的交易来证明交易的成功。寻找适用于每一笔交易的适用性，而不是一笔完美的交易。

（28）不要担心看起来很傻。上周，你告诉办公室里的每一个人："我的分析刚刚发现，现在是标准普尔指数的非常好的买点，市场即将再创新高。"但是，现在你分析市场的表现，有些情况好像看起来错了。不是上涨，而是市场大幅下跌，你的直觉告诉你市场是脆弱的。不管你有没有意识到，你宣称的预测影响了你的客观性，为什么？因为你不想在告诉全世界市场将到一个新的高度后，这看起来很傻，后果是你很可能将市场的变化视作最轻的可能。"市场没有大幅下跌，只是一个敲开弱牛的回撤。"作为这种合理化解释的一个后果就是，你最终持有失败的仓位过于长久。对于这个问题有一个简单的解决方法：不要讨论你的仓位。

那要是你的工作要求你谈谈自己对于市场的观点呢（正如我之前做的）？规则是：当你开始担心和之前的观点矛盾时，将这个担心转换成逆转你观点的加强。有一个人的例子，在1991年早些时候，我认为美元已经形成了一个主要的底部。我清楚地记得在一个谈话节目中，一个观众询问我关于货币走势的展望，我大胆的预测，美元在今后几年将走强。几个月后，在1991年8月苏联政变后至确认政变失败前，美元已经回撤到几个月前的水平。我感觉到有些事情错了。我回忆了几个月前我关于美元即将在未来几年走强的预测。关于之前预测的不舒服和尴尬告诉我是时候改变观点了。

在我早年工作的时候，在这种情况下，我总是试图理顺我原来的市场意见。我浪费了太多的时间最终得到了一个教训。在上述例子中，放弃最初的预测是幸运的，因为在接下来的数月里美元价格崩溃了。

（29）有时候行动比谨慎更重要。等待价格回撤来进入市场听起来很谨慎，但是这经常是错误的。当你的分析、方法或者直觉告诉你应该进入一个交易而不是等待价格纠正——立即去做。警惕不要被你可能在近期以更好的价格进入的想法所影响，特别是当市场经历了一个较大的、突然的变化（经常是由于一个突然的重大新闻导致）。这种类型的交易经常能够盈利，因为他们太难做了。

（30）捕捉到部分的变化就很好了。仅仅是因为你错过了一个新趋势的最初部分，不要让这一点阻止你交易那个趋势（只要你能够确定一个合理的止损点）。麦凯评论道，一个趋势最容易的部分就是中间的部分，这意味着，在进入前，你总会错过部分趋势。

（31）不要尝试100%正确。几乎所有的交易员都有过这样的经历，就是市场变化和自己的仓位相反引起的损失足以招致强烈的关注，但是他们依然认为现有的仓位是正确的。持有交易将冒较大损失的风险，但是放弃仓位将冒放弃几乎是最差价格的好仓位的风险。在这种情况下，与其做一个"全或无"的决定，交易员可以选择放弃部分仓位。兑现部分损失比平掉整个仓位容易得多，而且可以避免持有整个仓位导致较大损失的可能。这还将保留当市场反转时恢复利润的可能性。

（32）最大化利润，而不是赢的次数。埃克哈特解释说，人的天性不是按照最大化利润来操作的，而是按赢的机会。这导致的问题意味着人们缺乏对于盈利（损失）幅度的关注———一个缺陷将导致不是最佳的结果。埃克哈特直接总结说："交易的成功率是最不重要的表现统计数据，甚至可能与表现成反比。"杰夫·亚思———一个非常成功的期货交易员提出了一个类似的主题："适用于扑克和期权交易的基本概念是，主要目标不是赢得很多次，而是最大化你的收益。"

（33）学会不忠诚。忠诚可能是家庭、朋友和宠物的美德，但于一个交易者却是致命的缺陷。永远不要对一个交易仓位忠诚。初学的交易员可能对他初始的仓位很忠诚。他会忽略他已经站在了和市场相反一边的信号，当希望获得最好时，持有仓位至巨大损失。学到了现金管理重要性的有经验的交易员，当他意识到已经做了一个错误的交易时，会立即退出。但是，一个训练有素的交易员，当市场反应逆转时，将能够冒着损失进行180度反转操作。德鲁肯米勒在1987年10月19日股灾前，犯了一个严重的错误——将股票仓位从做空转为做多。但是，他很快意识到了自己的错误，更重要的是，他毫不犹豫地承受巨大损失将股票仓位转为做空，这帮助他将一个可能的灾难转化成了净盈利。

（34）提出部分利润。从市场中提出部分利润以防止从交易自律恶化变成自满。通过说来理顺过度交易和拖延清算亏损的交易过于容易而得不到操作，"这只是利润"，从帐户中提取的利润更可能被视为真正的钱。

（35）希望是四个单词组成的词。对于交易员来说，希望是一个肮脏的词汇。不仅仅是在于推迟清算一个亏损的交易，希望市场反转，还在于希望市场回撤，得到一个更好的进入时点。如果这个交易是好的，希望的行动往往不能实现直到太晚。经常，进入这类交易的方法是只有合理的止损点能够确认，立即进入。

（36）不要做舒适的事。埃克哈特提出了一个相当刺激性的主张，即人类倾向于挑选舒适的选择，将导致大多数人得到比随机情况更差的结果。事实上，他是说这种他们天生的特性将导致糟糕的交易决定，对大多数人来说，通过掷硬币或者投飞镖得到的结果更好。埃克哈特列举了一些人们倾向于做出的舒适的选择往往会违背正确的交易原则的例子，包括在亏损的方向继续冒险，锁定确定的盈利，卖出强势的买入弱势的，设计或者买入对于过去价格不合适的系统。这对于交易员来说隐含的信息是：做正确的，而不是舒服的。

（37）如果你必须赢你就不会赢。有一个古老的华尔街谚语："惊恐的钱不会赢。"原因非常简单：如果你拿你不能承受损失的钱冒险，所有的交易情绪问题都会被放大。在德鲁肯米勒职业生涯的早期，当一个关键的财务投资人的破产威胁到他羽翼未丰的投资公司的生存时，他在一个交易上孤注一掷，以期以最后的努力挽救自己的公司。尽管他在美国国债市场绝对底部的一周买进，但是他还失去了他所有的钱。成功的需要促进了交易错误（例如，过量的杠杆和刚刚例子中的缺乏计划）。市场很少容忍源于绝望交易的疏忽。

（38）通往成功的路上充满了错误。通过错误来学习对于提高和达到最终的成功很有必要。如果被认识到并且被执行，每一个错误都提供了改进交易方法的机会。大多数交易员都会通过写下每一个错误、重要的教训和交易过程中打算的变化来获益。这样的交易日志可以定期回顾来强化。交易错误不可避免，但是可以避免犯同样的错误。这么做就成为成功和失败的区别。

（39）当市场容易让你摆脱困境时请三思。如果市场让你以比预期更好的价格退出时，不要急于离开你一直担心的仓位。如果你由于一个新闻或者前日收盘的技术破位而担心隔夜或跨周末的价格变动，非常有可能的是，其他交易员也有这样的担心。事实上，市场并没有朝着这些担忧走得太远就强烈表明，必然有一些非常强大的潜在力量支持原仓位的方向。这一概念首先由马丁·舒华兹在《市场先导》上提出，他编制了惊人的跟踪股票指数期货的记录。这一概念通过一个大规模的货币交易员利普舒兹退出了一个使他感到恐惧的交易的方式来说明。在当时的情况下，在星期五的下午，通常来说货币交易较为清淡的时间（在欧洲闭市之后），利普舒兹发现他在强烈反弹的市场里持有巨大的美元空头头寸。他必须等到过了周末，等到东京市场在周日晚上开盘后才能平掉他的仓位。当美元在东京市场低开后，他没有直截了当地平仓；相反，交易员的直觉告诉他可以推迟一会——这个决定让他获得了更好的平仓价格。

（40）思想封闭是一件可怕的事情。思想开明是那些优秀交易员的共同特质。例如，吉尔·布莱克，一个创造了难以置信持续利润的共同基金计时员。实际上，他是通过向同事证明价格是随机的才迈入交易职业生涯的。当他意识到他是错以后，他成为了一个交易员。德里豪斯曾经说过："思想就像降落伞，只有当它打开时才是好的。"

（41）对于寻找刺激而言，市场是一个昂贵的地方。刺激与交易的形象有很大关系，但是和交易成功没有任何关系（除非在交易失败的情况下）。拉里·海特，完美管理，世界上最大的电容式话筒放大器之一的创始人，在《市场先导》中描述他和一个不理解他绝对服从电脑化的交易程序的朋友的对话。他的朋友问道："拉里，你怎么能按照你现在的方式交易呢？不是很无聊么？"拉里回复道："我不是为了刺激而交易，我是为了盈利而交易。"

（42）当心那些一时高兴做的交易。警惕那些受市场疯狂影响做的冲动的交易。过度乐观在市场上应该被视作一个潜在的即将逆转的警示旗。

（43）如果你在乐观或者恐慌的正确的方向上，减仓。抛物线状的价格变化通常会结束的比较猛烈。如果你非常幸运的当市场近乎直线变化时在正确的方向上，可以在市场还在你持有的方向时考虑逐步减仓。如果你在相反的方向，也许是个你该清仓的好信号。

（44）交易员平静的状态。如果有一种成功的交易相关的情绪状态，那就是不激动。

基于查尔斯·福克纳——一个与交易者合作的神经语言程序设计（NLP）工作者的观察，他表示不论市场如何变化，优秀交易员都能够保持平静和独立。他描述（一个因发明了市场轮廓交易技术而著称的成功的期货交易员）彼得·史泰米亚对于市场与自己相反的反映，就像思考"嗯，看一看"一样。

（45）发现并消除紧张。交易中出现紧张是可能发生错误的信号。如果你感到紧张，考虑一下原因，然后采取行动消除原因。例如，你发现压力的最大来源是对于是否平掉一个亏损的仓位而犹豫不决。解决这一问题的一个方法是每次你进入一个仓位的时候，下一个保护性的停止指令。

我将给你一个个人的例子。当我是研究主管时，我基本的工作之一就是给我公司的经纪人提供交易建议。这个工作和交易很类似，可以说同时做了研究和交易的工作。我相信提供交易建议比交易难多了。在数年的盈利推荐后的一段时间里，我走了背运。我做什么错什么。当我预测对了市场的方向时，我的买入建议总是太低（或者我的卖出建议总是略高）。当我进入交易，并且方向正确，但是经常因为一些细碎的极端反映被震出来。

我的应对措施是开发一系列的电脑交易程序和技术指标，从而提供广泛多元化的交易建议给我的公司。我仍然每天打日常的关于市场的主观的电话，但一切都不再取决于这些建议的准确性。通过多元化交易相关的意见和信息，我将这种压力转移到系统的方法上，我能够大大减少个人压力的来源，在这个过程中提高研究产品的质量。

（46）注意直觉。在我看来，直觉是在潜意识里的经验。有意识的头脑所做的市场分析客观性可以被各种外来的考虑所损害（例如，一个人现有的仓位，对于改变前一个预测的抵触）。但是，潜意识并不抑制这样的约束。不幸的是，我们不能轻易地进入潜意识的想法。但是，当潜意识通过直觉出现时，交易员必须足够重视。正如前面引述的交易员表示的，"诀窍是区分你想要发生的事情和你知道会发生的事情"。

（47）生活的使命和爱的努力。在和《市场先导》接受采访的交易员谈论中，我感觉到他们中许多人都感到，交易是他们命中注定要做的——其实，是他们在生活中的使命。在这样的背景下，查尔斯·福克纳引用 NLP 联合创始人约翰·葛林德对使命的描述："使命是你如此热爱某事你甚至愿意付钱去做。"在我采访的过程中，我被那些市场专业人才对交易的精力充沛和热爱所打动。他们中许多用游戏来类比交易。这种对于尝试的热爱也许是成功的必要因素。

（48）成功的要素。福克纳有一个基于加里·法里斯对成功康复运动员的研究得到的关于取得成就的 6 个关键步骤列表。这些步骤看起来同样适用于交易成功。这些策略包括以下几个方面：

① 同时使用"走向"与"远离"激励；

② 有一个完整能力，同时任何欠缺都是不可接受的目标；
③ 将潜在的压倒性的目标分解成若干个步骤，满意完成每个步骤；
④ 保持全神贯注于现在的时刻，即手边的任务，而不是长远的目标；
⑤ 个人参与实现目标（而不是依赖于他人）；
⑥ 自我比较以衡量进步。

（49）价格并非随机的＝市场可以被击败。参考有些学者认为市场价格是随机的，蒙罗·特劳特——业界拥有最好回报/收益记录的商品交易咨询师——说道："这也许就是为什么他们是教授，而我通过做我所做的赚钱的原因。"关于价格是否是随机的辩论还远未终结。但是，以我采访过的十来个成功的交易员的经验，我毫不怀疑随机理论是错误的。不是《市场先导》登记的盈利的大小，而是在某些情况下，持续盈利的能力强化了我的观点。作为一个特别引人注目的例子，在爱德华·索普，一个因他的畅销书《打败交易者》而闻名的数学家的第一个基金，创造了227个月盈利，仅有3个月亏损（均小于1%）的记录——一个极其优异的98.7%胜率。偶然获得这样结果的可能性（如果市场是随机的情况下发生的）将会小于$1/10^{63}$。在地球上随机选择某个原子的几率大约比上述概率大1万亿倍。毫无疑问，在市场上获利不容易——事实上，由于越来越多的专业人士负责市场交易，获利正变得越来越难——但是盈利是可以做到的！

（50）正确看待交易，生活比交易更丰富多彩。

附录 A

回归分析介绍

理论帮助我们承受对事实的无知。

——乔治·桑塔耶拿

基本原理

回归分析是描述和评估一个给定变量与另一个或多个变量之间关系。例如，我们可能对描述生猪出栏量（给定时期内出生的猪数量）和接下来 6 个月的生猪屠宰水平之间的关系感兴趣[①]。这些变量之间的关系以图的形式展示在图 A.1 中。图 A.1 中每个点表示一个观察值或一年。一个点沿横轴的位置是由 12 月～次年 5 月生猪出栏量来确定的，而该点沿纵轴的位置是由 6 月～11 月生猪屠宰水平来确定的。注意这两个变量之间存在着一个清楚的关系：大的生猪屠宰水平与大的生猪出栏水平相对应。在本例中，生猪屠宰是因变量，因为生猪屠宰取决于生猪出栏，而反过来却不是，生猪出栏是自变量或者解释变量。回归分析的主要目的是界定因变量和自变量之间的数学关系。

标准回归分析方法的最基本假设可能就是因变量和自变量之间的关系是线性的。在只有一个解释变量的情况下，回归等式是一条直线并且可以表示为

$$Y = a + bX$$

---

① 读者可能注意到附录中绝大多数例子取自生猪市场。原因有三：（a）此类比较以图为例说明回归分析在精确度、有效性、灵活度和应用便利性方面的优势。（b）如果使用有效数量的市场来提供图例的话，展示将更加清晰。（c）因为猪是不可储藏的，所以生猪市场可以通过简单的基本面模型来充分代表。在任何情况下，应当强调的是所选的例子仅仅是为了用作工具来以图说明回归分析的一般概念和技术，而不是描述用来分析任何一个特定市场的方法论。因此，对于有兴趣把回归分析应用于利率市场的读者和主要关注牲畜市场的读者而言，这些图例应当是同样相关的。

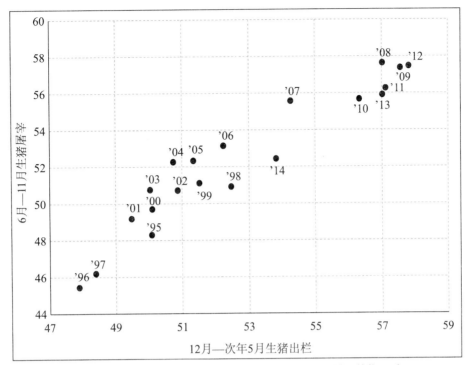

图 A.1　6—11月生猪屠宰和12月—次年5月生猪出栏（单位：千）

这里 a 和 b 是回归过程确定的常量。① 通过回归过程取得的 a 和 b 的值称为回归系数（有时 a 被简称为常数项）。按照惯例，Y 是我们试图解释和预测的变量——因变量——而 X 是解释变量或自变量。

回归等式中的常量 a 和 b 具有特别意义。常数 b 是给定一单位变量 X（如生猪出栏）变化的情况下变量 Y（如生猪屠宰）将变化的量。例如，在简单线性等式 $Y=1+2X$ 中，每单位 X 的变化将导致 2 个单位 Y 的变化。注意，无论 X 的水平是多少，这个关系都将存在。实际上，给定 X 的固定变化 Y 变化的恒定性是线性等式的一个基本特点。常量 a 被称为 Y 的截距，因为它是直线与 Y 轴相交处的 Y 值——即当 X 等于零时的 Y 值。（见图 A.2 对于前面各点的图形描叙。）

给定一组数据点，例如，图 A.1 中图示的那些点，回归分析将试图找到回归等式中 a 和 b 的取值，这些取值可以导出最佳拟合观察点的直线。

---

① 为了精确起见，a 和 b 是参数。参数被视为变量和常亮之间的混合物。如果关注的是整个等数的变动，那么 a 和 b 就是变量。给定等式 $Y=a+bX$，a 和 b 的每组取值将确定一条不同的直线。但是，如果我们关心的是给定一组特定的 a 和 b 的取值情况下变量 X 和 Y 之间的关系，就像回归分析中的情况一样，那么 a 和 b 可以称为常量。

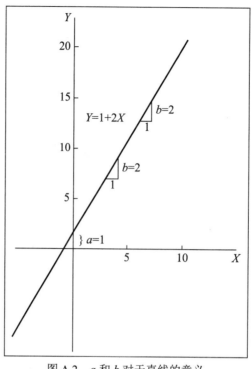

图 A.2　a 和 b 对于直线的意义

最佳拟合的意义

使用图 A.1 为例，我们如何界定离散点的最佳拟合直线呢？直观上来说，我们似乎想要挑选一条直线，使单个点到直线的偏差最小化。任何一个点或观察值的偏差可以定义为 Y_i（观察值）和 $\hat{Y}_i$（相同 X 值下回归直线所预测的 Y 值）之间的差。因此，一个点的偏差等于 $Y_i - \hat{Y}_i$（见图 A.3）。

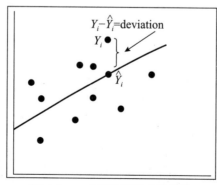

图 A.3　一个单独观察点的偏差

这些偏差也被称为残余差。我们不能通过把所有单个偏差相加的方法来取得一组点的总偏差。为什么呢？因为回归直线上下的偏差会相互抵销。因此，即使直线对于数据点拟合差，残余差之和也可能小。实际上，如果直线下的偏差大于直线上的偏差，那么残余差之和会是负的——对于总偏差的衡量来说是一个荒谬的值。我们如何解释一个负的总偏差呢？换句话说，残余差之和不能提供确定最佳拟合的标准。

一个可能的解决方法是找到最小化绝对偏差之和的直线，即与符号没有关系的参与差之和。另一个可能的方法是在对偏差求和之前对每个偏差求平方，通过此种方式确保偏差都是正的，然后找到最小化这些偏差平方和的直线①：

$$\sum_{i=1}^{n}(Y_i - \hat{Y}_i)^2$$

这个最小平方法表示回归分析所使用的方法，而且对于绝对偏差之和也是可取的，原因有如下几个：

①理论上，最小平方法将产生最佳估计。②

②由于计算中的平方操作，最小平方法对大误差给予更大的权重。这个方法通常是有利的，因为其在避免大偏差方面是令人满意的。

③绝对偏差和从计算上来说比偏差平方和更不便利。

④最小平方法允许对等式可信性进行很多有用的测试。

通过直接的微积分证据，可以表明最小化偏差平方和的 a 和 b 的值是：

$$b = \frac{n \cdot \sum_{i=1}^{n} X_i Y_i \quad \sum_{i=1}^{n} X_i \cdot \sum_{i=1}^{n} Y_i}{n\sum_{i=1}^{n} X_i^2 - \left(\sum_{i=1}^{n} X_i\right)^2}$$

$$a = \frac{\sum_{i=1}^{n} Y_i}{n} - b\frac{\sum_{i=1}^{n} X_i}{n} = \overline{Y} - b\overline{X}$$

其中，$n=$ 观察值数量；

$\overline{Y} = Y_i$ 的均值；

$\overline{X} = X_i$ 的均值。

---

① 符号 $\sum$ 意思是求和。上标 n 表示观察值的数量，下标 $i=1$ 表示求和开始时的观察值数字。换句话说，在这一项中，所有平方的偏差都求和，即为 n 个观察值的总和。

② 最小平方估计既是无偏的也是有效的。这些术语在附录 C 中定义。

一个实际的例子

作为一个实际的例子,我们将使用最小平方方法找到对于图 A.1 中那组观察值最佳拟合的直线。表 A.1 概括了必要的计算。得出的最佳拟合直线以图例示在图 A.4 中。为了得到一个特定的预测值,我们只把估计的生猪出栏数值插入回归等式中。例如,如果 12 月—次年 5 月生猪出栏估计是 5 100 万,那么随后 6—11 月生猪屠宰预测值将是 5 051 万(−362.79+(1.061 5×5 100))。

表 A.1 最小方差最佳拟合直线的计算

年份	生猪出栏 (12月至5月,百万) X_i	生猪屠宰 (6月至11月,百万) Y_i	X_i^2	X_iY_i
1995	50.077	48.294	2 507.71	2 418.40
1996	47.888	45.453	2 293.26	2 176.64
1997	48.394	46.201	2 341.98	2 235.85
1998	52.469	50.929	2 753.00	2 672.20
1999	51.519	51.111	2 654.21	2 633.20
2000	50.087	49.689	2 508.71	2 488.76
2001	49.472	49.169	2 447.48	2 432.50
2002	50.858	50.709	2 586.54	2 578.94
2003	50.029	50.758	2 502.90	2 539.38
2004	50.737	52.265	2 574.24	2 651.76
2005	51.33	52.333	2 634.77	2 686.23
2006	52.242	53.150	2 729.23	2 776.68
2007	54.266	55.569	2 944.80	3 015.52
2008	57.019	57.648	3 251.17	3 287.05
2009	57.564	57.391	3 313.61	3 303.68
2010	56.326	55.681	3 172.62	3 136.26
2011	57.118	56.264	3 262.47	3 213.69
2012	57.818	57.478	3 342.92	3 323.23
2013	57.02	55.914	3 251.28	3 188.23
2014	53.821	52.418	2 896.70	2 821.17
	$\sum X_i$=1 056.05	$\sum Y_i$=1 048.42	$\sum Y_i^2$=55 969.58	$\sum X_iY_i$=55 579.37

b = (20 * 55 579.37) − (1 056.05 * 1 048.42) / (20 * 55 969.58) − (55 969.58)² = 1.061 5

a = (1 048.42/20) − 1.061 5 * (1 056.05/20) = −3.627 9

$Y_i = -3.627\,9 + 1.061\,5 X_i$

回归预测的可信性

从回归等式中得出的点价格预测就其本身而言是没有用处的，理解这一点至关重要。我们必须首先考虑模型基于回归等式描述数据和预测值预期变异性的好坏程度。通过检查观测值与拟合的回归直线的接近程度，我们可以获得上述问题的直观答案。

但是，我们应当可以更加精确地评估模型的准确性。简单地检查散点图让很多问题无法回答。观察值必须距离回归直线多近，才能判定模型是令人满意的呢？我们如何检查一个模型是否给出了对于真实世界无偏的表述呢？我们可以期待模型的预测值在预测实际结果方面有多接近呢？

图 A.4 中所描述的图形分析的另一个问题是它对于包含两个或更多解释变量的回归等式——是常规而非例外的情况而言是不可行的。

这些考虑让我们认识到回归分析的一个主要的好处：这个方法允许对模型准确性进行各种各样的科学测试。此类测试对于回归分析的成功应用至关重要。与仅仅生搬硬套的应用相比，理解这些测试要求一些关键统计概念的概要。附录 B 提供了一个删节的初级统计速成课程。我们将在附录 C 中再次回到回归分析上来。

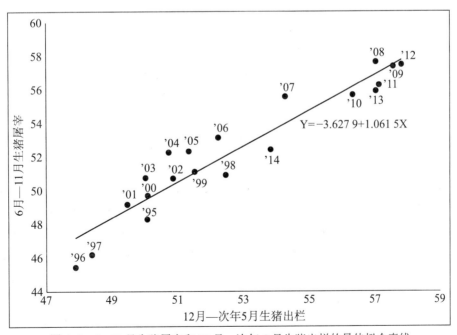

图 A.4　6—11 月生猪屠宰和 12 月—次年 5 月生猪出栏的最佳拟合直线

附录 B

初级统计回顾

> 说到底,概率论不过就是转化为微积分的常识而已。
>
> ——皮埃尔·西蒙·拉普拉斯

☐ 离散程度

对于任何一个数据序列来说,存在两个基本的描述统计类型:(1)某个集中趋势衡量(例如算术平均、中位数、众数、几何平均、调和平均);(2)离散程度。离散程度的直观意思相当清楚。例如,考虑下面两组数字:

A:30,53,3,22,16,104,71,41
B:42,40,42,46,39,45,42,44

虽然两个序列有相同的算术平均,但是显然序列 A 有一个高离散程度,而序列 B 有一个低离散程度。离散的概念在预测中特别重要。例如,如果我们被告知每个序列中都有一个未列出的第 9 个数字,我们将更加确定我们在序列 B 中的猜测比序列 A 中更加接近目标。因此,有一个衡量标准来描述一组数据的离散程度是特别可取的,就像均值描述一组数据的集中趋势一样。

基本问题是:我们如何衡量离散程度?在某个意义上,我们已经回答了这个问题。推导一组数据的离散程度完全等同于计算一组点对一条直线的偏离程度。在一组数字的例子中,偏差是相对于某个集中点来衡量的。出于理论的原因,算术平均是最令人满意的集中趋势衡量。为了推导一组数字的单个离散程度,我们不能对单个偏离简单相加,因为这些偏离倾向于相互抵消。此外,两个可能的解决方法是绝对偏差和或偏差平方和。后者更方便使用而且在理论上更为可取。

但是,偏差平方和不是一个对离散程度具有代表性的测度量,因为它取决于序列中有多少数字。例如,如果序列 B 包含 1 000 组标示的数字串,那么该序列的偏差平方和将大于序列 A 的对应数字。因此,这个测度量是相当误导人的,因为通过直观界定这个术语,序列 A 仍然显示更大的离散程度。简单地通过偏差平方和除以序列中的项目数量，可以解决这个问题。由此得出的测度量称为"方差"，可以表示为：

$$方差 = \sigma^2 = \frac{\sum_{i=1}^{N}(X_i - \overline{X})^2}{N}$$

其中，$\overline{X}$——均值；

X_i——单个数据值；

N——观察值数量。

注意方差的单位与最初的数据序列不同。例如，如果最初的数据组的单位是吨，那么方差是以吨的平方来表示的。

通过简单地求方差的平方根，离散程度可以用最初数据序列相同的单位来表示。从直观上来说这个计算是合理的，因为它反转了应用于单个项上的最初求平方的过程。由此得出的数被称为"标准差"，可以表示为：

$$标准差 = \sigma = \sqrt{\frac{\sum_{i=1}^{N}(X_i - \overline{X})^2}{N}}$$

从粗略的意义上来说，标准差是一种平均偏差（单个数据点偏离均值）的类型，离均值越远的数据点对于计算有更大比例的影响。（这个更大的权重是求平方过程导致的。）[①]

表 B.1 标准差计算

序列 A：30, 53, 3, 22, 16, 104, 71, 41			序列 B：42, 40, 42, 46, 39, 45, 42, 44		
X_i	$X_i - \overline{X}$	$(X_i - \overline{X})^2$	X_i	$X_i - \overline{X}$	$(X_i - \overline{X})^2$
30	-12.5	156.25	42	-0.5	0.25
53	+10.5	110.25	40	-2.5	6.25
3	-39.5	1 560.25	42	-0.5	0.25
22	-20.5	420.25	46	+3.5	12.25
16	-26.5	702.25	39	-3.5	12.25

---

① 当整组数据元素是已知的（在此种情况下这组数据称为总体），方差和标准差的定义是适用的。但是，在实际情况下，可以得到的数据组往往代表来自总体的样本。实际上，对于序列 A 和 B 而言，似乎也隐含了这一假设。后面将会解释原因，对于样本方差和标准差的计算稍有不同。具体来说，对于样本而言，方差表示为：方差（例）$= s^2 = \frac{\sum_{i=1}^{n}(X_i - \overline{X})^2}{n-1}$；标准差表示为：标准差（例）$= s = \sqrt{\frac{\sum_{i=1}^{n}(X_i - \overline{X})^2}{n-1}}$，这里 $n=$ 样本观察值的数量。

（续表）

序列 A: 30, 53, 3, 22, 16, 104, 71, 41			序列 B: 42, 40, 42, 46, 39, 45, 42, 44		
X_i	$X_i - \bar{X}$	$(X_i - \bar{X})^2$	X_i	$X_i - \bar{X}$	$(X_i - \bar{X})^2$
104	+61.5	3 782.25	45	+2.5	6.25
71	+28.5	812.25	42	−0.5	0.25
41	−1.5	2.25	44	+1.5	2.25
$\sum_{i=1}^{n} X_i = 340$ $\sum_{i=1}^{N}(X_i - \bar{X})^2 = 7\,546.00$			$\sum_{i=1}^{N} X_i = 340$ $\sum_{i=1}^{N}(X_i - \bar{X})^2 = 40.00$		
$\bar{X} = \dfrac{\sum X_i}{N} = 42.5$			$\bar{X} = \dfrac{\sum X_i}{N} = 42.5$		
方差 $= \sigma^2 = \dfrac{\sum_{i=1}^{N}(X_i - \bar{X})^2}{N} = \dfrac{7\,546}{8} = 943.25$			方差 $= \sigma^2 = \dfrac{\sum_{i=1}^{N}(X_i - \bar{X})^2}{N} = \dfrac{40}{8} = 5$		
标准差 $= \sigma = \sqrt{\dfrac{\sum_{i=1}^{n}(X_i - \bar{X})^2}{N}} = 30.712$			标准差 $= \sigma = \sqrt{\dfrac{\sum_{i=1}^{n}(X_i - \bar{X})^2}{N}} = 2.236$		

注：这些计算适用于总体。对于样本而言，计算稍有不同（见脚注①）。

标准差越大，一组数字的可变程度越大。为了得到对于这个统计量更好的感觉，表 B.1 计算了序列 A 和序列 B 的标准差。在继续向下学习之前清楚地理解标准差相当重要，因为这一项在界定正态分布和概率测试方面起到至关重要的作用。

☐ 概率分布

随机变量是取值取决于统计实验的变量，在该统计实验中每个结果（或结果方位）都有一个特定的发生概率。例如，如果交易决策是以投掷硬币为基础的，那么10笔交易中，不包括手续费赚钱交易的数量是一个随机变量。随机分布显示与一个随机变量不同取值相关的概率。图 B.1 显示了如果交易决策以概率为基础的情况下10笔交易中不同赚钱交易笔数的概率。最高概率 0.246 与10笔交易中5笔赚钱相关。其他事件的概率随着赚钱交易笔数偏离5而减少。10笔交易中10笔赚钱的概率仅为0.001。（根据定义，所有概率之和等于1.0。）

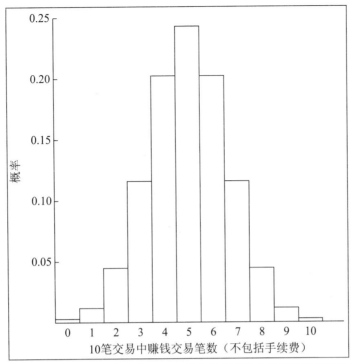

图 B.1 如果决策以概率为基础，10 笔交易中赚钱交易笔数的概率分布

这个例子的概率分布是基于分散变量，即只能取某些固定值的变量——例如，我们可以有 6 笔赚钱交易或 7 笔赚钱交易，但是不可能有 6.3 笔赚钱交易。通常我们会关心连续的随机变量，即可以取任何值的变量。连续变量的例子有模拟测试中停止标志在屏幕上闪动时驾驶员踩刹车的反映时间。对于连续变量而言，每个事件的概率（如反映时间的概率可以为 0.412 37 秒）是没有意义的或者不可界定。但是，相关的考虑是某个区间内的事件概率（如 0.4～0.5 秒的反映时间概率）。

连续分布描述了与连续随机变量相关的概率。在连续分布曲线下方的总面积等于 1.0（100%），因为一个事件取某个值的概率为 100%，而且互斥事件所有概率之和不可能超过 100%。① 一个连续随机分布的特点是任何两个给定值之间的面积等于随机变量落在这两个值区间内的概率。例如，在图 B.2 中，曲线下方的总面积等于 1.0，而阴影面积显示连续变量在 X_1 和 X_2 之间取值的概率。如果阴影面积表示曲线下方总面积的 20% 的话，那么连续变量落在 X_1 和 X_2 区间内的概率将是 20%。

图 B.2 表示熟悉的钟形正态分布曲线。从经验上显示，正态分布是对于极宽范围随机变量概率分布的良好估计。例如，根据展示，随着图 B.1 中交易笔数增加，分布开始

---

① 互斥的意思是一次只发生一个事件。例如在反映时间测试中，只有一个时间值与给定的测试相关。

接近正态分布。对于一大笔交易（如1 000笔）而言，概率分布几乎完全可以用正态分布来表示。连续随机变量（如反映时间）概率通常也可以用正态分布来描述。

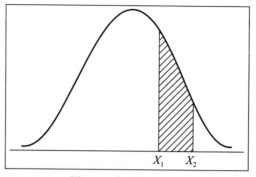

图 B.2　连续概率分布

图 B.3 显示一个事件落在一个固定区间的概率随着区间接近均值而增加。一个事件发生在区间 $[X_1, X_2]$（即 X_1 和 X_2 之间曲线下方面积）的概率大于一个事件发生在区间 $[X_3—X_4]$ 的概率。注意，即使区间非常宽，一个事件发生在远离均值区间内的概率接近零。例如，在图 B.3 中，变量在 X_5 和无限大之间取值的概率接近零。

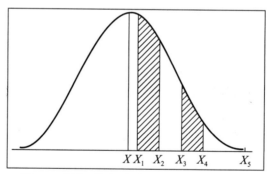

图 B.3　固定区间概率随着其接近均值而增大

正态分布的公式为：

$$Y = \frac{1}{\sigma\sqrt{2\pi}} e^{-(1/2)[(X-\bar{X})/\sigma]^2}$$

这个似乎令人生畏的公式没有最初看上去那么可怕。和任何其他描述 X 和 Y 之间关系的等式一样，这个公式告诉我们给定 X 值情况下的 Y 值。关于这个等式关键要意识到的一点是 X 和 Y 之间精确的关系将完全由 X 的均值（$\bar{X}$）和标准差（σ）来确定。[①]

[①] $\bar{X}$ 和 σ 是参数，正如附录 A 中脚注 2 中所解释的，参数被视为变量和常量之间的混合物。在本例中，$\bar{X}$ 和 σ 将针对 X 的不同分布（即不同的数字组）取不同值；但是，对于任何给定分布（数字组），$\bar{X}$ 和 σ 将是固定的（即常量）。

公式中所有其他数值均是常量（π=3.141 6，e=2.718 3）。因此，一旦$\bar{X}$和σ确定，一组数字的正态分布也就完全界定了。注意，当X等于$\bar{X}$时，Y值达到最大，此时公式转化为

$$Y = \frac{1}{\sigma\sqrt{2\pi}}$$

在任何其他X值，公式中的一项$\frac{1}{2}\left(\frac{X-\bar{X}}{\sigma}\right)^2$的值将大于零，因此导致一个较小的$Y$值。任何给定的$X$值离$\bar{X}$越远，上面这项的值越大并且$Y$值越小。[①]

对于任何给定的$\bar{X}$和σ的一组取值，选择给定的一组数值并在此组数值上建立一个概率值的标准表格是可取的。为了简便起见，这个表格以$\bar{X}=0$和$\sigma=1$为基础。为了能够使用这个标准表格，我们不得不把序列中的数字转化成Z值，这里$Z_i = \frac{X_i - \bar{X}}{\sigma_x}$并且$X_i$是一组数字中给定的数值。[②] 这项的分子是给定数字与均值之间的距离；分母是这组数字的标准差。因此，Z值就标准差而言的给定数值与均值之间的距离。例如，如果一

---

① e^{-k}等于$1/e^k$，因此$1/2[(X-\bar{X})/\sigma]^2$越大，$e^{-(1/2)[(X-\bar{X})/\sigma]^2}$的值就越小，因此$Y$值也就越小。

② 给定任何一组X数值，Z值的分布总有一个等于0的均值（$\bar{Z}=0$）和等于1的标准差（$\sigma_z=1$）可以容易地展示如下：

$$Z = \frac{X_i - \bar{X}}{\sigma_x} \quad \bar{Z} = \frac{\sum_{i=1}^{N}\left(\frac{X_i - \bar{X}}{\sigma_x}\right)}{N} = \frac{\frac{1}{\sigma_x}\left(\sum_{i=1}^{N} X_i - \sum_{i=1}^{N} \bar{X}\right)}{N}$$

$$\bar{X} = \left(\sum_{i=1}^{N} X_i\right)/N$$

记住

$$\bar{Z} = \frac{1}{N\sigma_x}(N\bar{X} - N\bar{X}) = 0$$

Z（σ_z）的标准差可以表示为 $\sigma_z = \sqrt{\frac{\sum_{i=1}^{N}(Z_i - \bar{Z})^2}{N}}$

但是我们只证明$\bar{Z}=0$，所以

$$\sigma_z = \sqrt{\frac{\sum_{i=1}^{N} Z_i^2}{N}} = \sqrt{\frac{\sum_{i=1}^{n}\left(\frac{X_i - \bar{X}}{\sigma_x}\right)^2}{N}} = \sqrt{\frac{1}{\sigma_x^2} \cdot \frac{\sum_{i=1}^{N}(X_i - \bar{X})^2}{N}}$$

$$\sigma_z = \frac{1}{\sigma_x}\sqrt{\frac{\sum_{i=1}^{N}(X_i - \bar{X})^2}{N}}$$

由于 $\sqrt{\frac{\sum_{i=1}^{N}(X_i - \bar{X})^2}{N}}$ 是σ_x的定义，所以 $\sigma_z = \frac{1}{\sigma_x} \cdot \sigma_x = 1$

组数字均值是10，而且标准差是2，那么一个数字 X=6 的 Z 值是 -2（即，X 距离均值为两倍标准差）。一个数字距离均值的标准化的距离让我可以测量比一个给定数字大或小的数值的概率。

阅读正态曲线（Z）表格

记住，Z 值显示一个给定观察值处于其均值上下多少个标准差，而符号显示这个数字是位于均值上方或是下方。表 B.2 列出了与不同 Z 值相对应的概率。这些数字代表了一个正态分布随机变量落入 0 和给定 Z 值之间区域的概率。例如，Z 值在 0 和 +1.5 之间的概率是 0.433 2（43.32%）。要确定一个小于给定数字的 Z 值概率，只要在表 B.2 所列概率上加 0.50（低于均值的数值的概率）即可。因此，一个小于 1.5 的 Z 值概率 =0.933 2。一个大于 1.5 的 Z 值概率就是 0.066 8（即 1-0.933 2）。要找到大于 +1.5 或小于 -1.5 的 Z 值概率（换句话说，离均值的距离超过 1.5 个标准差），我们只要把这个数字翻倍，于是得到 0.133 6。

从表 B.2 中，我们可以证实，对于一个正态分布，一个观察值落在均值一个标准差内的概率是 0.682 6，而在 3 个标准差内的概率是 0.997 4。

一个例子可以帮助说明这些思路。ABC 是一家经纪公司，该公司有一个培训新经纪人的长期项目。除了面试以外，公司组织测试来决定哪个候选人可以进入这个项目。多年以来测试了数千名候选人以后，他们发现分数大约呈正态分布，均值为 70，标准差为 10。考虑到这些事实，尝试回答下面的问题：

（1）一个参与测试的新申请人得分高于 92 的概率是多少（假定关于这个人我们没有任何其他信息）？

（2）申请人得分在 50～80 的概率是多少？

在继续阅读之前试着回答。

答案

（1）
$$Z = \frac{X - \bar{X}}{\sigma}$$
$$Z = \frac{92 - 70}{10} = 2.2$$

检查表 B.2，我们看到与 Z=2.2 相对应的概率值是 0.486 1。因此，一个候选人得分小于等于 92 分的概率是 0.986 1，或者得分高于 92 的概率是 0.013 9（1.39%）。

表 B.2 正态曲线下方的面积

表内的取值是在整个曲线下方介于 $z=0$ 和一个正的 z 值之间的比例。负的 z 值的面积通过对称法获得。

z 的第二个小数位

z	0.00	0.01	0.02	0.03	0.04	0.05	0.06	0.07	0.08	0.09
0.0	0.000 0	0.004 0	0.008 0	0.012 0	0.016 0	0.019 9	0.023 9	0.027 9	0.031 9	0.035 9
0.1	0.039 8	0.043 8	0.047 8	0.051 7	0.055 7	0.059 6	0.063 6	0.067 5	0.071 4	0.075 3
0.2	0.079 3	0.083 2	0.087 1	0.091 0	0.094 8	0.098 7	0.102 6	0.016 4	0.110 3	0.114 1
0.3	0.117 9	0.121 7	0.125 5	0.129 3	0.133 1	0.136 8	0.140 6	0.144 3	0.148 0	0.151 7
0.4	0.155 4	0.159 1	0.162 8	0.166 4	0.170 0	0.173 6	0.177 2	0.180 8	0.184 4	0.187 9
0.5	0.191 5	0.195 0	0.198 5	0.201 9	0.205 4	0.208 8	0.212 3	0.215 7	0.219 0	0.222 4
0.6	0.225 7	0.229 1	0.232 4	0.235 7	0.238 9	0.242 2	0.245 4	0.248 6	0.251 7	0.254 9
0.7	0.258 0	0.261 1	0.264 2	0.267 3	0.270 3	0.273 4	0.276 4	0.279 4	0.282 3	0.285 2
0.8	0.288 1	0.291 0	0.293 9	0.296 7	0.299 5	0.302 3	0.305 1	0.307 8	0.310 6	0.313 3
0.9	0.315 9	0.318 6	0.321 2	0.323 8	0.326 4	0.328 9	0.331 5	0.334 0	0.336 5	0.338 9
1.0	0.341 3	0.343 8	0.346 1	0.348 5	0.350 8	0.353 1	0.355 4	0.357 7	0.359 9	0.362 1
1.1	0.364 3	0.366 5	0.368 6	0.370 8	0.372 9	0.374 9	0.377 0	0.379 0	0.381 0	0.383 0
1.2	0.384 9	0.386 9	0.388 8	0.390 7	0.392 5	0.394 4	0.396 2	0.398 0	0.399 7	0.401 5
1.3	0.403 2	0.404 9	0.406 6	0.408 2	0.409 9	0.411 5	0.413 1	0.414 7	0.416 2	0.417 7
1.4	0.419 2	0.420 7	0.422 2	0.423 6	0.425 1	0.426 5	0.427 9	0.429 2	0.430 6	0.431 9
1.5	0.433 2	0.434 5	0.435 7	0.437 0	0.438 2	0.439 4	0.440 6	0.441 8	0.442 9	0.444 1
1.6	0.445 2	0.446 3	0.447 4	0.448 4	0.449 5	0.450 5	0.451 5	0.452 5	0.453 5	0.454 5
1.7	0.455 4	0.456 4	0.457 3	0.458 2	0.459 1	0.459 9	0.460 8	0.461 6	0.462 5	0.463 3
1.8	0.464 1	0.464 9	0.465 6	0.466 4	0.467 1	0.467 8	0.468 6	0.469 3	0.469 9	0.470 6
1.9	0.471 3	0.471 9	0.472 6	0.473 2	0.473 8	0.474 4	0.475 0	0.475 6	0.476 1	0.476 7
2.0	0.477 2	0.477 8	0.478 3	0.478 8	0.479 3	0.479 8	0.480 3	0.480 8	0.481 2	0.481 7
2.1	0.482 1	0.482 6	0.483 0	0.483 4	0.483 8	0.484 2	0.484 6	0.485 0	0.485 4	0.485 7
2.2	0.486 1	0.486 4	0.486 8	0.487 1	0.487 5	0.487 8	0.488 1	0.488 4	0.488 7	0.489 0
2.3	0.489 3	0.489 6	0.489 8	0.490 1	0.490 4	0.490 6	0.490 9	0.491 1	0.491 3	0.491 6
2.4	0.491 8	0.492 0	0.492 2	0.492 5	0.492 7	0.492 9	0.493 1	0.493 2	0.493 4	0.493 6
2.5	0.493 8	0.494 0	0.494 1	0.494 3	0.494 5	0.494 6	0.494 8	0.494 9	0.495 1	0.495 2
2.6	0.495 3	0.495 5	0.495 6	0.495 7	0.495 9	0.496 0	0.496 1	0.496 2	0.496 3	0.496 4
2.7	0.496 5	0.496 6	0.496 7	0.496 8	0.496 9	0.497 0	0.497 1	0.497 2	0.497 3	0.497 4
2.8	0.497 4	0.497 5	0.497 6	0.497 7	0.497 7	0.497 8	0.497 9	0.497 9	0.498 0	0.498 1
2.9	0.498 1	0.498 2	0.498 2	0.498 3	0.498 4	0.498 4	0.498 5	0.498 5	0.498 6	0.498 6
3.0	0.498 7	0.498 7	0.498 7	0.498 8	0.498 8	0.498 9	0.498 9	0.498 9	0.499 0	0.499 0

资料来源：Donald J. Koosis, Business Statistics, New York: John Wiley & Sons, 1997. Copyright © 1997 by John Wiley & Sons; reprinted by permission.

（2）这个问题不那么简单。按照下面的方式进展是不正确的：

$$Z = \frac{80 - 50}{10} = 3.0$$

为什么呢？因为 Z 值必须相对于均值来衡量。所以解决方案需要两步：首先，得分在 70～80 的概率必须计算出来。这可以计算如下：

$$Z = \frac{80 - 70}{10} = 1.0$$

检查表 B.2，我们发现这个概率等于 0.341 3。接下来，要计算得分在 50～70 的概率，我们按下列方式计算：

$$Z = \frac{50 - 70}{10} = -2.0$$

这对应的概率为 0.477 2。因此，得分在 50～80 的概率是这两个数值之和：
0.341 3+0.477 2=0.818 5（81.85%）

□ 总体和样本

如果一个数据组包含所有可能的观察值，这个数据组被称为总体。如果它仅由部分观察值组成，这个数据组就被称为样本。一个数据组代表一个总体或是样本取决于计划的用途。例如，如果我们对曼哈顿所有受雇人员的平均收入感兴趣的话，那么总体就是由曼哈顿的所有工人构成，而样本仅仅是这些工人的一部分。但是，如果我们希望估计所有美国工人的平均收入，那么曼哈顿所有工人就是一个样本。

直观上来说，所有曼哈顿工人也不是全部美国工人的一个非常好的样本。这个案例的问题在于，样本不能代表总体。样本要想代表总体，这个样本必须是随机样本。一个随机抽样过程是每个从总体中提取的样本都有相同概率被选中的过程。非随机样本将是有偏的，而非随机抽样方法会产生有偏估计。有偏样本均值的均值将偏离总体均值。令人讽刺的是，对于有偏样本，样本容量越大，样本均值就越肯定会偏离总体均值。

在标准术语中，当一个测度量指的是总体，它就被称为参数。[①] 一个指的是样本的测度量被称为统计量。因此，总体的标准差（σ）是一个参数，而样本的标准差（s）是一个统计量。

---

① 术语"参数"在本文中的意思不应当与附录 A 的脚注 2 中所解释的参数、变量和常量之间的区别相混淆。

从样本统计量估计总体均值和标准差

虽然概率测试的目的是推断总体，但是收集总体数据往往是不现实的。实际上，由于总体是无限量的，通常来说不可能收集总体数据。例如，抛 10 次硬币中正面的次数是一个无限量的总体，因为这个时间重复多少次是没有限制的。实际上，概率测试的绝大多数应用，包括回归分析中的那些应用都是以样本而不是总体为基础的。

到目前为止，我们一直都在回避总体均值和标准差未知的这个麻烦事实。现在，我们必须回到如何从样本估计总体的均值和标准差这个问题上。可以论证的是，即使总体不呈正态分布，但随机样本的均值是总体均值的无偏估计。这等于是说，随机选取的样本均值一般来说等于总体均值。但是，样本标准差却不是总体标准差的无偏估计，因为，样本标准差倾向于稍微低估总体标准差。经证明，总体方差的无偏估计（再重申一次，方差是标准差的平方）由下面的等式[1] 算出：

$$s^2 = \frac{\sum(X - \bar{X})^2}{n-1}$$

取上式的平方根将这个方差转化为标准差，我们可以得到

$$s = \sqrt{\frac{\sum(X - \bar{X})^2}{n-1}}$$

这个公式几乎与总体标准差的完全相同。唯一的区别是使用分母 $n-1$ 而不是 n。[2] 对于大样本来说，公式的差异几乎可以忽略不计。

最后，虽然样本均值是总体均值的无偏估计，但是这不意味着样本均值一定接近总体均值。因此，除了样本均值提供的点估计以外，确定一个总体均值的可能区间是非常可取的方法。但是在我们考虑如何确定此类区间之前，我们必须首先了解抽样分布的概念。

抽样分布

法斯特·弗莱德是一个相对活跃的日间交易员。他小心谨慎而又守旧，在每个交易日日终，他都会在笔记本中记录他每笔交易的细节，因为他感觉这么做可以帮他更好地吸收他在市场中的成败教训。他最终意识到他本应当在 Excel 表格里保存他的记录，以

---

[1] 当一个标准差指的是样本而不是总体的时候，它由 s 来表示而不是 σ。
[2] 数量 $n-1$ 被称为自由度数字。后面我们将定义这个项目。

便他可以计算他的绩效表现，但是作为一个有习惯的生物，他继续在他的笔记本里记录交易。

法斯特·弗莱德基于市场波动率改变每笔交易的合约数量。他使用市场委托来做他的所有交易。最近，他注意到他的每笔交易平均理论与实际价格差显著增加（理论与实际价格差是实际执行价格和交易发起时的市场价格之间的差）。担心他的交易方法可能不再有效，法斯特·弗莱德开始监控他的理论与实际价格差并且注意到这个价差大约为每笔交易75美元，他认为这个价差比过去平均水平高了大约50美元。他推断如果他的平均净利润（扣除总手续费和理论现实价格差后的利润）不能做到每笔交易至少60美元的话，可能就不值得继续交易了。不幸的是，他从来没有花费精力从他的众多交易中编制统计概览。浏览他的所有交易记录的想法似乎比仅仅碰运气还糟糕，他估计过去一年的交易就超过了3 000笔。但是，他决定提取一个样本。

对统计稍有了解，弗莱德产生了30笔交易的随机样本，并且计算得出这个样本每笔交易的平均净利润是85美元而样本标准差是100美元。他认为每笔交易预期获利至少60美元的概率需要达到95%才可以证明他继续交易是有道理的（一个隐含的假设是过去获利的均值可以用来估计他未来每笔交易的预期获利）。考虑到这个信息，弗莱德日间交易方法是否仍然有效？不幸的是，没有一些额外的理论背景，我们就没有准备好回答这个问题。

我们最终会回到弗莱德的困境上，但是首先让我们考虑如果弗莱德从他的所有交易（包括那些选入第一个样本的交易）中提取另一个随机样本的话会发生什么。① 这个样本的每笔交易净利润均值是不一样的。如果他多次重复这个过程，弗莱德将产生一组不同的均值，每个对应一个不同的样本。但是，很明显这些样本均值分布得不如一个样本中各观察值分布得分散（即有一个较小的标准差）。正如一会将详细描述的一样，样本内观察值的标准差和样本均值的标准差在一个特定的方面是相关的。

在图B.4中，每笔交易净利润的假定样本均值通过类别（10美元区间）分组，y轴显示每类发生的频率。如果样本数量被无限次重复，而且类别容量相应地减小，那么图B.4将接近一个被称为抽样分布的连续曲线。要意识到的关键一点是抽样分布是与样本统计量（如样本均值）相关的概率分布曲线。观察图B.4，我们可能猜测抽样分布与正态分布相似。实际上，如果样本容量（即每个样本标准容量而不是样本数量）足够大的话，那么抽样分布将精确地接近正态分布。

---

① 假定被选入前一个样本的交易可以再次挑选是非常重要的。记住，随机样本的定义是每个样本都有一个相等的被选中的概率。如果交易记录没有被替代的话，包括任何一笔最初交易的所有可能的样本将不能再被挑选——即违反了随机样本假设。如果总体非常大，缺少替代不会很重要，因为涉及被选中样本的组合仅占所有可能组合的极小部分。

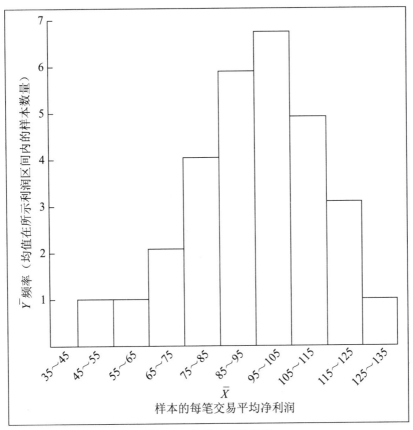

图 B.4 均值的抽样分布

中心极限定理

前面的图解把我们引向中心极限定理，统计检验中最重要的概念之一。中心极限定理可以做如下解读：即使总体不是正态分布，随着样本容量增加，来自总体的样本均值分布将接近正态分布。

要以图来说明中心极限定理，考虑当旋转轮子时数字出现从 1～10 的概率分布。这个随机变量的概率分布描绘在图 B.5 中。假定轮子是公正的，每个数字有一个相等的 0.10 的概率出现。这个插图明显是来自正态概率分布。表 B.3 概括了 10 次旋转的 30 个样本的均值。这些样本在图 B.6 中按类分组。注意，尽管总体与正态分布相差很远，但是样本均值大约近似于一个正态分布。我们的样本容量 10 是相当小的。如果使用一个较大的样本容量，那么将会更好地近似于正态分布。

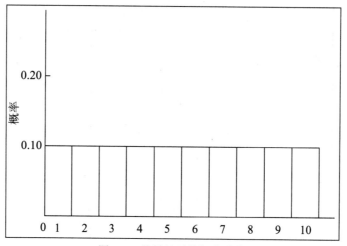

图 B.5 旋转轮子的概率分布

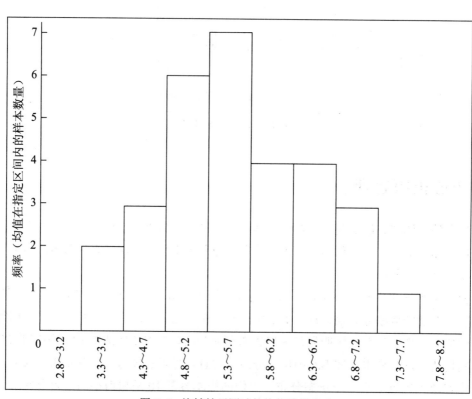

图 B.6 旋转轮子测试的均值抽样分布

表 B.3 旋转轮子的 30 个样本（$N=10$）

样本数字	轮子上的数字（10 次旋转）										均值（$\bar{X}$）
1	8	10	5	6	6	2	4	6	8	10	6.5
2	5	7	1	1	4	3	8	9	5	3	4.5
3	8	5	4	10	7	5	5	4	10	10	6.8
4	3	1	8	5	7	1	6	5	9	10	5.5
5	1	9	10	9	3	2	6	5	2	10	5.7
6	9	1	6	2	1	3	5	7	3	1	3.8
7	4	6	6	10	8	4	4	9	5	2	5.8
8	4	10	10	2	4	5	6	3	8	1	5.3
9	8	7	8	10	6	6	10	3	1	9	6.8
10	7	4	9	8	6	9	7	6	8	10	7.4
11	7	9	2	10	3	7	10	5	10	9	7.2
12	6	4	1	3	8	8	1	1	10	7	4.9
13	5	7	2	7	9	6	4	8	8	9	6.5
14	1	2	6	10	3	5	10	9	1	4	5.1
15	7	4	10	6	8	2	4	5	4	3	5.3
16	5	3	1	10	3	10	7	4	7	5	5.5
17	6	2	4	8	8	5	8	5	4	8	5.8
18	6	3	9	2	4	9	9	6	1	10	5.9
19	2	5	3	6	9	3	4	6	6	9	5.3
20	6	2	1	8	6	1	5	2	9	7	4.7
21	4	4	5	7	8	7	5	10	8	6	6.4
22	2	9	10	6	9	1	4	5	3	5	5.4
23	5	4	7	1	10	1	4	7	3	3	4.5
24	9	4	5	2	6	9	6	4	2	2	4.9
25	4	5	8	5	7	6	8	5	9	7	6.4
26	8	2	1	2	8	6	8	7	1	6	4.9
27	7	8	7	6	6	5	1	7	9	6	6.2
28	9	7	7	5	9	4	3	3	2	1	4.9
29	2	3	5	7	9	1	6	1	8	9	5.1
30	4	3	2	9	2	1	8	4	1	6	4.0

在继续以前，记住涉及重复抽样的例子仅仅作为解释抽样分布和中心极限定理概念的图解。但是，实际上我们总是只选一个样本。通过增加这个样本的容量，可以提高准确性。

均值的标准误差

样本均值的标准差通常小于任何一个给定样本的标准差。样本均值的标准差被称为均值的标准误差并且以符号 $\sigma_{\bar{x}}$ 来代表。(标准误差是一个频发使用的统计项,并且可以被解读为给定统计量抽样分布的标准差。在本例中,给定统计量是均值。与回归分析相关的其他类型的标准误差在附录 C 中考虑。)给定一个标准差为 σ 的分布,可以证明一个容量为 n 的随机样本有下面的均值标准误差:[①]

$$\sigma_{\bar{x}} = \frac{\sigma}{\sqrt{n}}$$

当然,我们通常将不知道 σ 的值,而且将不得不使用 s 作为 σ 的无偏估计。(记住除了非常小的样本,此二者非常相似。)因此,实际上我们将使用

$$\sigma_{\bar{x}} = \frac{s}{\sqrt{n}}$$

例如,如果样本(s)的标准差是 20 并且样本容量为 25,那么 $\sigma_{\bar{x}}$ 将等于 4。样本越大,$\sigma_{\bar{x}}$ 就越小。但是,注意样本准确性提高地比样本容量更慢。例如,样本容量增加 25 倍只减少 $\sigma_{\bar{x}}$ 5 倍。

置信区间

记住,假定一个数据组是正态分布,一个观察值落在一个给定区间的概率可以从表 B.2 中确定。例如,包括 95% 观察值的 ±Z 值是 ±1.96,因为分布的 2.5% 位于 +1.96 之上而分布的 2.5% 位于 -1.96 之下。(表 B.2 显示面积的 0.475 0 位于 Z=0 和 Z=+1.96 之间,所以考虑到正态分布的对称性,预计观察值的 95% 落在 -1.96 ~ +1.96 的区间内。)

以前,Z 值的公式被规定为

$$Z = \frac{X - \bar{X}}{\sigma}$$

在样本均值分布(中心极限定理确保样本均值分布近似于正态分布)的情况下,我们有

[①] 这个公式适用于无限总体或是与总体相比相对小容量的样本。尽管我们不关心此类例子,当样本容量代表相当比例总体的准确公式是 $(\sigma/\sqrt{n})\sqrt{(N-n)/(N-1)}$,这里 n= 样本容量,而 N= 总体容量。

$$Z = \frac{\bar{X} - \mu}{\sigma_{\bar{x}}}$$

其中，$\bar{X}$ = 样本均值；

μ = 总体均值；

$\sigma_{\bar{x}}$ = 均值的标准误差（即样本均值的标准差）。

从前面部分，我们知道$\sigma_{\bar{x}}$可以通过$s/\sqrt{n}$来近似得到。因此，

$$Z = \frac{\bar{X} - \mu}{s/\sqrt{n}}$$

或者

$$\mu = \bar{X} - Z \cdot \frac{s}{\sqrt{n}}$$

如果我们对包围样本均值95%的面积感兴趣的话，且$Z = \pm 1.96$，那么前面的公式可以表示为

$$\mu = \bar{X} \pm 1.96 \times \frac{s}{\sqrt{n}}$$

$$\bar{X} - 1.96 \times \frac{s}{\sqrt{n}} < \mu < \bar{X} + 1.96 \times \frac{s}{\sqrt{n}}$$

对这个计算，可以做如下解读。在重复抽样中，预计真实总体均值95%的时间位于$\bar{X} - 1.96 \times \frac{s}{\sqrt{n}}$和$\bar{X} + 1.96 \times \frac{s}{\sqrt{n}}$之间。此类区间被称为置信区间。

置信区间可以用来对总体均值进行假设检验。[1] 标准方法涉及检验原假设，该假设指出样本均值和假设的总体均值之间无差异。通常，我们想要拒绝原假设，或者等同地证明在某个特定的显著水平上样本均值与假设的总体均值不同。最常用的显著水平是0.05（5%），意思是样本均值位于假设的总体均值的95%置信区间以外。[2] 统计上拒绝原假设表明，在给定水平的概率下，样本不可能是从假设均值的总体上提取的。

但是，当原假设为真的时候，最小化拒绝原假设的概率有时更加至关重要（即当二

---

[1] 这个讨论指的是总体均值和样本均值。但是，它更一般地使用于用来对总体参数进行假设检验的任何样本统计量。

[2] 这个说法假定没有检验的理由可以假定一个数值位于假设均值的上方或下方。此类情况被称为双尾检验。但是，如果有理由相信样本均值在原假设总体均值的上方，那么相关问题将是样本均值是否显著高于总体均值，而不是样本均值是否显著不同于总体均值。此类情况被称为单尾检验。单尾检验的0.05显著水平对应于一个数值在90%置信区间以外的概率。单尾检验和双尾检验的区别在后面部分更详细地讨论。

者并非不同时接受样本均值在统计上不同于假设的总体均值）。① 在此类情况下，我们可以使用 0.01 显著性水平。当然，这需要权衡利弊，因为显著性水平的数值越低（检验越严格），置信区间就越宽（越不特定）。

t 检验

当抽样分布是正态时——当样本容量大时一个可以被假定是真的条件——Z 检验是合适的。② 但是，对于小样本来说，最好用 t 分布来近似抽样分布，因此 t 检验更加准确。对于除了非常小的样本以外的所有样本来说，t 分布与正态分布非常相似。随着样本容量增加，正态分布和 t 分布变得越来越近似。例如，在 0.05 显著性水平单尾检验下，对于容量 10 的样本来说，t 值比 Z 值大 10%；对于容量 30 的样本来说大 3%；对于容量 100 的样本来说大 1%。对于不限大容量的样本，正态分布和 t 分布完全相同。

与标准正态分布一样，t 分布是对称的，均值等于 0，标准差等于 1。一个统计量（例如均值）的 t 值公式与 Z 值完全类似：

$$t = \frac{\bar{X} - \mu}{s/\sqrt{n}}$$

t 检验使用概率检验的 t 分布而且完全与 Z 检验类似。③ 确定的 t 分布取决于自由度（df）——观察值数量 - 限制条件数量。例如，在均值分布检验中，自由度（df）= $n-1$。由于给定均值，仅仅 $n-1$ 项可以自由分配，所以存在一个限制。要理解这个，假定我们有 10 个观察值，均值为 50。如果前 9 项的和等于 400，最后一项的值必定是 100。因此，我们说仅仅有 $n-1$ 自由度。在一条两个变量的回顾直线里，有两个参数：a 和 b。一旦这些参数确定，那么仅仅 $n-2$ 项可以自由分配。因此，在两个变量模型中回归参数 t 检验是以 $n-2$ 自由度为基础的。

t 检验的应用几乎完全与 Z 检验类似。二者唯一的区别是在 t 检验中使用的特定值

---

① 这种类型的错误决定被称为第一类错误。犯第一类错误的概率由显著性水平来表示。当原假设是假的时候接受原假设被称为第二类错误。应当强调的是，接受原假设不证明原假设为真，只是表明在给定的显著水平上不能拒绝原假设。因此，接受原假设不证明样本是从假设均值的总体上提取的，而是证明样本均值和假设的总体均值在特定的显著性水平下在统计上有差异。

② 大的意思取决于总体的分布。大体来说，通常 30 是充分大。

③ 精明的读者可能想知道，既然 t 检验对于样本来说更准确，为什么我们一开始先描述 Z 检验。理由是 t 分布的数学含义假定数据序列的总体是正态分布。这是一个比使用 Z 检验所必须的假设更加严格的假设，Z 检验只要求抽样分布是正态的——中心极限定理保证对于一个足够大容量的样本可以大约实现的条件。因此，Z 检验为非正态分布总体的概率检验提供了依据。这是一个至关重要的事实，因为正态分布总体的假设通常都不能保证实现。

取决于自由度。表 B.4 提供了 t 值列表。自由度数量确定适当的行，检验中合适的显著性水平确定适当的列。考虑到 Z 检验和 t 检验之间的巨大相似性，对于表 B.4 使用提供详细描述可能就显得多余了。但是，想要检查你理解如何使用这个表格，试着回答下面问题：

（1）如果你正在检验总体均值不是显著大于原假设，那么 t 必须超过什么值才可以在 0.05 显著性水平上拒绝这个假设（即得出结论：真实的总体均值显著大于原假设）？样本容量为 20。

（2）如果你正在检验总体均值不是显著不同于原假设，那么 t 必须超过什么值才可以在 0.05 显著性水平上拒绝这个假设（即得出结论：真实的总体均值显著不同于原假设）？样本容量为 20。

（3）a. 给定一个 4 单位样本，均值等于 40，标准差等于 10，总体均值 95% 置信区间是什么？

（4）样本容量等于 30，再计算置信区间。

表 B.4　学生 t 检验

df	P				
	0.10	0.05	0.025	0.01	0.005
1	3.078	6.314	12.706	31.821	63.657
2	1.886	2.920	4.303	6.965	9.925
3	1.638	2.353	3.182	4.541	5.841
4	1.533	2.132	2.776	3.747	4.604
5	1.476	2.015	2.571	3.365	4.032
6	1.440	1.943	2.447	3.143	3.707
7	1.415	1.895	2.365	2.998	3.499
8	1.397	1.860	2.306	2.896	3.355
9	1.383	1.833	2.262	2.821	3.250
10	1.372	1.812	2.228	2.764	3.169
11	1.363	1.796	2.201	2.718	3.106
12	1.356	1.782	2.179	2.681	3.055
13	1.350	1.771	2.160	2.650	3.012
14	1.345	1.761	2.145	2.624	2.977
15	1.341	1.753	2.131	2.602	2.947

（续表）

df	P				
	0.10	0.05	0.025	0.01	0.005
16	1.337	1.746	2.120	2.583	2.921
17	1.333	1.740	2.110	2.567	2.898
18	1.330	1.734	2.101	2.552	2.878
19	1.328	1.729	2.093	2.539	2.861
20	1.325	1.725	2.086	2.528	2.845
21	1.323	1.721	2.080	2.518	2.831
22	1.321	1.717	2.074	2.508	2.819
23	1.319	1.714	2.069	2.500	2.807
24	1.318	1.711	2.064	2.492	2.797
25	1.316	1.708	2.060	2.485	2.787
26	1.315	1.706	2.056	2.479	2.779
27	1.314	1.703	2.052	2.473	2.771
28	1.313	1.701	2.048	2.467	2.763
29	1.311	1.699	2.045	2.462	2.756
30	1.310	1.697	2.042	2.457	2.750
40	1.303	1.684	2.021	2.423	2.704
60	1.296	1.671	2.000	2.390	2.660
120	1.289	1.658	1.980	2.358	2.617
∞	1.282	1.645	1.960	2.326	2.576

答案

（1）1.729。对于自由度 $df=19$，表 B.4 显示仅有 5% 的概率可以超过这个水平。这种类型的检验被称为单尾检验。

（2）2.093。5% 概率显著不同于原假设等同于确定分布上下 2.5% 边界的 t 值。这是一个双尾检验的例子。

第一列列出自由度数量（k）。其他列的标题提供了 t 超过录入值的概率（P）。使用负 t 值的对称性。

（3）

a. $\bar{X} - t \cdot \dfrac{s}{\sqrt{n}} < \mu < \bar{X} + t \cdot \dfrac{s}{\sqrt{n}}$

$40 - 3.182 \times \dfrac{10}{\sqrt{4}} < \mu < 40 + 3.182 \times \dfrac{10}{\sqrt{4}}$

$24.09 < \mu < 55.91$

b. $40 - 2.045 \times \dfrac{10}{\sqrt{30}} < \mu < 40 + 2.045 \times \dfrac{10}{\sqrt{30}}$

$36.27 < \mu < 43.73$

注意，较大的样本容量是如何显著增加相同概率水平上的估计置信区间的精确度。

是使用单尾检验还是双尾检验并不总是清楚的。通常来说，当我们对于样本没有预想的结论时，使用双尾检验。在这种情况下，显著性概率检验要考虑所估计的统计量（例如总体均值）在两个方向上的变化。但是，有时存在强烈的理由相信样本统计量将高于或低于假设的总体值——唯一的问题是差异是否显著。这种类型的情况在检验回归参数的显著性方法通常是适用的，正如附录C中将描述的。

最后，到时间回到我们关注的日间交易员上来了。我们现在理解弗莱德困境的解决方案是相当直接的。你可能希望回到抽样统计的部分，在继续往下阅读之前尝试确定准确的决策。

考虑到前面说的假设，每笔交易预计净利润的置信区间将是

$85\text{美元} - 1.699 \times \dfrac{100\text{美元}}{\sqrt{30}} < 每笔预期净利润 < 85\text{美元} + 1.699 \times \dfrac{100\text{美元}}{\sqrt{30}}$

$53.98\text{美元} < 每笔预期净利润 < 116.02\text{美元}$

因此，不可能说每笔交易预期净利润大于60美元的概率是95%。

一些评论有序列出。首先，使用单尾检验，因为弗莱德仅仅关心每笔交易预期净利润大于60美元的统计显著性检验而不是显著不同于60美元的统计显著性检验。第二，应当强调的是，置信区间不能证明在95%或更高概率水平下，总体每笔交易预期净利润大于60美元，它从来不能证明数据是小于60美元的。此类证据要求样本均值为28.97美元（或更小），这个均值隐含的置信区间是-2.05～59.99美元。第三，如果弗莱德选择一个限制性更小的概率要求，例如90%，置信区间将是

$85\text{美元} - 1.311 \times \dfrac{100\text{美元}}{\sqrt{30}} < 每笔预期净利润 < 85\text{美元} + 1.311 \times \dfrac{100\text{美元}}{\sqrt{30}}$

$61.06\text{美元} < 每笔预期净利润 < 108.94\text{美元}$

暗示相反的决定。

前面例子的主观性似乎令人不安。但是，应当强调的是测试者可以自由选择他们认为最重要的标准。如果当此类决定不能得到总体每笔交易预期净利润保证（第一类错误）时，弗莱德非常关心继续交易的话，那么他将选择一个低（限制性的）显著性水平值来进行检验。如果他不太关心这类错误的话，他将使用一个更高的显著性水平值。实际上，如果当真实的每笔交易预期净利润实际上大于60美元时弗莱德最主要的忧虑是避免终止交易的话，他可能继续交易，即使样本均值小于60美元，构建一个置信区间来检验样本均值是否显著低于假定的总体均值60美元。

附录 C

检查回归等式的显著性

> 事实证据从来都不能"证明"一个假说：它只是不能否定该假说，当我稍微有点不准确地说假说是由经验来确认的时候，我们一般就是这么想的。
>
> ——米尔顿·弗里德曼

☐ 总体回归直线

在附录 A 中我们讨论了以实证数据为基础推导回归直线。尽管那时提出这个题目还为时过早，但是回归公式提供的拟合直线实际上是未知的真实总体直线的样本。例如，把生猪屠宰与生猪出栏相关联的回归直线是这两个变量之间真实关系的样本。拟合直线是样本，因为它代表的只是一个完整系列的可能回归直线中的一个实现形式。实际回归直线取决于数据的度量误差和模型中未包括变量的位置影响。

总体或真实回归模型可以表示为：

$$Y_i = a + \beta X_i + e$$

这里 e 是一个随机分布的误差或扰动项。

即使我们知道真实总体回归直线，实际观察值 Y_i 偏离预测水平的量等于误差项 e。关键的原因为回归等式是因变量行为的高度简化模型。现实中，生猪屠宰量取决于很多更多的变量而不是仅仅生猪出栏——例如期间生猪出生分布、天气情况、饲料价格和生猪价格。虽然可以通过在回归模型中包括其他相关变量（这预示多元回归，在附录 D 中讨论）来降低扰动项的重要性，但是不可能引入足够多的变量来完全淘汰这些偏离。[1]

此外，即使模型中包含了所有相关变量，观察值仍然由于度量误差偏离回归直线。这不是一个微不足道的考虑，因为可以精确度量的数据项到目前为止是例外。绝大多数数据只能通过样本来估计（例如生猪出栏、生猪屠宰）。

---

[1] 即使所有此类变量都是已知的而且可以精确确定——两个特别不可能的假设——回归计算仍然限制可以引入的变量数量，因为每个额外变量将减少 1 个自由度。回归等式的显著性随着自由度下降而减少，而且当变量数量等于观察值数量的时候等式变得完全微不足道。

回归分析的基本假设

附录 A 解释回归分析的基本假设是因变量 Y 和自变量 X 之间关系是线性的。一些其他关键假设与误差项相关：

（1）误差项的均值等于 0。
（2）误差项有等于 σ^2 的不变方差。
（3）误差项是独立的随机变量。这个假设有两个重要含义：
  a. 误差项之间不相关。
  b. 误差项和自变量 X 不相关。
（4）误差项是正态分布。

这些假设构成用来评估回归模型可信性的各种检验的基础。

检验回归系数的显著性

除了碰巧的情况，实证上推导的 a 和 b 的值不等于 α 和 β 总体值（图 C.1）。但是，可以显示出 a 是 α 的无偏估计、b 是 β 的无偏估计。[①] 实际上，可以证明 a 和 b 不仅是无偏估计，它们也是最佳的线性无偏估计（BLUE）。这意味着 a 和 b 在所有可能的 α 和 β 的无偏线性估计中有最小的方差（即最有效）。

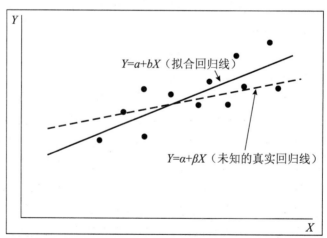

图 C.1 拟合回归线和真实回归线

虽然 b 提供了总体回归系数 β 的无偏点估计，我们想要知道这个估计的可变性。换句话说，我们对标准误差 b 感兴趣。从附录 B 中，我们记得标准误差是统计量抽样分

---

① 无偏估计一般来说等于总体参数。换句话说，无偏估计的抽样分布均值等于总体参数值。

布的标准差。在这个例子中,相关统计量是回归系数 b。

一张图可以帮助说明这一点。图 C.2 显示了一个均值等于 β——总体回归系数的分布。图 C.2 以图为例说明了如果提取无限量样本的话 b 的估计值所形成的分布。换句话说,图 C.2 是 b 的抽样分布。这个分布的标准差被称为 b 的标准误差。

在附录 B 中,我们指出样本均值的 t 值可以表示为

$$t = \frac{\bar{X} - \mu}{s/\sqrt{n}}$$

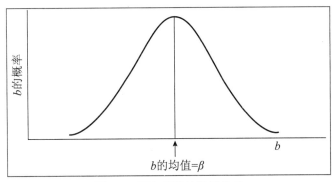

图 C.2　回归系数的抽样分布

现在唯一的区别是我们正尝试从样本系数 b 来判断总体回归系数 β,而不是从样本均值 $\bar{X}$ 来决定总体均值 μ。一般术语上,t 值可以表示为

$$t = \frac{样本统计量 - 总体参数}{标准误差}$$

换句话说,在所有应用中,t 值显示样本统计量和假定的总体参数之间标准差数量。一个大的 t 值(约等于 2 或更大)显示假定的总体参数是正确的概率小。t 值越高,样本来自假定参数值的总体的可能性越小。在回归系数的例子中,前面 t 值的一般化公式可以表示如下[①]:

$$t = \frac{b - \beta}{\text{s.e.}(b)}$$

因此,t 值是回归系数除以回归系数的标准误差。换句话说,t 值显示如果我们的假设是 $\beta=0$ 为真的话回归系数距总体系数多少标准差。如果 t 值高的话(如绝对值大约大

---

① 严格来说,b 的分布一般不是正态的,除了在大数量观察值的限制范围内。虽然这意味着使用 t 分布计算置信区间不精确,但是从实际的角度来说 t 分布会产生令人满意的结果,因为置信区间的准确边界不严格取决于 b 的实际分布。

于2.0），① 这意味着总体回归系数不等于0。

为了使用前面的公式，我们需要知道 s.e.(b) 的值。给定前面描述的回归分析假设，可以证明

$$\text{s.e.}(b) = \sqrt{\frac{s^2}{\sum_{i=1}^{n}(X_i - \bar{X})^2}}$$

这里 s^2 是总体方差 σ^2 的无偏估计。（σ^2 是误差项的方差，或者等同于来自未知总体回归线观察值的方差。②）由于真实回归线是未知的，必须估计 σ^2。可以证明，s^2 是 σ^2 的无偏估计③。

$$s^2 = \frac{\sum_{i=1}^{n}(Y_i - \hat{Y}_i)^2}{n-2} = \frac{\sum_{i=1}^{n}(Y_i - a + bX_i)^2}{n-2}$$

这里 Y_i = 单个观察值；
$\hat{Y}_i = X_i$ 处（与观察值 Y_i 相对应的自变量的值）的拟合值（即回归线隐含的值）。
假定我们正在检验假设 b=0，我们现在可以表示回归系数 t 值：

$$t = \frac{b}{\text{s.e.}(b)} = \frac{b}{\dfrac{s}{\sqrt{\sum_{i=1}^{n}(X_i - \bar{X})^2}}} = (b)\frac{\sqrt{\sum_{i=1}^{n}(X_i - \bar{X})^2}}{\sqrt{\dfrac{\sum_{i=1}^{n}(Y_i - \hat{Y}_i)^2}{n-2}}}$$

注意下面三个事实：

（1）t 值的符号取决于回归系数。如果 X 和 Y 反向相关，回归系数和 t 将是负的。t 值的符号不重要。我们只关心在检验回归系数 b 的显著性中 t 的绝对值。

（2）正如在直观上似乎是可取的，前面的等式中的 s 项确保 t 值随着偏差平方和增加而减少。

---

① 例如，如果自由度为 5，t 值 2.0 暗示系数至少大于零的概率仅为 5%，假若真实总体回归系数等于 0（表 B.4）。如果自由度为 60，此类市场发生概率仅为 2.5%。这些数据假定使用单尾检验。（见本章结尾部分的讨论。）
② 注意，误差项指的是观察值（Y_i）与真实总体回归线（不是拟合回归线）之间的差。术语注解：误差项或扰动项描述了观察值和真实总体回归线（通常是未知的）之间的差，而残差项或偏离项指的是观察值与拟合回归线之间的差。这个理论上的区别由于经常用误差项来指代残差项（观察值与拟合回归线之间的偏差）而变得模糊。
③ 用 n-2 做除数的原因是由于拟合 a 和 b 导致的限制减少了 2 个自由度。换句话说，对于任何给定的一组 a 和 b 的值，一旦明确指出 n-2 个观察值，那么剩余的 2 个观察值不能再自由分配。一般来说，自由度的数量将等于观察值的数量减去参数的总数（见附录 A 中的脚注 2）。

(3) 观察值的 X 值区间越窄，t 值越低，因为

$$\sum_{i=1}^{n}(X_i - \bar{X})^2$$

将较小，因此回归系数估计越不可信。这个概念在图 C.3 中以图为例说明。注意，当观察值对应自变量的小区间（图 C.3a）时，偏差的影响力可以容易地削弱斜率的影响，而且估计的回归线不会非常可信。相反地，当观察值对应 X 值的大区间（图 C.3b）时，估计的回归线将更加可信。

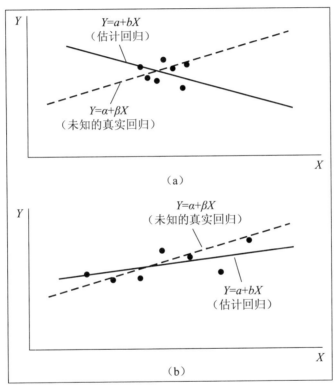

图 C.3　X_t 区间对回归系数可信性的影响

资料来源：T. H. Wonnacott and R. J. Wonnacott. Econometrics, John Wiley & Sons, New York, 1980.
Copyright © 1980 by John Wiley & Sons; reprinted by permission.

在检验回归系数 b 的显著性方面，使用单位检验通常更加合适。原因是因变量和解释变量（s）之间关系的方向通常是提前已知的。在此类情况下，与检验"系数值是否显著不同于零"相比，检验"系数值是否显著大于零或是小于零"在统计上有更重要意义。例如，我们知道较大的生猪出栏量将导致更高的生猪屠宰量。唯一相关的问题是这个关系是否在统计上显著。因此，恰当的问题不是 b 是否显著不同于零，而是 b 是否显

著大于零,因为我们对于较大的生猪出栏量导致较低的生猪屠宰量的可能感到不快。但是,如果我们想要检验因变量与自变量之间是否存在关系,那么在对于关系的方向性无偏的情况下,将会使用双尾检验。

t 检验也可以适用于常量或截距项 a。在这种情况下,检验假说总体回归线截距等于零的 t 值将是

$$t = \frac{a}{\text{s.e.}(a)} = \frac{a}{s\sqrt{\frac{1}{n} + \frac{\bar{X}^2}{\sum_{i=1}^{n}(X_i - \bar{X})^2}}}$$

实际上,通常没理由过分担心常数项的显著性,而且常数项的 t 检验可以省略,这无关大碍。

作为如何使用 t 检验的例子,我们考虑附录 A 中推导的回归等式。

$$Y = 1.109\,4X - 6.827\,6$$

表 C.1 说明了如何计算回归系数 b 的 t 值。虽然实际上计算 t 值不是必需的,因为假定可以得到标准计算回归程序,但是对构成关键回归统计量的计算有一个感觉是很重要的。检查表 C.1 中推导的 t 值,我们发现它远超过 1.734——18 自由度的 5% 显著水平下单尾检验的 t 值(见表 B.4)。我们得出结论,12 月~次年 5 月生猪出栏在解释 6~11 月生猪屠宰方面的确是显著的。

前面例子中的回归系数在统计上显著的结论可能似乎有点无足轻重。毕竟,通过检查观察值的散点图(见图 A.4),相同的结论可能在直观上是明显的。实际上,作为一般化的结论,除非一个人在选择简单回归(即只有一个解释变量的回归等式)的自变量方面显示出格外差的直觉感,否则 t 检验通常证明是显著的。但是,t 检验在评估多元回归模型——两个或多个解释变量的回归等式——方面是至关重要的。在这种情况下,回归拟合的简单图形描述不再是可能的,而且其他变量的显著性通常在直观上是不明显的。t 检验在回归分析上是最重要的统计检验之一,而且在多元回归方面也将进一步考虑。

表 C.1 (a) 计算回归系数 (b) 的 t 值

年	6~11月 生猪屠宰 Y_i	12~次年 5月生猪 出栏 X_i	$X_i - \bar{X}$	$(X_i - \bar{X})^2$	拟合值 $\hat{Y}_i$	残余 $Y_i - \hat{Y}_i$	$Y_i - \hat{Y}_i$	$Y_i - \bar{Y}$	$Y_i - \hat{Y}$
1995	50.077	48.2936	−2.726	7.429	49.529	−1.235	1.526	−4.128	17.037
1996	47.888	45.4527	−4.915	24.154	47.205	−1.753	3.071	−6.968	48.559
1997	48.394	46.2009	−4.409	19.437	47.742	−1.541	2.376	−6.220	38.692

(续表)

年	6~11月生猪屠宰 Y_i	12~次年5月生猪出栏 X_i	$X_i-\bar{X}$	$(X_i-\bar{X})^2$	拟合值 $\hat{Y}_i$	残余 $Y_i-\hat{Y}_i$	$Y_i-\hat{Y}_i$	$Y_i-\bar{Y}$	$Y_i-\hat{Y}$
1998	52.469	50.9291	−0.334	0.111	52.068	−1.139	1.297	−1.492	2.226
1999	51.519	51.1112	−1.284	1.648	51.060	0.052	0.003	−1.310	1.716
2000	50.087	49.6888	−2.716	7.375	49.539	0.149	0.022	−2.732	7.466
2001	49.472	49.1693	−3.331	11.094	48.887	0.283	0.080	−3.252	10.575
2002	50.858	50.7086	−1.945	3.782	50.358	0.351	0.123	−1.713	2.933
2003	50.029	50.7581	−2.774	7.693	49.478	1.280	1.639	−1.663	2.766
2004	50.737	52.2648	−2.066	4.267	50.229	2.035	4.143	−0.156	0.024
2005	51.33	52.3326	−1.473	2.169	50.859	1.474	2.172	−0.089	0.008
2006	52.242	53.1504	−0.561	0.314	51.827	1.323	1.751	0.729	0.532
2007	54.266	55.5693	1.463	2.141	53.975	1.594	2.540	3.148	9.911
2008	57.019	57.6483	4.216	17.777	56.898	0.751	0.563	5.227	27.323
2009	57.564	57.3914	4.761	22.670	57.476	−0.085	0.007	4.970	24.703
2010	56.326	55.6805	3.523	12.414	56.162	−0.482	0.232	3.259	10.623
2011	57.118	56.2641	4.315	18.622	57.003	−0.739	0.546	3.843	14.768
2012	57.818	57.4775	5.015	25.153	57.746	−0.268	0.072	5.056	25.567
2013	57.02	55.9142	4.217	17.786	56.899	−0.985	0.969	3.493	12.201
2014	53.821	52.4176	1.018	1.037	53.503	−1.085	1.178	−0.004	0.000

$\sum Y_i = 1\ 056.05 \quad \sum X_i = 1\ 048.42 \quad \sum(X_i-\bar{X})^2 = 207.073 \quad \sum(Y_i-\hat{Y}_i)^2 = 24.311 \quad \sum(Y_i-\bar{Y})^2 = 257.630$

$\bar{Y} = 52.803 \quad \bar{X} = 52.421$

拟合的回归线（来自表 A.1）：$Y = -3.627\ 9 + 1.061\ 5 \times X$

$$t = \frac{b}{\text{s.e.}(b)} = \frac{b \cdot \sqrt{\sum_{i=1}^{n}(X_i-\bar{X})^2}}{\sqrt{\dfrac{\sum_{i=1}^{n}(Y_i-\hat{Y}_i)^2}{n-2}}} = \frac{1.061\ 5\sqrt{207.073}}{\sqrt{\dfrac{24.311}{18}}} = 13.144$$

(b) 计算 r^2

注：忽视表格的这部分，达到本附录后面的合适部分。

$$r^2 = 1 - \frac{\sum_{i=1}^{n}(Y_i - \hat{Y}_i)^2}{\sum_{i=1}^{n}(Y_i - \overline{Y})^2} = 1 - \frac{24.311}{257.63} = 0.9056$$

回归的标准误差

回归的标准误差是残余项的标准差，或者说是观察值相对拟合回归线的标准差：[①]

$$SER = \sqrt{\frac{\sum_{i=1}^{n}(Y_i - \hat{Y}_i)^2}{n-2}}$$

这个公式看起来应该很熟悉。SER 以前用 s 来表示并且出现在回归系数标准误差的计算中，即 s.e.（b）。回归标准误差这个名字仅仅突出了这个数据是对整个等式离散程度的度量这一事实。注意，散布在回归直线附近的各个点越分散，SER 就越大。

应当强调的是，SER 只能相对于因变量的区间来解读。例如，在价格预测等式中，如果给定的价格序列区间为 6～12 美元，那么一个 10 分钱的 SER 数字将表示一个出色的拟合；如果价格区间是 0.30～0.60 美元，那么就是一个极差的拟合。出于这个原因，只要因变量 $\overline{Y}$ 的均值大于最高值和最低值之间的区间，那么考虑百分数（%SER）就可能是有用的[②]。

$$\%SER = \frac{SER}{\overline{Y}}$$

实际上，%SER 是基础数据幅度常态化的离散程度度量。当比较相同因变量的不同公式时，在相同的时间区间里 %SER 将产生与 SER 相同的结论，好处是在直观上更加有意义[③]。

单个预测的置信区间

假定给定自变量 X 一个确定值，使用回归等式来预测因变量 Y 的未来值。什么预

---

① 回归的标准误差（SER）也通常指估计量的标准误差（SEE），或简单来说是标准误差（SE）。
② 如果 $\overline{Y}$ 小于区间，那么 %SER 可能非常有误导性。例如，如果因变量包括的值即有正数也有负数，那么它的均值可能接近零。在这种情况下，%SER 可能接近无限大。
③ 在从涉及不同因变量的等式比较中得出任何结论时应当小心谨慎，因为 %SER 将对所选因变量敏感。对于这样为什么不可取的例子，请见决定系数（r^2）部分的讨论。

测区间有 95% 的概率包含 Y 的真实值呢？（隐含假设：自变量的估计值要么已知，要么被精确预测，即在 X 值中不涉及预测误差。）在回答这个问题方面，我们注意到即使回归假设满足，仍然存在 3 种可能的误差来源：

（1）均值误差。真实总体回归直线是未知的，而且可以从观察值中估计。由此导致的拟合直线穿过 $(\bar{X}, \bar{Y})$，而总体直线穿过 $(\bar{X}, \bar{Y}_{\bar{X}})$，这里一般来说 $\bar{Y}_{\bar{X}}$ 是 $\bar{X}$ 处未知的总体均值，且不等于样本均值 $\bar{Y}$。正如图 C.4a 中所示，这种类型的误差将导致所有预测（即对于 X 的任何值的 Y 预测值）太高或太低，体现在 $\bar{Y}$ 和 $\bar{Y}_{\bar{X}}$ 之间的差异。（图 C.4a 描述了均值正误差的情况，而对称镜像适用于负误差。）

（2）斜率误差。在真实回归系数 β 和拟合线斜率 b 之间也存在一定差异。图 C.4b 以图为例说明了这种误差原因和 X_f 对应预测值 $\hat{Y}_f$ 的均值误差二者产生的叠加影响。注意，在 $\bar{X}$ 处斜率误差将为零，因为拟合回归穿过 $(\bar{X}, \bar{Y})$，但是会随着 X 值远离 $\bar{X}$ 而稳定增加。（图 C.4b 中的图例描述了均值正误差和过高的估计回归系数的情况，对称镜像也适用于相反的例子。）

（3）随机误差。出于前面解释的原因，即使真实总体直线是精确已知的，仍然存在误差项。总体直线的置信区间在图 C.4c 中例示。注意区间是独立于 X 值。

任何一个预测的预测误差会反映刚刚讨论的全部三个影响的综合效果（图 C.4d）。图 C.4d 中描绘的置信区间的形状是由一个事实所决定的。这个事实就是，虽然对于所有 X 值来说均值误差和随机误差部分将相等，但斜率误差随着 X 值偏离 $\bar{X}$ 而增加。如果预测期的独立变量值由 X_f 来表示，那么预测值 Y_f 的标准误差是通过下式来给定的。

$$\text{s.e.}(\hat{Y}_f) = s\sqrt{1 + \frac{1}{n} + \frac{(X_f - \bar{X})^2}{\sum_{i=1}^{n}(X_i - \bar{X})^2}}$$

注意，当 X_f 等于 $\bar{X}$ 而且样本容量 n 大的时候，该项就约等于 s——残余项的标准差。（s 通常被称为回归的标准误差。）也要注意，X_f 离 $\bar{X}$ 越远，s.e.$(\hat{Y}_f)$ 就越大。

Y_f 的置信区间将是

$$\hat{Y}_f - t \sum \text{s.e.}(\hat{Y}_f) < Y_f < \hat{Y}_f + t \cdot \text{s.e.}(\hat{Y}_f)$$

这里 $t=$ 给定自由度数量确定的显著水平上的 t 值。在 $X = \bar{X}$ 处，这个区间转化为

$$\hat{Y}_f - t \cdot s\sqrt{1 + \frac{1}{n}} < Y_f < \hat{Y}_f + t \cdot s\sqrt{1 + \frac{1}{n}}$$

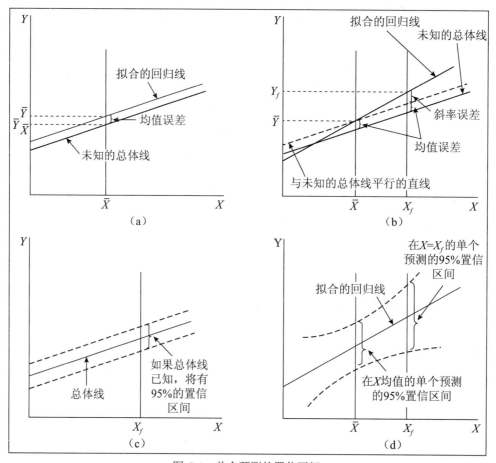

图 C.4 单个预测的置信区间

☐ 外推

外推指的是在观察值区间外的预测,即在 X_f 大于或小于任何观察值 X_i 处的 Y_f 的预测。正如前面的 s.e.(Y_f) 公式明显表示的,在外推区间的预测特别容易受到不确定性的影响,由于 s.e.(Y_f) 随着 X 值远离 $\bar{X}$ 而增加。但是,关于为什么应当对基于外推的预测持有怀疑态度,存在一个甚至更重要的理由。一般来说,从来都不能安全地假定,在观察区间里显示的因变量和自变量之间的关系在外推区间里仍然成立。例如,考虑一个在观察期内价格和最终股票/消费比率之间存在粗略反向线性关系的市场。这个关系在记录短缺的情况下可能不成立,因为一旦预期的短缺达到一个特别低的水平,价格通常开始加速上升。

在解释变量的预期值落在观察区间以外的情况下应当做什么呢？很多面临此类困境的专业分析师会担心地外推并且往好处想（可能因为无论必需的价格是否存在都有提供预测的隐含压力）。此类希望往往寄托错了。这不意味着分析师在冒险进行任何市场预测以前必须让自己进入长达一年的冬眠——几乎没有公司有启发性的。预期的点是在此类情况下，分析师必须几乎完全依赖其本人直观的市场基本面感觉和技术分析来产生预测，而不是天真地继续使用常规的不再相关的基本面模型。

☐ 决定系数（r^2）

如果不能取得回归模型或者如果自变量在解释因变量 Y 方面没有用的话，那么对 Y 值最好的预测就是它的均值 $\bar{Y}$。我们把单个观察值和均值之间的差 $Y_i - \bar{Y}$ 定义为总偏差。现在，如果 X 在解释 Y 方面有任何用处的话，那么观察点和拟合回归线之间的偏差倾向于小于总偏差。对于任何给定观察值 Y_i 而言，由回归等式解释的那部分总偏差将等于观察值减去拟合值 $Y_i - \hat{Y}_i$。被解释的偏差、未解释的偏差和总偏差之间的关系在图 C.5 中举例说明。对于任何给定的观察值而言，这个关系可以表示如下：

总偏差 = 被解释的偏差 + 未解释的偏差
$$(Y_i - \bar{Y}) = (\hat{Y}_i - \bar{Y}) + (Y_i - \hat{Y}_i)$$

如果我们对推导总偏差（对所有点偏差的度量）、被解释的和未解释的偏差之间关系感兴趣的话，那么我们不能简单地求和这些项，因为反向的偏差会互相抵消，产生同义反复关系。① 因此，我们在求和之前对等式两边求平方。这步与绕开尝试求最佳拟合直线方面相同问题的方法相似：

$$\sum_{i=1}^{n}(Y_i - \bar{Y})^2 = \sum_{i=1}^{n}\left[(\hat{Y}_i - \bar{Y}) + (Y_i - \hat{Y}_i)\right]^2$$
$$= \sum_{i=1}^{n}(\hat{Y}_i - \bar{Y})^2 + \sum_{i=1}^{n}(Y_i - \hat{Y}_i)^2 - 2\sum_{i=1}^{n}(Y_i - \hat{Y}_i)(\hat{Y}_i - \bar{Y})$$

---

① $\sum_{i=1}^{n}(Y_i - \bar{Y}) = \sum_{i=1}^{n}(\hat{Y}_i - \bar{Y}) + \sum_{i=1}^{n}(Y_i - \hat{Y}_i)$
$= \sum_{i=1}^{n}\hat{Y}_i - \sum_{i=1}^{n}\bar{Y} + \sum_{i=1}^{n}Y_i - \sum_{i=1}^{n}\hat{Y}_i$
$= \sum_{i=1}^{n}(Y_i - \bar{Y}) = \sum_{i=1}^{n}Y_i - n\bar{Y}$
$0 = 0$

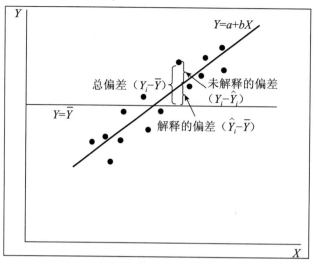

图 C.5 被解释的、未解释的和总偏差

鉴于前面的假设（独立变量 X 和误差项不相关），在算术方面可以证明

$$2\sum_{i=1}^{n}\left(Y_i - \hat{Y}_i\right)\left(\hat{Y}_i - \overline{Y}\right) = 0$$

因此，我们有

总方差 = 被解释的方差 + 未解释的方差

$$\sum_{i=1}^{n}(Y_i - \overline{Y})^2 = \sum_{i=1}^{n}(\hat{Y}_i - \overline{Y})^2 + \sum_{i=1}^{n}(Y_i - \hat{Y}_i)^2$$

这里方差被定义为偏差的平方和。

等式两边都除以 $\sum_{i=1}^{n}(Y_i - \overline{Y})^2$

$$1 = \frac{\sum_{i=1}^{n}(\hat{Y}_i - \overline{Y})^2}{\sum_{i=1}^{n}(Y_i - \overline{Y})^2} + \frac{\sum_{i=1}^{n}(Y_i - \hat{Y}_i)^2}{\sum_{i=1}^{n}(Y_i - \overline{Y})^2}$$

$$1 = \frac{\text{被解释的方差}}{\text{总方差}} + \frac{\text{未解释的方差}}{\text{总方差}}$$

我们把 r^2 定义为 $\dfrac{\text{被解释的方差}}{\text{总方差}} = \dfrac{\sum_{i=1}^{n}(\hat{Y}_i - \overline{Y})^2}{\sum_{i=1}^{n}(Y_i - \overline{Y})^2}$

或者等同地，$r^2 = 1 - \dfrac{未解释的方差}{总方差} = 1 - \dfrac{\sum_{i=1}^{n}(Y_i - \hat{Y}_i)^2}{\sum_{i=1}^{n}(Y_i - \overline{Y})^2}$

第二种形式更方便，因为回归等式的分析集中在未解释方差（残余项）上。注意 $0 \leqslant r^2 \leqslant 1$。如果 X 没有解释 Y 的方差，那么 $r^2=0$。如果 X 解释 Y 的所有方差（即所有的观察值精确地落在拟合线上），那么 $r^2=1$。r^2 的计算是极为有用的概括统计量，因为它所度量的重要性——回归等式所解释的方差百分比——以及 r^2 数值可以被解释的直观上的清晰度。表 C.1b 以图为例说明了表 A.1 中推导的回归线的 r^2 计算。

统计量 r^2 在比较其他模型方面是极为有用的，只要它们都有相同的因变量，即它们只在解释变量上有差异。但是，当回归等式有不同因变量的时候，基于 r^2 的推断可以证明是非常有误导性的。例如，考虑下面两个模型：

模型 I：$\Delta P_t = a + bX$，$r^2 = 0.50$

模型 II：$\Delta P_t = a + bX$，$r^2 = 0.50$

这里 $P_t = t$ 日的收盘价

$P_{t-1} = t-1$ 日的收盘价

$\Delta P_t = P_t - P_{t-1}$

$X = t-1$ 日已知的并且用来预测价格变动的解释变量

尽管模型 I 有更高的 r^2，但是模型 II 表示更好的预测等式。如果调查期足够长，那么诸如模型 I 的等式将仅仅告诉我们一个给定日的价格将几乎等于前日的价格。（在此类等式中，b 可能非常接近 1.0。）高 r^2 值的理由是，虽然整个时期的价格可能宽幅波动，但是相邻日的价格必定紧密相关（至多它们可能被每日价格限制所分离）。但是，模型 I 在预测下一日价格方面是完全没有用的。比较而言，模型 II 中的自变量解释了给定日的价格变动的 50%，而且在日内交易中可能极为有用。这个图例的目的是强调对具有不同因变量的回归等式进行价值判断的可能错误行为。①

---

① 一个甚至更极端的例子是可能的。如果我们使用没有屠宰的生猪（HNS）而不是屠宰的生猪（HS）作为回归至生猪出栏（PC）上的因变量（这里 HNS=PC-HS），那么残余项的平方和（SER）将完全相同，但是 r^2 将不同。为什么？因为 r^2 将被所选择的因变量影响

$$r^2 = 1 - \dfrac{未解释的方差}{总方差} = 1 - \dfrac{\sum_{i=1}^{n}(Y_i - \hat{Y}_i)^2}{\sum_{i=1}^{n}(Y_i - \overline{Y})^2}$$

在这个例子中，无论 HS 还是 HNS 是因变量，$\sum_{i=1}^{n}(Y_i - \hat{Y}_i)^2$ 将相同，但是 $\sum_{i=1}^{n}(Y_i - \overline{Y})^2$ 将不同，因此 r^2 将不同。

伪（"无理"）相关

理解回归过程中的因果是"情人眼里出西施"这一点很重要。表 C.1b 中推导的 r^2 仅仅告诉我们在生猪屠宰和之前的生猪出栏之间有强相关。我们解读这个统计量的因果关系的方式仅仅源于我们对基础过程的理论理解。在这个特别的例子里，很明显一个时期的生猪出栏影响下一个时期的屠宰，而不是反过来影响。但是，如果在无知的掩盖下，我们着手证明生猪屠宰水平决定了前期的生猪出生数量，那么由此导致的等式将产生相等的 r^2 值。因此，r^2 仅仅反映两个变量之间的相关度，它从来不证明因果关系。

从 r^2 数值得出因果关系推断的潜在错误行为展示在图 C.6 中。注意对冲基金数量和美国酒消费量之间的显著关系。实际上，所描绘时期内的对冲基金数量和美国酒消费量之间的 r^2 值是特别高的 0.99！我们可以从这张图中得出什么结论呢？

- 增长的酒消费量鼓励人们投资对冲基金。
- 对冲基金驱动人们饮酒。
- 对冲基金行业应当推动酒的消费量。
- 酒生产者应当推动对冲基金投资。
- 上面的所有。
- 上面的一个都没有。

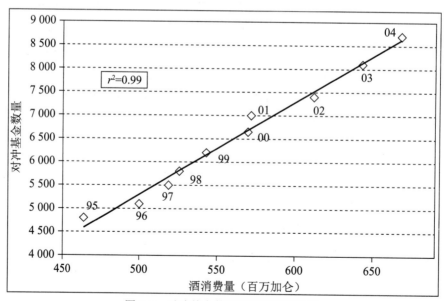

图 C.6　对冲基金数量和美国酒消费量

实际上，酒消费量和对冲基金数量之间显著的相关性非常容易解释。在一定的时期里，两个变量都被同一个第三变量（时间）所影响。换句话说，对冲基金数量和酒消费量在这个时期内都经历了明显的增长趋势。这个明显的关系是由于这些趋势是同时发生的。这种同步线性关系被称为伪相关或无理相关。实际上，相关关系足够真实，只是因果关系的解读是无理的。

附录 D

多元回归模型

> 在我们对自然的描述中，目的不是揭示现象的真正本质，而是尽可能地追踪我们经验的各个方面之间的关系。
>
> ——尼尔斯·波尔

☐ 多元回归基础

在实践中，很少有可能只用一个自变量就能充分地解释一个因变量。例如，生猪屠宰量仅能提供一个生猪价格的粗略预计。一个更让人满意的模型还会考虑其他自变量——例如，肉鸡屠宰量。多元回归方程式简单回归的一个直接的延伸，描述了因变量和两个以上的自变量的线性关系。

线性的含义在多于二维的情况下也许不能直观地显示，是所有的变量都在第一级，仅通过加法或减法相结合。例如，Z 是 X 和 Y 的方程，$Z=2X+Y+3$ 是一个线性方程，而 $Z=X^2+2Y^2+4$，$Z=XY$，$Z=\log X+\log Y$ 都不是线性方程。线性方程一个基本的特点是自变量一单位的变化将会导致因变量恒定幅度的变化（不论自变量的值是多少）。换句话说，在线性方程里，每个维度的斜率是恒定的。当只有 2 个变量时，正如简单回归的例子，线性方程可以被描绘成一条直线。当有 3 个变量时，线性方程可以用三维空间中的平面来表示；涉及超过 3 个变量的线性方程不能简单地表示在三维欧氏空间。

正如在简单回归的情况下，如果变量之间的关系是近似线性，回归分析是唯一合适的。但是这并不是像它听起来的那么严格限制，因为，许多非线性方程可以转化为线性方程组。

多元回归方程的一般形式是

$$Y = \alpha + \beta_1 X_1 + \beta_2 X_2 \cdots \beta_k X_k + e$$

前面的方程表示未知的总体或真实的回归。拟合回归的一般形式是

$$Y = a + b_1 X_1 + b_2 X_2 \cdots b_k X_k$$

其中，$a, b_1, b_2 \cdots b_k$ 被选取用来最小化残差的平方和。一个回归系数 b_i 可以解释如下：如果其他所有的自变量保持不变，X_i 一个单位的变化将会带来因变量 Y 变化 b_i。残值可以被理解为因变量（Y_i）的观测值与拟合值之间的差。不论方程式中有多少变量，残值仅代理单一维度的差。

这些概念通过一个实际的例子将变得更加清楚。假设我们已经推导出一个有关生猪价格与生猪屠宰量和肉鸡屠宰量的回归方程。

$$Y = a_1 + b_1 X_1 + b_2 X_2$$

其中，$Y=$ 剔除通胀后的生猪价格；

$X_1=$ 生猪屠宰量；

$X_2=$ 肉鸡屠宰量。

在图 D.1 中描绘了这个关系。X_1 和 X_2 的每个值组合将固定在（X_1, X_2）平面中的一个位置。回归方程将表示 Y 的值（y 轴的高度）在那个点。换句话说，回归方程定义了任何猪和肉鸡屠宰量组合相应的价格水平。

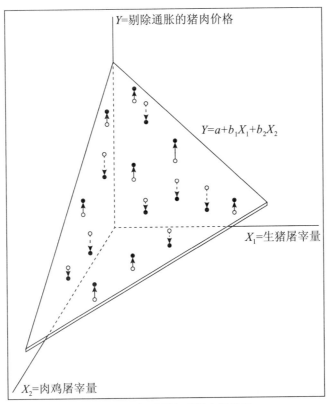

图 D.1 回归平面上观测点的散射

对于任何给定值的 X_2（肉鸡屠宰量），随着生猪屠宰量的增加，生猪价格将会以固定的速率下降。类似的，对于任何给定值的 X_1（生猪屠宰量），随着肉鸡屠宰量的增加，生猪价格将会以固定的速率下降。因此，正如看到的，当肉鸡屠宰量和生猪屠宰量较低时，生猪价格较高；当肉鸡屠宰量和生猪屠宰量较高时，生猪价格较低。

在给定时间段，每一个观测点都将代表一个 X_1 和 X_2 值的组合和相应的 Y 值。当然，Y_i 的实际观测值，图 D.1 中用实线标出，很少能准确落在平面上。任意一个点和平面间的垂直距离（例如，实际的生猪价格和回归方程预测价格之间的差）就是残值，用一个箭头标出。正如在简单回报中的例子，残值在单一的轴（y 轴）上衡量。回归的过程将确认 a，b_1，b_2 的值，它们将最小化这些残值的平方和。

我们特意避免说明推导回归系数的计算公式，或因为同样的原因，进行多元回归案例的任何统计计算。这样做的原因是，多元回归的计算过程过于烦琐，在没有计算机帮助的情况下，考虑计算过程是不合理的。多元回归的假设与简单回归模型是完全类似的。在多元回归的案例下，有一个额外的假设：任意两个或更多的自变量之间没有线性关系。如果这个假设不符合，这将导致一个称为多重共线性的问题。

在多元回归模型中使用 t 检验

多元回归模型结果的 t 值可以被用来衡量回归系数的显著性。从任何标准的计算机回归分析的 t 值被测试的假设是，回归系数等于零。在这个例子中，b_1 的 t 值为

$$t = \frac{b_i}{\text{s.e.}(b_i)}$$

这种关系可以被表达为：

$$\text{T-STAT} = \frac{\text{COEFF}}{\text{STER}}$$

其中，T-STAT= 对于给定的回归系数的 t 值
COEFF[①] = 给定回归系数的值
STER= 给定回归系数的标准差（不要和回归的标准误差混淆，SER，这是在下一节中描述）

通常来说，这些统计数据将列在 3 个相邻列中，每个行提供常数项或指定回归系数的统计信息。对于 t 统计的理解和简单回归的例子相同。t 值表示的是显示系数值和真实总体的系数值之间标准差的数量，如果真实总体的系数值为 0。t 值越高，回归系数

---

① 通常也被称为值。

越显著。为了使用 t 表（表 B4），应该检查行自由度（df）为 $n-k$，其中 $n=$ 观察值的总数目，$k=$ 方程式中的变量数量。大概来说，t 值大于 2.0 是明显显著的，表明给定自变量应该被保留在模型中。需要指出的是，t 值不一定能证明显著性；而是它在一个特定的概率水平上表明显著性。t 值越高，当回归系数不是显著的时候，越不可能假定是显著的。

如果 t 统计小于在 0.05 的置信水平时的 t 值（例如，在一个自由度是 10 的单侧检验小于 1.812），将会怎么样[1]？这里没有明确的答案。选择取决于交易员的偏好。如果交易员更关心的是在模型中保留一个微不足道的变量，她可能会倾向于放弃在 0.05 置信水平上任何回归系数不显著的变量。换句话说，如果她更关心的是在模型中删掉一个有意义的变量，她可能会倾向于保留变量，除非 t 值非常低。

一个合理的标准是，任何理论上有意义的 t 值大于 1 的变量，通常应保留[2]。虽然应该指出，许多分析师宁愿使用 2.0 的 t 值。关键词是理论上有意义。较低的 t 值并不和自变量与因变量之间的假定关系相矛盾。记住，t 值低于统计学上的显著水平并不意味着自变量在解释因变量时没有意义。它仅仅意味着它的显著水平没有达到理想的概率水平。只要变量有符合预期的标志，结果仍然和理论预期是一致的，尽管这种关系没有预期的那么强。更进一步，甚至 t 值 1.0 的水平在 0.2 的水平上对于任意自由度 > 2 的回归方程仍然是显著的（例如，80% 的概率）。t 值小于 1 的变量通常应该被舍弃。

上述的决策过程有一个例外。偶然地，分析师可能尝试包括所有认为应该显著影响因变量的自变量，结果发现，回归方程令人失望。对于这一点，在绝望中，她可能会尝试各种自变量，希望从中有一个或多个与因变量显著相关。这样一个方法可能被叫作"鸟枪"或者"厨房的水槽"法，这种方法并不推荐，除非所有理论上合理的变量都被找到了。对于任意一个事件，在这种情况下，应该对保留变量施加更严格的要求。第一，应该使用双侧检验而不是单侧检验（见在附录 C 中"检测回归系数的显著性"那一段。）第二，t 值小于 0.05 显著水平的变量应该被拒绝。实际上，可以说，因为接受无意义变量的概率随着检验变量数的增加而增加，所以应采取更严格的显著性水平（例如，0.01）。

到目前为止，我们假设理论上选择的变量有正确的符号。但是，在有许多变量的方程式里，正负号错误的系数很常见。这种现象通常意味着多重共线性——两个或更多自变量的线性关系（如何处理这类变量的讨论在附录 E 中的多重共线性中）。可以这么说，

---

[1] 通常的假设是回归系数有预期的标志（例如，在一个生猪价格是因变量的方程式中生猪屠宰量为负）。标志与预期相反的情况在附录后面讨论。

[2] 如果 t 值 >1，将有特殊的意义。已经说明的是，如果 $t>1$ 的自变量被保留，否则就删除，那么"纠正的 R^2"（将会在后面讨论）将会最大化。

这些变量的 t 值通常是无关的。

回归标准差

回归标准差（SER）是度量不清楚变量的指标。SER 的定义几乎和简单回归的案例完全一样。唯一的区别是残值平方和除以合适的自由度，而不是除以（n-2）。因此，对于通用的多元回归案例，SER 应表示如下：

$$SER = \frac{\sum_{i=1}^{n}(Y_i - \hat{Y}_i)^2}{n-k}$$

其中，$k=$方程中的参数个数（等于自变量个数加 1，假设方程中有一个常数项）。注意，在简单回归的例子中，$k=2$。

正如简单回归的例子，%SER 等于 SER 除以 Y。在适宜的时候（见附录 C），%SER 可能适宜使用，因为它是按直觉上有意义的形式来表达的。

个体预测的置信区间

在多元回归的例子中，计算个体预测的置信区间是复杂的。作为简化，当所有的独立变量等于他们的均值的情况下，置信区间可以被计算出。在这种特殊的例子里，置信区间的公式与简单回归类似，其中 $X = \bar{X}$：

$$\hat{Y}_f - t \cdot s \sqrt{1 + \frac{1}{n}} < Y_f < \hat{Y}_f + t \cdot s \sqrt{1 + \frac{1}{n}}$$

其中，$s=$SER；
$t=$ 在给定自由度情况下的特定置信区间的 t 值。

这代表了最小置信区间，如果从各自均值进一步删除的独立变量，实际置信区间将更宽。

R^2 和修正 R^2

R^2 是多元回归中的 r^2，是按相同的方式来定义的。因此，在附录 C 中和 r^2 相关的讨论这里也适用，不需要重复。

在多元回归的案例中，增加另外一个变量只会增加 R^2 这一点很重要。切记，R^2 是解释的变量除以总变量的比率。新增变量将不会影响总变量，仅仅增加解释的变量。甚至引入一个完全不相关的变量可能导致解释变量小幅增加。例如，可以肯定的是，增加比利时鸭子数量这个变量，可以增加预测美国利率的回归方程的 R^2。

增加一个无意义的解释变量提高 R^2 的观点不仅仅是一种美学考虑。回想一下，每个额外的变量会降低自由度1，从而减少该方程基于其他指标的显著性——例如 t 检验和回归标准差（SER）（其他都变的情况下）。由于这个原因，希望能够修改 R^2 指标，达到对于多余不相关指标的惩罚。这种替代的指标被称作修正 R^2（CR^2），或者有时被称作调整后的 R^2。R^2 的问题在于它是基于变量的，不能解释自由度的数目。修正 R^2 避免了这一瑕疵，因为它是基于方差。方差等于变量除以自由度的数目。R^2 被定义为 [①]

$$R^2 = 1 - \frac{额外的变量}{总变量}$$

我们现在定义修正 R^2（CR^2）为

$$CR^2 = 1 - \frac{额外的指标}{总指标}$$

其中

$$方差 = \frac{变量}{df}$$

因此

$$CR^2 = 1 - \frac{\dfrac{\sum_{i=1}^{n}(Y_i - \hat{Y}_i)^2}{n-k}}{\dfrac{\sum_{i=1}^{n}(Y_i - \overline{Y})^2}{n-1}}$$

比率的分子是基于 n 个观测值但是有 k 个约束条件的在寻找回归线时用来计算 Y_i。因此，$df=n-k$。分母同样是基于 N 个观测值，但是只有1个约束条件，$\overline{Y}$，因此，$df=n-1$。前述的方程可以被重写为：

$$CR^2 = 1 - (1 - R^2) \times \frac{n-1}{n-k}$$

正如在这个方程中已经显现的，当 n 相对于 k 足够大时，CR^2 几乎等于 R^2。

典型的回归过程将提供 CR^2（校正后的 R 平方或调整 R 平方）和 R^2（R 平方）。作

---

① R^2 的公式和 r^2 的公式完全一样。

为一个通用规则，校正后的 R 平方是一个比较对于同样因变量不同回归方程的有用指标。

❑ F 检验

鉴于 t 分布是用来检验单个回归系数的显著性，F 分布是用来检验回归方程整体的显著性。换句话说，F 检验统计量测试的是所有回归系数都是不显著的假设。F 检验统计量可以被表达如下：

$$F = \frac{\text{已解释的方差}}{\text{未解释的方差}}$$

注意，F 值是基于方差的，而不是变量。再次强调，方差 = 变量 + DF。

$$F = \frac{\dfrac{\sum_{i=1}^{n}(Y_i - \bar{Y})^2}{k-1}}{\dfrac{\sum_{i=1}^{n}(Y_i - \hat{Y}_i)^2}{n-k}} = \frac{\sum_{i=1}^{n}(\hat{Y}_i - \bar{Y})^2}{\sum_{i=1}^{n}(Y_i - \hat{Y}_i)^2} \times \frac{n-k}{k-1}$$

已解释方差的自由度 $=k-1$，由于 k 的值在定义回归线时用来计算 $\hat{Y}_i$，但是 1 个自由度丢失了，由于 $\bar{Y}$ 导致的约束。对于未解释的方差，有 n 个观察值，但是在寻找回归线时有 k 个约束是 Y_i 的基础。回忆 R 平方的定义，我们可以将 F 重新表达为[①]：

$$F = \frac{R^2}{1-R^2} \times \frac{n-k}{k-1}$$

F 统计量适当的自由度将被规定。例如，$F(2/8) = 23.5$ 说明回归方程的 F 值，其中，在这个回归方程里，$k-1=2$，而且 $n-k=8$。为了检验显著性，将 F 统计量与 F 表中列出的数值进行比较，以得到相应的自由度。例如，检查表 D.1，可以确定的是，在 0.01 的显著水平上，$F(2/8) = 8.65$，因此，23.5 的值将是显著的。

在实际中，F 检验不是特别重要，因为它几乎总能证明是显著的。这也不奇怪，因为，F 检验检查是所有的系数在一起是否具有预测力的一个非常弱的指标。在任何情况下，有同样自变量回归方程的比较，F 值越高，意味着模型越好（假设没有回归假设被违反）。但是，类似的信息可以通过比较 CR^2 的值被收集。

---

① $\sum_{i=1}^{n}(\hat{Y}_i - \bar{Y})^2 = R^2 \cdot \sum_{i=1}^{n}(Y_i - \bar{Y})^2$ 和 $\sum_{i=1}^{n}(Y_i - \hat{Y}_i)^2 = (1-R^2)\sum_{i=1}^{n}(Y_i - \bar{Y})^2$

表 D.1　F 分布

F 分布的 F 值

$$\Pr\{F_{(n_1,n_2)}\text{-变量} \geq F_{n_1,n_2,\alpha}\} = \alpha = 0.01$$

$\alpha = 0.01$

$F(n_1, n_2)$ - 分布

n_2（分母 df）	\multicolumn{9}{c}{n_1（分子 df）}
	1	2	4	6	8	10	12	24	∞
	$[t_{n_2,.005}]^2$	\multicolumn{8}{c}{Values of $F_{n_1,n_2,\alpha}$}
1	4 052	5 000	5 625	5 859	5 982	6 056	6 106	6 235	6 366
2	98.50	99.00	99.25	99.33	99.37	99.40	99.42	99.46	99.50
3	34.12	30.82	28.71	27.91	27.49	27.23	27.05	26.60	26.13
4	21.20	18.00	15.98	15.21	14.80	14.55	14.37	13.93	13.46
5	16.26	13.27	11.39	10.67	10.29	10.05	9.89	9.47	9.02
6	13.75	10.92	9.15	8.47	8.10	7.87	7.72	7.31	6.88
7	12.25	9.55	7.85	7.19	6.84	6.62	6.47	6.07	5.65
8	11.26	8.65	7.01	6.37	6.03	5.81	5.67	5.28	4.86
9	10.56	8.02	6.42	5.80	5.47	5.26	5.11	4.73	4.31
10	10.04	7.56	5.99	5.39	5.06	4.85	4.71	4.33	3.91
11	9.65	7.21	5.67	5.07	4.74	4.54	4.40	4.02	3.60
12	9.33	6.93	5.41	4.82	4.50	4.30	4.16	3.78	3.36
13	9.07	6.70	5.21	4.62	4.30	4.10	3.96	3.59	3.17
14	8.86	6.51	5.04	4.46	4.14	3.94	3.80	3.43	3.00
15	8.68	6.36	4.89	4.32	4.00	3.80	3.67	3.29	2.87
20	8.10	5.85	4.43	3.87	3.56	3.37	3.23	2.86	2.42
25	7.77	5.57	4.18	3.63	3.32	3.13	2.99	2.62	2.17
30	7.56	5.39	4.02	3.47	3.17	2.98	2.84	2.47	2.01
40	7.31	5.18	3.83	3.29	2.99	2.80	2.66	2.29	1.80
60	7.08	4.98	3.65	3.12	2.82	2.63	2.50	2.12	1.60
120	6.85	4.79	3.48	2.96	2.66	2.47	2.34	1.95	1.38
∞	6.63	4.61	3.32	2.80	2.51	2.32	2.18	1.79	1.00

来源：从皮尔森和哈特利编写的《针对统计员的生物统计表》（第三版第一卷，1976 年）中的表 18 中截选的，得到了生物统计学信托基金（http://biomet.oxfordjounal.org）的许可。

这个图和表从 S.R. 瑟尔著的《线性模型》（纽约：约翰·威利父子出版公司，1997）的表 4b 中截取。

分析一个回归过程

表 D.2 代表了一个简单回归过程的结果。在这个时点上，表 D.2 中大多数内容应该是可以理解的。但是，解释这张表的关键统计也许是有帮助的。

1. 回归方程是 $Y=49.06899-1.07049(X_1)+0.35775(X_2)$。为了得到 Y 的点预测，仅仅需要引入 X_1 和 X_2 和预测值。例如，如果 $X_1=20$，$X_2=40$，预测的 Y 值等于 41.969。在实际中，使用符号而不是 Y，X_1 和 X_2，从而记录变量将是更方便的。

表 D.2 回归分析结果样本

变量	系数	标准差	T检验	中值
常数项	49.068 99	9.672 67	5.07	41.160 71
X1	-1.070 49	0.234 64	-4.56	21.007 14
X2	0.357 75	0.134 00	2.67	40.753 57
观察值	实际值	拟合值	残值	% 偏差
1	35.900 00	35.259 25	0.640 75	1.82
2	52.700 00	54.549 10	-1.849 10	-3.39
3	46.300 00	50.746 80	-4.446 80	-8.76
4	34.200 00	36.986 09	-2.786 09	-7.53
5	51.300 00	46.155 74	5.144 26	11.15
6	44.200 00	44.022 20	0.177 80	0.40
7	33.900 00	29.706 75	4.193 25	14.12
8	31.300 00	30.543 04	0.756 96	2.48
9	31.700 00	32.742 07	-1.042 07	-3.18
10	29.900 00	31.587 95	-1.687 95	-5.34
11	51.100 00	49.769 81	1.330 19	2.67
12	56.100 00	51.624 68	4.475 32	8.67
13	43.900 00	45.564 65	-1.664 65	-3.65
14	33.750 0	36.991 87	-3.241 87	-8.76

$Y=$ 常数项 $+C_1\times X_1+C_2\times X_2$

RSQ=0.895 3   SER=3.233 8 $F(2, 11)$ =47.0

RSQC=0.876 2%   SER=7.86   DW=1.69

2. $R^2=0.8953$，这意味着 X_1 和 X_2 一共解释了总变量的 89.56%。CR^2 由于丢失自由度而向下修正，为 0.8762。

3. SER = 3.2338。这是一个与其他模型比较时的关键优点。基于所有自变量的值等于它们各自均值的假设，SER 可以被用来构造单个预测大致的置信区间。这个置信区间等于①

$$\hat{Y}_f - t \cdot s \sqrt{1 + \frac{1}{n}} < Y_f < \hat{Y}_f + t \cdot s \sqrt{1 + \frac{1}{n}}$$

其中，s=SER=3.23;

n=14;

t=2.201（在 0.05 的显著水平上 df=11 的双侧检验的 t 值）。

$$\hat{Y}_f - 2.201(3.23)(1.0351) < Y_f < \hat{Y}_f + 2.201(3.23)(1.0351)$$
$$\hat{Y}_f - 7.3588 < Y_f < \hat{Y}_f + 7.3588$$

用第 1 点中得出的 41.969 的 Y_f 的点预测，95% 的置信区间是

$$34.610 < Y_f < 49.328$$

这意味着，如果预测是基于自变量等于各自均值的假设，实际值会落在规定的范围之内的概率达到 95%，当然，这种情况永远不会发生。因此，实际的置信区间总是更宽。然而，鉴于这种认识，简化的置信区间至少提供了对于预测潜在的变异性的一个粗略感觉。

4. %SER = SER ÷ $\bar{Y}$。%SER 提供了一个直观上有意义的数据，而且如果所有比较的模型涉及同样的自变量，%SER 可以被用来替代 SER。

5. 分子的自由度是 2，分母的自由度是 11 的 F 值是 47，47 正好比 F 值列表里在 0.01 的显著水平 7.21 的 F 值高，再一次强调，这个 F 检验几乎总能验证方程是显著的。

6. DW 代表杜宾-瓦特森检验，这个指标在附录 E 中讨论。

7. t 统计等于系数值除以各自的标准误差。在这个例子中，所有的系数都是显著的。（在 0.05 显著水平上单侧检验的 11 个自由度的 t 值等于 1.796。）

8. 在表 D.2 的实际列出了 Y 的实际观测值，拟合值（也叫作预测值）列中列出了回归方程算出的对应值。实际值和拟合值之间的差列在残值列。偏离百分比列对于残值除以拟合值。（在某些情况下，残值通过除以 SER 来进行标准化，即将残值表达成标准差单位。用这种方式标准化后的残值叫作标准化残值或标准残值，在附录 E 中进行讨论。）

到目前为止，我们只讨论了回归方程的整体汇总统计的意义。如将在附录 E 中所详述的，个别残值也包含非常重要的信息，应被仔细分析。

---

① 见"单个预测的置信区间"那一段。

附录 E

分析回归方程

> 这是对真实理论的检验，不仅要考虑现象，还要预测现象。
>
> ——威廉姆·维赫维尔

极端值

极端值是有很大残余的观测值——即在观测值和适宜值之间有很大的离差。极端值反映了下列条件：

（1）对于给定点，在收集和掌控数据时出现错误。
（2）存在一个显著的不相关的因子，只影响极端值。
（3）在方程式中缺少了一个重要的自变量。
（4）模型中存在一个结构性的错误。

极端值的出现显示了模型的不足。在确认极端值不是一个错误的结果后，分析师应该确认可能解释这种异常行为的变量，然后，这个变量应该被纳入方程中。但是，如果极端值是一个不太可能再次发生的孤立事件的结果，那么这个极端值就应该被视作一个没有代表性的点。回归应该删除这个点。由于用最小二乘法推导出的回归系数将给予极端值更大的权重，所以这种重新计算非常重要。因此，1～2个这种极端值可能严重地损害回归方程的拟合度。但是，除非导致极端值的孤立事件被确认，应该尽量避免简单的删除极端值点的倾向，因为这样做会提高回归拟合度。

残值图

散点图——如图 A.4 所描绘的，在删除极端值方面几乎毫无用处，由于它只能用在简单回归的案例中。残值图提供了一个删除极端值图表的方法，可以在多元回归和简单回归中应用。在构建残值图时，用标准化的残值会比用实际残值更加合适，由于实际残值的变化更宽。对于第 i 项的标准化的残值，被定义为：

$$sr_i = \frac{Y_i - \hat{Y}_i}{s}$$

其中,

$$s = \text{SER} = \sqrt{\frac{\sum_{i=1}^{n}(Y_i - \hat{Y}_i)^2}{n-k}}$$

其中,

n = 观察值的个数;

k = 参数的个数(等于自变量的个数 +1,假设方程中有一个常数项)。

实际上,标准化残差可以被看作是显示残值与假定的残值均值零之间有多少个标准差。如果回归假设是有效的,标准化残值应该是随机分布的,基本上落入 +2 和 -2 的区间内。使用标准化残值的一个优势是在对残值图的理解上对于所有类型的数据来说是一样的。有 3 种残值图的基本类型:

(1) sr_i 和拟合的 Y 值 ($\hat{Y}_i$)。

(2) sr_i 和自变量(在多元回归中,每个自变量可以有一个这样的图)。

(3) sr_i 和时间(例如,sr_i 值按时间顺序来绘制)。

前述的绘图法可以在某些电脑软件包中得到。但是,即使得不到,他们可以通过打印出来的残值很容易得到。因此,实际上所有涉及预测期货价格的回归分析应用都会涉及时间序列数据,在正常情况下,第 3 种绘图法将会是最有用的。

图 E.1 提供了一个通过残值对应时间来绘图的例子。正如所见的,2011 年和 2014 年

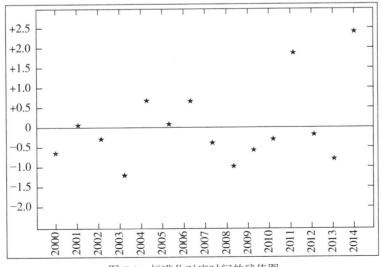

图 E.1 标准化对应时间的残值图

是极端值。还要注意的是，在其他年份中，负残值占主导地位——这是两个正的极端值将回归线上拉的后果。（注意，在最小二乘法中，倾向于给予极端值更大的权重。）

残值图的一个本质属性是当模型包含 3 个或多个变量时，它可以很容易地被应用，这样散点图就不能构造。也许更重要的是，残值图可以用来检查自相关。在转向残值图这个关键的应用之前，首先要讨论的是自相关性和最常用的检验自相关的方法——杜宾 - 瓦特森（DW）统计。

☐ 自相关的定义

自相关是指误差项相关的情况。自相关的存在表明，数据中有一个规律尚未被解释变量发现。出于这个原因，自相关的存在表明，该模型仍然不足。此外，应该回忆的是回归分析的基本假设之一是误差项是随机分布的。如果存在自相关，那么系数的标准差和 SER 都将被严重低估。因此，显著检验可能会对方程的精确程度产生一个非常扭曲的结论。

☐ 衡量自相关的一个指标——杜宾 - 瓦特森（DW）统计

自相关是指误差项线性相关。在最简单的情况下，误差项与前一阶段的误差项相关。这种情况被称为第一阶自相关，将被 DW 统计量反映出来，这是一个衡量指标，包括在回归汇总中。

尽管理想情况是自相关检验是基于总体的误差项，但是这些是不可用的。DW 检验是基于残值（这里用 $\hat{e}_t$ 表示），定义为：

$$DW = \frac{\sum_{t=2}^{n}(\hat{e}_t - \hat{e}_{t-1})^2}{\sum_{t=2}^{n}\hat{e}_t^2}$$

其中，$\hat{e}_t$ = 时间段 t 的残值；

$\hat{e}_{t-1}$ = 时间段 t 前一段的残值。

但是，下列的近似关系对于直观解释 DW 统计量更有用：

$$DW \approx 2(1-r)$$

其中，

$$r = \frac{\sum_{t=2}^{n} \hat{e}_t \cdot \hat{e}_{t-1}}{\sum_{t=2}^{n} \hat{e}_t^2}$$

如果没有第一阶自相关，$\hat{e}_t \cdot \hat{e}_{t-1}$ 积的正值将会倾向于和负值抵消。$\sum \hat{e}_t \cdot \hat{e}_{t-1}$ 应该大致等于 0。在这种情况下，r 将会接近 0，DW 将会接近 2。如果相邻的残值呈正相关，那么 $\hat{e}_t \cdot \hat{e}_{t-1}$ 和 $\sum \hat{e}_t \cdot \hat{e}_{t-1}$ 都倾向于为正。相邻残值的相关性越强，$\sum \hat{e}_t \cdot \hat{e}_{t-1}$ 的正值越大。在极端情况下，$\sum \hat{e}_t \cdot \hat{e}_{t-1}$ 将会接近 $\sum \hat{e}_t^2$，导致 r 接近 1，DW 接近 0。类似的，如果临近的残值负相关（例如，正残值接着一个负残值），$\sum \hat{e}_t \cdot \hat{e}_{t-1}$ 为负。如果极端负相关，那么 $\sum \hat{e}_t \cdot \hat{e}_{t-1}$ 将会接近 $-\sum \hat{e}_t^2$，r 将接近 -1，DW 将接近于 4。总的来说，DW 的范围在 0 和 4 之间。接近 2 的值显示没有第一阶的自相关，显著低于 2 表明有正的自相关，显著高于 2 表明有负的自相关。

表 E.1 包含了一列 DW 值，这列值可以被用来测试在 0.05 的显著水平上的自相关。适宜的值将取决于观察值的数量 n 和回归方程中自变量的数量 k。注意，不用于迄今为止讨论过的其他检验，在每一类中有两列数值。在对于正的自相关的检验中，解释如下（对于负的自相关，用 $4-DW$ 代替 DW）：

（1）$DW < d_L$ 正的自相关存在；
（2）$DW > d_U$ 没有正的自相关存在；
（3）$d_L < DW < d_U$ 检验是不确定的。

表 E.1　5% 的置信区间 d_L 和 d_U 点的 DW 分布

n	k=1		k=2		k=3		k=4		k=5	
	d_L	d_U	d_L	d_U	d_L	d_U	d_L	d_U	d_L	d_U
15	1.08	1.36	0.95	1.54	0.82	1.75	0.69	1.97	0.56	2.21
16	1.10	1.37	0.98	1.54	0.86	1.73	0.74	1.93	0.62	2.15
17	1.13	1.38	1.02	1.54	0.90	1.71	0.78	1.90	0.67	2.10
18	1.16	1.39	1.05	1.53	0.93	1.69	0.82	1.87	0.71	2.06
19	1.18	1.40	1.08	1.53	0.97	1.68	0.86	1.85	0.75	2.02
20	1.20	1.41	1.10	1.54	1.00	1.68	0.90	1.83	0.79	1.99
21	1.22	1.42	1.13	1.54	1.03	1.67	0.93	1.81	0.83	1.96
22	1.24	1.43	1.15	1.54	1.05	1.66	0.96	1.80	0.86	1.94
23	1.26	1.44	1.17	1.54	1.08	1.66	0.99	1.79	0.90	1.92
24	1.27	1.45	1.19	1.55	1.10	1.66	1.01	1.78	0.93	1.90
25	1.29	1.45	1.21	1.55	1.12	1.66	1.04	1.77	0.95	1.89
26	1.30	1.46	1.22	1.55	1.14	1.65	1.06	1.76	0.98	1.88
27	1.32	1.47	1.24	1.56	1.16	1.65	1.08	1.76	1.01	1.86
28	1.33	1.48	1.26	1.56	1.18	1.65	1.10	1.75	1.03	1.85

（续表）

n	k=1		k=2		k=3		k=4		k=5	
	d_L	d_U	d_L	d_U	d_L	d_U	d_L	d_U	d_L	d_U
29	1.34	1.48	1.27	1.56	1.20	1.65	1.12	1.74	1.05	1.84
30	1.35	1.49	1.28	1.57	1.21	1.65	1.14	1.74	1.07	1.83
31	1.36	1.50	1.30	1.57	1.23	1.65	1.16	1.74	1.09	1.83
32	1.37	1.50	1.31	1.57	1.24	1.65	1.18	1.73	1.11	1.82
33	1.38	1.51	1.32	1.58	1.26	1.65	1.19	1.73	1.13	1.81
34	1.39	1.51	1.33	1.58	1.27	1.65	1.21	1.73	1.15	1.81
35	1.40	1.52	1.34	1.58	1.28	1.65	1.22	1.73	1.16	1.80
36	1.41	1.52	1.35	1.59	1.29	1.65	1.24	1.73	1.18	1.80
37	1.42	1.53	1.36	1.59	1.31	1.66	1.25	1.72	1.19	1.80
38	1.43	1.54	1.37	1.59	1.32	1.66	1.26	1.72	1.21	1.79
39	1.43	1.54	1.38	1.60	1.33	1.66	1.27	1.72	1.22	1.79
40	1.44	1.54	1.39	1.60	1.34	1.66	1.29	1.72	1.23	1.79
45	1.48	1.57	1.43	1.62	1.38	1.67	1.34	1.72	1.29	1.78
50	1.50	1.59	1.46	1.63	1.42	1.67	1.38	1.72	1.34	1.77
55	1.53	1.60	1.49	1.64	1.45	1.68	1.41	1.72	1.38	1.77
60	1.55	1.62	1.51	1.65	1.48	1.69	1.44	1.73	1.41	1.77
65	1.57	1.63	1.54	1.66	1.50	1.70	1.47	1.73	1.44	1.77
70	1.58	1.64	1.55	1.67	1.52	1.70	1.49	1.74	1.46	1.77
75	1.60	1.65	1.57	1.68	1.54	1.71	1.51	1.74	1.49	1.77
80	1.61	1.66	1.59	1.69	1.56	1.72	1.53	1.74	1.51	1.77
85	1.62	1.67	1.60	1.70	1.57	1.72	1.55	1.75	1.52	1.77
90	1.63	1.68	1.61	1.70	1.59	1.73	1.57	1.75	1.54	1.78
95	1.64	1.69	1.62	1.71	1.60	1.73	1.58	1.75	1.56	1.78
100	1.65	1.69	1.63	1.72	1.61	1.74	1.59	1.76	1.57	1.78

注意：$DW < d_L$ 正的自相关存在，$DW > d_U$ 没有正的自相关存在，$d_L < DW < d_U$ 检验是不确定的。检验负的自相关，用 $4-DW$ 代替 DW。

来源：S. 查特吉和 B. 普莱斯，《回归分析实例（第三版）》（纽约：约翰·威利父子出版公司，1999）。

例如，假设我们检验一个有 18 个观测值和 3 个变量的回归方程。如果 $DW < 0.93$，那么就说明有正的自相关；如果 $DW > 1.69$，那么将没有自相关；如果 $0.93 < DW < 1.69$，检验没有结论。对于负的自相关的检验是类似的，用 $4-DW$ 代替 DW。

回归方程的汇总统计的例行检查应包括 DW 检验。一个特别高或者低的 DW 值显示有必要对模型进行进一步的分析和修正。但是，需要强调的是，即使是一个完美的 DW 值（2.0）也不能保证自相关不存在。DW 仅仅检验第一阶的自相关。如果误差项的关系更加复杂，DW 将不能发现。由于这一原因，也有必要检查残值图来确认自相关。更进一步，正如在接下来的段落里将会被说明的，残值图还可以被用来提供更多的线索来改善回归模型。

自相关的含义

残值中出现的趋势表明回归方程中潜在的不足之处。具体而言，自相关可能反映了以下两个缺陷之一：

（1）回归方程中缺乏显著的自变量。

（2）用线性的回归方法来描述自变量和因变量之间的非线性的关系。

如果自相关是由于上述因素中的一个，那么为什么自相关是不可取的就很明显了。这种条件表明，可以得到一个更好的模型——或者通过增加变量，或者使用不同的关系。但是，即使不是这种情况，存在自相关的方程仍然是不可取的，因为破坏误差项是随机分布的这个假设将会损害方程[1]。由于这个原因，作为最后的解决方案，剔除自相关的转换应予以考虑。

总而言之，DW 和残值图应该被用来检查自相关。如果残值被发现是相关的，应采取下列步骤：

（1）尝试找出任一可能被遗漏的显著变量。

（2）如果所有可能的变量已经被尝试过了，而自相关依然存在，尝试去检查是否其他可替代的方程形式（不是线性形式）更加合适。

（3）如果上述两步都不成功，剔除自相关的转换可能被尝试。

这些步骤的第一步将由下一段中的一个例子来说明。第二个和第三个步骤将在该附录的附注部分讨论。

遗漏变量和时间趋势

残值图上的趋势（或者存在自相关）可以被视作显著变量遗漏的一个信号。例如，

---

[1] 如果自相关存在，标准回归法，被称作最小二乘法（OLS），依然会声称无偏的预测（例如，预测的平均将会等于总体指标）。但是，这类预测通常不会有效（例如，它们不是最小方差预测）。更糟糕的是，回归系数的标准差预测和方程整体可能被严重地低估。结果就是，真实的置信区间可能更宽，回归方程会由于太不准确而无法被用来预测。

图 E.2 显示的 7—11 月的 12 月平均生猪期货价格作为人均 6—11 月生猪屠宰量的简单回归模型方程的残差图。注意，残值明显不是随机分布的：在前面的年份里，残值明显呈现较大的负值的趋势；而在后面的年份里，残值明显有较大的正值的趋势。

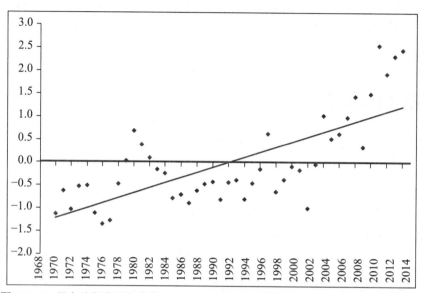

图 E.2　12 月生猪期货平均价格（7—11 月）与生猪屠宰量（6—11 月）的标准残值

给定残值这么强的趋势，我们增加时间作为新的解释变量。时间趋势仅仅是一组连续整数。通常来说，第一个观察值将被赋值为 1，第二个值为 2，等等。然而，由于回归模型是线性的，任何一组连续整数都将同样有效。

原始方程的拟合值在前面的年份太高，而在后面的年份太低并不奇怪，由于我们的模型采用的是名义值，而不是剔除通胀价格的。读者可能疑惑我们为什么不用剔除通胀价格，而是增加时间趋势。实际上，这个改变在第一次尝试是完全合理的，而且我们确实使用了剔除通胀价格，结果远不如增加时间趋势。

表 E.2 比较了这个两变量回归方程和那些初始的一个变量的模型的统计汇总。注意，所有的统计汇总都取得了明显的改善，和时间趋势由 t 统计显示出的显著性。实际上，时间趋势在统计上解释生猪价格比生猪屠宰量甚至更加显著。另外，原来简单回归残值图中强烈的趋势证据（见图 E.2）在新方程的残值图中已经消除（见图 E.3）。尽管残值中的趋势已经被消除，图 E.3 依然表现出非随机趋势。具体来说，现在残值呈现宽"U"形趋势，其中前面和后面的年份残值均为正，而中间年份的残值为负。这种趋势的存在显示其他显著变量依然在方程中被遗漏。

表 E.2　猪肉价格预测模型的汇总回归统计

统计量	模型 1：猪肉价格与人均生猪屠宰量	模型 2：猪肉价格与人均生猪屠宰量和趋势
R^2	0.21	0.66
调整 R^2	0.20	0.64
SER	13.95	9.30
%SER	27.2	18.16
F	11.72	40.62
t-统计（常数）	5.19	4.57
t-统计（生猪屠宰量）	−3.42	−3.12
t-统计（趋势）	NA	7.41
t-统计（肉鸡屠宰量）	NA	NA
t-统计（牛屠宰量）	NA	NA

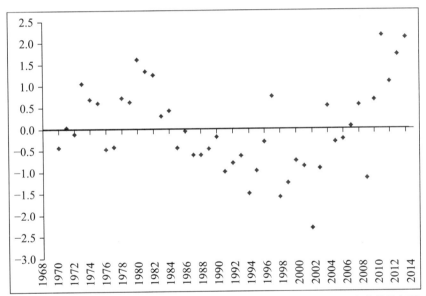

图 E.3　12 月生猪期货平均价格（7—11 月）与生猪屠宰量（6—11 月）和趋势的标准残值

接下来，我们在模型中增加肉鸡屠宰量，由于鸡肉是猪肉的一个重要的竞争品。表 E.3 比较了新方程的关键统计量（模型 3）。正如所见的，增加肉鸡屠宰量后，所有关键指标都有了大幅提高。例如，调整 R^2 从模型 2 中 0.66 跳升至模型 3 中的 0.82。此外，不仅肉鸡屠宰量的 t 统计高度显著，而且增加这个变量后，提高了其他解释变量的 t 统计（生猪屠宰量和时间趋势）。增加肉鸡屠宰量同样消除了残值中的趋势。正如图 E.4 中所示，模型 3 的残值图看起来明显随机了。

达到一个随机的残值图并不一定意味着模型是完备的。完全有可能通过增加其他变量来进一步提高模型。在表 E.3 中的模型 4 说明了一个这样的尝试：基于牛肉是猪肉的另外一个竞争品的假设，在模型中增加人均牛屠宰量，牛屠宰量的 t 统计明显显著，而且通过增加这个变量也提高了调整 R^2，同时降低了 SER。

表 E.3 猪肉价格预测模型的汇总回归统计

统计量	模型 1：猪肉价格与人均生猪屠宰量	模型 2：猪肉价格与人均生猪屠宰量和趋势	模型 3：猪肉价格与人均生猪屠宰量、趋势和肉鸡屠宰量	模型 4：猪肉价格与人均生猪屠宰量、趋势、肉鸡屠宰量和牛屠宰量
R^2	0.21	0.66	0.84	0.85
调整 R^2	0.20	0.64	0.82	0.84
SER	13.95	9.30	6.53	6.24
%SER	27.2	18.16	12.76	12.18
F	11.72	40.62	69.51	58.40
t-统计（常数）	5.19	4.57	8.45	6.02
t-统计（生猪屠宰量）	−3.42	−3.12	−4.39	−5.11
t-统计（趋势）	NA	7.41	10.29	5.88
t-统计（肉鸡屠宰量）	NA	NA	−6.64	−7.23
t-统计（牛屠宰量）	NA	NA	NA	−2.22

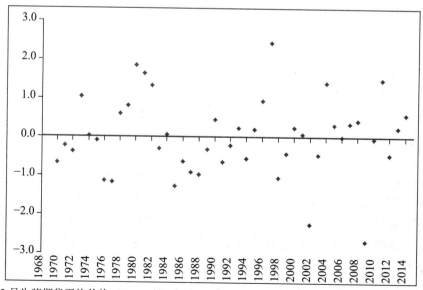

图 E.4 12 月生猪期货平均价格（7—11 月）与生猪屠宰量（6—11 月）、趋势和肉鸡屠宰量的标准残值

虚拟变量

在附录 A 中,我们推导了一个从前一个 12 月—次年 5 月的猪产量来预测 6—11 月生猪屠宰量的回归方程。考虑当我们试图建立更一般的通过前 6 个月的生猪产量来预测接下来 6 个月生猪屠宰量的方程时发生了什么。在这个例子中,观察值中的一半是原始方程的,而另一半涉及 12 月—次年 5 月屠宰量和 6—11 月生猪产量。图 E.5 说明了这个方程的残值图。我们用了两个不同的符号来区分 6—11 月屠宰量的残值和 12 月—次年 5 月屠宰量的残值。注意,6—11 月屠宰量那占主导地位的引人注目的正残值,以及 12 月—次年 5 月屠宰量的负残值。如图 E.5 戏剧性地表明,我们的方程遗漏一些重要信息:屠宰量预测的季节性周期。显然,想要我们的方程来区分两个时期。换句话说,有必要包括季节性指标。

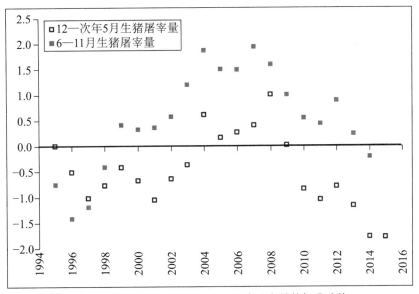

图 E.5　生猪屠宰量和前 6 个月的生猪产量的标准残值

处理这种情况的一个简单的方法是在方程中增加一个虚拟变量,这个虚拟变量对于一个季节有值为 1,另外一个季节的值是 0。增加虚拟变量的回归方程可以表达如下:

$$HS = a + bPC + cS$$

其中,HS = 生猪屠宰量;

PC = 猪产量;

S = 虚拟变量,其中,在 12 月—次年 5 月的值为 0,在 6—11 月的值为 1。

虚拟变量可以被认为是一个开关,在基期(12 月—次年 5 月)设置为关闭(0)及在 6—11 月设置为开启（1）。虚拟变量将具有为 6—11 月观测值移动截距量 c。注意这个调整就相当于找到两个具有相同斜率的独立方程，每一个时期对应一个。就是说，$HS=a+bPC+cS$ 对于所有时间段就等同于：

$$HS=a_1+bPC \text{ 对应 } 12 \text{ 月—次年 } 5 \text{ 月屠宰量}$$

$$HS=a_2+bPC \text{ 对应 } 6—11 \text{ 月屠宰量}$$

其中，$a_2=a_1+c$。

通常来说，回归分析的大多数使用者将只用一个虚拟变量来移动截距，同时，斜率假设保持不变。但是，在大多数情况下，没有理由可以强加一个先入为主的限制，在不同时期的斜率是平等的。而是，似乎是最好同时对截距和斜率使用虚拟变量[①]。一旦全版本的虚拟变量运行后，我们可以检验 t 统计量来找到哪些虚拟变量是显著的，从而选择相应合适的模型。因此，在我们的例子中，可以从下列方程开始：

$$HS=a+bPC+cS+d \cdot S \cdot PC$$

其中，$S=0$ 在 12 月—次年 5 月；

$S=1$ 在 6—11 月。

使用方程的形式将取决于哪个虚拟变量是显著的。

一些例子：

（1）如果 c 和 d 都不显著，那么我们将使用

$$HS=a+bPC$$

（2）如果只有 c 是显著的，我们将使用

$$HS=a+bPC+cS$$

（3）如果 c 和 d 都是显著的，那么我们将使用

$$HS=a+bPC+cS+d \cdot S \cdot PC$$

注意，在最后一种情况中，当 c 和 d 都是显著的时候，方程的结果等于每个时间段的 2 个独立的方程：[②]

$$HS=a+bPC \quad 12 \text{ 月—次年 } 5 \text{ 月}$$

[①] 有两个重要的例外：（a）当一个时间段中只包括少数观测值时，对于这一时间段的斜率预测可能是不可靠的，最好是假设所有的观测值有一个共同的斜率。例如，考虑一个有 15 个观测值的年化价格预测模型，15 个观测值中有 3 个和政府项目破坏正常的市场行为碰巧一致。在这种情况下，我们毫无疑问地将使用虚拟变量作为常数项（如前述的碰巧一样的 3 年的值为 1），因此，含蓄地强加了共同斜率的限制。这么做的原因是基于 3 个观测值的斜率预测将是不可靠的。这个例子说明了使用虚拟变量的一个优势，而不是为每一组观测值单独设置一个方程组。（b）当所有可能虚拟变量的数量和观测值的数量相比较大时，通过限制虚拟变量的数目来维持自由度可能是可取的。

[②] 尽管截距和斜率在一个方程和两个方程的版本中都是一样的，这两个模型有一个小的技术区别。单一方程假定了所有时间段都有一个共同的方差，而两个方程模型允许在不同的时间段有不同的方差。这个区别理论上影响了各种显著检验。

$$HS = (a+c) + (b+d)PC \quad 6\text{—}11\text{月}$$

那么，我们为什么不运用每个时间段分别的方程呢？有几个原因？

（1）通过汇集的数据，我们增加自由度的数目，并增加方程在统计上的可靠性。

（2）我们不知道虚拟变量中的哪一个——如果有的话——将是显著的。单方程的方法将使我们能够消除不显著的虚拟变量，从而提供了一个更好的模型。与此相反，两个方程的方法是相当于自动假设所有的虚拟变量是显著的。

（3）分析替代模型的各种任务，测试显著性，预测，适用于所有期间的单一方程的模型，比为每个时期单独的方程更方便。

（4）如脚注 2 中所提到的，有时也有必要强加斜率限制，这种方法需要使用虚拟变量。

由于在生猪屠宰量与前 6 个月的猪产量的例子中，斜率的虚拟变量在统计上是显著的，我们使用完整形式的方程：

$$HS = a + bPC + cS + d \cdot S \cdot PC$$

图 E.6 显示了增加斜率和截距虚拟变量的方程的残值图。注意，6—11 月残值的正偏和 12 月—次年 5 月残值的负偏已经被消除了。

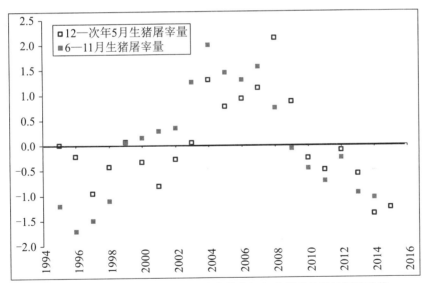

图 E.6　生猪屠宰量和前一期生猪产量在加入虚拟变量后的标准残值

当虚拟变量是合适的时候，没有包含虚拟变量将会使得回归系数的预测变偏。在图 E.7 中，我们提供了一个假设的例子，其中两个不同时期的点用不同常数项的最佳拟合线来描述。注意，不包含虚拟变量的单一回归方程线的斜率，这是由于无法区分两个时间段是如何偏的。

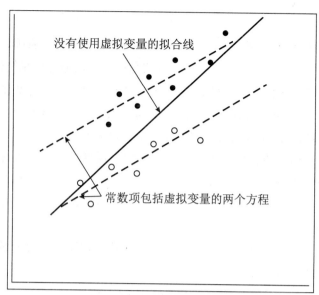

图 E.7　由于遗漏虚拟变量导致的回归线的偏向

尽管我们的例子涉及只有两个时间段（基期以外的一个时期），虚拟变量法可以延伸至更多的时间段。例如，如果我们使用一个季度的模型，每个季度将有一个虚拟变量，而不是基础季度。

$$Y = a + bX + c_1S_1 + c_2S_2 + c_3S_3 + d \cdot S_1 \cdot X + e \cdot S_2 \cdot X + f \cdot S_3 \cdot X$$

其中，S_1 = 第一季度的虚拟变量；

S_2 = 第二季度的虚拟变量；

S_3 = 第三季度的虚拟变量。

注意，虚拟变量的数量总是等于时间段数量减 1（由于基础时间段），我们例子中假设是第四个季度，被初始的常数项和回归系数所捕获。①

如果有两个自变量，全版本的方程式将会是：

$$Y = a + b_1X_1 + b_2X_2 + c_1S_1 + c_2S_2 + c_3S_3 + d_1 \cdot S_1 \cdot X_1 + d_2 \cdot S_1 \cdot X_2 + e_1 \cdot S_2 \cdot X_1 + e_2 \cdot S_2 \cdot X_2 + f_1 \cdot S_3 \cdot X_1 + f_2 \cdot S_3 \cdot X_2$$

注意：

b 的值是常规自变量的回归系数。

c 的值是虚拟常数的回归系数。

d 的值是第一个时间段虚拟斜率的回归系数。

e 的值是第二个时间段虚拟斜率的回归系数。

---

①　实际上，在基础时间段加入一个虚拟变量将会导致完美的多重共线性——一个完全不希望看到的结果（见下一段）。

f 的值是第三个时间段虚拟斜率的回归系数。

显而易见的是,当时间段的数量增加时,虚拟变量的数量也随之增加。由于研究者可能希望避免一开始就有很多虚拟变量,他可能倾向于在开始的方程仅包含常数虚拟变量,然后再增加选择斜率虚拟变量——如果他认为初始的方程需要改进。

多重共线性

读者可能回忆起来延伸至多元回归模型需要额外的假设就是自变量是线性独立的。多重共线性描述的是 2 个或者更多自变量存在显著的相关性。

为什么多重共线性是个问题,考虑生猪屠宰量预测模型,该模型包含前 6 个月的生猪产量和开始时市场上生猪数量作为解释变量。在这种情况下,自变量是高度相关的——即市场上猪数量与生猪产量基本是一致的。正如图 E.8 中所描述的,一个三维的图形对于这一模型是完全没有必要的,由临近的点连成直线来表明。实际上,或者 X_1 和 Y 平面,或者 X_2 和 Y 平面就足够了。第一个平面将是生猪屠宰量和生猪产量的二维的代表,第二个平面是生猪屠宰量和市场生猪量关系的二维的代表。实际上,由于包含了生猪产量和市场生猪量两个因数使得需要用到三维模型来代表一个二维模型就能很好描述的关系。

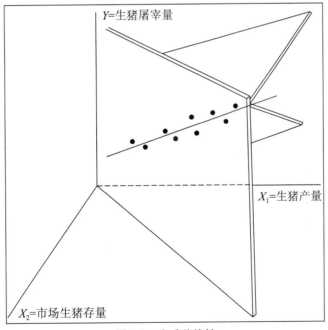

图 E.8 多重共线性

来源:从 T. H. Wonnacott and R. J. Wonnacott 所著的《计量经济学》中截取。

多重共线性的问题不在于包含了多余的信息，而是这种冗余将会严重的影响回归方程的可靠性。多重共线性是"多就是少"这句谚语的典型的例子。正如图E.8中可以看出的，当多重共线性存在时，拟合点非常接近平面。对于任意给定的观测值的组合，回归过程将选择一个最适合观测值的平面。但是，多重共线性的真正问题在于如果观察结果只有轻微的改变，一个完全不同的平面可能被选为最佳。因此，如果多重共线性存在，回归系数不再是各独立变量改变时，因变量变化可靠的指标（而所有其他独立变量保持不变）。这一点将由较高的标准差来反映，因此，高度相关自变量回归系数的低t统计量。

那么方程在预测方面的可靠性呢？如果预测期内自变量的值位于过去观测值附近，那么多重共线性模型仍然能够提供充分的预测。前面的例子描述了这种情况，因为大概生猪产量和市场生猪存量将继续保持高度相关。然而在其他情况下，如果两个相关自变量在未来不再相关，那么由多重共线性方程提供的预测可能被扭曲，由于模型只适用于在过去的观测点附近的点。在其他位置，没有历史证据提供了关于变量之间的预期关系的任何线索。在几何方面，所有通过一条线的片面提供了附近的行的准确预测，但对于离开那条线的点，则有显著不同的投影（图E.8）。

总而言之，多重共线方程有两个主要的不足：

a. 回归系数失去了意义（例如，在统计上不再可靠）。

b. 如果自变量不在过去观察值附近的方程用于预测，其中，投影可能会严重扭曲。

那么，显而易见，避免多重共线性永远是合适的。多重共线性的存在可以通过如下方式来查明：

（1）检查回归系数。方程的回归系数可以提供多个表明多重共线性存在的线索：

a. 预期高度显著的回归系数的t统计量较低。

b. 在更极端的情况下，回归系数的符号可能和理论预期值相反。

c. 当变量增加或者减少时，系数值大幅变化。

d. 当数据点增加或者减少时，系数值大幅变化。

以上任意一个趋势表明，自变量应该进行相关性检查。

（2）比较自变量。有时候，常识会提示什么时候自变量有可能相关。通过意识到这个问题，分析师经常可以通过挑选自变量来避免多重共线性的问题。例如，如果研究者认为国民生产总值（GNP）和可支配收入可能会对解释因变量的变化有帮助，他可能使用其中一个变量，或者连续尝试两个，但是他不会将两个变量同时纳入一个方程里。除了直觉以外，分析师可以通过统计来检验自变量之间的相关性。两个自变量之间相关系数[①]较高的绝对值显示潜在的多重共线性问题。相关矩阵——某些软件包的输出特

[①] 通过r代表的相关系数，反映了两个变量的关系程度，范围介于-1和$+1$之间。接近$+1$的值显示强的正关系，接近-1的值显示的强的负关系。如果r接近0，那么意味着两个变量的关系几乎没有关系。相关系数的平方等于简单回归方程中的r^2，其中一个变量是因变量，另一个是自变量。

征——提供所有配对相关值的汇总。

如果公式中发现了多重共线性问题怎么办？一种解决方案是简单地删除相关的独立变量中的一个。

附录：高级话题

实现线性的变换[①]

也许在回归分析依赖的最基本的假设是自变量和因变量的关系是近似线性的。事实上，如果关系是非线性的，误差项可能会出现相关性。例如，考虑当我们试图用回归线拟和图 E.9a 中的散点图，发生了什么？迫使这些点拟和进一条线，会导致图 E.9b 说明现实的残值趋势，其中残值将在自变量 X 较高和较低时趋于正，在自变量 X 的值在中间值范围时趋于负。（图 E.9b，标准化残值相对于自变量，而不是时间。）

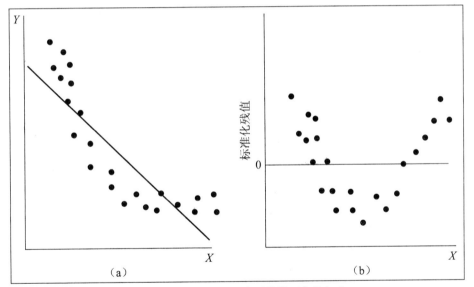

图 E.9　对非线性方程应用线性回归的扭曲

幸运的是，许多非线性关系可以被转换成线性方程。例如，图 E.9a 中的散点图显示了一个双曲函数，或者一个方程的通用形式

$$Y = a + \frac{b}{X + c}$$

---

① 虽然还没有用到比代数更复杂的数学，这个附录的其余部分涵盖了一些更高级的内容。

这可以通过如下设置转换成线性关系：

$$X' = \frac{1}{X+c}$$

那么，

$$Y = a + bX'$$

在这种形式里，这个方程可以通过最小二乘法（OLS）来解决一个标准的回归过程。为了得到一个对于 Y 的具体预测，分析师可以仅仅代入 $1/(X+c)$ 的值给 X'。例如，如果 $a=2$，$b=16$，$c=4$，$X=4$，对于 Y 的预测是 4。

许多其他类型的方程可以被转换成其他线性方程。让我们考虑其他更多的例子：

（1）$Y = a + b_1 X + b_2 X^2 + b_3 X^3$

让 $X_1 = X$；$X_2 = X^2$；$X_3 = X^3$；那么

$$Y = a + b_1 X_1 + b_2 X_2 + b_3 X_3$$

这是一个线性方程，OLS 可以使用了。注意，尽管自变量是相关的，但是关系是非线性的，因此，关于自变量线性独立性的回归假设没有被违反。

（2）$Y = ae^{bX}$

取两边的自然对数

$\ln Y = \ln a + bX$

使 $Y' = \ln Y$；$a' = \ln a$；那么

$$Y' = a' + bX$$

这是一个线性方程，OLS 可以被应用。注意，在这个例子中，将 X 的值代入转化后的方程中，将会产生一个对于 $\ln Y$ 的预测。为了得到一个 Y 的预测，有必要找到逆对数的值。图 E.10 说明了对于 b 的不同值的方程 $Y = ae^{bX}$ 的形状。

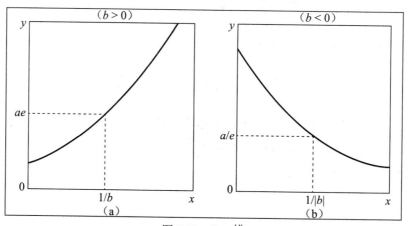

图 E.10　$Y = ae^{bX}$

资料来源：《回归分析实例（第三版）》，S. 查特吉和 B. 普莱斯（纽约：约翰·威利父子出版公司）。

(3) $Y = a \cdot X^b$

取两边的自然对数

$$\log Y = \log a + b \log X$$

使 $Y' = \log Y$；$a' = \log a$；$X' = \log X$；那么

$$Y' = a' + bX'$$

这是一个线性方程，OLS 可以被应用。这里，我们将把 $\log X$，而不是 X 的值代入方程中，得到对于 $\log Y$ 的预测。为了得到 Y 的预测，有必要找到逆对数的值。图 E.11 说明了对于不同 a 和 b 的值的方程 $Y = a \cdot X^b$ 的形状。

如果所有可行的变量尝试以后，残值图仍然反映了自相关，那么非线性的可能性就应考虑。在简单回归的例子里，可以通过构建散点图以检查是否有线性的假设，或是另一种方程的形式更为合适，如图 E.9 建议的方程形式 $Y = A + B / (X + C)$。在多元回归的例子里，如果预期独立变量之一是非线性的，回归可以只使用其他独立变量。这个方程的残值将被绘制成针对未使用的独立变量。任何非线性的存在将在所得到的散点图中显而易见。

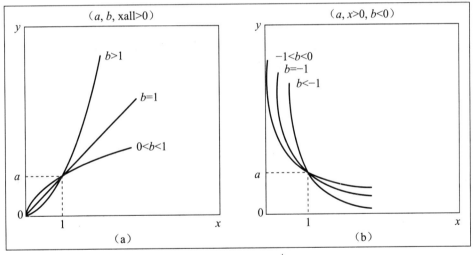

图 E.11 $Y = a \cdot X^b$

资料来源：《回归分析实例（第三版）》，S. 查特吉和 B. 普莱斯（纽约）。

剔除自相关的转换

关于自相关的最简单的假设是，当前周期的误差项将等于上一阶段的误差项加上随机扰动。这可以表示为：

$$e_t = e_{t-1} + v_t,$$

其中，v_t 是一个随机扰动项。

由于 $Y_t = \alpha + \beta X_t + e_t$ 而且 $Y_{t-1} = \alpha + \beta X_{t-1} + e_{t-1}$，那么

$$Y_t - Y_{t-1} = \beta(X_t - X_{t-1}) + v_t$$

使 $Y_t^* = Y_t - Y_{t-1}$，而且 $X_t^* = X_t - X_{t-1}$，那么

$$Y_t^* = \beta X_t^* + v_t$$

对于一个有 k 个变量的多元回归方程，这几步将得到

$$Y_t^* = \beta_1 X_{1t}^* + \beta_2 X_{2t}^* + \cdots + \beta_k X_{kt}^* + v_t$$

因此，通过定义，v_t 是随机分布的，OLS 这时可以应用于这个方程。

前述的方法也许是最常用的剔除自相关的转换，也被称作一阶差分。实际上，一阶差分回归方程说明了 Y 的变化将会线性依赖于 X 的变化。这类方程将会倾向于有一个很低的 R^2 值。这仅仅是预期的，因为预测从一个时间段到另外一个时间段的变化比预测水平难得多。再一次考虑如下日间交易的价格预测模型：

$$P_t = a + bP_{t-1}$$

其中，$P_t = t$ 日的收盘价；

$P_{t-1} = t-1$ 日的收盘价。

这类方程将会 $P_t^* = P_t - P_{t-1}$ 有极高的 R^2 值，由于它给了我们一个给定日价格相近的近似。但是，它在预测每日价格价格变化上毫无用处。这个模型

$$P_t^* = a + bX_t^*$$

其中，

$$X_t^* = X_t - X_{t-1}$$

其中，X_t 是在 t 日前知道的解释变量的值，这是更适宜的，即使如果它的 R^2 值很低（例如，$R^2 = 0.3$）。

一阶差分法很容易使用，但是它确实涉及了一个关于自相关本质的极其简单的假设。一个更加现实的假设将是：

$$e_t = \rho e_{t-1} + v_t$$

其中，$|\rho| < 1$。注意，ρ 的值越大，给定时间段的误差项将会更加依赖前一阶段的误差项。一个更通用的转换和一阶差分转换类似：

$$Y_t = \alpha + \beta X_t + e_t$$
$$Y_{t-1} = \alpha + \beta X_{t-1} + e_{t-1}$$

如果我们对 Y_{t-1} 乘以 ρ

$$\rho Y_{t-1} = \rho\alpha + \rho\beta X_{t-1} + \rho e_{t-1}$$

因此，$Y_t = \rho Y_{t-1} = \alpha(1-\rho) + \beta(X_t - \rho X_{t-1}) + v_t$

使 $Y_t^* = Y_t - \rho Y_{t-1}$ 而且，$X_t^* = X_t - \rho X_{t-1}$

那么，$Y_t^* = \alpha(1-\rho) + \beta X_t^* + v_t$

对于一个 k 个变量的方程，这几步将产生

$$Y^* = \alpha(1-\rho) + \beta_1 X_{1t}^* + \beta_2 X_{2t}^* + \cdots + \beta_k X_{kt}^* + v_t$$

因为根据定义，v_t 是随机分布的，OLS 可以再次使用。这个步骤的唯一问题是我们不知道 ρ 的值。我们简短的描述两个预测 ρ 的方法。

（1）区间搜索法（Hildreth-Lu）。这个程序指定了一组间隔开的 ρ 的值。如果假设正的自相关，这些值也许是 0、0.1、0.2、0.3、0.4、0.5、0.6、0.7、0.8、0.9、1.0。对转换后的方程进行回归。

$$Y^* = \alpha(1-\rho) + \beta_1 X_{1t}^* + \beta_2 X_{2t}^* + \cdots + \beta_k X_{kt}^*$$

使用每一个指定的值。这个过程将会选择有最低 SER 值的方程。如果需要的话，在最初的一步选择的 ρ 值的附近反复使用更近间距的 ρ 值进行这个过程。

（2）科克伦 - 奥克特（CO）法。这种迭代过程从原方程的残值估计 ρ 的值，然后利用估计的 ρ 值在变换后的方程中运行回归。如果所得方程仍然显示自相关，则使用新方程的残值重复该过程。

异方差性

证明最小二乘法使用一个假设是误差项是异方差的，即它们有一个近似恒定方差。当这个条件不满足时，产生的问题被称作异方差性。图 E.12 说明了异方差性的一个例子。注意，自变量和因变量的关系随着 X 增加而更加可变，X 的值越高，残值的绝对值也随之更高。在一个给定区域内的自变量和因变量更宽变化将使所得的回归方程不可靠。

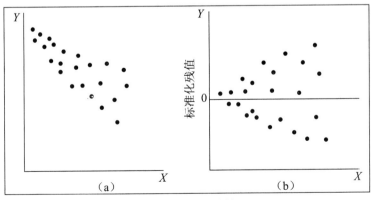

图 E.12　异方差性

加权最小二乘法（WLS）是一种用来解决这个问题的方法。对于图 E.12 中描绘的关系，加权最小二乘法将会给予较低 X 值的观测值更大的权重，由于这些提供了真正的回归线位置的一个更精确的指示。与其描述 WLS 法，还不如说有一个简单的方法，通过变换达到完全相同的结果。这种变换假定误差项的标准差与自变量成正比。具体来说：

$$\sigma_i = kX_t$$

其中，$\sigma_i =$ 误差项的标准差（e_i）。从标准回归方程开始

$$Y_i = \alpha + \beta X_i + e_t$$

我们除以

$$\frac{Y_i}{X_i} = \frac{a}{X_i} + \beta + \frac{e_i}{X_i}$$

e_i/X_i 的标准差等于 e_i 的标准差除以 X_i。由于 e_i 的标准差等于 σ_t，而 σ_t 等于 kX_i，e_i/X_i 的标准差 $= k$——一个常数。因此，这个变换剔除了原方程的异方差性。现在，如果我们使

$$Y_i' = \frac{Y_i}{X_i} \quad X_i' = \frac{1}{X_i} \quad \alpha' = \beta \quad \beta' = \alpha \text{ 和 } e' = \frac{e_i}{X_i}$$

那么，

$$Y_t' = \alpha' + \beta' X_t' + e_t'$$

这个方程可以被 OLS 法来处理，得到，$Y_t' = a + bX_t'$

其中，a 是原方程中 β 的一个估计，而 b 是 α 的一个估计。

附录 F

应用回归分析时的实践考虑

我记得当我的预测出错时曾感到的愤怒。我可以冲着预测的目标大喊:"行动,该死的,朝你应该的方向行动!"最终我意识到目标总是对的。是我错了。我做了一个坏的预测。

——伯尔赫斯·弗雷德里克·斯金纳

确定因变量

本段的标题似乎听起来微不足道。毕竟,因变量是我们希望预测的。但是,在一个价格预测方程式里,一个因变量的选择从来也不是显而易见的。下述选择必须考虑:

(1) 价格应以名义还是实际值来表述?
(2) 价格应该是基于现货还是期货?
(3) 如果价格是基于期货价格,那价格是基于一系列最近月期货还是单一合约?
(4) 价格应该代表整个季节,还是这一季中特定的一段?

问题 1 的答案通常情况下都应该是剔除通胀的价格,除非方程式中包含了一个趋势变量,在这种情况下,名义价格是一个更好的选择。但是,如果方程式中没有包含趋势变量,那么使用名义价格就隐含了两个间隔甚远的年份之间的基本条件应导致大致相等的价格水平的假设。显而易见,这样的假设是错误的。其他条件都一样,通货膨胀将导致最近年份的价格显著的高。调整通胀的目的在第 25 章中有更详细的描述。

问题 2 和问题 3 的答案基本上取决于你希望预测的特定的价格。尽管这样的考虑同样也是回答问题 4 时应该考虑的因素,对于时间段的选择应该更加依赖于市场的基本面特征。当然,如果初始的选择是不合适的,误判将在分析回归结果时变得更加明显。但是,通过在选择预测周期之前,先考虑市场内在的基本面情况,在回归分析过程中将尽量减少不必要的尝试和误差。

例如,在大多数农产品市场,一个给定季节的统计平衡对本季上半段价格水平将较下半段价格水平有更大的影响。这种典型的市场行为趋势反映出到了下半段,现有的基本面形势已经被确认，而且很大比例已经兑现了。往往，在本季的下半段，价格变化主要反映的是新一季的价格预期（例如干旱和冰冻）。结果就是，对于一个基本面模型，如果没有将新一季的预期作为自变量，那么这个模型预测前半段的价格将较整季的价格更加合理。这一方法不是说我们忽略了另外的6个月，而是说有必要用其他模型来预测下半段的价格。例如，一季的后半部分可以和下一季收成的前半部分合在一起，通过考虑新一季统计的模型来预测价格。

在某些市场里，内在的基本因素不会决定特定的观察周期。在这种情况下，仅仅涉及选择观测点的时间框架的问题（例如，每年、每半年、每季、每月）[①]。这里有一个通用的规则可能有用：从最长的时间段开始（例如每年或者每半年），如果回归模型很满意，换一个较短的时间段。尽管最短的时间框架对于交易来说最有用，但是预测的难度和时间段的长度是成反比的。时间框架越短，自相关的问题越有可能出现。例如，在一个月度的模型里，某一个月是较大的正残余，很可能接下来的月份也是一个正相关。因此，对于月度和季度的模型，剔除自相关的转换可能是必要的（例如第一差异）。

选择自变量

通用的考虑

选择自变量比选择那些直观上看起来更像解释变量的因素要做得更多。也许要考虑的关键问题是回归方程是否用于解释或预测因变量。有时，回归方程只打算作为一个解释模型。例如，小麦生产者可能对确定产量和肥料数量之间的关系很感兴趣。在这种情况下，小麦生产者的目标是不预测产量，这个预测在很大程度上也将取决于其他因素——如天气条件，而不是了解各种种植管理方面的选择。此外，小麦生产者不必担心估计的自变量（肥料的数量），因为它完全在小麦生产者的控制之下。

作为对比，大多数回归分析在期货市场的应用将和预测有关。如果一个方程主要是用来预测的，选择能够有相对可靠性的解释变量就非常重要了。例如，我们打算构建一个铜价格预测模型，其中，当下的国内生产总值（GDP）是一个重要的因素。如果GDP水平没有比铜价更可预测，那么这个方程就毫无用处，即使 R^2=1.0。因此，在选择自变量时，研究人员应该记住这些变量在预测期前可以估计的精度。

如果这些变量证明在统计上是显著的，那么滞后变量是解释变量的理想选择。滞后

[①] 时间段长度的选择对于那些模型结构依赖于预测期间的模型来说，也同样是要做的一个选择。例如，仅仅依赖于旧产量统计的模型（例如，没有考虑新产量预期的模型）可以用6个月的预测期间（与一季的前半部分相吻合），或者，可以使用两个3个月的时间段。

变量是指在相应因变量的期限之前确定的变量。例如，前 6 个月的平均 GDP 将是一个滞后变量。因此，即使国内生产总值的落后值在解释铜价格方面并不比国内生产总值的现值显著，它可能仍然是一个更好的选择。

不幸的是，分析师很少能够幸运地只用滞后变量来构建回归方程。现有的变量也能提供合理精准度的预测。实际上，某些变量——例如人口——可以进行相对准确的预测，以至于他们类似滞后变量。其他一些变量也能在合理的区间内进行预测。例如，在猪肉模型中，生猪屠宰量比猪肉价格容易预测得多——由于它是基于滞后变量的（例如前期猪肉产量、开始时的市场上猪肉存量）。简而言之，需要考虑的基本问题是，潜在的解释变量的值是否在预测期间之前是已知的，或者至少比依赖变量的值要容易预测得多。

为了避免多重共线性问题，在选择自变量的另一个标准是，他们不应该是相关的。如果几个相关变量似乎是好的自变量的选择，他们应该被单独测试。

预测期之前的价格是否应该被包含在内？

在确定一个价格预测方程时的一个重要问题是，是否包括预测期之前（PFP）价格作为解释变量。包括预测期之前（PFP）价格的一个原因是，它通常是一个重要的因素。例如，考虑以下两种预测期之前（PFP）价格不被纳入模型考虑的情况：

情景 A：预计的预测期平均价格 =60 美分；
　　　　预测期前一天的价格 =40 美分。

情景 B：预计的预测期平均价格 =60 美分；
　　　　预测期前一天的价格 =80 美分。

在两种情景下预期同样的价格水平是否合理呢？当然不是！尽管在现实世界中，一些教科书理论认为价格不会立即对基本面变化进行调整。在情景 A 中，为了达到预测的水平，需要一个大的价格上行的趋势。这种上涨不会在一晚上发生。更进一步，为了达到预测的平均 60 美分的价格，价格仅仅达到 60 美分是不够的，价格可能会远高于 60 美分，以补偿前期价格低于 60 美分的那段时间。类似的，在情景 B 中，价格将会远低于 60 美分，以达到平均值 60 美分。在实际中，在情景 A 和 B 中价格都有可能达到 60 美分，但是平均值可能在情景 A 中远低于 60 美分；而在情景 B 中，远高于 60 美分。

前述的例子说明了预测期之前（PFP）价格可能经常是一个重要的解释变量。那么，为什么不总是包含在模型中呢？讽刺的是，答案是有时候它可能在解释价格行为方面太好了。换句话说，如果预测期之前（PFP）价格淹没了其他自变量的效果，价格预测将会主要反映现在的价格水平。因此，如果 PFP 价格可以解释很大比例的 R^2，这个模型可能在解释价格方面很好，但是，在预测价格变化方面就不那么有效了（这一点毕竟是价格预测的主要目标)。但是,在某些情况下,其他自变量可能解释了变化的主要部分,甚至PFP价格包括在内。在这种情况下,将PFP价格纳入可能帮助消除未解释变化的大部分,如果忽略PFP的话,这部分未解释变化将会存在。同时,还能生成一个能够预测价格变化的模型。

是否将PFP价格作为自变量必须是根据具体情况一对一地做决定。一个合理的步骤是使用逐步回归法(见这个附录中的题为"逐步回归"的段落),同时使用和不使用PFP价格作为自变量。尽管,包含PFP价格的模型会表现更好的汇总统计,但是这种模型只能在PFP价格没有压倒性显著的情况下才能选用。

☐ 选择调查期的长度

在理想情况下,使用最长的可行调查期是可取的,因为更多的数据点将增加回归统计的准确性。然而,在现实世界中,调查期的长度和最早数据点与当前条件的相关性之间有一个权衡。例如,在一个货币汇率的基本面预测模型中,将1973年之前的数据包含在内是荒谬的,因为汇率在那年之前是固定的。

正如前述例子说明的,基本面考虑往往会限制不扭曲模型的观测值的数量。基本上,符合当前市场条件的最长调查期应该被使用。因变量的针对每个解释变量的分散图可能有助于作出调查期的决定。它往往需要对几个不同长度的周期进行回归,以决定包括在内观测值的最佳数量。偶尔,也可能通过使用虚拟变量(包括一些早期没有代表性的年份)。

☐ 预测误差的来源

为了构建最好的模型,同时理解模型潜在的不足,意识到潜在的预测误差来源是很重要的。这些误差的来源主要包括:

(1)真实总体回归的随机误差。任何回归方程都只是一个简化,它不能包含所有可能对于因变量的影响。因此,即使我们知道真正总体的回归方程——我们从来也没有达到过——解释变量是精确的,误差的来源仍然存在。换句话说,这种类型的误差是永远无法避免的。

(2)预测回归系数中的随机误差。由于进行回归分析的数据仅仅是总体中的一小部分,预测的回归系数将会和真实总体的值偏离。

(3)回归方程可能是错误的。回归模型可能并不代表真实的模型,具体原因如下:
　a. 遗漏显著的变量;

b. 真实的模型可能是非线性的，或者在线性转换过程中错误的方程形式；

c. 误差项是自相关的[①]。

（4）自变量值的误差。通常来说，自变量的值必须是被预测的，因此，就导致了另外一类可能的预测误差。有时候，非预期的事件（例如干旱、冻灾、出口禁令）可能导致解释变量的实际值和预测水平发生较大偏离。在这些情况下，回归预测可能被证明是离谱的，即便这个模型可以在输入项正确的情况下提供非常精确的预测。

（5）数据误差。滞后变量数据和其他用来预测自变量的数据可能是不准确的（由于样本或者编译的错误）。

（6）结构性变化。结构性变化可能导致回归预测出现严重的漏洞。回归分析是用静态的方法来分析一个动态的过程，也就是说，市场的结构和行为是不断变化的。因此，即使模型能够对过去提供良好的代表性，它也可能无法充分描述未来的市场。市场的任何重大的结构性变化都会导致较大的预测误差。

举例来说，我们考虑一下那些不幸的基本面分析师利用历史回归来预测1981—1982年期间的价格时所碰到的困境，当时，始料未及的严重衰退和高利率的组合导致了许多商品的需求出现了急剧下降。其结果是，在广泛的市场里，价格下跌至远低于在过去几年效果良好的基本面模型预期的水平之下，这仅仅是由于这些模型没有包括这些事件的影响。作为一个最近的例子，2008年年底的金融危机有如此之大的影响。几乎所有对大宗商品可行的基本面模型的预期价格，对于2008年年底至2009年年初的任何大宗商品来说，价格预测很可能都太高了。

前面的例子说明结构性变化会同时影响广泛的市场。结构性变化也可能仅局限于单一市场。这种变化的一个例子是玉米用来生产乙醇导致的对于玉米需求的巨大转变。燃料用玉米从在2000年之前饲料使用玉米水平的1/10上涨到2010年超过饲料使用量。

在回归分析中，意识到标准误差指标仅导致前面列出的前两个误差是很重要的。也许更让人清醒的是，除了错误的方程（3），所有这些来源或误差都超出了分析师的控制。然而，估计独立变量的误差（4）至少可以通过允许一系列可能性来定义。例如，除了产生基于一组最佳的解释变量估计的价格预测，也可以推导出一组看跌或者看涨的假设。以这种方式评估独立变量的不精确估计潜在的影响至少是可能的。此外，事实上，这里列出的各种错误不一定是累积的这一事实也可以带来些许安慰，也就是说，他们可能部分相互抵销。作为最后一句话，应该强调的是，这个潜在的错误列表并不打算阻止回归分析的潜在使用者，而是在理解回归结果时应有现实主义的意识。

---

① 当然，条件3（a）和条件3（b）也可能导致自相关；这里的意义是在没有3（a）和3（b）的情况下出现的自相关。

◻ 模拟

正如前面的段落所展示的，回归方程的拟合值与实际观测结果之间的比较可能严重低估了潜在的预测误差。确定基于给定模型预测与实际情况比较的过程称为模拟，这是一个在现实生活条件下测试模型的非常有用的技术。模拟应仅对已选定的模型进行，或至少减少到只剩少数的可能性时才进行。理想情况下，模拟周期应该足够长，以包括各种条件（例如，在价格预测方程中至少有一个牛市、一个熊市、一个中性市场）。

例如，假设 2015 年，我们已经决定过去的 20 年数据和目前市场结构是相关的。给定每个预测必须基于至少 10 年数据的约束，10 个日历年的模拟预测可以构造如下：

（1）使用仅在 2005 年 1 月 1 日可用的数据，推导出对于 1995—2004 年的数据同样回归方程。

（2）使用仅在 2005 年 1 月 1 日可用的数据预测自变量。

（3）将自变量的值，代入 1995—2004 年回归方程，得到对 2005 的预测值。

（4）对于后续的年份（2006—2014 年）重复同样的过程。

（5）比较模拟值和实际值，并计算均方根（在这一段后面有定义）。

对于一个季度的模型，模拟过程将是类似的。但是，对于一个季度模型，为了减少计算量，每四次（每一年）只修改一次回归方程，损失非常小。

用当前回归方程的残值来比较模拟预测值与实际值之间的差异可能是有益的。当然，后者几乎总是较高，因为模拟结果是基于预测的，而回归方程是过去值的一个最适合的值。

比较不同模型模拟结果的一个有用的指标是均方根（RMS）：

$$\text{rms} = \sqrt{\frac{\sum_{t=1}^{N}\left(Y_t^F - Y_t^A\right)^2}{N}}$$

其中，Y_t^F = 在时间段 t，Y 的预测值；

Y_t^A = 在时间段 t，Y 的实际值；

N = 模拟值的数量。

注意，RMS 计算类似于回归标准差公式（除自由度数外），并反映相同的基础意义。

◻ 逐步回归

理想情况下，已经挑选了一列解释变量，回归方程将以每一个可能的形式产生。例如，给定因变量 Y 和 3 个自变量 X_1、X_2、X_3，8 个可能的方程式：

1. Y 与 X_1，X_2 和 X_3（所有的自变量都包含）。
2. Y 与 X_1 和 X_2。
3. Y 与 X_1 和 X_3。
4. Y 与 X_2 和 X_3。
5. Y 与 X_1。
6. Y 与 X_2。
7. Y 与 X_3。
8. $Y = \bar{Y}$（不包含任何自变量）。

但是，这样的程序不是非常有效的。每加上一个独立变量，可能方程的总数都将翻倍（例如 4 个变量将会有 16 个可能的方程式，5 个变量时是 32 个）。

逐步回归是一个对隔离和提供最有统计意义的方程的总结结果非常有用和有效的程序。有两种基本类型的逐步回归：

（1）正向选择。这个过程选择有最高 r^2 值的自变量来形成第一个方程。然后每次增加一个解释变量形成后续的方程，每次增加解释变量的选择取决于哪个变量带来最高的 r^2。当方程已经包含所有的指定解释变量后，结束这个过程。

（2）向后淘汰。这个过程首先列出包含所有指定独立变量的方程。然后，删除具有最低 t 值的变量，以形成第二个方程。随后的方程每次继续删除一个变量，删除的变量都是每次剩余变量中具有最低 t 值的。

这两种方法不一定会产生相同的方程子集。总体而言，向后淘汰法是可取的，特别是如果 PFP 价格是其中的一个解释变量。在正向选择的过程中，PFP 价格通常是第一个选择，因为它很可能比其他单一变量解释的因变量的变化更大。然而，一旦增加一个解释变量，PFP 价格的显著性可能会急剧下降，由于其他变量和 PFP 一起解释了部分原本归因于 PFP 价格的变化。因此，在后向淘汰的过程中，在某个阶段，PFP 价格可能有比任何一个剩余的变量都低的 t 值。

尽管 PFP 值作为解释变量是有效的，但是它的加入产生的方程在预测方面略显不足。在正向选择的过程中，所有选中的方程都包含 PFP 价格的概率很高，由于第一个被选中的变量在后续的方程中都保留。

一旦逐步回归的结果被分析，那些看起来最有保障的方程的细节应该被完成。[①] 最小的细节将包括实际观测的列表、预测值和残值。这些方程的残值图也应被构建，同时，残值散点建议的修改也应完成。

---

① 汇总统计数字并不是做出这种选择的唯一标准。例如，一个不包括 PFP 价格作为因变量的方程可能是最好的一个，如果汇总统计只是稍微不太有利。

逐步回归法案例

没有一个单一正确的顺序来执行各种因素的回归分析。下面的顺序仅仅表示一个建议的序列：

（1）确定因变量。

（2）列出所有可能的解释变量。

（3）选择这些解释变量的一个子集（通常不超过5）注意避免选择相关的自变量。在这个选择过程中，可以使用散点图作为辅助工具。

（4）选择调查期间的长度。散点图也可以在这一步作为辅助。

（5）将逐步回归程序应用于所选变量。

（6）通过检验各主要统计值：t值、Ser、CR^2、F和DW来分析结果。如果有任何关于多重共线性的证据，检查有没有可能性，如果有必要，使用不同的变量子集并重新运行逐步回归。

（7）运行逐步回归中最有前途的方程，生成细节和构造残值图。

（8）检查极端值的残值图，决定是否需要删除极端值。

（9）为了自相关，检查残值图。

（10）如果极端值或者自相关存在，试着通过增加变量或者转换形式来纠正，达到线性。

（11）如果自相关依然是个问题，尝试转换形式来消除自相关（例如第一阶差异）。

（12）对于不同的方程组合，检查基于解释变量的相关矩阵或者R^2值来确认没有多重共线性的问题。

（13）对于其他的解释变量重复第3～12步。

（14）可选项：将可能的模型数量缩小至3个以内，进行模拟。

总结

回归分析是一个非常有效和强大的工具，实际上，它是基本面分析必需的工具。上述附录的目的是提供必要的背景来理解标准回归软件包的分析结果。回归分析提供了精确回答下列问题的方法：在给定的条件和假设情况下，近似的均衡水平是什么？这个答案是必要的。因为他们得出的方法是科学的，就以死板的方式理解回归结果是有危险的。这是一个错误。正如在"预测误差的来源"一节中所解释的，有许多因素可以导致回归预测不准确。因此，交易者必须对于回归预测可能是错误的这一点持开放的态度。然而，鉴于这种现实的认识的意义，基本回归模型可以对于市场现状及其未来发展方向提供有价值的见解。

参考文献

[1] Wonnacott R. J. and T. H. Wonnacott, *Econometrics* (New York, NY: John Wiley & Sons, 1980). This is an extraordinarily lucid treatment of an abstruse subject and is an excellent choice for readers interested in a more in-depth understanding of regression analysis. One of the outstanding features of this book is that it is divided into two separate parts, which cover essentially the same material but on different levels of difficulty. As a result, Part I, which provides a comprehensive and insightful overview of the key concepts of regression analysis, is fully accessible to a reader with only limited mathematical background.

[2] Chatterjee, Samprit and Ali S. Hadi, *Regression Analysis by Example*, 5th edition (New Delhi: Wiley India, 2012). This may be the best book available on the practical application of regression analysis. As promised in the title, the essential concepts are demonstrated by example. Perhaps the book's best feature is its thorough exposition of the use and interpretation of residual plots, an extremely effective yet easy-to-apply method for analyzing regression results.

[3] Pindyck R. S. and D. L., Rubinfeld. *Econometric Models and Econometric Forecasts*, 4th edition (New York, NY: McGraw-Hill/Irwin, 1997). The first of the three sections in this book covers single-equation regression analysis. (The other two sections are Multi-Equation Simulation Models and Time Series Models.) This book offers a clear exposition of theoretical concepts, as well as many useful insights into the practical application of regression analysis. Readers with limited mathematical background will find the presentation more difficult than Part I of Wonnacott and Wonnacott.

[4] Makridakis S. and S. C., Wheelwright, *Forecasting Methods and Applications*, 3rd edition (New York, NY: John Wiley & Sons, 1997). This text provides a broad overview of forecasting techniques, with regression analysis accounting for one of six sections. The

presentation is aimed at an audience interested in practical applications rather than theory. This book is clearly written, covers a wide range of topics, and provides a plethora of examples to illustrate the discussion.

[5] Freund J. E. and F. J. Williams. *Elementary Business Statistics*: *The Modern Approach*, 6th sub edition (Upper Saddle River, NJ: Prentice Hall College Div., 1992). This book provides a good general overview of elementary statistics for the nonmathematical reader. The text is clearly written and replete with examples.

[6] Kimble G. A.. *How to Use (and Misuse) Statistics* (Englewood Cliffs, NJ: Prentice-Hall, 1978). This introduction to elementary statistics is written with style and a sense of humor. Although it may be hard to believe, this is one statistics book that can actually be read for entertainment value alone.